SCHÄFFER
POESCHEL

Grundkurs des Steuerrechts
Band 4

Umsatzsteuer

von

Dr. Gabi Meissner
Professorin an der Hochschule
für öffentliche Verwaltung und Finanzen Ludwigsburg

Dr. Alexander Neeser
Professor an der Hochschule
für öffentliche Verwaltung und Finanzen Ludwigsburg
25., überarbeitete und aktualisierte Auflage

2019
Schäffer-Poeschel Verlag Stuttgart

Bearbeiterübersicht:
Meissner: Teile A–L, Y, Z1, Z2
Neeser: Teile M–X, Y, Z1, Z2

Dozenten finden weitere Lehrmaterialien unter http://www.sp-dozenten.de (Registrierung erforderlich).

Bibliografische Information Der Deutschen Nationalbibliothek
Die Deutsche Nationalbibliothek verzeichnet diese Publikation in der Deutschen Nationalbiografie; detaillierte bibliografische Daten sind im Internet über http://dnb.d-nb.de abrufbar.

Print	ISBN 978-3-7910-4446-0	Bestell-Nr. 20204–0004
EPDF	ISBN 978-3-7910-4447-7	Bestell-Nr. 20204–0153

Dieses Werk einschließlich aller seiner Teile ist urheberrechtlich geschützt. Jede Verwertung außerhalb der engen Grenzen des Urheberrechtsgesetzes ist ohne Zustimmung des Verlages unzulässig und strafbar. Das gilt insbesondere für Vervielfältigungen, Übersetzungen, Mikroverfilmungen und die Einspeicherung und Verarbeitung in elektronischen Systemen.

© 2019 Schäffer-Poeschel Verlag für Wirtschaft · Steuern · Recht GmbH

www.schaeffer-poeschel.de
service@schaeffer-poeschel.de

Satz: primustype Hurler, Notzingen

Printed in Germany
September 2019

Schäffer-Poeschel Verlag Stuttgart
Ein Unternehmen der Haufe Group

Vorwort zur 25. Auflage

Der vorliegende Band gibt eine systematische Einführung in das Umsatzsteuerrecht. Anhand typischer Beispielfälle kann sich der Leser gründlich mit den wesentlichen Vorschriften des Umsatzsteuergesetzes vertraut machen. Er soll nach dem Studium dieses Buches zumindest die wichtigsten und in der Praxis am häufigsten vorkommenden Fälle sicher lösen können. Als Hilfe hierzu sind an geeigneten Stellen Prüfungsschemata abgedruckt und wichtige Aussagen in Merksätzen hervorgehoben.

Nach Darstellung eines bestimmten Wissensstoffes werden Lernzielkontrollen in Form von 31 (aktualisierten) Fällen angeboten. Diese haben sich in den vielen Jahren, in denen die Autoren Studierende an der Hochschule für öffentliche Verwaltung und Finanzen, Ludwigsburg, durch das Umsatzsteuerrecht geführt haben, bewährt. Die Lösungen zu den Fällen sind im Teil Y abgedruckt. Weitere komplexe Übungsfälle einschließlich ausführlicher Lösungen finden sich in den Teilen Z 1 und Z 2.

Das Lehrbuch ist auf dem Stand vom 01.07.2019. Gesetzesänderungen, Rechtsprechung und Verwaltungsanweisungen sind bis zu diesem Zeitpunkt berücksichtigt, was wichtige Änderungen des Lehrbuches erforderlich gemacht hat. Hier sind die erstmalige gesetzliche Einordnung von Gutscheinen zu nennen, die Änderungen des Entgeltsbegriffs und die Rechtsprechung zur Sollbesteuerung, um nur einige zu nennen. Daneben werfen die nach langer Diskussion auf EU-Ebene vereinbarten sog. Quick fixes, die zum 01.01.2020 in nationales Recht umzusetzen sind, ihre Schatten voraus. Sie sehen u.a. eine Verschärfung für die Steuerfreiheit innergemeinschaftlicher Lieferungen vor und werden an den entscheidenden Stellen bereits vorgestellt. Die Hoffnung, dass bei der Umsatzsteuer ein wenig Ruhe einkehren würde, wurde also wieder einmal enttäuscht. Und auch für die Zukunft kann keine Entwarnung gegeben werden. Die nächsten großen Änderungen des EU-Umsatzsteuer-Rechts werden bereits diskutiert. Das vorliegende Lehrbuch kann damit auch dieses Mal nur eine Momentaufnahme darstellen. Diese ist aber besonders anschaulich und topaktuell!

Wir wünschen allen Leserinnen und Lesern kurzweilige und lehrreiche Stunden mit unserem Lehrbuch, damit Ihnen allen die Umsatzsteuer so viel Spaß bereitet wie uns (noch immer).

Ludwigsburg, im Juli 2019
Die Verfasser

Inhaltsverzeichnis

Vorwort zur 25. Auflage V
Inhaltsverzeichnis VII
Abkürzungsverzeichnis.. XVII

Teil A Einführung

1	**Bedeutung der Umsatzsteuer**	1
2	**Umsatzsteuer in der Europäischen Union**	1
3	**Rechtsgrundlagen des Umsatzsteuerrechts**	3

Teil B Allgemeiner Überblick über das Umsatzsteuergesetz

1	**Allgemeines**...	5
2	**Typische Merkmale des Allphasennetto-Umsatzsteuersystems mit Vorsteuerabzug**.....	8
3	**Anwendung des Allphasennetto-Umsatzsteuersystems mit Vorsteuerabzug in der Praxis**.....	10
4	**Sonderregelungen für den innergemeinschaftlichen Warenverkehr**............	11
5	**Besteuerungsformen des Umsatzsteuergesetzes**..	14
6	**Ausgangsumsatzsteuer**	14
6.1	Steuergegenstand	14
6.1.1	Umsatzart Lieferungen und sonstige Leistungen	14
6.1.2	Einfuhr	15
6.1.3	Innergemeinschaftlicher Erwerb...	15
7	**Übersicht über die steuerbaren Umsätze**	15
8	**Schema zur Lösung umsatzsteuerrechtlicher Sachverhalte**	16

Teil C Umsatzart Lieferungen und sonstige Leistungen gemäß § 1 Abs. 1 Nr. 1 UStG

1	**Allgemeines**...	18
2	**Teilumsatzart Lieferungen**	18
3	**Liefergegenstand**	18
3.1	Sachgesamtheit...	19
3.2	Vertretbare Sachen...	20
4	**Verschaffung der Verfügungsmacht an einem Gegenstand**	21
4.1	Verschaffung der Verfügungsmacht (= Lieferung) bei Beförderung bzw. Versendung des Gegenstands...	21
4.2	Verschaffung der Verfügungsmacht (= Lieferung) ohne Beförderung bzw. Versendung des Gegenstands...	21
4.3	Verschaffung der Verfügungsmacht in Sonderfällen..	23
5	**Lieferweg**	26
5.1	Allgemeines...	26
5.2	Reihengeschäft	27
6	**Ausführung der Lieferung im Inland**	29

Teil D Inland, Gemeinschaftsgebiet, Drittlandsgebiet

1	**Inland**...	31
2	**Büsingen**..	31
3	**Zollfreigebiete**...	31
4	**Besonderheiten**...	32
5	**Gemeinschaftsgebiet, übriges Gemeinschaftsgebiet und Drittlandsgebiet**....	33

Teil E Lieferort

1	**Grundsatz**	36
1.1	Ort der Beförderungs- und Versendungslieferung	36
1.2	Ort der Lieferung bei Reihengeschäften	38
1.3	Ort der Lieferung bei Lieferungen ohne Warenbewegung	41
2	**Sonderregelungen nach § 3 Abs. 8 UStG und § 3 c UStG**	41
2.1	Sonderregelung nach § 3 Abs. 8 UStG	41
2.2	Sonderregelung nach § 3 c UStG	43

Teil F Teilumsatzart »sonstige Leistungen«

1	**Begriff der Leistung**	47
2	**Leistungsweg**	49

Teil G Ort der sonstigen Leistung

1	**Allgemeine Grundsätze**	50
1.1	Sonstige Leistung an eine Betriebsstätte (A 3 a.1 Abs. 3 UStAE)	51
1.2	Begriff Betriebsstätte	52
2	**Verwendung einer Identifikationsnummer durch den Leistungsempfänger**	52
3	**Umkehr der Steuerschuld bei Dienstleistungen**	53
4	**Ausnahmeregelung nach § 3 a Abs. 3 UStG bei B2B-Leistungen**	53
5	**Besteuerungsverfahren bei B2B-Leistungen**	54
5.1	Nichtsteuerbare sonstige Leistung nach § 3 a Abs. 2 UStG mit Leistungsort im EU-Ausland	54
5.2	Steuerpflichtige sonstige Leistung nach § 3 a Abs. 2 UStG eines im EU-Ausland ansässigen Leistenden mit Leistungsort im Inland	54
5.3	Vorsteuerabzug der »§ 13 b-Steuer«	54
6	**B2C-Leistungen (Business-to-Consumer)**	56
6.1	Leistungsort bei B2C-Leistungen	56
6.2	Ausnahmeregelungen bei B2C-Leistungen	56
7	**Prüfungsschema für B2C-Leistungen**	57
8	**Sonstige Leistungen im Zusammenhang mit Grundstücken (§ 3 a Abs. 3 Nr. 1 UStG)**	58
9.1	Grundstücksüberlassung	59
9.2	Messekatalogleistungen	60
10	**Leistungsort bei kulturellen, künstlerischen, wissenschaftlichen und unterrichtenden Leistungen**	61
11	**Leistungsort bei Eintrittsberechtigungen zu kulturellen, künstlerischen und ähnlichen Veranstaltungen (§ 3 a Abs. 3 Nr. 5 UStG)**	62
12	Abgabe von Speisen zum Verzehr an Ort und Stelle (Restaurationsleistungen)	63
13	Vermietung/Vercharterung von Beförderungsmitteln	64
13.1	Allgemeines	64
13.2	Begriff Beförderungsmittel (A 3 a.5 Abs. 2 UStAE)	64
13.3	Begriff Vermietung bzw. Vercharterung von Beförderungsmitteln	64
13.4	Vermietungsdauer	65
13.5	Kurzfristige Vermietung von Beförderungsmitteln	65
14	**Beförderungsleistungen**	66
14.1	Personenbeförderungen	66
14.2	Güterbeförderungen	66
14.2.1	Güterbeförderungen mit Beginn im Inland/Drittland und Ende im Inland/Drittland	66
14.2.1.1	Leistungsempfänger ist Unternehmer (B2B)	66
14.2.1.2	Leistungsempfänger ist Nichtunternehmer (B2C)	66
14.2.2	Steuerfreiheit der Güterbeförderung nach § 4 Nr. 3 Buchst. a UStG (A 4.3.2 Abs. 1 UStAE)	66
14.2.3	Güterbeförderungen mit Beginn und Ende in zwei verschiedenen Mitgliedstaaten (innergemeinschaftliche Güterbeförderungen)	67
14.2.3.1	Leistungsempfänger ist Unternehmer	67
14.2.3.2	Leistungsempfänger ist Nichtunternehmer	67

14.2.4	Steuerfreiheit der Güterbeförderung nach § 4 Nr. 3 Buchst. a UStG (A 4.3.2 Abs. 1 UStAE)....	67
14.2.5	Innergemeinschaftliche Güterbeförderung an Nichtunternehmer..............................	68
14.3	Güterbeförderung mit Beginn und Ende ausschließlich im Dritt-Ausland	68
15	**Arbeiten an beweglichen körperlichen Gegenständen (§ 3 a Abs. 2 Nr. 3 c UStG; A 3 a.6 UStAE)**...	68
16	**Vermittlungsleistungen**..	69
17	**Katalogleistungen nach § 3 a Abs. 4 UStG**	70
17.1	**Allgemeines**...	70
17.2	Bestimmung des Leistungsorts...	71
18	**TRFE-Leistungen (§ 3 a Abs. 5 UStG)**	72
19	**Gutscheine**..	76

Teil H Grundsatz der Einheitlichkeit der Leistung

Teil I Werklieferungen und Werkleistungen

1	**Allgemeines**...	83
2	**Definition Werklieferung, Werkleistung**	83
2.1	Hauptstoff, Nebenstoff	84
2.2	Begriff der Beschaffung	85
3	**Prüfungsschema zur Abgrenzung der Werklieferung von der Werkleistung**.............	86
4	**Ort der Werklieferung**...	87
5	**Ort der Werkleistung**...	87

Teil K Leistungsaustausch

1	**Allgemeines**...	88
2	**Leistung und Entgelt (Gegenleistung)**	88
3	**Mehrere Beteiligte**	88
4	**Wirtschaftliche Verknüpfung zwischen Leistung und Entgelt**	89
5	**Fehlender Leistungsaustausch**..	90
5.1	Echte Schenkung..	90
5.2	Echter Schadenersatz...	91

Teil L Die Steuerbefreiungsvorschriften bei den Lieferungen und sonstigen Leistungen (§ 4 UStG)

1	**Allgemeines**...	93
2	**Absolut zum Vorsteuerabzug berechtigende Steuerbefreiungen (§ 4 Nr. 1–7 UStG)**	94
2.1	Allgemeines...	94
2.2	Ausfuhrlieferungen nach § 4 Nr. 1 Buchst. a UStG i. V. m. § 6 UStG	94
2.3	Begriffsbestimmungen	95
2.3.1	Ausland...	95
2.3.1.1	Gebiete i. S. v. § 1 Abs. 3 UStG...	95
2.3.1.2	Übriges Gemeinschaftsgebiet	95
2.3.1.3	Drittlandsgebiet...	95
2.3.2	Ausfuhr...	95
2.3.3	Ausführer..	96
2.3.4	Ausländischer Abnehmer..	96
2.4	Ausfuhrlieferung nach § 6 Abs. 1 Nr. 1 UStG...	97
2.5	Ausfuhrlieferung nach § 6 Abs. 1 Nr. 3 UStG...	98
2.6	Ausfuhrlieferung nach § 6 Abs. 1 Nr. 2 UStG...	99
2.6.1	Allgemeines...	99
2.6.2	Ausfuhr von Gegenständen nach § 6 Abs. 1 Nr. 2 UStG..	99
2.6.3	Ausfuhr von Gegenständen zur Ausrüstung oder Versorgung eines Beförderungsmittels (§ 6 Abs. 3 UStG)...	99
2.6.4	Ausfuhrlieferungen im persönlichen Reisegepäck (§ 6 Abs. 3 a UStG)	100

2.7	Ausfuhrlieferungen im Rahmen eines Reihengeschäfts	101
2.8	Lohnveredelung nach § 4 Nr. 1 Buchst. a UStG i. V. m. § 7 UStG	102
2.8.1	Allgemeines	102
2.8.2	Lohnveredelung nach § 7 Abs. 1 Nr. 1 UStG	102
2.8.3	Lohnveredelung nach § 7 Abs. 1 Nr. 3 UStG	103
2.8.4	Lohnveredelung nach § 7 Abs. 1 Nr. 2 UStG	103
2.9	Innergemeinschaftliche Lieferung nach § 4 Nr. 1 Buchst. bi. V. m. § 6 a UStG	103
2.9.1	Nach § 18 a Abs. 4 UStG muss der Unternehmer die steuerfreie innergemeinschaftliche Lieferung in der ZM erfassen. Näheres hierzu vgl. X 12.Innergemeinschaftliche Verbringenstatbestände	108
2.9.2	Einzelheiten zum innergemeinschaftlichen Verbringen	109
2.9.3	Begriff »Nicht nur vorübergehende Verwendung«	110
2.9.4	Nichterfassung von bestimmten innergemeinschaftlichen Verbringenstatbeständen als innergemeinschaftliche Lieferung bzw. Erwerb	111
2.9.5	Innergemeinschaftliche Lieferungen nach § 4 Nr. 1 Buchst. b i. V. m. § 6 a UStG im Rahmen eines Reihengeschäfts	111
3	**Befreiungen mit absolutem Vorsteuerabzugsverbot (§ 4 Nr. 8 ff. UStG, ausgenommen die unter 4 und 5 genannten Befreiungen)**	**114**
3.1	Allgemeines	114
3.2	Heilberufliche Leistungen nach § 4 Nr. 14 Buchst. a UStG	115
3.2.1	Begriff »ärztliche Heilbehandlungen« (A 4.14.1 Abs. 4 UStAE)	115
3.2.2	Tätigkeit als Arzt (A 4.14.2 UStAE)	115
3.2.3	Sonderregelung bei Zahnärzten	116
3.3	Steuerbefreiung nach § 4 Nr. 28 UStG bei der Lieferung von Gegenständen	116
4	**Befreiungen mit Optionsmöglichkeit gemäß § 9 UStG (§ 4 Nr. 8 Buchst. a–g, Nr. 9 Buchst. a, Nr. 12, Nr. 13 und Nr. 19 UStG)**	**117**
4.1	Allgemeines	117
4.2	Vermietung von Grundstücken nach § 4 Nr. 12 Buchst. a UStG	118
4.2.1	Allgemeines	118
4.2.2	Begriff des Grundstücks	118
4.2.3	Begriff Vermietung	119
4.2.4	Reine Grundstücksmietverträge	120
4.2.5	Verträge besonderer Art	120
4.2.6	Gemischte Verträge (A 4.12.5 UStAE)	121
4.2.7	Ausschluss der Steuerfreiheit bei Grundstücksvermietungen	121
4.3	Veräußerung von Grundstücken nach § 4 Nr. 9 Buchst. a UStG	123
4.4	Option nach § 9 UStG	123
4.4.1	Optionsvoraussetzung gemäß § 9 Abs. 2 UStG bei Grundstücksvermietungen	123
4.4.2	Begriff Errichtung	125
4.4.3	Begriff Fertigstellung	125
4.4.4	Eingreifen des Optionsverbotes	125
4.4.5	Allgemeine Grundsätze zur Option gemäß § 9 UStG	126
5	**Bedingt zum Vorsteuerabzug berechtigende Steuerbefreiungen (§ 4 Nr. 8 Buchst. a–g, Nr. 10 Buchst. a UStG)**	**127**
5.1	Allgemeines	127
5.2	Steuerfreie Kreditgewährung nach § 4 Nr. 8 Buchst. a UStG	127

Teil M Bemessungsgrundlage bei der Umsatzart Lieferungen und sonstige Leistungen

1	**Allgemeines**	129
2	**Einzelfälle**	130
2.1	Bruttoentgelt	130
2.2	Kosten	131
2.3	Trinkgelder	132
2.4	Skonto	132
2.5	Forderungsausfall	133

2.6	Zuschüsse	133
2.7	Mindestbemessungsgrundlage	134
2.8	Durchlaufende Posten	135
2.9	Materialgestellung, Materialbeistellung	136

Teil N Steuersätze

1	**Allgemeines**	137
2	**Ermäßigter Steuersatz bei Lieferungen nach § 12 Abs. 2 Nr. 1 UStG**	138
2.1	Land- und forstwirtschaftliche Erzeugnisse	138
2.2	Futtermittel	138
2.3	Lebensmittel	138
2.4	Getränke	139
2.5	Verlagserzeugnisse und Erzeugnisse des grafischen Gewerbes	139
2.6	Rollstühle, Körperersatzstücke und ähnliche Gegenstände	139
3	**Abgabe von Speisen und Getränken zum Verzehr an Ort und Stelle**	139
3.1	Abgabe von Speisen und Getränken im Catering-Bereich	140
3.2	Abgabe von Speisen im Bereich der Imbissbuden und Imbissecken in Ladengeschäften (Bäckereien u. Ä.)	141
3.3	Abgabe von Speisen in Theatern, Kinos, Multiplexkinos	141
4	**Ermäßigter Steuersatz nach § 12 Abs. 2 Nr. 2 UStG bei der Vermietung von Gegenständen der Anlage 2**	141
5	**Ermäßigter Steuersatz bei Zahntechnikern und Zahnärzten nach § 12 Abs. 2 Nr. 6 UStG**	141
6	**Ermäßigter Steuersatz bei kurzfristigen Beherbergungsleistungen sowie kurzfristiger Vermietung von Campingflächen nach § 12 Abs. 2 Nr. 11 UStG**	142
7	**Steuersatz und Grundsatz der Einheitlichkeit der Leistung**	143

Teil O Sonderfälle zu den Lieferungen und sonstigen Leistungen

1	**Tausch/tauschähnlicher Umsatz**	145
1.1	Allgemeines	145
1.2	Bemessungsgrundlage (§ 10 Abs. 2 Satz 2 UStG)	145
1.3	Besonderheit der Bemessungsgrundlage beim Tausch bzw. tauschähnlichem Umsatz mit Baraufgabe	146
2	**Rückgabe**	147
3	**Leistungen des Unternehmers an sein Personal (Arbeitnehmer)**	148
3.1	Allgemeines	148
3.2	Unentgeltliche Leistungsabgabe an das Personal (Arbeitnehmer)	148
3.3	Entgeltliche Leistungsabgabe an das Personal (Arbeitnehmer)	148
3.4	Ansatz lohnsteuerlicher Werte	149
3.5	Mindestbemessungsgrundlage bei Leistungen des Unternehmers an sein Personal gegen besonders berechnetes Entgelt	150
4	**Kommissions- und Agenturgeschäfte**	151
4.1	Allgemeines	151
4.1.1	Definition Kommissionsgeschäft	151
4.1.2	Definition Agenturgeschäft	151
4.2	Die Leistung des Kommissionärs und des Handelsvertreters (Agenten)	152
4.3	Abgrenzung Kommissionsgeschäft – Agenturgeschäft	152
4.3.1	Handeln für fremde Rechnung	152
4.3.2	Handeln im fremden Namen	153
4.4	Bemessungsgrundlage beim Kommissionsgeschäft (Verkaufskommission)	153
4.4.1	Bemessungsgrundlage für die Lieferung des Kommissionärs	153
4.4.2	Bemessungsgrundlage für die Lieferung des Kommittenten an den Kommissionär	153
4.5	Bemessungsgrundlage beim Agenturgeschäft	154
4.5.1	Bemessungsgrundlage für die sonstige Leistung des Agenten	154
4.5.2	Bemessungsgrundlage für die Lieferung des Auftraggebers an den Abnehmer	154
4.6	Dienstleistungskommission	154

Teil P Unternehmer, Unternehmen

1	**Unternehmer**	156
1.1	Allgemeines	156
1.2	Unternehmerfähigkeit	156
1.3	Selbständigkeit	157
1.4	Nachhaltige Tätigkeit	157
1.5	Einnahmeerzielungsabsicht	158
2	**Unternehmen**	159
2.1	Allgemeines	159
2.2	Leistungen vom Unternehmensbereich an Dritte	160
2.3	Umsätze aus Vermietung und Verpachtung	160
2.4	Verfahrensrechtliche Auswirkung der Einheitstheorie	160
3	**Unternehmensvermögen bei Gegenständen**	161
3.1	Ausübung des Zuordnungswahlrechtes	162
3.2	Frist für die Ausübung der Zuordnungsentscheidung	163
3.3	Umsatzsteuerrechtliche Auswirkung der Zuordnung bei gemischter Nutzung von Gegenständen mit Ausnahme von Grundstücken	163
3.4	Umsatzsteuerrechtliche Auswirkung der Zuordnung bei gemischter Nutzung von Grundstücken	164
3.4.1	Gemischte Nutzung so genannter Altobjekte	164
3.4.2	Gemischte Nutzung so genannter Neuobjekte	165
4	**Unternehmensvermögen bei Nutzungsrechten an Gegenständen und sonstigen Leistungen**	166
5	**Vertretbare Sachen**	167
6	**Grundgeschäfte**	167
7	**Beginn und Ende der Unternehmereigenschaft**	168
7.1	Beginn der Unternehmereigenschaft	168
7.2	Ende der Unternehmereigenschaft	169

Teil Q Unentgeltliche Leistungsabgaben

1	**Allgemeines**	170
2	**Entnahme eines Gegenstandes gemäß § 3 Abs. 1 b Nr. 1 UStG**	171
2.1	Steuerbefreiung für Lieferungen gemäß § 3 Abs. 1 b Nr. 1 UStG	171
2.2	Steuersätze für Lieferungen gemäß § 3 Abs. 1 b Nr. 1 UStG	172
2.3	Bemessungsgrundlage bei Lieferungen gemäß § 3 Abs. 1 b Nr. 1 UStG	172
3	**Unentgeltliche Zuwendung eines Gegenstandes an das Personal gemäß § 3 Abs. 1 b Nr. 2 UStG**	173
3.1	Allgemeines	173
3.2	Steuerbefreiungen, Bemessungsgrundlage und Steuersatz	174
4	**Unentgeltliche Zuwendung eines Gegenstandes für Zwecke des Unternehmens gemäß § 3 Abs. 1 b Nr. 3 UStG**	175
4.1	Allgemeines	175
4.2	Lieferort, Steuerbefreiungen, Bemessungsgrundlage und Steuersatz	175
5	**Besteuerungsverbot bei Lieferungen ohne zumindest teilweisen Vorsteuerabzug**	175
6	**Sonstige Leistungen nach § 3 Abs. 9 a UStG**	176
7	**Verwendung eines dem Unternehmen zugeordneten Gegenstandes nach § 3 Abs. 9 a Nr. 1 UStG**	176
7.1	Steuerbarkeitsprüfung bei der sonstigen Leistung nach § 3 Abs. 9 a Nr. 1 UStG	177
7.2	Steuerbefreiung für sonstige Leistungen nach § 3 Abs. 9 a Nr. 1 UStG	178
7.3	Ermäßigter Steuersatz für sonstige Leistungen nach § 3 Abs. 9 a Nr. 1 UStG	178
7.4	Bemessungsgrundlage bei unentgeltlichen Leistungen nach § 3 Abs. 9 a Nr. 1 UStG	178
7.4.1	Anschaffungs- oder Herstellungskosten als Bemessungsgrundlage	179
7.4.2	Steuern und Versicherungsbeiträge	179
7.4.3	Unfallreparaturkosten als Bemessungsgrundlage bei (auch) nichtunternehmerischer Pkw-Nutzung	179

7.4.4	Ermittlung der Bemessungsgrundlage bei der nichtunternehmerischen Pkw-Nutzung	180
7.4.5	Private Telefonbenutzung	181
8	**Unentgeltliche andere sonstige Leistungen nach § 3 Abs. 9 a Nr. 2 UStG**	182
8.1	Steuerbefreiung für sonstige Leistungen nach § 3 Abs. 9 a Nr. 2 UStG	182
8.2	Ermäßigter Steuersatz für sonstige Leistungen nach § 3 Abs. 9 a Nr. 2 UStG	183
8.3	Bemessungsgrundlage für sonstige Leistungen nach § 3 Abs. 9 a Nr. 2 UStG	183

Teil R Innergemeinschaftlicher Erwerb

1	**Allgemeines**	185
2	**Allgemeine Tatbestandsvoraussetzungen des innergemeinschaftlichen Erwerbs (§ 1 a UStG)**	185
3	**Weitere Fälle des innergemeinschaftlichen Erwerbs**	186
3.1	Innergemeinschaftliches Verbringen	186
3.2	Lieferung von Neufahrzeugen	187
4	**Ausnahmen vom innergemeinschaftlichen Erwerb**	187
5	**Steuerbefreiungen für den innergemeinschaftlichen Erwerb**	187
6	**Berechnung der Steuer**	188
7	**Beispiele zum innergemeinschaftlichen Erwerb**	188
8	**Steuerliche Erfassung des innergemeinschaftlichen Erwerbs**	189
8.1	Vorausrechnungen	190
8.2	Anzahlungs- und Schlussrechnungen	190

Teil S Steuerschuldnerschaft des Leistungsempfängers (Umkehr der Steuerschuldnerschaft nach § 13 b UStG)

1	**Allgemeines**	191
1.1	Systematik	191
1.2	Besonderheiten	191
1.3	Überblick	192
1.4	Zweifelsfälle	193
1.5	Leistung für den privaten Bereich	193
2	**Umkehr der Steuerschuld bei nach § 3 a Abs. 2 UStG im Inland steuerpflichtigen sonstigen Leistungen eines im übrigen Gemeinschaftsgebiet ansässigen Unternehmers (§ 13 b Abs. 1 UStG)**	193
3	**Umkehr der Steuerschuld bei steuerpflichtigen Werklieferungen und nicht unter § 13 b Abs. 1 UStG fallenden sonstigen Leistungen eines im Ausland ansässigen Unternehmers (§ 13 b Abs. 2 Nr. 1 UStG)**	194
4	**Steuerschuldnerschaft des Leistungsempfängers bei inländischen Bauleistungen (§ 13 b Abs. 2 Nr. 4 UStG, A 13 b.1 Abs. 3 ff. UStAE)**	195
4.1	Bauleistungen i. S. d. § 13 b Abs. 2 Nr. 4 UStG	196
4.2	Voraussetzungen für die Steuerschuldnerschaft des Leistungsempfängers	196

Teil T Prüfungsschema zur Feststellung der Umsatzsteuer bei Einzelsachverhalten

Teil U Vorsteuer (Eingangsumsatzsteuer)

1	**Allgemeines**	199
2	**Tatbestandsvoraussetzungen für den Vorsteuerabzug nach § 15 Abs. 1 Nr. 1 UStG**	200
2.1	Steuerpflichtige Leistungen	201
2.2	Leistungen an das Unternehmen	201
2.3	Vorsteuerabzug aus laufenden Kosten bei Gegenständen im außerunternehmerischen Bereich	202
2.4	Rechnung i. S. d. §§ 14 und 14 a UStG	202
2.4.1	Notwendigkeit und Begriff	202
2.4.2	Gutschrift	203

2.5	Einzelheiten zur Rechnungserteilung	203
2.5.1	Erforderliche Angaben in der Rechnung	203
2.5.2	Einzelheiten zu den in § 14 Abs. 4 UStG vorgeschriebenen Angaben	204
2.5.2.1	Name und Anschrift des leistenden Unternehmers und des Leistungsempfängers	204
2.5.2.2	Steuernummer oder USt-IdNr. des leistenden Unternehmers	205
2.5.2.3	Fortlaufende Nummer (Rechnungsnummer)	205
2.5.2.4	Menge und Art der gelieferten Gegenstände oder Umfang und Art der sonstigen Leistung	205
2.5.2.5	Zeitpunkt der Leistung und Vereinnahmung des Entgelts	206
2.5.2.6	Angabe des Entgelts	206
2.5.2.7	Angabe des Steuersatzes und des Steuerbetrags	206
2.5.3	Weitere Voraussetzungen nach § 14a UStG	207
2.5.4	Elektronische Abrechnung	207
2.5.5	Berichtigung fehlender oder unrichtiger Angaben in der Rechnung	207
2.6	Sonderfälle von Rechnungen	208
2.6.1	Kleinbetragsrechnungen i. S. d. §§ 33 und 35 UStDV	208
2.6.2	Fahrausweise i. S. d. § 34 UStDV als zum Vorsteuerabzug berechtigende Rechnungen	209
2.6.3	Rechnungen in den Fällen der Mindestbemessungsgrundlage	209
2.7	Zeitpunkt des Vorsteuerabzugs	210
2.7.1	Allgemeines	210
2.7.2	Vorsteuerabzug vor Bezug der Leistung nach § 15 Abs. 1 Nr. 1 Satz 3 UStG	210
2.8	Rechnungen mit falschem Umsatzsteuerausweis	211
2.8.1	Unrichtiger Umsatzsteuerausweis (§ 14c Abs. 1 UStG)	211
2.8.2	Unberechtigter Umsatzsteuerausweis (§ 14c Abs. 2 UStG)	212
2.8.3	Zu niedriger Umsatzsteuerausweis	213
2.9	Vorsteuerabzug aus Reisekosten	215
2.9.1	Vorsteuerabzug aus Übernachtungskosten	215
2.9.2	Vorsteuerabzug aus Verpflegungskosten	215
2.9.2.1	Verpflegungskosten des Unternehmers (Geschäftsreise)	215
2.9.2.2	Verpflegungskosten des Arbeitnehmers	215
3	**Prüfungsschema zur Abziehbarkeit der Vorsteuer**	217
4	**Abzug der Einfuhrumsatzsteuer als Vorsteuer nach § 15 Abs. 1 Satz 1 Nr. 2 UStG**	218
4.1	Allgemeines	218
4.2	Entstehung der Einfuhrumsatzsteuer	218
4.3	Einfuhr für das Unternehmen	218
5	**Vorsteuerabzug der Erwerbssteuer nach § 15 Abs. 1 Nr. 3 UStG**	219
5.1	Allgemeines	219
5.2	Einzelheiten	219
6	**Tatbestandsvoraussetzung: kein Vorsteuerabzugsverbot**	220
6.1	Vorsteuerabzugsverbot nach § 15 Abs. 1a UStG	220
6.2	Vorsteuerabzugsverbot nach § 15 Abs. 1b UStG	221
6.3	Nichtabzugsfähige Vorsteuer nach § 15 Abs. 2 UStG	222
6.3.1	Vorsteuerabzugsverbot bei Warenuntergang	224
6.3.2	Vorsteueraufteilung nach § 15 Abs. 4 UStG	224
6.3.2.1	Allgemeine Grundsätze	224
6.3.2.2	Besonderheiten bei Gebäuden	225
7	**Vorsteuerberichtigung nach § 15a UStG**	226
7.1	Allgemeines	226
7.2	Fallgruppen der Vorsteuerberichtigung nach § 15a UStG	230
7.3	Vorsteuerberichtigungstatbestand nach § 15a Abs. 1 und 6 UStG (Fallgruppen a) und b))	230
7.4	Vorsteuern auf Leistungen, die in ein Wirtschaftsgut eingehen (Erhaltungsaufwand), § 15a Abs. 3 UStG	234
7.5	Durchführung der Berichtigung	235

Teil V Besteuerung der Kleinunternehmer

1	**Allgemeines**	237
2	**Gesamtumsatz i. S. d. § 19 UStG**	237
3	**Kleinunternehmer nach § 19 Abs. 1 UStG**	238
4	**Option nach § 19 Abs. 2 UStG**	239

Teil W Differenzbesteuerung (§ 25 a UStG)

1	**Allgemeines**	241
2	**Voraussetzungen für die Differenzbesteuerung**	241
3	**Bemessungsgrundlage**	242
4	**Ausweitung der Differenzbesteuerung nach § 25 a Abs. 2 UStG auf vorsteuerbelastete Gegenstände**	242
5	**Steuersatz und Vorsteuerabzug**	243
6	**Option zur Besteuerung nach den allgemeinen Vorschriften des Umsatzsteuergesetzes gemäß § 25 a Abs. 8 UStG**	243
7	**Verbot des gesonderten Steuerausweises in einer Rechnung**	244
8	**Besonderheiten nach § 25 a Abs. 7 UStG**	244
8.1	Ausschluss der Differenzbesteuerung nach § 25 a Abs. 7 Nr. 1 Buchst. a UStG	244
8.2	Ausschluss der Differenzbesteuerung nach § 25 a Abs. 7 Nr. 1 Buchst. b UStG	244
8.3	Auswirkung der Differenzbesteuerung auf den innergemeinschaftlichen Warenverkehr	244
9	**Beispiele zur Differenzbesteuerung**	245
10	**Besonderheiten bei Reiseleistungen (sog. Margenbesteuerung)**	246

Teil X Besteuerungsverfahren

1	**Allgemeines**	247
2	**Umsatzsteuer-Voranmeldungsverfahren**	247
2.1	Voranmeldungszeitraum	247
2.1.1	Nachträgliche Änderung der Steuer für das Vorjahr	248
2.1.2	Verkürzung des Voranmeldungszeitraums bei Unternehmensneugründungen	249
3	**Entstehungszeitpunkt der Ausgangsumsatzsteuer für Leistungen**	249
4	**Ist-Besteuerung**	249
5	**Soll-Besteuerung**	250
5.1	Allgemeines	250
5.2	Teilleistungen	251
5.3	Anzahlungen, Abschlagszahlungen und Vorauszahlungen	251
6	**Entstehungszeitpunkt der Ausgangsumsatzsteuer bei unentgeltlichen Leistungen i. S. d. § 3 Abs. 1 b und 9 a UStG**	252
7	**Entstehungszeitpunkt der Steuer gemäß § 14 c Abs. 1 und 2 UStG**	252
8	**Entstehungszeitpunkt der Erwerbssteuer**	253
9	**Zeitpunkt des Vorsteuerabzugs**	253
10	**Abgabezeitpunkt der Steueranmeldungen und Fälligkeit der Steuer**	253
10.1	Abgabefrist	253
10.2	Zahlungsfrist	254
10.3	Erstattung von Umsatzsteuer gegen Sicherheitsleistung	254
10.4	Rechtsfolgen vorsätzlich nicht bezahlter Umsatzsteuer	255
11	**Dauerfristverlängerung**	255
12	**Zusammenfassende Meldung**	257
12.1	Meldezeiträume und Meldefristen	257
12.2	Angaben in der Zusammenfassenden Meldung	257
13	**Vergütung der Vorsteuerbeträge (Vergütungsverfahren)**	258
14	**Umsatzsteuer-Nachschau**	258
15	**Haftung des Leistungsempfängers für die schuldhaft nicht abgeführte Steuer des Leistenden (§ 25 d UStG)**	259

Teil Y Lösungshinweise zu den Fällen 1–31

Teil Z1 Komplexe Übungsfälle

1	**Übungsfall 1**	294
2	**Übungsfall 2**	297
3	**Übungsfall 3**	300

Teil Z2 Lösungshinweise zu den komplexen Übungsfällen

1	**Lösung zu Übungsfall 1**	303
2	**Lösung zu Übungsfall 2**	308
3	**Lösung zu Übungsfall 3**	314

Stichwortregister 319

Abkürzungsverzeichnis

A	Abschnitt
a. a. O.	am angegebenen Ort
Abs.	Absatz
Abschn.	Abschnitt
a. F.	alte Fassung
AfA	Absetzung/en für Abnutzung
Alt.	Alternative
AN	Arbeitnehmer
AO	Abgabenordnung
Art.	Artikel
Az.	Aktenzeichen
BewG	Bewertungsgesetz
BfF	Bundesamt für Finanzen
BFH	Bundesfinanzhof
BFHE	Sammlung der Entscheidungen und Gutachten des Bundesfinanzhofs
BFH/NV	Sammlung amtlich nicht veröffentlichter Entscheidungen des Bundesfinanzhofs
BGB	Bürgerliches Gesetzbuch
BGBl	Bundesgesetzblatt
BMF	Bundesminister der Finanzen
BStBl	Bundessteuerblatt
Buchst.	Buchstabe
BZSt	Bundeszentralamt für Steuern
bzw.	beziehungsweise
DB	Deutsche Bahn AG
d. h.	das heißt
DStR	Deutsches Steuerrecht (Zeitschrift)
EG	Europäische Gemeinschaft
EG-RL	EG-Richtlinie zur Harmonisierung der Umsatzsteuer
ErwUSt	Erwerbsumsatzsteuer
ESt	Einkommensteuer
EStG	Einkommensteuergesetz
EU	Europäische Union
EuGH	Europäischer Gerichtshof
EUSt	Einfuhrumsatzsteuer
f., ff.	folgende, fortfolgende
Fa.	Firma
GbR	Gesellschaft des bürgerlichen Rechts
gem.	gemäß
ggf.	gegebenenfalls
GmbH	Gesellschaft mit beschränkter Haftung
GrEStG	Grunderwerbsteuergesetz
HGB	Handelsgesetzbuch
HS	Halbsatz
Id-Nr.	Identifikations-Nummer
i. d. R.	in der Regel

i. H. v.	in Höhe von
h. M.	herrschende(r) Meinung
i. R.	im Rahmen
i. S. d.	im Sinne der/des
i. S. v.	im Sinne von
i. V.	in Verbindung
i. V. m.	in Verbindung mit
JStG	Jahressteuergesetz
KG	Kommanditgesellschaft
KJ	Kalenderjahr
L	Leistender
LE	Leistungsempfänger
LSt	Lohnsteuer
LStR	Lohnsteuer-Richtlinien
lt.	laut
m. E.	meines Erachtens
Mio.	Million
MwStSystRL	Mehrwertsteuersystemrichtlinie
Nr.	Nummer
o. Ä.	oder Ähnliches
o. g.	oben genannte/r/s
OHG	Offene Handelsgesellschaft
Rs.	Rechtssache
Rz	Randziffer
S.	Seite
s.	siehe
sog.	so genannte/n/r/s
StÄnd-AnpG	Steueränderungs-Anpassungsgesetz/KroatienAnpG
Stpfl.	Steuerpflichtig
Tz.	Textziffer
u. a.	unter anderem
u. E.	unseres Erachtens
UR	Umsatzsteuer-Rundschau
USt	Umsatzsteuer
UStAE	Umsatzsteueranwendungserlass
UStDV	Umsatzsteuer-Durchführungsverordnung
UStG	Umsatzsteuergesetz
UStR	Umsatzsteuer-Richtlinien
v. g.	vorgenannt(e)
vgl.	vergleiche
VJ	Vierteljahr
VO	Verordnung
VStA	Vorsteuerabzug
VZ	Voranmeldungszeitraum
WG	Wirtschaftsgut
z. B.	zum Beispiel
ZM	Zusammenfassende Meldung
zuzügl.	zuzüglich

Teil A Einführung

1   Bedeutung der Umsatzsteuer

Die Umsatzsteuer ist neben der Einkommensteuer (inklusive Lohnsteuer) die wichtigste Einnahmequelle von Bund und Ländern. Seit der Erhöhung des Regelsteuersatzes von 16 % auf 19 % zum 01. 01. 2007 stellt die Umsatzsteuer die ertragsstärkste Steuer dar. Wie sich das Steueraufkommen bisher entwickelt hat, geht aus folgender Übersicht hervor:

Steueraufkommen in Mrd.				
Steueraufkommen insgesamt	**2015** 673.261	**2016** 705.791	**2017** 734.513	**2018 (geschätzt)** 772.090
Davon u. a. • Lohnsteuer • veranlagte ESt • Körperschaftsteuer • **Umsatzsteuer**	178.891 48.580 19.583 **209.921**	184.826 53.833 27.442 **217.090**	195 524 59.428 29.259 **226.355**	206.450 61.650 32.330 **235.000**

Quelle: GLOBUS Steuerspiralen – BMF 2015–2018

Neben ihrer finanzpolitischen Bedeutung – mit Einnahmen von rund 235 Mrd. € entspricht ihr Anteil ein Drittel des gesamten Steueraufkommens – trägt die USt auch wirtschafts- und sozialpolitischen Zwecken Rechnung, z. B. durch Verfahrenserleichterungen für klein- und mittelständische Unternehmen, ermäßigte Steuersätze für Lebensmittel oder Steuerbefreiungen für spezifische tägliche Leistungen wie z. B. die Wohnungsvermietung oder die ärztliche Heilbehandlung etc.

Das Aufkommen an der USt fließt Bund, Ländern und seit dem 01. 01. 1998 auch den Gemeinden zu. Sie gehört somit zur Gruppe der Gemeinschaftssteuern nach Art. 106 GG. Die Verteilung des USt-Aufkommens regelt das Finanzausgleichsgesetz (vgl. Art. 106 Abs. 5 a GG). Als Zustimmungsgesetz wird es vom Bundestag beschlossen, bedarf jedoch der Zustimmung des Bundesrats. Durchschnittlich erhalten die Länder ca. 43 % und der Bund ca. 52 % des USt-Aufkommens.

2   Umsatzsteuer in der Europäischen Union

Die USt ist die erste und bisher einzige **einheitliche Steuer** innerhalb der EU. Mit geringfügigen Abweichungen sind die Besteuerungsgrundlagen für die USt in allen EU-Ländern einheitlich gestaltet. Unterschiede bestehen vor allem noch bei den Steuersätzen. Aber auch insoweit wird eine Harmonisierung angestrebt. Die EU-Länder haben sich darauf geeinigt, dass der Regelsteuersatz in allen EU-Ländern bei mindestens 15 % liegen soll und 25 % grundsätzlich nicht übersteigen darf.

Welche unterschiedlichen Steuersätze innerhalb der EU gelten, zeigt die nachfolgende Übersicht (Stand Januar 2019):

Staaten	Normalsatz	ermäßigte Sätze
Belgien	21	6; 12
Bulgarien	20	9
Dänemark	25	–
Deutschland	19	7
Estland	20	9
Finnland	24	10, 14
Frankreich	20	2,1; 5,5 / 10
Griechenland	24	13; 6
Irland	23	4,8; 9; 13,5
Italien	22	4; 5; 10
Kroatien	25	5; 13
Lettland	21	12
Litauen	21	5; 9
Luxemburg	17	3; 8; 14
Malta	18	5; 7
Niederlande	21	6
Österreich	20	10; 13
Polen	23	5; 8
Portugal	23	6; 13
Rumänien	19	5; 9
Schweden	25	6; 12
Slowakische Republik	20	10
Slowenien	22	9,5
Spanien	21	4; 10
Tschechien	21	10/15
Ungarn	27	5; 18
Vereinigtes Königreich	20	5
Zypern (nur griechischer Teil)	19	5; 9

Quelle: Die Mehrwertsteuersätze in einzelnen EU-Ländern
http://europa.eu/youreurope/business/vat-customs/buy-sell/vat-rates/index_de.htm

Die einheitliche Regelung der USt innerhalb der EU geht auf die vom EG-Ministerrat am 17. 05. 1977 verabschiedete 6. EG-RL zur Harmonisierung der Umsatzsteuern der Mitgliedstaaten zurück. Die EU-Länder haben sich dabei verpflichtet, ihre nationalen Umsatzsteuergesetze entsprechend der 6. EG-RL abzuändern (RL 77/388, Abl. EG vom 13. 06. 1977 Nr. L 145, 1). Sinn der Vereinheitlichung der nationalen Umsatzsteuergesetze war zum einen das Bestreben, die innergemeinschaftlichen Steuergrenzen aufzuheben, zum anderen, der EU eigene Einnahmen zu verschaffen. Letzteres geschieht in der Weise, dass die EU von allen EU-Ländern einen bestimmten Anteil des USt-Aufkommens erhält. Wegen der gerechten Verteilung der Beiträge richtet sich der Anteil aufgrund der unterschiedlichen Steuersätze nicht direkt nach dem USt-Aufkommen. Vielmehr dient als Basis für die Errechnung dieses Anteils der im jeweiligen EU-Land getätigte Umsatz an den Endverbraucher. Dieser lässt sich nunmehr aufgrund der einheitlichen Bestimmungen ohne Schwierigkeiten ermitteln (vgl. VO des Rates der EG vom 19. 12. 1977, Abl. EG vom 27. 12. 1977 Nr. L 336/8 i. V. m. BGBl I 1977, 154).

Eine weitergehende Vereinheitlichung des USt-Rechts innerhalb der EU erfolgte Ende 1991 durch die sog. Binnenmarktrichtlinie. Ziel war die Schaffung eines einheitlichen Binnenmarkts. Deshalb wurden zum 01.01.1993 die Zollgrenzen zwischen den einzelnen Mitgliedstaaten abgeschafft. Wegen der weiterhin bestehenden unterschiedlichen Steuersätze wurden als Ersatz für den Wegfall der EUSt und der Steuerfreiheit der Ausfuhrlieferungen Sonderregelungen für den innergemeinschaftlichen Warenverkehr eingeführt. Sie sollten zunächst nur für eine Übergangszeit von vier Jahren gelten, um dann durch einen echten Binnenmarkt, wie er innerhalb der einzelnen Mitgliedstaaten besteht, abgelöst zu werden. Allerdings haben sich diese Übergangsregelungen als beständig erwiesen. Es ist derzeit noch nicht absehbar, ob und wann es tatsächlich zu einem vollständig harmonisierten europäischen Binnenmarkt kommen wird.

Am 28.11.2006 wurde die Richtlinie 2006/112/EG über das gemeinsame Mehrwertsteuersystem verabschiedet. Mit dieser Richtlinie wurde insbesondere die 6. EG-RL (Basisrechtsakt) neu gefasst. Diese Neufassung trat am 01.01.2007 in Kraft. Zum gleichen Zeitpunkt wurden die 1. sowie 6. EG-RL und die jeweiligen Änderungsrechtsakte aufgehoben.

Mit der Neufassung des geltenden Gemeinschaftsrechts durch die Richtlinie 2006/112/EG sind keine Änderungen des geltenden Rechts verbunden, es erfolgte zur besseren Übersichtlichkeit lediglich eine Neustrukturierung der einzelnen Artikel. Mit der Richtlinie 2008/8/EG, ABl. EU 2008 Nr. L 44, 11 vom 12.02.2008 (MwStSystRL) wurden die gemeinschaftsrechtlichen Regelungen zum Ort der Dienstleistung und zum Vorsteuervergütungsverfahren neu gefasst (sog. EU-Paket). Diese Regelungen hat das JStG 2009 durch die Neufassung der §§ 3a, 3b, 3e UStG in Art. 7 am 19.12.2008 BGBl I 2008, 2794 in nationales Recht umgesetzt. Die Änderungen traten am 01.01.2010 in Kraft. Mit dem Amtshilferichtlinien-Umsetzungsgesetz (2013) und dem Gesetz zur Anpassung des nationalen Steuerrechts (StÄnd-AnpG-Kroatien 2014) sowie dem Zollkodex-Anpassungsgesetz (Zollkodex-AnpG) wurden weitere europarechtliche Vorgaben in das nationale USt-Recht integriert.

Aktuell und in den kommenden Jahren gilt es, den sog. Aktionsplan im Bereich der Mehrwertsteuer, den die Kommission am 7.4.2016 angenommen hat, umzusetzen. Mit dem Ziel der Vereinfachung des grenzüberschreitenden Handels, der Bekämpfung des MwSt-Betrugs, der Sicherung fairer Wettbewerbsbedingungen für EU-Unternehmen und der Gleichbehandlung elektronischer Veröffentlichungen werden bzw. wurden sowohl administrative als auch formelle bzw. materiellrechtliche Änderungen beschlossen und mit großem Nachdruck angegangen. Denn, um es mit den Worten der Kommission auszudrücken, »*dieser Mehrwertsteuerraum soll eine Stütze für einen vertieften und faireren Binnenmarkt sein und zur Förderung von Beschäftigung, Wachstum, Investitionen und Wettbewerbsfähigkeit beitragen. Nur ein solcher Mehrwertsteuerraum wird den Erfordernissen des 21. Jahrhunderts gerecht.*«

Die bereits in die Wege geleiteten Änderungen wurden im vorliegenden Lehrbuch an den maßgebenden Stellen eingearbeitet. Sofern unmittelbar bevorstehende Änderungen absehbar sind, wird darauf hingewiesen.

3 Rechtsgrundlagen des Umsatzsteuerrechts

Rechtsgrundlagen für die USt sind im Wesentlichen:
- das UStG,
- die UStDV.

Daneben kommt dem Umsatzsteuer-Anwendungserlass (UStAE) als allgemeiner Verwaltungsvorschrift zur Ausführung des UStG wesentliche Bedeutung zu. Er bindet die Verwaltung und sichert bundesweit eine einheitliche Rechtsanwendung.

Der UStAE hat die USt-Richtlinien 2008 ersetzt. Sie wurden mit Wirkung zum 01.11.2010 aufgehoben (BMF vom 01.10.2010, BStBl II 2010, 846). Der UStAE entspricht inhaltlich dem mit den Ländern abgestimmten Entwurf der UStR 2011. Mit der Änderung wurde der Schnelllebigkeit des Umsatzsteuerrechts Rechnung getragen: der Erlass unterliegt – anders als eine Richtlinie – nicht der Zustimmung des Bundesrats. Er wird künftig einmal jährlich grundlegend überarbeitet und laufend durch BMF-Schreiben ergänzt.

Einzelne USt-Vorschriften, vor allem die über die Steuerbefreiung, nehmen Bezug auf außersteuerliche Vorschriften wie das Nato-Truppenstatut und das Offshore-Steuerabkommen. Weitere Regelungen beziehen sich auf steuerverfahrensrechtliche Normen in der AO oder dem Finanzverwaltungsgesetz.

Basis des nationalen USt-Rechts bildet die Richtlinie 2006/112/EG des Rates über das gemeinsame Mehrwertsteuersystem, kurz Mehrwertsteuersystemrichtlinie (MwStSystRL) genannt (S. 2), einschließlich der dazu ergangenen Durchführungsverordnung (EU-VO 282/2011). Sie bindet alle staatlichen Organe der Mitgliedstaaten und verpflichtet sie, das nationale UStG den Vorgaben des europäischen USt-Rechts anzupassen. Sie gebietet überdies die richtlinienkonforme Auslegung nationaler Vorschriften.

Hat es der nationale Gesetzgeber versäumt, eine für den Steuerpflichtigen günstige Regelung der MwStSystRL in nationales USt-Recht zu transferieren, kann sich der Steuerpflichtige **unmittelbar** auf die für ihn günstige Regelung der MwStSystRL berufen oder auch auf die Umsetzung der Vorgaben der Richtlinie klagen. Weder Steuerbürger noch Finanzverwaltung haben aber ein Vorlage- oder Klagerecht an den EuGH. Die Einwirkungsmöglichkeiten der Regelungen der MwStSystRL auf das deutsche USt-Recht bleiben allein den nationalen Finanzgerichten bzw. der EU-Kommission vorbehalten. Ergänzend sei bemerkt, dass im Gegensatz zur MwStSystRL, für deren Umsetzung es eines Rechtssetzungsakts auf nationaler Ebene bedarf, der EU-VO 282/2011 unmittelbare Wirkung für das nationale Recht zukommt. Insoweit empfiehlt sich, neben der Lektüre des nationalen Rechts, durchaus an der einen oder anderen Stelle wie z. B. bei den grundstücksbezogenen Leistungen nach Art. 31 a ff. EU-VO 282/2011 ein Blick in diese VO.

Teil B Allgemeiner Überblick über das Umsatzsteuergesetz

1   Allgemeines

Nahezu täglich werden wir mit der USt konfrontiert, sei es
- beim Einkauf von Waren oder
- bei der Inanspruchnahme von Werk- bzw. Dienstleistungen (z. B. Haarschnitt beim Friseur), Kinobesuch bzw. Beförderung mit öffentlichen Verkehrsmitteln etc.).

In allen Fallvarianten werden Umsätze erbracht oder, um es mit den Worten des Europäischen Gerichtshofs (EuGH) zu sagen, in allen Fällen erhält der Leistungsempfänger einen Vorteil, der zu einem Verbrauch i. S.d.gemeinsamen Mehrwertsteuerrechts führt. Insoweit **fällt neben dem Entgelt für die Ware bzw. die Werk- oder Dienstleistung regelmäßig USt an.**

Das UStG kennt neben dem eben beschriebenen Haupttatbestand der Lieferungen und sonstigen Leistungen (§ 1 Abs. 1 Nr. 1 UStG) sowie den sich darauf beziehenden sog. Ergänzungstatbestände der unentgeltlichen Wertabgaben (§ 3 Abs. 1b und 9a UStG), die Einfuhr (§ 1 Abs. 1 Nr. 4 UStG) und den innergemeinschaftlichen Erwerb (§ 1 Abs. 1 Nr. 5 UStG). Alle fallen unter den Sammelbegriff »Umsätze« des § 1 Abs. 1 UStG.

Allerdings löst nicht jeder Umsatz USt aus. So fällt z. B. keine USt an, wenn eine Privatperson ihren gebrauchten Pkw verkauft. USt entsteht vielmehr grundsätzlich nur dann, wenn die Warenverkäufe bzw. sonstigen Leistungen durch einen **Unternehmer**[1] ausgeführt werden.

Typische Unternehmer i. S. d. UStG sind u. a.:
- Gewerbetreibende (z. B. der Kaufmann, Fabrikant oder Bauunternehmer),
- Freiberufler (z. B. der Rechtsanwalt, Steuerberater oder Architekt).

Insoweit kommt dem Begriff des **Unternehmers** – nach der Begrifflichkeit der MwStSystRL des **»Steuerpflichtigen«** (Art. 9 – 13 MwStSystRL) – im USt-Recht neben dem »Umsatz« eine Schlüsselfunktion zu. Wie bereits ausgeführt, fällt i. d. R. nur USt an, wenn **Unternehmer** Umsätze[2] tätigen. Nur diese sind dann auch **Schuldner** der USt. Im Allgemeinen trifft die USt-Schuld den leistenden Unternehmer (§ 13a Abs. 1 Nr. 1 UStG). Der Leistungsempfänger kann – soweit die Voraussetzungen dafür vorliegen – im Gegenzug die von ihm gezahlte USt als Vorsteuer geltend machen (§ 15 UStG).

Allerdings wird dieses Prinzip durchbrochen durch das Bestimmungslandprinzip bei den innergemeinschaftlichen Warenbewegungen (vgl. R) und das sog. Reverse-Charge-Verfahren nach § 13b UStG (vgl. Teil S). Insoweit wird die Steuerschuld auf den die Leistung empfangenden **Unternehmer** verlagert.

Erbringt jedoch ein Unternehmer Umsätze an **private Endverbraucher**, verbleibt es bei o. g. Grundsatz und der leistende Unternehmer schuldet die anfallende USt.

Die USt ist im weiteren Sinn eine Verbrauchssteuer[3]. Ihr Ziel ist die Besteuerung des Endverbrauchs innerhalb der EU. Dieser soll zum einen nicht unversteuert bleiben, zum anderen aber auch nicht mehrfach besteuert werden. Dies wird dadurch erreicht, dass auf jeder Umsatzstufe USt anfällt, die anfallende USt innerhalb der Unternehmerkette jedoch wiederum als Vor-

---

1   Die Bezeichnungen erfolgen aus Gründen der besseren Lesbarkeit ausschließlich funktionsbezogen. Sie gelten sowohl für die männliche als auch für die weibliche Form.
2   Ausgenommen die Einfuhr und der innergemeinschaftliche Erwerb von neuen Fahrzeugen.
3   Im engeren Sinn sind Verbrauchsteuern nur EUSt und Steuern wie Mineralölsteuer und Sektsteuer.

steuer abgezogen wird. Im Ergebnis fällt dann einmal USt auf der Endstufe, nämlich beim Umsatz an den Endverbraucher an.

BEISPIEL

Der Pkw-Hersteller P liefert einen Pkw zum Preis von 20 000 € zuzügl. 19 % USt = 3 800 € an den Großhändler G. G liefert den Pkw an den Einzelhändler E mit 10 % Aufschlag zum Preis von 22 000 € zuzügl. 19 % USt = 4 180 €. E liefert den Pkw an den privaten Endverbraucher V mit weiteren 10 % Aufschlag zum Preis von 24 200 € zuzügl. 19 % USt = 4 598 €.

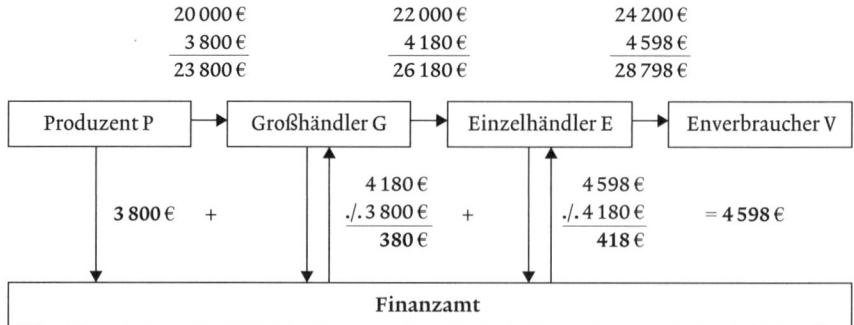

LÖSUNG P führt aus seiner Lieferung an G 3 800 € USt an das Finanzamt ab. G führt für seine Lieferung an E 4 180 € USt ab. Er hat jedoch aus der Lieferung des P den Vorsteuerabzug i. H. v. 3 800 €. Per Saldo zahlt er also lediglich 4 180 € ./. 3 800 € = 380 € an das Finanzamt. E führt aus seiner Lieferung an V 4 598 € USt an das Finanzamt ab. Er hat jedoch aus der Lieferung des G den Vorsteuerabzug i. H. v. 4 180 €. Per Saldo zahlt er also lediglich 4 598 € ./. 4 180 € = 418 € an das Finanzamt. Insgesamt erhält das Finanzamt somit 3 800 € + 380 € + 418 € = 4 598 €. Das ist genau der USt-Betrag, der für die Lieferung an den Endverbraucher V anfällt.

Die anfallende USt kalkulieren die Unternehmer in ihre Preise ein. Damit erhöht sich der Preis für den Endverbraucher. Er zahlt indirekt über den Kaufpreis die USt, die der Unternehmer an das Finanzamt abzuführen hat. Deshalb bezeichnet man die USt auch als indirekte Steuer: der wirtschaftliche Träger dieser Steuer ist nicht identisch mit demjenigen, der sie an das Finanzamt bezahlt.

Dieses Prinzip der indirekten Steuer gilt im Ergebnis auch dann, wenn der Unternehmer selbst zum Endverbraucher wird.

BEISPIEL

Der Großhändler G liefert den Pkw an den Einzelhändler E zum Preis von 22 000 € zuzügl. 19 % USt = 4 180 €. E nutzt das Fahrzeug nur kurz für seinen Betrieb, dann überlässt er es seiner Ehefrau zur ausschließlich privaten Nutzung.

LÖSUNG G bezahlt für seine Lieferung an E 4 180 € USt. E hat aus der Lieferung des G zunächst den Vorsteuerabzug i. H. v. 4 180 €. Er muss jedoch die Entnahme des Fahrzeugs aus seinem Unternehmen versteuern (§ 3 Abs. 1 b Nr. 1 UStG), d. h. er hat USt i. H. v. 4 180 € an das Finanzamt zu entrichten. Per Saldo bezahlt er also nichts an das Finanzamt; dieses erhält insgesamt 4 180 €. Das ist genau der Betrag, der für die Entnahme aus dem Unternehmen zum privaten Verbrauch anfällt.

Über den Vorsteuerabzug (§ 15 UStG) wird die USt im Unternehmensbereich ausgeglichen (Neutralität der Umsatzsteuer in der Unternehmerkette). Deshalb kommt es vor, dass bei einem Unternehmer zweimal USt anfällt, ohne dass dies einen Systembruch darstellt.

BEISPIEL

Der Großhändler G in der Schweiz (Drittlandsgebiet) liefert einen Pkw zum Preis von 20 000 € aus der Schweiz an den Einzelhändler E in Deutschland. Aus der Sicht der Schweiz tätigt G eine steuerfreie Ausfuhrlieferung. E holt den Pkw in der Schweiz ab und hat bei der Einfuhr nach Deutschland EUSt i. H. v. 19 % = 3 800 € zu entrichten (§ 1 Abs. 1 Nr. 4 UStG). Anschließend liefert E den Pkw an den privaten Endverbraucher V mit 10 % Aufschlag zum Preis von 22 000 € zuzügl. 19 % USt = 4 180 €.

LÖSUNG Die entrichtete EUSt darf E als Vorsteuer abziehen. Per Saldo hat E somit USt i. H. v. 4 180 € zu entrichten. Das ist genau der USt-Betrag, der für die Lieferung an den Endverbraucher V anfällt.

Auch bei Lieferungen aus einem anderen Mitgliedstaat wird das Prinzip der einmaligen Besteuerung des Endverbrauchs gewahrt.

BEISPIEL

Der Großhändler G mit Sitz in Frankreich liefert einen Pkw zum Preis von 20 000 € aus Frankreich an den Einzelhändler E in Deutschland. Anschließend liefert E den Pkw in Deutschland an den privaten Endverbraucher V mit 10 % Aufschlag zum Preis von 22 000 € zuzügl. 19 % USt = 4 180 €.

LÖSUNG Die Lieferung des G ist in Frankreich als innergemeinschaftliche Lieferung steuerfrei. Dafür hat E in Deutschland für den Erwerb des Pkw ErwUSt i. H. v. 19 % von 20 000 € = 3 800 € zu entrichten (§ 1 Abs. 1 Nr. 5 i. V. m. § 1a Abs. 1 UStG). Weiterhin hat E für die Lieferung an V 19 % USt = 4 180 € an das Finanzamt zu zahlen. Die entrichtete ErwUSt darf E als Vorsteuer abziehen (§ 15 Abs. 1 Nr. 3 UStG).

Das vorstehende Beispiel belegt das sog. Bestimmungslandprinzip innerhalb der EU: die Besteuerung erfolgt in dem Land, in dem der Endverbrauch stattfindet. Dieses Prinzip wird nicht konsequent durchgehalten, sondern für bestimmte Fällen, in denen das Steueraufkommen der beteiligten Mitgliedstaaten nicht zu sehr beeinträchtigt wird, zugunsten der Besteuerung im Ursprungsland (Ursprungslandprinzip) durchbrochen.

BEISPIEL

Der private Endverbraucher V aus Deutschland reist nach Paris. U. a. erwirbt er dort im Bekleidungsgeschäft B einen neuen Anzug zum Preis von 500 € zuzügl. 20 % USt = 100 €. Er nimmt den Anzug sofort mit nach Deutschland.

LÖSUNG B hat die Lieferung des Anzugs in Frankreich zu versteuern und dort die USt i. H. v. 100 € abzuführen. In Deutschland findet dagegen keine Umsatzbesteuerung statt. Die Mitnahme des Anzugs von Frankreich nach Deutschland ist umsatzsteuerrechtlich irrelevant. Hier gilt aus praktischen Gründen das Ursprungslandprinzip. An der Grenze zwischen Frankreich und Deutschland findet keine Zollkontrolle statt. Auch ist es für B nicht ohne weiteres erkennbar, dass sein Kunde aus einem anderen Mitgliedstaat kommt und den Liefergegenstand dorthin mitnimmt.

Im oben dargestellten Fall der Fahrzeuglieferung aus Frankreich musste der Großhändler G in Frankreich keine USt abführen. Dies wurde dadurch ausgeglichen, dass sein Erwerber E gleich zweimal USt zu begleichen hatte, zum einen für den Erwerb und zum anderen für die Weiterlieferung an V. Das Gleiche gilt auch in den Fällen des Reverse-Charge-Verfahrens (vgl. S).

BEISPIEL

Der private Endverbraucher V beauftragt den Bauunternehmer B in Kehl mit der schlüsselfertigen Erstellung eines Einfamilienhauses in Kehl (Deutschland). B beauftragt damit seinerseits den Subunternehmer S in Straßburg (Frankreich).

LÖSUNG S erbringt eine in Deutschland steuerpflichtige Werklieferung an B. Dieser erbringt seinerseits eine steuerpflichtige Werklieferung an V. Da S aus deutscher Sicht ein im Ausland ansässiger Unternehmer ist, schuldet nicht S die USt aus der Werklieferung an B, sondern der Abnehmer B (Reverse-Charge-Verfahren gem. § 13 b UStG). Für die Werklieferung an V schuldet B nochmals USt. Die im Reverse-Charge-Verfahren geschuldete USt darf B als Vorsteuer geltend machen (§ 15 Abs. 1 Nr. 4 UStG). Per Saldo hat B somit einmal USt i. H. v. 19 % des von V zu zahlenden Entgelts zu entrichten.

2 Typische Merkmale des Allphasennetto-Umsatzsteuersystems mit Vorsteuerabzug

Erneut ein Blick auf das oben dargestellte Beispiel:

BEISPIEL

Der Pkw-Hersteller P liefert einen Pkw zum Preis von 20 000 € zuzügl. 19 % USt = 3 800 € an den Großhändler G. G liefert den Pkw an den Einzelhändler E mit 10 % Aufschlag zum Preis von 22 000 € zuzügl. 19 % USt = 4 180 €. E liefert den Pkw an den privaten Endverbraucher V mit weiteren 10 % Aufschlag zum Preis von 24 200 € zuzügl. 19 % USt = 4 598 €.

LÖSUNG Die umsatzsteuerrechtliche Behandlung lässt sich wie folgt darstellen (in €):

	Einkaufspreis netto	Netto-Umsatz	Verkaufspreis netto	USt	Vorsteuer	Zahllast	Bruttoverkaufspreis
P	–	20 000	20 000	3 800	0	3 800	23 800
G	20 000	2 000	22 000	4 180	3 800	380	26 180
E	22 000	2 200	24 200	4 598	4 180	418	28 798
V	24 200	–	–	–	–	0	–

Folgende systematischen Merkmale lassen sich ableiten:

a) Der Unternehmer versteuert letztlich lediglich die Differenz zwischen Nettoeinkaufs- und Nettoverkaufspreis, also den sog. Nettoumsatz. Z. B. beträgt die Differenz beim Einzelhändler E 2 200 €. Multipliziert man diesen Betrag mit dem Steuersatz von 19 %, ergibt sich die oben dargestellte Zahllast des E von 418 €. Dies lässt sich damit erklären, dass durch den VStA die Umsatzbesteuerung auf der Vorstufe vollständig rückgängig gemacht wird. Die effektive Besteuerung des Nettoumsatzes nennt man **Besteuerung des Mehrwerts**. Daher stammt die im allgemeinen Sprachgebrauch übliche Bezeichnung **Mehrwertsteuer**.

Wie am obigen Beispiel deutlich wird, bedeutet dies jedoch nicht, dass tatsächlich ein Mehrwert geschaffen wurde, da sich der Pkw auf den einzelnen Umsatzstufen nicht verändert. Vermutlich wird häufig Hand in Hand mit dem Mehrwert i. S. d. UStG auch ein tatsächlicher Mehrwert der Ware durch ihre Ver- oder Bearbeitung etc. geschaffen.

b) **Die USt ist innerhalb der Unternehmerkette kostenneutral.** Infolge des VStA erhält der Unternehmer seine an den Vorunternehmer bezahlte USt indirekt zurückerstattet und braucht sie somit nicht als Kosten in seine Kalkulation einzubeziehen. Ebenso ist die beim Ausgangsumsatz entstandene USt kostenneutral, wenn der Umsatz an einen Unternehmer für dessen Unternehmen bewirkt wird. In diesem Fall kann die USt voll auf den Abnehmer abgewälzt werden, weil die Höhe der USt beim Abnehmer wegen des VStA ebenfalls keine Rolle spielt.

Dies wird deutlich, wenn im u. g. Fall auch V Unternehmer ist und den Pkw für sein Unternehmen einkauft.

Lässt man sonstige Faktoren außer Betracht, ergibt sich beim Unternehmer E folgende Einnahmen- und Ausgabenrechnung:

Kostenmäßige Darstellung		
	Kaufpreis Ausgabe (./.)/ Einnahme (+)	Umsatzsteuer Ausgabe (./.)/Einnahme (+)
E bezahlt an G: 22 000 € Kaufpreis + 4 180 € Umsatzsteuer	./. 22 000 €	./. 4 180 €
E erhält von V: 24 200 € Kaufpreis + 4 598 € Umsatzsteuer	+ 24 200 €	+ 4 598 €
E bezahlt an das Finanzamt als Zahllast 418 €		./. 418 €
Gesamtergebnis:	+ 2 200 €	0 €

Die USt hat danach also auf den Gewinn keinen Einfluss.

Ist dagegen V – wie im Ausgangsbeispiel – Nichtunternehmer, kann möglicherweise eine Überwälzung der USt von E auf V nicht oder nicht in vollem Umfang erfolgen. Denn da V als Nichtunternehmer keinen VStA hat, wird seine Kaufentscheidung ausschließlich vom Bruttoeinkaufspreis abhängen. Ist ihm dieser zu hoch, wird E unter Umständen gezwungen sein, seinen Bruttoverkaufspreis zu Lasten seines Gewinns zu senken. Unterstellt, E würde in diesem Fall seinen Preis um 5 % auf brutto 27 358 € ermäßigen, ergäbe sich bei E folgende Einnahmen- und Ausgabenrechnung:

Kostenmäßige Darstellung		
	Kaufpreis Ausgabe (./.)/ Einnahme (+)	Umsatzsteuer Ausgabe (./.)/Einnahme (+)
E bezahlt an G: 22 000 € Kaufpreis + 4 180 € Umsatzsteuer	./. 22 000 €	./. 4 180 €
E erhält von V: 22 990 € Kaufpreis + 4 368 € Umsatzsteuer	+ 22 990 €	+ 4 368 €
E bezahlt an das Finanzamt als Zahllast 188 €	0 €	./. 188 €
Gesamtergebnis:	+ 990 €	0 €

Die USt wirkt sich in diesem Fall nur scheinbar kostenneutral aus, denn E erhält nicht seinen ursprünglich angestrebten kalkulatorischen Gewinn von 2 200 €. Wäre der USt-Satz entsprechend niedriger, könnte er bei gleichem Endverkaufspreis den angestrebten Gewinn erzielen.

c) **Die USt realisiert sich für den Staat letztlich erst auf der Stufe des Endverbrauchers**. Er erhält am Ende genau die USt, die dem Endverbraucher vom Unternehmer in Rechnung gestellt wird. Das Finanzamt bekommt diesen Betrag gewissermaßen in Raten. 3 800 € von P, 380 € von G und 418 € von E (fraktionierte Zahlungsweise).
Gelangt die Ware nicht an den Endverbraucher, erhält der Staat letztlich keine USt. Unterstellt im obigen Falle geht der Pkw bei E in Flammen auf, bevor er ihn veräußern konnte. E hat nach wie vor den VStA i. H. v. 4 180 €. Mangels Ausgangsumsatz fällt bei ihm jedoch keine Ausgangsumsatzsteuer an. E hat somit einen Vergütungsanspruch von 4 180 €. Damit muss das Finanzamt gewissermaßen den von P und G erhaltenen Betrag von 4 180 € (3 800 € + 380 €) wieder an E ausbezahlen.
Der gleiche Effekt tritt bei einem Verkauf in das Drittlandsgebiet, also in ein Gebiet ausserhalb der EU-Mitgliedstaaten ein: Verkauft der Einzelhändler E den Pkw an einen Abnehmer in die Schweiz, ist der von ihm getätigte Umsatz steuerbefreit. E kann trotzdem einen VStA i. H. v. 4 180 € vornehmen. Ein Steueraufkommen für den Fiskus liegt nicht vor. Allerdings kommt der Gegenstand auch in diesem Fall nicht unversteuert zum Endverbraucher, denn i. d. R. erhebt der Einfuhrstaat EUSt. Das Steueraufkommen fließt dann dem Einfuhrstaat zu.

FAZIT

Das USt-Aufkommen realisiert sich nur dann, wenn der Umsatz im Inland an einen Endverbraucher gelangt. Nur in diesem Fall fließen dem Fiskus Steuereinnahmen zu.
Bleibt der Umsatz im Unternehmensbereich (Investition) bzw. liegt ein Exportgeschäft vor, fließen dem deutschen Fiskus keine USt-Einnahmen zu. Der beträchtliche Betrag von ca. 235.000 Mrd. € USt-Aufkommen im Kalenderjahr 2018 (geschätzt) wird somit ausschließlich[1] vom inländischen Endverbraucher getragen.

3 Anwendung des Allphasennetto-Umsatzsteuersystems mit Vorsteuerabzug in der Praxis

((Setzer: hier bitte weiter Nummerierung mit 3 (und alle fortfolgenden Überschriften, jeweils bei Teil A- L mit 1 beginnend))
Aufgrund des obigen Beispiels (vgl. 2) entsteht der Eindruck, ein Unternehmer habe bezüglich jedes einzelnen Umsatzes durch Saldierung der Ausgangsumsatzsteuer mit der Vorsteuer eine Zahllast zu errechnen. Hält man sich jedoch die Vielzahl der Umsätze vor Augen, die ein Unternehmer tätigt, wird schnell deutlich, dass es einer verfahrensmäßigen Bündelung dieser Aktivitäten und der daraus resultierenden Umsätze bedarf.
Bitte lesen Sie § 18 Abs. 1 Satz 1 UStG!
§ 18 Abs. 1 UStG verpflichtet den Unternehmer, i. d. R. für jeden Kalendermonat bzw. für jedes Kalendervierteljahr (Voranmeldungszeitraum -VZ) auf elektronischem Weg eine sog. **USt-Voranmeldung** abzugeben. Näheres hierzu vgl. X 2. Darin hat er sämtliche Umsätze, die er

---

[1] Dies gilt auch dann, wenn der Umsatz auf der Endstufe steuerfrei ist und auf Vorstufen Umsatzsteuer anfällt, da auch diese Umsatzsteuer in den Preis auf der Endstufe einkalkuliert wird.

in dem betreffenden Kalendermonat getätigt hat, anzumelden und die Ausgangsumsatzsteuer zu berechnen. Ferner muss er sämtliche in diesem Zeitraum angefallenen Vorsteuerbeträge ermitteln und die Summe ebenfalls in die Voranmeldung aufnehmen. Aus beiden Summen errechnet er seine Zahllast für den betreffenden VZ. Diesen Betrag hat er bis zum zehnten Tag nach Ablauf des VZ als Vorauszahlung an das Finanzamt abzuführen (Selbstveranlagungsprinzip; vgl. §§ 150 Abs. 1 Satz 3 und 168 Satz 1 AO).

Bitte lesen Sie § 18 Abs. 3 Satz 1 UStG!

Nach Ablauf des Kalenderjahres muss der Unternehmer nach demselben Prinzip die endgültige jährliche Zahllast in der USt-Jahresanmeldung berechnen und dem Finanzamt melden. Der Unternehmer reicht somit im Regelfall neben zwölf USt-Voranmeldungen eine USt-Jahresanmeldung ein.

Durch die Verpflichtung zur Abgabe von zwölf bzw. vier Voranmeldungen wird ein zeitnahes Entrichten der USt an den Fiskus erreicht. Die zusätzliche Erfassung sämtlicher Umsätze und Vorsteuern in der USt-Jahresanmeldung schafft sowohl für den Unternehmer als auch für den Staat die Möglichkeit, die gesamte jährliche Zahllast nochmals zu ermitteln bzw. zu verifizieren.

Ist die Summe der Vorauszahlungen niedriger als die Zahllast in der Jahressteueranmeldung, hat der Unternehmer die Differenz gem. § 18 Abs. 4 Satz 1 UStG innerhalb eines Monats nach Abgabe der Jahresanmeldung nachzuentrichten.

Anmerkung: Tätigt der Unternehmer Warenverkäufe an Unternehmer, die in den anderen Mitgliedstaaten der EU ansässig sind, muss er neben den Voranmeldungen noch sog. Zusammenfassende Meldungen (ZM) gem. § 18a UStG beim BZSt einreichen (Näheres hierzu vgl. X 12).

4 Sonderregelungen für den innergemeinschaftlichen Warenverkehr

Für den Warenverkehr mit dem Ausland galt bis Ende des KJ 1992 allgemein der Grundsatz:
- Einfuhren werden mit EUSt **belastet**.
- Ausfuhren werden von der USt als steuerfreie Ausfuhrlieferungen **entlastet**.

Mit dem Wegfall der innergemeinschaftlichen Zollgrenzen musste ein neues Verfahren gefunden werden.

Als Alternativen boten sich an:
- Besteuerung am Ort der Leistung (Ursprungslandprinzip) und Verteilung der insgesamt innerhalb der EU angefallenen USt auf die Mitgliedstaaten entsprechend der makroökonomischen Basis (z. B. nach Einwohnerzahl). Dies hätte jedoch einheitliche Steuersätze innerhalb der EU vorausgesetzt. Insoweit schied diese Alternative aus.
- Besteuerung am Ort des Verbrauchs (Bestimmungslandprinzip), was aber nach dem Wegfall der innergemeinschaftlichen Zollgrenzen Ersatzlösungen erforderte. Diese Alternative wurde mit gewissen Einschränkungen realisiert.

Hieraus ergaben sich verschiedene Fallgruppen:

a) Fallgruppe 1

Der größte Teil des innergemeinschaftlichen Warenverkehrs betrifft den Warenverkehr zwischen Unternehmen bzw. im Unternehmensbereich (sog. B2B-Umsätze – Business to Business). Das Bestimmungslandprinzip ließ sich dadurch aufrechterhalten, dass an die Stelle der Einfuhrumsatzsteuer die Erwerbsumsatzsteuer (§ 1 Abs. 1 Nr. 5 UStG) trat.

> **BEISPIELE**
>
> a) Unternehmer A in Frankreich liefert Unternehmer B in Deutschland Waren.
> **LÖSUNG** Die Lieferung des A an den Erwerber B in Deutschland ist als innergemeinschaftliche Lieferung in Frankreich steuerfrei. B tätigt in Deutschland einen innergemeinschaftlichen Erwerb, der als eigenständiger Umsatz (als Ersatz für die frühere EUSt) steuerbar und stpfl. ist (§ 1 Abs. 1 Nr. 5 i. V. m. § 1a UStG).
>
> b) Unternehmer A in Deutschland hat eine unselbständige Zweigniederlassung in Frankreich. Er befördert Waren von seinem Unternehmen in Deutschland zur Zweigniederlassung nach Frankreich.
> **LÖSUNG** Der Transport der Waren von Deutschland nach Frankreich ist ein rechtsgeschäftsloses Verbringen. Das rechtsgeschäftslose Verbringen stellt in der Regel einen nichtsteuerbaren Vorgang dar. Beim Verbringen von einem Mitgliedstaat in einen anderen werden jedoch eine steuerfreie innergemeinschaftliche Lieferung im Ursprungsland (§§ 1 Abs. 1 Nr. 1, 3 Abs. 1a, 3 Abs. 6; 4 Nr. 1b und 6a Abs. 2 UStG) und ein steuerpflichtiger innergemeinschaftlicher Erwerb im Bestimmungsland fingiert, den A im Bestimmungsland zu versteuern hat (§§ 1 Abs. 1 Nr. 5, 1 a Abs. 2 UStG).

Zur Gewährleistung der Besteuerung im Bestimmungsland wurden Kontrollmechanismen geschaffen (vgl. § 6a Abs. 1 Nr. 3 UStG). Dies führt dazu, dass die Befreiung der innergemeinschaftlichen Lieferung regelmäßig nur dann gewährt wird, wenn Lieferer und Abnehmer bei ihrem Umsatzgeschäft die jeweiligen USt-IdNrn. ihrer Mitgliedstaaten verwenden. Überdies ist der Lieferer verpflichtet, über eine sog. Zusammenfassende Meldung (ZM, § 18a UStG) die Details seiner Lieferung, insbesondere den Abnehmer und dessen USt-IdNr. etc. (vgl. § 18a Abs. 7 UStG) zu melden. Der Mitgliedstaat der Lieferung übermittelt diese Informationen dem Mitgliedstaat des Erwerbs, um diesem die Kontrolle der Besteuerung des Erwerbs zu ermöglichen.

Ausnahmsweise kann jedoch innerhalb dieser Fallgruppe das Ursprungslandprinzip zum Zug kommen, wenn die Erwerber zwar Waren für ihr Unternehmen erwerben, es sich jedoch um Unternehmer mit speziellen Eigenschaften handelt, wie z. B. Kleinunternehmer und die Erwerbe bestimmte Umsatzgrenzen (sog. Erwerbsschwellen) nicht überschreiten (§ 1 Abs. 1 Nr. 5 i. V. m. § 1 a Abs. 3 UStG).

b) Fallgruppe 2

Ein weiterer bedeutsamer Bereich des innergemeinschaftlichen Warenverkehrs ist der sogenannte Versandhandel an Privatpersonen (sog. B2C-Umsätze – Business to Consumer). Dabei befördert oder versendet der Lieferer die Waren zum Abnehmer in einen anderen Mitgliedstaat. Da die Besteuerung des Erwerbs bei Privatpersonen kaum realisierbar ist, wird in diesen Fällen – von einigen Ausnahmen abgesehen – bei Überschreiten eines bestimmten Umsatzvolumens, das von Mitgliedstaat zu Mitgliedstaat differiert, der Lieferort vom Ursprungsland des Warenabgangs in das Bestimmungsland des Warenempfangs verlagert (vgl. § 3c UStG). Der Lieferer hat in diesen Fällen die Lieferung im Bestimmungsland zu versteuern. Da diese Regelung vornehmlich im Versandhandel zur Anwendung kommt, wird sie auch als sog. Versandhandelsregelung bezeichnet. Sie gilt allerdings für jeden Lieferanten, der ihre Tatbestandsvoraussetzungen erfüllt, auch wenn dies nicht der klassische Versandhändler ist.

BEISPIEL

Versandhändler V in Deutschland beliefert Kunden in den anderen Mitgliedstaaten. Diese bestellen anhand eines Katalogs. Die Waren werden von V zu den Kunden versandt.

LÖSUNG Mit Überschreiten der Lieferschwelle des jeweiligen Bestimmungslandes (vgl. Abschn. 3c.1 Abs. 3 UStAE) verlagert sich der Lieferort dorthin, d. h. ihm kommt dann das aus diesen Umsätzen resultierende Steueraufkommen zugute. Die Lieferung ist daher nicht im Ursprungs-, sondern im Bestimmungsland steuerbar. Demzufolge hat der Lieferer die USt im Bestimmungsland zu entrichten (vgl. § 3c UStG).

Auch innerhalb dieser Fallgruppe kommt ausnahmsweise das Ursprungslandprinzip zum Zug, wenn die Lieferungen des Versandhändlers in einen Mitgliedstaat bestimmte Umsatzgrenzen (sog. Lieferschwellen § 3 c Abs. 3 UStG) nicht übersteigen.

c) Fallgruppe 3

Erwirbt eine in einem Mitgliedstaat ansässige Privatperson in einem anderen Mitgliedstaat Ware und befördert oder versendet sie diese in ihren Ansässigkeitsstaat, lässt sich das Bestimmungslandprinzip ebenfalls kaum durchführen. Weder vom Erwerber noch vom Lieferer kann verlangt werden, im Bestimmungsland zu versteuern, zumal zuletzt Genannter oftmals nicht weiß, ob die Ware im Ursprungsland bleibt oder in einen anderen Mitgliedstaat mitgenommen wird. Fälle dieser Art haben im Allgemeinen keine maßgebende Auswirkung auf das USt-Aufkommen, daher bleibt es insoweit bei der Besteuerung im Ursprungsland.

BEISPIEL

Die Privatperson P aus Deutschland verbringt ihren Urlaub in Österreich. Sie erwirbt dort einige Souvenirs, die sie mit nach Deutschland nimmt.

LÖSUNG Die Lieferungen sind in Österreich steuerbar und steuerpflichtig. In Deutschland erfolgt hierfür keine Besteuerung.

Ausnahmsweise findet auch in dieser Fallgruppe das Bestimmungslandprinzip Anwendung, wenn es sich um den Erwerb neuer Fahrzeuge handelt (§ 1 b UStG). Aufgrund des Wertes dieser Gegenstände käme es bei einer Realisierung des Ursprungslandprinzips zu einer unzumutbaren Wettbewerbsverzerrung zugunsten der Unternehmer, die ihr Unternehmen in einem Mitgliedstaat mit niedrigem Steuersatz betreiben und zu Lasten der Mitgliedstaaten mit höheren Steuersätzen. Die Kontrolle wird dadurch erleichtert, dass Fahrzeuge dort, wo sie genutzt werden, angemeldet werden müssen.

Anmerkung:

Die Europäische Kommission hat am 04. 10. 2017 eine Reihe **wesentlicher Grundsätze** und **wichtiger Reformen** vorgeschlagen, um das gegenwärtige Mehrwertsteuersystem zu verbessern und zu modernisieren. Insbesondere sollen der Mehrwertsteuerbetrug und die darauf zurückzuführenden massiven Einbußen in den Staatseinnahmen verhindert und die unternehmerischen Tätigkeiten im EU-Binnenmarkt vereinfacht werden.[1] Es ist beabsichtigt, diesen langfristigen Plan zur Modernisierung des Mehrwertsteuerraums schrittweise bis zum Jahr 2022 umzusetzen. Insoweit werden auch die v. g. Fallgruppen verschiedenen Änderungen unterworfen sein.

---

1 https://ec.europa.eu/taxation_customs/business/vat/action-plan-vat/single-vat-area_de

5 Besteuerungsformen des Umsatzsteuergesetzes

Das bisher vorgestellte Allphasennetto-Umsatzsteuersystem mit Vorsteuerabzug wird im UStG nicht stets in Reinform durchgeführt, sondern erfährt teils aus Vereinfachungsgründen, teils auch aus wirtschafts- und sozialpolitischen Gründen verschiedene Abwandlungen und Systembrüche.

Besteuerungsformen	
Regelbesteuerung	Allphasennettobesteuerung mit Vorsteuerabzug
Differenzbesteuerung	• Besteuerung von Reiseleistungen (§ 25 UStG) • Differenzbesteuerung (§ 25 a UStG)
Besteuerung mit pauschalem Vorsteuerabzug	• Besteuerung land- und forstwirtschaftlicher Betriebe (§ 24 UStG) • Besteuerung begünstigter Vereinigungen i. S. v. § 5 Abs. 1 Nr. 9 KStG (§ 23 a UStG) • Besteuerung nach allgemeinen Durchschnittssätzen (§§ 69 und 70 UStDV)
Nichtbesteuerung	Kleinunternehmerregelung (§ 19 UStG)

Im weiteren Verlauf dieses Lehrbuchs wird insbesondere die Regelbesteuerung näher erörtert. Ob ein Unternehmer die Besteuerung nach dem Grundfall der Regelbesteuerung vorzunehmen hat, hängt u. a. davon ab, dass sein Vorjahresgesamtumsatz mehr als 17 500 € beträgt und im laufenden KJ 50 000 € voraussichtlich übersteigen wird (Näheres hierzu vgl. V). Ist im Folgenden von einem Unternehmer die Rede und ergibt sich aus dem Sachverhalt nicht ausdrücklich etwas Gegenteiliges, handelt es sich stets um einen Unternehmer, der seine Umsätze nach dem **Grundfall** der Regelbesteuerung zu versteuern hat.

6 Ausgangsumsatzsteuer

6.1 Steuergegenstand

Die Zahllast des Unternehmers ergibt sich als Saldo von Ausgangs-USt und Vorsteuer. Ausgangs-USt und Vorsteuer stellen somit die beiden Säulen dar, auf denen das USt-System ruht. Gegenstand der Ausgangs-USt (Steuergegenstand) ist der **Umsatz** (Ausgangsumsatz). Im folgenden Kapitel werden die einzelnen Arten der steuerbaren Umsätze vorgestellt.

§ 1 Abs. 1 UStG enthält eine abschließende Aufzählung der drei **Umsatzarten**:
1. Lieferungen und sonstige Leistungen gegen Entgelt (§ 1 Abs. 1 Nr. 1 UStG),
2. Einfuhr (§ 1 Abs. 1 Nr. 4 UStG) und
3. innergemeinschaftlicher Erwerb (§ 1 Abs. 1 Nr. 5 UStG).

6.1.1 Umsatzart Lieferungen und sonstige Leistungen

Typische Fälle der Umsatzart nach § 1 Abs. 1 Nr. 1 UStG sind:
- Lieferungen, z. B. die Veräußerung von Waren und sonstigen Gegenständen,
- sonstige Leistungen, z. B. Dienst-, Werk- und Vermietungsleistungen.

Unentgeltliche Lieferungen und sonstige Leistungen an den Unternehmer selbst oder andere Personen werden unter den Voraussetzungen des § 3 Abs. 1 b und Abs. 9 a UStG entgeltlichen

Lieferungen und sonstigen Leistungen gleichgestellt. Sie sind dann ebenfalls steuerbar nach § 1 Abs. 1 Nr. 1 UStG. Diese sog. Gleichstellungstatbestände behandelt Kapitel Q.
  a) Typische Fälle **unentgeltlicher Lieferungen** nach § 3 Abs. 1 b UStG sind:
  – Warenentnahmen für den privaten Bedarf,
  – Sachgeschenke an das Personal oder an Dritte (Kunden).
  b) Typische Fälle von **unentgeltlichen sonstigen Leistungen** nach § 3 Abs. 9 a UStG sind: Privatnutzung von Betriebsgegenständen, insbesondere von Pkws, oder Einsatz von Personal im außerunternehmerischen Bereich.

Näheres vgl. C.

6.1.2 Einfuhr

Die Umsatzart »Einfuhr« nach § 1 Abs. 1 Nr. 4 UStG liegt vor, wenn Gegenstände aus Gebieten außerhalb der EU (sog. Drittlandsgebiet nach § 1 Abs. 2 a Satz 3 UStG) in den freien Warenverkehr im Inland eingeführt werden. Diese Art der Besteuerung soll verhindern, dass Waren aus dem Drittland unversteuert in den Endverbrauch gelangen. Es wird gewährleistet, dass die eingeführten Waren mit inländischer USt (Bestimmungslandprinzip) belastet werden. Die Erhebung dieser EUSt erfolgt bei den Zollämtern z. B. an Flughäfen. Ein typischer Fall ist z. B. die Einfuhr von Elektronikartikeln von Japan nach Deutschland oder von Schokolade aus der Schweiz.

6.1.3 Innergemeinschaftlicher Erwerb

Der innergemeinschaftliche Erwerb nach § 1 Abs. 1 Nr. 5 i. V. m. § 1 a UStG besteuert Warenerwerbe eines Unternehmers von Unternehmern aus dem Gebiet eines anderen EU- Mitgliedstaats (sog. Erwerbs-USt).

Insoweit soll – zur Vermeidung von Wettbewerbsverzerrungen – erreicht werden, dass Waren aus anderen Mitgliedstaaten grundsätzlich mit der gleichen USt belastet werden wie die im Bestimmungsland produzierten. Näheres vgl. R.

7 Übersicht über die steuerbaren Umsätze

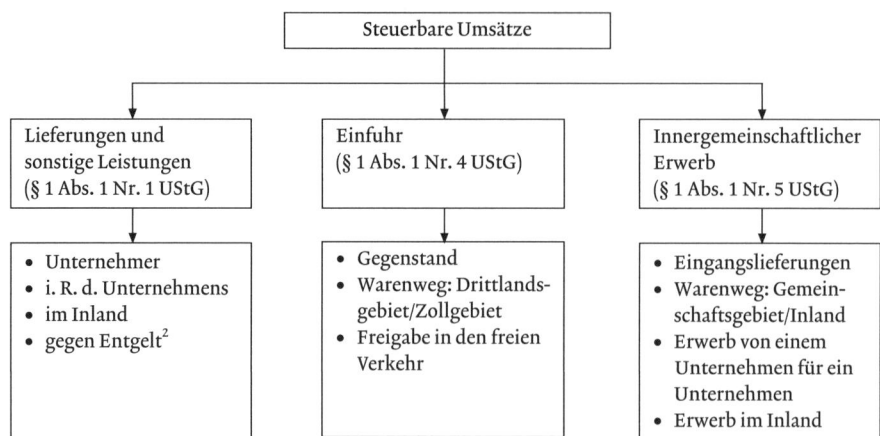

Wie oben ausgeführt, erfordert die **Steuerbarkeit** einer Umsatzart das Vorliegen jeweils **sämtlicher** Tatbestandsmerkmale. Fehlt auch nur eines (z. B. Inland[1]), ist der Umsatz **nicht steuerbar und es entsteht keine Umsatzsteuer**.

Bei Leistungsentnahmen und unentgeltlichen Leistungsabgaben fehlt es zwar an Tatbestandsmerkmalen (z. B. am Leistungsaustausch oder Entgelt), die nach § 1 Abs. 1 Nr. 1 UStG für die Steuerbarkeit erforderlich sind. Sie werden jedoch über § 3 Abs. 1b und Abs. 9a UStG fingiert und komplettieren so die Voraussetzungen für die Steuerbarkeit des Umsatzes nach § 1 Abs. 1 Nr. 1 UStG (Näheres vgl. Q). Im vorliegenden Lehrbuch werden die Tatbestandsmerkmale für die Lieferungen und sonstigen Leistungen gem. § 1 Abs. 1 Nr. 1 UStG sowie für den innergemeinschaftlichen Erwerb erklärt und anhand von Fallbeispielen verdeutlicht. Die Umsatzart »Einfuhr« wird lediglich i. R. des Vorsteuerabzugs (§ 15 Abs. 1 Nr. 2 UStG) behandelt, da die EUSt als Verbrauchsteuer aus dem Rahmen der übrigen USt herausfällt und von den Zollbehörden erhoben wird (vgl. T 4).

---

1 Das Inland deckt sich im Wesentlichen mit dem Gebiet der Bundesrepublik Deutschland (Näheres vgl. D).

8 Schema zur Lösung umsatzsteuerrechtlicher Sachverhalte

Liegen alle Tatbestandsmerkmale einer Umsatzart vor, ist der Umsatz **steuerbar**. Um jedoch tatsächlich zur Umsatzbesteuerung zu gelangen, bedarf es außerdem der Steuerpflicht. Diese ist dann nicht gegeben, wenn eine der Steuerbefreiungsvorschriften nach § 4 Nr. 1–28 bzw. § 4b UStG eingreift. In diesem Fall ist der Umsatz zwar **steuerbar**, jedoch **steuerfrei**.

Entsprechend dieser Systematik des UStG empfiehlt sich bei der Lösung umsatzsteuerrechtlicher Sachverhalte daher grundsätzlich folgender Aufbau:

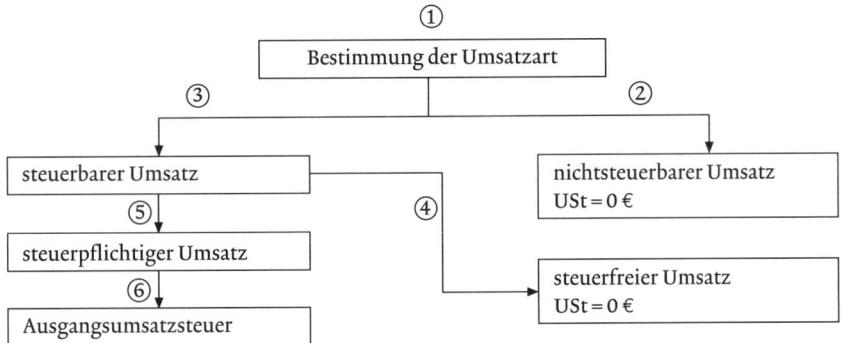

Vom Ergebnis scheint es gleichgültig zu sein, ob ein Umsatz **nicht steuerbar** oder zwar steuerbar, aber **steuerfrei** ist.

Diese Unterscheidung hat jedoch Bedeutung an anderer Stelle des USt-Rechts, z. B.
- bei der Ermittlung des Gesamtumsatzes nach § 19 Abs. 3 UStG,
- bei der Frage, ob ein Nachweis (z. B. durch Belege) erbracht werden muss oder
- beim Erstellen der Steueranmeldungen.

> **MERKSATZ**
>
> Die Überprüfung eines Sachverhalts auf seine umsatzsteuerrechtliche Auswirkung empfiehlt sich nach folgender Reihenfolge:
> 1. Zuordnung zu einer bestimmten Umsatzart,
> 2. Feststellung der Steuerbarkeit (Steuerbarkeitsprüfung) und
> 3. Feststellung der Steuerpflicht (negative Steuerbefreiungsprüfung).

FALL 1

Lösen Sie die nachfolgenden Aufgaben entsprechend dem obigen Schema. Gehen Sie bitte davon aus, dass im Falle der Steuerbarkeit eines Umsatzes keine Steuerbefreiungsvorschrift Anwendung findet.
1. Fabrikant F veräußert für 10 000 € eine Maschine in New York.
2. Arbeitnehmer A veräußert in Stuttgart seinen Pkw an den Gebrauchtwagenhändler H für 4 000 €.
3. Lebensmittelhändler L entnimmt aus seinem Geschäft in Köln Lebensmittel für seinen privaten Bedarf.
4. Mietwagenunternehmen M in Frankfurt vermietet dem Privatmann P einen Kleintransporter für dessen Umzug von Frankfurt nach Wiesbaden.
5. Der selbständige Architekt A veräußert die Waschmaschine aus seinem Privathaushalt in Stuttgart für 400 €.

Teil C Umsatzart Lieferungen und sonstige Leistungen gemäß § 1 Abs. 1 Nr. 1 UStG

1 Allgemeines

Im Folgenden soll der Haupttatbestand des UStG näher erörtert werden. Dabei bleiben zunächst die Tatbestandsmerkmale »Unternehmer, i. R. des Unternehmens, gegen Entgelt und im Inland« außer Betracht. Gehen Sie bitte im Nachfolgenden davon aus, dass diese Merkmale zweifelsfrei vorliegen.

Der Gesetzgeber hat innerhalb der Umsatzart des § 1 Nr. 1 UStG zwischen **Lieferungen** und **sonstigen Leistungen** unterschieden, obwohl er beides unter einem Oberbegriff, nämlich dem Begriff der **Leistungen** hätte zusammenfassen können. Die getroffene Unterscheidung ist im Umsatzsteuerrecht in verschiedener Hinsicht von Bedeutung. So kommen bei den Lieferungen andere Vorschriften zur Anwendung als bei den sonstigen Leistungen, z. B.
- beim Leistungsort,
- bei den Steuerbefreiungsvorschriften oder
- in einigen Fällen bei den Steuersätzen.

Aus systematischen Gründen ist es damit erforderlich, bei der Beurteilung eines Sachverhalts nach seiner Steuerbarkeit gem. § 1 Abs. 1 Nr. 1 UStG zu prüfen, ob jeweils eine steuerbare
- Lieferung (§ 3 Abs. 1 UStG) oder
- sonstige Leistung (§ 3 Abs. 9 UStG)

vorliegt.

2 Teilumsatzart Lieferungen

Gem. § 3 Abs. 1 UStG liefert ein Unternehmer dann, wenn er einem anderen die **Verfügungsmacht** an einem **Gegenstand** verschafft. Es müssen also zwei Tatbestandsvoraussetzungen gegeben sein:
1. es geht um einen Gegenstand und
2. das Verschaffen der Verfügungsmacht an diesem Gegenstand.

3 Liefergegenstand

Der Begriff des Gegenstands im USt-Recht deckt sich **nicht** mit dem des Zivilrechts:

Das **BGB** versteht darunter **körperliche und nichtkörperliche** (Rechte), das UStG hingegen grundsätzlich **nur körperliche Gegenstände**, also i. d. R. Sachen i. S. d. § 90 BGB (vgl. A 3.1 Abs. 1 UStAE).

Unter diesen Begriff fallen somit:
- **unbewegliche Sachen** (z. B. Grund und Boden, Gebäude, Eigentumswohnungen),
- **bewegliche Sachen** (z. B. Waren, Rohstoffe, Maschinen, Kfz),
- **lebende Sachen** (Pflanzen),
- **Tiere**,

- **Sachen in flüssigem und gasförmigem Aggregatzustand** (z. B. Benzin, Öl, Wasser, Gase – sog. vertretbare Sachen i. S. v. § 91 BGB).

Lebende Tiere sind nach § 90a BGB keine Sachen. Da auf sie zivilrechtlich die für Sachen geltenden Vorschriften entsprechende Anwendung finden, fallen sie umsatzsteuerrechtlich unter den Begriff des Liefergegenstands.

Überdies werden vom Gegenstandsbegriff des UStG auch Wirtschaftsgüter erfasst, die im Geschäftsverkehr wie Sachen umgesetzt werden (z. B. Elektrizität, Wärme, sonstige Energien). Dies ist darauf zurückzuführen, dass das USt-Recht in besonderem Maße der wirtschaftlichen Betrachtungsweise Rechnung trägt.

Keine Sachen sind dagegen:
- Geld als bloßes Zahlungsmittel (es hat lediglich die Funktion als Entgelt [vgl. A 1.1 Abs. 3 Satz 3 UStAE]),
- Personen sowie
- immaterielle Wirtschaftsgüter (Rechte [vgl. A 3.1 Abs. 1 Satz 5 UStAE], Patente, Know-how vgl. § 3a Abs. 4 Nr. 1 UStG).

Ein Recht wird häufig in einem Papier verbrieft, z. B. ergibt sich aus einer Theaterkarte das Recht zum Besuch der Theatervorstellung. Gleichwohl handelt es sich umsatzsteuerrechtlich **nicht** um einen Liefergegenstand, da das Papier gegenüber der Übertragung des Rechts auf Teilnahme von nur untergeordneter Bedeutung ist. In Zweifelsfällen entscheidet die Verkehrsauffassung. Nach den Begrifflichkeiten des Umsatzsteuerrechts liegt im vorgenannten Beispiel eindeutig eine sonstige Leistung vor, die in der Einräumung einer Eintrittsberechtigung besteht (vgl. § 3a Abs. 3 Nr. 3a UStG).

Bei Sachen stellt sich zuweilen die Frage, ob nur eine oder gleich mehrere Lieferungen vorliegen.

> **MERKSATZ**
> Es gilt der Grundsatz: **So viele Sachen, so viele Lieferungen.**

3.1 Sachgesamtheit

Eine Ausnahme von diesem Grundsatz macht die sog. **Sachgesamtheit** (z. B. Kaffeeservice oder Bausatz). Insoweit liegt grundsätzlich nur ein Gegenstand i. S. d. UStG und damit auch nur eine Lieferung vor. Dies ist z. B. für den Lieferort bedeutsam, nämlich dann, wenn die Sachgesamtheit nicht insgesamt, sondern in Teilen befördert oder versendet wird.

Eine Sachgesamtheit erfordert eine Verbindung mehrerer Einzelsachen durch einen gemeinsamen Zweck und zwar so, dass die Gesamtheit etwas qualitativ anderes darstellt, als die Einzelteile für sich allein (vgl. auch A 3.1 Abs. 1 Satz 3 UStAE).

> **MERKSATZ**
> Die Gesamtheit ist mehr wert[1] als die Summe der Einzelwerte.

Häufig erkennt man die Sachgesamtheit daran, dass sie im allgemeinen Sprachgebrauch mit einem besonderen Namen belegt ist, z. B. Warenlager, Geschenkkorb, Menü, ein Paar Schuhe, Selbstbausatz.

---

1 Der Wert darf jedoch nicht generell mit dem Preis gleichgesetzt werden. Der Preis einer Sachgesamtheit kann im Einzelfall niedriger sein als die Summe der Preise für die in der Sachgesamtheit enthaltenen Einzelteile.

3.2 Vertretbare Sachen

Die gleiche Frage, ob es sich um einen Liefergegenstand oder um mehrere Liefergegenstände handelt, stellt sich bei sog. **vertretbaren Sachen**. Dies sind nach § 91 BGB bewegliche Sachen, die im Geschäftsverkehr nach **Zahl**, **Maß** oder **Gewicht** bestimmt werden, z. B. Benzin, Öl, Gas, Kohle, Zucker, Kaffee u. Ä.

Bei diesen vertretbaren Sachen entspricht die Zahl der Sachen der Zahl der Liefergegenstände. Werden sie jedoch nach Maß und Gewicht bestimmt, wird die Zahl der Liefergegenstände grundsätzlich durch den Kaufvertrag festgelegt. Sind dabei abgepackte Sachen Gegenstand des Kaufvertrags, ist regelmäßig jede einzelne Packung ein Liefergegenstand. Handelt es sich um unverpackte Sachen, die nach Maß oder Gewicht bestimmt werden, so ist der gesamte Gegenstand des Kaufvertrags ein Liefergegenstand.

BEISPIELE

a) Die Veräußerung von 100 kg Kaffee, abgepackt in 1 kg-Pakete, stellt 100 Lieferungen dar.

b) Die Veräußerung von 20 000 Liter Heizöl an einen Kunden stellt eine Lieferung dar.

Anmerkung: In der Praxis ist die Frage nach einer oder mehreren Lieferungen meistens bedeutungslos. Deshalb wird oft von **einer** Lieferung gesprochen, obwohl genau genommen **mehrere** Lieferungen vorliegen. In einer Klausur ist jedoch immer klarzustellen, ob es sich um eine oder mehrere Lieferungen handelt, da dies regelmäßig mit einem Korrekturpunkt (»Fußgängerpunkt«) bedacht wird.

FALL 2

Prüfen Sie in den nachfolgenden Fällen, ob ein Liefergegenstand und ggf. wie viele Liefergegenstände vorliegen.

Sachverhalt	Liefergegenstand nein	ja	Zahl
1. Das Wasserwerk berechnet einem Kunden für ein Kalendervierteljahr 120,36 cbm Wasser.			
2. Das kinderlose Ehepaar S adoptiert ein Kind und zahlt einem Mittelsmann dafür 5 000 €.			
3. Das kinderlose Ehepaar S kauft von einem Händler zwei Hunde zum Gesamtpreis von 1 000 €.			
4. Erwerb einer Fahrkarte der DB.			
5. Schriftsteller S veräußert das Manuskript seines Romans an einen Verlag zwecks Veröffentlichung.			
6. Buchhändler B veräußert zehn Exemplare eines Liederbuchs an einen Gesangverein.			
7. Kunstmaler K veräußert eines seiner Originalgemälde.			
8. Veräußerung eines komplett ausgestatteten Werkzeugkastens, bestehend aus 75 Einzelteilen.			

4 Verschaffung der Verfügungsmacht an einem Gegenstand

Unter der Verfügungsmacht versteht man die umfassende Herrschaftsmacht an einer Sache, d. h. sie insbesondere wie ein Eigentümer benutzen, verbrauchen, veräußern oder zerstören zu können (vgl. A 3.1 Abs. 2, Satz 2 UStAE).

Grundlage für das Verschaffen der Verfügungsmacht ist im Regelfall ein Verkaufsgeschäft (BFH vom 06. 12. 2007, BFH/NV 2008, 713). Darin verpflichtet sich der Verkäufer (Lieferer), dem Käufer (Abnehmer) den Kaufgegenstand zu übergeben und der Käufer (Abnehmer) dafür ein Entgelt zu entrichten (Leistungsaustausch gem. § 1 Abs. 1 Nr. 1 UStG). Wird die Verfügungsmacht an diesem Kaufgegenstand verschafft, liegt die Umsatzart »Lieferung« vor (§ 3 Abs. 1 UStG).

Der Zeitpunkt des Verschaffens der Verfügungsmacht ist zugleich der Zeitpunkt der Lieferung. Diesem Lieferzeitpunkt kommt zentrale Bedeutung zu. Er ist z. B. maßgebend für die Frage, wann die USt entsteht und an das Finanzamt abgeführt werden muss bzw. wann ein Vorsteuerabzug vorgenommen werden kann.

Bei der Frage nach dem Zeitpunkt des Verschaffens der Verfügungsmacht und somit nach dem Zeitpunkt der Lieferung muss grundsätzlich unterschieden werden, ob der Liefergegenstand durch den Lieferer bzw. den Abnehmer befördert oder versendet (bewegt bzw. transportiert) wird oder **nicht**.

Begriffsimmanent ist für das Verschaffen der Verfügungsmacht stets der Lieferwille des Lieferers und das Feststehen des Abnehmers.

4.1 Verschaffung der Verfügungsmacht (= Lieferung) bei Beförderung bzw. Versendung des Gegenstands

Wird der Liefergegenstand durch den Lieferer oder Abnehmer befördert oder versendet, gilt die Verfügungsmacht in dem Moment als verschafft, in dem die Beförderung beginnt bzw. die Sachen dem Spediteur übergeben werden (§ 3 Abs. 6, S. 1 und S. 4 UStG). Voraussetzung ist allerdings, dass zu diesem Zeitpunkt bereits ein Verkaufsgeschäft vorliegt und damit der Abnehmer der Lieferung feststeht.

> **BEISPIEL**
> Ein Kunde unterschreibt am 01. 07. 01 bei einem Kfz-Händler den Kaufvertrag für einen Pkw. Er holt den Pkw am 15. 08. 01 beim Händler ab.
> **LÖSUNG** Am 15. 08. 01 liegt eine Beförderung durch den Kunden (Abnehmer) in Form eines Abholfalles vor. Da der Leistung[1] eine schuldrechtliche Vereinbarung (Kaufvertrag) zugrunde liegt, wird zu diesem Zeitpunkt dem Erwerber die Verfügungsmacht am Pkw verschafft und damit die Lieferung vom Händler (Lieferer) an den Kunden (Abnehmer) bewirkt. Der bloße Abschluss des Kaufvertrags am 01. 07. 01 stellt umsatzsteuerrechtlich noch keine Lieferung dar (vgl. § 3 Abs. 1 UStG).

4.2 Verschaffung der Verfügungsmacht (= Lieferung) ohne Beförderung bzw. Versendung des Gegenstands

Das Verschaffen der Verfügungsmacht (= Lieferung) erfolgt in diesen Fällen i. d. R. durch Übergang des zivilrechtlichen bzw. wirtschaftlichen Eigentums am Gegenstand. Liegen sowohl

---
1 BFH vom 21. 04. 2005 BStBl II 2007, 63; vom 18. 01. 2005 BFH/NV 2005, 1394.

wirtschaftliches als auch bürgerlich-rechtliches Eigentum vor, ist der Übergang des wirtschaftlichen Eigentums vorrangig.

Solche Fälle sind gegeben z. B. bei Grundstücksveräußerungen oder vor bzw. bei Verkaufsgeschäften, die erst zu einem Zeitpunkt abgeschlossen werden, zu dem der Abnehmer bereits im Besitz des Liefergegenstands ist, also eine Beförderung oder Versendung des Liefergegenstands nicht mehr erfolgen kann (z. B. wenn der Verkäufer dem Käufer einen Gegenstand zunächst zur Ansicht überlassen hat).

BEISPIEL

Der Eigentümer eines eigengenutzten Fabrikgebäudes verkauft dieses an den Käufer K. Im notariell beurkundeten Kaufvertrag (§ 311 BGB) wurde der Übergang von Nutzen und Lasten auf den Erwerber zum 01. 10. 01 vermerkt. Die Grundbucheintragung und damit der Übergang des bürgerlichen Eigentums (§ 873 BGB) erfolgte am 08. 09. 02.

LÖSUNG Es liegt ein Verkauf ohne Beförderung oder Versendung des Liefergegenstands vor (sog. ruhende Lieferung nach § 3 Abs. 7 Satz 1 UStG). Die Verfügungsmacht (= Lieferung) wird in diesen Fällen in der Regel mit Übergang von Nutzen und Lasten verschafft, also am 01.10.01, da bereits zu diesem Zeitpunkt der Erwerber in der Lage ist, wie ein Eigentümer nach Belieben mit dem Grundstück zu verfahren (A. 3.1 Abs. 2, Satz 2 UStAE).

Der Eigentumsübertragung an einem Grundstück geht stets ein Kaufvertrag voraus, der der notariellen Beurkundung bedarf (§ 311 BGB). Durch diesen Kaufvertrag wird allerdings noch nicht die Verfügungsmacht verschafft.

Der Zeitpunkt des zivilrechtlichen Eigentumsübergangs hängt gem. § 873 BGB davon ab, wann die Eintragung des neuen Eigentümers im Grundbuch erfolgt. Da der Zeitpunkt der Grundbucheintragung ausschließlich vom Grundbuchamt abhängt, ist der Zeitpunkt des Eigentumsübergangs i. d. R. nicht identisch mit dem Zeitpunkt des Übergangs von Nutzen und Lasten am Grundstück. Erfolgt der Übergang von Nutzen und Lasten vor der Eintragung des neuen Eigentümers ins Grundbuch (Regelfall), liegt zu diesem Zeitpunkt bereits der Übergang des wirtschaftlichen Eigentums und damit das Tatbestandsmerkmal des Verschaffens der Verfügungsmacht nach § 3 Abs. 1 UStG vor.

Anmerkung: Grundstückslieferungen sind i. d. R. von der USt befreit (§ 4 Nr. 9a UStG). Jedoch kann im Wege eines Verzichts auf die Steuerbefreiung nach § 9 Abs. 1 und 3 UStG bei unternehmerisch genutzten Grundstücken USt anfallen (vgl. L 4.3 und L 4.4).

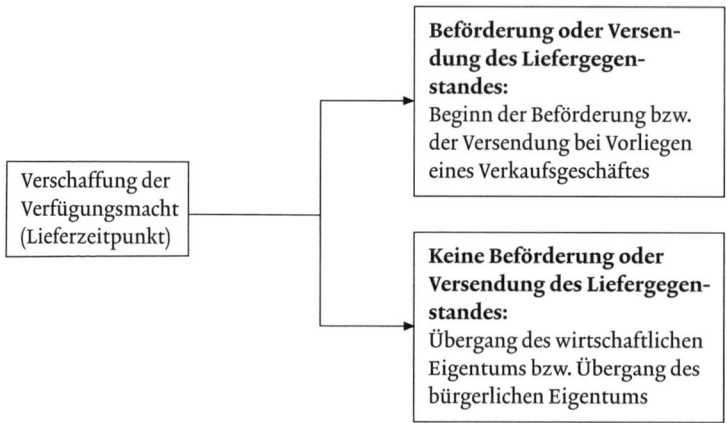

4.3 Verschaffung der Verfügungsmacht in Sonderfällen

Die Frage nach Art der Lieferung und Lieferzeitpunkt bestimmt sich grundsätzlich nach dem Beginn der Beförderung oder Versendung des Liefergegenstands. Wird dieser nicht befördert oder versendet, erfolgt die Lieferung im Normalfall mit dem Übergang des zivilrechtlichen Eigentums. Denn i. d. R. geht damit auch das wirtschaftliche Eigentum über. Maßgebend für die Frage der umsatzsteuerlichen Lieferung ist allein der Übergang des wirtschaftlichen Eigentums, das das Zivilrecht allerdings so nicht kennt (vgl. auch § 39 Abs. 2 Nr. 1 AO). Fallen die Zeitpunkte des Übergangs von zivilrechtlichem und wirtschaftlichem Eigentum auseinander, richtet sich der Lieferzeitpunkt im Umsatzsteuerrecht ausschließlich nach dem Übergang des wirtschaftlichen Eigentums.

Dies bedingt die nachfolgenden typischen Fälle, denen regelmäßig hohe Klausurrelevanz zukommt. Wesentliche Mindestanforderung ist dabei das Vorliegen des Lieferwillens beim Lieferer zum Zeitpunkt des Verschaffens der Verfügungsmacht (Ausnahme: vgl. § 1 Abs. 1 Nr. 1 Satz 2 UStG) und das Feststehen des Leistungsempfängers.

MERKSATZ

Das Verschaffen der Verfügungsmacht setzt einen Lieferwillen voraus.

BEISPIELE

a) Ein Spielzeughändler veräußert ein Spielzeugauto an einen sechsjährigen Jungen.
LÖSUNG In diesem Fall ist **kein Eigentum** nach § 929 BGB übergegangen, da der Sechsjährige geschäftsunfähig ist und somit keine wirksame Einigungserklärung nach § 929 BGB abgeben kann. Es wurde jedoch ein Leistungsaustausch (Verkaufsgeschäft) mit dem Minderjährigen vereinbart. Nach der Rechtsprechung des BFH (BFH vom 24. 02. 2005 BFH/NV 2005, 1160, unter II.1.b) ist die Wirksamkeit des zugrunde liegenden Vertrags keine notwendige Voraussetzung für das Verschaffen der Verfügungsmacht, sofern tatsächlich ein Leistungsaustausch erfolgt. Mit der Übergabe des Spielzeugautos (Handkauf) bewirkt der Händler eine Lieferung, da er dem Minderjährigen das Auto willentlich übergibt. Zeitgleich erfolgt auch der Übergang des wirtschaftlichen Eigentums, da der Minderjährige wie ein Eigentümer über den Gegenstand verfügen kann.

b) Ein Dieb veräußert gestohlene Gegenstände an einen Hehler.
LÖSUNG An gestohlenen Sachen kann bürgerlich-rechtlich kein Eigentum übertragen werden. Da der Dieb mit dem Hehler einen Leistungsaustausch (Verkaufsgeschäft) vereinbart und nach der Rechtsprechung des BFH (BFH vom 24. 02. 2005 BFH/NV 2005, 1160, unter II.1.b) kein zivilrechtlich wirksamer Vertrag für das Verschaffen der Verfügungsmacht erforderlich ist, erfolgt mit der Übergabe der Ware eine Lieferung des Diebs an den Hehler. Liegt keine Beförderung oder Versendung vor, wird die Verfügungsmacht (= Lieferungszeitpunkt) durch den Übergang des wirtschaftlichen Eigentums verschafft.

c) Ein Dieb hat im Beispiel b) die Sachen aus dem Lager eines Lebensmittelgroßhändlers gestohlen.
LÖSUNG Der Dieb hat an den gestohlenen Sachen, da er wie ein Eigentümer über sie verfügen kann, wirtschaftliches Eigentum erlangt. Verfügungsmacht wurde ihm jedoch **nicht** vom Lebensmittelgroßhändler **verschafft, sondern** er hat sie sich selbst **genommen**. Beim Händler fehlt damit der erforderliche **Lieferwille**. Es liegt somit **keine** Lieferung des Händlers an den Dieb vor.

d) Ein Gerichtsvollzieher pfändet bei einem Unternehmer Ware und versteigert sie.
LÖSUNG Der Gerichtsvollzieher hat im Wege einer hoheitlichen Maßnahme die Verfügungsmacht vom Unternehmer auf den Ersteigerer übertragen. Der Unternehmer hat also nicht willentlich die Verfügungsmacht abgegeben. Es fehlt somit am Lieferwillen. Gem. § 1 Abs. 1 Nr. 1 Satz 2 UStG wird in diesem Fall aufgrund der behördliche Anordnung das Verschaffen der Verfügungsmacht und somit eine Lieferung vom Unternehmer unmittelbar an den Ersteigerer fingiert (vgl. auch A 1.2

Abs. 2 UStAE). § 1 Abs. 1 Nr. 1 Satz 2 UStG stellt insoweit eine Ausnahme vom Grundsatz der Erforderlichkeit des Vorliegens von Lieferwille und Leistungsvereinbarung dar. Aus der Existenz dieser Ausnahmeregelung ergibt sich jedoch im Umkehrschluss eindeutig, dass eine Lieferung im Normalfall einen **Lieferwillen** voraussetzt.

e) Ein Mietwagenunternehmer vermietet einen Pkw an einen Kunden.
LÖSUNG Der Mieter hat die Möglichkeit, den Pkw zu nutzen, nicht jedoch zu veräußern. Er hat zwar eine gewisse, aber nicht die umfassende Sachherrschaft. Er hat keine Verfügungsmacht, sondern lediglich ein Nutzungsrecht am Pkw erlangt. Eine Lieferung liegt mangels Verkaufsgeschäfts nicht vor. Allerdings stellt die Vermietung des Pkw eine sonstige Leistung dar (§ 3 Abs. 9 UStG).

f) Wie Fall e), jedoch hat der Kunde von vornherein die unlautere Absicht, diesen Pkw bei der ersten sich bietenden Gelegenheit zu verkaufen. Entsprechend dieser Absicht veräußert er den Pkw.
LÖSUNG In diesem Falle verschafft sich der Kunde mit dem Erhalt des Pkw sofort die tatsächliche Möglichkeit, seiner Absicht entsprechend, den Pkw zu veräußern. Er fühlt sich nicht wie ein Mieter verpflichtet, den Pkw nach Ablauf der Mietzeit zurückzugeben, sondern eignet sich den Pkw im Wege der Unterschlagung an.
Er verfügt dadurch zwar über das wirtschaftliche Eigentum, hat aber nicht die umsatzsteuerrechtliche Verfügungsmacht. Eine Lieferung des Mietwagenunternehmers an diesen Kunden liegt auch deshalb nicht vor, weil der Mietwagenunternehmer **keinen Lieferwillen hat**.

g) Der Kunde K kauft am 01. 02. 01 beim Elektrohändler E ein hochwertiges Fernsehgerät. Der Kaufpreis i. H. v. 2 000 € soll wie folgt bezahlt werden: 500 € sofort bei Übergabe des Geräts am 01. 02. 01, die restlichen 1 500 € in 15 Monatsraten à 100 €, beginnend ab 01. 03. 01. E behält sich lt. Vertrag bis zur vollständigen Bezahlung des Kaufpreises das Eigentum am Gerät vor. Mit der Zahlung der letzten Rate wird K gem. § 158 Abs. 1 BGB sofort Eigentümer.
LÖSUNG Es handelt sich zivilrechtlich um einen Kauf unter **Eigentumsvorbehalt**. Obwohl das zivilrechtliche Eigentum gem. § 929 BGB i. V. m. § 158 Abs. 1 BGB erst mit der vollständigen Bezahlung des Kaufpreises übergeht, kann der Kunde bereits ab der Übergabe am **01. 02. 01** wie ein Eigentümer über das Fernsehgerät verfügen, d. h. ihm wurde wirtschaftlich gesehen die Verfügungsmacht übertragen (§ 3 Abs. 1 UStG). Insoweit liegt umsatzsteuerrechtlich bereits zu diesem Zeitpunkt eine Lieferung in Form einer Beförderung durch den Abnehmer vor. (vgl. A 3.1 Abs. 2 Satz 2 UStAE). Kommt der Kunde seinen Ratenzahlungen nicht nach, kann der Händler sein Eigentum herausverlangen. Für das Umsatzsteuerrecht bedeutet dies die Rückgängigmachung der Lieferung und letztlich die Berichtigung der Bemessungsgrundlage nach § 17 Abs. 2 Nr. 3 i. V. m. Abs. 1 UStG (bitte lesen!).

h) Im Fall g) stellt der Kunde ab 01. 09. 01 seine Ratenzahlungen ein, weil er zahlungsunfähig wurde. Der Händler holt am 01. 11. 01 aufgrund seines Eigentumsvorbehalts das Fernsehgerät beim Kunden wieder ab. Die Anzahlung und die bisher bezahlten Raten behält er entsprechend den vertraglichen Vereinbarungen als Entgelt für die bisherige Nutzung.
LÖSUNG Wie im Fall g) dargestellt, erfolgte die Lieferung an den Kunden bereits am 01. 02. 01. Durch die Herausgabe des Fernsehgeräts wird diese Lieferung am 01. 11. 01 rückgängig gemacht (§ 17 Abs. 2 Nr. 3 und Abs. 1 UStG; vgl. A 1.1 Abs. 4 UStAE). An die Stelle der Lieferung tritt nunmehr eine Vermietungsleistung (sonstige Leistung) oder ggf. ein Schadensersatz (dies richtet sich nach den dem Rechtsverhältnis zugrundeliegenden Vereinbarungen).

i) Der Kunstsammler K (Unternehmer) möchte aus seiner Kunstsammlung einen »Rembrandt« verkaufen, ohne dass er als Verkäufer bekannt wird. Er übergibt deshalb das Bild dem Kunsthändler H und beauftragt ihn, das Bild in seinem eigenen Namen (des H) zu verkaufen. Dieser veräußert das Bild an die Kunstgalerie G. Vom erhaltenen Kaufpreis darf H vereinbarungsgemäß 10 % Provision einbehalten, den Restbetrag hat er unverzüglich dem K zu überweisen.
LÖSUNG Kommissionär ist, wer gewerbsmäßig Waren im eigenen Namen und für Rechnung eines anderen verkauft (§ 383 HGB). Da H das Bild im eigenen Namen für Rechnung des K verkauft, liegt eine Verkaufskommission vor. Nach bürgerlichem Recht (§ 929 i. V. m. § 185 Abs. 1 BGB) geht in diesem Fall das Eigentum am »Rembrandt« direkt vom Kunstsammler auf die Kunstgalerie über. Dementsprechend dürfte eigentlich keine Lieferung vom Kunstsammler an den Kunsthändler vor-

liegen. § 3 Abs. 3 UStG bestimmt jedoch dazu: »Beim Kommissionsgeschäft (§ 383 HGB) liegt zwischen dem Kommittenten (Kunstsammler) und dem Kommissionär (Kunsthändler) eine Lieferung vor. Bei der Verkaufskommission gilt der Kommissionär als Abnehmer.« D. h., dass aufgrund der ausdrücklichen Regelung des UStG der Kunstsammler K dem Kunsthändler die Verfügungsmacht verschafft. H gibt die Verfügungsmacht dann an die Kunstgalerie weiter. Demzufolge liegen bei der Verkaufskommission zwei Lieferungen vor. Die erste Lieferung erfolgt vom Kunstsammler (Kommittent) an den Kunsthändler (Kommissionär). Die zweite Lieferung erfolgt vom Kunsthändler (Kommissionär) an die Kunstgalerie. Beide Lieferungen erfolgen gleichzeitig. Wird das Bild von H oder von G befördert, ist die zweite Lieferung mit Beginn der Beförderung oder Versendung erfolgt, da zu diesem Zeitpunkt sowohl die Vereinbarung über den Leistungsaustausch als auch der Lieferwille vorliegen. Die erste Lieferung von K an H erfolgt zeitgleich, da H zumindest eine logische Sekunde vorher über das Bild verfügen muss, wenn er seinerseits dem G mit Beginn der Beförderung oder Versendung die Verfügungsmacht verschafft.[1] (Weitere Einzelheiten s. O 4.)

j) Der Versandhändler V in Stuttgart hat Ware an den Kunden K in Straßburg (Frankreich) verkauft. V übergibt dem Frachtführer F am 30. 05. 01 die Ware zum Versand. Die Ware wird dem K am 02. 06. 01 von F übergeben.
LÖSUNG Es handelt sich um den Versand (Transport durch einen Frachtführer = selbständigen Beauftragten) der Ware durch V. Da zu Beginn der Versendung am 30. 05. 01 eine Vereinbarung über den Leistungsaustausch (Kaufvertrag) und auch der Lieferwille des V vorliegen, wird zu diesem Zeitpunkt dem K Verfügungsmacht an der Ware verschafft und die Lieferung bewirkt. Der Übergang des zivilrechtlichen Eigentums gem. § 929 BGB am 02. 06. 01 ist in diesem Falle nicht maßgebend (vgl. Tz. 2 des BMF-Schreibens vom 26. 09. 2005, BStBl I 2005, 936).

k) Versandhändler V gibt bei der Deutschen Bundesbahn (DB) Ware zum Versand an den Kunden K auf. Der Versand erfolgt nach den vereinbarten Lieferbedingungen auf Gefahr des Kunden K. Die Ware wird während des Transports gestohlen. Nach bürgerlichem Recht (§ 447 BGB i. V. m. § 269 BGB) war K verpflichtet, trotz des Verlustes der Ware, den Kaufpreis zu bezahlen.
LÖSUNG Die Verfügungsmacht (= Lieferung) wurde bereits mit Beginn der Versendung (Fiktion des § 3 Abs. 6, Satz 4 UStG) verschafft, die Vereinbarung eines Leistungsaustauschs (Kaufvertrag) lag ebenfalls vor. Der anschließende Diebstahl der Ware spielt keine Rolle. Da K den Kaufpreis zu bezahlen hat, ist die Lieferung steuerbar und steuerpflichtig.

MERKSATZ

- Im Falle der Beförderung und Versendung des Gegenstands erfolgt das Verschaffen der Verfügungsmacht und somit die Lieferung grundsätzlich mit dem Beginn der Beförderung bzw. der Versendung.
- Wird der Gegenstand nicht befördert oder versendet, erfolgt die Lieferung i. d. R. mit Übergang des zivilrechtlichen Eigentums. Spaltet sich das Eigentum in zivilrechtliches und wirtschaftliches Eigentum, genügt für das Verschaffen der Verfügungsmacht der Übergang des wirtschaftlichen Eigentums. Die Verfügungsmacht wird also auch in den Fällen verschafft, in denen lediglich das wirtschaftliche, nicht jedoch das zivilrechtliche Eigentum übertragen wird.
- Beim Kommissionsgeschäft wird Verfügungsmacht im Wege der gesetzlichen Fiktion gem. § 3 Abs. 3 UStG verschafft.

---

1 Vgl. BFH vom 25. 11. 1986, BStBl II 1987, 278 und A 1 a.2 Abs. 7 Satz 1 UStAE.
   Bei den innergemeinschaftlichen Kommissionsgeschäften geht die Verwaltung allerdings aus Vereinfachungsgründen davon aus, dass die Lieferungen zwischen Kommittent und Kommissionär sowie Kommissionär und Abnehmer nicht zeitgleich erfolgen. Vielmehr liefert der Kommittent an den Kommissionär bereits bei der Überstellung der Ware (Näheres hierzu vgl. A 1 a.2 Abs. 7 UStAE).

FALL 3

Prüfen Sie, ob in den nachfolgenden Sachverhalten Lieferungen vorliegen. Bestimmen Sie ggf. den Lieferanten und den Abnehmer sowie den Zeitpunkt der Lieferung, sofern die erforderlichen Angaben gegeben sind.

1. Kfz-Händler H schließt mit dem Kunden K einen Kaufvertrag über den Verkauf eines Pkws. Vor Auslieferung des Pkws tritt K vom Kaufvertrag zurück und es kommt nicht mehr zur Auslieferung.
2. Fabrikant F verkauft an den Unternehmer U am 01. 12. 01 mit notariell beurkundetem Kaufvertrag eine Lagerhalle. Die Auflassung erfolgt gleichzeitig. Nach dem Kaufvertrag sollen Nutzen und Lasten bezüglich der Lagerhalle zum 01. 01. 02 auf U übergehen. Die Eintragung des U als Eigentümer im Grundbuch erfolgte im Februar 02.
3. Der Kunde K bestellt am 15. 09. 01 beim Reifenhändler R vier Winterreifen. Am 20. 10. 01 fährt er zu R und lässt sich die Winterreifen auf sein Fahrzeug montieren.
4. Der Kunde kauft beim Teppichhändler T am 29. 09. 01 einen Teppich für 1 500 €, von dessen Sorte T 10 Stück auf Lager hat. K leistete eine Anzahlung i. H. v. 500 € und vereinbart mit T, dass er den Teppich eine Woche später abholen und dabei den restlichen Kaufpreis in bar entrichten werde. T legte keinen der Teppiche für K besonders zurück, da er davon ausging, dass nicht alle Teppiche innerhalb einer Woche verkauft werden. Am 06. 10. 01 erklärte K dem T, dass er den Teppich nun doch nicht abnehmen wolle. T erteilte daraufhin dem K bezüglich der angezahlten 500 € einen Gutschein.
5. Der Kunstliebhaber H in Ludwigsburg bestellt beim Kunsthändler D in Prag (CR) anhand eines Katalogs ein Bild des Malers M. Auftragsgemäß bringt D das Bild mit seinem Pkw von seinem Laden in Prag zur Wohnung des H in Ludwigsburg. Gleichzeitig bringt er zwei weitere Bilder desselben Malers zur Ansicht mit. Eines davon erwirbt H zusätzlich. Das andere nimmt D wieder mit. Der Transport sämtlicher Bilder erfolgt auf Gefahr des D.
6. Der sechsjährige S wird im Selbstbedienungsladen von einer Verkäuferin beobachtet, wie er eine Schachtel Konfekt unter seinem Pullover verschwinden lässt. Sie stellt ihn zur Rede, verlangt und erhält den dafür vorgesehenen Kaufpreis.
7. Kunde K sucht sich am 30. 11. 01 im Lager des Möbelgroßhändlers G eine Couch und einen Tisch aus. Den Tisch nimmt er sofort in seinem Pkw mit, die Couch lässt ihm der Möbelgroßhändler G durch den Spediteur R zusenden. G übergibt die Couch dem Spediteur R am 15. 12. 01. Sie kommt bei K am 02. 01. 02 an.
8. Der selbständige Rechtsanwalt R gibt seinen Angestellten je Arbeitstag einen Gutschein im Wert von 2 €, den diese in der nahegelegenen Bäckerei und Metzgerei einlösen können. Die Angestellten können dabei nach freier Wahl Ware kaufen. Der Gutschein wird auf den Kaufpreis angerechnet.
9. Der Verlag V schickt mit der Deutschen Post AG dem Buchhändler B 10 Exemplare eines vom Verlag herausgegebenen Buches als Kommissionsware. Der Buchhändler veräußert davon 5 Exemplare. Die restlichen Bücher schickt er dem Verlag zurück.

5 Lieferweg

5.1 Allgemeines

Im vorangegangenen Abschnitt wurde erörtert, ob überhaupt eine Lieferung vorliegt. Entscheidend hierfür war zumeist eine Vereinbarung über einen Leistungsaustausch und der Beginn der Beförderung bzw. Versendung des Liefergegenstands. Nachfolgend soll bestimmt werden,

- **wer** die Lieferung ausführt (Lieferer) und
- an **wen** sie erfolgt (Abnehmer).

In den meisten Fällen gibt hierüber das zivilrechtliche **Verpflichtungsgeschäft** Auskunft:
- Lieferer ist derjenige, der nach dem zivilrechtlichen Verpflichtungsgeschäft (z. B. Kaufvertrag) eine Sache verkauft.
- Abnehmer ist derjenige, der im zivilrechtlichen Verpflichtungsgeschäft als Auftraggeber (Besteller) auftritt (z. B. im Kaufvertrag der Käufer).

Beim Verschaffen der Verfügungsmacht ist zu beachten, dass mitwirkenden Erfüllungsgehilfen sowohl des Lieferers als auch des Abnehmers keine Verfügungsmacht am Liefergegenstand verschafft wird. Sie sind vielmehr in ihrer Eigenschaft als Erfüllungsgehilfen weder Lieferer noch Abnehmer. Ihre Tätigkeit wird vielmehr ihrem jeweiligen Auftraggeber zugerechnet.

> **BEISPIEL**
>
> Anton ist im Ladengeschäft des Unternehmers B angestellt. Carlo ist Angestellter des Unternehmers D. Carlo kauft bei Anton im Namen des D eine Ware, die ihm Anton sofort übergibt.
> **LÖSUNG** Mit der Übergabe der Ware von Anton an Carlo geht die Verfügungsmacht unmittelbar von B auf D über. B liefert somit direkt an D. Anton und Carlo sind bloße Erfüllungsgehilfen von B und D. Ihre Handlungen werden so behandelt, als ob sie von B und D selbst vorgenommen würden.

Erfüllungsgehilfen sind u. a.:
- Arbeitnehmer und Arbeiter i. R. ihres Dienstverhältnisses (Beschäftigte),
- Frachtführer (Rollfuhrunternehmer, Post, Binnenschiffer, Bundesbahn),
- Verfrachter (Reeder),
- Spediteure (§ 407 HGB),
- Handelsvertreter (§ 416 HGB),
- Be- und Verarbeiter (Werkunternehmer), vgl. I.

Von den Beschäftigten (= nichtselbständige Erfüllungsgehilfen) abgesehen, handelt es sich um selbständige Personen mit Unternehmereigenschaft. Soweit sie i. R. ihrer Branche tätig werden, erbringen sie an ihre Auftraggeber keine Lieferungen, sondern sonstige Leistungen.

5.2 Reihengeschäft

Von einem Reihengeschäft spricht man, wenn mehrere Unternehmer über denselben Gegenstand Umsatzgeschäfte abschließen und dieser Gegenstand bei der Beförderung oder Versendung unmittelbar vom ersten Unternehmer an den letzten Abnehmer gelangt (§ 3 Abs. 6 Satz 5 und Satz 6 UStG). Für Reihengeschäfte gilt, dass so viele Lieferungen vorliegen, wie Umsatzgeschäfte über den Gegenstand abgeschlossen wurden. Dabei erfolgt die einzelne Lieferung jeweils zwischen den beiden Beteiligten des Umsatzgeschäftes entgegengesetzt der Bestellung (vom Verkäufer an den Käufer).

Da beim Reihengeschäft zwar mehrere Lieferungen vorliegen, aber nur ein Warenweg, muss nach § 3 Abs. 6 Satz 5 UStG zwischen **einer** Lieferung **mit Warenbewegung** und Lieferungen (eine oder mehrere) ohne Warenbewegung unterschieden werden. Die Lieferungen (Verschaffen der Verfügungsmacht nach § 3 Abs. 1 UStG) erfolgen dabei zu unterschiedlichen Zeitpunkten. Bei der singulären **Lieferung mit Warenbewegung** ist Lieferzeitpunkt der Beginn der Beförderung bzw. Versendung des Liefergegenstands (§ 3 Abs. 6 S. 1 – 3 UStG; A 3.14 Abs. 2 Satz 2 UStAE; vgl. hierzu Ausführungen lt. Teil C 4). Bei der/n Lieferung/en ohne Warenbewegung findet keine Beförderung bzw. Versendung statt. Sie werden nach § 3 Abs. 7 Satz 2 UStG entweder vor (Zeitpunkt/Ort zu Beginn des Warenwegs vgl. § 3 Abs. 7, Satz 2 Nr. 1 UStG) oder nach der bewegten Lieferung ausgeführt (Zeitpunkt/Ort am Ende des Warenwegs vgl. § 3 Abs. 7, Satz 2 Nr. 2 UStG).

Bei Vorliegen eines Reihengeschäfts muss somit immer zuerst festgestellt werden, welcher Lieferung die Warenbewegung zuzuordnen ist. Die Zuordnung muss dabei über die beteiligten Unternehmer erfolgen. Hat der erste Unternehmer in der Reihe den Transport (Beförderung oder Versendung) übernommen, ist die Warenbewegung der **von ihm** ausgeführten Lieferung zuzuordnen. Hat der letzte Abnehmer in der Reihe den Transportauftrag erteilt, ist die Warenbewegung in der Regel der **an ihn** erfolgten Lieferung zuzuordnen. Hat ein sich innerhalb der Unternehmerkette befindlicher Unternehmer (mittlerer Unternehmer) den Transport ausgeführt, kann die Warenbewegung entweder der an ihn erbrachten Lieferung oder der von ihm ausgeführten Lieferung zugeordnet werden. Die Grundregel des § 3 Abs. 6 Satz 6, 1. Alt. UStG stellt insoweit die gesetzliche Vermutung auf, dass die Warenbewegung der **an ihn** erbrachten Lieferung zugeordnet wird. Nähere Ausführungen hierzu vgl. E 1.2.

BEISPIEL

Der Lieferer L (Unternehmer) hat die von seinem Abnehmer A bestellte Ware nicht vorrätig. Er bestellt die Ware bei seinem Vorlieferer V (Unternehmer) und beauftragt diesen, die Ware unmittelbar dem A auszuhändigen.

LÖSUNG Im Reihengeschäft liegen zwei Lieferungen vor. V liefert an L und L liefert an A. Da V den Transport übernommen hat, ist seiner Lieferung die Warenbewegung zuzurechnen. Bei der Lieferung des L an den A handelt es sich somit um eine Lieferung ohne Warenbewegung. Lieferzeitpunkt der Lieferung V an L ist der Beginn der Beförderung. Lieferzeitpunkt der Lieferung des L an A ist die Übergabe der Ware an A am Ende des Warenweges, da diese Lieferung nach der Beförderungslieferung erfolgt (vgl. § 3 Abs. 7 Satz 2, Nr. 2 UStG). Zu den unterschiedlichen Lösungsansätzen von Finanzverwaltung und Rechtsprechung vgl. E 1.2.

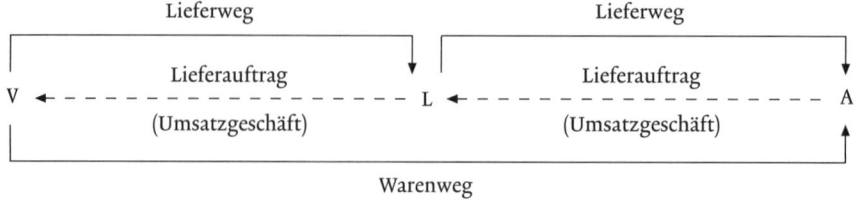

Anmerkung:

Im Rahmen der Umsetzung der aktuellen Vorgaben der MWStSystRL[1] in nationales Recht erfolgt mit dem **JStG 2019** (*Gesetz zur weiteren steuerlichen Förderung der Elektromobilität und zur Änderung weiterer steuerlicher Vorschriften- aktuell Referentenentwurf des BMF vom 08.05.2019*) die Aufhebung der Sätze 5 und 6 des § 3 UStG sowie eine Vereinfachung und Verbesserung der Rechtssicherheit für die Wirtschaftsbeteiligten durch Klarstellung der Zuordnung der Beförderung oder Versendung im Reihengeschäft durch einen neuen § 3 Abs. 6a UStG. Voraussichtlich wird dieser zum 01.01.2020 in Kraft treten. Einzelheiten vgl. E 1.2

---

1 Umsetzung von Art. 36a der RL 2006/112/EG in der Fassung von Art. 1 Nr. 2 der RL 2018/1910 des Rates vom 4. Dezember 2018 zur Änderung der RL 2006/112/EG in Bezug auf die Harmonisierung und Vereinfachung bestimmter Regelungen des Mehrwertsteuersystems zur Besteuerung des Handels zwischen Mitgliedstaaten – MwStSystRL, ABl. L 311 vom 7.12.2018, S. 3

FALL 4

Stellen Sie in den nachfolgenden Sachverhalten fest, ob eine bzw. mehrere Lieferungen vorliegen und bestimmen Sie ggf. Lieferweg sowie Lieferzeitpunkt.

1. Kunde K bestellt beim Händler C am 29. 09. 01 eine Waschmaschine. C hat die Waschmaschine nicht vorrätig und bestellt diese am gleichen Tag beim Großhändler B. B hat die Waschmaschine ebenfalls nicht vorrätig und bestellt sie sofort am 29. 09. 01 beim Hersteller A. K vereinbart mit C, dass ihm die Waschmaschine möglichst rasch zugesandt wird. C vereinbart mit B, dass die Waschmaschine so schnell wie möglich zu K transportiert wird. B vereinbart mit A, dass dieser die Waschmaschine unverzüglich zu K transportieren lässt. A übergibt die Waschmaschine am 30. 09. 01 dem Frachtführer F und beauftragt diesen, die Waschmaschine zu K zu transportieren. F liefert die Waschmaschine am 04. 10. 01 bei K ab.

2. Der Unternehmer K hat beim Pkw-Händler P am 01. 02. 01 einen Pkw mit Liefertermin 01. 09. 01 zum Kaufpreis von 20 000 € bestellt. Am 15. 08. 01 veräußert K seine Rechte aus dem Kaufvertrag an E zum Preis von 1 000 €. E holt am 01. 09. 01 bei P den Pkw gegen Zahlung von 20 000 € ab. Im Vertrag zwischen P und K war die Möglichkeit der Abtretung der Rechte des K an einen Dritten nicht ausgeschlossen.

3. Der Kunde K in Bonn bestellt am 10. 05. 01 beim Möbelhändler H in Köln eine Schrankwand. Der Möbelhändler H bestellt diese seinerseits sofort beim Möbelgroßhändler G in Düsseldorf, der sie wiederum beim Möbelfabrikanten F in Frankfurt bestellt. Es wurde zwischen H und G sowie zwischen G und F vereinbart, dass die Schrankwand zerlegt per Bundesbahn von Frankfurt nach Köln versandt und dort von H am Bahnhof abgeholt wird. F übergibt vereinbarungsgemäß die Schrankwand am 30. 06. 01 der Deutschen Bahn AG zum Transport zu H nach Köln.
Die DB in Köln teilt H am 02. 07. 01 mit, dass die Schrankwand in Empfang genommen werden kann. H beauftragt sofort seinen Mitarbeiter A, die Schrankwand mit dem betriebseigenen Lkw am Bahnhof abzuholen, zu K nach Bonn zu transportieren und dort bei K entsprechend der mit K getroffenen Vereinbarungen aufzubauen. Transport und Aufbau erfolgten noch am 02. 07. 01.

6 Ausführung der Lieferung im Inland

Für die Steuerbarkeit der Lieferung muss der Lieferort im Inland liegen (§ 1 Abs. 1 Nr. 1 – 5 und Abs. 2 UStG). Wird eine Ware innerhalb eines Ortes geliefert, der eindeutig im Inland liegt, genügt die Feststellung der Steuerbarkeit der Lieferung.

BEISPIEL

Der Fabrikant F in Frankfurt hat Ware an den Großhändler G in Frankfurt verkauft und transportiert die Ware von seiner Fabrik in Frankfurt zum Lager des G in Frankfurt.
LÖSUNG Der Lieferort der Ware von F an G ist dessen Fabrik in Frankfurt, damit ist die Lieferung steuerbar.

Gleiches gilt, wenn eine Ware von einem Ort, der eindeutig im Inland liegt, zu einem anderen Ort, der ebenfalls eindeutig im Inland liegt, geliefert wird.

BEISPIEL

Der Fabrikant F in München hat Ware an den Großhändler G in Frankfurt verkauft und transportiert die Ware von seiner Fabrik in München zum Lager des G in Frankfurt.
LÖSUNG Die Lieferung der Ware von F an G beginnt in München und damit im Inland (§ 1 Abs. 2 Satz 3 UStG), daher ist diese Lieferung steuerbar.

Gelangt bei einer Lieferung die Ware jedoch von einem Ort, der möglicherweise im Ausland liegt, zu einem Ort, der möglicherweise im Inland liegt, oder umgekehrt von einem Ort,

der möglicherweise im Inland liegt, zu einem Ort, der möglicherweise im Ausland liegt, ist festzuhalten,
- a) wo der genaue Ort der Lieferung liegt,
- b) ob sich der Lieferort im umsatzsteuerrechtlichen Inland befindet.

Für die Feststellung eines inländischen Lieferorts bedarf es der eindeutigen Unterscheidung zwischen dem Begriff des Inlands und des Auslands im umsatzsteuerrechtlichen Sinn. Nur die **Ausführung des Umsatzes im Inland** ist die entscheidende Voraussetzung für die Besteuerung (vgl. Wortlaut § 1 Abs. 1 Nr. 1 UStG). Nicht maßgebend sind die Staatsangehörigkeit des Unternehmers, sein Wohnsitz, der Ort der Rechnungserteilung oder des Zahlungsempfangs (§ 1 Abs. 2 Satz 3 UStG).

Teil D Inland, Gemeinschaftsgebiet, Drittlandsgebiet

1 Inland

Inland (§ 1 Abs. 2 UStG) ist das Gebiet der Bundesrepublik Deutschland abzüglich folgender Gebiete:
- Büsingen,
- Insel Helgoland,
- Freihäfen des Kontrolltyps I nach § 1 Abs. 1 Satz 1 ZollVG,
- Gewässer und Watten zwischen der Hoheitsgrenze und der jeweiligen Strandlinie,
- deutsche Schiffe und deutsche Luftfahrzeuge in Gebieten, die zu keinem Zollgebiet gehören (vgl. auch A. 1.9 bis A. 1.11 UStAE).

2 Büsingen

Das Zollausschlussgebiet Büsingen ist staatsrechtlich deutsches Gebiet, das zollrechtlich der Schweiz angeschlossen wurde. Büsingen ist umsatzsteuerrechtlich damit Ausland und zwar gem. § 1 Abs. 2a Satz 3 UStG Drittlandsgebiet.

3 Zollfreigebiete

Bei der Insel Helgoland, den Freihäfen des Kontrolltyps I, den Gewässern und Watten zwischen der Hoheitsgrenze und der jeweiligen Strandlinie, den deutschen Schiffen und deutschen Luftfahrzeugen in Gebieten, die zu keinem Zollgebiet gehören, handelt es sich um sog. Zollfreigebiete.

Zollfreigebiete sind deutsche Hoheitsgebiete, die vom deutschen Zollgebiet ausgeschlossen und keinem ausländischen Zollgebiet angeschlossen sind. Sie werden umsatzsteuerrechtlich dem Drittlandsgebiet zugerechnet (§ 1 Abs. 2a Satz 3 UStG).

Freihäfen sind vom Zollgebiet der Europäischen Union ausgeschlossene Teile von See- und Binnenhäfen. Nachdem zum 01.01.2013 der Freihafen Hamburg aufgehoben wurde, gehören hierzu nur noch (Nr. 3 und 4 der folgenden Abbildung) die Freihäfen Bremerhaven und Cuxhaven (A. 1.9 Abs. 1, Satz 2 UStAE).

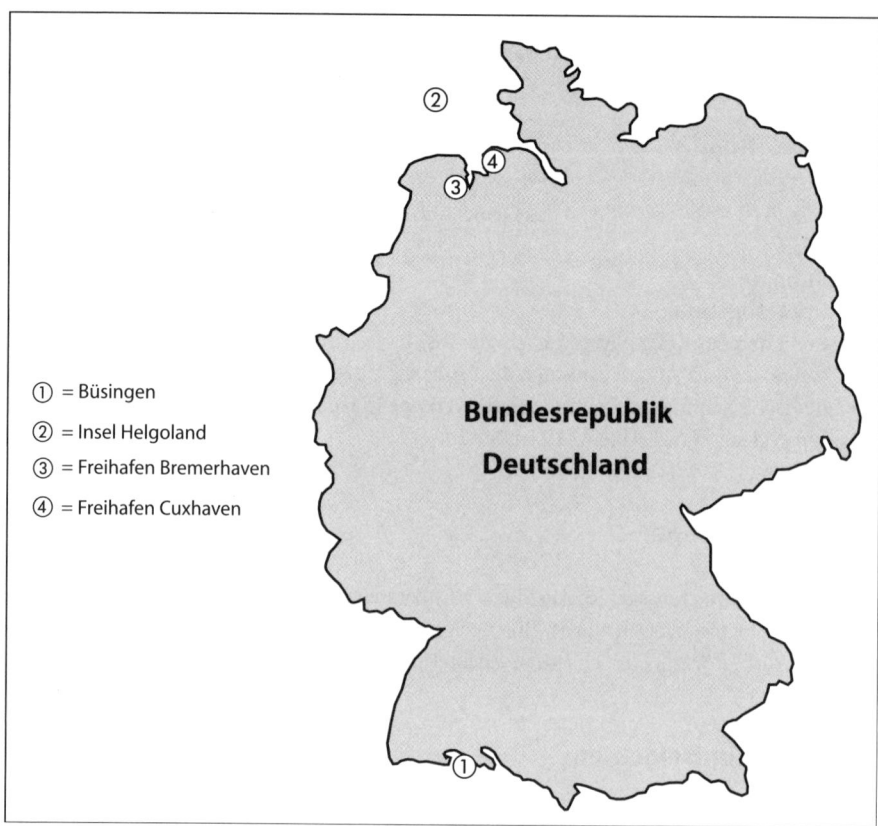

① = Büsingen
② = Insel Helgoland
③ = Freihafen Bremerhaven
④ = Freihafen Cuxhaven

4 Besonderheiten

Zum Inland i. S. d. USt-Rechts gehören auch:
- Gesandtschafts- und Botschaftsgebäude ausländischer Mächte im Bundesgebiet,
- Duty-free-Shops, z. B. auf Flughäfen für den Flugverkehr mit Drittländern,
- Militärbereiche ausländischer Streitkräfte im Bundesgebiet (vgl. hierzu Steuerbefreiungen nach § 26 Abs. 5 UStG),
- ausländische Flugzeuge und Schiffe im Bundesgebiet,
- Luftraum über dem Bundesgebiet (vgl. hierzu Erlassregelung nach § 26 Abs. 3 UStG),
- beim Bodensee jeder Punkt, der dem deutschen Staatsgebiet näher liegt als einem fremden Staatsgebiet.

Die Freihäfen des Kontrolltyps I sowie die Gewässer und Watten zwischen der Hoheitsgrenze und der Zollgrenze an der Küste sind zwar kein Inland. Sie gehören grundsätzlich zum Drittlandsgebiet, werden jedoch gem. § 1 Abs. 3 UStG bei bestimmten Umsätzen (z. B. an den Endverbraucher) wie Inland behandelt.

Bei Güterbeförderungen werden sie wie Gemeinschaftsgebiet behandelt (vgl. A 3 b.3 Abs. 3 UStAE).

Definition des Begriffs Inland i. S. d. UStG:

Deutsches Staatsgebiet
Abzüglich
- Büsingen
- Helgoland
- Freihäfen des Kontrolltyps I
- Gewässer und Watten zwischen der Hoheitsgrenze und der jeweiligen Strandlinie
- deutsche Schiffe und deutsche Luftfahrzeuge in Gebieten, die zu keinem Zollgebiet gehören

= **Inland (§ 1 Abs. 2 UStG)**

5 Gemeinschaftsgebiet, übriges Gemeinschaftsgebiet und Drittlandsgebiet

Neben dem Begriff Inland nennt das UStG die Begriffe **Gemeinschafts-** und **Drittlandsgebiet**.

Gem. § 1 Abs. 2a UStG umfasst das Gemeinschaftsgebiet das Inland (Gebiet der Bundesrepublik Deutschland mit Ausnahme des Gebiets von Büsingen, Helgoland und der Zollfreigebiete) und die Gebiete der übrigen Mitgliedstaaten der EU.

Definition des Begriffs Gemeinschaftsgebiet i. S. d. UStG:

Inland i. S. d. UStG
zuzügl. der Gebiete der übrigen Mitgliedstaaten der EU abzüglich bestimmter als Drittlandsgebiet zu behandelnder Sondergebiete (vgl. nachstehende Ausführungen zum Begriff Drittlandsgebiet)
= **Gemeinschaftsgebiet**

Die der EU zugehörigen Staaten außerhalb des Inlands werden im Gesetz als **übriges Gemeinschaftsgebiet** definiert. Nach dem Vertragsrecht der EU gehören aufgrund von **Sonderregelungen** (A 1.10 UStAE) auch zum übrigen Gemeinschaftsgebiet:
- die Balearen (Spanien),
- Madeira (Portugal),
- die Azoren (Portugal),
- das Fürstentum Monaco (Frankreich),
- die Insel Man (Vereinigtes Königreich).

Definition des Begriffs übriges Gemeinschaftsgebiet i. S. d. UStG:

Gebiete der übrigen Mitgliedstaaten der EU

Drittlandsgebiet ist das Gebiet, das nicht zum Gemeinschaftsgebiet gehört (sog. Dritt-Ausland, § 1 Abs. 2a Satz 3 UStG). Nach dem EU-Vertragsrecht werden bestimmte Bereiche des Gemeinschaftsgebiets aus unterschiedlichen Gründen (Subventionen u. Ä.) als Drittlandsgebiet behandelt. Dazu gehören u. a.:
- Åland-Inseln (Finnland),
- Aruba (Niederlande),
- Berg Athos (Griechenland),
- Gemeinde Büsingen (Deutschland),

- Campione d'Italia (Italien),
- Ceuta (Spanien),
- Färöer (Dänemark),
- Grönland (Dänemark),
- Guadeloupe, Guyana, Martinique und Réunion (Frankreich),
- Helgoland (Deutschland),
- Kanalinseln Jersey und Guernsey (Vereinigtes Königreich),
- Kanarische Inseln (Spanien),
- Livigno (Italien),
- Luganer See (auch soweit er zum italienischen Hoheitsgebiet gehört),
- Melilla (Spanien),
- Niederländische Antillen,
- San Marino (Italien).

Klassische Drittlandsgebiete sind alle Gebiete, die nicht zum Gemeinschaftsgebiet gehören. Dies sind u. a. auch:
- Andorra,
- Gibraltar,
- Vatikan,
- Teile von Zypern.

Definition des Begriffs Drittlandsgebiet i. S. d. UStG:

> Gebiete außerhalb des Gemeinschaftsgebiets zuzüglich gemeinschaftsrechtlicher Sondergebiete

Anmerkung:

Zu welchem Gebiet das Vereinigte Königreich nach dem Brexit zuzurechnen ist, ist derzeit noch offen. GGf. wird hier über ein Sonderabkommen der Status als Drittlandsgebiet i. S. d. gemeinsamen Mehrwertsteuerrechts vermieden.

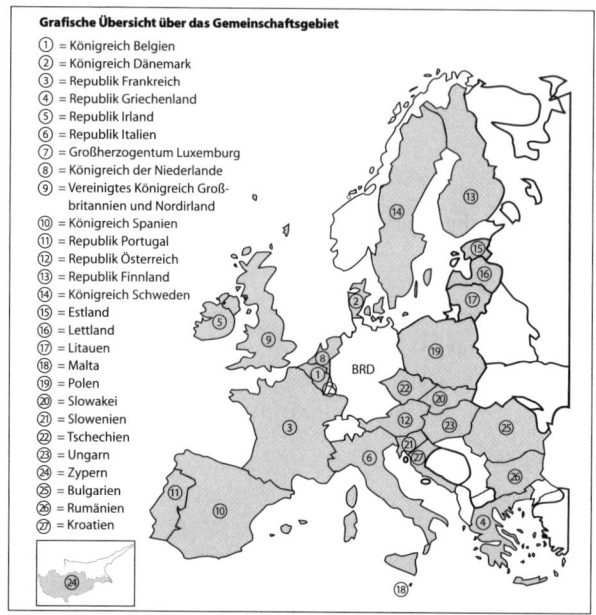

FALL 5

Welche Gebiete zählen nach § 1 Abs. 2 und 2a UStG zum umsatzsteuerrechtlichen Inland, zum Gemeinschaftsgebiet, übrigen Gemeinschaftsgebiet oder Drittlandsgebiet?

	Inland	Gemein-schafts-gebiet	übriges Gemein-schafts-gebiet	Drittlands-gebiet
1. Stuttgart				
2. Dresden				
3. Insel Helgoland				
4. Berlin				
5. Insel Sylt				
6. Monaco				
7. Freihafen Cuxhaven				
8. Mittelberg (Österreich)				
9. Büsingen				
10. Rom				
11. Moskau				
12. Bodensee bei Bregenz				
13. Amerikanische Kaserne in Stuttgart				
14. Deutsche Botschaft in Prag				
15. Deutsches Schiff auf hoher See				
16. Zolllager in Hamburg				
17. Umsatzsteuerlager in Stuttgart				

Teil E Lieferort

1 Grundsatz

Das UStG regelt den Ort der Lieferung – vorbehaltlich der Sonderregelungen in §§ 3 c, e, f und g UStG – in § 3 Abs. 6 bis 8 UStG (§ 3 Abs. 5 a UStG). Es unterscheidet zwischen Lieferungen **mit** (§ 3 Abs. 6 Satz 1 UStG) und solchen **ohne Warenbewegung**, sog. ruhenden Lieferungen (§ 3 Abs. 7 UStG). Entsprechend der Reihenfolge in Art. 31 MwStSystRL wird zunächst der Grundfall der Beförderungs- und Versendungslieferung geregelt (§ 3 Abs. 6 Satz 1 UStG). Der Lieferort bei der Beförderungs- bzw. Versendungslieferung liegt dort, wo die Beförderung oder Versendung beginnt. Beförderungs- bzw. Versendungslieferungen sind nicht nur zu bejahen, wenn der Lieferer oder ein vom Lieferer Beauftragter den Liefergegenstand zum Abnehmer befördert, sondern auch dann, wenn der Abnehmer den Liefergegenstand beim Lieferer abholt (sog. Abholfall). Demzufolge stellen Beförderungs- bzw. Versendungslieferungen den Hauptfall der Lieferung dar.

Die Lieferortregelung des **§ 3 Abs. 6 UStG** (bewegte Lieferung!) wird in bestimmten Fällen durch die Spezialregelungen des § 3 Abs. 8 UStG und des § 3 c UStG ersetzt. In diesen Fällen verlagert sich der Lieferort ins Inland bzw. ein anderes Land.

In allen anderen Fällen, in denen der Liefergegenstand weder befördert noch versendet wird, richtet sich der Lieferort grundsätzlich nach § 3 Abs. 7 Satz 1 UStG, der insoweit als Auffangtatbestand dient. Demnach liegt der Lieferort immer dort, wo sich der Liefergegenstand zum Zeitpunkt des Verschaffens der Verfügungsmacht befindet.

Für den Fall des Reihengeschäfts (§ 3 Abs. 6, Satz 5 und Satz 6 UStG) wird diese Regelung durch die spezielleren Normen des § 3 Abs. 7 Satz 2 Nr. 1 und Nr. 2 UStG ersetzt.

Die Regelung des **§ 3 f UStG** bestimmt den Leistungsort **einheitlich** für die unentgeltlichen Wertabgaben nach §§ 3 Abs. 1 b und 9 a UStG.

Anmerkung:
Mit dem *Gesetz zur weiteren steuerlichen Förderung der Elektromobilität und zur Änderung weiterer steuerlicher Vorschriften* (aktuell vorliegend im Referentenentwurf des BMF vom 08. 05. 2019 – JStG 2019) wird § 3f UStG **ersatzlos aufgehoben**, da im Unionsrecht eine entsprechende Spezialregelung fehlt. Für unentgeltliche Leistungen gelten vielmehr nach der Fiktion der Art. 16 bzw. 26 MwStSyStRL die allgemeinen Ortsbestimmungen der Art. 31 bzw. 43 MwStSystRL. Diese Systematik soll im nationalen Recht nachvollzogen werden.

Bei den Ortsregelungen des **§ 3 e und g UStG** handelt es sich um Sonderfälle (Warenverkauf und Restaurationsleistungen auf Schiffen, in Flugzeugen oder der Eisenbahn während der Beförderung innerhalb des Gemeinschaftsgebiets bzw. Verkauf von Gas und Elektrizität, Wärme oder Kälte), die nicht näher erörtert werden.

1.1 Ort der Beförderungs- und Versendungslieferung

Lieferort bei der Beförderungs- bzw. Versendungslieferung ist nach § 3 Abs. 6 Satz 1 UStG dort, wo die Beförderung oder Versendung beginnt.

Eine **Beförderungslieferung** liegt vor, wenn der Liefergegenstand durch den Lieferer oder den Abnehmer ohne Einschaltung eines **selbständigen** Beauftragten (Transporteur) befördert wird. Der Liefergegenstand muss also entweder durch den Lieferer oder Abnehmer selbst oder durch einen unselbständigen Erfüllungsgehilfen des Lieferers oder Abnehmer transportiert werden. Die Beförderung beginnt dort, wo der Liefergegenstand zur Erfüllung des Liefergeschäfts in Bewegung gesetzt wird (fortbewegt wird).

Eine **Versendungslieferung** liegt vor, wenn der Liefergegenstand durch einen **selbständigen** Beauftragten des Lieferers oder durch den Abnehmer (z. B. Spediteur) befördert wird. Die Versendung beginnt nach § 3 Abs. 6 Satz 4 UStG dort, wo der Liefergegenstand dem Beauftragten übergeben wird.

> **MERKSATZ**
>
> In einer Klausurlösung empfiehlt es sich stets, unter Hinweis auf die gesetzliche Fundstelle in § 3 Abs. 6 UStG die Feststellung zu treffen, ob bzw. warum es sich um eine Beförderungs- oder Versendungslieferung handelt.

Eine Beförderungs- oder Versendungslieferung setzt voraus, dass der Liefergegenstand bewegt wird. Dies ist nicht der Fall, wenn der Lieferer Material zum Abnehmer transportiert, um es dort erst zu dem Liefergegenstand zusammenzufügen. Der Materialtransport erfolgt außerhalb des Regelungsbereichs des § 3 Abs. 6 Satz 1 UStG. Einen solchen Transport nennt man »**rechtsgeschäftsloses Verbringen**«.

Eine Versendungslieferung durch einen Beauftragten des Lieferers beginnt am Ort der Übergabe an den Beauftragten (§ 3 Abs. 6, S. 4 UStG), wenn die Übergabe bereits mit dem Auftrag verbunden ist, den Liefergegenstand zu einem bestimmten Abnehmer zu transportieren. Wird ein Gegenstand einem Beauftragten zum Transport übergeben, **ohne dass ein konkreter Abnehmer feststeht**, z. B. indem die Ware zunächst in ein Lager gebracht wird, liegt am Ort der Übergabe an den Spediteur noch keine Lieferung vor. Dies ergibt sich aus Art. 32, Satz 1 MwStSystRL, der § 3 Abs. 6 UStG zugrunde liegt und der ausdrücklich vom Beginn der Versendung oder Beförderung **an den Erwerber** spricht.

Der Transport durch den Beauftragten des Lieferers erfolgt in diesen Fällen somit **außerhalb** des Regelungsbereichs des § 3 Abs. 6 Satz 1 UStG und wird ebenfalls als »**rechtsgeschäftsloses Verbringen**« bezeichnet.

Lediglich im **Ausnahmefall** wird mittels der **Fiktion des § 3 Abs. 1 a UStG** das rechtsgeschäftslose Verbringen als Lieferung gewertet, wenn ein Gegenstand dauerhaft innerhalb eines Unternehmens von einem EU-Land in ein anderes EU-Land verbracht wird.

Der Lieferort bestimmt sich nach § 3 Abs. 6 UStG (Beginn der Beförderung bzw. der Versendung), wenn die nachstehenden Voraussetzungen vorliegen:

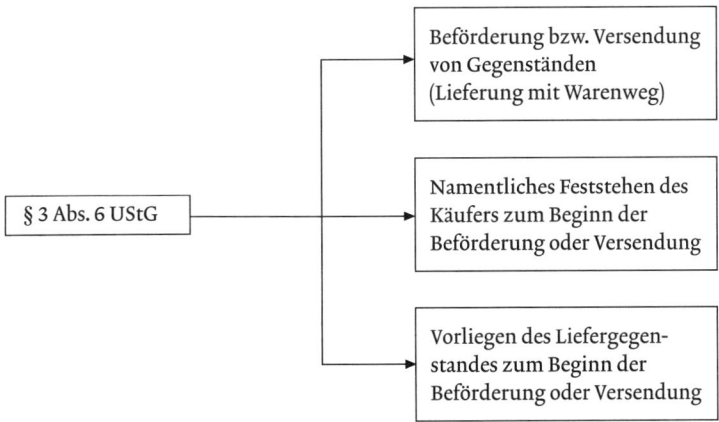

1.2 Ort der Lieferung bei Reihengeschäften

Bei Reihengeschäften schließen mehrere Unternehmer über denselben Liefergegenstand Umsatzgeschäfte ab und der Liefergegenstand gelangt bei der Beförderung oder Versendung unmittelbar vom ersten Unternehmer an den letzten Abnehmer (§ 3 Abs. 6, Satz 5 UStG bzw. § 3 Abs. 6a, S. 1 UStG-E). Unmittelbarkeit bedeutet dabei, dass beim Transport der Ware vom Abgangs- zum Bestimmungsort nur ein Unternehmer in der Kette die Transportverantwortung innehaben kann. Liegt die Transportverantwortlichkeit bei mehreren an der Reihe beteiligten Unternehmern (sog. gebrochene Beförderung oder Versendung), liegt **kein** Reihengeschäft vor.

Im Fall des Reihengeschäfts entsprechen sich damit Anzahl der Lieferungen und Anzahl der Umsatzgeschäfte.

Da jedoch nur eine Warenbewegung vorliegt, kann diese auch nur **einer** der Lieferungen in der Reihe zugerechnet werden (§ 3 Abs. 6 Satz 5 UStG bzw. § 3 Abs. 6a, S. 1 UStG-E). Lediglich insoweit liegt eine Beförderungs- oder Versendungslieferung vor, bei der sich der Lieferort nach § 3 Abs. 6 Satz 1 UStG bestimmt.

MERKSATZ

Die Vorschrift wird auch als Highlander-Vorschrift des UStG bezeichnet (»Es kann nur **eine** bewegte Lieferung geben!«).

Für alle anderen Lieferungen bestimmt sich der Lieferort entweder nach § 3 Abs. 7 Satz 2 Nr. 1 oder Nr. 2 UStG. Der Regelung des § 3 Abs. 6 Satz 5 UStG (§ 3 Abs. 6a UStG-E) liegt das Prinzip zugrunde, dass die Lieferungen in der Kette logisch aufeinander folgen und deshalb die Lieferung des ersten Unternehmers in der Kette zeitlich und räumlich vor der Lieferung des zweiten Unternehmers in der Kette liegt.

BEISPIELE

a) Der Kunde K in Basel bestellt bei dem Musikinstrumentenhändler M in Freiburg ein Klavier. M, der das Klavier nicht vorrätig hat, bestellt dieses beim Hersteller H in Mannheim und beauftragt ihn, das Klavier unmittelbar zu K zu transportieren. H lässt das Klavier durch einen angestellten Fahrer (F) zu K transportieren.
LÖSUNG Da H mit M und M mit K über das Klavier Umsatzgeschäfte abgeschlossen haben und beide Umsatzgeschäfte erfüllt werden, erbringt H eine Lieferung an M und M eine Lieferung an K. Die Beförderung erfolgt unmittelbar von H zu K durch den Lieferer H. Die Beförderungslieferung wird der Lieferung des H zugerechnet, da dieser den Transport übernommen und durchgeführt hat. Der Ort der Lieferung des H liegt daher gem. § 3 Abs. 6 Satz 1 UStG im Inland (Mannheim). Ort der Lieferung des M ist nach § 3 Abs. 7 Satz 2 Nr. 2 UStG in Basel (Schweiz), da die Lieferung des M der Beförderungslieferung des H folgt und die Beförderung in Basel endet.
Die Lieferung des M an K ist somit nicht steuerbar.
Hinweis: Die Lieferung des H an M ist zwar steuerbar, jedoch steuerfrei nach § 4 Nr. 1 a i. V. m. § 6 Abs. 1 Nr. 1 UStG, da H als Lieferer das Klavier ins Drittlandsgebiet befördert.

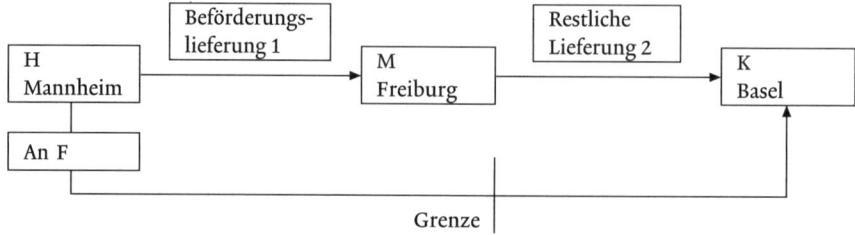

b) Der Kunde K in Basel bestellt bei dem Musikinstrumentenhändler M in Freiburg ein Klavier. M, der das Klavier nicht vorrätig hat, bestellt dieses beim Hersteller H in Mannheim und beauftragt diesen, das Klavier unmittelbar dem abholenden K zu übergeben. K holt das Klavier bei H ab und befördert es nach Basel.

LÖSUNG Da H mit M und M mit K über das Klavier Umsatzgeschäfte abgeschlossen haben und beide Umsatzgeschäfte erfüllt werden, erbringt H eine Lieferung an M und M eine Lieferung an K. Die Beförderung erfolgt unmittelbar von H zu K durch den abholenden Kunden. Die Beförderungslieferung wird daher der Lieferung des M an K zugerechnet, da K den Transport durchgeführt (§ 3 Abs. 6a, S. 3 UStG-E). Der Ort der Lieferung des M liegt nach § 3 Abs. 6 Satz 1 UStG im Inland (Mannheim). Der Ort der Lieferung des H ist nach § 3 Abs. 7 Satz 2 Nr. 1 UStG ebenfalls Mannheim/Inland, da die Lieferung des H der Beförderungslieferung des M vorangeht und die Beförderung im Inland beginnt.

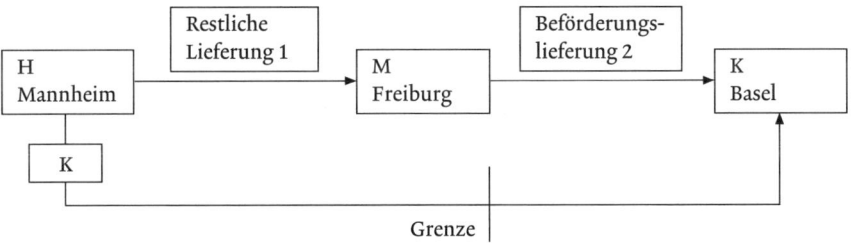

Hinweis: Die Lieferung des M an K ist steuerfrei nach § 4 Nr. 1a i. V. m. § 6 Abs. 1 Nr. 2 UStG, da das Klavier durch den Abnehmer ins Drittlandsgebiet befördert wird und K ausländischer Abnehmer ist. Da die Lieferung von H an M eine unbewegte Lieferung ist, liegt bei dieser Lieferung keine Ausfuhr vor. Sie ist deshalb steuerpflichtig.

Da eine Beförderungs- oder Versendungslieferung sowohl dann vorliegen kann, wenn der Lieferer befördert oder versendet, als auch dann, wenn der Abnehmer befördert oder versendet, ergibt sich ein Zuordnungsproblem, wenn die Beförderung oder Versendung im Reihengeschäft durch einen Unternehmer erfolgt, der sich weder am Anfang noch am Ende, sondern innerhalb der Kette befindet (sog. Zwischenhändler nach § 3 Abs. 6a, S. 4 UStG-E). Das Zuordnungsproblem löst § 3 Abs. 6 Satz 6, 1. Alt. UStG (§ 3 Abs. 6a, S. 4 UStG–E): im Regelfall ist davon auszugehen, dass dieser mittlere Unternehmer **als Abnehmer** der an ihn erfolgten Lieferung diese befördert oder versendet und die Beförderung oder Versendung damit **der an ihn erbrachten** Lieferung zugeordnet wird (widerlegbare Vermutung). Nur wenn der Unternehmer nachweist, dass er als Lieferer befördert oder versendet, wird die Beförderung oder Versendung seiner von ihm selbst erbrachten Lieferung zugerechnet (§ 3 Abs. 6a, S. 5 bis S. 7 UStG-E zum Fall der Nachweisführung im innergemeinschaftlichen Warenverkehr bzw. beim Gelangen der Ware ins bzw. aus dem Drittland).

Nachzuweisende Merkmale für die Funktion als Lieferer sind nach der aktuellen Fassung des A 3.14 Abs. 9 und 10 UStAE (Neuregelung zu erwarten im Verlauf des Jahres 2020!):
a) das Auftreten mit deutscher USt-IdNr. (USt-IdNr. des Mitgliedstaates, in dem der Transport beginnt – Gesetzliche Neuregelung in § 3 Abs. 6a, S. 6 und S. 7 UStG-E) und
b) entsprechende Vereinbarungen mit seinem Vorlieferanten und seinem Abnehmer, aus denen hervorgeht, dass er die Gefahr und die Kosten der Beförderung oder Versendung übernommen hat. Diesen Anforderungen ist genügt, wenn handelsübliche Lieferklauseln (z. B. Incoterms) verwendet werden. Der betreffende Unternehmer muss dies durch Belege nachweisen können (entspricht nicht der Neuregelung in § 3 Abs. 6a, S. 5 – 7 UStG-E).

Entsprechende Lieferklauseln, mit denen der mittlere Unternehmer den Nachweis führen kann, dass er die Beförderung oder Versendung in seiner Eigenschaft als Lieferer durchführen will, sind:
- Incoterm EXW (ab Werk) bezüglich der Vorlieferung,
- Incoterm DDP (frei Haus) bezüglich der eigenen Lieferung (vgl. Beispiel in A. 3.14 Abs. 10 UStAE mit verschiedenen Fallvarianten – anders: die gesetzliche Neuregelung in § 3 Abs. 6a, S. 5 – 7 UStG-E).

Zum Zuordnungsnachweis gehört ggf. auch die Vorlage einer schriftlichen Vollmacht als Nachweis der Abholberechtigung (vgl. A 3.14 Abs. 10a UStAE – s. o. zur gesetzlichen Neuregelung in § 3 Abs. 6a, S. 5 – 7 UStG-E).

Der BFH hatte unter Berufung auf die einschlägige Rechtsprechung des EuGH dieser Verwaltungspraxis in zwei Urteilen am 25.02.2015 (XI R 15/14 und XI R 30/13) widersprochen und die umfassende Würdigung aller Umstände des Einzelfalls für maßgebend erklärt.

Das dadurch bedingte Auseinanderfallen von Verwaltungsauffassung und Rechtsprechung hatte in der Praxis zu erheblichen Unsicherheiten, zum Teil sogar zu erheblichen steuerlichen Nachteilen der am Reihengeschäft beteiligten Unternehmer geführt[1], denen mit der aktuellen Rechtsänderung begegnet werden soll.[2]

> **BEISPIEL**
>
> Der Kunde K in Basel bestellt bei dem Musikinstrumentenhändler M in Freiburg ein Klavier. M, der das Klavier nicht vorrätig hat, bestellt es beim Hersteller H in Mannheim. M holt das Klavier bei H in Mannheim ab und befördert es auf Gefahr und Kosten des K direkt zu diesem nach Hause (Basel).
>
> **LÖSUNG** Da H mit M und M mit K über das Klavier Umsatzgeschäfte abgeschlossen haben und beide Umsatzgeschäfte erfüllt werden, erbringt H eine Lieferung an M und M eine Lieferung an K. Die Beförderung erfolgt unmittelbar von H zu K durch den abholenden M. Da nach § 3 Abs. 6 Satz 5 UStG (§ 3 Abs. 6a, S. 1 UStG-E) nur eine der beiden Lieferungen eine Beförderungslieferung sein kann, M jedoch sowohl Abnehmer als auch Lieferer ist (Zwischenhändler nach § 3 Abs. 6a, S. 4 UStG-E), muss geklärt werden, welcher der beiden Lieferungen die Beförderung zuzuordnen ist. Hierfür stellt § 3 Abs. 6 Satz 6, 1. Alt. UStG (§ 3 Abs. 6a, S. 4 UStG-E) die widerlegbare Vermutung auf, dass die Beförderung der Lieferung des H zuzuordnen ist. Da keine Angaben im Sachverhalt diese Vermutung widerlegen, wird die Beförderungslieferung der Lieferung des H an M zugerechnet. Der Ort der Lieferung des H ist somit gem. § 3 Abs. 6 Satz 1 UStG im Inland (Mannheim). Die Lieferung des H ist steuerbar. Der Ort der Lieferung des M ist nach § 3 Abs. 7 Satz 2 Nr. 2 UStG in der Schweiz, da die Lieferung des M der Beförderungslieferung des H folgt und die Beförderung in Basel endet. Die Lieferung des M ist nicht steuerbar.

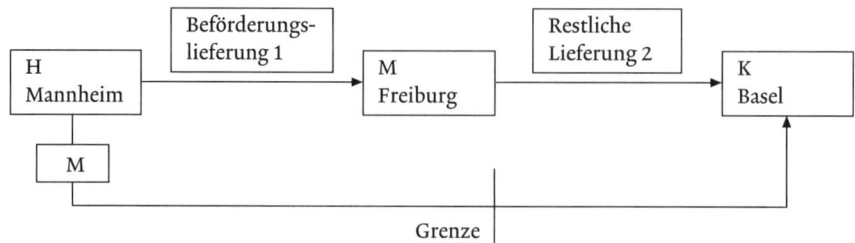

---

1 Vgl. zuletzt EuGH Urteil vom 21.02.2018, C-628/16 Kreuzmayr
2 Vgl. Gesetzesbegründung zur Einführung des § 3 Abs. 6a – neu in Entwurf eines Gesetzes zur weiteren steuerlichen Förderung der Elektromobilität und zur Änderung weiterer steuerlicher Vorschriften, Stand 08.05.2019, S. 144

Hinweis: Die Lieferung des H an M ist nicht steuerfrei nach § 4 Nr. 1a i. V. m. § 6 Abs. 1 Nr. 2 UStG. Zwar transportiert M das Klavier als Abnehmer des H ins Drittlandsgebiet. M ist jedoch kein ausländischer Abnehmer. Die Lieferung des H an M ist daher steuerpflichtig.

Würde M mit H die Lieferklausel »ab Werk« (EXW) und mit K die Klausel »frei Haus« (DDP) vereinbaren, wäre nach derzeitiger Verwaltungsauffassung die Lieferung M an K als Beförderungslieferung mit Warenbewegung Mannheim-Basel anzusehen. Der Fall wäre entsprechend des vorhergehenden Beispiels b) zu lösen.

1.3 Ort der Lieferung bei Lieferungen ohne Warenbewegung

Bei Lieferungen, die keine Beförderungs- bzw. Versendungslieferungen sind (ruhende Lieferungen), richtet sich der Lieferort gem. § 3 Abs. 7 Satz 1 UStG nach dem Ort, an dem sich der Gegenstand zum Zeitpunkt des Verschaffens der Verfügungsmacht befindet. Dies ist üblicherweise bei der sog. Werklieferung (§ 3 Abs. 4 UStG) z. B. bei der Errichtung von Gebäuden, bei welcher der Liefergegenstand direkt beim Abnehmer hergestellt wird, der Fall.

Darüber hinaus liegen stets Lieferungen ohne Warenbewegung vor, wenn die tatsächliche Übertragung der Verfügungsmacht i. S. d. § 929 Satz 1 BGB bzw. § 3 Abs. 1 UStG durch eine rechtliche Konstruktion ersetzt wird, wie z. B. bei einer

- Lieferung durch bloße Einigung nach § 929 Satz 2 BGB, nachdem der Lieferer den Gegenstand dem Abnehmer zuvor zur Ansicht übergeben hat,
- Lieferung durch Abtretung des Herausgabeanspruchs (§ 931 BGB),
- Lieferung durch Vereinbarung eines Besitzkonstituts (§ 930 BGB),
- Lieferung durch Übergabe eines handelsrechtlichen Traditionspapiers (Ladeschein, Lagerschein, Konnossement §§ 444, 475 c, 647 HGB) oder
- Grundstückslieferung.

In diesen Fällen muss zunächst der Lieferzeitpunkt ermittelt werden (Zeitpunkt des zivilrechtlichen bzw. wirtschaftlichen Eigentumsübergangs). Dann wird ermittelt, wo sich der Liefergegenstand zu diesem Zeitpunkt befindet. Dieser Ort ist dann der Lieferort nach § 3 Abs. 7 Satz 1 UStG. Bei einer Lieferung durch Abtretung des Herausgabeanspruchs kommt es also für den Lieferort keinesfalls darauf an, wo die Vereinbarung über die Abtretung des Herausgabeanspruchs getroffen wird, sondern immer darauf, **wo sich der Gegenstand zu diesem Zeitpunkt befindet**.

2 Sonderregelungen nach § 3 Abs. 8 UStG und § 3 c UStG

2.1 Sonderregelung nach § 3 Abs. 8 UStG

Die Sonderregelung des § 3 Abs. 8 UStG setzt eine Beförderungs- oder Versendungslieferung nach § 3 Abs. 6 Satz 1 UStG voraus. Wird der Liefergegenstand bei einer solchen Lieferung **vom Drittlandsgebiet ins Inland** befördert, fällt EUSt an (§ 1 Abs. 1 Nr. 4 UStG). Schuldet der **Lieferer oder dessen Beauftragter** diese EUSt, verlagert sich der Lieferort vom Drittland (Ort des Beginns der Beförderung oder Versendung) ins Inland. Die Verlagerung des Lieferorts nach § 3 Abs. 8 UStG setzt voraus:

a) Beförderungs- oder Versendungslieferung,
b) Transport des Liefergegenstands vom Drittlandsgebiet ins Inland und
c) der Lieferer oder dessen Beauftragter ist Schuldner der EUSt.

Zu c): Schuldner der EUSt ist derjenige, in dessen Namen die Einfuhranmeldung für die Abfertigung der Waren zum freien Verkehr bei der zuständigen Zolldienststelle abgegeben wird (Anmelder). Gegen diesen wird die EUSt mit Bescheid festgesetzt. Als Anmelder können dabei auftreten:
- der Lieferer,
- Erfüllungsgehilfen des Lieferers,
- der Abnehmer,
- Erfüllungsgehilfen des Abnehmers

Wer als Anmelder (auch Zollbeteiligter genannt) auftritt, ergibt sich i. d. R. aus den Lieferbedingungen. Lautet die Kondition auf »**verzollt und versteuert**«, kann davon ausgegangen werden, dass der Lieferer bzw. sein Erfüllungsgehilfe als Anmelder auftritt.

Lautet die Kondition »**unverzollt und unversteuert**«, ist i. d. R. der Abnehmer bzw. sein Erfüllungsgehilfe der Anmelder.

Im Zusammenhang mit § 3 Abs. 8 UStG ergeben sich folgende Beispiele:

> **BEISPIEL**
>
> a) Lieferer L in Basel (Schweiz) hat an den Abnehmer A in Freiburg eine Ware verkauft. Er befördert die Ware mit eigenem Fahrzeug zu A nach Freiburg. Entsprechend der Lieferkondition »verzollt und versteuert« meldet L die Ware bei der Einfuhr in die Bundesrepublik zum freien Verkehr an.
> **LÖSUNG** Der Lieferort, der sich nach § 3 Abs. 6 Satz 1 UStG in Basel befindet, wird gem. § 3 Abs. 8 UStG ins Inland verlagert. Die Lieferung des L ist somit steuerbar und steuerpflichtig. L hat für die Einfuhr der Ware EUSt (§ 1 Abs. 1 Nr. 4 UStG) und für die Lieferung der Ware an A reguläre USt (§ 1 Abs. 1 Nr. 1 UStG) zu entrichten. Eine Doppelbesteuerung wird in diesem Fall dadurch vermieden, dass L die EUSt als Vorsteuer abziehen darf (§ 15 Abs. 1 Nr. 2 UStG). Macht er die EUSt als Vorsteuer geltend, erfährt das Finanzamt von dieser Ware und kann überwachen, ob L die für die Lieferung an A anfallende USt angemeldet und abgeführt hat.
>
> b) Sachverhalt wie in Beispiel a), jedoch lautet die Lieferkondition »unverzollt und unversteuert«. L meldet die Ware zum freien Verkehr im Namen des A an.
> **LÖSUNG** Da in diesem Fall der Abnehmer A Schuldner der EUSt ist, findet § 3 Abs. 8 UStG keine Anwendung. Lieferort ist gem. § 3 Abs. 6 Satz 1 UStG Basel. Die Lieferung des L ist in Deutschland nicht steuerbar. Für L entstehen in diesem Fall in Deutschland keinerlei umsatzsteuerrechtliche Verpflichtungen. Erwirbt A die Ware für sein Unternehmen, darf er die EUSt als Vorsteuer abziehen. Dadurch erfährt jedoch das Finanzamt von dieser Ware und kann überwachen, ob A die bei Weiterveräußerung anfallende USt anmeldet und abführt.

Sinn der Regelung des § 3 Abs. 8 UStG ist es, dass der Unternehmer, der gleichzeitig auch Schuldner der EUSt ist (§ 1 Abs. 1 Nr. 4 UStG), diese als Vorsteuer geltend machen kann (§ 15 Abs. 1 Nr. 2 UStG). Denn zum Vorsteuerabzug und damit auch zum Abzug der Einfuhrumsatzsteuer als Vorsteuer ist nur der Unternehmer (Lieferer bzw. Abnehmer) berechtigt, der den Gegenstand für sein Unternehmen einführt (§ 15 Abs. 1 Nr. 2 UStG). Dies ist derjenige, der zum Zeitpunkt der zollrechtlichen Abfertigung die Verfügungsmacht am Gegenstand hat. Liegt bedingt durch die Fiktion des § 3 Abs. 8 UStG der Lieferort im Inland, hat der Lieferer im Zeitpunkt der Freigabe der Ware in den freien Verkehr im Inland noch die Verfügungsmacht über den Gegenstand; er gibt diese erst nach der zollamtlichen Abfertigung ab (Lieferort nach § 3 Abs. 8 UStG entspricht dem Lieferzeitpunkt). Macht der Lieferer die EUSt als Vorsteuer geltend, wird von der deutschen Finanzverwaltung registriert, dass er im Inland eine steuerpflichtige Lieferung tätigt. Sie kann ggf. den Vorsteueranspruch des Lieferers mit seiner aus der Lieferung resultierenden USt-Schuld verrechnen.

Durch die Vereinbarung, dass der Abnehmer Schuldner der EUSt sein soll (»unverzollt und unversteuert«), hat es der Lieferer in der Hand, den Lieferort im Drittausland zu belassen und eine Registrierung im Inland zu vermeiden. In diesem Falle kann nur der Abnehmer die EUSt als Vorsteuer geltend machen. Weiteres zu § 3 Abs. 8 UStG vgl. A 3.13 UStAE und zum Abzug der EUSt vgl. U 4.

2.2 Sonderregelung nach § 3 c UStG

Während bei der Einfuhr eines Gegenstands vom Drittlandsgebiet EUSt anfällt, wird bei der Lieferung eines Gegenstands durch einen Unternehmer i. R. seines Unternehmens aus einem **anderen Mitgliedstaat** grundsätzlich ErwUSt erhoben (§ 1 Abs. 1 Nr. 5 i. V. m. § 1 a UStG). Anders als bei der EUSt wird keine ErwUSt erhoben, wenn ein Nichtunternehmer einen Liefergegenstand aus einem anderen Mitgliedstaat der EU ins Inland befördert oder versendet (Ausnahme: Liefergegenstand ist ein sog. Neufahrzeug i. S. v. § 1 b Abs. 2 UStG).

Befördert oder versendet ein Unternehmer bei einer Lieferung einen Liefergegenstand von einem anderen Mitgliedstaat ins Inland und ist der Erwerber eine Privatperson, wird ebenfalls keine ErwUSt erhoben. Dies hätte zur Folge, dass die Besteuerung nach dem Ursprungslandprinzip erfolgt. Zur Vermeidung von Wettbewerbsverzerrungen wegen der noch unterschiedlichen Steuersätze und auch zur Vermeidung größerer Steuerausfälle im Bestimmungsland wurde dem Bestimmungslandprinzip dadurch Rechnung getragen, dass sich der Lieferort in den Fällen des § 3 c UStG **ins Bestimmungsland verlagert**. Tätigt z. B. ein Unternehmer mit Sitz in Frankreich Lieferungen an Privatpersonen in Deutschland und übersteigen seine Umsätze nach Deutschland die Lieferschwelle von 100 000 €, verlagert sich der Ort für seine Lieferungen nach Deutschland. Der französische Unternehmer muss sich dann in Deutschland registrieren lassen und hat diese Lieferungen hier zu versteuern. Zuständiges Finanzamt für französische Unternehmer ist das Finanzamt Kehl (Näheres hierzu vgl. Umsatzsteuerzuständigkeits-VO vom 20. 12. 2001, BGBl I 2001, 3794/3814).

Merke: §§ 3 c und 3 Abs. 8 UStG stellen Ausnahmen zu § 3 Abs. 6 UStG dar!

Die Verlagerung des Lieferorts nach § 3 c UStG ins Bestimmungsland tritt darüber hinaus auch dann ein, wenn die Lieferschwelle zwar nicht überschritten ist, es sich jedoch um die Lieferung sog. verbrauchsteuerpflichtiger Waren handelt (§ 3 c Abs. 5 Satz 2 UStG). Verbrauchsteuerpflichtige Waren in diesem Sinn sind Mineralöle, Alkohol, alkoholische Getränke und Tabakwaren (vgl. § 1 a Abs. 5 Satz 2 UStG).

Die Verlagerung des Lieferorts nach § 3 c UStG gilt jedoch nicht nur, wenn ein Unternehmer Ware aus einem anderen EU-Land nach Deutschland liefert, sondern auch im umgekehrten Fall, wenn ein deutscher Unternehmer Waren von Deutschland an Nichtunternehmer in andere EU-Länder liefert. Die Lieferschwellen der Mitgliedstaaten sind unterschiedlich gestaltet. Sie ergeben sich aus A 3 c.1 Abs. 3 UStAE.

Maßgebend für das Überschreiten der Lieferschwelle sind nur die Lieferungen i. S. v. § 3 c UStG in den betreffenden Mitgliedstaat.

Für die Frage, ob ein Unternehmer mit seinen Lieferungen i. S. d. § 3 c UStG in ein anderes EU-Land die Lieferschwelle dieses Landes überschreitet, stellt § 3 c Abs. 3 Satz 1 UStG grundsätzlich zunächst auf dessen Vorjahresumsätze ab. Hat er in diesem Jahr die Lieferschwelle überschritten, verlagert sich im Folgejahr der Lieferort nach § 3 c UStG in das Bestimmungsland. Nach § 3 c Abs. 3 Satz 1 UStG findet eine Ortsverlagerung selbst dann statt, wenn im laufenden Kalenderjahr die maßgebliche Lieferschwelle überschritten wird. Für die Lieferung, mit welcher die Lieferschwelle überschritten wird, sowie für alle nachfolgenden Lieferungen des betreffenden Jahres und des nachfolgenden Jahres verlagert sich dann der Lieferort ins Bestimmungsland (vgl. A 3 c.1 Abs. 3 Satz 6 UStAE mit Beispiel).

Die Verlagerung des Lieferorts nach § 3 c UStG tritt auch dann ein, wenn die Lieferschwelle zwar nicht überschritten wird, der Unternehmer jedoch die Verlagerung des Lieferorts anstrebt und deshalb auf die Anwendung der Lieferschwelle **verzichtet** (§ 3 c Abs. 4 UStG). Ein solcher Verzicht bindet ihn mindestens zwei Kalenderjahre (§ 3 c Abs. 4 Satz 2 UStG). Die Verlagerung des Lieferorts ins Bestimmungsland liegt vor allem dann im Interesse des Unternehmers, wenn im Bestimmungsland ein günstigerer Steuersatz gilt. Sein Nachteil hingegen besteht dann in der steuerlichen Erklärungspflicht im Bestimmungsland.

Prüfungsschema für die Bestimmung des Lieferorts nach § 3 c UStG:

Der Lieferort verlagert sich nach § 3 c UStG in das Bestimmungsland bei Vorliegen folgender Voraussetzungen:

1. Beginn und Ende des Warenwegs in zwei verschiedenen Mitgliedstaaten der EU (innergemeinschaftliche Lieferung);
2. Beförderung oder Versendung durch den Lieferer, **kein Abholfall durch den Abnehmer (!)**;
3. **keine Erwerbsbesteuerung durch den Käufer im Bestimmungsland**;
4. Überschreiten der für den betreffenden Mitgliedstaat festgelegten Lieferschwelle
   - durch den Lieferer im Vorjahr bzw. im laufenden Jahr oder
   - durch Ausüben der Option nach § 3 c Abs. 4 Satz 1 UStG durch den Lieferer und der dadurch bedingten Anwendung des § 3 c UStG auch ohne Überschreiten der betreffenden Lieferschwellen oder
   - Lieferung verbrauchspflichtiger Waren nach § 1 a Abs. 5 UStG.

= Lieferort Bestimmungsland (= Ende des Warenwegs)

Die Verlagerung des Lieferorts nach § 3 c UStG setzt voraus, dass keine Erwerbsbesteuerung im Bestimmungsland erfolgt. Dies ist z. B. der Fall

- bei Lieferungen an Privatpersonen,
- bei Lieferungen an natürliche Personen, die zwar Unternehmer sind, jedoch die Gegenstände nicht für ihr Unternehmen erwerben,
- bei Lieferungen an bestimmte Unternehmer, die das Gesetz in die Nähe von Privatpersonen rückt, sog. atypische Unternehmer oder Exoten (vgl. § 1 a Abs. 3 UStG und § 3 c Abs. 2 Nr. 2 UStG).

BEISPIEL

U in Stuttgart betreibt eine Buchhandlung. Am 28. 01. 02 liefert er auf Bestellung der Privatperson P in Den Haag (Niederlande) Bücher im Nettowert von 100 €. Die Bücher werden mit der Post nach Den Haag versandt.
Die Lieferentgelte des U für Lieferungen an Privatleute in den Niederlanden lagen im Vorjahr 01 bei 65 000 € im Zeitraum 01. 01. 02 bis 28. 01. 02 bei 2 500 €.

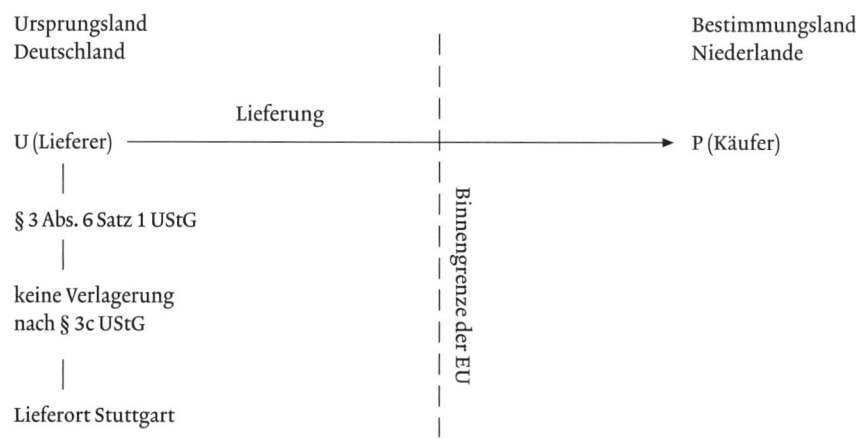

LÖSUNG Bei der Lieferung des U an P handelt es sich um eine Versendungslieferung nach § 3 Abs. 6 Satz 1 UStG. Der Lieferort ist Stuttgart, sofern sich keine Verlagerung in die Niederlande nach § 3c UStG ergibt:
1. Es handelt sich um eine Versendungslieferung nach § 3 Abs. 6 Satz 1 UStG mit Versand durch den Lieferer U.
2. Der Warenweg verläuft vom EU-Mitgliedstaat Deutschland in den EU-Mitgliedstaat Niederlande.
3. Da der Erwerber eine Privatperson ist, erfolgt keine Erwerbsbesteuerung in den Niederlanden.
4. Die für die Niederlande maßgebliche Lieferschwelle (100 000 €) ist weder im KJ 01 noch bis zum 28. 01. 02 überschritten worden und U möchte auch nicht auf die Lieferschwelle verzichten.

Somit tritt keine Verlagerung des Lieferorts von Deutschland in die Niederlande gem. § 3 c UStG ein. Die Lieferung ist in Deutschland steuerbar und steuerpflichtig zum Steuersatz von 7 % (§ 12 Abs. 2 Nr. 1 i. V. m. Nr. 49 der Anlage 2 zum UStG).

FÄLLE 6 – 7

FALL 6

Stellen Sie in den nachfolgenden Sachverhalten fest:
a) Wer liefert an wen?

b) Wo ist der Lieferort?

c) Befindet sich der Lieferort im Inland?

d) Zu welchem Zeitpunkt erfolgt die Lieferung?

1. Der Unternehmer A schließt mit dem Unternehmer B am 01. 12. 01 in Hamburg einen notariell beurkundeten Kaufvertrag über ein Ferienhaus auf der Insel Helgoland. Gleichzeitig erfolgt die Auflassung. Nach dem Kaufvertrag sollen Nutzen und Lasten bezüglich des Ferienhauses zum 01. 01. 02 auf B übergehen. Die Eintragung des B als Eigentümer ins Grundbuch erfolgte im Februar 02.
2. Der Kunde K in Stuttgart unterschreibt am 01. 07. 01 beim Kfz-Händler H in Straßburg den Kaufvertrag für einen Pkw. Er holt den Pkw am 15. 08. 01 in einem Auslieferungslager des Händlers in Freiburg ab.
3. Der Mietwagenunternehmer M mit Sitz in Ludwigsburg vermietet an den Kunden K mit Wohnort in Stuttgart am 16. 01. 01 für eine Woche einen Pkw. M übergibt K den Pkw sofort in Ludwigsburg. K hat von vornherein die unlautere Absicht, diesen Pkw bei der ersten, sich bietenden Gelegenheit zu veräußern. Er fährt mit ihm nach Amsterdam und veräußert ihn dort am 17. 01. 01 an den Händler A.
4. Der Maschinenfabrikant M (Sitz München) schließt mit dem Fabrikanten F (Sitz London) fernmündlich am 06. 01. 01 einen Kaufvertrag über den Verkauf einer Maschine. M übergibt am 31. 01. 01 die Maschine seinem Arbeitnehmer A im Werk in München und beauftragt diesen, die Maschine mit dem firmeneigenen Lkw entsprechend den getroffenen Vereinbarungen zum Empfangsspediteur E des F in den Freihafen Cuxhaven zu transportieren. Der Arbeitnehmer fährt am 31. 01. 01 um 19.00 Uhr in München los, kommt am 01. 02. 01 um 9.30 Uhr beim Empfangsspediteur E im Freihafen Cuxhaven an und übergibt diesem sofort die Maschine. E, der bereits am 06. 01. 01 von F beauftragt worden war, den Transport der Maschine von Cuxhaven nach London zu besorgen, übergibt am 20. 02. 01 die Maschine dem Reeder R, der sie am 01. 03. 01 nach London verschifft. F holt die Maschine am 02. 03. 01 im Londoner Hafen ab.
5. Der Großhändler G in Nürnberg verkauft an den Kunden K am 10. 05. 01 in Augsburg 10 Tonnen Zellstoff zur Lieferkondition »verzollt und versteuert«. Er beauftragt den Frachtführer F, den Zellstoff am 16. 05. 01 in seinem Auslieferungslager im Freihafen Cuxhaven abzuholen und ihn direkt zu seinem Kunden K nach Augsburg zu transportieren. Beim Zollgrenzübergang vom Freihafen ins Inland meldet F die Ware im Auftrag des G zum freien Verkehr an. Der Frachtführer F übergibt am 17. 05. 01 den Zellstoff dem K in Augsburg.

6. Das Kaufhaus H in Stuttgart bestellt am 03. 01. 01 beim Möbelgroßhändler M in Basel zehn Polstergarnituren. H beauftragt am 31. 01. 01 den Frachtführer F, die Polstergarnituren im Zweigbetrieb des M in Konstanz abzuholen. Sie werden dem F am 02. 02. 01 übergeben. F liefert sie bei H am 03. 02. 01 an.

7. Der Verlag V in Heidelberg übergibt der Deutschen Post AG am 07. 08. 01 in Heidelberg ein Paket mit 10 Exemplaren eines von V herausgegebenen Buches zum Versand an den Buchhändler B in Zagreb (Kroatien) als Kommissionsware. B bekommt am 10. 08. 01 das Paket von der Post zugestellt. Am 11. 08. 01 veräußert er in seinem Ladengeschäft ein Exemplar an den Kunden K in Zagreb.

8. Privatperson P mit Wohnort in Straßburg erwirbt am 06. 03. 03 beim Händler H in Karlsruhe einen Videorecorder für 1 500 €. P nimmt den Videorecorder sofort in der Originalverpackung mit.

9. Das deutsche Einrichtungshaus E in Aachen verkauft im KJ 03 eine neue Wohnzimmereinrichtung an das belgische Ehepaar Gartier in Spa (Belgien).
Der Umsatz an Privatpersonen nach Belgien im Versandhandelsgeschäft lag in den KJ 02 und 03 über der belgischen Lieferschwelle. Bei Abschluss der Kaufverträge vermittelt das Einrichtungshaus dem Ehepaar einen Spediteur, der den Transport von Aachen nach Spa im Auftrag des Ehepaars vornahm.

10. Winzer W in Selestat (Frankreich) hat im KJ 03 an den Privatmann P in Stuttgart 200 Flaschen Wein verkauft. Der Wein wird mit Hilfe einer von W beauftragten Spedition bei P ausgeliefert. Der Weinverkauf an Privatleute in Deutschland liegt sowohl im KJ 02 als auch 03 unter 10 000 €.

FALL 7

Stellen Sie in den nachfolgenden Sachverhalten fest:

a) Wer liefert an wen?

b) Wo ist der Lieferort?

c) Ist die Lieferung steuerbar?

d) Zu welchem Zeitpunkt erfolgt die Lieferung?

1. Unternehmer F in Freiburg bestellt bei Unternehmer W in Waldshut 100 Flaschen Whisky zum Kaufpreis von 4 000 €. W bestellt den Whisky seinerseits beim Unternehmer Z in Zürich zum Preis von 3 000 €. Zwischen W und Z wurde vereinbart, dass Z den Whisky direkt von Zürich zum Abnehmer des W (F) nach Freiburg zur Lieferkondition verzollt und versteuert versendet. Auftragsgemäß übergab Z am 06. 05. 01 um 17.00 Uhr in Zürich die 100 Flaschen Whisky dem Transportunternehmer T. Bei Ankunft am Grenzzollamt Weil-Otterbach am 07. 05. 01 um 8.00 Uhr beantragte T (im Namen des Z) entsprechend der Lieferkondition die Abfertigung der 100 Flaschen Whisky zum freien Verkehr. Der Whisky wurde von T am 07. 05. 01 um 11.00 Uhr dem F in Freiburg übergeben.

2. Wie Nr. 1, jedoch lautet lediglich die Lieferkondition für die Lieferung des W »verzollt und versteuert«, während Z zur Kondition »unverzollt und unversteuert« liefert. Dementsprechend meldet T im Namen des W die Ware zum freien Verkehr an.

3. Der Kunde K in Sindelfingen kauft am 10. 04. 01 beim Händler H in Stuttgart eine Spezialmaschine, die dieser nicht vorrätig hat. H bestellt deshalb am 11. 04. 01 diese Maschine bei der Fa. L in Liechtenstein mit dem Auftrag, die Maschine zur Kondition »unverzollt und unversteuert« bis zum Bahnhof Stuttgart zu liefern. Die Fa. L beauftragt am 15. 04. 01 den Angestellten A, die Maschine in ihrem Auslieferungslager im Freihafen Cuxhaven zu verpacken und sofort zur Deutschen Bahn AG zu bringen. Nachdem H am 03. 05. 01 von der Bundesbahn in Stuttgart die Mitteilung erhalten hat, die Maschine sei angekommen, beauftragt er seinerseits den Rollfuhrunternehmer R mit dem Transport der Maschine zum Betrieb des K in Sindelfingen. R meldet beim Hauptzollamt Stuttgart die Ware zum freien Verkehr an. Der Transport erfolgte am 04. 05. 01.

Teil F Teilumsatzart »sonstige Leistungen«

1 Begriff der Leistung

Nach der Legaldefinition des § 3 Abs. 9 UStG fallen unter den Begriff der sonstigen Leistung alle Leistungen, die keine Lieferungen sind. Es empfiehlt sich daher, zunächst zu prüfen, ob eine Lieferung vorliegt und, sollte dies nicht der Fall sein, die sonstige **Leistung** einschließlich ihres Inhalts nach § 3 Abs. 9 UStG zu definieren. Sonstige Leistungen können dabei auch in einem Unterlassen oder Dulden einer Handlung oder eines Zustands bestehen.

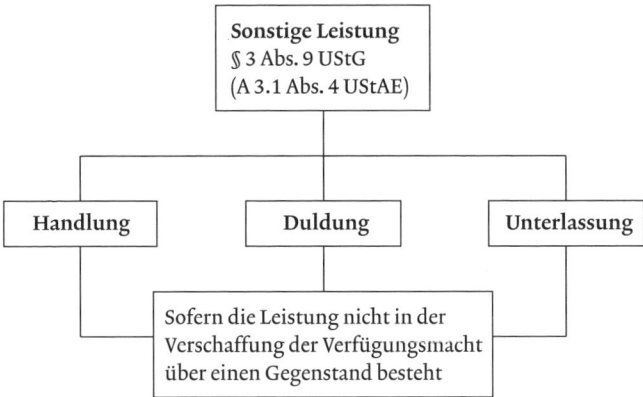

Der Begriff der Leistung ist ein umfassender Begriff. Inhalt einer Leistung kann alles sein, was zum Inhalt eines Verpflichtungsgeschäfts gemacht werden kann. Beispiele für sonstige Leistungen finden sich in §§ 3a und 3b UStG. Dieser Katalog ist allerdings nicht abschließend. Er ermöglicht jedoch den Rückgriff auf typische schuldrechtliche Grundgeschäfte, deren Erfüllung regelmäßig sonstige Leistungen darstellen.

> **MERKSATZ**
> Eine Leistung liegt i. d. R. dann vor, wenn ein Verpflichtungsgeschäft (z. B. Miet- oder Dienstleistungsvertrag) erfüllt wird.

Keine (!) Leistung liegt in folgenden beiden Ausnahmefällen vor:
1. bei der Erfüllung eines Verpflichtungsgeschäfts, das ausschließlich die Funktion einer Entgeltsentrichtung und kein darüber hinausgehendes wirtschaftliches Ziel hat (z. B. bei Geldzahlung, Geldüberweisung zum Erwerb einer Leistung);
2. bei privaten Sparanlagen in Form von Giro- und Sparkonten oder Wertpapieranlagen.

Bei der Veräußerung von Geldsorten (z. B. ausländisches Geld) und der Darlehensgewährung sind somit Leistungen anzunehmen. Insoweit erfolgt die Zuwendung eines Wirtschaftsguts.

Darüber hinaus kann eine Leistung auch dann gegeben sein, wenn ihr kein wirksames Verpflichtungsgeschäft zugrunde liegt (z. B. wegen Verstoßes gegen die guten Sitten, gegen ein gesetzliches Verbot oder aufgrund mangelnder Geschäftsfähigkeit). In solchen Fällen ist lediglich erforderlich, dass

- Leistender sowie Leistungsempfänger vorhanden
und
- beim Leistenden der Leistungswille, beim Leistungsempfänger der Empfangswille gegeben sind.

Typische **sonstige Leistungen** sind:
- Vermietungen (z. B. Vermietung von Grundstücken, § 4 Nr. 12 Buchst. a UStG),
- Darlehensgewährung (§ 4 Nr. 8 Buchst. a UStG),
- Dienstleistungen (z. B. rechtliche Beratung durch Rechtsanwälte, § 3 a Abs. 4 Nr. 3 UStG),
- Werkleistungen (z. B. Handwerkerleistungen ohne wesentlichen Materialeinsatz, s. auch § 3 Abs. 10 UStG),
- Beförderungsleistungen (§ 3 b UStG),
- Vermittlungsleistungen (z. B. Tätigkeit der Handelsvertreter, § 3 a Abs. 3 Nr. 4 UStG),
- Verzichtsleistungen (z. B. Wettbewerbsverzichte, s. § 3 a Abs. 4 Nr. 8 und 9 UStG).

Die Abgabe von Speisen und Getränken kann ebenfalls eine sonstige Leistung darstellen. Dies ist dann der Fall, wenn aus der Sicht des Durchschnittsverbrauchers das Element der Dienstleistung qualitativ überwiegt (A. 3.6 UStAE) und es sich somit um eine Restaurationsleistung handelt (Näheres hierzu vgl. N 3).

FALL 8

Prüfen Sie in den nachfolgenden Sachverhalten, ob eine sonstige Leistung i. S. v. § 3 Abs. 9 UStG vorliegt.

Sachverhalt	Lieferung	sonstige Leistung	keines von beiden
1. Modeschöpferin M veräußert eine Skizze mit dem Entwurf eines Modellkleids.			
2. Hausbesitzer H vermietet ein Zimmer an einen Studenten.			
3. Gewerbetreibender G nimmt bei der B-Bank ein Darlehen über 10 000 € auf.			
4. G (Fall 3) verwendet die 10 000 € zur Bezahlung seiner ESt.			
5. Unternehmer A veräußert sein Einfamilienhaus an B.			
6. K erwirbt eine Theaterkarte und besucht damit eine Theatervorführung.			
7. Kunde A nimmt die Dienste der Prostituierten P in Anspruch.			
8. A verprügelt im Auftrag des B den C.			
9. Unternehmer A befördert einen Gegenstand des B im Auftrag des B von Stuttgart nach München.			
10. Unternehmer A verzichtet gegenüber Unternehmer B auf die weitere Herstellung einer Spezialmaschine.			
11. Eiscafé C veräußert an den Gast G einen Eisbecher, den dieser im Restaurant einnimmt.			

2 Leistungsweg

Entsprechend den Grundsätzen beim Lieferweg gilt auch für den Weg der sonstigen Leistung: Die sonstige Leistung erfolgt stets an denjenigen, der den Auftrag hierfür erteilt hat.

Der Auftraggeber ergibt sich regelmäßig aus dem zugrundeliegenden Verpflichtungsgeschäft (Dienst-, Miet-, Werkvertrag usw.) und zwar auch dann, wenn dieses unwirksam ist, von den Beteiligten aber dennoch vollzogen wird.

Wie bei der Lieferung ist die Tätigkeit des Erfüllungsgehilfen dem Leistenden bzw. dem Leistungsempfänger zuzurechnen. Erteilt jemand als Vertreter im Namen des Vertretenen einen Auftrag, ist Auftraggeber der Vertretene und nicht der Vertreter (vgl. § 164 BGB).

FALL 9

Prüfen Sie in den nachfolgenden Sachverhalten,
a) welche Art einer sonstigen Leistung vorliegt und
b) wer diese Leistung an wen erbringt.

1. Hausbesitzer H beauftragt den Sanitärmeister F, eine defekte Wasserleitung abzudichten. F lässt den Auftrag durch seinen Gesellen G ausführen.
2. F mietet für seinen Gesellen G beim Hausbesitzer H eine Wohnung an. Vertragsparteien des Mietvertrags sind F und H. F schließt seinerseits einen Mietvertrag mit G, der in die Wohnung einzieht.
3. Bauherr B beauftragt den Architekten A mit der Erstellung eines Gutachtens über die Bebaubarkeit eines Grundstücks. A beauftragt seinerseits im eigenen Namen und für eigene Rechnung seinen freien Mitarbeiter M. Dieser sendet das Gutachten unmittelbar an B.
4. Handelsvertreter H schließt im Namen und für Rechnung der Fa. W mit der Fa. E einen Kaufvertrag über die Lieferung eines Baukrans ab. Die Fa. W übergibt den Baukran dem H, wo ihn die Fa. E abholt.

Teil G Ort der sonstigen Leistung

Mit der Richtlinie 2008/8/EG (ABl. EU 2008 Nr. L 44, 11) vom 12.02.2008 wurden die gemeinschaftsrechtlichen Regelungen zum Ort der Dienstleistung neu gefasst. Diese Regelungen wurden durch die Neufassung der §§ 3a, 3b, 3e UStG in Art. 7 des JStG 2009 vom 19.12.2008 BGBl I 2008, 2794 in nationales Recht umgesetzt. Durch das JStG 2010 sind weitere Änderungen erfolgt. Sie traten am 01.01.2010 (vgl. BMF vom 04.09.2009, IV B 9-S 7117/08/10 001) bzw. am 01.01.2011 (vgl. BMF vom 04.02.2011, IV D 3-S 7117/10/10 006) in Kraft. Auch das JStG 2013 setzte Vorgaben der MwStSystRL um. Es brachte weitere Anpassungen bei den Leistungen an juristische Personen, die sowohl unternehmerisch als auch nicht unternehmerisch tätig sind (§ 3a Abs. 2 Satz 1 UStG), sowie bei der langfristigen Vermietung von Beförderungsmitteln an Nichtunternehmer und der Vermietung von Sportbooten (§ 3a Abs. 3 Nr. 2 Satz 3 und 4 UStG).

Mit dem KroatienAnpG (JStG 2014) wurden Telekommunikations-, Rundfunk- und Fernsehdienstleistungen (TRFE-Leistungen) sowie auf elektronischem Weg erbrachte sonstige Leistungen an Nichtunternehmer zum 01.01.2015 generell dem Bestimmungslandprinzip unterstellt. Das BMF nahm hierzu mit Schreiben vom 11.12.2014, IV D 3-S 7340/14/10002 umfassend Stellung.

Im Gegensatz zu den übersichtlichen Regelungen zu den Lieferorten nach § 3 Abs. 5a–8 UStG erweisen sich die Ortsbestimmungen der sonstigen Leistung nach den §§ 3a Abs. 2, 3b und 3e UStG weitaus komplexer und detaillierter. Insoweit empfiehlt es sich, zunächst die grundsätzliche Struktur dieser Tatbestände und dann anhand von praxisrelevanten Fallkonstellationen die Ausnahmeregelungen zu erarbeiten.

1 Allgemeine Grundsätze

Bei der Bestimmung des Leistungsortes für eine sonstige Leistung gilt es grundsätzlich, zunächst danach zu unterscheiden, **an wen** die Leistung erbracht wird:

Dienstleistungen **an einen Unternehmer für dessen Unternehmen** (B2B-Leistungen, Business-to-Business) werden i. d. R. am Ort des Leistungsempfängers bewirkt (Bestimmungslandprinzip nach § 3a Abs. 2 UStG). Bei Leistungen an juristische Personen, die sowohl unternehmerisch als auch nicht unternehmerisch tätig sind, gilt stets das **Empfängerortprinzip** (§ 3a Abs. 2 Satz 3 UStG). Es kommt nicht auf die Verwendung der Leistung für den unternehmerischen bzw. nicht unternehmerischen Bereich an. Bei juristischen Personen, die ausschließlich nicht unternehmerisch tätig sind, kommt das Empfängerortprinzip nur zur Anwendung, wenn ihnen eine USt-IdNr. erteilt wurde (§ 3a Abs. 2 Satz 3 UStG). Eine Ausnahme gilt, wenn die Leistung ausschließlich für den privaten Bedarf des Personals der juristischen Person bestimmt ist. Auf die weitere Behandlung von juristischen Personen des öffentlichen Rechts wird im Grundkurs nicht näher eingegangen.

Bei Dienstleistungen an **Nichtunternehmer** bzw. an den nichtunternehmerischen Bereich von Unternehmern (B2C-Leistungen, Business-to-Consumer) verbleibt es grundsätzlich bei der Besteuerung am Ort des leistenden Unternehmers (Ursprungslandprinzip nach § 3a Abs. 1 UStG).

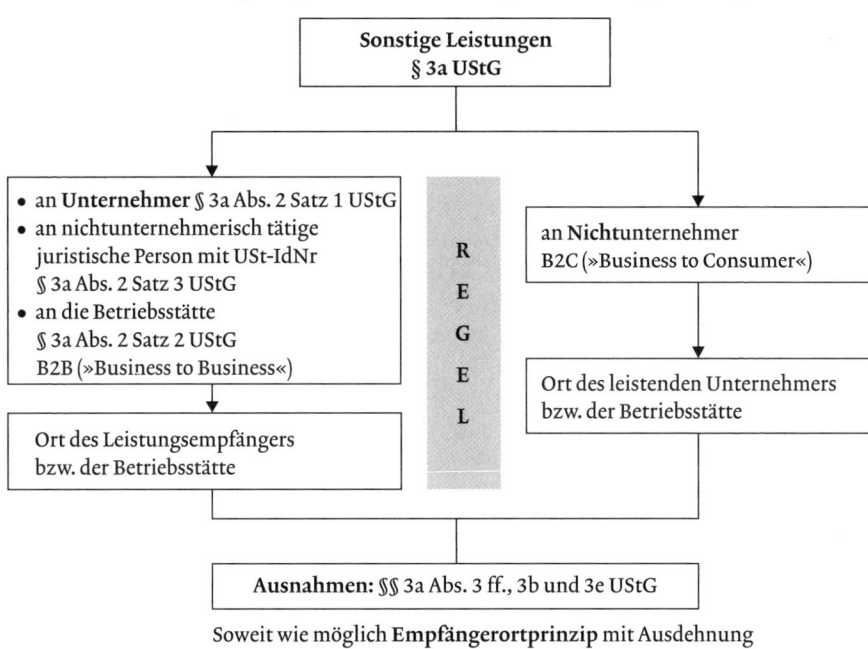

Wie schon die Tatbestände zur Bestimmung des Lieferorts sind auch die Ortsbestimmungen für die sonstigen Leistungen nach dem Regel-Ausnahmeprinzip aufgebaut. D. h. die in § 3 a Abs. 1 und Abs. 2 UStG genannten Grundsätze greifen nur, wenn nicht die spezifischen Ausnahmeregelungen in den §§ 3 a Abs. 3 ff. 3 b, e und f UStG Abweichendes bestimmen.

1.1 Sonstige Leistung an eine Betriebsstätte (A 3 a.1 Abs. 3 UStAE)

Die sonstige Leistung kann auch an eine Betriebsstätte des Leistungsempfängers ausgeführt werden.

Dies ist der Fall, wenn die Leistung ausschließlich oder überwiegend für die Betriebsstätte bestimmt ist, also dort verwendet werden soll. Es ist nicht erforderlich, dass der Auftrag von der Betriebsstätte aus an den leistenden Unternehmer erteilt wird, der die sonstige Leistung durchführt. Lässt sich anhand von Vertragsunterlagen etc. nicht feststellen, dass eine sonstige Leistung ausschließlich oder überwiegend für eine Betriebsstätte eines Unternehmers bestimmt ist, gilt die Leistung an dem Ort als erbracht, von dem aus der Leistungsempfänger sein Unternehmen betreibt (§ 3 a Abs. 2 Satz 1 UStG). Näheres hierzu vgl. A 3 a.2 Abs. 4 und 6 UStAE.

Bei Dienstleistungen von einer Betriebsstätte an einen Nichtunternehmer ist der Sitzort der Betriebsstätte maßgebend. Die obigen Ausführungen gelten sinngemäß.

1.2 Begriff Betriebsstätte

Betriebsstätte i. S. d. USt-Rechts ist jede feste Geschäftseinrichtung oder Anlage, die der Tätigkeit des Unternehmers dient. Eine solche Einrichtung oder Anlage kann aber nur dann als Betriebsstätte angesehen werden, wenn sie über einen ausreichenden Mindestbestand an Personal- und Sachmitteln verfügt, der für die Erbringung der betreffenden Dienstleistungen erforderlich ist. Außerdem muss die Einrichtung oder Anlage einen hinreichenden Grad an Beständigkeit sowie eine Struktur aufweisen, die von der personellen und technischen Ausstattung her eine autonome Erbringung der jeweiligen Dienstleistung ermöglicht. Im Normalfall ist die Zweigniederlassung eines Unternehmers als Betriebsstätte zu behandeln. Ein Warenlager bzw. eine Montagestelle mit einer Dauer von sechs Monaten kann nicht als Betriebsstätte angesehen werden. Der umsatzsteuerliche Betriebsstättenbegriff weicht somit ab vom Betriebsstättenbegriff des § 12 AO (A 3a.1 Abs. 3 UStAE).

Anmerkung:
Aktuell hat das FG Berlin-Brandenburg, Urt. v. 6.7.2017, 5 K 5270/15 die Revision zugelassen, um die Voraussetzungen für eine Betriebsstätte im Sinne von § 11 der EU/VO 282/2011 (DVO zur MWStSystRL) klären zu lassen. Das Verfahren ist beim BFH anhängig unter dem Az. XI R 1/18.

2 Verwendung einer Identifikationsnummer durch den Leistungsempfänger

§ 3a Abs. 2 UStG regelt nicht, wie der leistende Unternehmer den Nachweis zu führen hat, dass sein Leistungsempfänger Unternehmer ist, der die Leistung für seinen unternehmerischen Bereich bezieht. Verwendet jedoch der Leistungsempfänger gegenüber seinem Auftragnehmer eine ihm von einem Mitgliedstaat erteilte USt-IdNr., kann dieser regelmäßig davon ausgehen, dass die Leistung für dessen unternehmerischen Bereich bezogen wird. Dies gilt auch dann, wenn sich nachträglich herausstellt, dass die Leistung vom Leistungsempfänger tatsächlich für nicht unternehmerische Zwecke verwendet wurde (A. 3a.2 Abs. 9 Satz 4 UStAE). Voraussetzung ist nur, dass der leistende Unternehmer nach § 18e UStG von der Möglichkeit Gebrauch gemacht hat, sich die Gültigkeit der USt-IdNr. sowie Namen und Anschrift der Person, der diese Nummer erteilt wurde, durch das BZSt bestätigen zu lassen (A. 18e.1 UStAE).

Bitte lesen Sie: § 27a UStG
Ist der **Leistungsempfänger im Drittlandsgebiet ansässig**, kann der Nachweis der Unternehmereigenschaft durch eine Bescheinigung einer Behörde des Sitzstaates geführt werden, in der diese bescheinigt, dass der Leistungsempfänger dort als Unternehmer erfasst ist. Die Bescheinigung sollte inhaltlich der Unternehmerbescheinigung für das Vergütungsverfahren für Drittlandsunternehmer (§ 61a Abs. 4 UStDV) entsprechen (vgl. A. 18.14 Abs. 7 UStAE und Teil X Kap. 13).

Befindet sich der Leistungsort sowohl nach den Regeln des § 3a Abs. 1 als auch des Abs. 2 UStG im Drittland, ist eine Bescheinigung im obigen Sinne nicht notwendig.

Ist es bei Leistungsempfängern mit Sitz im Drittland schwierig, eine entsprechende Bescheinigung für die Unternehmereigenschaft zu erhalten und ist es eindeutig, dass der Unternehmer die Leistung für sein Unternehmen bezieht, bedarf es lt. Verwaltung ebenfalls keiner besonderen Bescheinigung.

3 Umkehr der Steuerschuld bei Dienstleistungen

Grundsätzlich ist der Unternehmer, der eine sonstige Leistung in einem anderen EU-Mitgliedstaat ausführt, in diesem EU-Mitgliedstaat Steuerschuldner der USt (Art. 193 MwStSystRL) und muss sich dort registrieren lassen.

Korrespondierend zum eben dargestellten Empfängerortprinzip sieht § 13b Abs. 1 i. V. m. Abs. 5 und Abs. 7 UStG zur Sicherstellung der Besteuerung beim Leistungsempfänger den Übergang der Steuerschuldnerschaft (Reverse-Charge) vor. Voraussetzung dafür ist eine sonstige Leistung eines im EU-Ausland ansässigen Unternehmers, die gem. § 3a Abs. 2 UStG im Inland steuerpflichtig ist (vgl. auch Art. 169 MwStSystRL). Gleichzeitig entfällt für ihn damit die Registrierungspflicht in diesem Mitgliedstaat; allerdings muss er die von ihm im übrigen Gemeinschaftsgebiet erbrachten sonstigen Leistungen gem. Art. 262 MwStSystRL (= § 18a Abs. 2 UStG) unter Angabe der Bemessungsgrundlage und der USt-IdNr. des Leistungsempfängers (§ 18a Abs. 7 Nr. 3 UStG) in seine Zusammenfassende Meldung (ZM) aufnehmen. Diese hat er zusammen mit seiner Voranmeldung vierteljährlich an das BZSt zu übermitteln (§ 18a Abs. 2 UStG).

Liegt eine der gerade genannten Tatbestandsvoraussetzungen nicht vor, d. h. greift eine andere Ortsregel als § 3a Abs. 2 UStG oder ist der leistende Unternehmer im Drittland ansässig, erfolgt dies Steuerschuldumkehr nach § 13b Abs. 2 Nr. 1 i. V. m. Abs. 5 und Abs. 7 UStG.

Vgl. hierzu auch Teil S.

4 Ausnahmeregelung nach § 3a Abs. 3 UStG bei B2B-Leistungen

Fällt die an das Unternehmen eines Unternehmers erbrachte sonstige Leistung unter den Leistungskatalog des § 3a Abs. 3 Nr. 1 – 3 UStG bzw. § 3b UStG, gilt die Grundregelung des § 3a Abs. 2 UStG (Sitzort des Leistungsempfängers) **nicht**. Es kommen vielmehr spezifische Leistungsortsregelungen zur Anwendung. Der Sitzort des Leistungsempfängers ist in diesen Fällen nur teilweise maßgebend. Unter die **Sonderregelung** fallen:
a) Dienstleistungen im Zusammenhang mit einem Grundstück (§ 3a Abs. 3 Nr. 1 UStG; Ausnahme: Vermittlung von Beherbergungsleistungen),
b) kurzfristige Vermietung von Beförderungsmitteln (§ 3a Abs. 3 Nr. 2 UStG),
c) Abgabe von Speisen zum Verzehr an Ort und Stelle (Restaurationsleistungen; § 3a Abs. 3 Nr. 3b UStG),
d) Personenbeförderungen (§ 3b Abs. 1 UStG),
e) Eintrittsberechtigungen (§ 3a Abs. 3 Nr. 5 UStG),
f) kurzfristige Vermietung von Nutzfahrzeugen und deren Nutzung im Drittland (§ 3a Abs. 7 UStG) sowie
g) Güterbeförderung, Werkleistung, Reisevorleistungen im Drittland (§ 3a Abs. 8 UStG).

5 Besteuerungsverfahren bei B2B-Leistungen

5.1 Nichtsteuerbare sonstige Leistung nach § 3a Abs. 2 UStG mit Leistungsort im EU-Ausland

Tätigt ein Unternehmer eine B2B-Leistung, bei der sich der Leistungsort nach § 3a Abs. 2 UStG in einem anderen Mitgliedstaat befindet, müssen zwei Meldungen erfolgen.
1. Meldung **des Nettobetrages** in der USt-Voranmeldung als nichtsteuerbare sonstige Leistung nach § 18b Nr. 2 UStG und
2. Meldung **des Nettobetrages** in der ZM unter der Id-Nr. des Leistungsempfängers **(Näheres hierzu vgl. X 12).**

BEISPIEL

Unternehmer U mit Sitz in Stuttgart erbringt an Unternehmer A in Graz (Österreich) eine sonstige Leistung, bei der sich der Leistungsort nach § 3a Abs. 2 UStG bestimmt. A hat U seine österreichische USt-IdNr. mitgeteilt. U erstellt eine Rechnung mit einem Nettobetrag von 5 000 €, Rechnungsdatum: 17. 10. 04, Leistungszeitpunkt: September 04.
LÖSUNG Leistungsort ist gem. § 3a Abs. 2 UStG der Sitzort des A in Graz. Die sonstige Leistung ist in Deutschland nicht steuerbar. In Österreich ist die sonstige Leistung steuerbar und steuerpflichtig A ist Steuerschuldner der österreichischen **USt** (§ 13b Abs. 1 UStG entsprechend dem deutschen Recht). U muss die nichtsteuerbare Leistung in der USt-Voranmeldung September 04 und in der ZM für das 3. Kalendervierteljahr melden (Meldezeitpunkt September 04).
Sonstige Leistungen, bei denen sich der Leistungsort nach § 3a Abs. 3 bzw. 3b Abs. 1 UStG bestimmt und der Leistungsort im Ausland liegt, sind nur in der USt-Voranmeldung als übrige nichtsteuerbare Umsätze zu melden. Eine Meldung in der ZM hat nicht zu erfolgen (vgl. Wortlaut § 18a Abs. 2 Satz 1 UStG).

5.2 Steuerpflichtige sonstige Leistung nach § 3a Abs. 2 UStG eines im EU-Ausland ansässigen Leistenden mit Leistungsort im Inland

Erbringt ein im EU-Ausland ansässiger Unternehmer an einen im Inland ansässigen Unternehmer eine steuerpflichtige sonstige Leistung und bestimmt sich der Leistungsort nach § 3a Abs. 2 UStG, verlagert sich grundsätzlich die Steuerschuld auf den Leistungsempfänger (Reverse-Charge-Verfahren, § 13b Abs. 1 UStG). Die Regelung des § 13b Abs. 1 UStG gilt europaweit, sodass sich jeder Unternehmer für entsprechende Leistungen in jedem Mitgliedstaat darauf verlassen kann.

BEISPIEL

Ingenieurbüro U mit Sitz in Graz erbringt an Unternehmer A in Stuttgart eine sonstige Leistung, bei der sich der Leistungsort nach § 3a Abs. 2 UStG bestimmt. A hat U seine deutsche USt-IdNr. mitgeteilt. U erstellt eine Rechnung mit einem Nettobetrag von 5 000 €, Rechnungsdatum 17. 10. 04, Leistungszeitpunkt September 04.
LÖSUNG Leistungsort ist gem. § 3a Abs. 2 UStG der Ort des Unternehmenssitz des A in Stuttgart. Die sonstige Leistung ist steuerbar und stpfl. A ist Steuerschuldner nach § 13b Abs. 1 UStG. Die Meldung der Steuer nach § 13b UStG muss im VZ September 04 erfolgen. Das Rechnungsdatum ist nicht maßgeblich.

5.3 Vorsteuerabzug der »§ 13b-Steuer«

Die vom Leistungsempfänger (hier: Unternehmen A) zu meldende »§ 13b-Steuer« kann gleichzeitig unter den Voraussetzungen des § 15 Abs. 1 Nr. 4 UStG als Vorsteuer geltend gemacht werden (vgl. Teil S).

Prüfungsschema für B2B-Leistungen

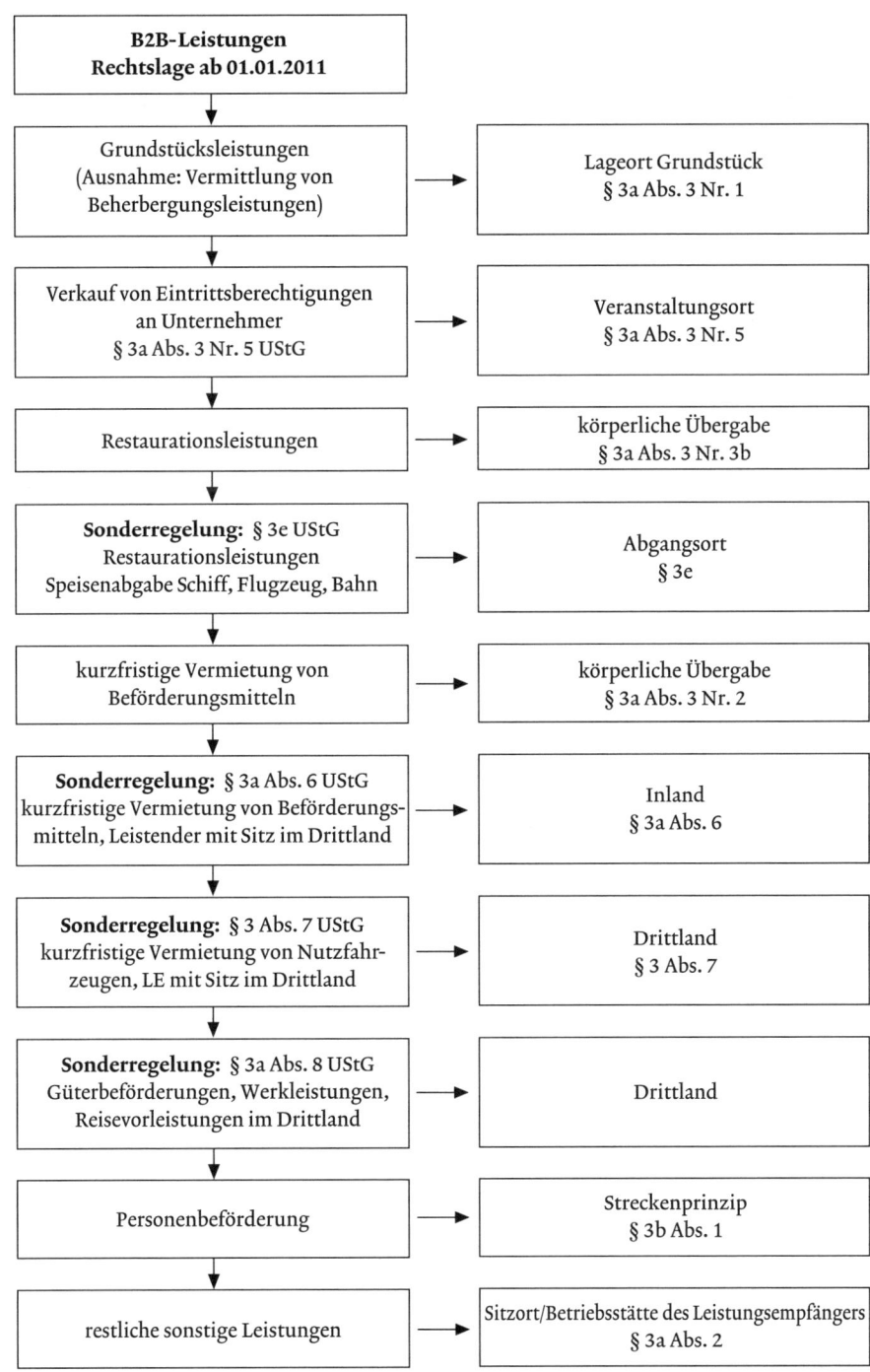

Anmerkung:
Auf die im Prüfungsschema enthaltenen Sonderregelungen nach § 3e UStG, § 3a Abs. 6 UStG und § 3 Abs. 7 UStG wird im Grundkurs nicht näher eingegangen.

6 B2C-Leistungen (Business-to-Consumer)

B2C-Leistungen liegen vor, wenn der Leistungsempfänger
- kein Unternehmer oder
- zwar Unternehmer, die Leistung aber nicht für sein Unternehmen bezieht oder
- eine nicht unternehmerisch tätige juristische Person ist, der keine USt-IdNr. erteilt wurde.

6.1 Leistungsort bei B2C-Leistungen

Leistungsort ist in diesen Fällen grundsätzlich der Ort, von dem aus der leistende Unternehmer sein Unternehmen betreibt (Ursprungslandprinzip, vgl. § 21 AO). Ist dieser Ort bei natürlichen Personen nicht eindeutig bestimmbar, kommen als Leistungsort der Wohnsitz des Unternehmers (§ 8 AO) oder der Ort seines gewöhnlichen Aufenthalts (§ 9 AO) in Betracht.

Der Ort der Betriebsstätte ist maßgebend, wenn die sonstige Leistung von dort ausgeführt wird, d. h. die sonstige Leistung muss der Betriebsstätte tatsächlich zuzurechnen sein. Dies ist der Fall, wenn die für die sonstige Leistung erforderlichen einzelnen Arbeiten ganz oder überwiegend durch Angehörige oder Einrichtungen der Betriebsstätte ausgeführt werden. Es ist nicht erforderlich, dass das Umsatzgeschäft von der Betriebsstätte aus abgeschlossen wurde. Wird ein Umsatz sowohl an dem Ort, von dem aus der Unternehmer sein Unternehmen betreibt, als auch von einer Betriebsstätte ausgeführt, bestimmt sich der Leistungsort nach dem Ort, an dem die sonstige Leistung überwiegend erbracht wird (A. 3a.1 Abs. 1 UStAE).

6.2 Ausnahmeregelungen bei B2C-Leistungen

Fällt die sonstige Leistung unter die Ausnahmeregelungen des § 3a Abs. 3, 4 und 5 bzw. § 3b Abs. 1 UStG, ist nicht mehr ausschließlich der Sitzort des Leistenden maßgebend. Der Leistungsort kann sich vielmehr spezifisch ergeben oder nach dem Sitzort des Leistungsempfängers bestimmen. Folgende Sonderregelungen können bei den B2C-Umsätzen in Betracht kommen:

a) Dienstleistungen im Zusammenhang mit einem Grundstück (§ 3a Abs. 3 Nr. 1 UStG) Ausnahme: Vermittlung von Beherbergungsleistungen;
b) kurzfristige und langfristige Vermietung von Beförderungsmitteln (§ 3a Abs. 3 Nr. 2 UStG);
c) kulturelle, künstlerische, wissenschaftliche, unterrichtende, sportliche, unterhaltende oder ähnliche Leistungen, Messe- und Ausstellungsleistungen (§ 3a Abs. 3 Nr. 3a UStG);
d) Abgabe von Speisen zum Verzehr an Ort und Stelle (Restaurationsleistungen; § 3a Abs. 3 Nr. 3b, § 3e UStG);
e) Arbeiten an beweglichen körperlichen Gegenständen und die Begutachtung dieser Gegenstände (§ 3a Abs. 3 Nr. 3c UStG);
f) Vermittlungsleistungen (§ 3a Abs. 3 Nr. 4 UStG);
g) Katalogleistungen nach § 3a Abs. 4 Nr. 1–14 UStG;
h) Telekommunikations-, Rundfunk- und Fernsehdienstleistungen sowie auf elektronischem Weg erbrachte Dienstleistungen nach § 3a Abs. 5 UStG;
i) Personenbeförderungen bzw. nicht innergemeinschaftliche Güterbeförderungen nach § 3b Abs. 1 UStG;
j) Innergemeinschaftliche Güterbeförderungen nach § 3b Abs. 3 UStG.

7 Prüfungsschema für B2C-Leistungen

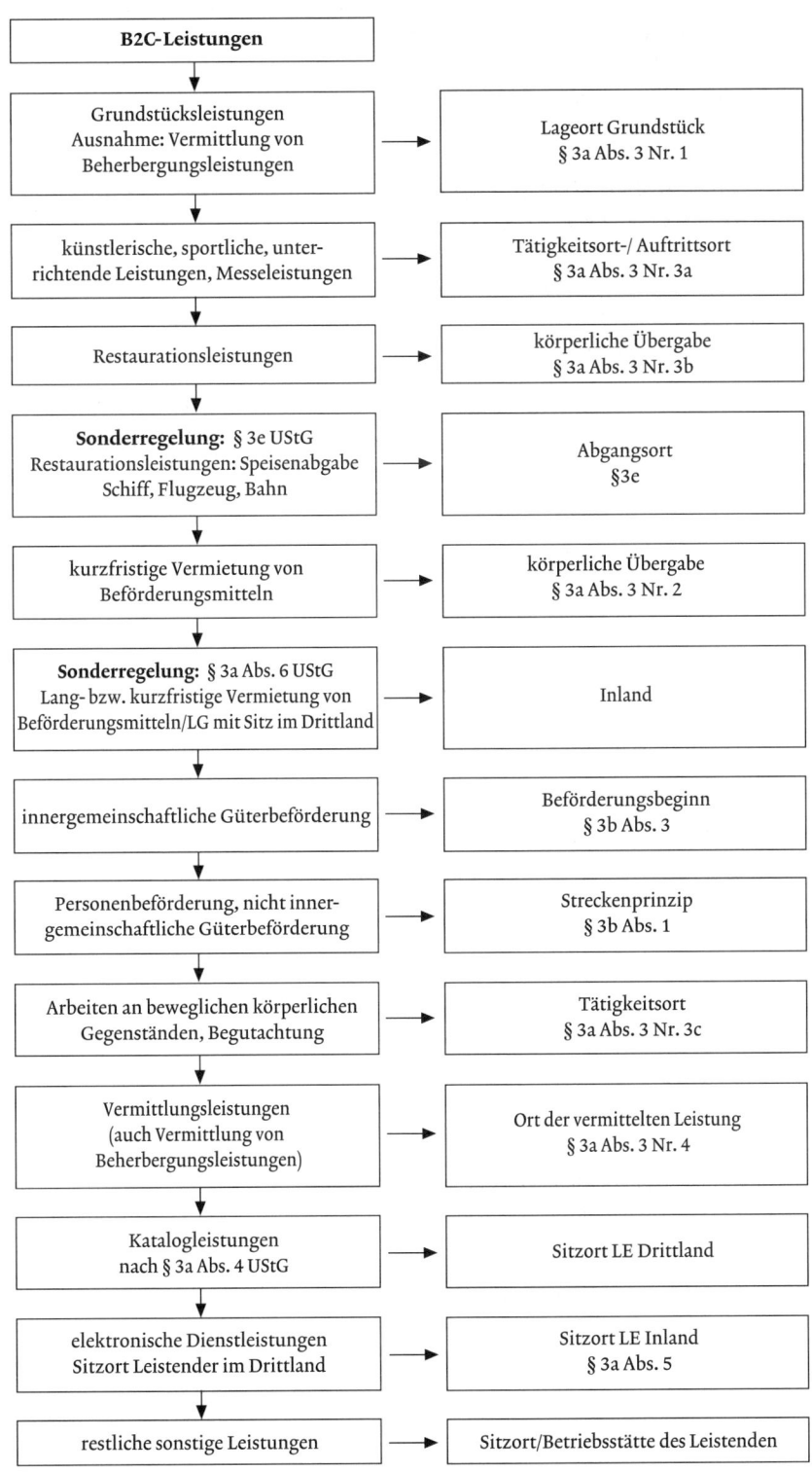

Anmerkung:
Auf die im Prüfungsschema enthaltenen Sonderregelungen nach § 3e UStG und § 3a Abs. 6 UStG wird im Grundkurs nicht näher eingegangen.

Nachfolgend soll der Leistungsort bei Dienstleistungen anhand von klausurrelevanten Fallgruppen dargestellt werden.

8 Sonstige Leistungen im Zusammenhang mit Grundstücken (§ 3a Abs. 3 Nr. 1 UStG)

Hierunter fallen insbesondere:
- Vermietungen von Grundstücken und Grundstücksteilen, auch wenn diese nur kurzfristig erfolgen (Wohnungen, Zimmer; § 3a Abs. 3 Nr. 1a UStG),
- Vermittlung der **langfristigen** Vermietung von Grundstücken, Wohnungen etc. (§ 3a Abs. 3 Nr. 1b UStG; Vermittlung der kurzfristigen Vermietung von Ferienhäusern und Hotelzimmern etc. erfolgt nach den allgemeinen Regeln der Ortsbestimmung bei den Vermittlungsleistungen (vgl. Art. 31a Abs. 3d EU-VO 282/2011 und A. 3a.3 Abs. 9 Satz 2 UStAE);
- Vermittlung von Grundstücksveräußerungen durch Makler;
- Dienstleistungen von Architekten im Zusammenhang mit der Erschließung von Grundstücken oder der Ausführung von Bauleistungen (§ 3a Abs. 3 Nr. 1c UStG);
- Vermietungen von Betriebsvorrichtungen, sofern diese wesentliche Grundstücksbestandteile sind (z. B. Tennisplätze, Kegelbahnen, Maschinen);
- Dienstleistungen am Grundstück (z. B. Gebäudereinigungen, Gärtnerarbeiten, Wartung von Aufzugsanlagen).

Der **Ort der Leistung** ist gem. § 3a Abs. 3 Nr. 1 Satz 1 UStG der **Lageort** des Grundstücks.

Dies gilt allerdings nur dann, wenn die Leistungen in einem **engen Zusammenhang** mit dem Grundstück stehen. Dies ist z. B. nicht der Fall bei der Veröffentlichung von Immobilienanzeigen durch Zeitungen oder bei der Finanzierung und Finanzierungsberatung im Zusammenhang mit dem Erwerb eines Grundstücks und dessen Bebauung (weitere Fallgruppen s. Art. 31a EU-VO 282/2011 und A 3a.3 Abs. 10 UStAE).

Eine Unterscheidung in B2B- bzw. B2C-Leistungen ist nicht erforderlich.

BEISPIELE

a) A (Wohnort Stuttgart) vermietet einen Bungalow in Südfrankreich. Mieter ist B in Stuttgart.
LÖSUNG Die sonstige Leistung ist nicht steuerbar. Ort der sonstigen Leistung (Vermietung von Grundstücken gem. § 3a Abs. 3 Nr. 1a UStG) ist Frankreich. Die sonstige Leistung fällt unter das französische UStG. A muss sich in Frankreich registrieren lassen.

b) Unternehmer U in Eschborn erbringt gegenüber Hauseigentümern bundesweit Fassadenreinigungen an im Inland gelegenen Grundstücken. Im Innenverhältnis beauftragte er hiermit selbständige Subunternehmer (keine Kleinunternehmer nach § 19 UStG).
Variation 1: Der Subunternehmer hat seinen Sitz in Deutschland.
Variation 2: Der Subunternehmer hat seinen Sitz in Polen.
LÖSUNG Die sonstige Leistung des **U** an seine Auftraggeber ist steuerbar. Der Leistungsort bestimmt sich nach dem Lageort des Grundstücks. Die sonstige Leistung ist auch steuerpflichtig. Steuerschuldner ist U als Leistender (keine Umkehr der Steuerschuld).

Die sonstigen Leistungen der Subunternehmer **an U** sind ebenfalls steuerbar und steuerpflichtig. Da eine Gebäudereinigungsleistung vorliegt, schuldet der Leistungsempfänger (U) die Steuer (§ 13b

Abs. 2 Nr. 8 UStG i. V. m. § 13 b Abs. 5 Satz 5 UStG). Gleichzeitig kann U die Steuer als Vorsteuer geltend machen (§ 15 Abs. 1 Nr. 4 UStG).

Der Subunternehmer hat nur noch netto abzurechnen. Sofern sein Unternehmenssitz in Polen liegt, hat er – entsprechend der deutschen Regelung des § 18 a Abs. 2 UStG – dies dort als nicht steuerbaren Auslandsumsatz in seiner ZM zu melden.

Anmerkung:
Aufgrund der unmittelbaren Anwendung des Art. 31 a EU-VO 282/2011, der mit Wirkung vom 01.01.2017 eingeführt wurde, umfasst der Tatbestand des § 3a Abs. 3 Nr. 1 UStG nunmehr auch juristische Dienstleistungen im Zusammenhang mit Grundstücksübertragungen sowie mit der Begründung oder Übertragung von bestimmten Rechten an Grundstücken oder dinglichen Rechten an Grundstücken (unabhängig davon ob diese Rechte einem körperlichen Gegenstand gleichgestellt sind), wie z. B. die Tätigkeiten von Notaren oder das Aufsetzen eines Vertrags über den Verkauf oder den Kauf eines Grundstücks, selbst wenn die zugrunde liegende Transaktion, die zur rechtlichen Veränderung an dem Grundstück führt, letztendlich nicht stattfindet.

Der Text dieser Regelung wurde mit BMF-Schreiben vom 10.02.2017 (BStBl 2017 I, 350) in A. 3a.3 Abs. 7 UStAE übernommen. Darüber hinaus wurden auch der Katalog grundstücksbezogener Leistungen in A. 3a.3 Abs. 9 UStAE um Nr. 9 sowie konkretisierenden Beispielen (nicht abschließend!) sowie A. 3a.3 Abs. 10 zu den nicht grundstücksbezogenen Leistungen entsprechend des Texts des Art. 31 a EU-VO 282/2011 ergänzt.

9 Messeleistungen (vgl. A 3 a.4 UStAE)

9.1 Grundstücksüberlassung

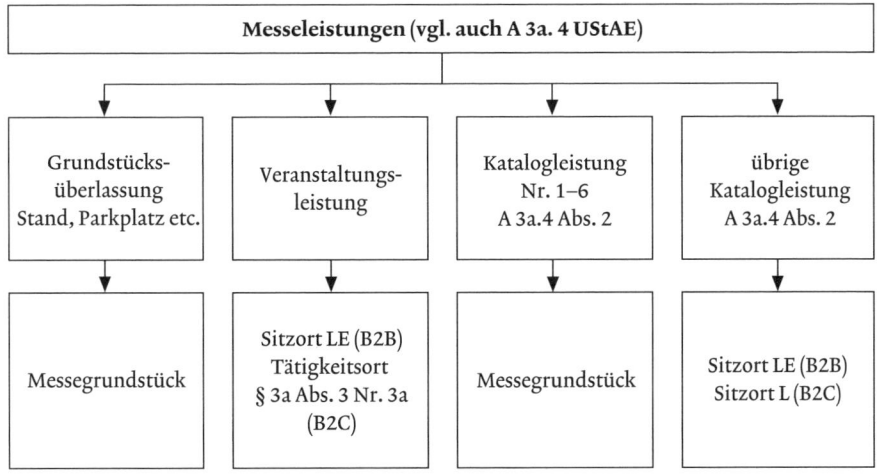

Bei der Überlassung von
- Räumen und ihren Einrichtungen auf dem Messegelände für Informationsveranstaltungen einschließlich der üblichen Nebenleistungen,
- Parkplätzen auf dem Messegelände,
- Standflächen auf Messen und Ausstellungen an die Aussteller

handelt es sich um sonstige Leistungen im Zusammenhang mit einem Grundstück (A 3a.4 Abs. 1 UStAE). Leistungsort ist somit der Belegenheitsort des Grundstücks.

Als Messegelände sind auch örtlich getrennte Kongresszentren anzusehen. Übliche Nebenleistungen sind z. B. die Überlassung von Mikrofon- und Simultandolmetscheranlagen sowie Bestuhlungs-, Garderoben- und Hinweisdienste.

9.2 Messekataloggleistungen

Neben der Grundstücksüberlassung werden nach A 3 a.4 Abs. 2 UStAE folgende Leistungen den Messeleistungen (sog. Messekataloggleistungen) hinzugerechnet:
a) Technische Versorgung der überlassenen Stände. Hierzu gehören z. B.
    Herstellung der Anschlüsse für Strom, Gas, Wasser, Wärme, Druckluft, Telefon, Telex, Internetzugang und Lautsprecheranlagen,
    die Abgabe von Energie, z. B. Strom, Gas, Wasser und Druckluft, wenn diese Leistungen umsatzsteuerrechtlich Nebenleistungen zur Hauptleistung der Überlassung der Standflächen darstellen;
b) Planung, Gestaltung sowie Aufbau, Umbau und Abbau von Ständen. Unter die »Planung« fallen insbesondere Architektenleistungen, z. B. Anfertigung des Entwurfs für einen Stand. Zur »Gestaltung« zählt z. B. die Leistung eines Gartengestalters oder eines Beleuchtungsexperten;
c) Überlassung von Standbauteilen und Einrichtungsgegenständen, einschließlich Miet-System-Ständen;
d) Standbetreuung und Standbewachung;
e) Reinigung von Ständen;
f) Überlassung von Garderoben und Schließfächern auf dem Messegelände;
g) Überlassung von Eintrittsausweisen einschließlich Eintrittskarten;
h) Überlassung von Telefonapparaten, Telefaxgeräten und sonstigen Kommunikationsmitteln zur Nutzung durch die Aussteller;
i) Überlassung von Informationssystemen, z. B. von Bildschirmgeräten oder Lautsprecheranlagen, mit deren Hilfe die Besucher der Messen und Ausstellungen unterrichtet werden sollen;
j) Schreibdienste und ähnliche sonstige Leistungen auf dem Messegelände;
k) Beförderung und Lagerung von Ausstellungsgegenständen wie Exponaten und Standausrüstungen;
l) Übersetzungsdienste;
m) Eintragungen in Messekatalogen, Aufnahme von Werbeanzeigen usw. in Messekatalogen, Zeitungen, Zeitschriften usw., Anbringen von Werbeplakaten, Verteilung von Werbeprospekten und ähnlichen Werbemaßnahmen;
n) Besuchermarketing;
o) Vorbereitung und Durchführung von Foren und Sonderschauen, Pressekonferenzen, Eröffnungsveranstaltungen und Ausstellerabenden.

Die Verwaltung differenziert für die Bestimmung des Orts der sonstigen Leistung danach, ob eine einzelne Leistung oder ein ganzes Bündel von Messekataloggleistungen (=Veranstaltungsleistungen) erbracht werden (Leistungspaket):

Liegt eine Veranstaltungsleistung vor, gilt das Grundprinzip des § 3a Abs. 2 UStG, sofern die Leistung an ein Unternehmen erfolgt (B2B). Wird eine solche Leistung an einen Nichtunternehmer (B2C) erbracht, bestimmt sich der Leistungsort nach § 3a Abs. 3 Nr. 3a UStG und liegt demnach am Veranstaltungsort.

Eine Veranstaltungsleistung im obigen Sinne nimmt die Verwaltung an, wenn neben der Überlassung von Standflächen zumindest noch **drei** weitere Messekatalogleistungen vertraglich vereinbart wurden und auch tatsächlich erbracht werden (A 3 a.4 Abs. 2 Satz 5 UStAE).

Wird eine Messekatalogleistung als selbständige Leistung einzeln erbracht, muss hinsichtlich der Ortsbestimmung differenziert werden: unter Leistungen nach § 3a Abs. 3 Nr. 1 UStG fallen nur die in A 3 a.4 Abs. 2 Nr. 1 und Nr. 4–6 UStAE genannten Leistungen. Hinsichtlich der weiteren Katalogleistungen gelten die üblichen Regeln (Näheres vgl. A 3 a.4 Abs. 3 UStAE).

BEISPIELE

a) Messebauunternehmer M in Reutlingen montiert (Auf- und Abbau) im KJ 01 im Auftrag der X-GmbH mit Sitz in Tübingen einen Messestand anlässlich einer Messe in Paris.
LÖSUNG M erbringt eine einzelne Messeleistung nach A 3 a.4 Abs. 2 Nr. 2 UStAE. Es handelt sich um eine sonstige Leistung i. S. d. § 3a Abs. 3 Nr. 3a UStG (A 3 a.6 Abs. 7 Satz 1 UStAE). Da die Leistung an einen Unternehmer erfolgt, richtet sich der Leistungsort nach § 3a Abs. 2 UStG und liegt am Unternehmenssitz der X-AG in Tübingen.

b) M wird im Auftrag der Fa. X mit Sitz in Hongkong beim Aufbau eines Messestands in Frankfurt tätig (keine Veranstaltungsleistung).
LÖSUNG Leistungsort ist wie oben ebenfalls der Unternehmenssitz des Leistungsempfängers. Daher ist die Leistung des M in Deutschland nicht steuerbar.

10 Leistungsort bei kulturellen, künstlerischen, wissenschaftlichen und unterrichtenden Leistungen

Die nach § 3a Abs. 3 Nr. 3a UStG beispielhaft aufgeführten sonstigen Leistungen werden dort ausgeführt, wo sie **tatsächlich bewirkt** werden. Nicht entscheidend ist der Ort, an dem der Erfolg eintritt oder sich die sonstige Leistung auswirkt (A 3 a.6 Abs. 1 Satz 2 UStAE). Unter § 3a Abs. 3 Nr. 3a UStG fallen insbesondere:
- kulturelle und künstlerische Leistungen (z. B. Oper, Schauspiel), einschließlich der damit zusammenhängenden Leistungen (z. B. der Tontechniker),
- wissenschaftliche Leistungen (z. B. wissenschaftliche Vorträge, auch Gutachten, die nicht auf die Beratung des Auftraggebers ausgerichtet sind),
- unterrichtende Leistungen (z. B. Veranstaltung von Kursen),
- sportliche Leistungen (z. B. Tennis, Radsport, Fußball),
- unterhaltende Leistungen (z. B. Filmvorführungen, Tanzveranstaltungen),
- diesen ähnliche Leistungen.

Als amüsant zu lesendes Beispiel empfiehlt sich insoweit die Entscheidung des BFH vom 03.12.2015 (BFH vom 03.12.2015 – V R 61/14; veröffentlicht am 17.02.2016) zur Frage, ob ein Trauer- oder Hochzeitsredner als "ausübender Künstler" gilt (!).

Die Ortsbestimmung des § 3a Abs. 3 Nr. 3a UStG findet nur Anwendung, wenn die genannten Leistungen **nicht** an einen Unternehmer bzw. an einen Unternehmer, aber nicht für dessen Unternehmen oder an nichtunternehmerisch tätige juristische Personen ohne USt-IdNr. (B2C) erbracht werden.

Erfolgt die sonstige Leistung i. S. d. § 3a Abs. 3 Nr. 3a UStG **an einen Unternehmer** für dessen Unternehmen oder an eine ausschließlich nichtunternehmerisch tätige juristische Person mit USt-IdNr. bzw. an eine sowohl unternehmerisch als auch nichtunternehmerisch tätige juristische Person (B2B-Leistung), bestimmt sich der Leistungsort nach der Grundregel des § 3a Abs. 2 UStG und damit dem Sitzort des Leistungsempfängers.

BEISPIEL

Die selbständige Sängerin S aus Rom (Italien) gibt aufgrund eines Vertrags mit der Konzertagentur K in München im Januar 2015 ein Konzert in Zürich (Schweiz).
LÖSUNG Da es sich um eine B2B-Leistung handelt, kommt es auf den Sitzort des Leistungsempfängers K an. Dieser liegt in München, die sonstige Leistung ist in Deutschland steuerbar.
Besitzt die S eine Bescheinigung der zuständigen Landesbehörde nach § 4 Nr. 20 UStG, ist ihre Leistung steuerfrei. Ist dies nicht der Fall, ist sie steuerpflichtig. In diesem Falle schuldet Leistungsempfänger K die USt (7 % nach § 12 Abs. 2 Nr. 7a UStG) gem. § 13b Abs. 1 UStG.

11 Leistungsort bei Eintrittsberechtigungen zu kulturellen, künstlerischen und ähnlichen Veranstaltungen (§ 3a Abs. 3 Nr. 5 UStG)

§ 3a Abs. 3 Nr. 5 UStG steht im Zusammenhang mit der Beschränkung der Regelung des § 3a Abs. 3 Nr. 3a UStG auf den nichtunternehmerischen Leistungsbezug. Dieser basiert auf Art. 53 MwStSystRL und gilt nicht für Eintrittsberechtigungen zu Veranstaltungen, Messen und Ausstellungen. Deshalb wurde die Regelung des § 3a Abs. 3 Nr. 5 UStG nötig. Diese gilt nur für Leistungen an Unternehmer oder diesen gleichgestellten juristischen Personen. Werden die in dieser Norm genannten sonstigen Leistungen hingegen an Nichtunternehmer erbracht, richtet sich der Leistungsort nach § 3a Abs. 3 Nr. 3a UStG.

Die Finanzverwaltung legt den Begriff der »Eintrittsberechtigung« übereinstimmend mit Art. 32 MwSt VO (EU) 282/2011 weit aus (vgl. A 3a.6 Abs. 13 Satz 3 UStAE). Insoweit befindet sie sich in Einklang mit der aktuellen Rechtsprechung des EuGH vom 13.03.2019 (C-647/17 Srf konsulterna AB), der insoweit erneut feststellte, dass die allgemeinen Vorschriften in den Art. 44 und 45 MwStSystRL (§ 3a Abs. 1 und 2 UStG) keinen Vorrang vor den besonderen Vorschriften zur Ortsbestimmung in den Art. 46 bis 59a MwStSystRL (§ 3a Abs. 3 – 8, § 3b, § 3e UStG) hätten und daher nicht eng auszulegen seien. Ziel der Vorschriften zur Ortsbestimmung bestehe darin, Doppel- und Nichtbesteuerung zu verhindern. Deshalb solle die Besteuerung möglichst dort erfolgen, wo die Dienstleistungen in Anspruch genommen würden.

Insofern liegt eine Einräumung von Eintrittsberechtigungen nicht nur dann vor, wenn ein Unternehmer, der nicht der Veranstalter ist, im eigenen oder fremden Namen Eintrittskarten verkauft (sog. Tickethändler), sondern auch, wenn der Veranstalter dem Besucher das Recht auf Zugang zu seiner Veranstaltung einräumt (A 3a.6 Abs. 13 Satz 1, 2. HS UStAE – entsprechendes gilt beim Verkauf von Eintrittskarten an Nichtunternehmer durch einen anderen Unternehmer als den Veranstalter, vgl. A. 3a.6 Abs. 13, Satz 2 i. V. m. Abs. 2, Satz 2 UStAE). Dazu gehört auch das Recht auf Zugang **zu jedermann offenstehenden** Veranstaltungen auf dem Gebiet des Unterrichts und der Wissenschaft.

Eine derartige Veranstaltung liegt allerdings nicht vor bei sog. Inhouse-Seminaren.

BEISPIEL

Der Seminarveranstalter S mit Sitz in Salzburg (Österreich) veranstaltet ein Seminar zum aktuellen USt-Recht in der EU in Berlin; das Seminar wird europaweit ausgeschrieben. Teilnahmebeschränkungen gibt es nicht. Am Seminar nehmen Unternehmer mit Sitz in Österreich und Deutschland sowie Nichtunternehmer aus der Schweiz und Belgien teil.

LÖSUNG Der Ort der Leistung ist bei Leistungserbringung an Unternehmer nach § 3a Abs. 3 **Nr. 5** UStG der Veranstaltungsort in Berlin. Soweit die Leistungen an Nichtunternehmer erbracht werden, gilt nach § 3a Abs. 3 **Nr. 3a** UStG auch der Veranstaltungsort als Leistungsort. Die sonstige Leistung ist somit steuerbar und steuerpflichtig.

Erfolgt die sonstige Leistung an einen Unternehmer (hier mit Sitz in Deutschland bzw. Österreich), stellt sich die Frage der Umkehr der Steuerschuld nach § 13b Abs. 2 Nr. 1 UStG. Insoweit sieht § 13b Abs. 6 Nr. 4 UStG jedoch den Entfall der Steuerschuldumkehr vor.

Prüfungsschema Einräumung von Eintrittsberechtigungen

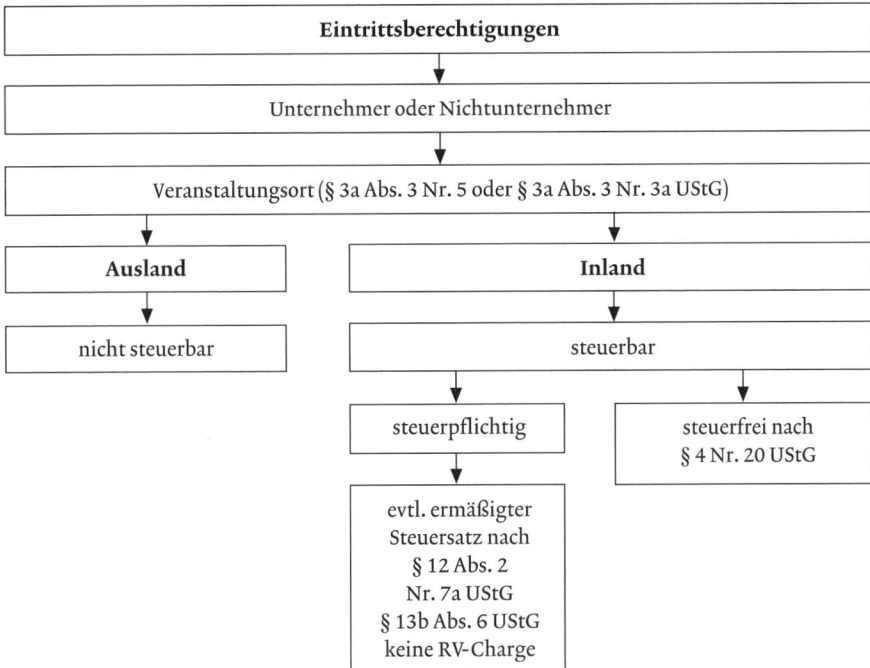

12   Abgabe von Speisen zum Verzehr an Ort und Stelle (Restaurationsleistungen)

Bei der Abgabe von Speisen und Getränken zum Verzehr an Ort und Stelle (Restaurationsleistung) richtet sich der Leistungsort grundsätzlich nach dem Ort, an dem diese Leistung tatsächlich erbracht wird. Eine Ausnahme gilt nur dann, wenn die Abgabe an Bord eines Schiffs, in einem Luftfahrzeug oder einer Eisenbahn während einer Beförderung innerhalb des Gemeinschaftsgebiets erfolgt (§ 3a Abs. 3 Nr. 3b UStG). In diesem Sonderfall gilt der Abgangsort des Beförderungsmittels als Leistungsort (§ 3e Abs. 1 UStG). Die Restaurationsleistung muss aber tatsächlich eine sonstige Leistung und darf keine bloße Lieferung von Nahrungsmitteln sein. Die Regel gilt sowohl für B2B- als auch für B2C-Leistungen. Näheres zu den Restaurationsleistungen vgl. Teil N 3.

13 Vermietung/Vercharterung von Beförderungsmitteln

13.1 Allgemeines

Geht es um Beförderungsmittel, muss unterschieden werden, ob eine Beförderungsleistung oder die Vermietung bzw. Vercharterung eines Beförderungsmittels vorliegt. Im Falle der Beförderungsleistungen gelten die nachfolgenden Ausführungen unter 14.

Liegt dagegen die Vermietung eines Beförderungsmittels vor, kann sich der Leistungsort nach den Vorschriften des § 3 a Abs. 2, 3 Nr. 2, 6 und 7 UStG bestimmen.

13.2 Begriff Beförderungsmittel (A 3 a.5 Abs. 2 UStAE)

Als Beförderungsmittel sind Gegenstände anzusehen, deren Hauptzweck auf die Beförderung von Personen und Gütern zu Lande, zu Wasser oder in der Luft gerichtet ist und die sich auch tatsächlich fortbewegen. Zu den Beförderungsmitteln gehören u. a. Auflieger, Sattelanhänger, Fahrzeuganhänger, Eisenbahnwaggons, Elektro-Caddywagen, Transportbetonmischer, Segel-, Ruder-, Paddel- oder Motorboote, Sport- und Segelflugzeuge, Wohnmobile und Wohnwagen (vgl. A 3a.5 Abs. 2 UStAE).

Keine Beförderungsmittel sind z. B. Bagger, Planierraupen, Bergungs- und Schwertransportkräne, Transportbänder, Gabelstapler, Elektrokarren, Rohrleitungen, Ladekräne, Schwimmkräne, Schwimmrammen, Container, militärische Kampffahrzeuge, z. B. Kriegsschiffe – ausgenommen Versorgungsfahrzeuge –, Kampfflugzeuge und Panzer. Unabhängig hiervon kann jedoch mit diesen Gegenständen eine Beförderungsleistung ausgeführt werden.

Als Vermietung von Beförderungsmitteln gilt auch die Überlassung betrieblicher Kraftfahrzeuge durch Arbeitgeber an ihre Arbeitnehmer zur privaten Nutzung sowie die Überlassung eines Rundfunk- oder Fernsehübertragungswagens oder eines sonstigen Beförderungsmittels inländischer und ausländischer Rundfunk-Anstalten des öffentlichen Rechts untereinander (vgl. A 3a.5 Abs. 4 i. V. m. A 15.23 Abs. 8 – 11 UStAE).

13.3 Begriff Vermietung bzw. Vercharterung von Beförderungsmitteln

Eine Vermietung von Beförderungsmitteln liegt dann vor, wenn ein Beförderungsmittel ohne Fahrer einem »Mieter« zur freien Nutzung überlassen wird (i. d. R. sog. Miet- bzw. Leasingfälle). Wird ein Beförderungsmittel mit Fahrer/in überlassen, muss aufgrund der Vertragslage geprüft werden, ob eine Beförderungsleistung vorliegt. Dies ist dann der Fall, wenn bei einer Personenbeförderung vertragsgemäß eine bestimmte Route vereinbart wurde bzw. bei der Beförderung von Gegenständen ein Transportauftrag vorliegt.

Werden eine Segel- oder Motorjacht oder ein Luftfahrzeug ohne Besatzung verchartert, ist eine Vermietung eines Beförderungsmittels anzunehmen. Bei einer Vercharterung mit Besatzung ohne im Chartervertrag festgelegter Reiseroute ist ebenfalls eine Vermietung eines Beförderungsmittels anzunehmen. Das gilt auch, wenn die Jacht oder das Luftfahrzeug mit Besatzung an eine geschlossene Gruppe vermietet wird, die mit dem Vercharterer vorher die Reiseroute festgelegt hat, diese Reiseroute aber im Verlauf der Reise ändern oder in anderer Weise auf den Ablauf der Reise Einfluss nehmen kann (A 3a.5 Abs. 3 UStAE).

Eine Beförderungsleistung ist dagegen anzunehmen, wenn nach dem Chartervertrag eine bestimmte Beförderung geschuldet wird und der Unternehmer diese in eigener Verantwortung vornimmt, z. B. bei einer vom Vercharterer organisierten Rundreise mit Teilnehmern, die auf Ablauf und nähere Ausgestaltung der Reise keinen Einfluss haben (A 3 a.5 Abs. 4 UStAE).

13.4 Vermietungsdauer

Werden Beförderungsmittel **langfristig** vermietet, bestimmt sich der Leistungsort bei der Vermietung an Nichtunternehmer (B2C) nach § 3a Abs. 3 Nr. 2 Satz 3 UStG und damit dem Sitzort des Leistungsempfängers mit Ausnahme der Vermietung von Sportbooten. Insoweit richtet sich der Leistungsort nach dem Ort, an dem das Sportboot tatsächlich zur Verfügung gestellt wird, wenn der vermietende Unternehmer an diesem Ort auch seinen Sitz, die Geschäftsleitung oder eine Betriebsstätte unterhält.

Bei der langfristigen Vermietung an Unternehmer für deren Unternehmen (B2B) bleibt es bei der Grundregel des § 3a Abs. 2 UStG: Leistungsort ist der Unternehmenssitz bzw. die Betriebsstätte des Leistungsempfängers.

Für die **kurzfristige** Vermietung von Beförderungsmitteln, und zwar unabhängig davon, an wen die Leistung erfolgt, sieht § 3a Abs. 3 Nr. 2 UStG Sonderregelungen vor.

13.5 Kurzfristige Vermietung von Beförderungsmitteln

Kurzfristig ist die Vermietung von Beförderungsmitteln nach § 3a Abs. 3 Nr. 2 UStG dann, wenn die Vermietungsdauer ununterbrochen erfolgt bis zu:
- 90 Tagen bei Wasserfahrzeugen,
- 30 Tagen bei anderen Beförderungsmitteln.

Leistungsort ist in diesen Fällen – unabhängig vom Status des Leistungsempfängers – der Ort, an dem das Beförderungsmittel dem Leistungsempfänger zur Verfügung gestellt (d. h. körperlich übergeben) wird.

> **BEISPIEL**
>
> Das Charterunternehmen B mit Sitz in Meersburg vermietet an den Unternehmer U, Sitz Stuttgart, eine Jacht für drei Wochen. Die Übergabe der Jacht erfolgt im italienischen Adriahafen Triest.
> **Variation:**
> Die Jacht wird für 12 Monate an B verchartert. U verwendet gegenüber B seine deutsche USt-IdNr.
> **LÖSUNG** Es handelt sich um eine kurzfristige Vermietung eines Wasserfahrzeugs. Der Leistungsort für die Vermietungsleistung liegt gem. § 3a Abs. 3 Nr. 2 UStG in Italien, dem Ort, an dem das vermietete Boot tatsächlich von B an U übergeben wird. Die sonstige Leistung ist in Deutschland nicht steuerbar.
> **Variation:**
> Es liegt eine langfristige Vermietung eines Beförderungsmittels vor. Durch die Verwendung seiner USt-IdNr. ist eine Vermietung an das Unternehmen des U zu unterstellen. Leistungsort für die Vermietungsleistung ist somit der Sitzort des Leistungsempfängers in Stuttgart (§ 3a Abs. 2 UStG). Die sonstige Leistung ist steuerbar und steuerpflichtig.
> **Beachte:**
> § 3a Abs. 6 Nr. 1 UStG enthält eine **Ausnahmeregelung** sowohl für die kurzfristige Vermietung eines Beförderungsmittels an Unternehmer und ihnen gleichgestellte juristische Personen (B2B) bzw. an Nichtunternehmer (B2C) und bei langfristiger Vermietung an Nichtunternehmer (B2C) durch Unternehmer mit Sitz im Drittland. Demnach verlagert sich bei diesen Leistungen der Leistungsort ins Inland, wenn die Leistung hier genutzt oder ausgewertet wird.

14 Beförderungsleistungen

14.1 Personenbeförderungen

Nach § 3b Abs. 1 UStG wird die Beförderung einer Person dort ausgeführt, wo die Beförderung **bewirkt** wird. Beförderungsort ist somit die gesamte Beförderungsstrecke. Dies gilt unabhängig davon, ob der Leistungsempfänger Unternehmer ist oder nicht. Erstreckt sich eine solche Beförderung nicht nur auf das Inland, ist nur der Teil der Leistung steuerbar, der auf das Inland entfällt.

> **BEISPIEL**
>
> Der Omnibusunternehmer O in Stuttgart transportiert Personen von Stuttgart nach Barcelona.
> **LÖSUNG** O erbringt innerhalb der EU eine Personenbeförderung an Nichtunternehmer. Somit bestimmt sich der Leistungsort nach § 3b Abs. 1 UStG. Beförderungsort ist die Strecke Stuttgart – Barcelona. Soweit die Beförderung auf das Inland entfällt, ist sie steuerbar und steuerpflichtig. Soweit sie auf Frankreich und Spanien entfällt, ist sie zwar nicht in Deutschland, jedoch in den betreffenden Mitgliedstaaten steuerbar und auch steuerpflichtig. O muss sich in diesen Mitgliedstaaten registrieren lassen und dort die entsprechende USt anmelden.

14.2 Güterbeförderungen

14.2.1 Güterbeförderungen mit Beginn im Inland/Drittland und Ende im Inland/Drittland

14.2.1.1 Leistungsempfänger ist Unternehmer (B2B)

Bei einer Güterbeförderung an das Unternehmen eines Unternehmers (B2B) ist der Ort der Beförderungsleistung grundsätzlich der Sitzort des Leistungsempfängers (§ 3a Abs. 2 UStG).

Eine **Ausnahme** gilt nach § 3a Abs. 8 UStG: Erfolgt die Güterbeförderung ausschließlich im Drittland, ist diese Leistung abweichend von § 3a Abs. 2 UStG als im Drittlandsgebiet ausgeführt zu behandeln. Allerdings wird diese Regelung nicht angewandt, wenn die Leistung in den in § 1 Abs. 3 UStG genannten Gebieten **tatsächlich** ausgeführt wird (§ 3a Abs. 8 Satz 2 UStG).

14.2.1.2 Leistungsempfänger ist Nichtunternehmer (B2C)

Erfolgt die Güterbeförderung an einen Nichtunternehmer, ist nach § 3b Abs. 1 UStG die Beförderungsstrecke der Beförderungsort (Streckenprinzip). Bei einer grenzüberschreitenden Güterbeförderung ins Drittland bzw. vom Drittland ins Inland, ist der auf das Inland entfallende Streckenanteil steuerbar, der auf das Drittland entfallende Anteil nicht. Insoweit muß demzufolge entsprechend aufgeteilt werden.

14.2.2 Steuerfreiheit der Güterbeförderung nach § 4 Nr. 3 Buchst. a UStG (A 4.3.2 Abs. 1 UStAE)

Ist in den obigen Fällen die Güterbeförderung steuerbar und werden Güter der Ausfuhr (Ausfuhr in das Drittausland) oder der Einfuhr (vom Drittland in das Inland) befördert, unterliegt die Beförderungsleistung der Steuerbefreiung nach § 4 Nr. 3 Buchst. a Doppelbuchst. aa oder bb UStG.

BEISPIELE

a) Unternehmer U in Stuttgart beauftragt die in Stuttgart ansässige Spedition S, Güter von Stuttgart nach Moskau zu transportieren.
LÖSUNG S erbringt eine B2B-Leistung an U. Der Leistungsort bestimmt sich nach § 3a Abs. 2 UStG und liegt in Stuttgart. Die sonstige Leistung ist in Deutschland steuerbar. Da eine grenzüberschreitende Güterbeförderung ins Drittland vorliegt, kommt allerdings die Steuerbefreiung des § 4 Nr. 3 Buchst. a Doppelbuchst. aa UStG zur Anwendung.

b) Die Privatperson I aus Italien beauftragt den in der Schweiz ansässigen Frachtführer S, Güter von Deutschland in die Schweiz zu befördern.
LÖSUNG Da die Beförderungsleistung des S im Inland beginnt und im Drittland endet, bestimmt sich der Leistungsort nach § 3b Abs. 1 Satz 2 UStG. Soweit sich die Güterbeförderung auf deutsches Gebiet erstreckt und steuerbar ist, kommt die Steuerbefreiung nach § 4 Nr. 3 Buchst. a UStG zur Anwendung.

14.2.3 Güterbeförderungen mit Beginn und Ende in zwei verschiedenen Mitgliedstaaten (innergemeinschaftliche Güterbeförderungen)

Befinden sich Beginn und Ende der Beförderungsstrecke einer Güterbeförderung in zwei verschiedenen Mitgliedstaaten, liegt eine innergemeinschaftliche Güterbeförderung vor (§ 3b Abs. 3 UStG).

14.2.3.1 Leistungsempfänger ist Unternehmer

Erfolgt eine innergemeinschaftliche Güterbeförderung an das Unternehmen bzw. die Betriebsstätte eines Unternehmers (B2B) oder eine ihm gleichgestellte juristische Person, richtet sich der Leistungsort nach § 3a Abs. 2 UStG (Sitzort des Leistungsempfängers).

14.2.3.2 Leistungsempfänger ist Nichtunternehmer

Innergemeinschaftliche Güterbeförderungen an Nichtunternehmer (B2C) werden dagegen nach § 3b Abs. 3 UStG an dem Ort ausgeführt, an dem die Beförderung des Gegenstands beginnt (Ursprungslandprinzip).

14.2.4 Steuerfreiheit der Güterbeförderung nach § 4 Nr. 3 Buchst. a UStG (A 4.3.2 Abs. 1 UStAE)

Ist in den obigen Fällen die Güterbeförderung steuerbar und werden Güter der Ausfuhr oder der Einfuhr befördert, greift die Steuerbefreiung des § 4 Nr. 3 Buchst. a Doppelbuchst. aa oder bb UStG.

BEISPIEL

Spediteur S in Frankfurt erhält von der Fa. X in Frankfurt den Auftrag, Güter von Gent (Belgien) nach Frankfurt zu transportieren. Fa. X teilt S ihre deutsche USt-IdNr. mit.
LÖSUNG S tätigt eine B2B-Leistung. Der Leistungsort liegt gem. § 3a Abs. 2 UStG am Sitz des Leistungsempfängers. Die Beförderungsleistung ist steuerbar und steuerpflichtig.

14.2.5 Innergemeinschaftliche Güterbeförderung an Nichtunternehmer

Erfolgt **keine** innergemeinschaftliche Güterbeförderung, gilt grundsätzlich das Streckenprinzip (§ 3b **Abs. 1** Satz 3 UStG).

Bei einer **innergemeinschaftliche Güterbeförderung** hingegen ist Leistungsort der Ort, an dem die Beförderung beginnt (§ 3b **Abs. 3** UStG).

> **BEISPIEL**
>
> Die Privatperson D aus Deutschland beauftragt den deutschen Frachtführer F, Möbel von Spanien nach Deutschland zu befördern.
> **LÖSUNG** Bei der Beförderungsleistung des F handelt es sich um eine innergemeinschaftliche Güterbeförderung an einen Nichtunternehmer, weil der Transport in einem EU-Mitgliedstaat beginnt und in einem anderen EU-Mitgliedstaat endet. Der Ort dieser Beförderungsleistung liegt in Spanien, da die Beförderung der Güter in Spanien beginnt (§ 3b Abs. 3 UStG). Die Beförderungsleistung ist in Spanien steuerbar und stpfl. F ist Steuerschuldner in Spanien. Er muss der Privatperson eine Rechnung mit spanischer USt ausstellen.

14.3 Güterbeförderung mit Beginn und Ende ausschließlich im Dritt-Ausland

Erfolgt die Güterbeförderung ausschließlich im Dritt-Ausland (Drittland ohne die Gebiete des § 1 Abs. 3 UStG), verlagert sich der Leistungsort vom Empfängerort (§ 3a Abs. 2 UStG) nach § 3a Abs. 8 UStG ins Dritt-Ausland. Die Vorschrift gilt allerdings nur bei den sog. B2B-Leistungen und **nicht** bei den sog. B2C-Leistungen. In diesen Fällen bestimmt sich der Leistungsort nach dem Streckenprinzip (§ 3b Abs. 1 UStG).

> **BEISPIEL**
>
> Der Unternehmer S in Bern transportiert für den inländischen Unternehmer U in Stuttgart Waren von Zürich nach Bern.
> **LÖSUNG** Es handelt sich um eine Leistung an einen Unternehmer (B2B). Da die Güterbeförderung ausschließlich im Dritt-Ausland erfolgt ist, verlagert sich der Leistungsort von Stuttgart (§ 3a Abs. 2 UStG) in die Schweiz (§ 3a Abs. 8 UStG). Die sonstige Leistung ist somit nicht steuerbar.

15 Arbeiten an beweglichen körperlichen Gegenständen (§ 3a Abs. 2 Nr. 3c UStG; A 3a.6 UStAE)

§ 3a Abs. 2 Nr. 3c UStG erfasst ausschließlich Leistungen an Nichtunternehmer (B2C). Leistungsort ist in diesen Fällen der Tätigkeitsort des Leistenden. Unter diese Regelung fallen insbesondere:
- Reparaturleistungen mit unwesentlichem Materialeinsatz an Maschinen oder ähnlichen Gegenständen,
- Wartungsarbeiten,
- Reinigungsarbeiten,
- Montagearbeiten,
- Abfallbeseitigung,
- Erstellung eines Schätzgutachtens über den Wert eines Pkw, Bildes o. ä. Gegenstandes.

Soweit eine B2B-Leistung vorliegt, ist Leistungsort grundsätzlich der Sitzort bzw. die Betriebsstätte des leistungsempfangenden Unternehmers.

Mit einer **Ausnahme**:

Werden die Arbeiten an beweglichen körperlichen Gegenständen ausschließlich im **Dritt-Ausland** ausgeführt, liegt nach § 3a Abs. 8 UStG der Leistungsort ebenfalls im Drittland.

BEISPIELE

a) U1 in Reutlingen erhält von U2 in München den Auftrag, in Gent (Belgien) an einer Maschinenanlage (bewegliche Gegenstände) Wartungsarbeiten durchzuführen. U2 verwendet gegenüber U1 seine deutsche USt-IdNr. U2 unterhält in Gent eine Zweigniederlassung und besitzt auch eine belgische USt-IdNr.
LÖSUNG U1 erbringt an U2 eine B2B-Leistung. Leistungsort ist grundsätzlich der Sitzort des U2 in München. Da U2 aber in Belgien eine Zweigniederlassung, d. h. eine Betriebsstätte unterhält und die sonstige Leistung an die Zweigniederlassung erfolgt, ist Leistungsort der Sitzort der Zweigniederlassung. Die sonstige Leistung ist somit nicht steuerbar.
U1 muss die belgische USt-IdNr. von U2 verlangen und die sonstige Leistung in der ZM melden. U2 schuldet in Belgien als Leistungsempfänger die belgische USt.

b) Unternehmer S mit Sitz in Straßburg (Frankreich) restauriert in Frankreich für Privatier P mit Wohnort in Kehl einen antiken Bücherschrank. S berechnet dem P für die Restaurierung 5 000 €. Umsatzsteuerlich wurde in diesem Zusammenhang nichts weiter veranlasst.
LÖSUNG S tätigt mit der Reparatur an eine Privatperson eine B2C-Leistung. Da für Arbeiten an beweglichen Gegenständen § 3a Abs. 3 Nr. 3c UStG zur Anwendung kommt, ist als Leistungsort der Tätigkeitsort in Frankreich maßgebend. Die sonstige Leistung ist nicht steuerbar.
S muss P eine Rechnung mit französischer USt ausstellen.

c) Unternehmer U in Frankfurt erbringt bei Fa. X in Zürich (Schweiz) an einer Maschinenanlage Wartungs- und Einstellarbeiten. Mit einem Teil dieser Wartungsarbeiten hat er die Fa. Y in Stuttgart beauftragt, die die Arbeiten ausschließlich in Zürich durchführt. Y berechnet U hierfür 10 000 € zuzügl. 1 900 € USt.
LÖSUNG U erbringt an X eine sonstige Leistung in Form von Arbeiten an einem beweglichen Gegenstand. Es liegt eine B2B-Leistung vor. Da die sonstige Leistung aber ausschließlich im Drittland erfolgt und dort genutzt wird, ist gem. § 3a Abs. 8 UStG die sonstige Leistung nicht steuerbar.
Y erbringt an U in Frankfurt ebenfalls Arbeiten an beweglichen Gegenständen. Auch hier richtet sich der Leistungsort nach § 3a Abs. 8 UStG und liegt im Drittausland. Die sonstige Leistung ist nicht steuerbar.
Der USt-Ausweis durch Y ist fehlerhaft. Y schuldet die Steuer nach § 14c Abs. 1 UStG. Da ihm keine gesetzliche USt berechnet worden ist, ist U nicht zum VStA berechtigt (§ 15 Abs. 1 Nr. 1 Satz 1 UStG).

16 Vermittlungsleistungen

Bei Vermittlungsleistungen an Unternehmer oder diesen gleichgestellten juristischen Personen gilt grundsätzlich das Empfängerortprinzip nach § 3a Abs. 2 UStG. Maßgebend ist damit der Sitzort bzw. die Betriebsstätte des Leistungsempfängers.

§ 3a Abs. 3 Nr. 4 UStG erfasst nur Vermittlungsleistungen an Nichtunternehmer (B2C). Der Leistungsort richtet sich grundsätzlich nach dem Ort der vermittelten Leistung (A 3a.7 UStAE).

Hiervon gibt es eine wichtige **Ausnahme**:

Bei der Vermittlung von langfristigen Grundstücksvermietungen (dem Grunde nach steuerfreie Dauervermietung nach § 4 Nr. 12 Buchst. a UStG) bzw. von Grundstücksveräußerungen bestimmt sich der Leistungsort nach dem Lageort des Grundstücks (§ 3a Abs. 3 Nr. 1b sowie A 3a.7 Abs. 1 Satz 4 UStAE). Dies gilt sowohl für die B2B- als auch für die B2C-Leistungen.

Allerdings betrifft dies **nicht** die **Vermittlung** der **kurzfristigen (steuerpflichtigen) Vermietung** von Zimmern in Hotels, Gaststätten oder Pensionen, von Fremdenzimmern, Ferienwohnungen, Ferienhäusern und vergleichbaren Einrichtungen (Art. 31a Abs. 3 d EU-VO 282/2011 und A 3a.3 Abs. 9 Satz 2 und A 3a.7 Abs. 1 Satz 3 UStAE). In diesen Fällen gelten die Grundregeln.

Hinweis:
Steuerbare Vermittlungsleistungen können nach § 4 Nr. 5 UStG steuerfrei sein.

BEISPIELE

a) Handelsvertreter H, Sitz Straßburg, vermittelt am 06. 04. 03 im Auftrag der Fa. X, Stuttgart, den Verkauf einer Maschine zwischen der Fa. X in Stuttgart und der Fa. Y mit Sitz in Zürich. Die Maschine wird am 10. 04. 03 mit dem Firmen-Lkw von Stuttgart nach Zürich gebracht. Die Fa. X hat ihre Lieferung zulässigerweise als steuerfreie Ausfuhrlieferung deklariert.
LÖSUNG H erbringt eine B2B-Leistung. Da es für B2B-Leistungen keine Sonderregelung gibt, ist Leistungsort nach § 3a Abs. 2 UStG der Sitzort des Leistungsempfängers in Stuttgart. Die sonstige Leistung ist steuerbar. Da H eine steuerfreie Ausfuhrlieferung nach § 4 Nr. 1a UStG vermittelt, ist die steuerbare Vermittlungsleistung steuerfrei nach § 4 Nr. 5a UStG.

b) Reisebüro R in Stuttgart vermittelt ein Hotelzimmer in New York (USA) für einen Reisenden aus Frankfurt. Die Gebühr wird vom Reisenden erhoben. Der Reisende ist Unternehmer.
LÖSUNG Das Reisebüro erbringt die Vermittlungsleistung an den Reisenden. Da es sich aber um einen Unternehmer handelt, liegt eine B2B-Leistung vor. Leistungsort ist Frankfurt. Die Vermittlungsleistung ist in Deutschland steuerbar und steuerpflichtig mit dem Regelsteuersatz von 19 %.

17 Katalogleistungen nach § 3a Abs. 4 UStG

17.1 Allgemeines

Unter den Begriff »Katalogleistung« bezeichnet man die im § 3a Abs. 4 Satz 2 UStG aufgeführten sonstigen Leistungen. Zur Gruppe dieser sonstigen Leistungen gehören u. a.
- die Übertragung von Urheberrechten (§ 3a Abs. 4 Nr. 1 UStG, A 3a. 9 UStAE),
- die rechtliche, wirtschaftliche und technische Beratung, Tätigkeiten als Rechtsanwälte, Steuerberater, Wirtschaftsprüfer und Ingenieure (§ 3a Abs. 4 Nr. 3 UStG),
- die Aufsichtsratstätigkeit (§ 3a Abs. 4 Nr. 3 UStG),
- Übersetzungs- und Dolmetscherleistungen (§ 3a Abs. 4 Nr. 3 UStG),
- die Darlehensgewährung (§ 3a Abs. 4 Nr. 6 i. V. m. § 4 Nr. 8a UStG),
- die Personalgestellung (§ 3a Abs. 4 Nr. 7 UStG),
- Wettbewerbsverzichte (§ 3a Abs. 4 Nr. 9 UStG),
- die Vermietung beweglicher körperlicher Gegenstände, ausgenommen Beförderungsmittel (§ 3a Abs. 4 Nr. 10 UStG).

17.2 Bestimmung des Leistungsorts

Liegt eine B2B-Leistung vor, bestimmt sich der Leistungsort bei den Katalogleistungen – ohne Ausnahme – nach § 3a Abs. 2 UStG. Maßgebend sind somit der Unternehmenssitz bzw. die Betriebsstätte des Leistungsempfängers.

Handelt es sich hingegen um eine B2C-Leistung, muss unterschieden werden:

Erfolgt die Leistung an einen Nichtunternehmer mit Wohnsitz oder Sitz innerhalb des Gemeinschaftsgebiets, bestimmt sich der Leistungsort grundsätzlich nach § 3a Abs. 1 UStG.

§ 3a Abs. 4 UStG erfasst **nur** die im Katalog des Satzes 2 genannten Leistungen, soweit diese an einen **Nichtunternehmer mit Wohnsitz außerhalb des Gemeinschaftsgebiets** erbracht werden (vgl. A 3a.8 UStAE).

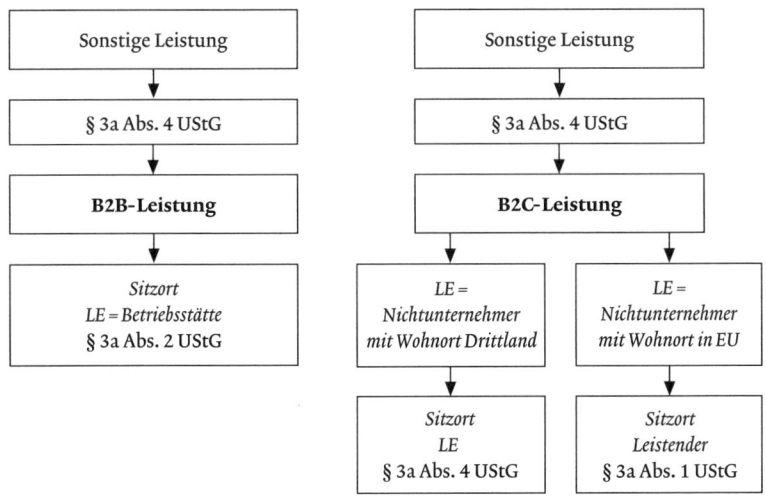

BEISPIEL

Die Anwaltskanzlei T in Stuttgart berät den Unternehmer U mit Sitz in Barcelona in einem Rechtsstreit mit einer deutschen Versicherungsgesellschaft wegen eines Schadenersatzanspruchs aus einem Unfall des spanischen Firmen-Lkw auf der BAB Basel-Karlsruhe. U teilt T seine spanische USt-IdNr. mit.
Variation 1:
Es handelt sich um eine Privatperson mit Wohnort in Barcelona.
Variation 2:
Es handelt sich um eine Privatperson mit Wohnort in Zürich.

LÖSUNG Da T eine sonstige Leistung an das Unternehmen des U erbringt, bestimmt sich der Leistungsort nach § 3a Abs. 2 UStG. Demnach ist dies der Sitzort des Leistungsempfängers in Barcelona. Die sonstige Leistung ist in Deutschland nicht steuerbar.
Da die sonstige Leistung in Spanien steuerbar und steuerpflichtig ist, muss T nach § 18a UStG die nichtsteuerbare Leistung in Deutschland in der USt-Voranmeldung und in der ZM melden.
Variation 1:
Da T eine sonstige Leistung an eine Privatperson mit Wohnort innerhalb der EU erbringt und keine Ausnahmeregelung greift, bestimmt sich der Leistungsort nach § 3a Abs. 1 UStG und ist somit der Sitzort des Leistenden in Karlsruhe. Die sonstige Leistung ist steuerbar und **steuerpflichtig**.
Variation 2:
Hier erbringt T eine sonstige Leistung nach § 3a Abs. 4 Nr. 3 UStG an eine Privatperson mit Wohnort im Drittland. Gem. § 3a Abs. 4 Satz 1 UStG richtet sich in diesem Fall der Leistungsort nach dem Sitz des Leistungsempfängers in Zürich. Die sonstige Leistung ist nicht steuerbar.

18 TRFE-Leistungen (§ 3a Abs. 5 UStG)

Seit dem 01.01.2015 gilt für
- Telekommunikations-,
- Rundfunk- und Fernsehdienstleistungen sowie
- auf elektronischem Weg erbrachte Dienstleistungen (TRFE-Leistungen)

uneingeschränkt das Bestimmungslandprinzip:

Soweit diese Leistungen **an einen Unternehmer für dessen Unternehmen** (B2B) erbracht werden, ist Leistungsort, der Ort, von dem aus der Unternehmer sein Unternehmen bzw. seine Betriebsstätte aus betreibt (§ 3a Abs. 2 UStG).

Erfolgen diese **Leistungen an Nichtunternehmer** (B2C), wird die Leistung dort ausgeführt, wo der Leistungsempfänger seinen Wohnsitz, gewöhnlichen Aufenthaltsort oder Sitz hat (§ 3a Abs. 5 UStG). Bis zum 31.12.2014 kam es zu einer solchen Ortsverlagerung nur bei Leistungen an Nichtunternehmer mit Wohnsitz oder Sitz im Drittlandsgebiet (§ 3a Abs. 4 Nr. 11–13 UStG a. F.) bzw. bei Leistungen von Drittlandsunternehmern (§ 3a Abs. 5 und 6 UStG a. F.). Der leistende Unternehmer muss daher stets den Wohnsitz bzw. gewöhnlichen Aufenthaltsort des privaten Endverbrauchers herausfinden. Insoweit sieht A 3a.9a Abs. 3–8 UStAE umfassende Einzelfallregelungen vor, die insgesamt auf der MwStVO beruhen (vgl. entsprechende Hinweise in den v. g. Fundstellen des UStAE).

Eine Erleichterung sieht § 3a Abs. 5 UStG seit dem 01.01.2019 für Unternehmer vor, die ihren Sitz, Geschäftsleitung, Betriebsstätte oder gewöhnlichen Aufenthalt in nur einem Mitgliedstaat haben. Überschreiten diese mit den v. g. Leistungen insgesamt nicht die Umsatzgrenze von 10 000 Euro im vorangegangenen Kalenderjahr bzw. im laufenden Kalenderjahr, verbleibt es bei der Grundregel des § 3a Abs. 1 UStG. Allerdings kann der leistende Unternehmer dem Finanzamt erklären, dass er auf die Anwendung dieser Regelung verzichtet, was ihn dann für mindestens zwei Kalenderjahre bindet.

Die Ortsbestimmung des § 3a Abs. 5 UStG wird verfahrensrechtlich ergänzt durch die Einführung der sog. einzigen Anlaufstelle, auch Mini-One-Stop-Shop (MOSS) genannt. Danach können Unternehmer, die Leistungen nach § 3a Abs. 5 UStG in mehreren Mitgliedstaaten erbringen, ihren umsatzsteuerlichen Verpflichtungen durch Abgabe einer elektronischen Steuererklärung in nur einem Mitgliedstaat nachkommen. D. h. in den anderen Mitgliedstaaten, in denen ebenfalls diese Art der Leistungen erbracht wird, entfällt die umsatzsteuerliche Registrierung des leistenden Unternehmers. Für im Inland ansässige Unternehmer regelt dies § 18h UStG. Bei im Ausland ansässigen Unternehmern greifen mehrere Sonderregelungen nach § 13 Abs. 1 Nr. 1 Buchst. e, § 16 Abs. 1b und Abs. 6 Satz 4 und 5 sowie § 18 Abs. 4e (zu weiteren Einzelheiten s. A 3a.9a Abs. 9 UStAE mit entsprechenden Verweisen).

Ergänzend soll nur kurz auf die grundsätzlichen Definitionen dieser TRFE-Leistungen eingegangen werden. Eine vertiefende Darstellung würde den Rahmen des Grundkurses sprengen:

Telekommunikationsdienstleistungen i. S. v. **§ 3a Abs. 5 Satz 2 Nr. 1 UStG** sind Leistungen, mit denen die Übertragung, Ausstrahlung oder der Empfang von Signalen, Schrift, Bild und Ton oder Informationen jeglicher Art über Draht, Funk, optische oder sonstige elektromagnetische Medien ermöglicht und gewährleistet wird, einschließlich der damit im Zusammenhang stehenden Abtretung und Einräumung von Nutzungsrechten an Einrichtungen zur Übertragung, zur Ausstrahlung oder zum Empfang (vgl. A 3a.10 UStAE).

Rundfunk- und Fernsehdienstleistungen i. S. v. **§ 3a Abs. 5 Satz 2 Nr. 2 UStG** sind Rundfunk- und Fernsehprogramme, die auf der Grundlage eines Sendeplans über Kommunikationsnetze, wie Kabel, Antenne oder Satellit, durch einen Mediendienstanbieter unter dessen redaktioneller Verantwortung der Öffentlichkeit zum zeitgleichen Anhören oder Ansehen verbreitet werden (vgl. Art. 6b Abs. 1 MwSt-VO). Dies gilt auch dann, wenn die Verbreitung gleichzeitig über das Internet oder ein ähnliches elektronisches Netz erfolgt (vgl. A 3a.11 UStAE).

Eine **auf elektronischem Weg erbrachte sonstige Leistung** i. S. v. **§ 3a Abs. 5 Satz 2 Nr. 3 UStG** ist eine Leistung, die über das Internet oder ein elektronisches Netz, einschließlich Netzen zur Übermittlung digitaler Inhalte, erbracht wird und deren Erbringung aufgrund der Merkmale der sonstigen Leistung in hohem Maße auf Informationstechnologie angewiesen ist; d. h. die Leistung ist im Wesentlichen automatisiert, wird nur mit minimaler menschlicher Beteiligung erbracht und wäre ohne Informationstechnologie nicht möglich (vgl. A 3a.12 UStAE).

In der Praxis kann es durchaus Schwierigkeiten bereiten, die einzelnen Arten der Dienstleistungen voneinander abzugrenzen und entsprechend zuzuordnen; in Klausursachverhalten hingegen dürfte dies regelmäßig keine Probleme bereiten.

Auch der BFH hat sich inzwischen mit dieser Art der Dienstleistung auseinandergesetzt und mit Urteil vom 01.06.2016, XI R 29/14 festgestellt, dass der Begriff "auf elektronischem Weg erbrachte sonstige Leistungen" i. S. d. Umsatzsteuerrechts in der Regel erfüllt sei, wenn ein Unternehmer auf einer Internet-Plattform seinen Mitgliedern gegen Entgelt eine Datenbank mit einer automatisierten Such- und Filterfunktion zur Kontaktaufnahme mit anderen Mitgliedern i. S. einer Partnervermittlung bereitstelle. Erbringe ein Unternehmer mit Sitz im Drittland (im entschiedenen Fall: USA) derartige Leistungen an Nichtunternehmer (Verbraucher) mit Wohnort im Inland, so liege der Leistungsort im Inland.

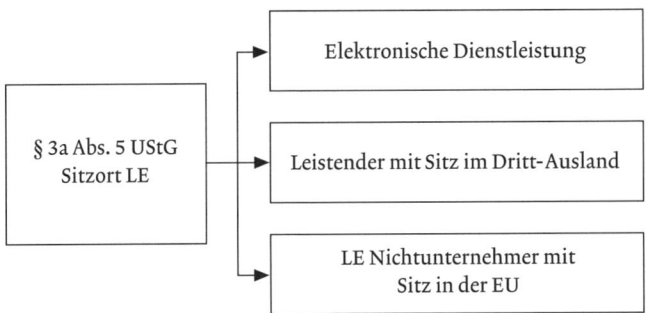

BEISPIEL

Die ZK.d. d. (Dioničko društvo = AG) mit Sitz in Zagreb (Kroatien) bietet im KJ 01 Software zum Download einschließlich Dokumentation im Internet an.
Unternehmer A mit Sitz in Stuttgart erwirbt die Software für sein Unternehmen.
Kunde B in Stuttgart ist Privatperson und erwirbt ebenfalls die Software.
Die Kunden erhalten nach Entrichtung des Entgelts eine Freischaltung zum Download.
Sonstige Leistung an Unternehmer A
Es liegt eine sonstige Leistung gem. § 3a Abs. 5 Nr. 3 UStG vor. Da es sich bei dem Leistungsempfänger um einen Unternehmer handelt, bestimmt sich der Leistungsort nach § 3a Abs. 2 UStG. Er liegt am Unternehmenssitz des Leistungsempfängers in Stuttgart. Da der Unternehmer A in Deutschland ansässig ist, ist die sonstige Leistung hier steuerbar und steuerpflichtig. Gem. § 13b Abs. 1 i. V. m. Abs. 5 Satz 1 UStG ist Leistungsempfänger A (Unternehmer mit Sitz in Deutschland) Steuerschuldner. Die ZK.d. d. darf nur eine Nettorechnung erstellen. Unternehmer A muss der ZK unbedingt seine deutsche Id-Nr. mitteilen.

Sonstige Leistung an Nichtunternehmer B

Ist der Leistungsempfänger Nichtunternehmer, kommt die Leistungsortregelung des § 3a Abs. 5 Satz 1 Nr. 1 UStG zur Anwendung. Danach ist Ort der sonstigen Leistung der Wohnsitz des Leistungsempfängers. Da B in Stuttgart wohnt, ist die sonstige Leistung ebenfalls in Deutschland steuerbar und steuerpflichtig. § 13b UStG kommt wegen der Nichtunternehmerschaft des Leistungsempfängers nicht zur Anwendung.

Die ZK kann das sog. MOSS-Verfahren in Anspruch nehmen und ihren umsatzsteuerlichen Verpflichtungen durch Abgabe einer elektronischen Steuererklärung in nur einem Mitgliedstaat (Kroatien) nachkommen.

FALL 10

Stellen Sie in den nachfolgenden Sachverhalten fest, wo der Ort der sonstigen Leistung liegt und ob die sonstige Leistung steuerbar ist.

1. Architekt A, wohnhaft in Bregenz (Österreich), erstellt einen Bauplan für den Auftraggeber B, wohnhaft ebenfalls in Bregenz. Der Bauplan betrifft die Errichtung eines Geschäftshauses auf einem in Konstanz gelegenen Grundstück.
2. Der Reinigungsunternehmer R in Schaffhausen (Schweiz) reinigt folgende Gebäude:
   a) für den Privatmann P in Singen dessen Wohnhaus in Singen,
   b) für den Geschäftsmann G, wohnhaft in Schaffhausen, die Geschäftsräume einer Filiale in Singen,
   c) für den Geschäftsmann G, wohnhaft in Singen, die Geschäftsräume einer Filiale in Schaffhausen.
3. Der Unternehmer U in Straßburg (Frankreich) installiert, repariert und wartet Aufzugsanlagen.
   a) U. a. wartet er den Aufzug in einem Geschäftshaus in Kehl. Inhaber ist I, wohnhaft in Straßburg.
   b) Er repariert (Werkleistung) den defekten Aufzug in einem Betrieb in Straßburg. Inhaber des Betriebs ist I, wohnhaft in Kehl.
4. Omnibusunternehmer O in Karlsruhe vermietet einen Omnibus mit Fahrer zum 14. 10. für einen Betriebsausflug an den Betrieb B in Straßburg. O lässt den Bus am 14. 10. um 8.00 Uhr bei B vorfahren. Die Fahrt geht von Straßburg nach Baden-Baden, Freudenstadt, Offenburg und zurück nach Straßburg, wo er am Betrieb des B um 23.00 Uhr ankommt und die Fahrgäste aussteigen lässt. Das Fahrziel wurde zwischen B und O nicht verbindlich festgelegt. Die Abrechnung erfolgte in der Weise, dass eine Tagesgrundgebühr von 500 € anfällt und für jeden gefahrenen km 1 € berechnet wird. Insgesamt wurden 200 km zurückgelegt, davon 20 km in Frankreich.
5. Omnibusunternehmer O in Karlsruhe befördert die Mitglieder eines Kunstvereins im Auftrag des Kunstvereins von Freiburg zu einer Kunstausstellung in Zürich (Schweiz) und zurück. Die gefahrene Strecke beträgt insgesamt 400 km, davon 130 km in Deutschland.
6. Frachtführer F befördert im Auftrag des Unternehmers U in Stuttgart Maschinenteile von Heilbronn nach Zürich. Die Beförderungsstrecke beträgt insgesamt 270 km, davon 230 km in Deutschland. F berechnet U hierfür insgesamt 2 700 €.
7. Steuerberater S mit Sitz in Stuttgart berät die Fa. F in London bezüglich der umsatzsteuerrechtlichen Behandlung einer in Stuttgart getätigten Lieferung. F hat in Deutschland keine Betriebsstätte.
8. Steuerberater S mit Sitz in Stuttgart berät die Fa. F in London bezüglich der umsatzsteuerrechtlichen Behandlung der in ihrer Betriebsstätte in Stuttgart getätigten Umsätze.
9. Die Fa. F in Stuttgart betreibt in erheblichem Umfang Versandhandel mit Abnehmern in Tschechien. Die hierbei anfallende schriftliche Korrespondenz lässt sie von dem in Prag ansässigen Dolmetscher D übersetzen.
10. Die in Stuttgart ansässige Fa. S vermietet Baumaschinen an Bauunternehmer im In- und Ausland.
    a) Sie vermietet einen Kran an die Fa. B in Budweis (Tschechien), die ihn in einer Betriebsstätte in Nürnberg einsetzt.
    b) Sie vermietet einen Kran an die Fa. B in Budweis, die ihn auf einer Baustelle (keine Betriebsstätte) in Nürnberg einsetzt.
    c) Sie vermietet einen Kran an die Fa. T in Stuttgart, die ihn in einer Betriebsstätte in Budapest (Ungarn) einsetzt.

d) Sie vermietet einen Kran an die Fa. T in Stuttgart, die ihn auf einer Baustelle (keine Betriebsstätte) in Budapest einsetzt.
11. A (Privatperson) in New York gibt dem Vermögensverwalter V in Stuttgart 1 Mio. €, damit dieser sie für A gewinnbringend anlegt. V berechnet für diesbezügliche Tätigkeiten in der Zeit von Januar bis Juni 01 1 % von 1 Mio. = 10 000 €.
12. Der Bauunternehmer B (Wohnsitz Stuttgart) vermietet seinen in Jungholz (Österreich) errichteten Bungalow an ständig wechselnde Feriengäste. Er gibt dazu regelmäßig in der Stuttgarter Zeitung eine Annonce auf und schließt mit den Interessenten die Mietverträge in Stuttgart ab.
13. Unternehmer A in Stuttgart vermietet i. R. eines Leasingvertrags einen Computer an die Fa. B, die den Computer in ihrem Unternehmen in Zürich aufstellt.
14. Unternehmer Z in Zürich vermietet i. R. eines Leasingvertrags an die Fa. S in Stuttgart langfristig einen Abschleppwagen, den S im Großraum Stuttgart einsetzt.
15. Unternehmer T (Sitz Ludwigsburg) vermietet für 20 Tage Wohnmobile für Urlaubsreisen. Die Fahrzeuge werden von den Mietern im In- und Ausland genutzt. T kann jedoch nicht feststellen, wo die Nutzung im Einzelnen liegt.
16. Der Unternehmer A mit Sitz in Zürich vermietet einen Bagger an den Unternehmer B mit Sitz in Stuttgart. Der Bagger wird in Zürich von B genutzt. B unterhält in der Schweiz keine Betriebsstätte.
17. Der Unternehmer A mit Sitz in Zürich vermietet Videogeräte, Videofilme, Farbfernsehgeräte und ähnliche Gegenstände an Privatleute im Raum Süddeutschland.
18. Der Unternehmer A mit Sitz in Stuttgart vermietet Transport-Container an den Unternehmer B in Zürich. Diese Container werden jeweils überwiegend in der Bundesrepublik Deutschland für Transporte eingesetzt.
19. Rechtsanwalt R mit Sitz in Stuttgart vertritt die Fa. B mit Sitz in Barcelona (Spanien) wegen eines Kfz-Unfalles vor einem deutschen Gericht.
20. Der Rocksänger R mit Wohnsitz in London tritt für eine Gage von 10 000 € für die Konzertagentur K mit Sitz in Zürich in einer Abendveranstaltung in der Liederhalle in Stuttgart auf. Die Konzertagentur K vertreibt die Eintrittskarten über die Agentur A mit Sitz in Stuttgart. Die Eintrittskarten kosten zwischen 10 € und 80 €. A erhält hiervon 10 % Provision.
Die Schallplattenfirma P mit Sitz in Wien zeichnet die Darbietungen des R auf Tonträger auf und zahlt dem R vereinbarungsgemäß 12 000 €. R erteilt dafür der Fa. P die Erlaubnis, eine CD über diese Abendveranstaltung zu produzieren und zu vertreiben.
21. Der Bankangestellte A mit Wohnsitz in Stuttgart ist Aufsichtsratsmitglied der Gesellschaft G mit Sitz in Lyon (Frankreich). Für seine Aufsichtsratstätigkeit bezüglich des Jahres 01 vergütet ihm G umgerechnet 3 000 €.
22. P ist in New York (USA) freier Mitarbeiter der Frankfurter Allgemeinen Zeitung (FAZ). Für seine in New York verfassten Berichte über das wirtschaftliche und politische Leben in den USA schrieb ihm die FAZ 25 000 € für das Jahr 01 gut.
23. Der Unternehmer K mit Sitz in Karlsruhe überlässt dem Fabrikationsbetrieb F mit Sitz in Reims (Frankreich) gegen eine stückzahlabhängige Lizenzgebühr i. H. v. 0,02 €/Stück ein patentiertes Herstellungsverfahren zur Herstellung von Ventilen, welches K in seinem Betrieb entwickelt hat.
24. Das Übersetzungsbüro Flott in Ludwigsburg erhält von der Fa. X in Italien den Auftrag, Geschäftsbriefe von der italienischen in die deutsche Sprache zu übersetzen.
25. Der Spediteur und Frachtführer S mit Sitz in Stuttgart erhält von der Fa. X mit Sitz in Marseille (Frankreich) den Auftrag, eine Maschine von Stuttgart nach Marseille zu befördern. X gibt S seine französische Id-Nr. bekannt.
26. Handelsvertreter H, Sitz Stuttgart, vermittelt am 06. 04. 03 im Auftrag der Fa. X mit Sitz in Stuttgart den Verkauf einer Maschine zwischen der Fa. X in Stuttgart und der Fa. Y mit Sitz in Lyon. Die Maschine wird am 10. 04. 03 mit einem Firmen-Lkw der Fa. X von Stuttgart nach Lyon transportiert.
27. Handelsvertreter H, Sitz Stuttgart, vermittelt im Auftrag der Fa. O in Norwegen den Verkauf von Papierrollen an den Zeitungsverlag V in Stuttgart. O verwendet gegenüber H keine Id-Nr. Die Papierrollen wurden unmittelbar von Norwegen mit dem Schiff nach Hamburg und von dort

nach Stuttgart transportiert.
O liefert zur Kondition:
a) verzollt und versteuert,
b) unverzollt und unversteuert.

28. Die in Frankfurt ansässige Zweigniederlassung des in Italien ansässigen Industrieunternehmens I beauftragt unter Verwendung einer italienischen USt-IdNr. die Entsorgungsfirma E mit Sitz in Frankfurt mit der Entsorgung ihres Industrieabfalls. E holt den Industrieabfall bei I in Frankfurt ab und sortiert ihn in Frankfurt. Auf diese Weise können 75 % des Abfalls als sog. Wertstoffe von E an inländische Unternehmen veräußert werden. 25 % des Abfalls bleiben als sog. Sondermüll zurück. E beauftragt unter Verwendung einer deutschen USt-IdNr. die in Frankreich ansässige Fa. F, diesen Abfall zu entsorgen. F holt ihn ab und deponiert ihn auf einer in Frankreich hierfür zugelassenen Sondermülldeponie.

29. Die in Ohio (USA) ansässige Fa. Jenesson PTLP (Public Traded Limited) bietet im KJ 04 Software zum Download einschließlich Dokumentation im Internet an. Die Kunden in Deutschland und Österreich erhalten nach Entrichtung des Entgelts eine Freischaltung zum Download.
a) Die Kunden sind Unternehmer und beziehen die Leistung für ihr Unternehmen.
b) Die Kunden sind Nichtunternehmer.

19 Gutscheine

Die MwStSystRL enthielt bislang keine Vorschriften für die Behandlung von Umsätzen mit Gutscheinen. Dies bewirkte Unklarheiten bei der Einordnung der Ausgabe, Übertragung oder Einlösung bzw. auch beim Verfall von Gutscheinen als Lieferung oder sonstige Leistung, insbesondere bei grenzübergreifenden Umsätzen und bei Reihengeschäften im gewerblichen Gutscheinvertrieb. Überdies kam es zu systemwidrigen Mehr- oder Minderbelastungen, weil einige EU-Mitgliedstaaten nationale Lösungen entwickelten, die nicht aufeinander abgestimmt waren. Dem begegnete der Richtliniengeber mit der Richtlinie (EU) 2016/1065 des Rates vom 27.06.2016 zur Änderung der Richtlinie 619 2006/112/EG hinsichtlich der Behandlung von Gutscheinen (nachfolgend: Gutschein-Richtlinie).[1]

Mit dem Jahressteuergesetz 2018 hat der deutsche Gesetzgeber die Gutschein-Richtlinie, konkret die Art. 30a, 30b und 73a MwStSystRL, in nationales Recht umgesetzt. Dies erfolgte durch eine Ergänzung des § 3 um die Absätze 13 – 15 sowie des § 10 Abs. 1, S. 6 UStG (unter Streichung des bisherigen Satzes 3 und Verschiebung der bisherigen Sätze 4–6 zu den Sätzen 3–5). Die Neuregelung gilt für nach dem 31.12.2018 ausgestellte Gutscheine (Art. 410a MwStSystRL = § 27 Abs. 23 UStG).

Zentrale Bedeutung kommt der Legaldefinition des Begriffs »Gutschein« zu sowie der differenzierten Festlegung zur Steuerbarkeit von Einzweck- und Mehrzweckgutscheinen.

Definition Gutschein – Sachlicher Anwendungsbereich der Regelungen des § 3 Abs. 13 – 15 UStG

Nach § 3 Abs. 13 Satz 1 UStG ist ein »**Gutschein**« ein Instrument,
1. bei dem die Verpflichtung besteht, es als Gegenleistung oder Teil einer solchen für eine Lieferung von Gegenständen oder eine Erbringung von Dienstleistungen anzunehmen und

---

[1] Abl. EU 2016 Nr. L 177 S. 9

2. bei dem die zu liefernden Gegenstände oder zu erbringenden Dienstleistungen oder die Identität der möglichen Lieferer oder Dienstleistungserbringer entweder auf dem Instrument selbst oder in damit zusammenhängenden Unterlagen, einschließlich der Bedingungen für die Nutzung dieses Instruments, angegeben sind.

Instrumente, die lediglich zu einem Preisnachlass berechtigen, sind keine Gutscheine in diesem Sinne.

Der Begriff »**Instrument**« erfasst dabei Gutscheine sowohl in körperlicher als auch in elektronischer Form. Er umfasst allerdings nicht die Behandlung von Fahrscheinen, Eintrittskarten für Kinos und Museen, Briefmarken und Ähnlichem. Insoweit verbleibt es bei den bisherigen umsatzsteuerlichen Folgen.[1]

Im Rahmen von Klausur- und Praxissachverhalten gilt es, Gutscheine von schlichten Zahlungsmitteln, Preisnachlassgutscheinen, den v. g. Eintrittskarten etc. abzugrenzen. Dies gelingt vor allem durch den Vergleich der zivilrechtlichen Rechtsfolgen und der wirtschaftlichen Zielrichtungen:

Gutscheine begründen eine Annahmeverpflichtung des Ausstellers und haben zum Ziel, den Absatz bestimmter Waren oder Dienstleistungen zu beleben, die Bezahlung bestimmter Waren oder Dienstleistungen zu beschleunigen, den Markt für Gegenstände oder Dienstleistungen zu entwickeln, Kunden zu binden oder Zahlungsvorgänge zu vereinfachen.[2]

Zahlungsmittel wie Geldscheine, Schecks etc. bewirken schlicht eine Zahlung und verkörpern darüber hinaus keine besonderen Rechte oder Pflichten.[3]

Preisnachlassgutscheine berechtigen den Einlösenden lediglich zu einem Preisnachlass beim (späteren) Erwerb von Gegenständen oder Dienstleistungen, ohne ihm bereits das Recht zu verleihen, solche Gegenstände oder Dienstleistungen zu erhalten.[4]

Eintrittskarten etc. verbriefen Leistungsansprüche auf Teilnahme an einer Veranstaltung o. ä. und gehen damit bereits über die bloße Annahmeverpflichtung hinaus.

Der Gesetzgeber unterscheidet zwischen Einzweck- und Mehrzweckgutscheinen.

Einzweckgutscheine (§ 3 Abs. 14, S. 1 UStG)

§ 3 Abs. 14, S. 1 UStG definiert den »Einzweck-Gutschein« als einen Gutschein i. S. d. § 3 Abs. 13 UStG, bei dem
- der Ort der Lieferung der Gegenstände oder der Erbringung der Dienstleistungen, auf die sich der Gutschein bezieht, und
- die für diese Gegenstände oder Dienstleistungen geschuldete Mehrwertsteuer
- bereits zum Zeitpunkt der Ausstellung des Gutscheins feststehen.

> **BEISPIEL**
>
> A betreibt eine Apotheke und verkauft »Wellness-Gutscheine« im Wert von 10 €, 20 € oder 50 €, die nur in seiner Apotheke gegen hochwertige Pflegeprodukte eingelöst werden können. Bislang hat A bei der Ausstellung dieser Gutscheine keine USt einbehalten und abgeführt.
>
> **LÖSUNG** Bei den von A ausgegebenen Gutscheinen handelt es sich um sog. Einzweck-Gutscheine i. S. d. § 13 Abs. 14 Satz 1 UStG. Damit ist bereits ihre Ausgabe steuerbar, da Leistungsort und spätere USt bestimmt sind. A betreibt nur seine Apotheke und vertreibt über die Gutscheine ausschließlich Pflegeprodukte, die dem Regelsteuersatz des § 12 Abs. 1 UStG unterliegen.

---

1 Erwägungsgrund Nr. 6 und Nr. 5 der Gutschein-Richtlinie
2 Huschens, UVR 2016, S. 302, 303
3 Erwägungsgrund Nr. 6 Gutschein-Richtlinie
4 Erwägungsgrund Nr. 4 Gutschein-Richtlinie

Was die Rechtsfolgen der Übertragung (einschließlich der erstmaligen Ausgabe) des Einzweck-Gutscheins angeht, so unterscheidet § 3 Abs. 14 Satz 2–5 UStG danach, ob der Gutschein **den Aussteller selbst** zur Leistung bei Einlösung verpflichtet (§ 3 Abs. 13 Satz 2, 3 und 5 UStG) **oder** einen **anderen Unternehmer als den Aussteller**, der den Gutschein in eigenem Namen ausstellt (§ 3 Abs. 14 Satz 4 und 5 UStG).

Sind Aussteller des Gutscheins und tatsächlich Leistender identisch, ist weiter danach zu unterscheiden, ob der Gutschein **im eigenen Namen** des Stpfl. (§ 3 Abs. 14 Satz 2 UStG – Beispiel 1) übertragen wurde

oder im Namen eines anderen Stpfl. (§ 3 Abs. 14 Satz 3 UStG – Beispiel 2).

Erfolgt die Übertragung eines Einzweck-Gutscheins durch einen **Stpfl., der im eigenen Namen handelt**, gilt dies als umsatzsteuerbare Lieferung des Gegenstands oder Erbringung der sonstigen Leistung, auf die sich der Gutschein bezieht. Denn insoweit können bereits bei der Ausstellung des Einzweck-Gutscheins die Leistung, deren Leistungsort sowie die für die Leistung geschuldete USt (einschließlich des anzuwendenden USt-Satzes) mit Sicherheit bestimmt werden.

> **BEISPIEL 1**
>
> Die deutsche Confiserie G verkauft an einen österreichischen Gutscheinhändler H insgesamt 50 Gutscheine über ein genau bezeichnetes Gebäck- und Pralinenpaket »Weihnachtstraum« im Wert von 100 €, die über den Onlineshop des G bestellt werden können, zum Preis von jeweils 50 € netto. Sie übermittelt die Gutscheine postalisch nach Österreich. H, der ausschließlich in Österreich ansässig ist, verkauft einen der Gutscheine zum Preis von 70 € an eine österreichische Kundin K, die den Gutschein im Onlineshop der G einlöst und sich das Gebäck- und Pralinenpaket direkt aus Deutschland nach Österreich schicken lässt.
>
> **LÖSUNG** Die von G ausgegebenen Gutscheine betreffen jeweils die Lieferung eines genau bezeichneten Gebäck- und Pralinenpakets, das ausschließlich online bestellt werden kann. D. h. der Leistungsort der bewegten Lieferung (§ 3 Abs. 6 UStG) ist bestimmt und liegt dort, wo die Lieferung beginnt, in Deutschland am Sitz der G. Es handelt sich somit bei den von G ausgegebenen Gutscheinen um Einzweck-Gutscheine. § 3 Abs. 14 Satz 2 UStG fingiert die Übertragung des Gutscheins als fiktive Lieferung des Gebäck- und Pralinenpakets »Weihnachtstraum« zwischen dem Aussteller bzw. Veräußerer des Gutscheins G einerseits und dem Erwerber andererseits.
>
> Bei dem Verkauf der 50 Gutscheine von G an H handelt es sich um eine – fingierte – Lieferung von 50 Gebäck- und Pralinenpaketen (§§ 1 Abs. 1 Nr. 1, 3 Abs. 1 UStG). Bei Versand der Gutscheine waren die Gebäck- und Pralinenpakete, die den Gegenstand der fiktiven Lieferung bildeten, noch bei G und damit unbewegt. Damit richtet sich der Lieferort nach § 3 Abs. 7 Satz 1 UStG und befindet sich dort, wo sich der Gegenstand der Lieferung, die Gebäck- und Pralinenpakete zum Zeitpunkts des Verschaffens der Verfügungsmacht befanden, also in Deutschland.
>
> Auch der Verkauf eines Gutscheins von H an K wird als fiktive Lieferung eines Gebäck- und Pralinenpakets behandelt. Leistungsort damit ebenfalls Deutschland.
>
> Die Einlösung des Gutscheins durch K durch die tatsächliche Lieferung des Gebäck- und Pralinenpakets gilt nach § 3 Abs. 14 Satz 5 UStG »nicht als unabhängiger Umsatz«. Insoweit ist damit die tatsächliche Leistungserbringung nicht steuerbar. (Anmerkung: die Fiktion des § 3 Abs. 14 Satz 5 UStG ist m. E. unklar).

Erfolgt eine Übertragung eines Einzweck-Gutscheins durch einen **Stpfl., der im Namen eines anderen Stpfl. handelt**, gilt diese Übertragung nach § 3 Abs. 14 Satz 3 UStG als eine Lieferung oder sonstigen Leistung durch den anderen Stpfl., in dessen Namen der Stpfl. handelt. Die Regelung qualifiziert damit zum einen Vermittlungs-, Vertriebs- oder Absatzförderungsleistungen um in die später erbrachte Lieferung oder sonstige Leistung. Zum anderen kehrt sich die Leistungsrichtung um, denn ansonsten wäre das Vertriebsunternehmen als Leistender an das vor ihm stehende Unternehmen anzusehen. Über die Fiktion des § 3 Abs. 14, S. 3 UStG wird das Vertriebsunternehmen zum Empfänger der in dem Gutschein benannten Lieferung bzw. sonstigen Leistung (vergleichbar der Fiktion der Leistungskette bei der Kommission).

> **BEISPIEL 2**
>
> Eventunternehmen E vermittelt zwischen Unternehmen, die ihren Mitarbeitern Reise-Gutscheine für besondere Leistungen gewähren, und Sporthotels. Die Gutscheine haben einen Nennwert von 119 € und berechtigen beim einlösenden Hotel zu einer Übernachtung. Bei Erwerb der Gutscheine durch die Unternehmen von den Hotels erhält E eine Prämie i. H. v. 10 %. Insgesamt werden 100 Gutscheine verkauft.
>
> **LÖSUNG** Wegen der Eindeutigkeit von Ortsbestimmung (§ 3a Abs. 3 Nr. 1 UStG) und Steuersatz (§ 12 Abs. 2 Nr. 11 UStG) handelt es sich um Einzweck-Gutscheine. Nach § 3 Abs. 14 Satz 3 UStG wird E als Empfänger und zugleich als Leistender der mit dem Gutschein vermittelten Übernachtungsleistung behandelt. E hat daher den fingierten Erwerb von 100 Übernachtungen als Eingangsumsatz (100 € netto – 10 %) und die fiktive Erbringung von 100 Übernachtungsleistungen zu je 100 € netto in seiner Voranmeldung anzugeben.

In zeitlicher Hinsicht sieht § 3 Abs. 14 Satz 4 UStG vor, dass der tatsächlich Liefernde oder Leistende so behandelt wird, als habe er die in dem Gutschein bezeichnete Leistung an den Aussteller des Gutscheins geleistet, bevor dieser sie an den Einlösenden übertragen hat.

Mehrzweck-Gutscheine (§ 3 Abs. 15 Satz 1 UStG)

§ 3 Abs. 15 Satz 1 UStG grenzt die Mehrzweckgutscheine negativ ab: Gutscheine, bei denen es sich nicht um einen Einzweck-Gutschein handelt, sind Mehrzweckgutscheine.

Insoweit fungiert die Regelung als Auffangtatbestand für solche Gutscheine, bei denen im Ausstellungszeitpunkt noch nicht feststeht bzw. die für den Gutscheininhaber eine Wahlmöglichkeit eröffnen, gegen welche tatsächliche Leistung der Gutschein eingelöst wird und/ oder wo deren Leistungsort sein soll.

Dies sind insbesondere Nennwert-Gutscheine ohne Festlegung des Leistungsorts (z. B. »Geschenk-Gutschein über 100 €, einzulösen in einer unserer Filialen oder in unseren Online-Shop«), Guthabenkarten sowie virtuelle bzw. Kryptowährungen, die mit gesetzlichen Zahlungsmitteln erworben werden und für den Erwerb von (virtuellen oder realen) Gütern und Dienstleistungen verwendet werden können. Der Rechtsprechung des EuGH folgend erkennt inzwischen auch die Steuerverwaltung die Gleichstellung mit gesetzlichen Zahlungsmitteln an (Abschnitt 4.8.3 Abs. 3a Satz 1 UStAE).

Entsprechend der bisherigen nationalen Rechtslage normiert § 3 Abs. 15 Satz 2 HS 1 UStG, dass nur die tatsächliche Leistung durch Lieferung der Gegenstände oder durch Erbringung von der Dienstleistung bei Einlösung des Mehrzweck-Gutscheins zu einem umsatzsteuerbaren Umsatz zwischen dem tatsächlich Leistenden und dem Einlösenden führt.

Liegen keine Angaben über die Höhe der für den Gutschein erhaltenen Gegenleistung vor, bemisst sich das Entgelt nach dem Gutscheinwert selbst oder nach dem in den damit zusammenhängenden Unterlagen angegebenen Geldwert abzüglich der Umsatzsteuer, die danach auf die gelieferten Gegenstände oder die erbrachten Dienstleistungen entfällt (§ 10 Abs. 1 Satz 6).

Nach § 3 Abs. 15 Satz 2 HS 2 UStG unterliegen alle Übertragungen des Mehrzweck-Gutscheins, die der tatsächlichen Leistungserbringung vorangehen, nicht der USt. Die Ausgabe und Übertragung von Mehrzweck-Gutscheinen sind daher nicht steuerbar.

Teil H Grundsatz der Einheitlichkeit der Leistung

Unter C 4.3 wurden die Beförderungs- und die Versendungslieferung behandelt. Dabei wurde ausgeführt, dass in diesen Fällen eine Lieferung vorliegt und sich der Lieferort nach § 3 Abs. 6 Satz 1 UStG bestimmt. Allerdings könnte man genauso gut auf den Gedanken kommen, dass der Lieferant neben der Lieferung des Gegenstands auch noch eine sonstige Leistung, nämlich eine Beförderungsleistung, erbringt. Dies würde letztlich das Vorliegen zweier selbständig zu beurteilender Leistungen bedeuten.

Nach der Rechtsprechung des EuGH ist i. d. R. jede Lieferung bzw. Dienstleistung als eigenständige Leistung zu betrachten (A 3.10 Abs. 2 Satz 1 UStAE). Allerdings darf ein einheitlicher wirtschaftlicher Vorgang umsatzsteuerlich auch nicht in mehrere Leistungen aufgeteilt werden (A 3.3 Satz 1 UStAE). Die Abgrenzung, ob eine oder mehrere Leistungen vorliegen, kann im Einzelfall schwierig sein (vgl. A 3.10 Abs. 6 UStAE).

Maßgebend für die Beurteilung ist letztlich das Wesen des fraglichen Umsatzes bzw. seine charakteristischen Merkmale aus der Sicht des Durchschnittverbrauchers. Nach der neueren Rechtsprechung des EuGH »gibt es dabei für die Bestimmung des Umfangs einer Leistung aus mehrwertsteuerlicher Sicht keine Regel mit absoluter Geltung; daher sind für die Bestimmung des Umfangs einer Leistung die Gesamtumstände maßgebend« (EuGH vom 27. 09. 2012, Rs. C-392/11, Field Fisher Waterhouse).

I. R. eines weiteren Verfahrens entschied der EuGH am 17. 01. 2013 (Rs. C-224/11, BGZ Leasing sp.z o. o.), dass eine Versicherungsleistung dann eine selbständige steuerfreie Leistung i. S. v. Art. 153 Abs. 1 Buchst. a MwStSystRL darstelle, wenn ein Leasinggeber dem Leasingnehmer anbiete, den Leasinggegenstand zu versichern und ihm die genauen Kosten weiter zu berechnen. Aktuell gehört in diesen Kontext auch die Entscheidung vom 18. 01. 2018 (Rs. C-463/16, World of Ajax). Erneut betonte der EuGH, dass eine einheitliche Leistung, die aus zwei separaten Bestandteilen, einem Haupt- und einem Nebenbestandteil, bestehe (Führung durch das Stadion und Besuch des dort integrierten Museums), nur zu dem für diese einheitliche Leistung geltenden Mehrwertsteuersatz zu besteuern sei, der sich nach dem Hauptbestandteil richte. Dies gelte selbst dann, wenn der Preis jedes Bestandteils, der in den vom Verbraucher für die Inanspruchnahme dieser Leistung gezahlten Gesamtpreis einfließe, bestimmt werden könne.

I. R. einer Reihe weiterer Entscheidungen hat der BFH diese Aussagen auf nationaler Ebene konkretisiert:

Kann der Leistungsempfänger wahlweise eine oder mehrere Leistungen in Anspruch nehmen, liegen i. d. R. zwei Leistungen vor. Übernimmt z. B. der Betreiber einer Baumschule auf Wunsch eines Teils seiner Kunden auch das Einpflanzen der dort gekauften Pflanzen, können nach dem Urteil des BFH vom 25. 06. 2009 (V R 25/07) die (dem ermäßigten Steuersatz unterliegende) Lieferung der Pflanzen und das (dem Regelsteuersatz unterliegende) Einpflanzen umsatzsteuerrechtlich jeweils selbständige Leistungen sein. Das Einpflanzen sei aus der Sicht des nach der Rechtsprechung des EuGH entscheidenden Durchschnittsverbrauchers für sich allein als sonstige Leistung zu werten und verliere durch die vorhergehende Pflanzenlieferung nicht seine Selbständigkeit. Ebensowenig sei eine entgeltliche Garantiezusage des Kfz-Händlers keine unselbständige Nebenleistung zur Fahrzeuglieferung, sondern vielmehr eine eigenständige Leistung (BFH vom 14. 11. 2018, XI R 16/17). Mit einer Garantiezusage, durch die der Kfz-Verkäufer als Garantiegeber im Garantiefall eine Geldleistung verspreche, liege eine Leistung aufgrund eines Versicherungsverhältnisses im Sinne des VersStG vor, die nach § 4 Nr. 10 Buchst. a UStG steuerfrei sei.

Anders hingegen urteilte der BFH in Bezug auf eine Dinnershow (BFH vom 10.01.2013, V R 31/10, BStBl II 2013, 352) Diese unterliege als einheitliche Leistung dem Regelsteuersatz; in einer weiteren Entscheidung vom 13.06.2018 (XI R2/16) hat er diese Auffassung erneut bestätigt.

Auch eine geringfügige Verpflegungsleistung im Zusammenhang mit einer Hotelunterbringung sei als unselbständige Nebenleistung zur Unterkunftsgewährung zu werten (BFH vom 21.11.2013, V R 33/10, und vom 20.03.2014, V R 25/11). Diese sei jedoch entsprechend dem ausdrücklichen Willen des Gesetzgebers in § 12 Abs. 2 Nr. 11 Satz 2 UStG nicht mit dem ermäßigten Steuersatz zu beurteilen (vgl. Abschn. 3.10 Abs. 6 Nr. 13 UStAE, geändert durch BMF vom 09.12.2014, BStBl I, 1620).

> **MERKSATZ**
>
> Insoweit wird der Grundsatz der Einheitlichkeit der Leistung aufgrund des ausdrücklichen Willen des Gesetzgebers in § 12 II Nr. 11, S. 2 UStG durchbrochen.

Ein gleichgelagertes Aufteilungsgebot gilt nach Auffassung der Verwaltung auch für die Vermietung und Verpachtung von Grundstücken mit Betriebsvorrichtungen (vgl. Abschn. 3.10 Abs. 5 Satz2 UStAE m.w.N.); dies deckt sich allerdings nicht mit der Rechtsprechung des BFH (BFH vom 07.05.2014, V B 94/13), wonach insgesamt eine steuerfreie Vermietungsleistung vorliegt, wenn die Überlassung der Betriebsvorrichtung »nicht prägend« ist. Interessant ist in diesem Zusammenhang auch die Entscheidung des EuGH vom 16.04.2015 (Rs. C-42/14). In diesem von einem polnischen Gericht vorgelegten Verfahren hatte der EuGH statuiert, dass Art. 14 Abs. 1, Art. 15 Abs. 1 und Art. 24 Abs. 1 MwStSyStRL dahingehend auszulegen seien, dass im Rahmen der Vermietung einer Immobilie von Dritten erbrachte Lieferungen von Elektrizität etc. als gegenüber der Vermietung grundsätzlich unterschiedliche und unabhängige Leistungen anzusehen seien. Diese Auffassung teilt die deutsche Steuerverwaltung hingegen in A 4.12.1 Abs. 5 UStAE nicht. Insoweit bleibt es abzuwarten, wie die deutsche Rechtsprechung die Entscheidung des EuGH in nationales Recht umsetzen wird.

Die Beförderung einer Ware vom Lieferanten zum Abnehmer durch den Lieferanten bzw. dessen Beauftragten ist mit der Lieferung der Ware wirtschaftlich untrennbar verbunden und stellt insgesamt eine einheitliche Leistung dar. Beim Vergleich der Elemente dieser einheitlichen Leistung hat das Element Warenlieferung gegenüber dem Element Beförderung eindeutig das Übergewicht. Man nennt im umsatzsteuerrechtlichen Sprachgebrauch das Hauptelement **Hauptleistung** und das Nebenelement **Nebenleistung**. Da Haupt- und Nebenleistung untrennbar miteinander verbunden sind, muss sich die Nebenleistung der Hauptleistung unterordnen (vgl. auch A 3.10 Abs. 6 Nr. 4 UStAE).

Daraus folgt:
- Ist die **Hauptleistung** eine **Lieferung** und die **Nebenleistung** eine **sonstige Leistung**, richtet sich der Ort der einheitlichen Leistung nach den Regeln der **Lieferung**.
- Ist die Hauptleistung eine sonstige Leistung und die Nebenleistung eine Lieferung, richtet sich der Ort der einheitlichen Leistung nach den Regeln der sonstigen Leistung.
- Fällt die Hauptleistung unter eine Steuerbefreiungsvorschrift, so umfasst die Steuerbefreiungsvorschrift die gesamte einheitliche Leistung. Der für die Hauptleistung maßgebliche Steuersatz gilt damit grundsätzlich auch für die Nebenleistung.

MERKSATZ

Nebenleistungen teilen das Schicksal der Hauptleistung.

Aufgrund dieser Feststellungen ist für die umsatzsteuerrechtliche Würdigung zwingend festzustellen, ob eine eigenständige Leistung oder bloß eine Nebenleistung zu einer Hauptleistung vorliegt. Eine Nebenleistung ist regelmäßig anzunehmen, wenn:
a) mindestens zwei Leistungselemente gegeben sind,
b) beide Leistungselemente vom **selben Leistenden** an **denselben Leistungsempfänger** erbracht werden,
c) das eine Leistungselement (Nebenleistung) üblicherweise im Gefolge des anderen vorkommt, mit diesem eng zusammenhängt und nur von **untergeordneter Bedeutung** ist (vgl. A 3.10 Abs. 5 Satz 3 UStAE).

FALL 11

Prüfen Sie in den nachfolgenden Sachverhalten, inwieweit einheitliche Leistungen vorliegen und was ggf. Haupt- und Nebenleistung ist.
1. Der Getreidehändler G (Sitz Heilbronn) übergibt in Heilbronn dem Frachtführer F (Sitz Mannheim) 10 Tonnen Getreide für den Transport zum Mehlfabrikanten M in Kehl.
2. Hausbesitzer H vermietet an den Mieter M eine Wohnung. Er berechnet ihm monatlich 400 € Kaltmiete. Für die Zentralheizung stellt er ihm monatlich gesondert 50 € in Rechnung.
3. Versandhändler V in Hamburg befördert durch seinen Angestellten A ein hochwertiges Fernsehgerät zu seinem Abnehmer K in München. V stellt K folgende Rechnung aus:

Lieferung eines Fernsehgeräts	1 800 €
Verpackungsmaterial	25 €
Transportkosten inkl. Versicherung	100 €
	1 925 €

4. Vermieter V vermietet an den Mieter M eine Wohnung und eine auf demselben Grundstück befindliche Garage.

Teil I Werklieferungen und Werkleistungen

1 Allgemeines

Eine Werklieferung bzw. Werkleistung liegt grundsätzlich dann vor, wenn das zugrundeliegende Verpflichtungsgeschäft in einem **Werkvertrag** i. S. v. § 631 ff. BGB besteht:

Nach § 631 Abs. 1 BGB wird der Unternehmer zur Herstellung des versprochenen Werks verpflichtet. Bei dem versprochenen Werk kann es sich nach § 631 Abs. 2 BGB sowohl um die Herstellung oder Veränderung einer Sache als auch um einen anderen, durch Arbeit oder Dienstleistung herbeizuführenden Erfolg handeln.

Umsatzsteuerrechtlich kann Inhalt eines Werkvertrags demnach ausschließlich eine sonstige Leistung sein (**Werkleistung, z. B.** Wartungsleistungen an Maschinen). Der Werkvertrag kann sich aber auch auf die Herstellung bzw. Be- oder Verarbeitung eines Liefergegenstands beziehen. In diesem Fall liegt entweder eine **Werklieferung** oder eine **Werkleistung** vor.

Werklieferungen und **Werkleistungen**, die sich auf die Herstellung bzw. Be- oder Verarbeitung von Liefergegenständen beziehen, stehen im USt-System im Grenzbereich zwischen Lieferungen und sonstigen Leistungen. Sie enthalten sowohl Elemente der Lieferung als auch der sonstigen Leistung, wobei diese Elemente so eng miteinander verbunden sind, dass sie wirtschaftlich nicht getrennt werden können. Demzufolge kann nach dem Grundsatz der Einheitlichkeit der Leistung insgesamt nur eine **einheitliche Leistung** vorliegen.

Überwiegen bei dieser einheitlichen Leistung die Elemente der Lieferung, liegt eine Werklieferung, überwiegen dagegen die Elemente der sonstigen Leistung, liegt eine Werkleistung vor.

Die Werklieferung ist eine Unterart der Lieferung, die Werkleistung eine Unterart der sonstigen Leistung. Die bei Lieferungen und den sonstigen Leistungen jeweils geltenden Grundsätze finden somit auch bei der Abgrenzung zwischen Werklieferung und Werkleistung Anwendung. Die Unterscheidung zwischen diesen beiden Leistungsformen ist u. a. für den Ort, die Steuerfreiheit und den Zeitpunkt der Leistung von Bedeutung. Insoweit gilt es, Kriterien zu finden, die die zu erbringende Leistung entweder dem Liefer- bzw. Werklieferungs- oder dem Leistungstatbestand zuordnen lassen.

2 Definition Werklieferung, Werkleistung

§ 3 Abs. 4 UStG beantwortet die Frage, wann die Elemente der Lieferung überwiegen und demnach eine Werklieferung vorliegt. Dies ist dann der Fall, wenn ein Unternehmer (Werkunternehmer):
a) im Auftrag des Abnehmers (Bestellers) einen Liefergegenstand be- oder verarbeitet und
b) das zur Herstellung bzw. zur Be- oder Verarbeitung erforderliche Material (Hauptstoffe) ganz oder zum Teil selbst beschafft.

Im Umkehrschluss liegt eine **Werkleistung** nur dann vor, wenn ein Unternehmer (Werkunternehmer) im Zuge der Erfüllung eines Werkvertrags:
a) keinen Liefergegenstand be- oder verarbeitet oder
b) zwar einen Liefergegenstand herstellt bzw. be- oder verarbeitet, der Besteller jedoch das zur Herstellung bzw. Be- oder Verarbeitung des Liefergegenstandes erforderliche Material (Hauptstoffe) dem Werkunternehmer **vollständig** zur Verfügung stellt.

2.1 Hauptstoff, Nebenstoff

Für die Beurteilung, ob eine Werklieferung vorliegt, kommt es darauf an, dass der Werkunternehmer **Hauptstoffe** ganz oder teilweise beschafft hat. Insoweit gilt es zum einen die Werklieferung von der Werkleistung, zum anderen aber auch von der bloßen Lieferung abzugrenzen.

Hilfestellung bietet dabei das Urteil des BFH vom 22. 08. 2013, V R 37/10, BStBl II 2014, 128, welches im eigentlichen zu § 13b UStG erging, in der Urteilsbegündung (Rz 34 und 35) jedoch folgende Feststellungen enthält:

»§ 3 Abs. 4 UStG betrifft ... einheitliche, aus Liefer- und Dienstleistungselementen bestehende Leistungen in Form der Be- und Verarbeitung eines nicht dem Leistenden gehörenden Gegenstandes und ist richtlinienkonform entsprechend den unionsrechtlichen Grundsätzen zur Abgrenzung von Lieferung ...und Dienstleistung ... auszulegen (BFH vom 09. 06. 2005, V R 50/02, BFHE 210, 182, BStBl II 2006, 98, unter II.2.b cc).«

Werklieferungen liegen danach vor, wenn der Unternehmer dem Abnehmer **nicht** nur die Verfügungsmacht an einem Gegenstand verschafft (§ 3 Abs. 1 UStG), sondern zusätzlich einen fremden Gegenstand be- oder verarbeitet. So können z. B. Buchbindearbeiten als Bearbeitung von nicht dem Leistenden gehörenden Gegenständen Werklieferungen sein (BFH vom 29. 04. 1982, V R 132/75, nicht veröffentlicht -n. v.-). Nicht ausreichend für die Annahme einer Werklieferung ist demgegenüber die Be- oder Verarbeitung eigener Gegenstände des Leistenden. Zwar kann z. B. die Zubereitung von Speisen in einem Imbissstand als Lieferung anzusehen sein (vgl. z. B. BFH vom 30. 06.2011, V R 35/08, BFHE 234, 491, BStBl II 2013, 244, Leitsatz). Bei der durch den Imbissstandbetreiber ausgeführten Lieferung handelt es sich aber mangels Be- oder Verarbeitung von für den Standbetreiber fremden Gegenständen nicht um Werklieferungen i. S. v. § 3 Abs. 4 Satz 1 UStG. Ebenso führt die Herstellung beweglicher Gegenstände wie z. B. beim Kauf von PKW nicht aufgrund der Vereinbarung besonderer Spezifikationen, wie etwa wunschgemäßen Sonderausstattungen, zu einer Werklieferung.

Die Entscheidung hat bislang keine Berücksichtigung in A 3.8 bzw. 3.9 UStAE gefunden. Allerdings wurde das Urteil mit seiner Veröffentlichung im Bundessteuerblatt amtlich verbindlich. Daher ist m. E. das Tatbestandsmerkmal des Gegenstands um das ungeschriebene Tatbestandsmerkmal »fremd« zu ergänzen.

Eine **Werkleistung** liegt hingegen vor, wenn der Werkunternehmer eigene Nebenstoffe und sein Werkzeug, jedoch keine Hauptstoffe verwendet. Der Beurteilung, ob es sich bei dem verwendeten Material um Haupt- oder um Nebenstoffe (Zutaten oder sonstige Nebensachen) handelt, kommt somit eine entscheidende Bedeutung zu. Dies bestimmt sich:
a) nach dem Willen der Beteiligten,
b) bei einer Gesamtbetrachtung aus der Sicht eines Durchschnittsverbrauchers (A 3.8 Abs. 1 Satz 4 UStAE).

Ausgangspunkt für die Unterscheidung zwischen Haupt- oder Nebenstoff ist immer das fertig gestellte Werk. Ein Hauptstoff liegt vor, wenn das betreffende Material im Vergleich zum fertigen Werk von **nicht nur untergeordneter Bedeutung ist**. Dabei spielt i. d. R. der Wert bzw. das Kriterium der Entbehrlichkeit des Materials keine entscheidende Rolle (weitere Einzelheiten vgl. A 3.8 Abs. 1 UStAE).

Bei Reparaturleistungen kann aus Vereinfachungsgründen immer dann eine Werklieferung angenommen werden, wenn der Entgeltanteil, der auf das bei der Reparatur verwendete Material entfällt, mehr als 50 % des berechneten Gesamtentgelts beträgt. Liegt der verwendete

Materialanteil unter der 50 %-Grenze, kann von einer Werkleistung ausgegangen werden (vgl. A 7.4 Abs. 2 UStAE[1]).

Anstrichmittel (Farbe, Lacke) sind grundsätzlich als Nebenstoffe zu behandeln.

Nach der neueren Rechtsprechung hat sich die Grenze zwischen Werklieferung und Werkleistung zugunsten der Werkleistung verschoben:

So wird die Abgabe von Speisen und Getränken zum Verzehr an Ort und Stelle, wenn die Dienstleistungselemente überwiegen, als sonstige Leistung (Werkleistung) behandelt. Entsprechend ist die Kfz-Inspektion mit Ölwechsel ebenfalls eine sonstige Leistung (Werkleistung) vgl. A 3.7 Abs. 4 Satz 3 UStAE. Auch ein Unternehmer, der aus den von Landwirten zur Verfügung gestellten Rohstoffen unter Beigabe selbstbeschafften Rapsöls Mischfutter herstellt, erbringt eine dem Regelsteuersatz unterliegende Werkleistung (FG Baden-Württemberg vom 26. 11. 2012, 9 V 3231/12).

Anmerkung:
Die eben dargestellte Abgrenzung Werklieferung/Werkleistung steht nicht in Einklang mit der 6. EG-RL (Art. 5 und Art. 6 MwStSystRL), diese enthält keine § 3 Abs. 4 UStG entsprechende Regelung. Der EuGH (EuGH vom 17. 05. 2001, C-322/99 und C-329/99 und EuGH vom 02. 05. 1996, C-231/94) stellt bei der Abgrenzung zwischen der Dienstleistung und der Werklieferung allein auf das i. R. der Gesamtbetrachtung zu ermittelnde »Wesen der Umsätze« aus der Sicht eines Durchschnittsverbrauchers ab. Die Einordnung der Leistung richtet sich danach, ob das Lieferungs- oder das Dienstleistungselement im Vordergrund steht (das »Gepräge« gibt).

Die Verwaltung hat dieser ständigen Rechtsprechung des EuGH und auch des BFH in A 9.8 Abs. 6 UStAE Rechnung getragen.

2.2 Begriff der Beschaffung

Wenn es sich um einen Hauptstoff handelt, muss geprüft werden, ob dieser vom Werkunternehmer oder Besteller **beschafft** wurde. Den Hauptstoff hat derjenige beschafft, der ihn selbst
a) erworben (z. B. durch Kauf),
b) hergestellt oder
c) gewonnen hat (z. B. Sandgewinnung aus Sandgrube).

Hat der Werkunternehmer **sämtliche** Hauptstoffe im **Namen** und auf **Rechnung** des **Bestellers** erworben, ist dies eine Beschaffung durch den Besteller. Es liegt in diesem Falle somit eine Werkleistung vor. Das vom Lieferanten des Bestellers dem Werkunternehmer unmittelbar übergebene Material stellt keine Lieferung an den Werkunternehmer, sondern an den Besteller dar. Der Werkunternehmer ist in Bezug auf den Empfang des Materials nur Erfüllungsgehilfe des Bestellers (vgl. auch C 5.2).

---

1 Betrifft Reparatur von Beförderungsmitteln, u. E. auch sinngemäße Anwendung auf vergleichbare Fälle möglich.

3 Prüfungsschema zur Abgrenzung der Werklieferung von der Werkleistung

Zur Abgrenzung der Werklieferung von der Werkleistung wird wie folgt geprüft:

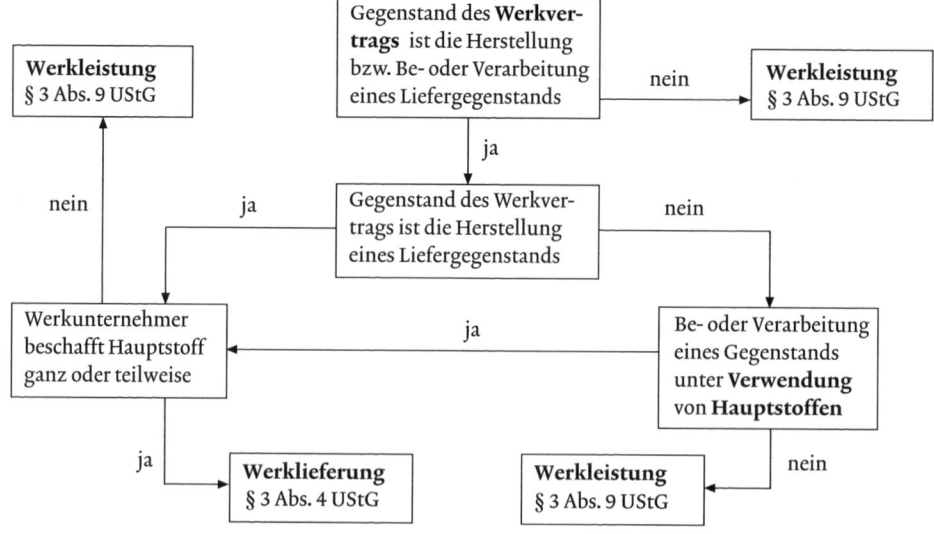

FALL 12

Prüfen Sie, ob in den nachfolgenden Sachverhalten eine Werklieferung oder Werkleistung vorliegt.
1. Kunde K kauft im Kaufhaus H einen Anzug von der Stange.
2. Kunde B bestellt einen Anzug beim Schneider S. Er bevorzugt einen englischen Tweedstoff, den S entsprechend den Qualitätsvorgaben des B direkt aus Großbritannien besorgt und aus dem er dann den Anzug schneidert.
3. B bestellt beim Schneider S einen Anzug. Den Stoff hat er selbst bei einem Stoffhändler erworben. Knöpfe, Nähgarn und Futter nimmt S aus seinen eigenen Beständen.
4. Der Inhaber der Kfz-Werkstätte W baut in das Kfz des Kunden K einen Austauschmotor ein. Den Austauschmotor entnimmt W aus seinem Ersatzteillager.
5. W repariert in seiner Werkstätte den defekten Motor im Kfz des K. Er verwendet dabei Schrauben und Splinte aus seinem Ersatzteillager.
6. W repariert in seiner Werkstatt den verbeulten Kotflügel am Pkw des K, indem er ihn ausbeult und neu lackiert.
7. Kunde K übergibt der Druckerei D Papier mit dem Auftrag, es zu bedrucken.
8. Bauunternehmer B errichtet auf dem Grundstück des G in dessen Auftrag einen Rohbau. Das Baumaterial entnimmt B seinem Materiallager.
9. Die Malerarbeiten im Gebäude des G werden vom Malermeister M durchgeführt. M entnimmt die Farbe aus seinen eigenen Beständen. Die Kosten hierfür betragen 20 % des insgesamt dem G berechneten Preises.
10. M führt im Gebäude des G die Tapezierarbeiten durch. Die Tapetenrollen hat M im Namen und für Rechnung des G bestellt.

4 Ort der Werklieferung

Der Ort der Werklieferung richtet sich nach den Regeln des Lieferorts. Wird der Liefergegenstand direkt auf dem Gelände oder in den Räumen des Bestellers hergestellt bzw. muss dort ggf. noch ein Probelauf durchgeführt werden, liegt der Lieferort nach § 3 Abs. 7 Satz 1 UStG dort, wo das fertige Werk vom Besteller abgenommen wird, also auf dem Gelände oder in den Räumen des Bestellers.

Es kommt auch vor, dass der Werkunternehmer den Liefergegenstand bei sich herstellt und ihn dann zum Besteller transportiert. In diesen Fällen liegt der Lieferort nach § 3 Abs. 6 Satz 1 UStG am Ort des Beginns der Beförderung oder Versendung.

Voraussetzung ist jedoch, dass der Werkunternehmer das **fertige Werk** an den Besteller befördert oder versendet. Entsprechend dem üblichen Prüfungsschema sind auch in diesen Fällen die Sonderregelungen nach §§ 3 Abs. 8 und 3c UStG zu berücksichtigen (vgl. E 2).

Wird nicht das fertige Werk befördert bzw. versendet, sondern muss der Gegenstand am Bestimmungsort **durch den Werkunternehmer** noch **installiert** oder **montiert** werden, liegt der Lieferort nach § 3 Abs. 7 Satz 1 UStG am Ort der **Installation** oder **Montage** (A 3.12 Abs. 4 Satz 3 UStAE). Dies gilt dann nicht, wenn das bereits fertige Werk (z. B. ein Baukran) lediglich zum Zwecke eines besseren und leichteren Transportes zerlegt und von einem Monteur des Lieferers am Bestimmungsort wieder zusammengesetzt wird (vgl. A 3.12 Abs. 4 Satz 7 UStAE). Wird die Installation oder Montage vom Besteller vorgenommen, handelt es sich um einen Fall des § 3 Abs. 6 Satz 1 UStG, da Leistungsgegenstand das nicht installierte bzw. nicht montierte Werk ist.

5 Ort der Werkleistung

Der Ort der Werkleistung richtet sich nach den Regeln des § 3a UStG, bei den B2C-Umsätzen insbesondere nach § 3a Abs. 2 Nr. 3c UStG (vgl. G).

FALL 13

Prüfen Sie, ob in dem nachfolgenden Sachverhalt Werklieferungen oder Werkleistungen vorliegen, und bestimmen Sie den Leistungsort:
Bauherr B (Nichtunternehmer) in Hamburg bestellt beim Möbelhändler M in Zürich eine komplette Einbauküche. M übergibt die Küchenteile in Zürich dem Frachtführer F mit dem Auftrag, sie zu B nach Hamburg zu transportieren. Die Küchenteile werden nach ihrer Ankunft bei B vom Schreinermeister S im Auftrag von M montiert.

Teil K Leistungsaustausch

1 Allgemeines

Bisher wurde die Umsatzart **Lieferungen** und **sonstige Leistungen** erläutert. Für deren Steuerbarkeit bedarf es neben dem Tatbestandsmerkmal »**Inland**« auch des Tatbestandsmerkmals »**gegen Entgelt**«, es sei denn, es greifen die Fiktionen nach § 3 Abs. 1 b und 9 a UStG ein (vgl. Q). In den bisherigen Fällen wurde stets das Vorliegen eines Entgelts vorausgesetzt. Dieses Tatbestandsmerkmal soll im Folgenden eingehend erörtert werden.

Steht der vom Leistenden ausgeführten Leistung ein Entgelt gegenüber, spricht man vom **Leistungsaustausch**. Im Normalfall besteht das Entgelt in einer Geldzahlung des Leistungsempfängers an den Leistenden, jedoch kann auch eine Leistung (Gegenleistung) Entgeltfunktion übernehmen. Diesen Sonderfall des Leistungsaustausches nennt man **Tausch** bzw. **tauschähnlichen Umsatz** (§ 3 Abs. 12 UStG). Er wird später unter O1 näher erläutert. Die Tatbestandsvoraussetzung »**gegen Entgelt**« (Leistungsaustausch) liegt immer dann vor, wenn folgende Voraussetzungen erfüllt sind:
a) Leistung und Entgelt (Gegenleistung),
b) mehrere (mindestens zwei) Beteiligte,
c) wirtschaftliche Verknüpfung zwischen Leistung und Entgelt (Gegenleistung).

2 Leistung und Entgelt (Gegenleistung)

I. d. R. werden die Leistung vom Leistenden und das Entgelt vom Leistungsempfänger erbracht. Ist der Leistende kein Unternehmer, entfällt die Steuerbarkeit der Leistung; die Prüfung eines Leistungsaustauschs erübrigt sich. Der Leistungsempfänger hingegen braucht kein Unternehmer zu sein.

3 Mehrere Beteiligte

Ein Leistungsaustausch kommt nur dann in Frage, wenn mindestens zwei Beteiligte agieren.[1] Ist nur einer allein an einem Geschäft beteiligt, kann begrifflich weder eine Leistung noch ein Entgelt vorliegen. Es ist daher auch kein Leistungsaustausch möglich. Spielt sich in einem solchen Fall die Tätigkeit innerhalb des unternehmerischen Bereichs ab, spricht man von einem **nichtsteuerbaren Innenumsatz**.

> **BEISPIEL**
> Ein Unternehmer besitzt in Ludwigsburg eine Metzgerei und in Stuttgart eine Gastwirtschaft. Von der Metzgerei werden Fleisch- und Wurstwaren zur Gastwirtschaft gebracht und dort an die Gäste verkauft.
> **LÖSUNG** Das Verbringen der Fleisch- und Wurstwaren von der Metzgerei zur Gastwirtschaft ist ein nichtsteuerbarer Innenumsatz (**sog. rechtsgeschäftsloses Verbringen**). Die Leistung wird erst dann erbracht, wenn die Wurstwaren in der Gastwirtschaft den Unternehmensbereich des Unternehmers verlassen und an einen Gast übergeben werden.

---

1 Drei Beteiligte können z. B. vorkommen, wenn das Entgelt von dritter Seite stammt.

Fließt ein Wirtschaftsgut vom unternehmerischen Bereich des Unternehmers unmittelbar in seinen außerunternehmerischen (privaten) Bereich, fehlt es zunächst an Leistung und Leistungsaustausch. Um in diesem Fall eine systemfremde Besserstellung des Unternehmers gegenüber einem Endverbraucher zu verhindern, wird unter den Voraussetzungen des § 3 Abs. 1 b und 9 a UStG eine Leistung gegen Entgelt fingiert.

> **BEISPIEL**
> Der Unternehmer entnimmt aus seiner Metzgerei für seinen Haushalt Fleisch- und Wurstwaren.
> **LÖSUNG** An sich liegen weder Leistung noch Leistungsaustausch vor. § 3 Abs. 1 b UStG stellt jedoch die Entnahme für Zwecke außerhalb des Unternehmens einer Lieferung gegen Entgelt gleich (Näheres vgl. Q 2).

Insoweit gilt es nur die Ausnahme des § 3 Abs. 1 a UStG zu berücksichtigen:

D. h. liegt im v. g. Beispiel die Metzgerei in Ludwigsburg und die Gastwirtschaft in Colmar (Frankreich) und gelangen Fleisch- und Wurstwaren zur Gastwirtschaft, d in einen anderen Mitgliedstaat der EU, fingieren § 3 Abs. 1 a UStG i. V. m. §§ 1 Abs. 1, 4 Nr. 1b und 6a Abs. 2 UStG eine entgeltliche, steuerbefreite Lieferung des Unternehmers an sich selbst nach Frankreich und § 1 Abs. 1 Nr. 5 i. V. m. § 1a Abs. 2 UStG einen innergemeinschaftlichen Erwerb des Unternehmers in Frankreich.

4 Wirtschaftliche Verknüpfung zwischen Leistung und Entgelt

Zwischen Leistung und Entgelt muss ein wirtschaftlicher Zusammenhang bestehen. Dieser ist stets dann gegeben, wenn die Leistung auf einem gegenseitigen Vertrag (z. B. Kaufvertrag) beruht, wenn also nach dem Vertrag:
- der Leistende die Leistung um des **Entgelts** willen und
- der Leistungsempfänger das Entgelt um der **Leistung** willen

erbringt.

Ein wirtschaftlicher Zusammenhang fehlt hingegen bei Teilnahme eines »Berufspokerspielers« an Spielen fremder Veranstalter soweit der Spieler ausschließlich im Falle der erfolgreichen Teilnahme Preisgelder oder Spielgewinne erhält. Zwischen der (bloßen) Teilnahme am Pokerspiel und dem im Erfolgsfall erhaltenen Preisgelder oder Gewinne fehlt es dann an dem für einen Leistungsaustausch erforderlichen unmittelbarem Zusammenhang. Zahlt der Veranstalter allerdings eine von der Platzierung unabhängige Vergütung, handelt es sich bei der Teilnahme um eine im Rahmen eines Leistungsaustausches gegen Entgelt erbrachte Dienstleistung. Insoweit ist die vom Veranstalter geleistete Zahlung die tatsächliche Gegenleistung für die vom Spieler erbrachte Dienstleistung, an dem Pokerspiel teilzunehmen (BFH vom 30. 08. 2017, XI R 37/14) und zwar unabhängig davon ob die Veranstaltung des Glücksspiels erlaubt war oder nicht (EuGH vom 11. 06. 1998, C 283/95 Fischer).

> **BEISPIEL**
> Unternehmer A veräußert für 10 000 € eine Ware an den Abnehmer B.
> **LÖSUNG** A erbringt als Leistender die Lieferung aufgrund des Kaufvertrags um der 10 000 € willen. B bezahlt die 10 000 € aufgrund des Kaufvertrags, um die Ware von A zu erhalten.

Ein Leistungsaustausch kann auch dann vorliegen, wenn eine Gegenleistung freiwillig erbracht wird (A 1.1 Abs. 1 Satz 8 UStAE).

BEISPIEL

Autofahrer A hat auf der Autobahn eine Motorpanne. Unternehmer K (Kfz-Meister) hält und bringt nach einstündiger Bemühung den Motor des A wieder in Gang. Während der Reparatur erzählt K dem A, dass er vor kurzem in einem ähnlichen Falle 100 € Trinkgeld für die Reparatur erhalten habe. Aufgrund dieser erfreulichen Erfahrungen sei er immer gerne bereit, bei Motorpannen Hilfe zu leisten. Zum Dank für die erfolgte Reparatur händigt A dem K 50 € aus.

5 Fehlender Leistungsaustausch

Für die Feststellung eines Leistungsaustauschs bedarf es folgender Prüfung:
1. Liegt eine Leistung vor?
2. Liegt ein Entgelt vor?
3. Stammen Leistung und Entgelt von verschiedenen Wirtschaftsgebilden?
4. Besteht ein wirtschaftlicher Zusammenhang?

Können alle vier Fragen bejaht werden, ist das Tatbestandsmerkmal »**gegen Entgelt**« erfüllt.

Wird auch nur eine Frage verneint, ist der Vorgang mangels Leistungstausches grundsätzlich nicht steuerbar. Einzige Ausnahme: Es liegen die Tatbestandsvoraussetzungen des § 3 Abs. 1 a, 1 b oder 9 a UStG vor.

Einige dieser Fälle wurden bereits angesprochen:
- der Innenumsatz oder
- die Wertabgaben vom unternehmerischen an den außerunternehmerischen (privaten) Bereich des Unternehmers.

Weitere typische Fälle des fehlenden Leistungsaustausches sind die Erbschaft, die sog. echte Schenkung und der sog. echte Schadenersatz. Die echte Schenkung und der echte Schadenersatz werden nachfolgend erläutert.

5.1 Echte Schenkung

Eine echte Schenkung liegt nach § 516 BGB dann vor, wenn bei einer **Leistung** Leistender und Leistungsempfänger darüber einig sind, dass die Leistung unentgeltlich erfolgt. D. h., der **Leistung** steht kein Entgelt gegenüber.

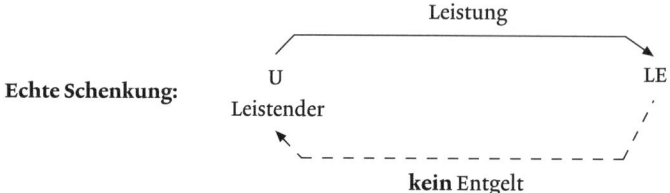

Echte Schenkung:

BEISPIELE

a) Autohändler A schenkt seiner Ehefrau E zum ersten Hochzeitstag einen Geländewagen.
LÖSUNG Es liegt eine echte Schenkung vor. A tätigt zwar eine Leistung an E, jedoch fehlt es am Entgelt. Deshalb ist die Sonderregelung nach § 3 Abs. 1 b Nr. 1 UStG zu prüfen. A entnimmt den Geländewagen aus seinem Unternehmen für die Schenkung an seine Ehefrau, also für Zwecke, die außerhalb seines Unternehmens liegen. Die Entnahme wird somit gem. § 3 Abs. 1 b Nr. 1 UStG einer Lieferung gegen Entgelt gleichgestellt und ist damit steuerbar nach § 1 Abs. 1 Nr. 1 UStG.

b) Lebensmittelhändler P verschickt an verschiedene Kunden zu Weihnachten je ein Tischfeuerzeug mit Firmengravur und der Aufschrift »Kauft Rauchwaren«. Die Anschaffungskosten je Feuerzeug betrugen 90 €.
LÖSUNG Auch hier handelt es sich um echte Schenkungen, bei denen es an einem Entgelt fehlt. P schenkt aus betrieblichem Anlass zu Werbezwecken. Deshalb kann die Sonderregelung nach § 3 Abs. 1b Nr. 3 UStG eingreifen. Voraussetzung ist jedoch, dass die Feuerzeuge zum Vorsteuerabzug berechtigt haben (§ 3 Abs. 1b Satz 2 UStG). P ist beim Einkauf der Feuerzeuge gem. § 15 Abs. 1a UStG nicht zum Vorsteuerabzug berechtigt, da es sich bei den Schenkungen um nichtabzugsfähige Betriebsausgaben nach § 4 Abs. 5 Satz 1 Nr. 1 EStG handelt (Näheres vgl. Q). Da kein Tatbestand des § 3 Abs. 1b Nr. 3 UStG vorliegt, tätigt P mit den Geschenken an die Geschäftsfreunde nichtsteuerbare Lieferungen.

c) Händler P schenkt der Einkäuferin E eines Warenhauses einen hochwertigen Wollmantel, weil sie ihm einen größeren Lieferauftrag vermittelt hat. P hat der E schon vor der Vermittlung des Lieferauftrags zugesagt, sie dürfe sich aus seiner Kollektion einen Wollmantel aussuchen, wenn der Lieferauftrag zustande käme.
LÖSUNG Es liegt eine Lieferung von P an E vor. E hat gegenüber P eine sonstige Leistung (Vermittlungsleistung) erbracht. Ein wirtschaftlicher Zusammenhang zwischen Leistung und Gegenleistung liegt vor, da P die Lieferung um der Gegenleistung (Vermittlungsleistung) willen und E die Gegenleistung um der Lieferung willen erbracht hat. Die Lieferung des Wollmantels erfolgt daher i. R. eines tauschähnlichen Umsatzes (vgl. O 1) und ist steuerbar und stpfl. Es liegt insoweit eine sog. **unechte Schenkung** vor.

5.2 Echter Schadenersatz

Schadenersatz muss derjenige leisten, der einen Schaden verursacht hat (Schädiger) und aufgrund gesetzlicher oder vertraglicher Bestimmungen zum Ersatz dieses Schadens verpflichtet ist.

Der Schadenersatz kann in Form von
- Schadensbeseitigung (Naturalrestitution) oder
- Geldzahlung erfolgen.

Die meisten Schadenersatzfälle werden durch Geldzahlungen ausgeglichen. In diesen Fällen fehlt es an einer Leistung vom Geschädigten an den Schädiger und damit am Leistungsaustausch. Der Schädiger zahlt nicht deshalb, weil er eine Leistung erhalten, sondern weil er einen Schaden verursacht hat und zum Ersatz dieses Schadens verpflichtet ist.

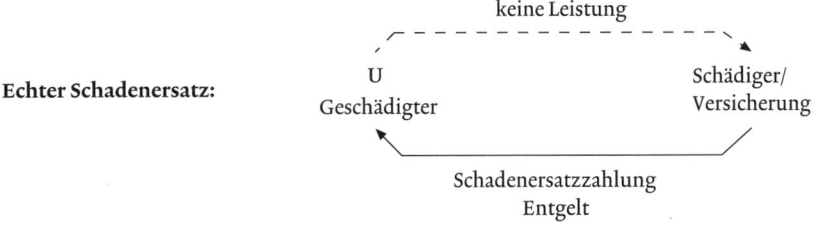

BEISPIELE

a) Der Lkw des Unternehmers U wird durch den Autofahrer A beschädigt. Die Haftpflichtversicherung des A zahlt an U 1 000 €.
LÖSUNG Die Zahlung der Haftpflichtversicherung an U ist, da sie für A erfolgt, so zu behandeln, als ob A bezahlt hätte. Die Zahlung erfolgte jedoch nicht für eine Leistung des U an A, sondern weil A als **Schädiger** zum Schadenersatz verpflichtet ist. Der Erhalt der 1 000 € ist bei U ein nichtsteuerbarer Vorgang.

b) U ist Inhaber einer Kfz-Reparaturwerkstätte. A beschädigt den Pkw des U. A beauftragt U mit der Reparatur des Schadens und bezahlt die ihm von U berechneten Reparaturkosten.

LÖSUNG U repariert seinen beschädigten Pkw im Auftrag des A (Werkvertrag). Er erbringt somit eine sonstige Leistung (Reparaturleistung) gegenüber A. Dieser Leistung steht eine Geldzahlung von A an U gegenüber. Da die Zahlung um der Reparaturleistung willen erfolgt, ist ein wirtschaftlicher Zusammenhang zwischen Leistung und Entgelt gegeben. Damit liegt ein Leistungsaustausch vor und die Reparaturleistung des U ist steuerbar und stpfl. Man spricht hier von einem **sog. unechten Schadenersatz** (vgl. hierzu A 1.3 Abs. 11 UStAE).

c) Kfz-Händler H liefert dem Kunden K am 04. 07. 01 einen Pkw zum Preis von 20 000 €. K zahlt den Kaufpreis nicht wie vereinbart bis 04. 08. 01. Er zahlt erst, nachdem ihm H am 08. 01. 02 einen Mahnbescheid über 20 000 € zuzügl. 600 € Verzugszinsen und 800 € Mahnkosten (außergerichtliche Mahnkosten, Gerichts- und Rechtsanwaltsgebühren) zuschicken ließ. K überwies darauf am 15. 01. 02 an H 21 400 €.

LÖSUNG Es handelt sich um einen Fall des Schadenersatzes wegen nicht gehöriger (nicht rechtzeitiger) Erfüllung. Die über den ursprünglichen Kaufpreis hinausgehenden Zahlungen gehören nicht zum Entgelt; sie sind Schadenersatz. K wendet sie nicht auf, weil er den Pkw erhalten hat, sondern weil er seiner vertraglichen Verpflichtung zur Zahlung des Kaufpreises nicht rechtzeitig nachgekommen und deshalb verpflichtet ist, den dem Händler daraus entstehenden Schaden zu ersetzen (vgl. A 1.3 Abs. 6 UStAE).

Teil L Die Steuerbefreiungsvorschriften bei den Lieferungen und sonstigen Leistungen (§ 4 UStG)

1 Allgemeines

Wie in B 8 erläutert, führt nicht jeder **steuerbare Umsatz** auch zur Steuerpflicht. Dies ist erst dann der Fall, wenn **keine** Steuerbefreiung eingreift. Die Steuerbefreiungen für Lieferungen und sonstige Leistungen sind im § 4 Nr. 1–28 UStG (ab 01.01.2020 § 4 Nr. 1 – 29 UStG) aufgeführt. Von diesen sollen nachfolgend nur einige behandelt werden.

Greift eine Steuerbefreiung ein, hat dies u. U. Auswirkungen auf den VStA beim leistenden Unternehmer. Bestimmte Befreiungsvorschriften schließen den VStA ganz oder teilweise aus (**VStA-Verbot** gem. § 15 Abs. 2 UStG), allerdings kann in manchen Fällen auf die Steuerbefreiung verzichtet und auf diese Weise der VStA ermöglicht werden (vgl. § 9 UStG). Insoweit empfiehlt es sich, die Steuerbefreiungstatbestände von vornherein in vier Gruppen aufzugliedern:

1. **Absolut zum VStA berechtigende Steuerbefreiungen (§ 4 Nr. 1–7 UStG)**
   (s. nachfolgend § 4 Nr. 1 Buchst. a und b UStG)
2. **Befreiungen mit absolutem VStA-Verbot (§ 4 Nr. 8 ff. UStG, ausgenommen die unter Punkt 3. und 4. genannten Befreiungen)**
   (s. nachfolgend § 4 Nr. 14 UStG und § 4 Nr. 28 UStG)
3. **Befreiungen mit Optionsmöglichkeit gem. § 9 UStG (§ 4 Nr. 8 Buchst. a–g, Nr. 9 Buchst. a, Nr. 12, Nr. 13 und Nr. 19)**
   (s. nachfolgend § 4 Nr. 9 Buchst. a und Nr. 12 UStG)
4. **Bedingt zum VStA berechtigende Steuerbefreiungen (§ 4 Nr. 8 Buchst. a–g, Nr. 10 Buchst. a UStG)**
   (s. nachfolgend § 4 Nr. 8 Buchst. a UStG)

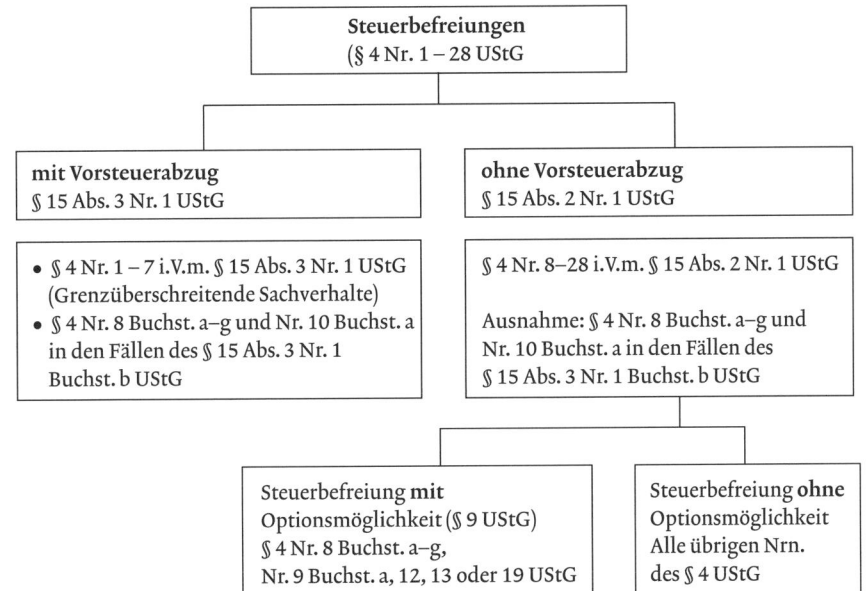

Folge: Die Leistungen werden steuerpflichtig und Vorsteuerabzug ist wieder möglich.

2 Absolut zum Vorsteuerabzug berechtigende Steuerbefreiungen (§ 4 Nr. 1–7 UStG)

2.1 Allgemeines

Tätigt ein Unternehmer einen Umsatz, der unter diese Gruppe der Steuerbefreiungen fällt, führt dies aufgrund der VStA-Möglichkeit zu einer vollständigen USt-Entlastung. Die bei seinem Vorlieferer entstandene USt wird dem Unternehmer im Wege des VStA vergütet (§ 15 Abs. 3 Nr. 1 a UStG), obwohl er selbst aufgrund der Steuerbefreiung keine USt abzuführen hat.

2.2 Ausfuhrlieferungen nach § 4 Nr. 1 Buchst. a UStG i. V. m. § 6 UStG

Steuerfreie Ausfuhrlieferungen im obigen Sinne liegen nur dann vor, wenn im Gefolge einer Lieferung die Ware vom Inland ins Drittlandsgebiet gelangt. Zum Begriff des Drittlandsgebiets vgl. D 5.

Um eine steuerfreie Ausfuhrlieferung bejahen zu können, muss zunächst eine **steuerbare (bewegte) Lieferung** vorliegen (vgl. Wortlaut § 4 Satz 1 UStG). Von § 6 UStG nicht erfasst wird das bloße physische Verbringen von Gegenständen aus dem In- in das Drittland.

Merke: § 3 Abs. 1 a UStG gilt nicht für Verbringenstatbestände über Drittlandsgrenzen!

Weiterhin ist eine **Ausfuhr** erforderlich, d. h., der Liefergegenstand muss vom Inland ins Drittlandsgebiet gelangt sein, was beleg- und buchmäßig nachzuweisen ist (vgl. § 8 ff. UStDV).

Abhängig von der Art der Ausfuhr werden für die Steuerfreiheit das Vorliegen weiterer Tatbestandsmerkmale erforderlich, wie z. B. ausländischer Abnehmer, etc.

Die Ausfuhrlieferung unterscheidet drei Grundarten:
1. Ausfuhrlieferung nach § 6 Abs. 1 **Nr. 1** UStG,
2. Ausfuhrlieferung nach § 6 Abs. 1 **Nr. 2** UStG,
3. Ausfuhrlieferung nach § 6 Abs. 1 **Nr. 3** UStG.

Im Zusammenhang mit den Ausfuhrtatbeständen des § 6 Abs. 1 Nr. 2 und Nr. 3 UStG unterscheidet das UStG außerdem noch die speziellen Ausfuhrtatbestände des § 6 Abs. 3 UStG (Ausfuhr von Ausrüstungs- und Versorgungsgegenständen für Beförderungsmittel) und des § 6 Abs. 3 a UStG (Ausfuhr im Reisegepäck).

Welche Tatbestandsmerkmale im Einzelnen für die Steuerfreiheit erforderlich sind, richtet sich danach:
a) ob der Lieferant (§ 6 Abs. 1 Nr. 1 und 3 UStG) oder der Abnehmer (§ 6 Abs. 1 Nr. 2 und 3 UStG) **die Lieferung ausführt**,
b) wohin der Gegenstand bei der Ausfuhr gelangt (§ 6 Abs. 1 Nr. 3 UStG) und
c) ob die Ausfuhr im Reisegepäck oder auf eine andere Art erfolgt (§ 6 Abs. 3 a i. V. m. § 17 UStDV).

Um die Vorschriften über die Ausfuhrlieferungen richtig verstehen zu können, empfiehlt sich zunächst, folgende Begriffe zu definieren:
- Ausland,
- Ausfuhr,
- Ausführer,
- ausländischer Abnehmer

2.3 Begriffsbestimmungen

2.3.1 Ausland

Im Hinblick auf die Steuerbefreiungen des Exports unterscheidet das UStG folgende drei Gruppen von Ausland:
1. Gebiete i. S. v. § 1 Abs. 3 UStG (Freihäfen des Kontrolltyps I),
2. übriges Gemeinschaftsgebiet (§ 1 Abs. 2 a UStG),
3. Drittlandsgebiet (§ 1 Abs. 2 a Satz 3 UStG).

2.3.1.1 Gebiete i. S. v. § 1 Abs. 3 UStG

Unter diese Auslandsgruppe fallen in erster Linie die **Freihäfen**. Es gehören auch die Gewässer und Watten zwischen der Hoheits- und Zollgrenze an der Küste dazu. Auf diese Gebiete wird nicht näher eingegangen. Die **Insel Helgoland** sowie die **deutschen Schiffe** und **Luftfahrzeuge** auf bzw. über hoher See gehören **nicht** zu dieser Auslandsgruppe. Näheres hierzu unter D.

2.3.1.2 Übriges Gemeinschaftsgebiet

Übriges Gemeinschaftsgebiet sind grundsätzlich die nicht zum Inland gehörenden Gebiete der übrigen Mitgliedstaaten der EU, die nach dem Gemeinschaftsrecht als Inland dieser Mitgliedstaaten gelten (§ 1 Abs. 2 a Satz 1 UStG; vgl. hierzu D 5).

Warenlieferungen in diese Gebiete fallen grundsätzlich nicht unter die Steuerfreiheit für Ausfuhrlieferungen nach § 4 Nr. 1 Buchst. a UStG i. V. m. § 6 UStG. Sie sind allerdings unter die Steuerbefreiung für innergemeinschaftliche Lieferungen gem. § 4 Nr. 1 Buchst. b i. V. m. § 6 a UStG zu subsumieren.

2.3.1.3 Drittlandsgebiet

Drittlandsgebiet sind die Gebiete, die weder zum Inland noch zu den Gebieten i. S. v. § 1 Abs. 3 UStG, noch zum übrigen Gemeinschaftsgebiet gehören (§ 1 Abs. 2 a Satz 3 UStG). Auch die Insel **Helgoland** und die Gemeinde **Büsingen** (Zollausschlussgebiet) zählen dazu.

2.3.2 Ausfuhr

Ausfuhr ist jede Warenbewegung vom Inland ins Drittlandsgebiet bzw. in Gebiete i. S. d. § 1 Abs. 3 UStG. Grundsätzlich muss der Liefergegenstand mit dem ausgeführten Gegenstand identisch sein. Wird allerdings der Liefergegenstand von einem **selbständigen Beauftragten** (Unternehmer) des **Abnehmers** vor der Ausfuhr be- oder verarbeitet und verändert sich dadurch seine Identität, ist dies für die Ausfuhr des Liefergegenstands unschädlich (vgl. § 6 Abs. 1 Satz 2 UStG).

> **BEISPIEL**
> Abnehmer A bestellt beim Lieferanten L in Reutlingen Garne, lässt diese beim Werkunternehmer W in Rottweil zu Tuchen verarbeiten und führt anschließend die Tuche in die Schweiz aus.
> **LÖSUNG** Obwohl nicht **Garne**, sondern das zu Tuch verarbeitete Garn ausgeführt wird, liegt eine Ausfuhr des Liefergegenstandes »Garne« vor. Würde der Abnehmer A die Garne im Inland selbst zu

Tüchern verarbeiten und anschließend ausführen, wäre eine Ausfuhr des Liefergegenstandes »Garne« nicht mehr gegeben, da die Sonderregelung des § 6 Abs. 1 letzter Satz UStG nicht eingreift (»Beauftragte«).

2.3.3 Ausführer

Ausführer ist grundsätzlich jeder, der im Zeitpunkt der Ausfuhr (Grenzübergang) im **Besitz** des Liefergegenstands ist. Für die Einordnung in die richtige Fallgruppe der Ausfuhrlieferungen muss geprüft werden, ob der Ausführer in der Eigenschaft des Lieferers, des Abnehmer oder eines Erfüllungsgehilfen tätig wird. Ist der Ausführer ein Erfüllungsgehilfe, wird dies behandelt, als ob sein Auftraggeber der Ausführer wäre (»in fremdem Namen und für fremde Rechnung«).

Ist der Ausführer der Lieferer, kann für seine Lieferung entweder die Vorschrift des § 6 Abs. 1 **Nr. 1 oder Nr. 3** UStG zur Anwendung kommen. Ist der Abnehmer der Ausführer, kommen für die an ihn erfolgte Lieferung nur § 6 Abs. 1 **Nr. 2**, Nr. 3 bzw. Abs. 3a UStG in Betracht. Ist Ausführer weder der Lieferer noch sein Abnehmer, noch deren Erfüllungsgehilfe, ist eine Steuerbefreiung für diese Lieferung ausgeschlossen (z. B. der Kunde des Abnehmers führt aus).

BEISPIELE

a) A in Stuttgart liefert an B in Zürich und beauftragt mit dem Transport der Ware den Frachtführer F.
LÖSUNG Im Zeitpunkt der Ausfuhr ist der Erfüllungsgehilfe F im Besitz des Gegenstands. Somit ist sein Auftraggeber A in seiner Eigenschaft als Lieferer der Ausführer.

b) Wie a), jedoch ist F von B beauftragt, die Lieferung bei A abzuholen.
LÖSUNG Ausführer ist der Abnehmer B, da sein Erfüllungsgehilfe bei der Ausfuhr im Besitz des Gegenstands war.

2.3.4 Ausländischer Abnehmer

Ein ausländischer Abnehmer (§ 6 Abs. 2 Nr. 1 UStG) ist ein Abnehmer, der seinen **Wohnort/Sitz** (§ 11 AO) im Ausland hat. Dies betrifft sowohl Unternehmer und zum anderen Abnehmer, die keine natürlichen Personen sind (z. B. Gesellschaften).

Ist eine **natürliche Person** in ihrer Eigenschaft als Privatperson Abnehmer, kommt es auf den Wohnort an. Darunter ist der Ort zu verstehen, an dem der Abnehmer für längere Zeit Wohnung genommen hat und der nicht nur aufgrund subjektiver Willensentscheidung, sondern auch bei objektiver Betrachtung als der örtliche Mittelpunkt seines Lebens anzusehen ist (vgl. BFH vom 31. 07. 1975 BStBl II 1976, 80). Dieser Begriff des Wohnorts deckt sich **nicht** mit dem Begriff des Wohnsitzes nach § 8 AO (A 6.3 Abs. 2 Satz 4 UStAE).

BEISPIEL

Arbeitnehmer A der amerikanischen Fa. Bell reist am 06. 03. 08 für die Dauer von 8 Monaten nach Deutschland ein. Für seinen Arbeitgeber arbeitet er bei der Bank X in Deutschland an einem Softwareprojekt. Das Datum der Rückreise stand schon bei der Einreise fest.
A erwirbt am 10. 03. 08 vom Autohaus H einen Pkw. Der Pkw wird von ihm während des Aufenthalts in Deutschland genutzt. Bei der Rückreise nimmt er ihn in die USA mit.
LÖSUNG Durch das eindeutige Feststehen der Rückreise hat A in Deutschland keinen Wohnort begründet. Er ist somit ausländischer Abnehmer. Bezüglich des Pkws liegt der Tatbestand der Ausfuhr vor. Die vorherige Benutzung des Pkw ist unschädlich. Entscheidend ist nur, dass der Liefergegenstand ausgeführt und dies durch einen zulässigen zollamtlichen Ausfuhrnachweis bewiesen werden kann.

Der Abnehmer muss seinen Wohnort/Sitz zum Zeitpunkt der Lieferung im Ausland haben. Auf die Staatsangehörigkeit des Abnehmers kommt es nicht an. Ausländische Abnehmer sind z. B. auch:
- **ausländische Touristen und Künstler**, die sich nur vorübergehend im Inland aufhalten,
- **deutsche Auslandsbeamte**, die ihren Wohnort im Ausland haben,
- **Bewohner von Büsingen** und der Insel **Helgoland**.

Keine ausländischen Abnehmer sind z. B.:
- im Inland wohnhafte **ausländische Zuwanderer**,
- Mitglieder der in der Bundesrepublik stationierten ausländischen Truppen und deren im Inland wohnhaften Angehörigen (A 6.3 Abs. 3 Nr. 6 UStAE); ggf. kommt insoweit eine Steuerbefreiung nach § 26 Abs. 5 UStG und der dort bezeichneten Abkommen in Betracht,
- Abnehmer mit Wohnort/Sitz in einem der Freihäfen (§ 6 Abs. 2 Nr. 1 UStG).

Weitere Einzelheiten vgl. A 6.3 UStAE.

> **MERKSATZ**
>
> Die Definition des ausländischen Abnehmers in § 6 Abs. 2 UStG stimmt nicht mit der Definition für Zwecke des § 13b UStG (Wechsel der Steuerschuldnerschaft, insbesondere § 13b Abs. 7 UStG) überein.

2.4 Ausfuhrlieferung nach § 6 Abs. 1 Nr. 1 UStG

Diese Variante der Ausfuhrlieferung führt dann zur Steuerfreiheit, wenn:
a) der Lieferer oder sein Erfüllungsgehilfe **den Gegenstand ausführen**,
b) die Ausfuhr des Liefergegenstands in das Drittlandsgebiet erfolgt,
c) ein Ausfuhrnachweis nach §§ 9 bzw. 10 UStDV und
d) ein Buchnachweis nach § 13 UStDV vorliegen.

Zu b): Eine Ausfuhr ist in diesem Fall dann zu bejahen, wenn der Liefergegenstand im Zuge der **Beförderung** bzw. **Versendung** durch den Lieferanten bzw. seinen Erfüllungsgehilfen vom Inland ins Drittlandsgebiet gelangt. § 6 Abs. 1 Nr. 1 UStG kommt nicht zur Anwendung, wenn die Ausfuhr in einen Freihafen erfolgt. Diese Ausfuhr kann nach § 6 Abs. 1 **Nr. 3** UStG steuerfrei sein.

Zu c): Mit dem Ausfuhrnachweis muss der Unternehmer, der gegenüber dem Finanzamt eine steuerfreie Lieferung geltend macht, die Ausfuhr des Liefergegenstands in ein Drittlandsgebiet nachweisen können.

Zollrechtlich muss parallel dazu eine Ausfuhranmeldung erfolgen, die i. d. R. dann als Ausfuhrnachweis anerkannt wird, wenn sie mit einer zollamtlichen Ausfuhrbestätigung versehen ist. Seit 01. 07. 2009 besteht hierbei EU-einheitlich die Pflicht zur elektronischen Anmeldung (Art. 787 ZK-DVO). Die bisherige schriftliche zollrechtliche Ausfuhranmeldung wird durch eine zwingende elektronische Ausfuhranmeldung ersetzt. Die elektronische Meldung war seit dem August 2008 bereits auf freiwilliger Basis möglich (IT-System ATLAS-Ausfuhr). Nunmehr betrifft die Pflicht zur Abgabe elektronischer Anmeldungen – von einigen Ausnahmefällen abgesehen – alle Anmeldungen unabhängig vom Beförderungsweg (Straßen-, Luft-, See-, Post- und Bahnverkehr). An die Stelle einer zollamtlichen Ausfuhrbestätigung auf Papier, erhält der Unternehmer nunmehr eine Ausfuhrbestätigung in Form einer PDF-Datei. Näheres hierzu vgl. A 6.2 UStAE.

Kann der Unternehmer keinen Ausfuhrnachweis, sei es durch eine PDF-Datei oder durch einen Beleg nach §§ 9 und 10 UStDV erbringen, ist die Ausfuhrlieferung grundsätzlich steuerpflichtig. Da es sich jedoch beim Ausfuhrnachweis um **keine materielle**, sondern lediglich um eine formelle Vorschrift handelt, kann die Steuerbefreiung aber auch dann gewährt werden, wenn der Unternehmer anderweitig nachweisen kann, dass der Liefergegenstand in das Drittausland gelangt ist (vgl. A 6.5 ff. UStAE).

Nach dem Urteil des BFH vom 12. 05. 2009 (V R 65/06, DStR 2009, 1639) ergibt sich der Umfang der Nachweispflichten nur aus der UStDV. Die Nachweise unterliegen der Nachprüfung durch die Finanzverwaltung (vgl. auch die Rechtsprechung des EuGH zur innergemeinschaftlichen Lieferung, insbesondere EuGH vom 27.09. 2007, C-409/04 Teleos, BStBl II 2009, 70).

Weder für Versendungs- noch für Beförderungslieferungen können über die in den §§ 9 und 10 UStDV hinausgehende Angaben, wie z. B. Vollmachten für den Beauftragten, gefordert werden (BFH vom 12. 05. 2009 und vom 23. 04. 2009, V R 84/07, DStR 2009, 1634). Ebenso wenig müssen generell Passkopien, Handelsregisterauszüge und Kaufverträge (siehe für Kaufverträge ausdrücklich BFH vom 23. 04. 2009 DStR 2009, 1634) vorgelegt werden.

Die derzeitige Verwaltungsmeinung wird im A 6.5–6.9 UStAE ausführlich dargestellt.

Man unterscheidet grundsätzlich zwei Formen von Ausfuhrnachweisen:
a) Zollamtlicher Ausfuhrstempel:
   Dieser Ausfuhrnachweis in Form einer elektronischen PDF-Datei wird benötigt, wenn der Unternehmer bzw. sein Abnehmer den Liefergegenstand mit eigenen Fahrzeugen in das Ausland verbringt.
b) Spediteurbescheinigung, Frachtbrief:
   Eine Spediteurbescheinigung bzw. Frachtbrief reicht dann als Ausfuhrnachweis aus, wenn der Liefergegenstand mit Hilfe eines Spediteurs in das Ausland verbracht wird und dieser eine solche Bescheinigung ausstellt.

Zu d): Auch beim Buchnachweis handelt es sich **nicht mehr um eine materielle**, sondern nur noch um eine formelle Voraussetzung für die Steuerbefreiung. Der Buchnachweis ist vom Lieferanten im Inland zu führen. Wie er im Einzelnen aussieht, ergibt sich aus § 13 UStDV und A 6.10 UStAE.

Anmerkung:
In der Praxis kommt den Nachweisen eine wesentliche Bedeutung zu. Anders verhält es sich im Rahmen von Klausuren: in der Regel gelten die Buch- und Belegnachweise nach den Bearbeitungshinweisen alle als erbracht.

2.5 Ausfuhrlieferung nach § 6 Abs. 1 Nr. 3 UStG

Diese Ausfuhrlieferung ist steuerfrei, wenn
a) der Lieferer bzw. der Abnehmer den Gegenstand ausführt,
b) die Ausfuhr des Liefergegenstandes in einen Freihafen erfolgt,
c) der Abnehmer entweder ein Unternehmer ist, der den Liefergegenstand für sein Unternehmen erworben hat oder ein ausländischer Nichtunternehmer und der Gegenstand vom Freihafen in das übrige Drittlandsgebiet gelangt,
d) ein Ausfuhrnachweis (§§ 9 bzw. 10 UStDV) und
e) ein Buchnachweis vorliegt (§ 13 UStDV),
f) bei Gegenständen zur Ausrüstung oder Versorgung eines Beförderungsmittels die besonderen Voraussetzungen des § 6 Abs. 3 UStG (vgl. 2.6.3) bzw.
g) bei für private Zwecke erworbenen Gegenständen, die durch den Abnehmer im persönlichen Reisegepäck ausgeführt werden, die besonderen Voraussetzungen des § 6 Abs. 3a i. V. m. § 17 UStG erfüllt sind (vgl. 2.6.4).

Zu c): Erste Alternative »Unternehmer«

Ist der Abnehmer Unternehmer, ist zu prüfen, ob der Erwerb für sein Unternehmen erfolgte (Einzelheiten hierzu vgl. P3).

Zu d) und e): Für den Ausfuhr- und Buchnachweis bestehen dieselben Anforderungen wie in den Fällen des § 6 Abs. 1 Nr. 1 UStG (vgl. 2.4).

2.6 Ausfuhrlieferung nach § 6 Abs. 1 Nr. 2 UStG

2.6.1 Allgemeines

Erfolgt im Inland eine steuerbare Lieferung an einen ausländischen Abnehmer und wird der Liefergegenstand durch den ausländischen Abnehmer selbst bzw. durch seinen Erfüllungsgehilfen ausgeführt, sind für die Prüfung der Steuerfreiheit drei Fälle zu unterscheiden:

1. Ausfuhr von Gegenständen zur Ausrüstung oder Versorgung eines Beförderungsmittels (**§ 6 Abs. 3 UStG**),
2. Ausfuhrlieferungen im persönlichen Reisegepäck (**§ 6 Abs. 3a UStG**),
3. Ausfuhr von Gegenständen, die nicht unter die in den Nr. 1 und 2 genannten Sonderregelungen fallen, nach § 6 Abs. 1 Nr. 2 UStG.

In allen vorgenannten Fällen darf keine Ausfuhr von Gegenständen in Freihäfen vorliegen; es muss sich vielmehr um Ausfuhren in das übrige Drittlandsgebiet (§ 1 Abs. 2a, Satz 3 UStG) handeln.

2.6.2 Ausfuhr von Gegenständen nach § 6 Abs. 1 Nr. 2 UStG

Die Steuerbefreiung für diese Ausfuhr greift dann ein, wenn
a) der Abnehmer bzw. sein Erfüllungsgehilfe den Liefergegenstand **ausführt**,
b) die Ausfuhr des Liefergegenstands in das Drittlandsgebiet erfolgt,
c) ein ausländischer Abnehmer vorliegt,
d) ein Ausfuhrnachweis nach §§ 9 oder 10 UStDV und
e) ein Buchnachweis vorliegt (§ 13 UStDV).

Zu a): Es handelt sich i. d. R. um Lieferungen nach § 3 Abs. 6 Satz 1 UStG, bei denen der Abnehmer die Ware mit dem Lkw oder einem ähnlichen Transportmittel entweder selbst oder durch einen selbständigen Beauftragten (Frachtführer oder Spediteur) ins Drittlandsgebiet transportiert bzw. transportieren lässt (Abholfall). Die Ausfuhr ins Drittlandsgebiet kann auch nach bereits abgeschlossener Lieferung außerhalb des § 3 Abs. 6 Satz 1 UStG im Wege des rechtsgeschäftslosen Verbringens erfolgen.

Zu d): Wird der Gegenstand durch den Abnehmer selbst bzw. durch einen unselbständigen Beauftragten befördert, ist der Ausfuhrnachweis nach § 9 UStDV mit **Ausfuhrbestätigung der maßgebenden Zollstelle** zu führen. Erfolgt die Ausfuhr durch einen **selbständigen Beauftragten**, kann der Ausfuhrnachweis nach § 10 UStDV erbracht werden.

2.6.3 Ausfuhr von Gegenständen zur Ausrüstung oder Versorgung eines Beförderungsmittels (§ 6 Abs. 3 UStG)

Zu dieser Fallgruppe gehören nach Sinn und Zweck der Vorschrift nur die Lieferungen von Gegenständen, die
a) Ausrüstungs- bzw. Versorgungsgegenstände für Beförderungsmittel und
b) für das **eigene** Beförderungsmittel des ausländischen Abnehmers bestimmt sowie

c) nicht im Zuge einer Werklieferung fest mit dem Beförderungsmittel verbunden sind.

Fällt die Lieferung unter den Tatbestand des § 6 Abs. 3 UStG, sind die Lieferungen nur dann steuerfrei, wenn neben den Grundvoraussetzungen des § 6 Abs. 1 Nr. 2 oder Nr. 3 UStG (nähere Ausführungen vgl. hierzu 2.5 und 2.6.2) noch die zusätzlichen Voraussetzungen des § 6 Abs. 3 UStG vorliegen. Zweck der Regelung ist es, einen unversteuerten Endverbrauch zu vermeiden. Deshalb entfällt die Steuerfreiheit, wenn Gegenstände zur Ausrüstung oder Versorgung nichtbetrieblicher Beförderungsmittel ausländischer Abnehmer geliefert werden.

Zu a): Zu den Ausrüstungsgegenständen gehören Gegenstände, die in einem Beförderungsmittel (Kfz, Schiff, Flugzeug) zum Gebrauch mitgeführt werden (z. B. Abschleppseil, Ankerkette, Verbandskasten, Warndreieck, Werkzeug), bzw. andere nicht fest eingebaute Zubehörgegenstände (z. B. Reservereifen, Ersatzteile, Dachgepäckträger).

Zu den Versorgungsgegenständen gehören Verbrauchsgegenstände, die zur Versorgung eines Beförderungsmittels bestimmt sind (z. B. Treibstoff, Schmierstoffe, Autopflegemittel etc.). Näheres hierzu vgl. Abschn. 6.4 Abs. 1 UStAE.

Zu b): Erwirbt der ausländische Abnehmer Ausrüstungs- bzw. Versorgungsgegenstände zum Zweck der Weiterlieferung (für seinen Handel, für seine Reparaturwerkstätte), greift § 6 Abs. 3 UStG nicht ein (A 6.4 Abs. 4 UStAE). Diese Lieferungen sind nach der unter 2.6.2 dargestellten Fallgruppe zu beurteilen.

Zu c): Werden Ausrüstungsgegenstände in ein Beförderungsmittel fest eingebaut und liegt somit eine Werklieferung vor, greift § 6 Abs. 3 UStG ebenfalls nicht ein. Die Vorschrift ist insoweit einschränkend auszulegen (vgl. A 6.4 Abs. 1 Satz 3 und 4 UStAE). Derartige Einbauten fallen unter den Ausfuhrtatbestand des § 6 Abs. 1 UStG.

Werden Ausrüstungs- bzw. Versorgungsgegenstände geliefert, die für das **eigene** Beförderungsmittel des ausländischen Abnehmers bestimmt sind, ist gem. § 6 Abs. 3 UStG die Lieferung dann steuerfrei, wenn die Gegenstände

a) in das Drittlandsgebiet ausgeführt werden,
b) der Abnehmer **Unternehmer** mit Sitz im Ausland ist (ausländischer Unternehmer) und
c) das Beförderungsmittel den Zwecken des Unternehmens des Abnehmers dient. Nach A 6.10 Abs. 7 Nr. 2 Satz 3 UStAE geht die Verwaltung davon aus, dass Pkws, Sportboote oder Sportflugzeuge grundsätzlich nichtunternehmerischen Zwecken dienen. Hier muss der Unternehmer eine unternehmerische Nutzung besonders nachweisen, wobei man A 6.1 Abs. 3 Satz 2 UStAE entnehmen kann, dass das Beförderungsmittel im Allgemeinen nur dann dem Unternehmen dient, wenn es überwiegend für das Unternehmen genutzt wird.

2.6.4 Ausfuhrlieferungen im persönlichen Reisegepäck (§ 6 Abs. 3 a UStG)

Für Ausfuhrlieferungen im persönlichen Reisegepäck gelten Sonderregelungen. Das bedeutet, dass die Steuerbefreiung nicht schon dann eintritt, wenn die Voraussetzungen des § 6 Abs. 1 Nr. 2 UStG erfüllt sind. Es müssen zusätzlich noch die Voraussetzungen des § 6 Abs. 3a UStG und § 17 UStDV vorliegen. Dies sind:

a) ein ausländischer Abnehmer mit Wohnort im Drittlandsgebiet,
b) die Ausfuhr der Gegenstände im persönlichen Reisegepäck durch den ausländischen Abnehmer oder seinen Beauftragten,
c) der Erwerb für private Zwecke,
d) Lieferzeit- und Ausfuhrzeitpunkt innerhalb eines Zeitraums von drei Monaten,
e) Ausfuhrnachweis mit Identitätsbescheinigung nach § 17 UStDV sowie
f) Buchnachweis.

Zu a): Abnehmer kann in diesen Fällen **nur eine natürliche Person** mit Wohnort im Drittausland sein. Zum Begriff Ausführer vgl. 2. 3. 3.

Zu b): Zu den Gegenständen des persönlichen Reisegepäcks gehören Gegenstände, die der ausländische Abnehmer bzw. sein Beauftragter beim Grenzübertritt z. B. im Handgepäck oder im Pkw mit sich führt. Ferner zählt hierzu auch das anlässlich einer Reise aufgegebene Handgepäck. Demgegenüber gehört z. B. ein vom Reisenden mitgeführtes Fahrzeug einschließlich Zubehör nicht zum persönlichen Reisegepäck (A 6.11 Abs. 1 UStAE)

Zu c): Führt ein Unternehmer in seinem persönlichen Reisegepäck Handelsware aus, richtet sich die Befreiung ausschließlich nach § 6 Abs. 1 Nr. 2 UStG. Dies ist z. B. der Fall, wenn ein Juwelier in seinem Koffer eine Schmuckkollektion mit sich führt.

Zu e): Ein Ausfuhrnachweis mit Identitätsbestätigung (§ 17 Nr. 2 UStDV) liegt dann vor, wenn die zum Drittlandsgebiet maßgebende Grenzzollstelle bestätigt, dass Name und Anschrift des ausländischen Abnehmers mit den Eintragungen im vorgelegten Pass bzw. Personalausweis desjenigen übereinstimmen, der den Gegenstand ins Ausland verbringt. Die amtliche Identitätsbestätigung kann durch einen Abnehmer-Nachweis einer deutschen Behörde im Bestimmungsland (z. B. konsularische Vertretung) ersetzt werden, wenn ein Identitätsnachweis an der Grenze nicht möglich ist. Solche Fälle liegen dann vor, wenn der Ausführer ein Erfüllungsgehilfe des Abnehmers ist. Nähere Einzelheiten hierzu vgl. A. 6.11 UStAE.

Mit BMF-Schreiben vom 12. 8. 2014 (BStBl I 2014, 1202) hat die Verwaltung ein sog. Merkblatt zur USt-Befreiung für Ausfuhrlieferungen im nichtkommerziellen Reiseverkehr einschließlich eines Vordrucks für die Ausfuhr- und Abnehmer-Bescheinigung nach § 17 UStDV herausgegeben.

2.7 Ausfuhrlieferungen im Rahmen eines Reihengeschäfts

Bei Reihengeschäften (vgl. E 1.2) liegen zwar mehrere Lieferungen, jedoch nur eine Beförderungs- oder Versendungslieferung vor (§ 3 Abs. 6 Satz 5 UStG). Nur für diese Beförderungs- oder Versendungslieferung kommt die Befreiung nach § 4 Nr. 1 Buchst. a i. V. m. § 6 UStG in Betracht. Alle übrigen Lieferungen im Reihengeschäft sind ruhende Lieferungen nach § 3 Abs. 7 Satz 2 UStG und kommen damit nicht als Ausfuhr nach § 6 UStG in Betracht (vgl. Wortlaut »befördert oder versendet hat« nach den Nrn. 1 und 2 bzw. »der Gegenstand in das übrige Drittlandsgebiet gelangt« nach Nr. 3).

> **BEISPIEL**
> U1 mit Sitz in Stuttgart verkauft eine Maschine an U2 mit Sitz in Brüssel. Dieser verkauft als Zwischenhändler die Maschine weiter an U3 mit Sitz in Zürich. U2 weist U1 an, die Maschine direkt von Stuttgart nach Zürich auszuliefern. U1 beauftragt mit dem Transport den Spediteur S mit Sitz in Stuttgart.
> **LÖSUNG** Entsprechend den Kaufverträgen tätigt U1 an U2 und U2 an U3 eine Lieferung.
> **Lieferung 1**
> Es wurden über denselben Gegenstand mehrere Liefergeschäfte abgeschlossen. Somit muss nach der Sonderregelung des § 3 Abs. 6 Satz 5 UStG geprüft werden, welchem Lieferer die Versendung zuzurechnen ist. Dies ist eindeutig U1. Mit der Beauftragung eines Spediteurs tätigt U1 eine bewegte Lieferung in Form einer Versendungslieferung. Der Lieferort liegt somit dort, wo der Versand beginnt, nämlich in Stuttgart. Die Lieferung ist steuerbar.
> Da der Warenweg in das Drittlandsgebiet verläuft und U1 ausführt, handelt es sich bei der Lieferung um eine gem. § 6 Abs. 1 Nr. 1 UStG steuerfreie Ausfuhrlieferung.

Lieferung 2

Bei der Lieferung des U2 in Brüssel an U3 in Zürich handelt es sich um eine der Versendungslieferung folgende Anschlusslieferung. Gem. § 3 Abs. 7 Satz 2 Nr. 2 UStG ist der Lieferort dort, wo die Versendung endet. Dies ist Zürich. Die Lieferung des U2 ist damit nicht steuerbar, er braucht sich nicht für USt-Zwecke in Deutschland registrieren zu lassen.

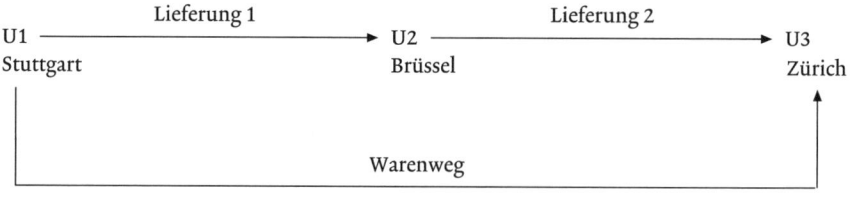

2.8 Lohnveredelung nach § 4 Nr. 1 Buchst. a UStG i. V. m. § 7 UStG

2.8.1 Allgemeines

Unter Lohnveredelung – einem Begriff, der dem Zollrecht entstammt – versteht man jede steuerbare Werkleistung bzw. Arbeiten an einem beweglichen Gegenstand. Auch das bloße Reinigen oder Zusammenmontieren von beweglichen Gegenständen fällt darunter. Voraussetzung für die Steuerfreiheit der Lohnveredelung nach § 7 UStG ist, dass der Gegenstand, an dem die Werkleistung erfolgt, ins Drittlandsgebiet ausgeführt wurde. Darüber hinaus muss der Auftraggeber den Gegenstand **zum Zweck der Be- oder Verarbeitung** in das Gemeinschaftsgebiet eingeführt oder zu diesem Zweck im Gemeinschaftsgebiet erworben haben.

Aufgrund der Grundregel des Leistungsorts bei Werkleistungen (§ 3a Abs. 2 UStG) hat die Steuerbefreiung erheblich an Bedeutung verloren. Erfolgt die Lohnveredelungsleistung an einen Unternehmer (Regelfall) im Drittausland, ist die sonstige Leistung nach § 3a Abs. 2 UStG nicht steuerbar. Eine Prüfung der Steuerbefreiung erübrigt sich. Die Steuerbefreiung kann eigentlich nur noch in den Fällen zur Anwendung kommen, in denen der Auftraggeber ein im Drittland ansässiger **Nichtunternehmer** ist. Dann bestimmt sich der Leistungsort nach § 3a Abs. 3 Nr. 3 Buchst. c UStG nach dem Tätigkeitsort dessen, der die Lohnveredelung übernimmt. Ein weiterer Anwendungsfall, nämlich dass der Auftraggeber ein im Inland ansässiger Unternehmer ist und der lohnveredelte Gegenstand in das Drittland gelangt, dürfte eine Ausnahme darstellen.

Entsprechend den Steuerbefreiungen bei den Ausfuhrlieferungen sind folgende Fälle zu unterscheiden.

2.8.2 Lohnveredelung nach § 7 Abs. 1 Nr. 1 UStG

Befördert oder versendet der Werkunternehmer den lohnveredelten Gegenstand ins Drittlandsgebiet, gelten für die Steuerfreiheit sinngemäß die Tatbestandsvoraussetzungen nach § 6 Abs. 1 **Nr. 1** UStG (vgl. 2.4). Der Werkunternehmer bzw. sein Erfüllungsgehilfe muss **Ausführer** sein.

2.8.3 Lohnveredelung nach § 7 Abs. 1 Nr. 3 UStG

Befördert oder versendet der Werkunternehmer den Gegenstand der Lohnveredelung in einen Freihafen (Gebiet i. S. v. § 1 Abs. 3 UStG), ist die Lohnveredelung steuerfrei, wenn der Auftraggeber (Leistungsempfänger)
- ein ausländischer Auftraggeber ist oder
- ein im Inland oder in den Gebieten nach § 1 Abs. 3 UStG ansässiger Unternehmer, der die Werkleistung für sein Unternehmen erworben hat.

2.8.4 Lohnveredelung nach § 7 Abs. 1 Nr. 2 UStG

Befördert oder versendet der **Auftraggeber** den Gegenstand der Lohnveredelung (Abholfall) ins Drittlandsgebiet, gelten für die Steuerfreiheit sinngemäß die Tatbestandsvoraus-setzungen nach § 6 Abs. 1 Nr. 2 UStG (vgl. 2.6.4). Der Auftraggeber bzw. sein Erfüllungsgehilfe müssen ausländischer Auftraggeber sein. Der ausländische Auftraggeber entspricht dem ausländischen Abnehmer i. S. v. § 6 Abs. 2 UStG (vgl. § 7 Abs. 2 UStG).

Die einschränkenden Voraussetzungen bei Ausfuhrlieferungen im Reisegepäck und bei der Lieferung von Ausrüstungs- und Versorgungsgegenständen finden jedoch auf die Lohnveredelungstatbestände **keine** entsprechende Anwendung.

> **BEISPIELE**
>
> a) Unternehmer G in Bottrop walzt für den **Schweizer Unternehmer T** in Basel Stahl, den T beim Unternehmer M in Deutschland gekauft und im Anschluss an die Bearbeitung durch G in die Schweiz versandt hat.
> Die Lohnveredelung des G an T wird nach § 3a Abs. 2 UStG in Basel bewirkt und ist daher nicht steuerbar.
>
> b) Unternehmer G in Bottrop beauftragt Unternehmer T in Bochum, Stahl zu walzen. Diesen versendet T im Anschluss an die Bearbeitung an einen Abnehmer des G in Bern.
> G tätigt eine steuerfreie Ausfuhrlieferung nach § 4 Nr. 1 Buchst. a, § 6 Abs. 1 Nr. 1 UStG. T bewirkt eine Werkleistung nach § 3a Abs. 2 UStG an G in Bottrop. Diese ist zwar steuerbar, aber steuerfrei nach § 4 Nr. 1 Buchst. a i. V. m. § 7 Abs. 1 Nr. 1 UStG.

2.9 Innergemeinschaftliche Lieferung nach § 4 Nr. 1 Buchst. b i. V. m. § 6a UStG

Lieferungen, bei denen Liefergegenstände vom Inland in einen anderen Mitgliedstaat transportiert werden, sind steuerfreie **innergemeinschaftliche Lieferungen** (§ 4 Nr. 1 Buchst. b i. V. m. § 6a UStG). Da diese innerhalb des einheitlichen Wirtschaftsgebiets »Binnenmarkt« erfolgen, unterliegen sie grundsätzlich der Umsatzbesteuerung. Wegen der derzeit unterschiedlich hohen Steuersätze erfolgt i. d. R. die Besteuerung im Bestimmungsland. Dadurch werden Wettbewerbsverzerrungen innerhalb der einzelnen Mitgliedstaaten weitestgehend vermieden.

Normalerweise müsste der Lieferer die USt im Bestimmungsland anmelden und sich dort registrieren lassen. Da dies aber zu umständlich wäre, hat man bei den innergemeinschaftlichen Lieferungen den Leistungsempfänger (Erwerber) zur Anmeldung der USt in Form der Erwerbs-USt verpflichtet (Näheres hierzu vgl. R). Meldet dieser die USt (Erwerbs-USt) an, stellt § 4 Nr. 1 Buchst. b i. V. m. § 6a UStG die Lieferung als innergemeinschaftliche Lieferung steuerfrei. Insoweit ist die **innergemeinschaftliche Lieferung** aus Sicht des Exportlands das **Spiegelbild des**

innergemeinschaftlichen Erwerbs im Importland. Derselbe Liefervorgang führt damit bei gleichen Tatbestandsvoraussetzungen in zwei Mitgliedstaaten der EU zu unterschiedlichen Rechtsfolgen, die sich gegenseitig bedingen.

Prinzip des innergemeinschaftlichen Warenverkehrs

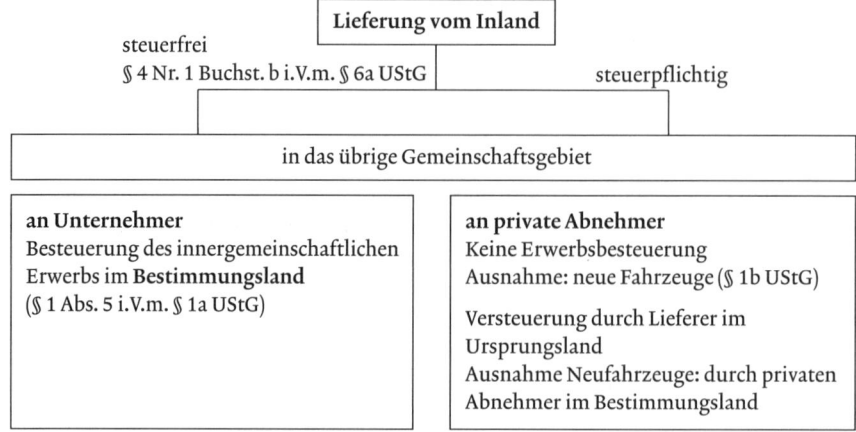

Der Lieferer muss zu Kontrollzwecken eine sog. Zusammenfassende Meldung (ZM) (§ 18a UStG) abgeben, mittels der der Mitgliedstaat, in welchem der Erwerb erfolgt, darüber informiert wird, dass bei ihm die Erwerbs-USt zu entrichten ist. Diese wird ab 01.01.2020 zur zwingenden Voraussetzung für die Steuerbefreiung nach § 4 Nr. 1b UStG (s. o.). Die in § 6a UStG geregelte Steuerbefreiung greift dann unter folgenden Voraussetzungen:

a) der Lieferer unterliegt der Regelbesteuerung (kein sog. Kleinunternehmer nach § 19 Abs. 1 UStG oder Pauschalbesteuerer nach § 24 UStG),
b) der Lieferort liegt im Inland,
c) die Beförderung oder Versendung erfolgt durch den Lieferer oder den Abnehmer in das übrige Gemeinschaftsgebiet,
d) der Leistungsempfänger ist Unternehmer und für Zwecke der Umsatzsteuer in einem anderen Mitliedstaat erfasst (ab 01.01.2020) oder nichtunternehmerisch tätige, für Zwecke der Umsatzsteuer in einem anderen Mitgliedstaat erfasste juristische Person (ab 01.01.2020) oder bei der Lieferung eines Fahrzeugs jeder andere Erwerber,
e) die Eingangsleistung erfolgt an das Unternehmen des Leistungsempfängers (nach Nr. 1 nur für unternehmerische Abnehmer),
f) der Leistungsempfänger unterliegt der Erwerbs-USt im übrigen Gemeinschaftsgebiet,
g) (ab 01.01.2020) der abnehmende Unternehmer bzw. die nichtunternehmerisch tätige juristische Person hat gegenüber dem leistenden Unternehmer eine von einem anderen Mitgliedstaat erteilte USt ID.Nr. verwendet,

h) Belegnachweis (Ausfuhrnachweis) und
i) Buchnachweis.

Derzeit noch keine eigentlichen Tatbestandsmerkmale, aber im Zusammenhang mit der Steuerbefreiung vorgeschrieben, sind:
a) das Vorliegen einer Rechnung i. S. v. § 14a UStG,
b) die Erfassung in der ZM (§ 18a UStG) und
c) die gesonderte Erfassung in der USt-Voranmeldung (§ 18b UStG) sowie
d) besondere Aufzeichnungspflichten (§ 22 UStG).

Anmerkung:

Mit dem *Entwurf eines Gesetzes zur weiteren steuerlichen Förderung der Elektromobilität und zur Änderung weiterer steuerlicher Vorschriften* (JStG 2019) wird § 4 Nr. 1b UStG dahin gehend ergänzt, dass die Steuerbefreiung der innergemeinschaftlichen Lieferung versagt wird, solange der Unternehmer seiner Pflicht zur Abgabe der Zusammenfassenden Meldung nach § 18a UStG nicht nachgekommen ist oder diese unrichtig oder unvollständig abgegeben hat. Überdies ist der Unternehmer, der nachträglich erkennt, dass eine von ihm abgegebene Zusammenfassende Meldung unrichtig oder unvollständig ist, verpflichtet, die ursprüngliche Meldung innerhalb eines Monats zu berichtigen (§ 18a Absatz 10 UStG). Insoweit wird diese Voraussetzung zum zwingenden Tatbestandsmerkmal für die Steuerbefreiung nach § 4 Nr. 1b UStG.

Korrespondierend dazu erfolgen Ergänzungen des § 6a Abs. 1 UStG, die eine innergemeinschaftliche Lieferung nur für Umsatzsteuerzwecke erfasste Abnehmer vorsehen und nur insoweit als gegenüber dem liefernden Unternehmer eine von einem anderen Mitgliedstaat gültige Umsatzsteueridentifikationsnummer verwendet wird. (Vgl. unten)

Zu d) und e): Leistungsempfänger ist Unternehmer und die Eingangsleistung erfolgt für sein Unternehmen

Grundsätzlich muss der Lieferer prüfen, ob diese Voraussetzungen vorliegen. Erwirbt der Unternehmer den Gegenstand z. B. nicht für sein Unternehmen oder unterliegt der Gegenstand nicht der Erwerbs-USt im betreffenden Mitgliedstaat, greift die Steuerbefreiung grundsätzlich nicht. Dies bedeutet, dass die Lieferung steuerpflichtig ist. Unter Beachtung der Lieferortregelungen des § 3 Abs. 6 und § 3c UStG muss dann geprüft werden, ob die Lieferung im Ursprungs- oder im Bestimmungsland zu versteuern ist.

Die Verwaltung ging bislang davon aus, dass in den Fällen, in denen der Erwerber dem Lieferer seine ausländische USt-IdNr. mitteilt, grundsätzlich eine Vermutung dafür spricht (typisierende Betrachtungsweise vgl. A 6a.1 Abs. 12 UStAE), dass die o. g. Voraussetzungen gegeben sind.

Durch die aktuelle Änderung des § 6a Abs. 1 in den Nummern 2a und b bzw. in Nr. 4 UStG im Gesetz zur weiteren steuerlichen Förderung der Elektromobilität und zur Änderung weiterer steuerlicher Vorschriften (JStG 2019) werden diese bisherigen Annahmen zur **unabdingbaren Voraussetzung**:

die umsatzsteuerliche Erfassung der unternehmerischen Abnehmer bzw. der diesem gleichgestellten nichtunternehmerischen juristischen Personen im Bestimmungsstaat und die zwingenden Verwendung der USt IDNr. gegenüber dem Lieferer (s. o.) werden zusätzliche materiell-rechtliche Erfordernisse für das Vorliegen einer innergemeinschaftlichen Lieferung. Der Gesetzgeber trägt damit den nunmehr den überarbeiteten unionsrechtlichen Vorgaben des Art. 138 Abs. 1 Buchst. b MWStSystRL (in der Fassung vom 04.12.2018 – Abl. L 311 vom 7.12.2018, S. 3) Rechnung.

Zu f): Leistungsempfänger unterliegt der Erwerbs-USt im übrigen Gemeinschaftsgebiet

Die Steuerbefreiung der innergemeinschaftlichen Lieferung kommt nur dann zur Anwendung, wenn der **Leistungsempfänger Erwerber i. S. v. § 1 a und b UStG** ist und einen »innergemeinschaftlichen Erwerb« nach § 1 Abs. 1 Nr. 5 UStG tätigt. Die §§ 1 a und 1 b UStG können dabei sinngemäß auch auf die in einem anderen Staat des Gemeinschaftsgebiets ansässigen Leistungsempfänger angewandt werden. An die Stelle der USt für die innergemeinschaftliche Lieferung tritt die Steuer für den innergemeinschaftlichen Erwerb im Bestimmungsland. Die Steuer für den innergemeinschaftlichen Erwerb wird vom Leistungsempfänger im Bestimmungsland angemeldet.

Der leistungsempfangende Unternehmer unterliegt grundsätzlich dann der Erwerbs-USt im übrigen Gemeinschaftsgebiet, wenn er den Gegenstand für sein Unternehmen erworben hat und ganz oder teilweise zum Vorsteuerabzug berechtigt ist. Näheres hierzu vgl. R.

Auch hier geht die Verwaltung davon aus, dass dieser Tatbestand i. d. R. dann erfüllt ist, wenn der Abnehmer dem Lieferer seine USt-IdNr. mitgeteilt hat.

Fällt der Abnehmer unter die Unternehmergruppe des § 1 a Abs. 3 UStG (sog. Exoten, z. B. Kleinunternehmer) und überschreiten die Entgelte für seine innergemeinschaftlichen Erwerbe die im jeweiligen Mitgliedstaat maßgebliche Erwerbsschwelle nicht, unterliegt der Erwerb der Ware beim Abnehmer grundsätzlich nicht der Erwerbsumsatzsteuer. Allerdings kann der Erwerber freiwillig die Erwerbsbesteuerung anwenden (Option nach der dem § 1 a Abs. 4 UStG entsprechenden Vorschrift im anderen Mitgliedstaat). Dann wäre die Lieferung beim Lieferer wiederum steuerfrei. Der Erwerber kann freiwillig die Erwerbsbesteuerung übernehmen, wenn er dem Lieferer eine ihm erteilte USt-IdNr. mitteilt (§ 1 a Abs. 4 UStG). Dies wird er i. d. R. dann tun, wenn der Steuersatz im Bestimmungsland unter dem des Ausgangsstaates liegt.

Wird vom Erwerber eine gültige ausländische USt-IdNr. vorgelegt, kann der Lieferer davon ausgehen, dass der Erwerber grundsätzlich nicht unter den Erwerbsausschluss des § 1 a Abs. 3 UStG fällt. Die Gültigkeit der USt-IdNr. anderer Mitgliedstaaten kann beim BZSt abgefragt werden (§ 18 e UStG). Die Anfrage kann schriftlich, telefonisch oder über das Internet erfolgen. Um eine Bestätigung zu erhalten, muss der Unternehmer seine eigene USt-IdNr. angeben. Das BZSt teilt dabei nur mit, ob die USt-IdNr. gültig bzw. ungültig ist.

Zu g): Belegnachweis

Die Voraussetzungen des § 6 a UStG müssen beim Lieferer durch Belege nachgewiesen werden. § 17 a UStDV regelt die Nachweisführung:

- **bei Beförderung durch den Lieferer oder den Abnehmer:**
  durch Doppel der Rechnung i. S. v. §§ 14, 14 a UStG, einen handelsüblichen Beleg, aus dem sich der Bestimmungsort ergibt, und durch eine Empfangsbestätigung des Abnehmers oder seines Beauftragten (§ 17 a Abs. 2 Nr. 1 UStDV);
- **bei Beförderung durch den Abnehmer:**
  zusätzlich durch eine Versicherung des Abnehmers, dass der Liefergegenstand in das übrige Gemeinschaftsgebiet gelangt ist (Gelangensbestätigung, § 17 a Abs. 2 Nr. 2 UStDV);
- **bei Versendung durch den Lieferer oder den Abnehmer:**
  Belege entsprechend § 10 UStDV (z. B. Spediteurbescheinigung) und Doppel der Rechnung i. S. d. §§ 14, 14 a UStG (hier auch Nachweis wie in Beförderungsfällen zulässig, vgl. § 17 a Abs. 3 UStDV).

Zu h): Buchnachweis

Gem. § 17c UStDV hat der Unternehmer die Voraussetzung der Steuerfreiheit der innergemeinschaftlichen Lieferung im Inland buchmäßig nachzuweisen. Hierbei ist die Aufzeichnung der USt-IdNr. des Erwerbers eine unabdingbare Voraussetzung (Muss-Vorschrift). Fehlt diese, ist die Lieferung wegen des fehlenden Buchnachweises steuerpflichtig. Bezüglich der anderen Buchnachweise enthält § 17c Abs. 2 UStDV »Soll«-Vorschriften.

Dies bedeutet, dass wegen einer fehlenden USt-IdNr. des Erwerbers die Lieferung der deutschen USt zu unterwerfen ist. Der Lieferort bestimmt sich in diesen Fällen nach den Regeln des § 3 Abs. 6 UStG und liegt somit immer im Inland.

Im Einzelnen hat der Unternehmer folgende Aufzeichnungen zu tätigen:
- Name und Anschrift des Abnehmers,
- Name und Anschrift des Beauftragten des Abnehmers,
- Gewerbezweig und Beruf des Abnehmers,
- USt-IdNr. des Abnehmers,
- handelsübliche Bezeichnung und Menge des Liefergegenstands,
- Tag der Lieferung,
- vereinbartes Entgelt,
- Angabe, ob Beförderung oder Versendung in das übrige Gemeinschaftsgebiet erfolgte,
- Bestimmungsort im übrigen Gemeinschaftsgebiet.

(Anmerkung: Diese Aufzählung erfasst nur typische Fälle, ist also unvollständig; Näheres vgl. § 17c UStDV.)

> **MERKE**
>
> Buch- und Belegnachweis sind aufgrund der steuerlichen Rechtsprechung des BFH (BFH u. a. vom 22.07.2015 – V R 38/14) keine materiell-rechtlichen Voraussetzungen für die Steuerbefreiung nach § 4 Nr. 1b i. V. m. § 6a UStG. In Bezug auf die Prüfungssystematik gilt damit Folgendes:
> 1. Der Unternehmer muss die Voraussetzungen für die Steuerbefreiung nach §§ 17a-17c ff. UStDV buch- und belegmäßig nachweisen. Sind diese Nachweise geführt, ist das Vorliegen der materiell-rechtlichen Voraussetzungen des § 6a UStG zu vermuten (BFH vom 28.08.2014, V R 16/14, sog. Anscheinsbeweis). Die Steuerverwaltung ist zur Prüfung der Belege berechtigt. Ergeben sich nach den allgemeinen Beweisregeln Zweifel, gehen diese zu Lasten des Unternehmers; die Steuerfreiheit kann versagt werden, wenn die Steuerfreiheit nicht objektiv feststeht und auch kein Vertrauensschutz gewährt werden kann.
> 2. Auch wenn die Nachweise entsprechend der §§ 17a–17c UStDV nicht geführt wurden und objektiv feststeht, dass die Voraussetzungen des § 6a UStG vorliegen, ist die Lieferung steuerfrei (Objektivbeweis). Dies bestätigt einmal mehr die Entscheidung des EuGH vom 20.10.2016, Josef Plöckl, C-24/15, wonach Aufzeichnung und Mitteilung der USt-IDNr. nur eine formelle und keine materielle Voraussetzung für die Steuerfreiheit der innergemeinschaftlichen Lieferung darstellen.
> 3. Liegen die Tatbestandsvoraussetzungen für die Steuerbefreiung nicht vor, kann aus Gründen des Vertrauensschutzes nach § 6a Abs. 4 UStG die Lieferung als steuerfrei behandelt werden, wenn der Unternehmer Beleg- und Buchnachweise erfüllt und nicht gegen die Sorgfalt eines ordentlichen Kaufmanns verstoßen hat (zuletzt BFH vom 25.04.2013, V R 26/11 und EuGH vom 06.09.2012 – Mecsek-Gabona Kft., DStR 2012, 1917).
>
> Weist allerdings die Finanzverwaltung nach, dass der Unternehmer die der Rechnung entsprechenden Umsätze tatsächlich nicht bewirkt hat, so gibt es auch keinen Vertrauensschutz (EuGH vom 27.06.2018 – Rs. C-459/17 und C-460/17).

Zu i): Rechnung i. S. v. § 14a UStG

Führt der Lieferer eine steuerfreie Lieferung i. S. v. § 6a UStG aus, ist er zur Ausstellung von Rechnungen verpflichtet, an die besondere Formerfordernisse geknüpft werden.

In den Rechnungen ist auf Folgendes hinzuweisen:
- steuerfreie Behandlung der Lieferung,
- Angabe der eigenen USt-IdNr. des Lieferers,
- Angabe der USt-IdNr. des Leistungsempfängers.

Für den Abnehmer der Ware im anderen Mitgliedstaat signalisiert der Hinweis auf die Steuerfreiheit, dass er den Erwerb der Erwerbs-USt unterwerfen muss (Prinzip der spiegelbildlichen Tatbestände).

Die Rechnung ist grundsätzlich im Doppel auszustellen, wobei eine Ausfertigung beim Unternehmer zehn Jahre aufzubewahren ist (§ 14b Abs. 1 UStG).

Der Lieferer unterliegt nach der Vorschrift des § 14a UStG der Pflicht, eine entsprechende Rechnung auszustellen. Zu dem notwendigen Belegnachweis gehört auch das Doppel der Rechnung i. S. d. § 14a UStG. Fehlt auf der Rechnung lediglich der gesetzlich vorgeschriebene Hinweis auf die Steuerfreiheit, hat dies nach der Rechtsprechung des BFH (BFH vom 30.03.2006, BStBl II 2006, 634) für die Steuerfreiheit der innergemeinschaftlichen Lieferung keine negative Auswirkung.

Aufgrund der Verpflichtung im Gesetz, hat der Abnehmer einen Anspruch auf Erhalt einer solchen Rechnung.

Gem. § 26a UStG kann gegenüber dem Unternehmer ein Bußgeld bis maximal 5 000 € verhängt werden, wenn er das Doppel der Rechnung i. S. d. § 14a UStG nicht aufbewahrt.

Zu j): Erfassung in der »Zusammenfassenden Meldung«

Nach § 18a Abs. 4 UStG muss der Unternehmer die steuerfreie innergemeinschaftliche Lieferung in der ZM erfassen. Näheres hierzu vgl. X 12.

2.9.1 Innergemeinschaftliche Verbringenstatbestände

Das Verbringen eines Gegenstands von einem inländischen in einen im anderen Mitgliedstaat belegenen Unternehmensteil und umgekehrt wird beim abgebenden Unternehmensteil im Wege der Fiktion wie eine innergemeinschaftliche Lieferung (vgl. § 3 Abs. 1a i. V. m. § 6a Abs. 2 UStG) und beim ankommenden Unternehmensteil wie ein innergemeinschaftlicher Erwerb gegen Entgelt behandelt (nach der dem § 1a Abs. 2 UStG entsprechenden Vorschrift des Mitgliedstaats).

Ein solcher einer innergemeinschaftlichen Lieferung bzw. einem innergemeinschaftlichen Erwerb gleichgestellter Verbringenstatbestand liegt vor, wenn z. B. ein Gegenstand zum dauerhaften Verbleib vom inländischen in einen ausländischen Unternehmensteil (Zweigstelle, Auslieferungslager) transportiert wird.

Voraussetzungen für das Vorliegen eines innergemeinschaftlichen Verbringens sind:
a) der Unternehmer befördert oder versendet einen Gegenstand seines Unternehmens vom Mitgliedstaat A (Ausgangsmitgliedstaat),
b) zu seiner Verfügung,
c) in den Mitgliedstaat B (Bestimmungsmitgliedstaat) und
d) verwendet den Gegenstand im Bestimmungsmitgliedstaat nicht nur vorübergehend

(Näheres vgl. A 1a.2 Abs. 5 bis 12 UStAE).

Der Unternehmer gilt im Ausgangsmitgliedstaat als Lieferer und im Bestimmungsmitgliedstaat als Erwerber.

> **BEISPIEL**
> U1 in Stuttgart besitzt in Tarragona (Spanien) eine Zweigniederlassung. Am 10. 03. 03 lässt er mit Hilfe des Spediteurs S Maschinenteile zu seiner Zweigniederlassung transportieren, die dort zusammen montiert werden. Die Maschinenteile werden anschließend an Kunden in Spanien verkauft.
>
> **LÖSUNG** U1 tätigt mit dem Transport der Maschinenteile einen Innenumsatz. Da er aber einen Gegenstand des Unternehmens in das übrige Gemeinschaftsgebiet **zu seiner Verfügung** verbringt, wird dieser Innenumsatz einer Lieferung gegen Entgelt gleichgestellt (fiktive innergemeinschaftliche Lieferung gem. § 3 Abs. 1a UStG). Die Vorschriften für die tatsächlichen innergemeinschaftlichen Lieferungen sind sinngemäß anzuwenden. Ein Verbringen zu einer nur vorübergehenden Verwendung, welches nicht einer innergemeinschaftlichen Lieferung gleichgestellt ist, kann im vorliegenden Fall nicht angenommen werden, da der Gegenstand anschließend in Spanien verarbeitet wird (vgl. A 1 a.2 Abs. 5 Satz 2 UStAE). Lieferort der fiktiven Lieferung ist Stuttgart. Die fiktive Lieferung fällt somit unter den Anwendungsbereich des deutschen UStG. Sie ist steuerbar, jedoch gem. § 6a Abs. 2 UStG nach § 4 Nr. 1 Buchst. b UStG steuerfrei.

Anmerkung:
Auch insoweit sieht das Gesetz zur weiteren steuerlichen Förderung der Elektromobilität und zur Änderung weiterer steuerlicher Vorschriften (JStG 2019) Änderungen vor, die voraussichtlich zum 01. 01. 2020 in Kraft treten werden:

Es nimmt den Tatbestand des innergemeinschaftlichen Verbringens für die Fälle des künftigen § 6b UStG, nämlich der grenzüberschreitende Beförderung von Ware in ein im Rahmen dieser Regelung spezifiziertes Konsignationslager, aus. Insoweit erfolgen Klarstellungen sowohl über eine Ergänzung des § 3 Abs. 1a UStG als auch über einen neuen § 1a Abs. 2a UStG.

2.9.2 Einzelheiten zum innergemeinschaftlichen Verbringen

Im Zusammenhang mit dem innergemeinschaftlichen Verbringen sind folgende Punkte zu beachten:

a) Ausländischer Unternehmensteil

Der ausländische Unternehmensteil (Betriebsstätte, Auslieferungslager, Zweigniederlassung o. Ä.) wird wie ein eigenständiger Unternehmer behandelt. Aus diesem Grund erhält er auch eine eigene USt-IdNr. des betreffenden Mitgliedstaats.

b) Belegnachweis (§ 17 c UStDV)

Die für eine tatsächliche innergemeinschaftliche Lieferung erforderlichen Belege sind sinngemäß zu führen. Die Zweigstelle oder Betriebsstätte wird wie ein selbständiger Unternehmer behandelt.

Dies bedeutet aber auch, dass eine Nichtanmeldung des Verbringens im betreffenden Bestimmungsland mangels Vorliegens einer USt-IdNr. des ausländischen Unternehmensteils zur Folge hat, dass die im Inland getätigte fiktive innergemeinschaftliche Lieferung stpfl. bleibt.

c) Buchnachweis

Nach § 17 c Abs. 3 UStDV hat der Unternehmer Folgendes aufzeichnen:
- handelsübliche Bezeichnung und Menge der verbrachten Gegenstände,
- Anschrift und die USt-IdNr. des im anderen Mitgliedstaat gelegenen Unternehmensteils,
- Tag des Verbringens,
- Bemessungsgrundlage nach § 10 Abs. 4 Nr. 1 UStG (Einkaufspreis bzw. Selbstkosten).

d) Aufzeichnungen

Gem. § 22 Abs. 4a UStG muss der Unternehmer die Verbringensgegenstände gesondert aufzeichnen. Entsprechende Aufzeichnungen sind vom Unternehmensteil im Bestimmungsland für Zwecke der Anmeldung der Erwerbs-USt durchzuführen.

e) Pro-forma-Rechnung i. S. v. § 14a UStG

Die Verpflichtung zur Ausstellung einer Rechnung i. S. v. § 14a UStG greift bei innergemeinschaftlichen Verbringenstatbeständen grundsätzlich nicht. Gleichwohl muss der Unternehmer eine fiktive Rechnung (sog. Pro-forma-Rechnung) an seinen ausländischen Unternehmensteil erstellen, in der die handelsübliche Bezeichnung der verbrachten Gegenstände, die Bemessungsgrundlage, die deutsche und die ausländische USt-IdNr. enthalten sind (vgl. A 14a.1 Abs. 3 UStAE).

f) Erfassung in der »Zusammenfassenden Meldung« und der USt-Voranmeldung

Auch dieser Vorgang ist in beiden Meldungen zu erfassen.

2.9.3 Begriff »Nicht nur vorübergehende Verwendung«

Wird der Gegenstand nur **zur vorübergehenden Verwendung** in den innergemeinschaftlichen Unternehmensteil verbracht, ist dieser Tatbestand weder der innergemeinschaftlichen Lieferung noch dem innergemeinschaftlichen Erwerb gleichgestellt (§ 3 Abs. 1a UStG).

Ein Gegenstand wird dann nicht nur zur vorübergehenden Verwendung in einen anderen innergemeinschaftlichen Unternehmensteil verbracht, wenn der Gegenstand im Bestimmungsland dem Anlagevermögen des Unternehmensteils zugeführt oder dort als Roh-, Hilfs- oder Betriebsstoff verarbeitet oder verbraucht wird.

Ebenfalls eine nicht nur vorübergehende Verwendung liegt vor, wenn der Gegenstand mit der konkreten Absicht in das Bestimmungsland verbracht wurde, ihn dort unverändert weiterzuliefern. Typische Fälle hierfür sind das Verbringen von Gegenständen in ein Auslieferungslager des Bestimmungslands. Das Auslieferungslager wird dabei als innergemeinschaftlicher Unternehmensteil im Bestimmungsland behandelt. Die Voraussetzungen einer Betriebsstätte müssen hierbei nicht erfüllt sein.

Verbringt der Unternehmer Gegenstände zum Zweck des Verkaufs außerhalb einer Betriebsstätte in den Bestimmungsmitgliedstaat und gelangen die nicht verkauften Waren unmittelbar anschließend wieder in den Ausgangsmitgliedstaat zurück, kann das innergemeinschaftliche Verbringen aus Vereinfachungsgründen auf die tatsächlich verkaufte Warenmenge beschränkt werden (vgl. A 1a.2 Abs. 6 UStAE mit Beispiel).

> **BEISPIEL**
>
> Der in Stuttgart ansässige Textilhändler B befördert mit eigenen Lkws Textilien nach Salzburg (Österreich) und verkauft sie dort auf dem Wochenmarkt. Die nicht verkauften Textilien nimmt er wieder nach Deutschland zurück.
>
> **LÖSUNG** B tätigt hinsichtlich der verkauften Textilien zunächst den Tatbestand des innergemeinschaftlichen Verbringens. Dies ist immer dann der Fall, wenn zum Beförderungsbeginn noch kein feststehender Abnehmer vorliegt.
>
> Dieses innergemeinschaftliche Verbringen muss B in Deutschland als innergemeinschaftliche Lieferung (§ 3 Abs. 1a UStG) und im Bestimmungsland Österreich als innergemeinschaftlichen Erwerb nach der dem § 1a Abs. 2 UStG entsprechenden Vorschrift (Binnenmarktregelung, Anhang zum UStG Art. 1 Abs. 3 Nr. 1 österreichisches UStG) behandeln. B hat somit in Deutschland eine innergemeinschaftliche Lieferung und im Bestimmungsland österreichische Erwerbs-USt anzumelden, die er im Normalfall sofort wiederum als Vorsteuer geltend machen kann.
>
> Mit dem tatsächlichen Verkauf der Textilien in Österreich tätigt B dort eine steuerbare und stpfl. Lieferung. Auch dies muss er in Österreich anmelden.
>
> Die nicht verkauften Textilien müssen **nicht** als innergemeinschaftliches Verbringen behandelt werden und scheiden aus der umsatzsteuerlichen Erfassung aus.

2.9.4 Nichterfassung von bestimmten innergemeinschaftlichen Verbringenstatbeständen als innergemeinschaftliche Lieferung bzw. Erwerb

Die Liefer- und Erwerbsfiktion findet nach A 1a.2 Abs. 9 bis 13 UStAE keine Anwendung, wenn

a) der Gegenstand zur Ausführung einer Werklieferung in das Bestimmungsland verbracht wird. Dies gilt auch für die Hilfsmittel, die später wieder in den Ausgangsmitgliedstaat zurückgelangen (A. 1a.2 Abs. 10 Nr. 1 UStAE);
b) der Gegenstand im Zusammenhang mit einer vom Unternehmer ausgeführten sonstigen Leistung ins Bestimmungsland verbracht wird (A. 1a.2 Abs. 10 Nr. 2 UStAE);
c) vom Unternehmer Material zu einer an ihn ausgeführten Werklieferung in das Bestimmungsland verbracht wird (A. 1a.2 Abs. 10 Nr. 1 UStAE);
d) der Unternehmer an den in das Bestimmungsland verbrachten Gegenstand dort sonstige Leistungen (z. B. Reparaturleistung) ausführen lässt (A. 1a.2 Abs. 10 Nr. 3 UStAE);
e) der Gegenstand nur befristet in das Bestimmungsland verbracht wird. Dies ist dann der Fall, wenn der Gegenstand innerhalb einer vorgeschriebenen Verwendungsfrist wiederum in den Ausgangsmitgliedstaat zurückgelangt. Es müssen zweimonatige, zwölfmonatige und 24-monatige Verwendungsfristen unterschieden werden (Näheres vgl. A 1a.2 Abs. 12 UStG).

BEISPIELE

a) Bauunternehmer B in Freiburg errichtet in Colmar (Frankreich) den Rohbau für ein Hotelgebäude. B transportiert Baumaterial und einen Baukran nach Frankreich. Nach Fertigstellung des Rohbaus wird der Kran wiederum nach Deutschland zurückgebracht.
LÖSUNG Das Verbringen des Baumaterials und des Baukrans wird keiner innergemeinschaftlichen Lieferung gleichgestellt (s. o. Ausnahmefall Buchst. a). Beide Gegenstände werden zur Ausführung einer Werklieferung verwendet, die im Bestimmungsland Frankreich steuerbar und stpfl. ist. Die Steuerschuld für die Werklieferung geht im Reverse-Charge-Verfahren (entsprechend § 13b Abs. 2 Nr. 1 UStG) auf den französischen Auftraggeber über.

b) Die Leasinggesellschaft L in Stuttgart vermietet eine Baumaschine an die Fa. X in Novara (Italien). Die Maschine wird zu Beginn der Mietdauer nach Novara transportiert. Nach Beendigung der Mietdauer (36 Monate) wird die Maschine nach Deutschland zurückgebracht.
LÖSUNG Das Verbringen ist keiner fiktiven innergemeinschaftlichen Lieferung gleichgestellt, da der Gegenstand im Zusammenhang mit einer sonstigen Leistung in das Bestimmungsland verbracht wurde. Vgl. hierzu Ausnahmefall Buchst. b).

c) Unternehmer U in Stuttgart versendet eine defekte Maschine zur Reparatur nach London. Nach erfolgter Reparatur wird die Maschine nach Deutschland zurück transportiert.
LÖSUNG Entsprechend den Ausführungen unter A 1a.2 Nr. 3 UStAE und der Rechtsprechung des EuGH vom 06.03.2014, C-606/12 und C-607/12, stellt der Versand der Maschine zu Reparaturzwecken nach England eine der Art nach vorübergehende Verwendung dar. Der Tatbestand des innergemeinschaftlichen Verbringens bzw. spiegelbildlich dazu der innergemeinschaftlichen Lieferung nach § 3 Abs. 1a UStG liegt damit nicht vor. Vgl. hierzu Ausnahmefall Buchst. e.

2.9.5 Innergemeinschaftliche Lieferungen nach § 4 Nr. 1 Buchst. b i. V. m. § 6a UStG im Rahmen eines Reihengeschäfts

Bei Reihengeschäften (vgl. E 1.2) liegen zwar insgesamt mehrere Lieferungen, jedoch nur eine Beförderungs- oder Versendungslieferung (bewegte Lieferung) vor. Nur für diese kommt die Steuerbefreiung nach § 4 Nr. 1 Buchst. b i. V. m. § 6a UStG in Betracht. Alle übrigen Lieferungen im Reihengeschäft sind ruhende Lieferungen nach § 3 Abs. 7 Satz 2 UStG für die § 4 Nr. 1 Buchst. b i. V. m. § 6a UStG nie zur Anwendung kommt.

BEISPIEL

Lieferer im Inland, Erwerber im übrigen Gemeinschaftsgebiet:
U1 mit Sitz in Stuttgart verkauft eine Maschine an U2 mit Sitz in Straßburg (Frankreich). Dieser verkauft als Zwischenhändler die Maschine weiter an U3 mit Sitz in Lyon (Frankreich). U2 weist U1 an, die Maschine direkt von Stuttgart nach Lyon auszuliefern.
U1 beauftragt mit dem Transport den Spediteur S mit Sitz in Stuttgart.
U1 und U2 haben gegenseitig ihre USt-IdNr. ausgetauscht.

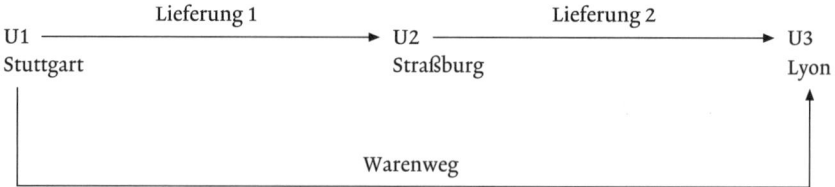

LÖSUNG Entsprechend der Verkaufsgeschäfte tätigt U1 an U2 und U2 an U3 eine Lieferung. Da über denselben Gegenstand mehrere Liefergeschäfte abgeschlossen werden, liegt ein Reihengeschäft nach § 3 Abs. 6 Satz 5 UStG (ab 01.01.2020: § 3 Abs. 6a, S. 1 UStG-E) vor. Damit ist jede Lieferung für sich zu untersuchen.
Lieferung 1: Da U1 mit dem Transport einen Spediteur beauftragt, ist die Warenbewegung seiner Lieferung an U2 zuzurechnen. Der Lieferort liegt dort, wo die Versendung beginnt, nämlich in Stuttgart. Die Lieferung ist somit steuerbar, es handelt es sich um eine steuerfreie innergemeinschaftliche Lieferung gem. § 4 Nr. 1 b i. V. m. § 6a UStG.
Lieferung 2: Die Anschlusslieferung des U2 an U3 wird nach § 3 Abs. 7 Satz 2 Nr. 2 UStG dort bewirkt, wo der Warenweg endet, und somit in Lyon. Es handelt sich um eine nicht steuerbare Lieferung.
Anmerkung: U2 tätigt mit dem Einkauf der Maschine gleichzeitig einen innergemeinschaftlichen Erwerb. Da der Warenweg in Lyon endet, ist der Erwerb in Frankreich anzumelden. Näheres hierzu vgl. R.

FALL 14

Prüfen Sie, ob in den nachfolgenden Sachverhalten eine steuerfreie Ausfuhrlieferung, innergemeinschaftliche Lieferung bzw. Lohnveredelung gegeben ist (die erforderlichen Ausfuhr- und Buchnachweise liegen vor).

1. Der Unternehmer A in Stuttgart verkauft dem Unternehmer W in Amsterdam (Niederlande) am 20.04.01 eine Spezialmaschine. W hat diese Maschine am 21.04.01 sofort an den Zigarrengroßhändler S in Amsterdam weiterverkauft. Er beauftragt daher A, die Maschine sofort dem S in Amsterdam auszuliefern. Dementsprechend beauftragt A am 22.04.01 seinen Angestellten H, die Spezialmaschine sofort von Stuttgart mit dem Geschäfts-Lkw nach Amsterdam zu S zu befördern. H übergibt dem S die Maschine am 23.04.01. Alle Beteiligten haben bei der Auftragserteilung die USt-IdNr. des Mitgliedstaats verwendet, in dem sie ansässig sind. Es handelt sich um keine Abnehmer i. S. v. § 3c Abs. 2 Nr. 1 UStG.

2. Wie Nr. 1, jedoch erfolgt die Beförderung an den Zigarrengroßhändler S in Zürich (Schweiz). S hat keine USt-IdNr.

3. Der Maschinenhersteller A in Stuttgart verkauft an die Düsseldorfer Exportfirma E eine Druckmaschine. Die Fa. E beauftragt A, die Maschine an ihren Empfangsspediteur P im Freihafen Cuxhaven zu versenden. A übergibt am 20.08.01 die Maschine dem Frachtführer F zum Transport in den Freihafen. F liefert die Maschine am 22.08.01 beim Empfangsspediteur P ab. E verkauft die Maschine am 23.08.01 an die japanische Fa. K in Tokio und beauftragt sofort den P mit dem Versand der Maschine nach Japan.

4. Fachhändler F in Paris kauft von der Lederfabrik L in Stuttgart Leder. Er beauftragt die Lederfabrik, das Leder nicht zu ihm, sondern zur Färberei H in Ludwigsburg zu liefern. L transportiert das Leder mit eigenem Lkw zu H. H färbt das Leder im Auftrag des F und sendet das gefärbte Leder durch den von ihm beauftragten Spediteur S nach Paris. Alle beteiligten Unternehmer haben bei der Auftragserteilung die USt-IdNr. des Mitgliedstaats verwendet, in dem sie ansässig sind.

5. Der amerikanische Tourist T wurde auf der Durchreise in München mit seinem Pkw in einen Unfall verwickelt. In der Kfz-Werkstätte des W lässt er den eingedrückten Kotflügel ausbeulen und lackieren. Mit dem reparierten Pkw fährt T in die Schweiz weiter.

6. Der Privatmann S (Wohnort Tübingen) hat im Wallis/Schweiz ein Ferienappartement erworben. Anlässlich einer Ferienreise erwirbt er für dieses Ferienappartement bei der Fa. E in Tübingen einen Kühlschrank und ein Fernsehgerät.
Das Fernsehgerät nimmt er sofort in seinem Pkw ins Wallis mit. Den Kühlschrank lässt er sich von E nachsenden. E übergibt den Kühlschrank in Tübingen zum Zwecke des Transports dem Spediteur S.

Konsignationslagerregelung (ab dem 01.01.2020)

Nach bisherigem Unions- und nationalem Recht wird das Verbringen von Ware durch einen Unternehmer in sein in einem anderen Mitgliedstaat belegenes Konsignationslager[1] bzw. call-off-stock oder Auslieferungslager als innergemeinschaftliches Verbringen nach § 3 Absatz 1a UStG gewürdigt, das wie eine innergemeinschaftliche Lieferung (§ 6a UStG) grundsätzlich steuerfrei ist. Im Bestimmungsmitgliedstaat hat der Unternehmer einen innergemeinschaftlichen Erwerb zu versteuern (§§ 1 Abs. 1 Nr. 5, 1a Abs. 2 UStG). Die anschließende Lieferung des Gegenstandes an einen anderen Unternehmer (Abnehmer) führt in diesem Mitgliedstaat zu einer Inlandslieferung mit der Folge, dass sich der Lieferant in diesem Mitgliedstaat für Zwecke der Umsatzbesteuerung registrieren lassen musste. Einige Mitgliedstaaten (nicht Deutschland) sahen bisher »Vereinfachungsregelungen« vor, wonach das Verbringen von Ware aus einem anderen Mitgliedstaat in ein im Inland belegenes Konsignationslager noch nicht zu einem innergemeinschaftlichen Erwerb führte. Ein Erwerb wurde in diesen Mitgliedstaaten erst dann angenommen, wenn der Abnehmer die Ware aus dem Lager ausgeliefert bekam. In diesen Mitgliedstaaten galt dieser Abnehmer als Empfänger einer innergemeinschaftlichen Lieferung. D.h. der liefernde Unternehmer war von steuerlichen Registrierungspflichten im Bestimmungsmitgliedstaat befreit.

Die unterschiedliche Behandlung hatte zur Folge, dass für den Fall des Verbringens der Ware aus einem Mitgliedstaat ohne »Vereinfachungsregelung« in einen anderen Mitgliedstaat mit »Vereinfachungsregelung« erhebliche Unstimmigkeiten im innergemeinschaftlichen Kontrollverfahren (sog. MIAS-Verfahren) verursacht wurden. Zum einen entstanden hierdurch Unstimmigkeiten hinsichtlich des Liefer- und Erwerbszeitpunkts. Das Verbringen in ein Konsignationslager in einen anderen Mitgliedstaat wurde im Sitzstaat des leistenden Unternehmers bereits zu diesem Zeitpunkt als innergemeinschaftliche Lieferung erfasst und in der Zusammenfassenden Meldung erfasst und im Rahmen des MIAS-Verfahrens an den Bestimmungsstaat übermittelt. Dort hingegen wurde das Verbringen noch nicht als innergemeinschaftliche Lieferung bewertet und infolgedessen nicht als solche erfasst. Eine entsprechende Erfassung als innergemeinschaftlicher Erwerb erfolgte erst im Zeitpunkt der Auslieferung der Ware aus dem

---

1 Ein Konsignationslager ist ein Lager für Produkte, die im Eigentum des Lieferanten stehen und deren Bezahlung erst durch den Bezug aus diesem Lager erfolgt. Das Konsignationslager wird vom Lieferanten im Unternehmen des Abnehmers eingerichtet und betrieben (»Just in time – Produktion«). Der Abnehmer entnimmt je nach Bedarf das benötigte Material. Bis zur Entnahme verbleibt die Ware im Eigentum des Lieferanten. Ihre Berechnung erfolgt erst zum Zeitpunkt der Entnahmemeldung durch den Abnehmer.

Lager. Eine weitere Unvereinbarkeit entstand hinsichtlich der Umsatzsteuer-Identifikationsnummern, weil die Mitgliedstaaten mit »Vereinfachungsregelungen« erst den Abnehmer der später ausgelieferten Ware als Empfänger der innergemeinschaftlichen Lieferung behandelten. Diese Umstände führten letzlich dazu, dass die Warenbewegungen für die Verwaltung nicht mehr nachvollziehbar waren und effiziente Prüfmöglichkeiten entfielen.

Mit Art. 1 Nr. 1 der RL 2018/1910 des Rates vom 4. Dezember 2018 zur Änderung der MWStSystRL (ABl. L 311 vom 7.12.2018, S. 3) wurde eine ab 1. Januar 2020 geltende EU-einheitliche Regelung zur Behandlung des innergemeinschaftlichen Verbringens von Waren in ein Auslieferungslager in einem anderen Mitgliedstaat geschaffen. Zentrale Vorschrift ist dabei ein neuer Art. 17a MwStSystRL, der über § 6b UStG (neben den Änderungen von § 1a UStG und § 3 Absatz 1a UStG) in nationales Recht umgesetzt werden.

Bei Vorliegen der abschließenden und kumulativen Voraussetzungen des § 6b Absatz 1 Nummer 1 bis 4 UStG erfolgt bereits zum Zeitpunkt der Lieferung an den Erwerber, sofern diese innerhalb der 12-Monatsfrist nach § 6b Absatz 3 UStG bewirkt wird, eine im Abgangsmitgliedstaat steuerbare und steuerfreie innergemeinschaftliche Lieferung (§§ 4 Nr. 1b, 6a UStG). Korrespondierend erfolgt ein im Bestimmungsmitgliedstaat steuerbarer innergemeinschaftlicher Erwerb (§ 1a Absatz 1 UStG) durch den Leistungsempfänger.

Diese Gleichstellung mit einer im Abgangsmitgliedstaat bewirkten innergemeinschaftlichen Lieferung bedeutet insbesondere, dass diese Lieferung ohne weitere Nachweisvoraussetzungen steuerfrei ist. Neben den Aufzeichnungen nach § 6b Absatz 1 Nr. 4 in Verbindung mit § 22 Absatz 4f UStG bzw. der Angabe der USt. ID-Nr. des Erwerbers (§§ 6b Abs. 1 Nr. 4 iVm. 18a Abs. 1 iVm. Abs. 6 Nr. 3 und Abs. 7 Nr. 2a UStG) muss der Unternehmer somit keine weiteren Nachweise führen, um die Steuerbefreiung seiner innergemeinschaftlichen Lieferung anwenden zu können.

Da es sich insoweit um eine für den Warenverkehr spezifische Regelung handelt, die über das Grundlagenwissen hinausgeht, werden die Ausführungen auf diese allgemeine Darstellung zu den Hintergründen der Regelung beschränkt.

3 Befreiungen mit absolutem Vorsteuerabzugsverbot (§ 4 Nr. 8 ff. UStG, ausgenommen die unter 4 und 5 genannten Befreiungen)

3.1 Allgemeines

Leistungen, die unter diese Gruppe von Steuerbefreiungen fallen, erfolgen in aller Regel **an Endverbraucher**.

Tätigt ein Unternehmer einen Umsatz, der unter diese Gruppe der Steuerbefreiungen fällt, führt dies aufgrund der Vorschrift des § 15 Abs. 2 Nr. 1 UStG zwar zu einem VStA-Verbot bezüglich der in diesem Zusammenhang beim Unternehmer anfallenden Vorsteuern. Die Steuerfreiheit führt jedoch bei einem steuerfreien Umsatz an den Endverbraucher zu einer insgesamt geringeren Steuerbelastung, da die Wertschöpfung (Rohgewinn) auf der Umsatzstufe zum Endverbraucher unversteuert bleibt.

3.2 Heilberufliche Leistungen nach § 4 Nr. 14 Buchst. a UStG

Aus sozialen Gründen sollen die Arztleistungen grundsätzlich von der USt befreit sein. Maßgebende Steuerbefreiung ist die Vorschrift des § 4 Nr. 14 Buchst. a UStG. Diese kommt nur dann zur Anwendung, wenn folgende Voraussetzungen vorliegen:
- Heilbehandlung im Bereich der Humanmedizin,
- Nachweis einer entsprechenden Befähigung, z. B. durch Ausübung eines der in § 4 Nr. 14 Buchst. a UStG bezeichneten Katalogberufe oder einer ähnlichen heilberuflichen Tätigkeit.

3.2.1 Begriff »ärztliche Heilbehandlungen« (A 4.14.1 Abs. 4 UStAE)

Unter Beachtung der Rechtsprechung des EuGH sind »ärztliche Heilbehandlungen« ebenso wie »Heilbehandlungen im Bereich der Humanmedizin« Tätigkeiten, die zum Zweck der Vorbeugung, Diagnose, Behandlung und, soweit möglich, der Heilung von Krankheiten oder Gesundheitsstörungen bei Menschen vorgenommen werden. Die befreiten Leistungen müssen dem Schutz der Gesundheit des Betroffenen dienen (EuGH vom 14. 09. 2000, C-384/98, EuGHE I, 6795, vom 20. 11. 2003, C-212/01, EuGHE I, 13 859, und vom 20. 11. 2003, C-307/01, EuGHE I, 13 989). Dies gilt unabhängig davon, um welche konkrete heilberufliche Leistung es sich handelt (Untersuchung, Attest, Gutachten usw.), **für wen sie erbracht wird** (Patient, Gericht, Sozialversicherung o. a.) **und wer sie erbringt** (freiberuflicher oder angestellter Arzt, Heilpraktiker, Physiotherapeut oder Unternehmer, der ähnliche heilberufliche Tätigkeiten ausübt, bzw. Krankenhäuser, Kliniken usw.).

Merke: Heilberufliche Leistungen sind daher nur steuerfrei, wenn bei der Tätigkeit ein therapeutisches Ziel im Vordergrund steht.

Der Nachweis einer entsprechenden Befähigung liegt vor, wenn die Tätigkeiten von einem Arzt, Zahnarzt, Heilpraktiker, Physiotherapeuten oder einer Hebamme erbracht werden. Darüber hinaus ist auch die Tätigkeit aus einer ähnlichen freiberuflichen Tätigkeit von der USt befreit.

3.2.2 Tätigkeit als Arzt (A 4.14.2 UStAE)

Die Definition des Begriffs »Tätigkeit als Arzt« entstammt der Bundesärzteordnung in der Fassung vom 16. 04. 1987 und dem Heilpraktikergesetz vom 17. 02. 1939 (zuletzt geändert durch Gesetz vom 02. 03. 1974).

Eine Tätigkeit als Arzt i. S. v. § 4 Nr. 14 Buchst. a UStG ist die Ausübung der Heilkunde unter der Berufsbezeichnung »Arzt« oder »Ärztin«. Zur Ausübung der Heilkunde gehören Maßnahmen, die der Feststellung, Heilung oder Linderung von Krankheiten, Leiden oder Körperschäden beim Menschen dienen. Auch die Leistungen der vorbeugenden Gesundheitspflege gehören zur Ausübung der Heilkunde; dabei ist es unerheblich, ob die Leistungen gegenüber Einzelpersonen oder Personengruppen bewirkt werden.

Nicht unter die Befreiung fallen z. B.:
- nicht heilberuflich indizierte Schönheitsoperationen (vgl. EuGH vom 21. 03. 2013, C 91/12 PFC Clinic; A 4.14.1 Abs. 5 Nr. 8 UStAE),
- Erstellung eines ärztlichen Gutachtens über den Gesundheitszustand eines Menschen (z. B. als Grundlage für Versicherungsabschlüsse, Schadenersatzprozesse),
- Gutachten über die Berufstauglichkeit, Minderung der Erwerbsfähigkeit,
- gerichtsmedizinische Gutachten über eine Todesursache.

- schriftstellerische Tätigkeit (auch soweit es sich um einen medizinischen Aufsatz in einer Fachzeitschrift handelt),
- Vortrags- (auch wenn der Vortrag vor Ärzten zu deren beruflichen Fortbildung gehalten wird) und Lehrtätigkeit (diese kann jedoch nach § 4 Nr. 21 UStG steuerfrei sein),
- Veräußerung von Praxiseinrichtungsgegenständen bzw. des Pkw, der der Praxis gedient hat (hierbei greift jedoch in aller Regel die Steuerbefreiung nach § 4 Nr. 28 UStG ein).

Näheres vgl. hierzu A 4.14.1 Abs. 5 UStAE.

3.2.3 Sonderregelung bei Zahnärzten

Die Tätigkeit als Zahnarzt ist nur zum Teil steuerbefreit. Die Befreiung umfasst vor allem die Zahnbehandlung im engeren Sinn.

Liefert oder repariert ein Zahnarzt Zahnprothesen (z. B. Kronen, Brücken, künstliche Gebisse) oder kieferorthopädische Apparate i. R. einer Zahnbehandlung eines Patienten, greift die Steuerbefreiung nach § 4 Nr. 14 Buchst. a UStG nicht ein, wenn er diese Gegenstände in seinem eigenen Unternehmen hergestellt oder repariert hat (vgl. § 4 Nr. 14 Buchst. a Satz 2 UStG). Die Lieferung der selbst hergestellten Teile ist demnach stpfl. Die Lieferung der z. B. von einem Zahntechniker **erworbenen** Zahnprothesen etc. ist hingegen steuerfrei. Allerdings kann der Zahnarzt die Vorsteuern nicht abziehen, die in den Rechnungen der an ihn gelieferten Teile enthalten sind. Im Ergebnis führt dies zu einer Steuerpflicht der gesamten Prothetikumsätze und zu einer wirtschaftlichen Gleichstellung von Zahnärzten und selbständigen Zahntechnikern.

> **BEISPIELE**
>
> a) Der Zahnarzt Z zieht dem Patienten L sämtliche Zähne und setzt ihm ein künstliches Gebiss ein. Das Gebiss lässt er von dem selbständigen Zahntechniker T (Unternehmer) herstellen.
> **LÖSUNG** Da Z das Gebiss nicht im eigenen Unternehmen hergestellt hat, greift die Ausnahmeregelung des § 4 Nr. 14 Buchst. a Satz 2 UStG nicht. Die Werklieferung von Z an L ist nach § 4 Nr. 14 Buchst. a UStG steuerfrei. Die Werklieferung des T an Z ist dagegen stpfl. Da Z einen steuerfreien Umsatz mit absolutem VStA-Verbot ausführt, kann er die ihm von T in Rechnung gestellte USt (7 %) nicht als Vorsteuer abziehen.
>
> b) Wie Beispiel a), jedoch ist T bei Z angestellt.
> **LÖSUNG** In diesem Falle stellt Z das Gebiss in seinem eigenen Unternehmen her. Die Werklieferung von Z an L ist gem. § 4 Nr. 14 Buchst. a Satz 2 UStG mit dem auf das Gebiss entfallenden Entgeltsanteil (Material und zahntechnische Laborkosten) stpfl. Bezüglich des übrigen Entgeltanteils (Zahnbehandlung im eigentlichen Sinn) ist nach wie vor die Steuerfreiheit nach § 4 Nr. 14 Buchst. a UStG gegeben.
> Da Z bei der Herstellung des Gebisses einen stpfl. Umsatz ausführt, kann er die ihm diesbezüglich in Rechnung gestellte USt (z. B. beim Materialeinkauf) als Vorsteuer abziehen.

3.3 Steuerbefreiung nach § 4 Nr. 28 UStG bei der Lieferung von Gegenständen

Die Steuerbefreiung nach § 4 Nr. 28 UStG kommt u. a. dann zur Anwendung, wenn ein Unternehmer einen Gegenstand veräußert, den er **ausschließlich**[1] für eine steuerfreie Leistung nach § 4 Nr. 8 bis 27 UStG verwendet hat (sog. Systembefreiung).

---

1 Aus Vereinfachungsgründen kann die Steuerbefreiung auch angewendet werden, wenn der Gegenstand zu höchstens 5 % (»in geringem Umfang«) zu vorsteuerunschädlichen Zwecken verwendet wird.

> **BEISPIEL**
>
> Der Arzt A veräußert zehn Sessel, die er bisher in seinem Wartezimmer für seine Patienten aufgestellt hatte.
> **LÖSUNG** Die zehn Lieferungen sind als **sog. Hilfsgeschäfte** steuerbar. Da A die Sessel bisher ausschließlich für steuerfreie Leistungen nach § 4 Nr. 14 UStG verwendet hat, sind die Lieferungen nach § 4 Nr. 28 UStG steuerfrei.

Mit der Vorschrift wird erreicht, dass Gegenstände, die ein Unternehmer für eine den VStA ausschließende Tätigkeit erworben hat, insgesamt nur einmal (beim Erwerb) mit USt belastet werden. Sie wird auch »Systembefreiung« genannt.

4 Befreiungen mit Optionsmöglichkeit gemäß § 9 UStG (§ 4 Nr. 8 Buchst. a–g, Nr. 9 Buchst. a, Nr. 12, Nr. 13 und Nr. 19 UStG)

4.1 Allgemeines

Während die Steuerbefreiungen mit absolutem VStA-Verbot in aller Regel nur bei Leistungen an Endverbraucher Anwendung finden, handelt es sich bei dieser Gruppe von Befreiungen um solche, die sowohl auf der Stufe des Endverbrauchers als auch innerhalb der Unternehmerkette eintreten können. Soweit die Befreiungen den Endverbraucher treffen, ergibt sich der bereits erwähnte Effekt, dass die Wertschöpfung auf der Umsatzstufe zum Endverbraucher unversteuert bleibt und damit eine geringere Steuerbelastung eintritt. Welche Folgen die Befreiungen dagegen innerhalb der Unternehmerkette haben können, sollen folgende Beispiele verdeutlichen.

> **BEISPIELE**
>
> a) Vermieter V vermietet Räume an den Rechtsanwalt R, der sie als Büroräume nutzt. V erhält dafür monatlich 1 000 € Miete. In dieser Miete sind auch die Heizkosten enthalten. Die gesamte Miete ist gem. § 4 Nr. 12 Buchst. a UStG steuerfrei. V bezieht die Wärme für diese Räume vom Fernheizwerk F, das ihm hierfür pro Monat durchschnittlich 200 € zuzügl. 19 % USt = 38 € in Rechnung stellt.
> **LÖSUNG** Da die Wärmelieferung an V im Zusammenhang mit dem nach § 4 Nr. 12 Buchst. a UStG steuerfreien Mietumsatz steht[1], kann V die ihm von F in Rechnung gestellte USt nicht als Vorsteuer abziehen. Die Vorsteuer wird also Kostenbestandteil bei V und geht bei ihm in die Kalkulation der Miete ein. R seinerseits hat Kosten i. H. v. 1 000 €. Einen VStA kann er nicht geltend machen, da ihm keine USt in Rechnung gestellt wird.
> **Kostenrechnung bei V:**
>
> | | |
> |---|---:|
> | monatliche Mieteinnahme | 1 000 € |
> | abzüglich Heizkosten | ./. 238 € |
> | Rohgewinn des V | 762 € |
>
> **Kostenrechnung bei R:**
>
> | | |
> |---|---:|
> | monatliche Mietkosten des R inklusive Heizung | 1 000 € |

---

1 Nach der Rspr. des EuGH vom 16.04.2015, Rs. C-42/14 sind die Art. 14 Abs. 1, Art. 15 Abs. 1 und Art. 24 Abs. 1 MwSt SystRL dahingehend auszulegen, dass die Vermietung einer Immobilie und die Lieferung von Versorgungsleistungen, die die Vermietung begleiten, grundsätzlich als mehrere unterschiedliche und unabhängige Leistungen anzusehen sind. Nur im Ausnahmefall seien sie so eng miteinander verbunden, dass sie objektiv eine wirtschaftliche Einheit bilden. Diese auf einem polnischen Vorlagebeschluss beruhende Entscheidung wird auf absehbare Zeit wohl nicht im deutschen Recht umgesetzt werden.

b) Der Sachverhalt liegt wie im Beispiel a). Nehmen Sie an, die Vermietung von V an R wäre stpfl. und nicht nach § 4 Nr. 12 Buchst. a UStG steuerbefreit. V würde mit dem gleichen Rohgewinnaufschlag von 762 € (1 000 € . /. 238 €) kalkulieren.

LÖSUNG In diesem Falle könnte V, da er nun einen stpfl. Mietumsatz ausführt und die an ihn erbrachte Wärmelieferung damit in Zusammenhang steht, die Vorsteuer i. H. v. 38 € abziehen. Die Kosten für die Wärmelieferung würden daher per Saldo nur 200 € betragen. Die Nettomiete müsste sich bei einem Rohgewinn von 762 € dementsprechend auf 962 € bemessen. Hierauf müsste V noch die USt i. H. v. 182,78 € (19 % von 962 €) aufschlagen.

R würde also für die Büroräume 962 € zuzügl. 182,78 € = 1 144,78 € aufwenden. Da er seinerseits mit Hilfe der Büroräume stpfl. Umsätze als Rechtsanwalt ausführt, kann er die ihm in Rechnung gestellte USt als Vorsteuer abziehen. Seine Kosten betragen im Endeffekt also nur 962 €, während sie sich im Falle der steuerfreien Vermietung auf 1 000 € belaufen.

Kostenrechnung bei V mit Option:

monatliche Mieteinnahme	1 144,78 €
abzüglich USt	. /. 182,78 €
abzüglich Heizkosten	. /. 238,00 €
zuzügl. Vorsteuer	38,00 €
Rohgewinn des V	762,00 €

Kostenrechnung bei R mit Option:

monatliche Mietkosten des R inklusive Heizung	1 144,78 €
abzüglich Vorsteuer	. /. 182,78 €
Kosten	962,00 €

An diesem Beispiel zeigt sich, dass Steuerbefreiungen, für die das VStA-Verbot greift, innerhalb der Unternehmerkette zu einer höheren USt-Belastung (+ 38 €) führen, als dies der Fall wäre, wenn die Steuerbefreiungsvorschriften nicht bestünden. Da sich der Sinn der Steuerbefreiungen damit ins Gegenteil verkehren würde, hat der Gesetzgeber die Möglichkeit geschaffen, auf die Steuerbefreiungen zu verzichten. Dies bewirkt die **Option nach § 9 UStG** (Näheres hierzu vgl. 4.4).

4.2 Vermietung von Grundstücken nach § 4 Nr. 12 Buchst. a UStG

4.2.1 Allgemeines

Nach § 4 Nr. 12 Buchst. a UStG ist u. a. die Vermietung von Grundstücken unter bestimmten Voraussetzungen steuerfrei. Die weiteren Fälle des § 4 Nr. 12 Buchst. a UStG werden i. R. dieses Lehrbuchs nicht erörtert.

Die Steuerbefreiung nach § 4 Nr. 12 Buchst. a UStG setzt grundsätzlich voraus, dass
a) ein **Grundstück**
b) **vermietet** wird.

4.2.2 Begriff des Grundstücks

Der im UStG verwendete Grundstücksbegriff ist ein eigenständiger Begriff des Unionsrechts; er richtet sich nicht nach dem zivilrechtlichen Begriff (vgl. A 4.12.1 i. V. m. A 3a.3 Abs. 2 Satz 2 UStAE). Man versteht darunter einen abgegrenzten Teil der Erdoberfläche, der im Bestandsverzeichnis eines Grundbuchblatts unter einer besonderen Nummer geführt wird, einschließlich der dazugehörenden wesentlichen Bestandteile. Dabei umfasst die Steuerbefreiung auch die Vermietung von **Grundstücksteilen** (vgl. A 4.12.1 Abs. 1 UStAE).

Grundstücke i. S. d. § 4 Nr. 12 Buchst. a UStG liegen vor bei:
- unbebautem Grund und Boden,
- Gebäuden, die mit dem Grund und Boden fest verbunden sind,
- einzelnen Wohnungen bzw. Zimmern in solchen Gebäuden,
- Eigentumswohnungen,
- Parkplätzen, Tennisplätzen, Campingplätzen,
- Betriebsvorrichtungen, sofern sie wesentliche Bestandteile von Grundstücken sind (z. B. Kegelbahnen, Lastenaufzüge, Gleisanlagen, beachten Sie jedoch § 4 Nr. 12 letzter Satz UStG!).

Nach der Rechtsprechung des EuGH kann ein Gebäude auch dann Grundstück i. S. d. § 4 Nr. 12 UStG sein, wenn es nicht wesentlicher Bestandteil des Grundstücks i. S. d. BGB ist. So ist ein aus Fertigteilen errichtetes Gebäude, das so in das Erdreich eingelassen wird, dass es weder leicht demontiert noch versetzt werden kann, ein Grundstück i. S. v. § 4 Nr. 12 UStG, auch wenn es nach Beendigung des Mietvertrags entfernt und auf einem anderen Grundstück wieder verwendet werden soll und somit nicht wesentlicher Bestandteil des Grundstück i. S. d. BGB wurde (vgl. A 4.12.1 Abs. 4 UStAE).

Dagegen sind Baubuden und Kioske, die leicht demontiert und versetzt werden können, keine Grundstücke i. S. d. § 4 Nr. 12 UStG (vgl. A 4.12.1 Abs. 4 UStAE).

Aufschlussreich sind in diesem Zusammenhang die Entscheidungen des BFH vom 21. 06. 2017, V R 4/17 und V R 3/17 zur Steuerfreiheit von Liegerechten im Begräbniswald. Die beiden Fälle unterschieden sich maßgeblich durch die Gestaltung der Flächenzuweisung: Im Fall V R 3/17 räumte der Kläger als Betreiber eines Urnenbegräbniswaldes mit gemeindlicher Friedhofssatzung Interessenten Liege- bzw. Nutzungsrechte zur Beisetzung der Asche an Familien- oder Gruppenbäumen für Zeiträume von 20–99 Jahren ein. Bäume und Parzellen, an denen solche Rechte erworben werden, sind geographisch eingemessen, abgegrenzt und mit einer Nummerierung versehen. Im Verfahren V R 4/17 hingegen erhielt der Nutzungsberechtigte bei Erwerb eines Nutzungsrechts für einen Ruhehainbaum eine von der R-GmbH ausgestellte Baumurkunde über den Erwerb des Rechts, im Wurzelbereich eines Ruhehainbaums eine biologisch abbaubare Urne beizusetzen. Der v. g. Definition des Grundstücksbegriffs folgend urteilte der BFH, dass die Einräumung von Liegerechten zur Einbringung von Urnen unter Begräbnisbäumen gemäß § 4 Nr. 12 Buchst. a UStG als Vermietung von Grundstücken umsatzsteuerfrei sei, wenn dabei räumlich abgrenzbare, individualisierte Parzellen zur Nutzung unter Ausschluss Dritter überlassen würden (V R 3/17). Die Einräumung von Liegerechten zur Einbringung von Urnen sei hingegen **keine** nach § 4 Nr. 12 Buchst. a UStG steuerfreie Grundstücksvermietung, wenn dabei nicht räumlich abgrenzbare, individualisierte Parzellen zur Nutzung unter Ausschluss Dritter überlassen würden (V R 4/17).

4.2.3 Begriff Vermietung

Unter Vermietung i. S. d. § 4 Nr. 12 Buchst. a UStG versteht man die **entgeltliche Gebrauchsüberlassung** eines Grundstücks vom Vermieter an den Mieter. Dies bedeutet letztlich, dass der Mieter während der Mietzeit das ausschließliche Nutzungsrecht am gemieteten Grundstück hat und Dritte von Einwirkungen auf das Grundstück abhalten kann. Eine Nutzung kann dabei auch in der Weitervermietung liegen.

Im Gefolge der Vermietung von Grundstücken werden regelmäßig auch Nebenleistungen erbracht (A 4.12.1 Abs. 5 UStAE). Derartige Nebenleistungen sind z. B. bei der Vermietung von Wohnungen:
- Wärmelieferungen,
- Treppenbeleuchtung,
- Fahrstuhlnutzung,
- Überlassung von Mobiliar (s. u.),
- Hausmeisterservice,
- Lieferung von Strom durch den Vermieter,
- Reinigung von Flur und Treppenhaus.

Auch hier gilt der unter Teil H dargestellte Grundsatz: **Nebenleistungen teilen das Schicksal der Hauptleistung**. D. h. auch die Nebenleistungen werden i. d. R. von der Steuerbefreiung erfasst, obwohl sie für sich gesehen nicht steuerbefreit wären.

Dies ist nicht ganz unumstritten, sodass insoweit auf eine Reihe von Urteilen des BFH verwiesen werden muss (BFH vom 20. 08. 2009, V R 21/08 zur Überlassung des Mobiliars als unselbständige Nebenleistung zur Vermietung des Seniorenwohnheims; entsprechend zur langfristigen Vermietung möblierter Räume BFH vom 04. 05. 2011, XI R 35/10, BStBl II 2011, 836 und zur Überlassung von Betriebsvorrichtungen als unselbständige Nebenleistungen zur Vermietung einer Sporthalle an eine Kommune BFH vom 07. 05. 2014, V B 94/13). Siehe Fußnote 1 zu Beispiel in Kapitel 4.1 zur aktuellen Entscheidung des EuGH vom 16. 04. 2015, Rs. C-42/14.

Die Steuerverwaltung hat sich dieser Auffassung inzwischen angenähert und die ursprüngliche Passage des A. 4.12.1 Abs. 6 UStAE, mit der sie eine andere Meinung formulierte, aufgehoben.

4.2.4 Reine Grundstücksmietverträge

Treten im Gefolge der Vermietung von Grundstücken nur Nebenleistungen auf, spricht man noch von **reinen Grundstücksmietverträgen**. Davon sind im Zusammenhang mit Mietverträgen solche Fälle zu unterscheiden, in denen neben der Vermietung von Grundstücken noch weitere Leistungen erbracht werden, die keine Nebenleistungen sind. Solche Verträge bezeichnet man entweder als **gemischte Verträge** oder **Verträge besonderer Art**.

4.2.5 Verträge besonderer Art

Verträge besonderer Art liegen vor, wenn die Grundstücksvermietung im Verhältnis zu den weiteren Leistungen von nur untergeordneter Bedeutung und damit Nebenleistung zu diesen weiteren Leistungen ist.

> **BEISPIEL**
>
> Ein Hausbesitzer überlässt einer Fa. eine Hauswand für Reklamezwecke bzw. zur Anbringung von Zigarettenautomaten.
> **LÖSUNG** Im Vordergrund steht hier die Duldung der Werbung bzw. der Gewerbeausübung. Die Mitvermietung des Grundstücks ist dazu nur Nebenleistung. Im Falle der Reklame an der Hauswand liegt überhaupt keine Vermietungsleistung vor, weil die Fa. kein ausschließliches Nutzungsrecht an einem Grundstücksteil hat (vgl. Art. 31a Abs. 3 Buchst. c DVO-MWStSystRL und entsprechendes BMF-Schreiben vom 10. 02. 2017 – III C 3 – S 7117-a/16/10001). Da also die Hauptleistung nicht in der Vermietung eines Grundstücks besteht und somit stpfl. ist, ist auch die Nebenleistung nach dem Grundsatz der Einheitlichkeit der Leistung stpfl., obwohl sie für sich gesehen nach § 4 Nr. 12 Buchst. a UStG steuerbefreit wäre.

Näheres vgl. A 4.12.6 Abs. 2 UStAE.

4.2.6 Gemischte Verträge (A 4.12.5 UStAE)

Ein gemischter Vertrag liegt vor, wenn die Leistungsvereinbarung sowohl Elemente einer Grundstücksüberlassung als auch anderer Leistungen umfasst. Bei einem solchen Vertrag ist nach den allgemeinen Grundsätzen des A 3.10 Abs. 1 bis 4 UStAE zunächst zu prüfen, ob es sich um eine einheitliche Leistung oder um mehrere selbständige Leistungen handelt. Liegen mehrere selbständige Leistungen vor, ist zu prüfen, ob diese nach den Grundsätzen von Haupt- und Nebenleistung (vgl. A 3.10 Abs. 5 UStAE) einheitlich zu beurteilen sind.

Liegt eine einheitlich zu beurteilende Leistung vor, ist für die Steuerbefreiung nach § 4 Nr. 12 Satz 1 Buchst. a UStG entscheidend, ob das Vermietungselement der Leistung ihr Gepräge gibt (vgl. BFH vom 31. 05. 2001, V R 97/98, BStBl II 2001, 658, und vom 24. 01. 2008, V R 12/05, BStBl II 2009, 60). In diesem Fall ist die Leistung insgesamt steuerfrei. Eine Aufteilung des Entgelts in einen auf das Element der Grundstücksüberlassung und einen auf den Leistungsteil anderer Art entfallenden Teil ist nicht zulässig. Vgl. auch A 4.12.5 UStAE.

BEISPIELE

a) Für eine Parteiveranstaltung wird eine Kongresshalle mit Bestuhlung und Bühne vermietet.

b) Ein Unternehmer gewährt den in seinem Arbeiterwohnheim untergebrachten Arbeitnehmern gegen ein bestimmtes Entgelt Kost und Logis.

LÖSUNG Da keine einheitliche Leistung und auch keine Nebenleistung, sondern getrennte Leistungen vorliegen, muss jede Leistung für sich beurteilt werden. § 4 Nr. 12 Buchst. a UStG findet nur auf die Grundstücksvermietung Anwendung. Das Entgelt ist anteilsmäßig, ggf. im Schätzungswege, in einen stpfl. und in einen steuerfreien Anteil aufzuteilen (so vor allem für Beispiel a) in A 4.12.11 Abs. 4 Nr. 2 UStAE.

4.2.7 Ausschluss der Steuerfreiheit bei Grundstücksvermietungen

Bei den reinen Grundstücksmietverträgen sowie bei den gemischten Verträgen kommt die Steuerbefreiungsvorschrift des § 4 Nr. 12 Buchst. a UStG grundsätzlich ganz bzw. teilweise zur Anwendung. In bestimmten Fällen, die im § 4 Nr. 12 letzter Satz UStG aufgeführt sind, tritt gleichwohl **Steuerpflicht** ein. Im Einzelnen handelt es sich um folgende Ausnahmen:
- Vermietung von Wohn- und Schlafräumen, die zur kurzfristigen Beherbergung von Fremden bereitgehalten werden,
- Vermietung von Abstellplätzen für Fahrzeuge,
- kurzfristige Vermietung von Campingplätzen,
- Vermietung von Betriebsvorrichtungen.

Die Ausnahmeregelung der kurzfristigen Beherbergung betrifft in erster Linie die Vermietung von Zimmern in Hotels, Herbergen und Pensionen. Sie gilt jedoch auch bei Zimmervermietungen durch »Privatleute« an Kur- und Feriengäste. Entscheidend ist die Absicht des Unternehmers, die Räume nicht auf Dauer (für weniger als sechs Monate) und damit nicht für einen dauernden Aufenthalt i. S. v. §§ 8 und 9 AO zur Verfügung zu stellen (A 4.12.9 Abs. 1 UStAE). Auf die tatsächliche Dauer der Vermietung kommt es nicht an.

Die Vermietung von Abstellplätzen für Fahrzeuge, z. B. Garagen, ist ebenfalls grundsätzlich steuerpflichtig. Dies gilt nur dann nicht, wenn der Abstellplatz im Zusammenhang mit einer Wohnung vermietet wird. In diesem Falle steht die Mitvermietung des Abstellplatzes eine Nebenleistung dar, die das Schicksal der steuerfreien Hauptleistung (Wohnungsvermietung) teilt, selbst dann, wenn zwei getrennte Mietverträge für Wohnung und Stellplatz geschlossen wurden.

Eine kurzfristige Vermietung von Campingplätzen liegt vor, wenn sich die Vermietung auf einen bestimmten Zeitraum erstreckt, der sich auf Stunden, Tage, Wochen oder sogar auf Monate belaufen kann. Nach Auffassung der Verwaltung liegt eine kurzfristige Vermietung dann vor, wenn – unabhängig vom Mietvertrag – die tatsächliche Gebrauchsüberlassung weniger als sechs Monate beträgt (A 4.12.3 Abs. 2 UStAE).

Mit Beschluss (Vorlagebeschluss) vom 02.08.2018 (V R 33/17) hat der BFH aktuell dem EuGH die Frage vorgelegt, ob die Steuersatzermäßigung (und damit auch die Steuerpflicht) für die Vermietung von Campingplätzen und Plätzen für das Abstellen von Wohnwagen nach Art. 98 Abs. 2 MwStSystRL in Verbindung mit Anhang III Nr. 12 MwStSystRL auch die Vermietung von Bootsliegeplätzen umfasse. Denn es sei fraglich, ob die Begriffe "Campingplätze" und "Plätze für das Abstellen von Wohnwagen" auch Bootsliegeplätze umfassen könne. Andererseits gehöre der in Art. 20 EUGrdRCh verankerte allgemeine Gleichbehandlungsgrundsatz zu den Grundprinzipien des Unionsrechts. Insoweit bleibt es abzuwarten, wie der EuGH auf diese Frage antworten wird.

Anmerkung:
Die Vermietung von Wohn- und Schlafräumen, die zur kurzfristigen Beherbergung von Fremden bereitgehalten werden, und die kurzfristige Vermietung von Campingplätzen unterliegen gem. § 12 Abs. 2 Nr. 11 UStG dem ermäßigten Steuersatz von 7 %. Näheres hierzu vgl. Teil N.

Hinsichtlich der Vermietung von Betriebsvorrichtungen gilt abweichend vom Grundsatz der Einheitlichkeit der Leistung (vgl. H) das sog. Aufteilungsgebot (vgl. aber oben zu den Ausführungen unter 4.2.3 am Ende). Bei der Vermietung eines Grundstücks mit Betriebsvorrichtungen muss die Miete hinsichtlich der Steuerfreiheit nach § 4 Nr. 12 UStG aufgeteilt werden
- in einen stpfl. Teil, der auf die Betriebsvorrichtung entfällt und
- in einen steuerfreien Teil, der auf den Teil entfällt, der nicht Betriebsvorrichtung ist.

Unter den Voraussetzungen des § 9 UStG (vgl. 4.4) kann bezüglich des steuerfreien Teils auf die Befreiung verzichtet werden. Im Falle des Verzichts erübrigt sich die Aufteilung.

Betriebsvorrichtungen kommen z. B. häufig vor bei Sportanlagen. In A 4. 12. 11 Abs. 2 UStAE ist dargestellt, inwieweit es sich bei Sportanlagen um Grundstücksteile bzw. um Betriebsvorrichtungen handelt. Insoweit bietet die Verwaltung eine vereinfachte Aufteilungsmethode hinsichtlich des Mietentgelts an. Allerdings wurde diese Regelung infolge der Rechtsprechung des BFH (Urteil vom 31.05.2001, BStBl II 2001, 658 und BMF vom 17.04.2003 BStBl I 2003, 279) weitgehend bedeutungslos, weil man nunmehr bei der kurzfristigen Überlassung von Sportanlagen an Sporttreibende (z. B. von Tennishallenplätzen) nicht mehr von einer Grundstücksvermietung, sondern von einer anders gearteten sonstigen Leistung (Möglichkeit einer sportlichen Betätigung) ausgeht, die keine Grundstücksvermietung i. S. v. § 4 Nr. 12 UStG darstellt und von vornherein insgesamt stpfl. ist. Diese Rechtsprechung wurde in A 4.12.11 Abs. 1 UStAE entsprechend übernommen.

Bestätigt wurde diese Verfahrensweise durch eine weitere Entscheidung des EuGH vom 22.01.2015 – Rs. C – 55/14, Regie communale autonome du stade Luc Varenne: eine Investorengruppe erstellte einen »Sport- und Kletterpark« und überließ diesen an Betreiber B für 20.000 € zzgl. 3.800 € USt. B wiederum überließ den Sportlern stundenweise Tennis-, Squash-, Badmintonplätze; neben Sauna, Gymnastik und Yogakursen, wurden Openair-Kino und Musikveranstaltungen durchgeführt, überdies gab es internationale Speisen und Getränke in einer Lounge. Der Gerichtshof bezog sich auf seine Entscheidung Stockholm Lindöpark (C-150/99) und bestätigte erneut, dass Dienstleistungen, die mit Sport und Körperertüchtigung zusammenhängen, möglichst als Gesamtheit zu würdigen seien. Insoweit blieb es damit auch bei dem am 22.02.2015 (C 55/15) zu entscheidenden Fall bei der Steuerpflicht der Leistung der Investorengruppe.

Insoweit kommt der Vewaltungsauffassung in A 4.12.11 Abs. 2 UStAE nur noch ein enger Anwendungsbereich zu

4.3 Veräußerung von Grundstücken nach § 4 Nr. 9 Buchst. a UStG

Die Veräußerung von Grundstücken fällt regelmäßig unter das GrEStG und ist somit nach § 4 Nr. 9 Buchst. a UStG steuerfrei. Die Steuerbefreiung greift auch dann ein, wenn der Grundstücksverkauf unter eine der Befreiungsvorschriften des GrEStG fällt.

Nicht unter das GrEStG fällt allerdings die Veräußerung von Betriebsvorrichtungen, auch wenn diese wesentliche Bestandteile eines Grundstücks sind. So wie die Vermietung von Betriebsvorrichtungen **nicht** der Steuerbefreiung des § 4 Nr. 12 Buchst. a UStG unterfällt, ist auch ihre Veräußerung nicht steuerfrei nach § 4 Nr. 9 Buchst. a UStG.

Wird ein vermietetes Grundstück veräußert und tritt der Käufer in die bestehenden Mietverträge ein, liegt gem. § 1 Abs. 1a UStG die Veräußerung eines Vermietungsunternehmens oder eines in der Gliederung eines Unternehmens gesondert geführten Vermietungsbetriebs vor. Insoweit handelt es sich um eine gem. § 1 Abs. 1a UStG nicht steuerbare Geschäftsveräußerung im Ganzen.

4.4 Option nach § 9 UStG

Bei der dritten Gruppe der Steuerbefreiungen, also auch bei § 4 Nr. 9 Buchst. a UStG und § 4 Nr. 12 Buchst. a UStG, kann auf die Steuerfreiheit verzichtet werden. Der Sinn dieses Verzichts wurde bereits unter 4.1 erläutert. Der Verzicht ist nach § 9 Abs. 1 UStG nur dann möglich, wenn der Umsatz

a) an einen **anderen Unternehmer** bewirkt und
b) für **dessen Unternehmen** ausgeführt wird.

Bei einer Grundstücks**lieferung** ist gem. § 9 Abs. 3 Satz 2 UStG eine wirksame Option nur gegeben, wenn sie (zwingend) im notariell zu beurkundenden Kaufvertrag (§ 311b Abs. 1 BGB) erklärt wurde (vgl. BFH vom 21.10.2015, XI R 40/13; A. 9.2 Abs. 9, S. 2 UStAE). Weiterhin ist zu beachten, dass bei steuerpflichtigen Grundstückslieferungen eine Umkehr der Steuerschuld erfolgt und der Grundstückskäufer die USt schuldet (§ 13b Abs. 2 Nr. 3 UStG).

Liegt eine Grundstücks**vermietung** vor und sind die oben genannten Voraussetzungen erfüllt, muss zusätzlich geprüft werden, ob das Optionsverbot gem. § 9 Abs. 2 UStG zum Zuge kommt. Greift das »Verbot zur Option« ein, kann der Grundstücksvermieter auch dann nicht auf die Steuerfreiheit gem. § 4 Nr. 12 Buchst. a UStG verzichten, wenn er an einen Unternehmer für dessen Unternehmen vermietet. Unter den Begriff des Grundstücks fallen dabei nicht nur Grundstücke insgesamt, sondern auch selbständig nutzbare Grundstücksteile (z. B. Wohnungen, gewerbliche Flächen, Büroräume, Praxisräume).

4.4.1 Optionsvoraussetzung gemäß § 9 Abs. 2 UStG bei Grundstücksvermietungen

Nach § 9 Abs. 2 UStG kann auf die Steuerfreiheit einer Grundstücksvermietung nur verzichtet werden, wenn der Mieter das Grundstück ausschließlich für Umsätze verwendet oder zu verwenden beabsichtigt, die den VStA nicht ausschließen. Solche Umsätze sind vor allem die stpfl. Umsätze, aber auch die steuerfreien Umsätze nach § 4 Nr. 1–6 UStG.

Die Voraussetzung nach § 9 Abs. 2 UStG wurde im Jahr 1985 eingeführt und schrittweise verschärft, zuletzt zum 01. 01. 1994. Im Zusammenhang damit wurden objekt- und nutzungsbezogene Übergangsregelungen nach § 27 Abs. 2 UStG getroffen.

Die Optionsvoraussetzung nach § 9 Abs. 2 UStG kommt auf jeden Fall für Vermietungen zur Anwendung, bei denen mit der Errichtung des Gebäudes nach dem 10. 11. 1993 begonnen worden ist. Im Zusammenhang mit der Übergangsregelung nach § 27 Abs. 2 UStG bezeichnet man Gebäude, auf die § 9 Abs. 2 UStG Anwendung findet, als Neugebäude und Gebäude, auf die § 9 Abs. 2 UStG aufgrund der Übergangsregelungen nicht anzuwenden ist, als Altgebäude.

Im Einzelnen gilt Folgendes: Die Vorschrift des § 27 Abs. 2 UStG gliedert die Gebäude entsprechend der Nutzung in drei Fallgruppen auf und zwar in Gebäude, die beim Endmieter zu
1. Wohnzwecken,
2. anderen nichtunternehmerischen Zwecken (als Wohnzwecken),
3. unternehmerischen Zwecken

dienen oder zu dienen bestimmt sind.

Zu 1.: Nutzung für Wohnzwecke

Dient das Gebäude Wohnzwecken, ist es ein Altgebäude, wenn es vor dem
- 01. 04. 1985 fertig gestellt und
- mit der Errichtung vor dem 01. 06. 1984 begonnen

wurde.

Fälle dieser Art liegen dann vor, wenn das Gebäude an einen Unternehmer für dessen Unternehmen vermietet wurde, dieser es untervermietet hat und der Endmieter das Gebäude für Wohnzwecke nutzt.

Zu 2.: Nutzung für andere nichtunternehmerische Zwecke (als Wohnzwecke)

Dient das Gebäude anderen nichtunternehmerischen Zwecken, ist es dann als Altgebäude anzusehen, wenn es vor dem
- 01. 01. 1986 fertiggestellt und
- mit der Errichtung vor dem 01. 06. 1984 begonnen

wurde.

Fälle dieser Art liegen dann vor, wenn das Gebäude an einen Unternehmer für dessen Unternehmen vermietet wurde, dieser es untervermietet hat und der Endmieter das Gebäude für private Zwecke nutzt, die nicht in Wohnzwecken bestehen.

BEISPIEL

Unternehmer Xaver errichtet eine Tennishalle und vermietet diese an die Betreibergesellschaft Bavaria GmbH. Die Bavaria GmbH vermietet die Tennishalle an einen Tennissportverein, der die Tennishalle i. R. seines ideellen Vereinszwecks nichtunternehmerisch nutzt.

LÖSUNG Das Gebäude dient auf der Stufe des Tennisvereins (= Endmieter) nichtunternehmerischen Zwecken.

Zu 3.: Nutzung für unternehmerische Zwecke

Dient das Gebäude unternehmerischen Zwecken, ist es dann ein Altgebäude, wenn es vor dem
- 01. 01. 1998 fertiggestellt und
- mit der Errichtung vor dem 11. 11. 1993 begonnen

wurde.

Unternehmerische Nutzung in diesem Sinne ist eine eigenunternehmerische Nutzung durch den Mieter (keine Weitervermietung). Eine solche Nutzung für unternehmerische Zwecke liegt auch dann vor, wenn der Erstmieter weitervermietet und der Endmieter das Grundstück eigenunternehmerisch nutzt (z. B. für seine ärztliche Praxis).

4.4.2 Begriff Errichtung

Unter Errichtung versteht man den Zeitpunkt, zu dem einer der folgenden Sachverhalte als erster verwirklicht wurde (vgl. A 9.2 Abs. 5 UStAE):
- Beginn der Ausschachtungsarbeiten,
- Erteilung eines spezifizierten Bauauftrags an den Bauunternehmer oder
- Anfuhr nicht unbedeutender Mengen von Baumaterial auf dem Bauplatz.

4.4.3 Begriff Fertigstellung

Nach Auffassung der Verwaltung sind für den Begriff der Fertigstellung die einkommensteuerlichen Grundsätze anzuwenden. Danach ist das Gebäude als fertig gestellt anzusehen, sobald es bewohnbar ist. Bei einer Eigentumswohnanlage kommt es auf die Bezugsfertigkeit der einzelnen Eigentumswohnung an.

Liegt ein Altgebäude im obigen Sinne vor, ist es immun gegen das Optionsverbot nach § 9 Abs. 2 UStG, d. h., es kann auf die Steuerfreiheit verzichtet werden, soweit das Gebäude an einen Unternehmer für sein Unternehmen vermietet wird. Dies gilt auch, wenn ein Altgebäude veräußert wird, für die Vermietung durch den neuen Erwerber.

4.4.4 Eingreifen des Optionsverbotes

Liegt ein Neugebäude im obigen Sinne vor, kann der Vermieter nicht mehr auf die Steuerfreiheit seines Vermietungsumsatzes verzichten, soweit der Mieter das Gebäude zur Ausführung von steuerfreien Umsätzen verwendet, die den VStA ausschließen. Da das Nutzungsrecht an einem Gebäude beim Mieter teilbar ist (kleinste Einheit der einzelne Raum), muss der Vermieter für jeden vom Mieter genutzten einzelnen Raum prüfen. Er trägt insoweit die Beweislast gegenüber der Finanzverwaltung. Unschädlich ist es dabei, wenn die Verwendung der Grundstücksteile zivilrechtlich in einem einheitlichen Vertrag geregelt sind (vgl. A 9.2 Abs. 1 UStAE mit entsprechenden Beispielen).

Der Vermieter hat vertraglich sicherzustellen, dass ihm der Mieter jährlich die Nutzung der Räume für evtl. vorsteuerschädliche Umsätze anzeigt. Die Prüfung, ob das Grundstück beim Mieter für vorsteuerschädliche Zwecke genutzt wird, erfolgt nach Kostenzurechnungsgesichtspunkten.

Nach dem Wortlaut des Gesetzes würde bereits eine geringfügige steuerschädliche Nutzung eines einzelnen Raumes insoweit das Optionsverbot auslösen. Gem. A 9.2 Abs. 3 UStAE wendet die Verwaltung das Optionsverbot jedoch dann nicht an, wenn die steuerschädliche Nutzung eines Raumes 5 % nicht übersteigt (Bagatellgrenze).

Mit dem Optionsverbot nach § 9 Abs. 2 UStG soll erreicht werden, dass der Vermieter im Hinblick auf den VStA seinem Mieter gleichgestellt wird. Kann der Mieter im Fall der Eigenerrichtung des Gebäudes keinen VStA geltend machen, soll dies auch für den Vermieter gelten, der an ihn das Gebäude vermietet.

Das seit 01. 01. 1994 gültige verschärfte Optionsverbot betrifft vor allem Grundstücksvermietungen an Ärzte, Versicherungsvertreter, Banken und Altenheime.

Anmerkung:
Ein Neugebäude liegt in allen Fällen dann vor, wenn der Baubeginn nach dem 10. 11. 1993 erfolgt ist.

> **BEISPIEL**
>
> Bauherr B errichtet ab dem 02. 12. 1993 (Baubeginn) ein Bürogebäude. Das Gebäude wurde Anfang März 1995 fertig gestellt. Ab Fertigstellung hat B, wie schon bei Baubeginn beabsichtigt, das Gebäude an einen Grundstücksmakler vermietet, der auch als Versicherungsvertreter tätig ist. Der Mieter nutzt die Räume jeweils zu etwa 20 % für die Tätigkeit als Versicherungsvertreter.
> **LÖSUNG** Maßgebend für die Frage, ob B aus der Errichtung des Gebäudes die Vorsteuer abziehen darf, ist die Absicht, das Gebäude stpfl. zu vermieten. Es ist daher zu prüfen, ob B durch Verzicht auf die Steuerbefreiung nach § 4 Nr. 12 UStG gem. § 9 UStG die Vermietung stpfl. machen kann. Aufgrund des Baubeginns nach dem 10. 11. 1993 liegt auf jeden Fall ein Neugebäude vor, auf das § 9 Abs. 2 UStG uneingeschränkt anwendbar ist. B vermietet zwar an einen Unternehmer für dessen Unternehmen (§ 9 Abs. 1 UStG). Die optionsschädliche Nutzung durch den Mieter übersteigt jedoch die Bagatellgrenze von 5 %, da die Umsätze aus der Tätigkeit als Versicherungsvertreter nach § 4 Nr. 11 UStG steuerfrei sind und diese Befreiung gem. § 15 Abs. 2 i. V. m. Abs. 3 UStG den VStA ausschließt.
> Ist es allerdings möglich, die Nutzung des Mieters einzelnen Räumen zuzuteilen (z. B. Nutzung eines Raumes mit einer bestimmten Fläche für die Tätigkeiten als Versicherungsvertreter nach § 4 Nr. 11 UStG), kann für den auf die vorsteuerunschädliche Nutzung entfallenden Anteil (teil-)optiert werden (vgl. insoweit A 9.2 Abs. 1 Bsp. 6 UStAE). Dies gilt sogar dann, wenn die Miete der Räume zivilrechtlich in einem einheitlichen Vertrag geregelt ist. In Zweifel müsste ein vereinbartes Gesamtentgelt im Schätzwege aufgeteilt werden (A 9.2 Abs. 1, Satz 5 und 6 UStAE).

4.4.5 Allgemeine Grundsätze zur Option gemäß § 9 UStG

Ein Verzicht nach § 9 UStG ist für jeden **einzelnen Umsatz gesondert** möglich, soweit die o. g. Voraussetzungen vorliegen. Da Teilleistungen wie selbständige Leistungen behandelt werden, ist der Verzicht auch für jede Teilleistung gesondert möglich.

Soweit der Leistungsempfänger das Grundstück oder einzelne Grundstücksteile ausschließlich für Umsätze verwendet, die zum VStA berechtigen, kann auf die Steuerbefreiung des einzelnen Umsatzes weiterhin verzichtet werden. Werden mehrere Grundstücksteile räumlich oder zeitlich unterschiedlich genutzt, ist die Frage der Option bei jedem Grundstücksteil gesondert zu beurteilen. Dabei ist es unschädlich, wenn die Verwendung der Grundstücksteile zivilrechtlich in einem einheitlichen Vertrag geregelt ist. Ein vereinbartes Gesamtentgelt ist, ggf. im Schätzungswege, aufzuteilen (s. o. sowie A 9.2 Abs. 1 UStAE mit den dort dargestellten Beispielen).

Der Verzicht wird dadurch wirksam, dass der Unternehmer einen Umsatz, bei dem die Voraussetzungen nach § 9 UStG vorliegen, als stpfl. behandelt. Er bedarf keiner besonderen Form. Der Verzicht kann z. B. darin liegen, dass der Unternehmer dem Leistungsempfänger die USt offen in Rechnung stellt oder den Umsatz in der USt-Anmeldung als stpfl. Umsatz erfasst (vgl. A 9.1 Abs. 3 UStAE).

Sowohl die Erklärung zur Option nach § 9 UStG als ihr Widerruf ist möglich, solange die Steuerfestsetzung für das Jahr der Leistungserbringung anfechtbar oder aufgrund eines Vorbehalts der Nachprüfung nach § 164 AO noch änderbar ist (vgl. A. 9.1 Abs. 3 Satz 1 UStAE sowie Urteile des BFH vom 19. 12. 2013, V R 6/12 und V R 7/12).

Problematisch ist die Option in der Praxis des Öfteren vor dem Hintergrund einer Geschäftsveräußerung im Ganzen, die auch die Übertragung von Grundstücken beinhaltet. In diesem Zusammenhang kommt eine Option grundsätzlich nicht in Betracht. Allerdings kann es durchaus sein, dass die Voraussetzungen für die Annahme einer Geschäftsveräußerung im Ganzen aufgrund der tatsächlichen Umstände rechtlich nicht ganz sicher sind. Insoweit empfiehlt es sich, um den negativen Folgen einer Vorsteuerberichtigung nach § 15a UStG zu entgehen, eine Option zur Steuerpflicht in den notariellen Kaufvertrag aufzunehmen. Stellt sich dann nämlich im Nachhinein heraus, dass keine Geschäftsveräußerung gegeben war bzw. die Parteien irrig vom Vorliegen einer solchen ausgingen, bleibt es bei der Steuerpflicht der Grundstückslieferung. Es kommt nicht zu einer Nutzungsänderung, die dann die Vorsteuerkorrektur nach § 15a UStG auslösen würde (vgl. A 9.1 Abs. 3, Satz 2 und 3 UStAE).

FALL 15

Stellen Sie im nachfolgenden Sachverhalt fest: Werden steuerbare Umsätze bewirkt? Fallen diese unter eine Befreiungsvorschrift? Kann ggf. auf diese Steuerbefreiung wirksam verzichtet werden?
P ist Eigentümer eines Gebäudes (Baubeginn 1991) in Stuttgart mit vier Etagen. Er nutzt das Gebäude im KJ 03 wie folgt: Keller-, Erdgeschoss und erstes Stockwerk sind in einem einheitlichen Mietvertrag an Gastwirt G vermietet. Im Erdgeschoss betreibt G seine Gastwirtschaft und im ersten Stockwerk unterhält er Fremdenzimmer. Im Keller befindet sich eine von P eingerichtete und an G mitvermietete Kegelbahn. Das zweite Stockwerk nutzt P eigenbetrieblich für seine Praxis als Rechtsanwalt. Das dritte Stockwerk hat P an den Arzt A vermietet, der darin seine Praxis betreibt. Der Gastwirt G hat seinerseits dem Zigarettenautomatenaufsteller S gegen eine prozentuale Gewinnbeteiligung die Aufstellung eines Zigarettenautomaten in der Gastwirtschaft gestattet. P hat in einem Schreiben an das Finanzamt im KJ 01 erklärt, er wolle bezüglich der Vermietung dieses Gebäudes soweit als möglich nach § 9 UStG auf die Steuerbefreiung verzichten. Am 06. 01. 04 verkauft P das Gebäude an den Gastwirt G. Im notariell beurkundeten Kaufvertrag ist geregelt, dass Nutzen und Lasten am Grundstück zum 01. 09. 04 auf G übergehen sollen. Zugleich schließt P mit G einen Mietvertrag ab 01. 09. 04 bezüglich des zweiten Stockwerks.

5 Bedingt zum Vorsteuerabzug berechtigende Steuerbefreiungen (§ 4 Nr. 8 Buchst. a–g, Nr. 10 Buchst. a UStG)

5.1 Allgemeines

Diese Befreiungen fallen mit Ausnahme der Steuerbefreiung nach § 4 Nr. 10 Buchst. a UStG auch unter die Gruppe der Steuerbefreiungen mit Optionsmöglichkeit. Die Besonderheit der Steuerbefreiungen dieser Gruppe liegt darin, dass sie – sofern nicht zulässigerweise auf die Steuerbefreiung verzichtet wird – grundsätzlich **nicht** zum VStA berechtigen. Ausnahmsweise schließen sie den VStA dann nicht aus, wenn sich die steuerfreien Leistungen unmittelbar auf Gegenstände beziehen, die in das **Drittlandsgebiet** ausgeführt werden (vgl. § 15 Abs. 3 Nr. 1 Buchst. b UStG).

Die Steuerbefreiungen betreffen in erster Linie den Geldverkehr. Nachfolgend soll nur die Kreditgewährung nach § 4 Nr. 8 Buchst. a UStG erläutert werden.

5.2 Steuerfreie Kreditgewährung nach § 4 Nr. 8 Buchst. a UStG

Diese Steuerbefreiung betrifft in erster Linie die Darlehensgewährung durch Banken, jedoch auch die Darlehen anderer Unternehmer (nicht jedoch die Spareinlagen, da insofern von vornherein keine unternehmerische Betätigung und damit keine steuerbare sonstige Leistung vorliegt).

Normalerweise hat die Gewährung eines steuerfreien Darlehens zur Folge, dass der VStA bezüglich der mit der Darlehensgewährung im Zusammenhang stehenden Vorumsätze gem. § 15 Abs. 2 UStG ausgeschlossen ist. Dies gilt jedoch nicht in den Fällen des § 15 Abs. 3 Nr. 1 Buchst. b UStG. Wird z. B. ein Darlehen zur Finanzierung einer Ausfuhrlieferung in das **Drittlandsgebiet** gewährt, tritt beim Darlehensgeber bezüglich der mit der Darlehensgewährung im Zusammenhang stehenden Vorsteuern – trotz Ausführung einer steuerfreien sonstigen Leistung nach § 4 Nr. 8 Buchst. a UStG – **kein VStA-Verbot** gem. § 15 Abs. 2 UStG ein. Solche Vorsteuern fallen beispielsweise an, wenn die Bank für derartige Darlehen Werbung macht.

Wird das Darlehen einem Unternehmer für dessen Unternehmen gewährt, kann im Übrigen gem. § 9 Abs. 1 UStG auf die Steuerfreiheit nach § 4 Nr. 8 Buchst. a UStG verzichtet werden.

Teil M Bemessungsgrundlage bei der Umsatzart Lieferungen und sonstige Leistungen

1   Allgemeines

Nach § 10 Abs. 1 Satz 1 UStG richtet sich die Bemessungsgrundlage bei Lieferungen und sonstigen Leistungen (§ 1 Abs. 1 Nr. 1 UStG) nach dem Entgelt. Dieser Begriff wurde bereits im Teil K erörtert und war dort Tatbestandsmerkmal für die Steuerbarkeit nach § 1 Abs. 1 Nr. 1 UStG. Ihm kommt nach § 10 Abs. 1 Satz 1 UStG jedoch auch die Funktion der Bemessungsgrundlage zu. Das Entgelt hat also Doppelfunktion. Während es bei der Steuerbarkeitsprüfung nur darauf ankommt, dass überhaupt ein Entgelt vereinbart wurde, ist bei der Bemessungsgrundlage dessen genaue Höhe zu ermitteln. Entgelt ist alles, was den Wert der Gegenleistung bildet, die der leistende Unternehmer vom Leistungsempfänger erhalten soll, jedoch abzüglich der gesetzlich geschuldeten Umsatzsteuer.

Ausgangspunkt für die Ermittlung der Bemessungsgrundlage ist also, was der Leistende für die Leistung erhält, wobei es unerheblich ist, ob er dies vom Leistungsempfänger oder von einem Dritten erhält (§ 10 Abs. 1 Satz 2 UStG). Das korrespondiert in den allermeisten Fällen mit dem, was der Leistungsempfänger insgesamt aufwenden muss, um die Leistung zu erhalten.

Wichtig ist hierbei: Diese Grundsätze gelten nicht nur in den Fällen, in denen die Bezahlung sofort bei Ausführung der Leistung erbracht wird, sondern auch dann, wenn die Bezahlung erst später erfolgt (im gleichen oder in einem späteren VZ). Denn nach § 13 Abs. 1 Nr. 1 Buchst. a UStG entsteht die USt (im Regelfall der Soll-Besteuerung, Näheres hierzu X 5) bereits mit Ablauf des VZ, in dem die Leistung ausgeführt wurde; auch wenn die Bezahlung später erfolgt. Da das Entgelt zu diesem Zeitpunkt in der Regel aber noch nicht aufgewendet wurde, muss sich die Versteuerung zwangsläufig nach dem **vereinbarten** Entgelt richten. Das ist i. d. R. der Betrag, der im Verpflichtungsgeschäft für die Leistung vereinbart wurde und in der Rechnung zutage tritt.

In dem vom Leistungsempfänger **insgesamt** aufgewendeten bzw. aufzuwendenden Betrag ist die USt immer in der richtigen Höhe enthalten (Bruttobetrag). Das Entgelt (Bemessungsgrundlage) ergibt sich infolgedessen dadurch, dass man vom Bruttobetrag die USt in der richtigen Höhe abzieht (Nettobetrag).

> **MERKSATZ**
> Entgelt ist alles, was der Leistende für die Leistung erhält, jedoch abzüglich der richtigen USt (§ 10 Abs. 1 Satz 2 UStG).

Wie das Entgelt im Einzelnen zu ermitteln ist, soll anhand der nachfolgenden Fälle gezeigt werden.

2 Einzelfälle

2.1 Bruttoentgelt

BEISPIELE

a) Der Lebensmittelhändler L veräußert dem Kunden K eine Kiste Wein und stellt ihm folgende Rechnung aus:

15 Flaschen Wein à 7 €	105,00 €
zuzügl. 19 % USt	19,95 €
insgesamt	124,95 €

LÖSUNG Der insgesamt vom Leistungsempfänger für die 15 Flaschen Wein (stpfl. Lieferungen zum Regelsteuersatz) aufzuwendende Betrag beläuft sich auf 124,95 €. Davon ist die USt i. H. v. 19/119 von 124,95 € = 19,95 € abzuziehen. Das Entgelt i. S. v. § 10 Abs. 1 Satz 2 UStG beträgt also 105 €

b) Der Sachverhalt entspricht Beispiel a), jedoch berechnet L dem K einen Gesamtbetrag von 100 €.
LÖSUNG Auch in diesem Falle ist zur Ermittlung des Entgelts die USt von dem vom Leistungsempfänger aufzuwendenden Bruttobetrag abzuziehen. Die in diesem Betrag steckende USt muss also zunächst herausgerechnet werden. Dies erfolgt durch folgende Rechenoperation:
Der Bruttobetrag von 100 € setzt sich zusammen aus dem Entgelt zuzügl. der USt i. H. v. 19 % des Entgelts. 100 € entsprechen also 119 % des Entgelts. Das Entgelt beträgt somit:

$$\frac{\text{Bruttobetrag (100 €)} \times 100}{119} = \text{Entgelt (84,03 €)}$$

Das Entgelt kann mittels eines Divisors ermittelt werden. Das Entgelt wird hierbei nach folgender Formel berechnet:

$$\frac{\text{Rechnungspreis brutto}}{\text{Divisor}}$$

Der Divisor beträgt bei einem Steuersatz von:
- 19 % = 1,19 (119/100),
- 7 % = 1,07 (107/100).

Das Entgelt wird wie folgt berechnet:
100 € : 1,19 = 84,03 €
Die USt beträgt 19 % von 84,03 € = 15,97 €. Entgelt zuzügl. USt ergeben wiederum den Bruttobetrag von 100 €. Da es letztlich auf die Ermittlung der USt ankommt, lässt sich diese auch unmittelbar aus dem Bruttobetrag wie folgt errechnen:

$$\frac{\text{Bruttobetrag (100 €)} \times 19}{119} = \text{USt (15,97 €)}$$

Für das Herausrechnen der USt aus dem Bruttobetrag gelten folgende amtlich anerkannte Umrechnungsfaktoren (vgl. A 15.4 Abs. 3 UStAE) beim Steuersatz von:
- 19 % = 15,97 %,
- 7 % = 6,54 %.

Anmerkung: Diese Faktoren können zu geringfügigen Abweichungen von der exakt richtigen Steuer führen (meist nur Centbeträge). Solche Abweichungen werden vom Finanzamt nicht beanstandet.

c) L stellt K für die stpfl. Lieferung von 15 Flaschen Wein folgende Rechnung aus:

15 Flaschen Wein à 7 €	105,00 €
zuzügl. 7 % USt	7,35 €
insgesamt	112,35 €

LÖSUNG Der vom Leistungsempfänger insgesamt aufzuwendende Bruttobetrag beläuft sich auf 112,35 €. Der objektiv richtige Steuersatz beträgt nicht, wie in der Rechnung aufgeführt wurde, 7 %, sondern 19 %. Die USt beträgt somit: 19/119 von 112,35 € = 17,94 €. Das Entgelt beträgt: 112,35 € : 1,19 = 94,41 €.

Das Beispiel zeigt, dass der Unternehmer durchaus eine andere Steuer schulden kann, als die in der Rechnung ausgewiesene. Durch einen falschen, zu niedrigen USt-Ausweis kann er seine Steuerschuld nicht mindern. Da fehlerhafte USt-Berechnungen häufig vorkommen, empfiehlt es sich, zur Ermittlung der USt immer nach der oben dargestellten **Bruttomethode** vorzugehen.

BEISPIEL
Der Unternehmer F vermietet ein Ferienappartement an Urlauber für 500 €. Da er von der Steuerfreiheit dieses Vermietungsumsatzes ausging, hat er in dem Mietpreis keine USt einkalkuliert.
LÖSUNG Der Vermietungsumsatz ist wegen der Ausnahmeregelung des § 4 Nr. 12 letzter Satz UStG stpfl. Die 500 € sind somit ein Bruttobetrag und enthalten die USt (Steuersatz 7 %: § 12 Abs. 2 Nr. 11 UStG). Sie beträgt: 7/107 von 500 € = 32.71 €. Das Entgelt beträgt 467,29 €.

2.2 Kosten

BEISPIEL
Maschinenfabrikant M beauftragt den Frachtführer F, eine Maschine an den Abnehmer A auszuliefern. F kassiert im Auftrag des M bei A den Kaufpreis i. H. v. 1 000 €. Nach Abzug von 100 € für den Transport händigt F dem M die restlichen 900 € aus.
LÖSUNG Der Leistungsempfänger wendet insgesamt 1 000 € auf, um die stpfl. Lieferung zu erhalten. Die bei M angefallene USt beträgt somit (Steuersatz 19 %): 19/119 von 1 000 € = 159,66 €. Entgelt sind die 840,34 €.
Es darf somit nicht auf den Zuflussbetrag bei M abgestellt werden. Bei Auszahlung von 900 € durch F an M handelt es sich um eine Verrechnung, die aufgelöst werden muss. F schuldet aufgrund seiner Inkassofunktion 1 000 € an M und hat seinerseits einen Anspruch von 100 €. Die von M dem F bezahlten Frachtkosten von 100 € mindern das Entgelt nicht.

MERKSATZ
Kosten des Leistenden mindern nicht das Entgelt.

BEISPIEL
M liefert an A eine Maschine. Er stellt ihm folgende Rechnung aus:

Maschine	1 000 €
+ 19 % USt	190 €
+ Frachtkosten	100 €
+ Versicherung	40 €
+ Verpackung	10 €
insgesamt	1 340 €

LÖSUNG Der Leistungsempfänger A muss für die stpfl. Lieferung der Maschine insgesamt 1 340 € aufwenden. Die USt beträgt somit: 19/119 von 1 340 € = 213,95 €.
Das Entgelt beträgt 1 126,05 €.

MERKSATZ

Auch die dem Abnehmer zusätzlich in Rechnung gestellten Kosten gehören mit zum Entgelt.

BEISPIEL

Der Kunde A beauftragt den Frachtführer F, bei seinem Lieferanten M eine Maschine abzuholen. M berechnet A für die Maschine 1 000 € zuzügl. 190 € USt. F berechnet A für den Transport der Maschine 200 € zuzügl. 38 € USt.
LÖSUNG An A werden zwei selbständige Leistungen erbracht, eine stpfl. Lieferung der Maschine von M und eine stpfl. sonstige Leistung (Beförderungsleistung) von F. Eine einheitliche Leistung an A kann nicht vorliegen, weil verschiedene Leistende vorhanden sind.
A wendet für die Lieferung der Maschine des M insgesamt 1 190 € auf. Die USt bei M beträgt: 19/119 von 1 190 € = 190 €. Das Entgelt beträgt 1 000 €.
Für die an ihn erbrachte Beförderungsleistung wendet A insgesamt 238 € auf. Die USt bei F beträgt: 19/119 von 238 € = 38 €. Das Entgelt beträgt 200 €.

2.3 Trinkgelder

BEISPIELE

a) Der Friseurmeister F schneidet dem Kunden K die Haare. Er berechnet ihm dafür 18 €. K gibt ihm zusätzlich noch 2 € Trinkgeld, das F wie immer erwartet und bereitwillig annimmt.
LÖSUNG K wendet für die an ihn erbrachte stpfl. Werkleistung insgesamt 20 € auf (vgl. A 10.1 Abs. 5 UStAE). Die USt beträgt: 19/119 von 20 € = 3,19 €. Das Entgelt beträgt 16,81 €.

b) Der Kunde K lässt sich im Friseurladen des F von dessen Gehilfen G die Haare schneiden. K zahlt für das Haarschneiden 18 € und gibt dem G außerdem 2 € Trinkgeld.
LÖSUNG G schneidet K als Erfüllungsgehilfe des F die Haare. Die Werkleistung wird somit von F an K erbracht. Für diese Werkleistung wendet K insgesamt 18 € auf. Das Trinkgeld von 2 € gibt K dem G persönlich und nicht in dessen Eigenschaft als Erfüllungsgehilfe. Das Trinkgeld wird also nicht für die Werkleistung des F aufgewendet. Die USt beträgt: 19/119 von 18 € = 2,87 €. Das Entgelt beträgt 15,13 €.

MERKSATZ

Freiwillig an das Personal gezahlte Trinkgelder gehören nicht zum Entgelt. Trinkgelder an den Unternehmer selbst gehören dagegen zum Entgelt (vgl. A 10.1 Abs. 5 UStAE).

2.4 Skonto

BEISPIEL

Der Maschinenfabrikant M liefert an den Abnehmer A eine Maschine zum Kaufpreis von 10 000 € zuzügl. 1 900 € USt. Auf der Rechnung ist der Vermerk angebracht »bei Zahlung innerhalb von 8 Tagen 2 % Skonto«. A überweist M sofort 11 662 € (11 900 € ./. 238 €).
LÖSUNG A wendet insgesamt für die erhaltene stpfl. Lieferung 11 662 € auf. Die USt beträgt: 19/119 von 11 662 € = 1 862 €. Das Entgelt beträgt 9 800 €.

Das vom Kunden abgezogene Skonto mindert das Entgelt, weil der Leistungsempfänger aufgrund des Skontoabzugs für die erhaltene Leistung insgesamt weniger aufzuwenden hat (vgl. A 3.11 Abs. 5 Satz 1 UStAE). Dabei ist allerdings zu beachten, dass die Entgeltsminderung erst dann eintritt, wenn der Kunde den Skontoabzug in Anspruch nimmt, also bei tatsächlicher Bezahlung der Rechnung.

Fallen Lieferung und Bezahlung der Rechnung in verschiedene Voranmeldungszeiträume, hat der Lieferant zunächst die sich aus dem vollen Rechnungsbetrag ergebende USt abzuführen. Nimmt der Kunde dann bei Bezahlung den Skontoabzug in Anspruch, mindert sich nachträglich die USt, und es ist eine Berichtigung nach § 17 Abs. 1 Nr. 1 UStG durchzuführen.

Eine nachträgliche Entgeltminderung tritt auch dann ein, wenn der Unternehmer dem Leistungsempfänger nachträglich einen Rabatt einräumt oder wenn er infolge einer Mängelrüge einen Preisnachlass gewährt.

2.5 Forderungsausfall

BEISPIEL

Der Lebensmittelgroßhändler H hat im KJ 01 an den Gastwirt G eine Spirituosenlieferung zum Gesamtpreis von 900 € auf Ziel getätigt. Im KJ 02 hat H diese Forderung einkommensteuerrechtlich zulässig als Verlust ausgebucht, da über das Vermögen des G das Insolvenzverfahren eröffnet wurde. Im KJ 03 erbrachte G wider Erwarten eine Teilzahlung von 500 €.

LÖSUNG Der vereinbarungsgemäß von G für die an ihn ausgeführte Lieferung insgesamt aufzuwendende Betrag beläuft sich auf 900 €. Die USt beträgt (Steuersatz 19 %) 19/119 von 900 € = 143,70 €. Das Entgelt beträgt 756,30 €.

Diese USt muss H in dem VZ, in dem die Lieferung ausgeführt wurde, an das Finanzamt entrichten, obwohl noch keine Bezahlung erfolgte (Sollbesteuerung, Näheres vgl. X 5).

Im KJ 02 ist aufgrund der Eröffnung des Insolvenzverfahrens dieses vereinbarte Entgelt uneinbringlich geworden (vgl. A 17.1 Abs. 11 Sätze 5 und 6 UStAE). Hierzu bestimmt § 17 Abs. 2 Nr. 1 Satz 1 UStG, dass die USt im VZ der Uneinbringlichkeit auf 0 € zu berichtigen ist.

Im KJ 03 wendet G für die erhaltene Lieferung tatsächlich insgesamt 500 € auf. Diese 500 € stellen nun wieder ein Bruttoentgelt für die erhaltene Lieferung dar. Die USt beträgt somit: 19/119 von 500 € = 79,83 €. Das Entgelt beträgt 420,17 €.

Nach § 17 Abs. 2 Nr. 1 Satz 2 UStG ist dieser USt-Betrag von H im VZ der Zahlung an das Finanzamt abzuführen (vgl. A 17.1 Abs. 11 Satz 7 UStAE).

Vom Forderungsverlust sind die Fälle der dubiosen (zweifelhaften) Forderungen streng zu unterscheiden. Da die dubiosen Forderungen noch nicht ausgefallen sind, liegt eine Entgeltsminderung noch nicht vor. Eine USt-Berichtigung nach § 17 Abs. 2 Nr. 1 UStG kann somit noch nicht erfolgen.

2.6 Zuschüsse

Liegen Zuschüsse vor, ist wie folgt zu verfahren:
a) Es ist festzustellen, was der Leistungsempfänger insgesamt aufwendet, um die Leistung zu erhalten.
b) Es ist festzustellen, was ein Dritter **für die Leistung an den Leistungsempfänger** insgesamt als Zuschuss gewährt.
c) Aus der Summe dieser Beträge ist die USt mit dem maßgeblichen Umrechnungssatz herauszurechnen.

BEISPIEL

Die AN des Fabrikanten F nehmen das Mittagessen in der Kantine des Kantinenpächters P ein. Sie zahlen dem Kantinenpächter dafür je Essen 4 €. F gibt seinerseits dem P zu jedem Essen einen Zuschuss von 2 €.

LÖSUNG P tätigt eine stpfl. sonstige Leistung gem. § 3 Abs. 9 Satz 4 UStG an die AN des F (Steuersatz 19 %). Der insgesamt von den AN jeweils aufzuwendende Betrag beläuft sich auf 4 €. Nach den bisher dargestellten Grundsätzen wäre die USt aus diesem Betrag herauszurechnen. § 10 Abs. 1 Satz 3 UStG bestimmt jedoch hierzu, dass zum Entgelt auch das gehört, was ein Dritter für die an den Leistungsempfänger erbrachte Leistung aufwendet.
Im vorliegenden Fall beträgt die USt 19/119 von 6 € = 0,96 €. Das Entgelt beträgt 5,04 €.

Für weitere Ausführungen zu den Zuschüssen vgl. A 10.2 UStAE.

2.7 Mindestbemessungsgrundlage

BEISPIEL

Kfz-Händler H bezieht vom Automobilwerk W einen Pkw zum Preis von 40 000 € zuzügl. 7 600 € USt. Er veräußert diesen Pkw sofort an seinen Neffen N zum Preis von 15 000 €.
LÖSUNG Es liegt eine stpfl. Lieferung des Pkw von H an N vor. Der insgesamt von N aufzuwendende Betrag beläuft sich auf 15 000 €. Nach den bisher dargestellten Grundsätzen wäre dies die Bruttobemessungsgrundlage für die Berechnung der USt.

$$\frac{15\,000\,€ \times 19}{119} = 2\,394,96\,€$$

Ungewöhnlich an diesem Fall ist jedoch, dass ein Händler – ohne betrieblichen Anlass – ein Verlustgeschäft tätigt. Der Grund für dieses Verhalten kann nur im familiären Bereich liegen. H gibt seinem Neffen N gewissermaßen einen Zuschuss zum Erwerb eines Pkw. Dementsprechend bestimmt § 10 Abs. 5 Nr. 1 UStG i. V. m. § 10 Abs. 4 Nr. 1 UStG, dass bei der Lieferung an eine nahe stehende Person als Bemessungsgrundlage – wie bei Lieferungen i. S. d. § 3 Abs. 1 b UStG (vgl. Q) – mindestens der Einkaufspreis des gelieferten Gegenstands ohne USt anzusetzen ist. Da der Einkaufspreis das Entgelt übersteigt, ist er als maßgebende Bemessungsgrundlage anzusetzen. Die USt beträgt somit:
19 % von 40 000 € = 7 600 €.
Dieses Beispiel zeigt, dass bei Leistungen von Unternehmern an **ihnen nahe stehende Personen** eine an die Besteuerung für Lieferungen i. S. d. § 3 Abs. 1 b UStG und sonstige Leistungen i. S. d. § 3 Nr. 9 a UStG anknüpfende **Mindestbemessungsgrundlage** der Besteuerung zugrunde zu legen ist.
Der aus privaten Gründen erfolgte Verkauf unter Preis stellt eine **sog. gemischte Schenkung** dar. Diese Regelung nach § 10 Abs. 5 Nr. 1 UStG stellt nun die gemischte Schenkung hinsichtlich der USt-Belastung der reinen Schenkung aus privatem Anlass (Lieferung i. S. d. § 3 Abs. 1 b Nr. 1 UStG, vgl. Q) gleich[1].

Eine entsprechende Regelung gilt auch bei Leistungen von Arbeitgebern an ihre AN gem. § 10 Abs. 5 Nr. 2 UStG (Näheres hierzu vgl. O 3.4).
In den Fällen, in denen die Mindestbemessungsgrundlage in Betracht kommt, weil an nahestehende Personen oder an AN geleistet wird, ist grundsätzlich wie folgt vorzugehen:
1. Es ist das Entgelt gem. § 10 Abs. 1 UStG zu ermitteln.
2. Es ist die Bemessungsgrundlage nach § 10 Abs. 4 UStG zu ermitteln.
3. Beide Beträge werden verglichen, der größere ist der für die Ermittlung der USt maßgebliche Betrag.
4. Die Anwendung der Mindestbemessungsgrundlage setzt voraus, dass die Gefahr einer Steuerhinterziehung oder -umgehung besteht. Hieran fehlt es, wenn das vereinbarte Ent-

---

1 Im Gegensatz zu Lieferungen i. S. d. § 3 Abs. 1 b UStG kann jedoch die aufgrund der Mindestbemessungsgrundlage entstandene USt gesondert in Rechnung gestellt werden und bei Vorliegen der übrigen Voraussetzungen nach § 15 UStG beim Leistungsempfänger abgezogen werden (Näheres vgl. U 2.6.3).

gelt dem marktüblichen Entgelt entspricht oder der Unternehmer seine Leistung in Höhe des marktüblichen Entgelts versteuert. Insoweit ist der Umsatz höchstens nach dem marktüblichen Entgelt zu bemessen (§ 10 Abs. 5 Satz 1 letzter HS UStG).

Im obigen Beispiel betrug der Einkaufspreis (Bemessungsgrundlage nach § 10 Abs. 4 Nr. 1 UStG) netto 40 000 €. Dies war auch das marktübliche (Netto-)Entgelt. Damit war klar, dass beide Beträge größer waren als das tatsächlich vereinbarte Entgelt.

2.8 Durchlaufende Posten

BEISPIEL

Rechtsanwalt R verklagt im Namen seines Mandanten M den S auf Zahlung von Schadenersatz. Nach verlorenem Prozess stellt R dem M folgende Rechnung aus:

Gebühren	500,00 €
zuzügl. Schreib- und Portokosten	50,00 €
	550,00 €
zuzügl. 19 % USt	104,50 €
	654,50 €
zuzügl. verauslagte Gerichtsgebühren	200,00 €
insgesamt	854,50 €

LÖSUNG R erbringt an M eine stpfl. sonstige Leistung (Steuersatz 19 %). Entgelt bei R ist alles, was M aufzuwenden hat, um die sonstige Leistung zu erhalten, abzüglich USt. Zum Entgelt gehören auch die weiterberechneten **Kosten des R**. Es fragt sich, ob M die ihm berechnete Gerichtsgebühr für die erhaltene Leistung des R aufzuwenden hat. Die Gerichtsgebühr ist für eine Leistung des Gerichts gegenüber M angefallen. Sie wurde von R **im Namen und für Rechnung** des M an das Gericht bezahlt. M muss sie infolgedessen dem R erstatten. M wendet die 200 € also nicht für die von R erhaltene Leistung auf. Es handelt sich um einen **sog. durchlaufenden Posten**, bei dem der Gesetzgeber in § 10 Abs. 1 Satz 5 UStG klarstellt, dass er **nicht** zum Entgelt gehört. Die USt beträgt somit: 19/119 von 654,50 € = 104,50 €. Das Entgelt beträgt 550 €.

Durchlaufende Posten liegen nach § 10 Abs. 1 Satz 6 UStG nur dann vor, wenn der Unternehmer Beträge im Namen und für Rechnung eines anderen vereinnahmt und verausgabt (Legaldefinition). Dies ist nur dann der Fall, wenn der Unternehmer selbst weder Gläubiger noch Schuldner des Betrags ist, sondern lediglich die Eigenschaft einer Mittelsperson zwischen Schuldner und Gläubiger hat und dies gegenüber den Beteiligten in der Weise offenlegt, dass der Schuldner seinen Gläubiger und dieser seinen Schuldner kennt. Außerdem muss die Höhe des Geldbetrags sowohl dem Schuldner als auch dem Gläubiger bekannt sein. Ausnahmen gibt es hierbei für öffentliche Abgaben (Gebühren und Beiträge; vgl. A 10.4 Abs. 2 Sätze 2 und 3 UStAE). Kosten (Gebühren und Auslagen), die z. B. Rechtsanwälte, Notare und Angehörige verwandter Berufe bei Behörden und ähnlichen Stellen für ihre Auftraggeber auslegen, können als durchlaufende Posten anerkannt werden (A 10.4 Abs. 2 Sätze 4 und 5 UStAE).

Sie sehen also, dass der Anwendungsbereich von durchlaufenden Posten sehr begrenzt ist. Deshalb gilt folgender

MERKSATZ

Gehen Sie mit durchlaufenden Posten sehr vorsichtig um! Im Zweifel sind Steuern, öffentliche Gebühren und Abgaben, die vom Unternehmer geschuldet werden, bei ihm keine durchlaufenden Posten, auch wenn sie dem Leistungsempfänger gesondert berechnet werden.

2.9 Materialgestellung, Materialbeistellung

BEISPIEL

Der Hausbesitzer H lässt sich vom Schreinermeister S in seinem Wohnzimmer eine Holzdecke einziehen. Das dazu benötigte Holz hat H unmittelbar vom Holzgroßhändler G zum Preis von 2 000 € erworben. S stellt H folgende Rechnung aus:

Einbau Holzdecke lt. Angebot 30 qm à 100 €	3 000 €
abzüglich zur Verfügung gestelltes Holz 30 qm à 40 €	./. 1 200 €
	1 800 €
zuzügl. 19 % USt	342 €
insgesamt	2 142 €

LÖSUNG Es liegt eine stpfl. Werkleistung von S an H vor, da H den gesamten Hauptstoff stellt. Für die Holzdecke wendet H insgesamt 2 142 € + 2 000 € = 4 142 € auf. Dabei werden jedoch zwei selbständige Leistungen an H erbracht, nämlich eine Holzlieferung von G und eine Werkleistung von S. Für die Werkleistung von S wendet H insgesamt nur 2 142 € auf. Die USt beträgt 19/119 von 2 142 € = 342 €. Das Entgelt beträgt 1 800 €.

Für Werklieferung bzw. Werkleistung sind folgende Begriffe bedeutsam:
Beschafft der Besteller den gesamten Hauptstoff, spricht man von einer **Materialgestellung**.
Beschafft der Besteller
- nur einen Teil des Hauptstoffs,
- einen Teil des Hauptstoffs und alle bzw. einen Teil der Nebenstoffe,
- alle bzw. einen Teil der Nebenstoffe,

spricht man dagegen von einer **Materialbeistellung**.

Sowohl bei der Materialgestellung als auch bei der Materialbeistellung gehört das ge- bzw. beigestellte Material **nicht zum Entgelt** beim Werkunternehmer.

Materialgestellung und Materialbeistellung unterscheiden sich dadurch, dass im Falle der Materialgestellung immer eine **Werkleistung** und im Falle der Materialbeistellung – vorausgesetzt es wird überhaupt ein Liefergegenstand hergestellt – eine **Werklieferung** vorliegt (vgl. aber zum Begriff der Werklieferung auch Teil I).

FALL 16

Ermitteln Sie in den nachfolgenden Sachverhalten die USt in der richtigen Höhe.
1. Obsthändler O in Stuttgart bestellt beim Großhändler G in Mannheim eine Tonne Bananen. G liefert durch einen Angestellten die Bananen mit eigenem Lkw am 25. 06. 01 an. G stellt O folgende Rechnung aus:

1 000 kg Bananen à 1,50 €	1 500,00 €
+ Verpackungsmaterial	100,00 €
+ Transportkosten	150,00 €
	1 750,00 €
+ 7 % USt	122,50 €
insgesamt	1 872,50 €

Auf der Rechnung befindet sich der Vermerk »Bei Bezahlung innerhalb von zehn Tagen 3 % Skonto«. Nach Erhalt der Lieferung stellt O fest, dass ein Teil der Bananen angefault war. Er ruft deshalb sofort bei G an und vereinbart mit diesem eine Herabsetzung des Kaufpreises um 20 %. O überweist am 04. 07. 01 an G 1 453,06 €. Der Betrag ergibt sich nach Abzug der Kaufpreisminderung von 20 % von 1 872,50 € = 374,50 € und nach Abzug des Skontos von 3 % von 1 498,00 € = 44,94 €. **Anmerkung:** Bananen unterliegen dem ermäßigten Steuersatz von 7 %.
2. Der Busunternehmer B veranstaltet eine Tagesreise von Nürnberg nach Pilsen (Tschechien) und Umgebung. Er berechnet dafür den 20 Teilnehmern je 60 €. Von der Gesamtfahrstrecke von 300 km entfallen 100 km auf das Inland.

Teil N Steuersätze

1 Allgemeines

In Teil M (Bemessungsgrundlage) sind Sie bereits mit der Anwendung von Steuersätzen vertraut gemacht worden. Nun sollen Sie in die Lage versetzt werden, in einigen typischen Fällen entscheiden zu können, welcher Steuersatz anzuwenden ist. Sie wissen bereits, dass es derzeit einen Steuersatz von 19 % und einen Steuersatz von 7 % gibt. Die Steuersätze haben sich wie folgt entwickelt:

	allgemeiner Steuersatz	ermäßigter Steuersatz
vom 01.01.1968 bis 30.06.1968	10 %	5 %
vom 01.07.1968 bis 31.12.1977	11 %	5,5 %
vom 01.01.1978 bis 30.06.1979	12 %	6 %
vom 01.07.1979 bis 30.06.1983	13 %	6,5 %
vom 01.07.1983 bis 31.12.1992	14 %	7 %
vom 01.01.1993 bis 31.03.1998	15 %	7 %
vom 01.04.1998 bis 31.12.2006	16 %	7 %
seit 01.01.2007	19 %	7 %

Mit den aktuellen Steuersätzen von 19 % und 7 % kennen Sie schon die wichtigsten und am häufigsten vorkommenden Steuersätze. Daneben gibt es noch weitere Steuersätze für Land- und Forstwirte, z. B. von 5,5 % und 10,7 % (vgl. § 24 UStG), auf die jedoch hier nicht weiter eingegangen werden soll.

Im Nachfolgenden werden wir uns mit dem **sog. Regelsteuersatz** von 19 % und dem **sog. ermäßigten Steuersatz** von 7 % befassen. Diese beiden Steuersätze stehen in einem Regel-Ausnahmeverhältnis. Der Regelsteuersatz kommt immer dann zur Anwendung, wenn die Ausnahmeregelung des ermäßigten Steuersatzes nicht eingreift. Dementsprechend haben Sie bei der Anwendung der Steuersätze zunächst zu prüfen, ob der ermäßigte Steuersatz anzuwenden ist.

Die Fälle, in denen der ermäßigte Steuersatz gegeben ist, sind in § 12 Abs. 2 Nr. 1–11 UStG abschließend geregelt. Wir werden uns jedoch auch hier auf typische Fälle beschränken, nämlich § 12 Abs. 2 Nr. 1, Nr. 2 und Nr. 6 und Nr. 11 UStG.

2 Ermäßigter Steuersatz bei Lieferungen nach § 12 Abs. 2 Nr. 1 UStG

Nach § 12 Abs. 2 Nr. 1 UStG unterliegen die Lieferungen bestimmter Gegenstände, die in Anlage 2 zum UStG aufgeführt sind, dem ermäßigten Steuersatz. Die Gegenstände sind in der Anlage 2 zu § 12 Abs. 2 Nr. 1 UStG abschließend aufgezählt, eine analoge Anwendung auf andere Gegenstände ist nicht möglich. Die Gegenstände der Anlage lassen sich in folgende sechs Warengruppen aufgliedern:

1. Land- und forstwirtschaftliche Erzeugnisse,
2. Futtermittel,
3. Lebensmittel,
4. Getränke,
5. Verlagserzeugnisse und Erzeugnisse des graphischen Gewerbes,
6. Körperersatzstücke und ähnliche Gegenstände.

Zur näheren Erläuterung der Waren wird durchweg auf **Kapitel bzw. Nummern des Zolltarifs** verwiesen. Bei diesem handelt es sich um ein wegen seines Umfangs sehr unhandliches Werk, in dem alle denkbaren Waren für die Verzollung äußerst detailliert beschrieben und aufgegliedert werden. Ist zweifelhaft, ob ein Gegenstand der Anlage vorliegt, empfiehlt es sich, im Zolltarif nachzuschlagen. Daneben kann auch auf das ausführliche BMF-Schreiben vom 05.08.2004 (BStBl I 2004, 638) zurückgegriffen werden.

Nicht unter den ermäßigten Steuersatz fallen sämtliche Energieträger wie Gas, elektrischer Strom, Heizöl, Benzin.

2.1 Land- und forstwirtschaftliche Erzeugnisse

Darunter fallen z. B. lebende Haustiere, Fleisch, Fische, Milch, Eier, Getreide, Gemüse und Früchte, Brennholz.

2.2 Futtermittel

Dazu gehört nach Nr. 37 der Anlage neben zubereitetem Futter für Tiere auch Abfall der Lebensmittelindustrie.

2.3 Lebensmittel

Unter die Lebensmittel fallen auch Süßigkeiten wie Bonbons und Schokolade (**Nr. 29 und 30**).

Vom ermäßigten Steuersatz ausgenommen sind nur sog. Luxuslebensmittel wie Zubereitungen von Kaviar sowie zubereitete oder haltbar gemachte Langusten, Hummer und Schnecken (vgl. **Nr. 28**).

Bei Restaurationsumsätzen mit Lebensmitteln (z. B. Bewirtung in Gaststätten) ist zu beachten, dass es sich nicht um Lieferungen, sondern um sonstige Leistungen handelt. Der ermäßigte Steuersatz kommt deshalb selbst dann nicht zur Anwendung, wenn die Lebensmittel in der Anlage aufgeführt sind, da § 12 Abs. 2 Nr. 1 UStG auf sonstige Leistungen von vornherein nicht anwendbar ist (Näheres hierzu vgl. N 3).

2.4 Getränke

Von den Getränken fallen unter den ermäßigten Steuersatz nur **Milch (Nr. 4)**, Milchmischgetränke mit einem Milchanteil von mindestens 75 % **(Nr. 35)** und einfaches natürliches Wasser (Leitungs- und Quellwasser). So kann z. B. ein typischer Latte Macchiato »to go« unter die Steuerermäßigung fallen, ein normaler »Coffee to go« aber nicht.

In Flaschen abgefülltes Wasser, welches als stilles oder Mineralwasser verkauft wird, fällt nicht darunter (vgl. **Nr. 34**). Ebenso unterliegen alkoholische Getränke jeder Art sowie sonstige **zubereitete** Getränke wie Kaffee, Tee, Obst- und Gemüsesäfte dem Regelsteuersatz. Dagegen sind Kaffeepulver und Teeblätter mit dem ermäßigten Steuersatz zu besteuern **(Nr. 12)**.

2.5 Verlagserzeugnisse und Erzeugnisse des grafischen Gewerbes

Bücher, Zeitschriften und Briefmarken unterliegen grundsätzlich dem ermäßigten Steuersatz **(Nr. 49)**. Inländische Briefmarken, die zum aufgedruckten Wert veräußert werden, sind jedoch nach § 4 Nr. 8 Buchst. i UStG steuerbefreit.

Nicht ermäßigt sind Baupläne, technische Zeichnungen, Post- und Glückwunschkarten, Kalender, Vordrucke und Prospekte.

Erzeugnisse, die auf dem Index jugendgefährdender Schriften stehen, unterliegen dem Regelsteuersatz (vgl. Gesetz über die Verbreitung jugendgefährdender Schriften).

2.6 Rollstühle, Körperersatzstücke und ähnliche Gegenstände

Nach **Nr. 51** der Anlage sind Rollstühle für Kranke und Körperbehinderte begünstigt.

Unter die in **Nr. 52** der Anlage aufgeführten Gegenstände fallen z. B. Prothesen wie künstliche Hände, Arme, Beine, Augen, Schwerhörigengeräte und Zahnprothesen, nicht jedoch Brillen.

Teile von Körperersatzstücken und Zubehör sind ebenfalls nicht ermäßigt.

3 Abgabe von Speisen und Getränken zum Verzehr an Ort und Stelle

Wie unter 2 dargestellt, unterliegen grundsätzlich die Lieferungen von Speisen und von bestimmten Getränken (Milch, Milchmischgetränke) gem. § 12 Abs. 2 Nr. 1 UStG dem ermäßigten Steuersatz.

Der ermäßigte Steuersatz nach § 12 Abs. 2 Nr. 1 UStG findet jedoch nur auf Lieferungen Anwendung. Das bedeutet, dass die Abgabe von Speisen und Getränken zum Verzehr an Ort und Stelle, sofern es sich um eine sonstige Leistung (Restaurationsumsatz) handelt, nicht dem ermäßigten Steuersatz unterliegt. Hierbei ist aus der Sicht eines Durchschnittsverbrauchers zu prüfen, **ob das Element der Lieferung oder das Element der Dienstleistung qualitativ** und nicht nur quantitativ **überwiegt**, wobei folgende Grundsätze gelten:

1. Nach Art. 6 MwStSystRL-VO ist die reine Lieferung von Lebensmitteln keine Dienstleistung und damit im Umfang der Anlage 2 zum UStG ermäßigt zu besteuern (A 3.6 Abs. 2 Satz 2 UStAE).
2. Die Anlieferung zählt wie der Herstellungsprozess zu den Nebenleistungen, die von der ermäßigten Besteuerung erfasst wird (A 3.6 Abs. 2 Satz 1 3. Spiegelstrich UStAE).

3. Kommen zur Lieferung Dienstleistungselemente hinzu, die nicht notwendig mit der Vermarktung der Speisen verbunden sind und die typischerweise von Catering-Unternehmen bzw. Partyservice-Unternehmen erbracht werden (z. B. Bereitstellung von Geschirr, Tischen und Stühlen, Dekoration, Bereitstellung von Personal für die Bedienung), ist keine Lieferung von Lebensmitteln mehr gegeben, sondern eine dem Regelsteuersatz unterliegende sonstige Leistung (A 3.6 Abs. 3 UStAE). Der typische Restaurantbesuch (Restaurationsumsatz) unterfällt demnach dem Regelsteuersatz.
4. Behelfsmäßige Verzehrvorrichtungen (insbesondere bei Imbissständen) sind ebenso wie Stehtische unbeachtlich (A 3.6 Abs. 6 Beispiel 1 UStAE), nicht aber Sitzgelegenheiten. Sobald Sitzbänke aufgestellt werden, fällt der Regelsteuersatz an. Reine Stehtische sind jedoch unbeachtlich (A 3.6 Abs. 6 Beispiel 1 UStAE).
5. Erbringt der Unternehmer sowohl Lieferungen als auch Dienstleistungen, bleibt es dem Unternehmer überlassen, wie er die Abgrenzung vornimmt. Eine dahingehende Frage an die Kunden ist weiterhin zulässig (wie z. B. bei Fastfood-Restaurants) (A 3.6 Abs. 6 Beispiel 2 UStAE).
Hat der Unternehmer keine Aufzeichnungen erstellt, ist zu schätzen.

3.1 Abgabe von Speisen und Getränken im Catering-Bereich

BEISPIELE

a) Eine Metzgerei betreibt einen **Partyservice**. Die Kunden bringen eigene Platten vorbei, die Metzgerei belegt sie mit kalten Käse- und Wurstwaren und gibt noch Brot und Brötchen dazu. Die fertig belegten Platten werden von
aa) den Kunden abgeholt;
bb) der Metzgerei zu den Kunden geliefert.
LÖSUNG Es liegen begünstigte Lieferungen i. S. d. § 12 Abs. 2 Nr. 1 UStG vor, da neben den Speisenlieferungen nur Dienstleistungen erbracht werden, die als geringfügige Nebenleistungen zu beurteilen sind.

b) Eine Metzgerei betreibt einen Partyservice. Sie belegt eigene Platten mit kalten Käse- und Wurstwaren und gibt noch Brot und Brötchen dazu. Außerdem verleiht die Metzgerei das erforderliche Besteck und Essgeschirr und übernimmt deren Reinigung. Die fertigen Speisen sowie Besteck und Geschirr werden von
aa) den Kunden abgeholt;
bb) der Metzgerei zu den Kunden geliefert.
LÖSUNG Es liegen in beiden Fällen nicht begünstigte sonstige Leistungen i. S. d. § 3 Abs. 9 UStG mit 19 % USt vor, weil die Metzgerei neben der Speisenlieferung die Dienstleistung »Zur-Verfügung-Stellen von Besteck und Geschirr« erbringt und diese Dienstleistungselemente die Gesamtleistung qualitativ prägen.

c) Der Betreiber eines Partyservice liefert vom Hochzeitspaar individuell ausgewählte verzehrfertige Speisen für die Hochzeitsfeier eines Auftraggebers an. Der anliefernde Bedienstete übernimmt die Portionierung und Ausgabe der warmen Gerichte. Alle anderen erforderlichen Maßnahmen (einschließlich des »Zur-Verfügung-Stellens von Besteck und Geschirr«) erbringt der Gastgeber mit Hilfe von Familienangehörigen selbst.
LÖSUNG Es liegen nicht begünstigte sonstige Leistungen i. S. d. § 3 Abs. 9 UStG vor, da zu der Lieferung der Speisen noch die Gesamtleistung prägende Dienstleistungselemente (Portionierung und Ausgabe der Speisen vor Ort) hinzukommen. Diese Dienstleistungen sind keine Dienstleistungen, die notwendig mit der Vermarktung der Speisen verbunden sind.

3.2 Abgabe von Speisen im Bereich der Imbissbuden und Imbissecken in Ladengeschäften (Bäckereien u. Ä.)

Bei der Auslieferung von Speisen durch Imbissbudenbesitzer und Imbissecken in Ladengeschäften liegen i. d. R. steuerermäßigte Lieferungen von verzehrfertigen Speisen vor, da die Dienstleistungskomponenten bei diesen Umsätzen von untergeordneter Bedeutung sind.

> **BEISPIEL**
> Der Betreiber eines Imbissstandes gibt verzehrfertige Speisen an seine Kunden in Pappbehältern ab. Der Kunde erhält dazu eine Serviette, ein Einwegbesteck und auf Wunsch Ketchup, Mayonnaise oder Senf. Der Imbissstand verfügt an drei Seiten über eine breite Theke. Der Betreiber hat vor dem Stand drei Stehtische, aber keine Sitzgelegenheiten aufgestellt. 70 % der Kunden verzehren die Speisen an der Theke oder an den Stehtischen. Die übrigen 30 % entfernen sich mit den Speisen gänzlich vom Imbissstand.
> **LÖSUNG** Es liegen begünstigte Lieferungen i. S. d. § 12 Abs. 2 Nr. 1 UStG vor, unabhängig davon, ob die Kunden die Speisen an der Theke bzw. den Stehtischen verzehren oder mitnehmen. Bei diesen Speiseabgaben steht die Lieferung der verzehrfertigen Speise im Vordergrund. Die Bereitstellung behelfsmäßiger Verzehrvorrichtungen kann dem Umsatz nicht den Charakter einer Dienstleistung verleihen (vgl. A 3.6 Abs. 6 Beispiel 1 UStAE).

3.3 Abgabe von Speisen in Theatern, Kinos, Multiplexkinos

Die Abgabe von Speisen und Getränken in Theatern und Cabarets ist keine steuerbefreite Nebenleistung zur Theateraufführung. Sie wird auch nicht i. R. eines restaurantähnlichen Konzepts erbracht, sondern stellt eine dem ermäßigten Steuersatz unterliegende Lieferung dar. Das gilt auch für den Verkauf von Popcorn und Tortilla-Chips in Kino-Foyers. Die Bereitstellung von Stehtischen und/oder integrierten Abstellborden und -plätzen in den Kinosälen erfolgt unabhängig vom Verzehr und kann daher dem Umsatz keinen Dienstleistungscharakter verleihen (A 3.6 Abs. 4 Satz 8 UStAE).

4 Ermäßigter Steuersatz nach § 12 Abs. 2 Nr. 2 UStG bei der Vermietung von Gegenständen der Anlage 2

Auch die Vermietung der in der Anlage bezeichneten Gegenstände unterliegt nach § 12 Abs. 2 Nr. 2 UStG dem ermäßigten Steuersatz. Beispielsweise wird das Ausleihen (Vermietung) von Büchern mit dem ermäßigten Steuersatz besteuert.

5 Ermäßigter Steuersatz bei Zahntechnikern und Zahnärzten nach § 12 Abs. 2 Nr. 6 UStG

Ist ein Zahntechniker selbständiger Unternehmer, so unterliegen seine typischen zahntechnischen Leistungen dem ermäßigten Steuersatz nach § 12 Abs. 2 Nr. 6 UStG. Ebenso unterliegen die Zahnärzte mit ihren Leistungen, soweit sie gem. § 4 Nr. 14 Buchst. a Satz 2 UStG von der Steuerbefreiung ausgeschlossen sind (vgl. L 3.2.1), dem ermäßigten Steuersatz. Mit § 12 Abs. 2 Nr. 6 UStG wird erreicht, dass die Herstellung z. B. einer Zahnprothese dem ermäßigten Steuersatz unterliegt.

6 Ermäßigter Steuersatz bei kurzfristigen Beherbergungsleistungen sowie kurzfristiger Vermietung von Campingflächen nach § 12 Abs. 2 Nr. 11 UStG

Seit 2010 unterliegt die Vermietung von Wohn- und Schlafräumen, die ein Unternehmer zur kurzfristigen Beherbergung von Fremden bereithält, sowie die kurzfristige Vermietung von Campingflächen nach § 12 Abs. 2 Nr. 11 UStG dem ermäßigten Steuersatz.

Unter den Begriff kurzfristige Beherbergung fällt insbesondere die Vermietung von Hotelzimmern und Gästezimmern in Pensionen sowie die Vermietung von Ferienwohnungen und Ferienhäusern. Hinsichtlich der Kurzfristigkeit der Überlassung ist auf die Absicht des Unternehmers abzustellen, die Räume nicht auf Dauer und damit nicht zur Begründung eines dauernden Aufenthaltes i. S. d. §§ 8 und 9 AO, also für **nicht mehr als sechs Monate**, zu überlassen (vgl. A 4.12.3 Abs. 2 Satz 1 UStAE).

Begünstigt sind **nur Umsätze, die unmittelbar der Beherbergung dienen**. Vgl. dazu im Einzelnen A 12.16 Abs. 4 UStAE. Nicht begünstigt sind u. a.
- Frühstück,
- Getränke aus der Minibar,
- Nutzung von Telefon und Internet,
- Überlassung von Tagungsräumen,
- Überlassung von Sportgeräten und -anlagen,
- gesondert abgerechnete Wellnessangebote,
- Einräumung von Parkmöglichkeiten, auch wenn diese nicht gesondert vereinbart und vergütet werden

(vgl. A 12.16 Abs. 5 und 8 UStAE).[1] Da die einzelne Erfassung und Berechnung aufwändig sein können, erlaubt es die Finanzverwaltung, dass – auch für Zwecke des Vorsteuerabzugs des Leistungsempfängers – die wichtigsten begünstigten Leistungen in der Rechnung zu einem Sammelposten (z. B. »Business-Package«, »Servicepauschale«) zusammengefasst und der darauf entfallende Entgeltanteil in einem Betrag ausgewiesen werden. Hierbei wird nicht beanstandet, wenn der auf diese Leistungen entfallende Entgeltanteil mit 20 % des Pauschalpreises angesetzt wird (A 12.16 Abs. 12 UStAE).

Bei der kurzfristigen Vermietung von Campingflächen werden Flächen zum Aufstellen von Zelten sowie zum Abstellen von Wohnwagen und Wohnmobilen überlassen. Auch die kurzfristige Vermietung von ortsfesten Wohnmobilen, Wohnanhängern etc. wird mit 7 % besteuert. Als kurzfristig gilt die Vermietung, wenn die tatsächliche Gebrauchsüberlassung nicht mehr als sechs Monate beträgt (vgl. A 4.12.3 Abs. 2 Satz 1 UStAE).

Als übliche Nebenleistung zur Vermietung fällt auch die Überlassung von Strom unter den begünstigten Steuersatz.[2]

Für die Vermietung von nicht ortsfesten Wohnmobilen, z. B. für eine Rundreise, ist hingegen der Regelsteuersatz von 19 % anzuwenden.

---

1 Die Entscheidungen des EuGH vom 18.01.2018 (C-463/16, Stadion Amsterdam CV, DStR 2018, 246) und des BFH vom 02.08.2018 (V R 6/16), führen zu keinem anderen Ergebnis, obwohl das Frühstück im Hotel nach h. M. eine Nebenleistung zur Übernachtung darstellt (Abschn. 12.16 Abs. 8 S. 3 UStAE; BFH vom 24.04.2013, XI R 3/11). Denn die Entscheidung des EuGH betrifft nicht den Fall einer regelbesteuerten Nebenleistung zu einer ermäßigt besteuerten Hauptleistung (EuGH vom 18.01.2018, a. a. O., Rn. 35).
2 Ob das nach der Entscheidung des EuGH vom 16.04.2015 (C-42/14, Wojskowa Agencja Mieszkaniowa w Warszawie, DStR 2015, 888) noch uneingeschränkt gilt, ist weiterhin offen.

7 Steuersatz und Grundsatz der Einheitlichkeit der Leistung

Liegt eine einheitliche Leistung vor, so ist auf diese einheitliche Leistung grundsätzlich auch ein einheitlicher Steuersatz anzuwenden. Besteht eine einheitliche Leistung aus Haupt- und Nebenleistung, so ist nach dem Grundsatz der Einheitlichkeit der Leistung der **Steuersatz der Hauptleistung** für die gesamte Leistung maßgebend, z. B. Lieferung von Erdbeeren in Spankörben. Obwohl die Lieferung des Spankorbs an sich dem Regelsteuersatz unterliegt, fällt sie hier als Nebenleistung zur Obstlieferung unter den ermäßigten Steuersatz.

Setzt sich eine einheitliche Lieferung aus mehreren Liefergegenständen zusammen, ohne dass es sich dabei um Nebenleistungen handelt (**Sachgesamtheit**), und unterliegen die einzelnen Liefergegenstände unterschiedlichen Steuersätzen, so ist die Lieferung der Sachgesamtheit in Bezug auf die Anwendung der Steuersätze aufzuteilen, z. B. die Lieferung eines Warenkorbes bestehend aus Wein und Konfekt (BMF vom 05. 08. 2004, BStBl I 2004, 638, Rz 13 und 14). Das einheitliche Entgelt ist aufzuteilen in einen Entgeltsanteil für den Wein (Regelsteuersatz) und in einen Entgeltsanteil für das Konfekt (ermäßigter Steuersatz).

FÄLLE 17–18

FALL 17

Stellen Sie in den nachfolgenden Sachverhalten fest, ob der Regelsteuersatz oder der ermäßigte Steuersatz Anwendung findet. Gehen Sie davon aus, dass stpfl. Umsätze vorliegen.

Sachverhalt	7 %	19 %
1. Gastwirt W veräußert gegrillte Hähnchen in Warmhaltepackungen über die Straße.		
2. Verlag V liefert Tageszeitungen und Zeitschriften.		
3. Die Stadtwerke S liefern Gas an Haushalte.		
4. Die Fernküche F liefert in Warmhaltecontainern abgefülltes Essen an die W-Werke, die das Essen an ihre AN ausgeben.		
5. Steuerberater S berät einen Mandanten.		
6. Aufsichtsratsvorsitzender A kassiert für seine Aufsichtsratstätigkeit Tantiemen.		
7. Die Stadtwerke S liefern Wasser an Haushalte.		
8. Lebensmittelhändler L veräußert abgepackte Teeblätter.		
9. Die Brauerei B veräußert ein Brauereipferd.		
10. Architekt A entwirft für einen Bauherrn einen Bauplan.		
11. Der Großmarkt G veräußert Tomaten in Holzkisten.		
12. Der am Strandbad befindliche Kiosk K veräußert – bereits vom Hersteller verpacktes – Eis aus der Tiefkühltruhe zum Mitnehmen.		
13. Die Bäckerei B veräußert Brot.		
14. Die Sektkellerei K veräußert Sekt.		
15. Das Reformhaus R veräußert Obst- und Gemüsesäfte.		
16. Die Apotheke A veräußert Arzneimittel.		
17. Ingenieur I veräußert einen ausgedienten Zeichentisch.		
18. Zahnarzt Z hält einen Vortrag über Gebisspflege.		
19. Das Blumengeschäft B veräußert Schnittblumen.		
20. Die Bücherei B vermietet Bücher.		
21. Die Getränkegroßhandlung G veräußert Mineralwasser.		
22. Das Stehcafé S veräußert tassenweise Kaffee, der an Stehtischen getrunken werden kann.		
23. Die Konditorei K veräußert Schokoladetafeln.		

FALL 18

Prüfen Sie in den nachfolgenden Sachverhalten, welche steuerbaren und stpfl. Umsätze vorliegen und welcher Steuersatz zur Anwendung kommt. Errechnen Sie die USt.

1. Unternehmer S hat mit dem Gastwirt G einen Vertrag über die Abgabe von Mittagessen an seine Angestellten abgeschlossen. Die Angestellten nehmen das von S ausgesuchte Essen in der Gaststätte des G ein. G berechnet dem S für das einzelne Essen 7 €. Die Angestellten zahlen an S für das Essen 5 €.

2. Privatpatient P lässt sich beim Zahnarzt Z einen Zahn ziehen und dafür eine Zahnprothese einsetzen. Z stellt in seinem Labor mit Hilfe von Angestellten den künstlichen Zahn her und setzt ihn dem P ein. Z stellt P folgende Rechnung aus:

Zahnbehandlung	700 €
Zahnersatz	250 €
Summe	950 €

3. Adelsberger in Ludwigsburg veranstaltet eine Party. Er bestellt dazu bei der Fa. Tischlein-Deck-Dich-GmbH in Stuttgart ein kaltes Buffet bestehend aus Standardspeisen, wie Frikadellen, Schnitzelchen und Käsehäppchen, einschließlich Getränke. Die Waren werden vom Personal der Fa. Tischlein-Deck-Dich-GmbH bei Adelsberger angeliefert. Besondere Dienstleistungen, wie Dekorieren, Servieren, Gestellung von zusätzlichem Geschirr oder Reinigung der Tische, werden nicht erbracht. Adelsberger erhält folgende Rechnung:

Buffet lt. Angebot	1 050 €
10 Flaschen Champagner à 25 €	250 €
5 Flaschen Orangensaft à 2 €	10 €
10 Flaschen Mineralwasser à 0,60 €	6 €
8 Flaschen Pils à 1,50 €	12 €
Fahrt- und Transportkosten	30 €
Summe	1 358 €

Das Menü besteht ausschließlich aus Gegenständen der Anlage 2 zum UStG.

4. Hotelier H aus Heidelberg vermietet Hotelzimmer und Appartements an Touristen aus Übersee. Für eine Übernachtung berechnet er 95 €. Fakultativ können die Gäste ein Frühstück zum Preis von 12 € sowie die Benutzung des Wellnessbereichs des Hotels für 15 € pro Person buchen.

Teil O Sonderfälle zu den Lieferungen und sonstigen Leistungen

1 Tausch/tauschähnlicher Umsatz

1.1 Allgemeines

Definition Tausch:
Ein Tausch liegt vor, wenn das Entgelt für eine Lieferung (bzw. Werklieferung) in einer Gegenlieferung (bzw. Werklieferung) besteht (§ 3 Abs. 12 Satz 1 UStG).

Definition tauschähnlicher Umsatz:
Ein tauschähnlicher Umsatz liegt vor, wenn das Entgelt für eine sonstige Leistung (bzw. Werkleistung) in einer Lieferung (bzw. Werklieferung) oder sonstigen Leistung (bzw. Werkleistung) besteht oder umgekehrt (§ 3 Abs. 12 Satz 2 UStG).

Häufig stehen sich beim Tausch bzw. tauschähnlichen Umsatz die beiden Leistungen nicht gleichwertig gegenüber. Da im Wirtschaftsverkehr regelmäßig nichts verschenkt wird, erfolgt i. d. R. in Höhe der Wertdifferenz eine Ausgleichszahlung. In diesen Fällen spricht man vom Tausch bzw. tauschähnlichen Umsatz mit Baraufgabe.

Typische Fälle des Tausches mit Baraufgabe treten überall dort auf, wo Unternehmer versuchen, den Verkauf höherwertiger Wirtschaftsgüter dadurch zu fördern, dass sie gebrauchte Wirtschaftsgüter derselben Art in Zahlung nehmen (z. B. im Kfz-Handel).

1.2 Bemessungsgrundlage (§ 10 Abs. 2 Satz 2 UStG)

Falls die ausgetauschten Leistungen steuerbar und stpfl. sind, stellt sich die Frage nach der Bemessungsgrundlage für die USt. Nach § 10 Abs. 2 Satz 2 UStG gilt der Wert jedes Umsatzes als Entgelt für den anderen Umsatz. Bemessungsgrundlage für den Umsatz des leistenden Unternehmers ist also der **Wert der empfangenen Leistung** abzüglich der darin (Bruttobetrag) enthaltenen USt.

Bemessungsgrundlage ist somit **nicht**, wie fälschlicherweise oft angenommen wird, der Wert der (eigenen) **hingegebenen Leistung**.

Hat der leistende Unternehmer für seine hingegebene Leistung konkrete Aufwendungen getätigt, sind diese als Entgelt für die erhaltene Leistung anzusetzen. Fehlt es an konkreten Aufwendungen, ist der gemeine Wert der erhaltenen Gegenleistung maßgebend (vgl. A 10.5 Abs. 1 Satz 6 UStAE).

Der **gemeine Wert** ist in § 9 Abs. 2 BewG wie folgt definiert: »Der gemeine Wert wird durch den Preis bestimmt, der im gewöhnlichen Geschäftsverkehr nach der Beschaffenheit des WG bei einer Veräußerung zu erzielen wäre. Dabei sind alle Umstände, die den Preis beeinflussen, zu berücksichtigen. Ungewöhnliche oder persönliche Verhältnisse sind nicht zu berücksichtigen.«

Wenn ein Marktpreis, ein Verkehrswert oder ein Veräußerungspreis feststellbar ist, so kann i. d. R. davon ausgegangen werden, dass dieser dem gemeinen Wert entspricht.

Allerdings ist hier nicht von einem objektivierten Wert auszugehen, sondern von dem Wert, den die Parteien der Gegenleistung bei Leistungserbringung beimessen (A 10.5 Abs. 1 Sätze 2 ff. UStAE).

BEISPIEL

Eine OHG ist im Handel mit Kraftfahrzeugen tätig und führte auch sog. »Streckengeschäfte« durch, bei denen sie jeweils ein neues Kraftfahrzeug (Neufahrzeug) verkaufte und dabei neben einer Geldleistung (sog. Baraufgabe) u. a. ein gebrauchtes Kraftfahrzeug (Altfahrzeug) des Käufers in Zahlung nahm. Das Altfahrzeug veräußerte sie später weiter.
Beim Verkauf ging die OHG davon aus, dass das Gebrauchtfahrzeug einen Wert von 5.000 € hatte und berechnete deshalb (zusätzlich) eine Baraufgabe von (nur) 20.000 €. Beim späteren Verkauf des Gebrauchtfahrzeugs stellte sich jedoch heraus, dass das Gebrauchtfahrzeug lediglich einen Wert von 2.000 € hatte.
LÖSUNG Das Entgelt wird nach subjektiven Werten und nicht anhand von objektiven Werten ermittelt, also anhand des angenommenen Wertes des in Zahlung genommenen Fahrzeugs (5.000 €) plus der Baraufgabe (20.000 €). Die USt beträgt 25.000 € * 19/119 = 3.991,60 €. Sie wird im Nachhinein nicht gemindert (vgl. BFH vom 25. 04. 2018, XI R 21/16, DStR 2018 S. 1290).

1.3 Besonderheit der Bemessungsgrundlage beim Tausch bzw. tauschähnlichem Umsatz mit Baraufgabe

Der Barausgleich bewirkt in den Fällen des Tausches mit Baraufgabe, dass beim Empfänger des Barausgleichs in Höhe dieses Barausgleichs eine Entgeltserhöhung und beim Geber eine entsprechende Entgeltsminderung eintritt (die Hingabe des Geldes stellt auch hier keine Leistung, sondern nur Entgelt dar).

Demzufolge können das Entgelt und die USt nach folgender Formel ermittelt werden:

a) **beim Empfänger des Barausgleichs:**

(Gemeiner) Wert des erhaltenen Umsatzes
+ empfangener Barausgleich
= Bruttobetrag
./. USt
= Entgelt

b) **beim Geber des Barausgleichs:**

(Gemeiner) Wert des erhaltenen Umsatzes
./. hingegebener Barausgleich
= Bruttobetrag
./. USt
= Entgelt

MERKSATZ

1. Die Anwendung der Formel setzt voraus, dass (gemeiner) Wert und Barausgleich als Bruttobeträge vorliegen. Sind ausnahmsweise Nettobeträge angegeben, so sind diese zunächst auf Bruttobeträge umzurechnen.
2. Nimmt ein Unternehmer einen Gegenstand zu einem höheren Preis als seinem (gemeinen) Wert in Zahlung, ist dennoch die Formel unverändert unter Ansatz des (gemeinen) Wertes anzuwenden. Der Unternehmer gewährt in diesem Fall einen sog. verdeckten Preisnachlass. Dieser mindert sein Entgelt.

FALL 19

Ermitteln Sie für die Unternehmer in den nachfolgenden Sachverhalten die Bemessungsgrundlage und die USt.
1. Kfz-Händler K veräußert einen neuen Pkw zum Listenpreis von 22 800 € an den Handelsvertreter H (Unternehmer), der seinen gebrauchten Geschäfts-Pkw (unbestrittener gemeiner Wert 4 000 €) dafür in Zahlung gibt. Den Differenzbetrag i. H. v. 18 800 € zahlt er in bar.
2. Kfz-Händler K veräußert an den Rechtsanwalt R einen neuen Pkw zum Listenpreis von 21 300 €. R gibt seinen gebrauchten Geschäfts-Pkw (unbestrittener gemeiner Wert 4 000 €) dafür in Zahlung. K rechnet R dafür 5 000 € an. R muss noch 16 300 € in bar zuzahlen.

2   Rückgabe

Im Geschäftsleben kommen Fälle vor, in denen eine Lieferung zwar ausgeführt wurde, der Liefergegenstand jedoch aus verschiedenen Gründen vom Abnehmer wieder an den Lieferanten zurückgegeben wird. Wird in diesen Fällen das der ursprünglichen Lieferung zugrundeliegende Verpflichtungsgeschäft aufgehoben, spricht man von Rückgabe oder Rückgängigmachung der Lieferung.

Typische Fälle der Rückgabe liegen vor, wenn
- ein Leistungsempfänger einen Liefergegenstand innerhalb der Gewährleistungsfrist dem Lieferanten wieder zurückgibt, weil der Gegenstand Mängel aufweist;
- ein Unternehmer einen Gegenstand unter Eigentumsvorbehalt geliefert hat und sich den Gegenstand wieder zurückgeben lässt, weil der Abnehmer den Kaufpreis nicht bezahlen kann.

Liegt ein Fall einer Rückgabe vor, wird durch die Rückgabe die ursprüngliche Lieferung **annulliert**. Erfolgt die Rückgabe noch im selben VZ, in dem die Lieferung erfolgt ist, wird dies so behandelt, als ob überhaupt keine Lieferung erfolgt wäre (vgl. A 1.1 Abs. 4 Satz 1 UStAE). Erfolgt die Rückgabe erst nach Ablauf des VZ, in dem die Lieferung erfolgt ist, muss die Lieferung für den VZ der Lieferung versteuert werden und zwar auch dann, wenn die Rückgabe schon erfolgt ist, bevor die USt-Voranmeldung für diesen VZ erstellt worden ist. Für den VZ der Rückgabe muss dann gem. § 17 Abs. 2 Nr. 3 UStG in sinngemäßer Anwendung des § 17 Abs. 1 UStG der Lieferant seine USt-Schuld und der Abnehmer ggf. den VStA berichtigen.

FALL 20

Stellen Sie in den nachfolgenden Fällen die umsatzsteuerliche Auswirkung fest.
1. Elektrohändler E bezieht beim Elektrogroßhändler G 100 Leuchtstoffröhren einer bestimmten Serie. E holt die Röhren bei G am 28. 06. 01 ab. Die Rechnung lautet auszugsweise wie folgt:

100 Leuchtstoffröhren à 20€	2 000€
+ 19 % USt	380 €
insgesamt	2 380€

   »Bei Zahlung innerhalb von 8 Tagen 3 % Skonto vom Nettobetrag.«
   E stellt fest, dass sämtliche Röhren mit einem Materialfehler behaftet sind und nicht funktionieren. Er bringt deswegen die Röhren am 03. 07. 01 zu G zurück. G storniert daraufhin die Rechnung.
2. Kunde K erwirbt am 01. 02. 01 beim Elektrohändler E ein Fernsehgerät. Der Kaufpreis i. H. v. 2 000 € soll wie folgt bezahlt werden:
   500 € sofort bei Übergabe des Gerätes am 01. 02. 01, die restlichen 1 500 € in 15 Monatsraten á 100 €, beginnend ab 01. 03. 01. E behält sich im Vertrag bis zur vollständigen Bezahlung des Kaufpreises das Eigentum am Gerät zurück.

K stellte nach Bezahlung der Rate für August 01 seine Ratenzahlungen ein, weil es ihm unmöglich war, sich das dafür erforderliche Geld zu beschaffen. E holte daraufhin am 01. 11. 01 das Fernsehgerät bei K wieder ab. Für diesen Fall war hilfsweise vereinbart, dass K für jeden Monat der Nutzung 100 € Miete bezahlt. Dementsprechend verrechnet E 900 € Miete für die Monate Februar bis Oktober (9 Monate) mit der Anzahlung von 500 € und den 6 Ratenzahlungen (März bis August 600 €) und zahlt den Restbetrag i. H. v. 200 € an K zurück.

3 Leistungen des Unternehmers an sein Personal (Arbeitnehmer)

3.1 Allgemeines

Bei Leistungen des Unternehmers, die dieser aufgrund des Dienstverhältnisses an seine AN oder deren Angehörige ausführt, gelten Sonderregelungen. Das UStG unterscheidet dabei folgende beiden Fallgruppen:
1. Die AN wenden für die erhaltene Leistung kein Entgelt auf.
2. Die AN entrichten für die erhaltene Leistung ein Entgelt, ggf. in Form der anteiligen Arbeitsleistung.

Zu beachten ist dabei, dass eine Leistung des Unternehmers an den AN nur dann vorliegen kann, wenn der AN sie in seiner Eigenschaft als Privatperson erhält. Erhält der AN Gegenstände oder Dienstleistungen aus betrieblichem Anlass, liegt keine Leistung vom Arbeitgeber an den AN vor. Hier handelt es sich um einen Vorgang innerhalb des Unternehmens.

3.2 Unentgeltliche Leistungsabgabe an das Personal (Arbeitnehmer)

Eine unentgeltliche Leistungsabgabe liegt dann vor, wenn der AN für die erhaltene Leistung kein Entgelt, auch nicht in Form der anteiligen Arbeitsleistung, aufzuwenden hat.

Liegt ein solcher Fall vor, wird diese unentgeltliche Leistung nach den Vorschriften des § 3 Abs. 1 b und 9 a UStG wie eine entgeltliche Leistung behandelt. Eine Besteuerung erfolgt jedoch nur dann, wenn es sich hierbei nicht um sog. Aufmerksamkeiten handelt und der Arbeitgeber beim Einkauf der Leistung ganz oder teilweise zum VStA berechtigt war. Weitere Ausführungen hierzu vgl. Q.

3.3 Entgeltliche Leistungsabgabe an das Personal (Arbeitnehmer)

Erbringt der Unternehmer (Arbeitgeber) eine Leistung an seinen AN, kann neben einer klassischen Entgeltzahlung in Geld auch ein Entgelt des AN in Form einer Arbeitsleistung vorliegen. Liegt ein solcher Tatbestand vor, handelt es sich um einen tauschähnlichen Umsatz (§ 3 Abs. 12 Satz 2 UStG). Vgl. hierzu A 1.8 Abs. 1 UStAE.

Im Falle der Entgeltlichkeit kann das für die unentgeltliche Leistungsabgabe geltende Besteuerungsverbot in den Vorschriften des § 3 Abs. 1 b und 9 a UStG nicht angewendet werden. Dies bedeutet, dass der Arbeitgeber eine Besteuerung seiner Leistung auch dann vornehmen muss, wenn er beim Leistungseinkauf nicht zum VStA berechtigt war.

Überlässt ein Unternehmer (Arbeitgeber) seinem AN ein Kraftfahrzeug auch zur privaten Nutzung, ist dies **grundsätzlich** als **entgeltliche Leistung** i. S. d. § 1 Abs. 1 Nr. 1 Satz 1 UStG anzusehen (A 15.23 Abs. 8 Satz 1 UStAE). Die Gegenleistung des AN besteht in der anteiligen Arbeitsleistung, die er für die Privatnutzung des gestellten Kraftfahrzeugs erbringt. Die Überlassung des Kraftfahrzeugs ist als Vergütung für geleistete Dienste und damit als entgeltlich anzusehen, wenn sie im Arbeitsvertrag geregelt ist, auf mündlichen Abreden oder sonstigen Umständen des Arbeitsverhältnisses (z. B. der faktischen betrieblichen Übung) beruht. Von Entgeltlichkeit ist stets auszugehen, wenn das Kraftfahrzeug dem AN für eine gewisse Dauer und nicht nur gelegentlich zur Privatnutzung überlassen wird. Die Verwaltung geht ausnahmsweise dann von einer unentgeltlichen Überlassung des Kraftfahrzeuges an den AN aus, wenn die vereinbarte private Nutzung des Fahrzeugs derart gering ist, dass sie für die Gehaltsbemessung keine wirtschaftliche Rolle spielt, und nach den objektiven Gegebenheiten eine weitergehende private Nutzungsmöglichkeit ausscheidet (A 15.23 Abs. 12 Satz 1 UStAE). Danach wird von der Verwaltung eine unentgeltliche Fahrzeugüberlassung nur dann angenommen, wenn dem AN das Fahrzeug nur gelegentlich (von Fall zu Fall) an nicht mehr als fünf Kalendertagen im Kalendermonat für private Zwecke überlassen wird (A 15.23 Abs. 12 Satz 2 UStAE).

3.4 Ansatz lohnsteuerlicher Werte

In den Fällen, in denen das Entgelt in einer zusätzlichen Arbeitsleistung angenommen wird, wird es von der Verwaltung aus Vereinfachungsgründen nicht beanstandet, wenn für die umsatzsteuerliche Bemessungsgrundlage von den lohnsteuerlichen Werten ausgegangen wird. Diese Werte sind dann als Bruttowerte anzusehen, aus denen die USt herauszurechnen ist (vgl. A 1.8 Abs. 8 UStAE).

In folgenden Fällen können die lohnsteuerlichen Pauschalwerte übernommen werden:
a) Abgabe von Mahlzeiten an AN durch AG-Kantinen, in denen das Essen selbst hergestellt wird,
- Ansatz lohnsteuerlicher Sachbezugswert mit 3,17 € ab dem KJ 2017 (A 1.8 Abs. 11 UStAE);
b) Gestellung von Kraftfahrzeugen (A 15.23 UStAE)
- bei Fahrten des AN zwischen Wohnung und Arbeitsstätte 0,03 % vom Bruttolistenpreis des Neufahrzeugs als pauschale Kosten pro Monat pro Entfernungs-km (§ 8 Abs. 2 Satz 3 EStG),
- bei Heimfahrten i. R. einer doppelten Haushaltsführung 0,002 % vom Bruttolistenpreis des Neufahrzeugs als pauschale Kosten pro Entfernungs-km und pro Fahrt (§ 8 Abs. 2 Satz 5 EStG),
- für die übrigen Privatfahrten 1 % des Bruttolistenpreises des Neufahrzeugs pro Monat (§ 8 Abs. 2 Satz 2 i. V. m. § 6 Abs. 1 Nr. 4 Satz 2 EStG).

BEISPIEL

Der Unternehmer A hat einen Pkw zum Listenpreis von 100 000 € (inkl. USt) erworben und ihn seinem Unternehmen zu 100 % zugeordnet. A überlässt den Pkw unentgeltlich seinem AN N für betriebliche Fahrten, reine Privatfahrten, Fahrten zwischen Wohnung und Arbeitsstätte sowie für Familienheimfahrten. N nutzt den Pkw an 15 Tagen im Monat (180 Tage im Jahr) für Fahrten zwischen Wohnung und Betrieb. Die einfache Fahrstrecke (Entfernungs-km) beträgt 10 km. Außerdem nutzt er den Pkw auch für Privatfahrten (ca. 30 bis 35 %). N hat auch eine doppelte Haushaltsführung und tätigt einmal im Monat eine Familienheimfahrt. Die einfache Fahrstrecke (Entfernungs-km) beträgt 100 km.

LÖSUNG Bei der Überlassung des Pkw handelt es sich um sonstige Leistungen von A an N, die aufgrund des Arbeitsverhältnisses erbracht werden. Lt. Verwaltungsauffassung steht der sonstigen Leistung ein Entgelt in Form einer zusätzlichen Arbeitsleistung gegenüber. Die Leistung ist mangels einer Steuerbefreiung auch stpfl. Der Steuersatz beträgt 19 %.

Die Bemessungsgrundlage bestimmt sich gem. § 10 Abs. 4 Nr. 2 UStG nach den durch die Fahrten des N verursachten Kosten.

Zur Vereinfachung der Kostenermittlung kann vom lohnsteuerlichen Ansatz des geldwerten Vorteils ausgegangen werden. Der Werbungskostenanteil für die Fahrten zwischen Wohnung und Arbeitsstätte und die Familienheimfahrten darf jedoch bei der USt nicht abgezogen werden. Der pauschale Kostenansatz (Bruttowert) berechnet sich wie folgt:

a) **Reine Privatfahrten:**

1 % vom Bruttolistenpreis:	1 000,00 €
USt hieraus für einen Monat (Bruttobetrag) 19/119	159,66 €
USt hierauf für ein volles Jahr 12 × 159,66 €	915,92 €

b) **Fahrten zwischen Wohnung und Arbeitsstätte:**

0,03 % vom Bruttolistenpreis als pauschale Kosten pro Monat pro Entfernungs-km	30,00 €

Kein Abzug der AN-Pauschale!

Bemessungsgrundlage pro Monat 30,00 € × 10 km	300,00 €
USt hieraus für einen Monat (Bruttobetrag) 19/119	47,90 €
USt hieraus für ein volles Jahr 12 × 47,90 €	574,80 €

c) **Familienheimfahrten:**

0,002 % vom Bruttolistenpreis als pauschale Kosten pro Entfernungs-km pro Fahrt	2,00 €

Kein Abzug der AN-Pauschale!

Bemessungsgrundlage brutto pro Fahrt 100 km × 2,00 €	200,00 €
USt hieraus für eine Familienheimfahrt (Bruttobetrag) 19/119	31,93 €
USt für die 12 Familienheimfahrten im Jahr 12 × 31,93 €	383,16 €

3.5 Mindestbemessungsgrundlage bei Leistungen des Unternehmers an sein Personal gegen besonders berechnetes Entgelt

Soweit der Unternehmer eine Leistung an seine AN erbringt und ihnen hierfür ein Entgelt in Geld berechnet, ist grundsätzlich das von den AN entrichtete Entgelt als Bemessungsgrundlage anzusetzen. Dies gilt jedoch dann nicht, wenn der Unternehmer aufgrund des Dienstverhältnisses die Leistung verbilligt an die AN abgibt. In diesem Fall ist gem. § 10 Abs. 5 Nr. 2 UStG der sich nach § 10 Abs. 4 UStG ergebende Wert (sog. Mindestbemessungsgrundlage) anzusetzen. Zum Zwecke der Prüfung, ob der Unternehmer die Leistung verbilligt an seine AN abgibt und somit die Mindestbemessungsgrundlage eingreift, muss zunächst ein Vergleichswert ermittelt werden. Dieser bestimmt sich bei einer Lieferung nach dem Einkaufspreis oder den Selbstkosten und bei einer sonstigen Leistung nach den Ausgaben (§ 10 Abs. 4 UStG). Liegt der lt. Gesetz anzusetzende Mindestwert über dem Marktpreis, beschränkt sich die Mindestbemessungsgrundlage auf diesen Marktpreis, wenn das vom AN entrichtete Entgelt dem Marktpreis entspricht (vgl. A 10.7 Abs. 1 Satz 4 UStAE).

Soweit in diesen Fällen nach Verwaltungsregelungen lohnsteuerrechtliche Werte anzusetzen sind, sind diese Werte in bestimmten Fällen (siehe A 1.8 Abs. 8 Satz 2 UStAE) auch für den Vergleichswert maßgebend. Ist der ermittelte Vergleichswert höher als das vom AN tatsächlich entrichtete Entgelt, liegt ein Fall der Mindestbemessungsgrundlage gem. § 10 Abs. 5 Nr. 2 UStG vor und es ist der Vergleichswert als maßgebende Bemessungsgrundlage anzusetzen.

> **BEISPIEL**
>
> Unternehmer U in Stuttgart gewährt seinen AN in der nahegelegenen Gastwirtschaft arbeitstäglich ein Mittagessen für 1,50 €. Der Einkaufspreis pro Essen beträgt 3 € zuzügl. 0,57 € USt.
>
> **LÖSUNG** Umsatzsteuerlich liegt nach Ansicht der Finanzverwaltung eine sonstige Leistung (Restaurationsumsatz) vom Gastwirt an U und eine sonstige Leistung (Restaurationsumsatz) von U an seine AN vor.[1]
>
> Zu prüfen ist, ob U an seine AN aufgrund des Dienstverhältnisses »verbilligte Restaurationsumsätze« nach § 10 Abs. 5 Nr. 2 UStG tätigt. Hierzu ist zunächst der Wert zu ermitteln (Vergleichswert), der im Falle eines Restaurationsumsatzes ohne besonders berechnetes Entgelt anzusetzen wäre. Dieser Vergleichswert beträgt 3 € netto bzw. 3,57 € brutto.
>
> Da das tatsächlich entrichtete Bruttoentgelt von 1,50 € pro Essen niedriger ist als der Bruttovergleichswert, greift die Mindestbemessungsgrundlage gem. § 10 Abs. 5 Nr. 2 UStG ein. Der als Bemessungsgrundlage anzusetzende Wert beträgt 3 € netto. Die USt errechnet sich mit 19 % von 3 € = 0,57 €. (Vgl. auch A 1.8 Abs. 12 Nr. 1 und Beispiel 1 UStAE.)

4 Kommissions- und Agenturgeschäfte

4.1 Allgemeines

Wenn ein Unternehmer Gegenstände verkauft, handelt es sich i. d. R. um solche Gegenstände, die in seinem Eigentum stehen und die er auf eigenes Risiko verkauft. Daneben gibt es Fälle, in denen ein Unternehmer Gegenstände **im Auftrag eines anderen** verkauft. In diesen Fällen trägt nicht der Unternehmer, sondern der Auftraggeber das Verkaufsrisiko. Solche Fälle liegen vor bei

- Kommissionsgeschäften oder
- Agenturgeschäften.

4.1.1 Definition Kommissionsgeschäft

Den Fall der Kommission haben Sie bereits unter C 4.3 Beispiel i) kennen gelernt. Das Besondere am Kommissionsgeschäft (Verkaufskommission) ist, dass jemand Waren für Rechnung eines anderen **im eigenen Namen** verkauft. Nach § 383 HGB nennt man denjenigen, der ein solches Geschäft gewerbsmäßig tätigt, **Kommissionär** und denjenigen, der ein solches Geschäft in Auftrag gibt, **Kommittent**.

Der Kommissionär ist stets Unternehmer. Der Kommittent kann Unternehmer, aber auch Privatmann sein. Typische Fälle der Kommission kommen vor im Buchhandel, Möbelhandel, Viehhandel.

4.1.2 Definition Agenturgeschäft

Ein Agenturgeschäft liegt dann vor, wenn jemand Waren für Rechnung eines anderen **in dessen Namen** verkauft. Wenn jemand ständig als Selbständiger solche Agenturgeschäfte im Auftrag eines anderen Unternehmers (Auftraggeber) tätigt, nennt man ihn Handelsvertreter (§ 84 HGB).

In diesem Fall sind sowohl der Handelsvertreter als auch sein Auftraggeber Unternehmer. Agenturgeschäfte im umsatzsteuerlichen Sinne kommen jedoch auch bei Unternehmern vor,

---

[1] Das sieht der BFH indes anders – BFH vom 29. 01. 2014, XI R 4/12 – und nimmt eine Leistung des Gastwirtes an den AN an.

die keine Handelsvertreter, sondern sog. Gelegenheitsvermittler sind. Auftraggeber des Agenturgeschäftes kann auch ein Privatmann sein.

Typische Fälle der Agentur treten auf beim Handelsvertreter, Grundstücksmakler, Tankstellenpächter oder Auktionator.

4.2 Die Leistung des Kommissionärs und des Handelsvertreters (Agenten)

Wie Sie unter C 4.3 Beispiel i) gesehen haben, erbringt der Kommissionär bei der Verkaufskommission eine Lieferung an den Abnehmer der Ware, obwohl das Eigentum unmittelbar vom Kommittenten auf den Abnehmer übergeht. Der Kommittent erbringt seinerseits aufgrund der Fiktion des § 3 Abs. 3 UStG eine Lieferung an den Kommissionär.

Weil die **Fiktion des § 3 Abs. 3 UStG nur beim Kommissionsgeschäft** gilt, liegt beim Agenturgeschäft **unmittelbar** eine Lieferung vom bisherigen Eigentümer der Ware (Auftraggeber) an den Abnehmer vor. Der Handelsvertreter (Agent) erbringt eine sonstige Leistung (Vermittlungsleistung) an den Auftraggeber.

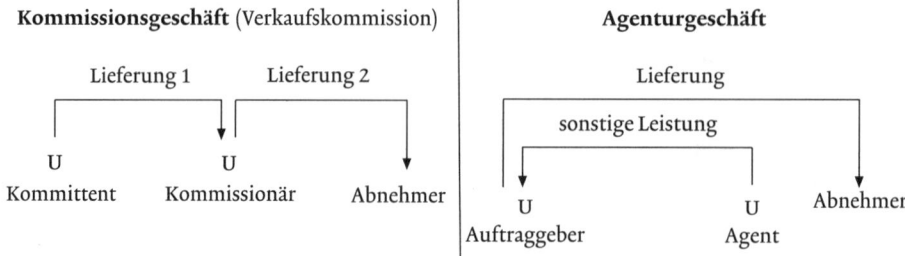

Der Zeitpunkt für die Lieferung des Kommittenten an den Kommissionär fällt mit dem Zeitpunkt der Lieferung vom Kommissionär an den Abnehmer zusammen (vgl. A 3.1 Abs. 3 Satz 7 UStAE). Allerdings kann nach Auffassung der Verwaltung in den Fällen, in denen die Kommissionsware von einem Mitgliedstaat der EU in einen anderen Mitgliedstaat der EU befördert oder versendet wird, bereits im Zeitpunkt des innergemeinschaftlichen Verbringens von einer Lieferung des Kommittenten an den Kommissionär ausgegangen werden (vgl. A 3.1 Abs. 3 Satz 8 und A 1a.2 Abs. 7 UStAE).

4.3 Abgrenzung Kommissionsgeschäft – Agenturgeschäft

Wegen der unterschiedlichen Behandlung von Kommission und Agentur im USt-Recht ist es wichtig, diese Fälle unterscheiden zu können. Gemeinsam ist beiden Geschäften, dass sowohl der Kommissionär als auch der Agent für fremde Rechnung tätig werden.

Sie unterscheiden sich aber darin, dass der Kommissionär im **eigenen Namen**, der Agent dagegen im **fremden Namen** (des Auftraggebers) tätig wird.

4.3.1 Handeln für fremde Rechnung

Wer auf fremde Rechnung handelt, hat das Interesse des Auftraggebers, nicht sein eigenes wahrzunehmen und insbesondere bezüglich des Verkaufspreises die Weisungen des Auftraggebers zu befolgen. Wenn der Kommissionär die Lieferung ausgeführt hat, muss er den Kommittenten hiervon unverzüglich unterrichten. Er hat den Abnehmer zu nennen und auch sonst über das Geschäft Rechenschaft abzulegen. Weiterhin muss er den Verkaufserlös nach Abzug seiner Provision herausgeben (§ 384 HGB).

Entsprechendes gilt für den Agenten, wenn er bevollmächtigt worden ist, den Verkaufspreis entgegenzunehmen. Wer auf fremde Rechnung handelt, trägt kein eigenes Verkaufsrisiko, hat andererseits aber auch zivilrechtlich **nur** einen Anspruch auf **Provision**. Handelt jemand nicht für fremde Rechnung, ist er Eigenhändler bzw. wird, auch wenn er im bzw. unter fremden Namen auftreten sollte, wie ein Eigenhändler behandelt (sog. unechter Agent).

4.3.2 Handeln im fremden Namen

Nur der Agent handelt im fremden Namen. Während das Handeln für fremde Rechnung das Innenverhältnis zwischen Agent und Auftraggeber betrifft, bezieht sich das Handeln im fremden Namen auf das Außenverhältnis zwischen Agent und Abnehmer Handeln im fremden Namen heißt: Dem Abnehmer der Ware muss beim Vertragsabschluss eindeutig erkennbar sein, dass er nicht in Rechtsbeziehungen zum Agenten, sondern zum Auftraggeber des Agenten tritt. **Der Abnehmer muss den Auftraggeber namentlich kennen.**

> **MERKSATZ**
>
> Ob ein Handeln in eigenem Namen (dann Kommission) oder in fremdem Namen (dann Vermittlung) vorliegt, bestimmt sich aus der Sicht des Leistungsempfängers. Nur wenn dieser weiß, dass er den Vertrag mit einer dritten Person abschließt, bezieht er die Leistung unmittelbar von dieser dritten Person (und nicht vom »Vermittler«). Muss er annehmen, dass er die Leistung von demjenigen bezieht, der »vor ihm steht«, bezieht er die Leistung unmittelbar und nur von dieser Person. »Dahinter« kann ein Kommissionsgeschäft »versteckt« sein, von dem er keine Kenntnis haben muss.

4.4 Bemessungsgrundlage beim Kommissionsgeschäft (Verkaufskommission)

4.4.1 Bemessungsgrundlage für die Lieferung des Kommissionärs

Entgelt für die Lieferung des Kommissionärs ist – wie sonst auch – alles, was der Abnehmer aufzuwenden hat, um die Lieferung zu erhalten, abzüglich der USt. Es wäre also falsch, wenn der Kommissionär nur die ihm zustehende Provision versteuern würde, denn bei dem vom Abnehmer erhaltenen und an den Kommittenten weitergeleiteten Erlös handelt es sich um **keinen durchlaufenden Posten** gem. § 10 Abs. 1 Satz 6 UStG.

4.4.2 Bemessungsgrundlage für die Lieferung des Kommittenten an den Kommissionär

Gem. § 3 Abs. 3 UStG **gilt** der Kommissionär als Abnehmer des Kommittenten. Entgelt beim Kommittenten ist auch hier wieder – wie sonst – alles, was der Abnehmer aufzuwenden hat, um die Lieferung zu erhalten, abzüglich der USt. Das ist alles, was der Kommissionär an den Kommittenten abzuführen hat, abzüglich der USt. **Kosten** und **Provision** des Kommissionärs, die dieser vom Verkaufserlös einbehält, gehören somit **nicht** zum Entgelt des Kommittenten.

4.5 Bemessungsgrundlage beim Agenturgeschäft

4.5.1 Bemessungsgrundlage für die sonstige Leistung des Agenten

Entgelt ist – auch hier – alles, was der Auftraggeber für die **erhaltene Vermittlungsleistung** aufzuwenden hat, abzüglich der USt. Dazu gehören neben der Provision auch Kosten, die der Auftraggeber dem Agenten ersetzt. Im Falle, dass der Agent den Kaufpreis für den Abnehmer einzieht, liegt insoweit beim Agenten ein **durchlaufender Posten i. S. d.** § 10 Abs. 1 Satz 6 UStG vor, der nicht zum Entgelt des Agenten gehört.

4.5.2 Bemessungsgrundlage für die Lieferung des Auftraggebers an den Abnehmer

Entgelt ist alles, was der Abnehmer für die erhaltene Lieferung aufzuwenden hat, abzüglich der USt. Falls der Agent den Kaufpreis beim Abnehmer einzieht und nach Abzug seiner Provision und etwaiger Kosten an den Auftraggeber weiterleitet, ist darauf zu achten, dass zum Entgelt des Auftraggebers auch die Provision und die einbehaltenen Kosten gehören. Denn der Abnehmer hat auch diese Beträge für die Lieferung aufgewendet.

4.6 Dienstleistungskommission

Die Grundsätze des »klassischen« Kommissionsgeschäfts, die nur für Liefergeschäfte gelten, werden gem. § 3 Abs. 11 UStG auch auf die sonstigen Leistungen übertragen. Wird ein Unternehmer in die Erbringung einer sonstigen Leistung eingeschaltet und handelt er dabei im eigenen Namen, jedoch für fremde Rechnung (sog. Geschäftsbesorger), gilt diese Leistung als an ihn und von ihm erbracht. Auch hier gilt also wieder der Grundsatz, dass es auf die Sicht des Leistungsempfängers ankommt. Dieser darf nicht wissen, dass hinter dem Geschäftsbesorger noch ein zweiter steht.

Die Vorschrift fingiert dabei eine Leistungskette. Sie behandelt einen Unternehmer (Geschäftsbesorger), der bei der Erbringung einer sonstigen Leistung im eigenen Namen, aber für fremde Rechnung tätig wird, als habe er die sonstige Leistung selbst erhalten und selbst erbracht. Der Unternehmer wird auf diese Weise – fiktiv – zum Empfänger der ersten und zum Erbringer der zweiten Leistung (Näheres hierzu vgl. A 3.15 UStAE).

Beachte: Die beiden Leistungen, d. h. die an den Geschäftsbesorger erbrachte und die von ihm ausgeführte Leistung, werden **(nur) vom Leistungsinhalt her gleichbehandelt**. Im Übrigen ist jede der beiden Leistungen (Auftraggeber des Geschäftsbesorgers an Geschäftsbesorger; Geschäftsbesorger an Empfänger der Leistung) – unter Berücksichtigung der Leistungsbeziehung – gesondert für sich nach den allgemeinen Regeln des Umsatzsteuergesetzes zu beurteilen. § 3 Abs. 11 UStG greift somit **z. B. nicht** in die Regelung über den **Ort** der sonstigen Leistung **oder** eine **Steuerbefreiung** ein.

> **BEISPIEL**
>
> Der im Inland ansässige Eigentümer E eines in Spanien belegenen Ferienhauses beauftragt G mit Sitz im Inland im eigenen Namen, aber für seine Rechnung, Mieter für kurzfristige Ferienaufenthalte in seinem Ferienhaus zu besorgen.
>
> **LÖSUNG** Da G in die Erbringung sonstiger Leistungen (kurzfristige Vermietungsleistungen gem. § 4 Nr. 12 Satz 2 UStG) eingeschaltet wird und dabei im eigenen Namen, jedoch für fremde Rechnung handelt, gelten die Leistungen als an ihn und von ihm erbracht.
>
> E ─────────────────► G   G ─────────────────► E Mieter
>   kurzfristige Vermietungsleistungen   kurzfristige Vermietungsleistungen

Die Vermietungsleistungen des E an G und die Vermietungsleistungen des G an die Mieter sind im Inland nicht steuerbar. Der Ort der sonstigen Leistungen ist gem. § 3a Abs. 3 Nr. 1 Satz 2 Buchst. a UStG jeweils in Spanien (Belegenheitsort). Die Besteuerung von E und G in Spanien erfolgt nach spanischem Recht.

FALL 21

Prüfen Sie in den nachfolgenden Fällen, welche steuerbaren und stpfl. Umsätze vorliegen. Errechnen Sie die USt.

1. Möbelhändler M hat von der Möbelfirma F 10 Schrankwände in Kommission genommen. Die Schrankwände wurden von der Fa. F mit eigenem Lkw bei M am 15. 11. 01 angeliefert. Nach den zwischen M und F getroffenen Vereinbarungen ist M für den Weiterverkauf ein Verkaufspreis von je 6 000 € netto vorgeschrieben. Transportkosten zum Abnehmer darf M zusätzlich berechnen. Je Schrankwand erhält M eine Provision i. H. v. 1 000 € netto sowie die evtl. angefallenen und dem Kunden berechneten Transportkosten.
Am 10. 12. 01 konnte M an den Kunden K eine solche Schrankwand verkaufen. Die Auslieferung erfolgte am 13. 12. 01. M stellt K folgende auszugsweise dargestellte Rechnung aus:

Lieferung Schrankwand	6 000 €
+ Transportkosten	200 €
	6 200 €
+ 19 % USt	1 178 €
insgesamt	7 378 €

Am 17. 12. 01 rechnete M mit F über diese Schrankwand wie folgt ab:
Verkauf einer Schrankwand an den Kunden K 6 000 €

+ Transportkosten	200 €
./. Provision.	./. 1 000 €
./. Transportkosten	./. 200 €
	5 000 €
+ 19 % USt	950 €
Ihr Guthaben	5 950 €

2. Privatmann P beauftragt den Grundstücksmakler G mit dem Verkauf seines bisher selbst bewohnten Einfamilienhauses. P und G schließen am 10. 05. 01 einen Vermittlungsvertrag ab, wonach G ermächtigt wird, das Haus im Namen des P zum Mindestverkaufspreis von 500 000 € zu verkaufen. Vom Verkaufserlös erhält G von P eine Provision i. H. v. 2 %. Am 03. 06. 01 veräußert G das Haus zum Preis von 540 000 € im Namen des P an A. G berechnet P für die Vermittlung eine Provision von 10 800 €.

Teil P Unternehmer, Unternehmen

1   Unternehmer

1.1   Allgemeines

In den bisherigen Fällen konnten Sie ohne weiteres davon ausgehen, dass das Tatbestandsmerkmal Unternehmer gegeben ist. Nachfolgend sollen Sie in die Lage versetzt werden, dies selbst beurteilen zu können. Hierzu bestimmt § 2 Abs. 1 Sätze 1 und 3 UStG:

»Unternehmer ist, **wer eine gewerbliche oder berufliche Tätigkeit selbständig** ausübt.«

»Gewerblich oder beruflich ist jede nachhaltige Tätigkeit zur Erzielung von Einnahmen, auch wenn die Absicht, Gewinn zu erzielen, fehlt …«

Im Normalfall liegt eine gewerbliche oder berufliche Tätigkeit immer dann vor, wenn jemand einkommensteuerrechtlich

- Einkünfte aus Land- und Forstwirtschaft,
- Einkünfte aus Gewerbebetrieb,
- Einkünfte aus selbständiger Tätigkeit,
- Einkünfte aus Vermietung und Verpachtung

bezieht. Die Begriffsbestimmung der gewerblichen oder beruflichen Tätigkeit nach § 2 Abs. 1 Satz 3 UStG ist jedoch noch umfassender. Sie beinhaltet jede nachhaltige Tätigkeit zur Erzielung von Einnahmen (Einnahmeerzielungsabsicht)**.**

Die Unternehmereigenschaft verlangt damit **vier Tatbestandsvoraussetzungen**:

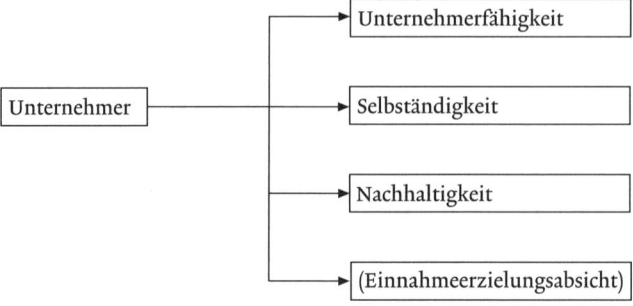

1.2   Unternehmerfähigkeit

Darunter versteht man die Fähigkeit, überhaupt Unternehmer sein zu können. Diese Unternehmerfähigkeit hat zunächst einmal jeder Mensch, und zwar von Geburt an bis zu seinem Tode. Bei natürlichen Personen (Menschen) deckt sich also die Unternehmerfähigkeit mit der bürgerlich-rechtlichen **Rechtsfähigkeit**. Unternehmerfähigkeit setzt **keine Geschäftsfähigkeit** und nicht einmal Handlungsfähigkeit voraus.

> **BEISPIEL**
>
> Der zwei Monate alte Säugling S erbt die Fabrik seines Onkels O. Seine Eltern leiten als seine gesetzlichen Vertreter die Fabrik bis zu seiner Volljährigkeit.

In diesem Falle ist S der Unternehmer und nicht seine Eltern. Es kommt für die Unternehmereigenschaft nicht darauf an, wer die Geschäfte tätigt, sondern in **wessen Namen** dies geschieht.

Neben den **natürlichen Personen** besitzen auch die **juristischen Personen** (z. B. Aktiengesellschaft, GmbH) sowie die **Personenvereinigungen des bürgerlichen Rechts mit Teilrechtsfähigkeit** (z. B. OHG, KG und GbR) die Unternehmerfähigkeit.

Ob auch eine **Bruchteilsgemeinschaft** Unternehmer sein kann, ist fraglich. Die Verwaltung bejaht dies in A 2.1 Abs. 2 Satz 2 UStAE (noch), die Rechtsprechung lehnt es ab (BFH vom 22. 11. 2018, V R 65/17).

Gegenstand dieses Lehrbuchs soll jedoch nur die Unternehmereigenschaft von natürlichen Personen sein.

1.3 Selbständigkeit

§ 2 Abs. 2 Nr. 1 UStG trifft hierzu folgende negative Begriffsbestimmung: »Die Tätigkeit wird nicht selbständig ausgeübt, soweit natürliche Personen einem Unternehmen so eingegliedert sind, dass sie den Weisungen des Unternehmers zu folgen verpflichtet sind.«

D. h., derjenige, welcher nur als **AN i. S. d.** LSt-Rechts tätig ist, kann kein Unternehmer sein. In Zweifelsfällen ist die Frage der Selbständigkeit bzw. Unselbständigkeit nach lohnsteuerlichen Kriterien vorzunehmen. Einzelheiten hierzu vgl. Band 7, Grobshäuser/Sauter; Lohnsteuer (B 2).

Allerdings ist die Beurteilung nach dem nationalen LSt-Recht nicht zwingend. In Zweifelsfällen entscheidend ist letztlich Art. 10 MwStSystRL. Diese Bestimmung schließt Lohn- und Gehaltsempfänger und sonstige Personen von der Besteuerung aus, soweit sie an ihren Arbeitgeber durch einen Arbeitsvertrag oder ein sonstiges Rechtsverhältnis gebunden sind, da ein Arbeitsvertrag hinsichtlich der Arbeitsbedingungen und des Arbeitsentgelts sowie der Verantwortlichkeit des Arbeitgebers ein Verhältnis der Unterordnung schafft.

Auch die Kriterien des Arbeitsrechts und des Sozialrechts sind für die steuerrechtliche Einstufung als unselbständige Tätigkeit ohne Bedeutung. Die Rechtsprechung legt hier besonderen Wert auf das Merkmal des Unternehmerrisikos in Form des Vergütungsrisikos. Wird eine Vergütung für Ausfallzeiten nicht gezahlt, spricht dies für die Selbständigkeit.

Ein Abstellen auf ertragsteuerliche Grundsätze ist im Umsatzsteuerrecht regelmäßig verboten. Die Verwaltung akzeptiert jedoch beim Kriterium der Selbständigkeit ausnahmsweise in A 2.2 Abs. 1 Satz 1 UStAE eine Gleichstellung zum Lohnsteuerrecht, so dass die dort gelernten Grundsätze herangezogen werden können.

> **MERKSATZ**
>
> Ein Abstellen auf ertragsteuerliche Grundsätze ist im USt-Recht regelmäßig verboten. Die Verwaltung akzeptiert jedoch beim Kriterium der Selbständigkeit eine Gleichstellung zum LSt-Recht, so dass die dort gelernten Grundsätze herangezogen werden können.

1.4 Nachhaltige Tätigkeit

Unter Tätigkeit in diesem Sinne versteht man in erster Linie das Erbringen von Leistungen, darüber hinaus jedoch auch Vorbereitungshandlungen für Leistungen.

Nachhaltigkeit liegt grundsätzlich dann vor, wenn die Tätigkeit planmäßig wiederholt wird und auf eine gewisse Dauer angelegt ist. Durch Art. 9 MwStSystRL ist jedoch der Unternehmerbegriff etwas eingeschränkt worden. Dementsprechend ist § 2 UStG richtlinienkonform auszulegen. Hiernach gelten folgende Grundsätze.

a) Wer als Nichtunternehmer Gegenstände aus seinem Privatvermögen veräußert, wird dadurch allein nicht zum Unternehmer, selbst wenn er dabei in Wiederholungsabsicht und planmäßig handelt. Zu den Gegenständen des Privatvermögens gehören auch diejenigen Gegenstände, die i. R. eines Hobbys erworben wurden, z. B. eine **Briefmarkensammlung** oder eine Münzsammlung (vgl. A 2.3 Abs. 6 Satz 2 UStAE). Zum Unternehmer wird eine Person in derartigen Fällen erst dann, wenn sie nach Art und Umfang der Tätigkeit wie ein vergleichbarer Gewerbetreibender, z. B. Münzhändler oder Briefmarkenhändler, auftritt (vgl. BFH vom 29. 06. 1987, BStBl II 1987, 744). Dies hat der BFH z. B. beim planmäßigen, wiederholten und mit erheblichem Organisationsaufwand betriebenen Verkauf von 140 fremde Pelzmäntel über "eBay" angenommen (BFH vom 12. 08. 2015, XI R 43/13, BStBl II 2015, 919).

b) Die Nachhaltigkeit ist nach dem Gesamtbild der Verhältnisse zu beurteilen und muss eine gewisse Intensität erreichen. Ein Werksangehöriger eines Automobilwerks, der regelmäßig einen **Jahreswagen** veräußert, tritt zwar aufgrund seines Werksangehörigenrabatts wie ein vergleichbarer Pkw-Händler auf. Jedoch ist die Veräußerung von Fahrzeugen im Abstand von mehr als einem Jahr noch nicht so intensiv, dass der Werksangehörige zum Unternehmer würde (vgl. A 2.3 Abs. 6 Satz 2 UStAE).

c) Die Vermietung allein eines einzigen Gegenstandes ist i. d. R. bereits als nachhaltige Tätigkeit zu behandeln. Der BFH nimmt sogar dann eine nachhaltige Tätigkeit an, wenn ein Ehepartner nur einen Gegenstand an den anderen Ehepartner vermietet (vgl. hierzu BFH vom 04. 05. 1994 BStBl II 1994, 829).

Die nur **gelegentliche Vermietung eines Freizeitgegenstandes** (überwiegend privat genutztes Wohnmobil) durch den Eigentümer ist dagegen keine unternehmerische Tätigkeit. Bei der Beurteilung, ob zur nachhaltigen Erzielung von Einnahmen vermietet wird, kann ins Gewicht fallen, dass nur ein einziges, seiner Art nach für die Freizeitgestaltung geeignetes Fahrzeug angeschafft, es überwiegend für private eigene Zwecke und für nichtunternehmerische Zwecke des Ehegatten genutzt worden ist, dass es nur mit Verlusten eingesetzt und weitestgehend von dem Ehegatten finanziert und unterhalten wurde, dass es nur für die Zeit der effektiven Nutzung als Mietfahrzeug versichert worden war und dass weder ein Büro noch besondere Einrichtungen zur Unterbringung und Pflege des Fahrzeugs vorhanden waren (vgl. A 2.3 Abs. 7 UStAE und BFH vom 12. 12. 1996 BStBl II 1997, 368).

1.5   Einnahmeerzielungsabsicht

Die Tätigkeit muss nur auf die Erzielung von Einnahmen, nicht jedoch auf die Erzielung von Gewinn gerichtet sein (vgl. § 2 Abs. 1 Satz 3 UStG). Der umsatzsteuerrechtliche Unternehmerbegriff darf nicht mit den einkommensteuerlichen Grundsätzen der »Liebhaberei« verwechselt werden. Die Höhe der Einnahmen spielt zwar für die Beurteilung der nachhaltigen Tätigkeit eine Rolle, jedoch schadet es nicht, wenn den Einnahmen weit höhere Ausgaben gegenüberstehen. Entscheidend ist, dass die Tätigkeit vorwiegend zur Einnahmeerzielung und nicht als Hobby o. Ä. ausgeführt wird (vgl. hierzu BFH vom 21. 05. 1987 BStBl II 1987, 735).

FALL 22

Stellen Sie fest, ob in den nachfolgenden Sachverhalten der Leistende Unternehmer ist, und begründen Sie diese Entscheidung.
1. AN A veräußert sein Motorrad an den Gebrauchtwagenhändler E in Stuttgart für 5 000 €.
2. Der in einem Industriebetrieb angestellte Hausmeister H betreibt in diesem Betrieb auf eigene Rechnung eine Kantine.
3. Der Amerikaner A, der seinen Wohnsitz in New York (USA) innehat, besitzt in Stuttgart einen Fabrikationsbetrieb zur Herstellung von elektronischen Schaltelementen. Der Betrieb wird von dem angestellten Geschäftsführer G im Namen des A geführt. G hat von A hierfür alle Vollmachten erhalten. A ist bisher überhaupt noch nie nach Deutschland gekommen.
4. Der Handelsreisende H hat mit seinem Auftraggeber, der Fa. S, folgende Vereinbarungen getroffen:
   a) Er verpflichtet sich, seine Arbeitskraft ausschließlich der Fa. S zur Verfügung zu stellen.
   b) Kundenbesuche kann er nach eigener Auswahl und Zeiteinteilung durchführen.
   c) Als Entlohnung erhält er ein Fixum und eine Provision.
   d) Der Pkw wird von der Fa. S gestellt.
   e) H muss täglich einen Reisebericht erstellen.
   f) Er hat Anspruch auf Jahresurlaub und nimmt an der betrieblichen Altersversorgung teil.
5. Privatperson P lässt sich auf dem Dach seines Einfamilienhauses eine Photovoltaikanlage installieren. Den erzeugten Strom speist P gegen Entgelt in das allgemeine Stromnetz ein.

2 Unternehmen

2.1 Allgemeines

Bei der Umsatzart »Lieferungen und sonstige Leistungen« sind Sie bisher ohne weitere Prüfung davon ausgegangen, dass Leistungen i. R. **des Unternehmens** vorliegen.

Damit Sie selbst beurteilen können, ob dieses Tatbestandsmerkmal vorliegt, wird nachfolgend der Begriff des **Unternehmens** erläutert. Dieser Begriff ist auch für unentgeltliche Lieferungen i. S. v. § 3 Abs. 1b Nr. 1 UStG, unentgeltliche Leistungen i. S. d. § 3 Abs. 9a UStG und für den VSt A von Bedeutung.

Nach § 2 Abs. 1 Satz 2 UStG umfasst das Unternehmen die **gesamte** gewerbliche oder berufliche Tätigkeit des Unternehmers. Diese Vorschrift beinhaltet folgenden wichtigen Grundsatz:

Jeder Unternehmer hat immer nur ein einziges Unternehmen (Einheitstheorie).

Aufgrund dieser Einheitstheorie liegt bei einem Unternehmer, der z. B. mehrere gewerbliche oder freiberufliche Betriebe besitzt, dennoch nur ein einziges Unternehmen vor.

BEISPIEL

Unternehmer U besitzt in Stuttgart eine Nachtbar, in Ludwigsburg eine Gaststätte und in Heilbronn eine Metzgerei.

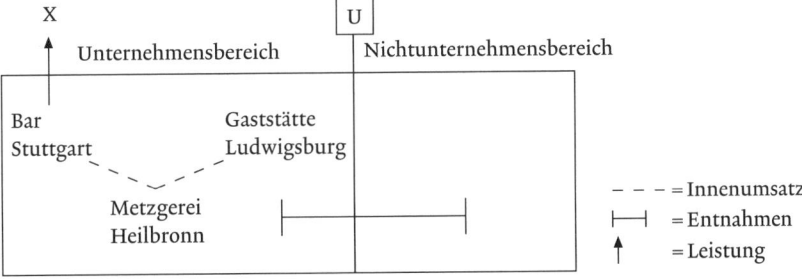

Sämtliche Gewerbebetriebe zusammen bilden das eine Unternehmen des U. Neben dem Unternehmensbereich hat U noch einen außerunternehmerischen Bereich.

Warenbewegungen innerhalb des Unternehmens (z. B. von der Metzgerei zur Gaststätte oder zur Bar) stellen zwar Tätigkeiten i. R. des Unternehmens dar, es liegen jedoch keine Lieferungen vor, da die Gegenstände nicht in die Verfügungsmacht eines Dritten gelangen. Entsprechend können innerhalb des Unternehmens keine sonstigen Leistungen erbracht werden. Man spricht von **nichtsteuerbaren Innenumsätzen**. (Warenbewegungen vom Inland in einen anderen EU-Mitgliedstaat werden jedoch gem. § 3 Abs. 1 a Nr. 1 UStG als Lieferung gegen Entgelt fingiert.)

Bei **Entnahmen** vom Unternehmensbereich in den außerunternehmerischen Bereich werden zwar keine Leistungen bewirkt, die Entnahmen können jedoch nach § 3 Abs. 1 b Nr. 1 und Abs. 9 a UStG entgeltlichen Leistungen gleichgestellt sein (vgl. Q).

2.2 Leistungen vom Unternehmensbereich an Dritte

Erfolgen Leistungen vom Unternehmensbereich an Dritte, werden diese i. R. **des Unternehmens** ausgeführt. Leistungen i. R. des Unternehmens liegen dann vor, wenn es sich um
- Grundgeschäfte,
- Hilfsgeschäfte,
- Nebengeschäfte

handelt.

Grundgeschäfte liegen bei Leistungen des Unternehmers vor, die den Hauptzweck der unternehmerischen Tätigkeit bilden.

Hilfsgeschäfte liegen bei solchen Leistungen vor, die sich im Gefolge der Haupttätigkeit des Unternehmers ergeben, z. B. die Veräußerung von nicht mehr benötigten Gegenständen des Anlagevermögens (vgl. A 2.7 Abs. 2 UStAE).

Nebengeschäfte liegen bei Leistungen vor, die auch noch Ausfluss der Haupttätigkeit des Unternehmers sind und mit ihr in einem wirtschaftlichen Zusammenhang stehen (z. B. Werbeleistungen eines selbständigen Berufssportlers).

Hinweis: Nach A 2.7 Abs. 2 Satz 2 UStAE gehört zu den Hilfsgeschäften jede Tätigkeit, die die Haupttätigkeit mit sich bringt. Der Begriff Hilfsgeschäft wird danach auch als Oberbegriff für Hilfsgeschäfte und Nebengeschäfte verwendet.

2.3 Umsätze aus Vermietung und Verpachtung

Neben den gewerblichen und freiberuflichen Betrieben eines Unternehmers gehört zum Unternehmensbereich auch die Vermietung und Verpachtung (insbesondere von Grundstücken). Dies gilt auch dann, wenn das Grundstück einkommensteuerrechtlich Privatvermögen darstellt.

2.4 Verfahrensrechtliche Auswirkung der Einheitstheorie

Ausfluss der Einheitstheorie ist, dass der Unternehmer, auch wenn er zahlreiche Betriebe hat, alle in diesen Betrieben erzielten Umsätze und angefallenen Vorsteuern in nur einer **einzigen Steueranmeldung** (Voranmeldung, Jahresanmeldung) erklären muss.

FALL 23

Stellen Sie im nachfolgenden Fall den Rahmen des Unternehmens und die umsatzsteuerrechtlichen Auswirkungen fest.

A ist Inhaber eines Baugeschäftes. Daneben ist er noch als freier Architekt tätig. Außerdem besitzt er ein Mehrfamilienhaus, welches er vermietet hat, und ein Einfamilienhaus, welches er mit seiner Familie bewohnt.

Zur Aufstockung seiner betrieblichen Mittel veräußert er ein geerbtes Gemälde, das bisher in seinem Einfamilienhaus hing, für 20 000 €. Den Erlös legt er in sein Bauunternehmen ein.

3 Unternehmensvermögen bei Gegenständen

Gegenstände, die dem Unternehmer gehören und die dem Unternehmensbereich zuzuordnen sind, werden als Gegenstände des Unternehmensvermögens bezeichnet. Erwirbt der Unternehmer einen Gegenstand, den er seinem Unternehmen zuordnet, ist er grundsätzlich (vorbehaltlich der VStA-Verbote) bezüglich der beim Erwerb anfallenden USt zum VStA berechtigt.

Ein Gegenstand, der **ausschließlich** unternehmerisch genutzt wird oder mit dem der Unternehmer Handel treibt, gehört grundsätzlich zum Unternehmensvermögen.

Bei Gegenständen, die **sowohl** unternehmerisch **als auch** außerunternehmerisch genutzt werden, hat der Unternehmer grundsätzlich ein **Zuordnungswahlrecht**. In der Praxis handelt es sich hierbei im Wesentlichen um bebaute oder unbebaute Grundstücke, Pkws, Computer und Telefonanlagen.

Bei der Zuordnung handelt es sich um eine Prognoseentscheidung, die sich grundsätzlich nach der im **Zeitpunkt des Leistungsbezugs beabsichtigten Verwendung** richtet. Formulierungen in § 15 UStG die etwas anders suggerieren wie z. B. »nutzt« (in Abs. 1 Satz 2) oder »verwendet« (in Abs. 2 Satz 1) sind insoweit irreführend.

MERKSATZ

Entscheidender Zeitpunkt für die Zuordnung zum Unternehmen ist der Zeitpunkt des Leistungsbezugs. Da zu diesem Zeitpunkt zumeist noch keine tatsächliche Nutzung / Verwendung stattfindet, kommt es entscheidend auf die Absicht des Leistungsempfängers an.

Das Zuordnungswahlrecht wurde gem. § 15 Abs. 1 Satz 2 UStG durch eine **Bagatellgrenze** eingeschränkt. Soll hiernach ein Gegenstand zu weniger als 10 % für das Unternehmen genutzt werden, kann er nicht dem unternehmerischen Bereich zugeordnet werden.

Die einkommensteuerliche Behandlung des Gegenstands (notwendiges oder gewillkürtes Betriebsvermögen oder Privatvermögen) ist für die umsatzsteuerliche Zuordnungsentscheidung ohne Bedeutung.

Ordnet der Unternehmer einen solchen Gegenstand dem Unternehmen voll zu, ist er grundsätzlich[1] zum vollen VStA berechtigt und muss dafür die private Nutzung versteuern.

---

1 Vorbehaltlich der Vorsteuerabzugsverbote. Insbesondere ist § 15 Abs. 1 b UStG für nach dem 01.01.2011 angeschaffte oder hergestellte und teilweise außerunternehmerisch genutzte Grundstücke zu beachten (§ 27 Abs. 16 UStG).

Darstellung des Begriffs Unternehmensvermögen

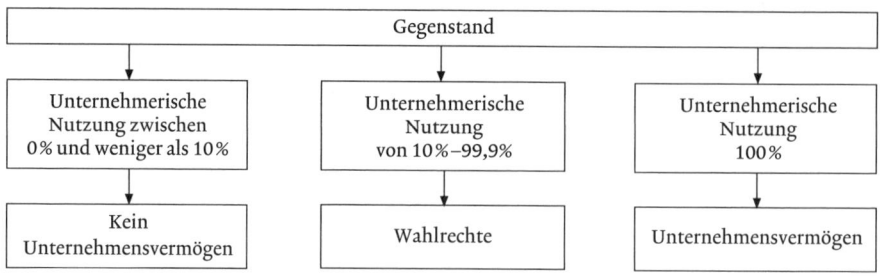

Hinsichtlich der gemischt genutzten Gegenstände, die der Unternehmer zu wenigstens 10 % und bis zu weniger als 100 % unternehmerisch nutzt, hat der Unternehmer folgende Wahlmöglichkeiten (vgl. A 15.2c Abs. 2 Nr. 2b UStAE):
1. volle Zuordnung zum Unternehmensvermögen,
2. volle Zuordnung zum nichtunternehmerischen Bereich,
3. teilweise Zuordnung zu einem beliebigen Anteil zum unternehmerischen und zum nichtunternehmerischen Bereich (Trennungsprinzip).

3.1 Ausübung des Zuordnungswahlrechtes

Hinsichtlich der Ausübung des Wahlrechts ist nach A 15.2c Abs. 1, 2, 16, 17 und 18 UStAE Folgendes zu beachten:

Die Zuordnung eines Gegenstands zum Unternehmen erfordert eine durch Beweisanzeichen gestützte Zuordnungsentscheidung des Unternehmers bei Anschaffung, Herstellung oder Einlage des Gegenstands. Die **Geltendmachung des VStA** ist regelmäßig ein gewichtiges Indiz für, die Unterlassung des VStA ein ebenso gewichtiges Indiz gegen die Zuordnung eines Gegenstands zum Unternehmen. Ist ein VStA nicht möglich, müssen andere Beweisanzeichen herangezogen werden. Gibt es keine Beweisanzeichen für eine Zuordnung zum Unternehmen, kann diese nicht unterstellt werden.

Ist im Fall der Anschaffung oder Herstellung eines Gebäudes ein VStA nicht möglich, kann eine teilweise oder vollständige Zuordnung zum Unternehmen angenommen werden, wenn der Unternehmer gegenüber dem Finanzamt durch eine schriftliche Erklärung spätestens bis zur Abgabe der USt-Erklärung für das Jahr, in dem die jeweilige Leistung bezogen worden ist, erklärt, dass und in welchem Umfang er das Gebäude dem Unternehmen zugeordnet hat. Entsprechendes gilt, wenn ein VStA nur teilweise möglich ist und sich aus dem Umfang des geltend gemachten VStA nicht ergibt, mit welchem Anteil das Gebäude dem Unternehmen zugeordnet wurde. Gibt der Unternehmer keine entsprechende Erklärung ab und kann aus dem Umfang der Geltendmachung des VStA nicht auf die Zuordnung zum Unternehmen geschlossen werden, kann diese nicht unterstellt werden.

Aus der Verbuchung des Ankaufs eines Gegenstandes, auch des Verkaufs, kann nicht auf eine Zuordnung des Gegenstandes zum Unternehmen geschlossen werden. Zwar kann auch die bilanzielle und ertragsteuerliche Behandlung eines WG ein Indiz für die umsatzsteuerliche Behandlung sein; so kann z. B. der Umstand, dass der Unternehmer ein WG, das er als gewillkürtes Betriebsvermögen behandeln könnte, nicht bilanziert, ein Indiz dafür sein, dass er es auch umsatzsteuerrechtlich nicht seinem Unternehmen zuordnet (BFH vom 31. 01. 2002 BStBl II 2003, 813). Bei einem Gegenstand, der überwiegend betrieblich genutzt wird, kann aber aus dem Umstand, dass er ertragsteuerlich notwendig dem Betriebsvermögen zuzurechnen ist und vom Unternehmer entsprechend behandelt wird, nicht geschlossen werden, dass der Unternehmer ihn auch umsatzsteuerlich seinem Unternehmen zugeordnet hat.

Auch der Umstand, dass der Unternehmer für die laufenden Kosten einen VStA geltend gemacht hat, ist kein Beweisanzeichen dafür, dass der Gegenstand dem Unternehmen zugeordnet worden ist.

Eine (vollständige) Zuordnung des Gegenstands zum unternehmerischen Bereich kann allenfalls daraus abgeleitet werden, dass der Unternehmer die private Verwendung des Gegenstandes gem. § 3 Abs. 9a Nr. 1 UStG versteuert hat (BFH vom 31. 01. 2002 BStBl II 2003, 813).

3.2 Frist für die Ausübung der Zuordnungsentscheidung

Wie bereits o. a. ist die Zuordnungsentscheidung bereits bei Leistungsbezug für einen einheitlichen Gegenstand zu treffen. Die Zuordnungsentscheidung kann jedoch **bis einschließlich 31. Juli**[1] **des** auf den Erwerbszeitpunkt **folgenden Jahres** nach außen dokumentiert werden, wenn frühere Anhaltspunkte für eine vollständige oder teilweise Zuordnung der bezogenen Leistung zum Unternehmen fehlen. Bis zu diesem Zeitpunkt kann auch eine im Voranmeldungsverfahren getroffene Zuordnungsentscheidung korrigiert werden. Fristverlängerungen für die Abgabe der Steuererklärungen, die oftmals auch Steuerberatern zugestanden werden, haben darauf keinen Einfluss.

3.3 Umsatzsteuerrechtliche Auswirkung der Zuordnung bei gemischter Nutzung von Gegenständen mit Ausnahme von Grundstücken

Die Zuordnung gemischt genutzter Gegenstände zum Unternehmen hat Auswirkungen auf den VStA und die umsatzsteuerrechtliche Behandlung der privaten Nutzung. Am Beispiel des Pkws wird nachfolgend dargestellt, wie sich die Zuordnung auswirkt.

Zudem ist zu beachten, dass der VStA nicht nur durch die Zuordnung zum Unternehmen, sondern auch durch evtl. VStA-Verbote beeinflusst wird. Nachfolgend werden nur Fälle dargestellt, in denen keine VStA-Verbote eingreifen, d. h. die Pkw werden i. R. der unternehmerischen Nutzung ausschließlich für stpfl. Umsätze verwendet.

Die Auswirkungen der Zuordnung bei gemischter Nutzung von Pkws zeigt das folgende Beispiel.

> **BEISPIELE**
>
> Der Unternehmer U erwarb am 01. 03. 01 einen Pkw, den er zu 90 % für unternehmerische und zu 10 % für nichtunternehmerische Zwecke zu nutzen beabsichtigte. Aufgrund des Fahrtenbuchs ergab sich nach Ablauf des KJ 01 eine unternehmerische Nutzung von 85 %. Das Fahrzeug wird im KJ 02 veräußert.
> a) U ordnet den Pkw voll seinem unternehmerischen Bereich zu.
> **LÖSUNG**
> - Es ist der volle VStA aus den Anschaffungskosten und den laufenden Betriebskosten möglich.
> - Die Privatnutzung wird gem. § 3 Abs. 9a Nr. 1 UStG einer entgeltlichen sonstigen Leistung gleichgestellt.
> - Die Veräußerung ist voll stpfl.

---

[1] Für vor 2018 angeschaffte Gegenstände musste die Zuordnungsentscheidung bis Ende Mai des Folgejahres vorgenommen werden.

a) U ordnet den Pkw voll seinem nichtunternehmerischen Bereich zu.

LÖSUNG
- Keine Vorsteuer aus den Anschaffungskosten. Nach A 15.2c Abs. 3 UStAE aber anteilige Vorsteuern (85 %) aus den laufenden Betriebskosten wie Reparatur- und Wartungskosten, Treibstoffkosten, soweit sie auf die unternehmerische Nutzung entfallen. Vorsteuerbeträge, die unmittelbar und ausschließlich auf die unternehmerische Verwendung des Fahrzeugs entfallen, z. B. Vorsteuerbeträge aus Reparaturaufwendungen aufgrund eines Unfalls während einer unternehmerisch veranlassten Fahrt, können in voller Höhe abgezogen werden.
- Die Privatnutzung ist nicht steuerbar.
- Die Veräußerung ist nicht steuerbar.

a) U ordnet den Pkw zu 90 % seinem unternehmerischen Bereich zu.

LÖSUNG
- Die Vorsteuer kann aus den Anschaffungskosten und den laufenden Betriebskosten anteilig i. H. v. 90 % abgezogen werden.
- Die Privatnutzung i. H. v. 5 % wird gem. § 3 Abs. 9a Nr. 1 UStG einer entgeltlichen sonstigen Leistung gleichgestellt.
- Die Veräußerung ist zu 90 % steuerbar und stpfl.

Anmerkung: In der Praxis entscheiden sich die Unternehmer regelmäßig für die Variante a), da sie ihnen den maximalen VStA ermöglicht und außerdem die verfahrensmäßige Abwicklung am einfachsten ist. Die Unternehmer haben in dieser Variante sofort den vollen VStA und müssen den Ausgleich für die private Nutzung erst nach erfolgter Privatnutzung durch deren Versteuerung vornehmen, also wenn deren Anteil sicher feststellbar ist. Die Variante c) ist demgegenüber nur dann zu erwägen, wenn der private Nutzungsanteil nicht schwankt und von vornherein sicher feststellbar ist. Fälle der Variante b) kommen in der Praxis nur dann vor, wenn die Zuordnung zum Unternehmen wegen Unterschreitung der 10 %-Grenze nicht möglich ist.

3.4 Umsatzsteuerrechtliche Auswirkung der Zuordnung bei gemischter Nutzung von Grundstücken

Hinsichtlich der Auswirkungen der Zuordnungsentscheidung ist bei gemischter Nutzung von Grundstücken zwischen zwei Fallgruppen zu unterscheiden:
1. Sog. **Altobjekte**, d. h. Grundstücke, die bis zum 31.12.2010 angeschafft oder mit deren Herstellung bis zu diesem Zeitpunkt begonnen worden ist.
2. Sog. **Neuobjekte**, d. h. Grundstücke, die ab dem 01.01.2011 angeschafft oder mit deren Herstellung nach diesem Zeitpunkt begonnen worden ist.

Gem. § 27 Abs. 16 UStG ist bei Anschaffung das Datum des rechtswirksam abgeschlossenen obligatorischen Vertrags oder gleichstehenden Rechtsakts entscheidend. Als Beginn der Herstellung gilt
1. bei Gebäuden, für die eine Baugenehmigung erforderlich ist, der Zeitpunkt, in dem der Bauantrag gestellt wird;
2. bei baugenehmigungsfreien Gebäuden, für die Bauunterlagen einzureichen sind, der Zeitpunkt, in dem die Bauunterlagen eingereicht werden.

3.4.1 Gemischte Nutzung so genannter Altobjekte

Die umsatzsteuerlichen Folgen bezüglich gemischt genutzter Altobjekte entsprechen den unter 3.2 dargestellten Rechtsfolgen für gemischt genutzte Pkws. Ergänzend zu beachten ist lediglich, dass die Nutzung zu eigenen Wohnzwecken nicht unter § 4 Nr. 12a UStG fällt und damit stpfl. ist (A 4.12.1 Abs. 3 Satz 6 UStAE). Das nachfolgende Beispiel zeigt die Folgen der verschiedenen Zuordnungsentscheidungen auf.

BEISPIELE

Der Unternehmer U errichtet in 2010 auf eigenem Grund und Boden ein Gebäude, welches er nach Fertigstellung, wie von vornherein geplant, entsprechend dem Verhältnis der Nutzfläche zu 60 % für unternehmerische und zu 40 % für nichtunternehmerische Zwecke verwendet. Die unternehmerische Nutzung erfolgt für stpfl. Umsätze.

a) U ordnet das Gebäude zu 100 % seinem unternehmerischen Bereich zu (sog. Seeling-Modell).

LÖSUNG
- Der VStA ist i. H. v. 100 % aus den Herstellungskosten und den laufenden Betriebskosten zulässig.
- Die Privatnutzung ist gem. § 3 Abs. 9a Nr. 1 UStG steuerbar und stpfl.
- Die Veräußerung ist steuerbar, aber nach § 4 Nr. 9a UStG steuerfrei (Optionsmöglichkeit zur Steuerpflicht).

b) U ordnet das Gebäude voll seinem nichtunternehmerischen Bereich zu.

LÖSUNG
- Es ist kein VStA aus den Herstellungskosten möglich. Aus den laufenden Betriebskosten, soweit sie auf die unternehmerische Nutzung entfallen (z. B. Heizkosten, Wartungskosten, etc.), kann die Vorsteuer abgezogen werden.
- Die Privatnutzung ist nicht steuerbar.
- Die Veräußerung ist nicht steuerbar.

c) U ordnet das Gebäude zu 60 % seinem unternehmerischen Bereich zu.

LÖSUNG
- Ein 60 %iger VStA aus den Herstellungskosten und den laufenden Betriebskosten ist möglich.
- Die Privatnutzung ist nicht steuerbar.
- Die Veräußerung ist zu 60 % steuerbar, aber nach § 4 Nr. 9 Buchst. a UStG steuerfrei (Optionsmöglichkeit zur Steuerpflicht).

3.4.2 Gemischte Nutzung so genannter Neuobjekte

Auch für die gemischt genutzten Neuobjekte gilt das Zuordnungswahlrecht des A 15.2c Abs. 18 UStAE:
- Der Unternehmer kann das Gebäude voll dem unternehmerischen Bereich zuordnen oder
- voll dem nichtunternehmerischen Bereich oder
- teilweise dem unternehmerischen und nichtunternehmerischen Bereich.

Allerdings greift für Neuobjekte das VStA-Verbot des § 15 Abs. 1b UStG. Danach ist der VStA ausgeschlossen, soweit der Unternehmer das Grundstück für außerunternehmerische Zwecke oder den privaten Bedarf des Personals nutzt. Dies gilt sowohl für Vorsteuern aus der Anschaffung/Herstellung des Grundstücks als auch für Vorsteuern aus laufenden Betriebskosten.

Entsprechend entfällt die Besteuerung der außerunternehmerischen Nutzung nach § 3 Abs. 9a Nr. 1 UStG. Das ordnet der Gesetzgeber in § 3 Abs. 9a Nr. 1 UStG im letzten Halbsatz sogar ausdrücklich an.

Im Hinblick auf spätere mögliche Nutzungsänderungen ist eine vollständige Zuordnung zum Unternehmensvermögen sinnvoll, so dass bei einer Erhöhung des unternehmerischen Nutzungsanteils (vgl. § 15a Abs. 6a UStG) der zunächst nach § 15 Abs. 1b UStG erfolgte Vorsteuerausschluss unter den Voraussetzungen des § 15a UStG korrigiert werden kann. Da bei der Anschaffung oder Herstellung des Gebäudes ein Vorsteuerabzug (teilweise) nicht möglich ist, sollte der Unternehmer durch eine gegenüber dem Finanzamt abgegebene schriftliche Erklärung dokumentieren, in welchem Umfang er das Gebäude dem Unternehmen zugeordnet hat, wobei die Zuordnungsentscheidung hier ebenfalls noch bis zur gesetzlichen Abgabefrist für Steuererklärungen (31. 05. des Folgejahres) dem zuständigen Finanzamt gegenüber erfolgen kann (vgl. A 15.2c Abs. 18 UStAE).

Das folgende Beispiel stellt die Auswirkungen der verschiedenen Zuordnungsentscheidungen dar.

BEISPIELE

Der Unternehmer U errichtet in 2011 (Bauantrag im Januar 2011) auf eigenem Grund und Boden ein Gebäude, welches er nach Fertigstellung, wie von vornherein geplant, entsprechend dem Verhältnis der Nutzfläche zu 60 % für unternehmerische und zu 40 % für nichtunternehmerische Zwecke verwendet. Die unternehmerische Nutzung erfolgt für stpfl. Umsätze.

a) U ordnet das Gebäude zu 100 % seinem unternehmerischen Bereich zu.

LÖSUNG

- Der VStA ist (nur!) i. H. v. 60 % aus den Herstellungskosten und den laufenden Betriebskosten zulässig (§ 15 Abs. 1 Nr. 1 i. V. m. Abs. 1 b UStG). Bei einer Erhöhung des unternehmerischen Nutzungsanteils innerhalb des Berichtigungszeitraums nach § 15 a Abs. 1 UStG könnte der nach § 15 Abs. 1 b UStG erfolgte Vorsteuerausschluss aber unter den Voraussetzungen des § 15 a UStG entsprechend zeitanteilig korrigiert werden.
- Die Privatnutzung ist gem. § 3 Abs. 9 a Nr. 1 UStG mangels VStA nicht zu besteuern.
- Die Veräußerung ist zu 100 % steuerbar, aber nach § 4 Nr. 9 Buchst. a UStG steuerfrei (Optionsmöglichkeit zur Steuerpflicht).

a) U ordnet das Gebäude voll seinem nichtunternehmerischen Bereich zu.

LÖSUNG

Es ist kein VStA aus den Herstellungskosten möglich. Aus den laufenden Betriebskosten, soweit sie auf die unternehmerische Nutzung entfallen (z. B. Heizkosten, Wartungskosten, etc.), kann die Vorsteuer abgezogen werden.

Die Privatnutzung ist nicht steuerbar.

Und auch die Veräußerung ist nicht steuerbar.

b) U ordnet das Gebäude zu 60 % seinem unternehmerischen Bereich zu.

LÖSUNG

- Ein 60 %iger VStA aus den Herstellungskosten und den laufenden Betriebskosten ist möglich, § 15 Abs. 1 b UStG greift nicht. Deshalb ist hier bei einer Erhöhung des unternehmerischen Nutzungsanteils innerhalb des Berichtigungszeitraums keine Berichtigung des VStA möglich.
- Die Privatnutzung ist nicht steuerbar.
- Die Veräußerung ist zu 60 % steuerbar, aber nach § 4 Nr. 9 Buchst. a UStG steuerfrei (Optionsmöglichkeit zur Steuerpflicht).

4 Unternehmensvermögen bei Nutzungsrechten an Gegenständen und sonstigen Leistungen

Es gibt Gegenstände, die zwar nicht im Eigentum des Unternehmers stehen (z. B. angemietete Gegenstände), jedoch ebenfalls im Unternehmen verwendet werden. Der Unternehmer hat in diesen Fällen nur ein Nutzungsrecht am Gegenstand.

Da der Gegenstand dem Unternehmer nicht gehört, kann er als solcher dem Unternehmen nicht zugeordnet werden.

Eine Zuordnung des Nutzungsrechts zum Unternehmen erfolgt streng genommen nicht, da sonstige Leistungen von vornherein **nur entsprechend der beabsichtigten Verwendung** für das Unternehmen bezogen werden (sog. Aufteilungsgebot, vgl. A 15.2c Abs. 2 Nr. 1 UStAE und BFH vom 14.10.2015, V R 10/14, BStBl 2016 II, 717). So werden Telefondienstleistungen nur insoweit für das Unternehmen bezogen, als der Unternehmer das Telefon auch unternehmerisch nutzt.

Die **Verwaltung macht** jedoch in A 15.23 Abs. 7 UStAE **bei Fahrzeugen eine Ausnahme**:

BEISPIEL

Unternehmer A least ab dem 01. 03. 17 einen Pkw i. R. des Miet-Leasings vom Leasing-Unternehmen L. Er nutzt den Pkw zu 70 % betrieblich und zu 30 % privat. Er macht die USt aus den Leasing-Raten voll als Vorsteuer geltend.

LÖSUNG Die auf die Leasingraten entfallenden Vorsteuern des geleasten Fahrzeugs sind grundsätzlich nach dem Verhältnis der unternehmerischen und nichtunternehmerischen Nutzung in einen abziehbaren und einen nicht abziehbaren Anteil aufzuteilen. Wird der Vorsteuerabzug so ermittelt, entfällt eine Wertabgabenbesteuerung nach § 3 Abs. 9a Nr. 1 UStG. Aus Vereinfachungsgründen lässt die Verwaltung jedoch in A 15.23 Abs. 7 UStAE zu, dass der Unternehmer im Fall der teilunternehmerischen unternehmensfremden (privaten) Verwendung des Fahrzeugs auch den Vorsteuerabzug aus den Leasingraten vornimmt (sofern kein Ausschlusstatbestand nach § 15 Abs. 1a und 2 in Verbindung mit Abs. 3 UStG vorliegt) und die unternehmensfremde Nutzung als unentgeltliche Wertabgabe besteuert. Gleiches gilt für Miete, Mietsonderzahlung, und Unterhaltskosten.

5 Vertretbare Sachen

Ist ein Gegenstand nach Zahl, Maß oder Gewicht aufteilbar, ohne dabei seine Identität zu verlieren (vertretbare Sachen), wird (wie bei sonstigen Leistungen) nur der unternehmerisch genutzte Teil dieses Gegenstandes Unternehmensvermögen (Trennungsprinzip). Der restliche Teil ist dem nichtunternehmerischen Bereich zuzuordnen. Vgl. A 15.2c Abs. 2 Satz 1 Nr. 1 UStAE.

Typische Beispiele für den Erwerb vertretbarer Sachen, die teils unternehmerisch, teils nichtunternehmerisch genutzt werden, ist der Bezug von Elektrizität und Wasser.

6 Grundgeschäfte

Treibt ein Unternehmer mit bestimmten Gegenständen Handel und gehören diese zu seinem Grundgeschäft, ist davon auszugehen, dass diese Gegenstände grundsätzlich zum Unternehmensvermögen gehören. Steht jedoch beim Erwerb des betreffenden Gegenstandes von vornherein fest, dass sie der Unternehmer privat nutzen will, ist der Gegenstand dem außerunternehmerischen Bereich zuordnen, da die Verwendungsabsicht im Zeitpunkt des Leistungsbezuges für den VStA entscheidend ist. Eine Leistung kann nicht für das Unternehmen bestimmt sein und zugleich Zwecken außerhalb des Unternehmens dienen.

FALL 24

Prüfen Sie in den nachfolgenden Sachverhalten, inwieweit Unternehmensvermögen vorliegt.

Sachverhalt	Unternehmensvermögen	Umsatzsteuerrechtliches »Privatvermögen«
1. Bauunternehmer B erwirbt im Großhandel eine Waschmaschine für seinen Haushalt. Die Rechnung lautet auf die Fa. des B.		
2. Pkw-Händler P erwirbt beim Automobilwerk W einen Sportwagen, um ihn seiner Frau zu Weihnachten zu schenken.		
3. Der Unternehmer U erwirbt 80 000 Liter Heizöl. Davon verwendet er 40 000 Liter für seinen Fabrikationsbetrieb, 30 000 Liter für sein vermietetes Mehrfamilienhaus und 10 000 Liter für sein eigengenutztes Einfamilienhaus.		
4. Rechtsanwalt R erwirbt einen Pkw, den er aufgrund der Erfordernisse seiner Anwaltspraxis zu etwa 30 % unternehmerisch nutzen will. Er hat die USt, die ihm für die Lieferung des Pkw gesondert in Rechnung gestellt wurde, als Vorsteuer abgezogen.		
5. Unternehmer A hat ein Haus mit zwei gleich großen Wohnungen erworben, von denen er sofort nach Erwerb eine Wohnung vermietet und eine selbst bewohnt.		
6. Friseurmeister F erwirbt einen Pkw, den er nach den Gegebenheiten seines Betriebs zu höchstens 8 % unternehmerisch und zu 92 % privat nutzen will.		
7. Unternehmer E hat ein Einfamilienhaus erworben, welches er sofort nach Erwerb an M vermietet.		
8. Unternehmer U erwirbt einen gebrauchten Pkw von einem Nichtunternehmer für 50 000 €. Er nutzt diesen Pkw zu 80 % für unternehmerische Zwecke. U macht aus den laufenden Kosten den vollen VStA geltend.		

7 Beginn und Ende der Unternehmereigenschaft

Vom Beginn und Ende der unternehmerischen Tätigkeit hängt es ab, ob steuerbare Umsätze getätigt werden, bzw. ob ein VStA möglich ist.

7.1 Beginn der Unternehmereigenschaft

Die Unternehmereigenschaft beginnt bereits **mit der ersten Vorbereitungshandlung**, die im Zusammenhang mit der späteren Ausführung von Umsätzen steht (vgl. A 2.6 Abs. 1 UStAE).

BEISPIEL

A will einen Antiquitätenhandel eröffnen. Am 07. 01. 01 erwirbt er einen Lieferwagen zum Transport von Antiquitäten. Am 01. 02. 01 mietet er Ladenräume an. Im Verlauf des März 01 erwirbt er Einrichtungsgegenstände und Antiquitäten. Am 01. 04. 01 meldet er den Gewerbebetrieb bei der Stadt an. Am 07. 04. 01 tätigt er die ersten Verkäufe.

LÖSUNG Bereits der Erwerb des Lieferwagens am **07. 01. 01** stellt die erste unternehmerische Tätigkeit des A dar. Dies hat zur Folge, dass A bereits in der USt-Voranmeldung für **Januar 01** die bei Erwerb des Fahrzeugs angefallene Vorsteuer gegenüber dem Finanzamt geltend machen kann.

Gelegentlich kommt es vor, dass der Unternehmer, bevor es zur Ausführung von Umsätzen kommt, die Absicht, sich unternehmerisch zu betätigen, wieder aufgibt. Auch in diesem Fall bleibt die Unternehmereigenschaft und damit der VStA erhalten (vgl. A 2.6 Abs. 1 Satz 2 UStAE). Der Unternehmer muss in einem solchen Fall allerdings durch objektive Merkmale nachweisen oder glaubhaft machen, dass er ernsthaft die Absicht hatte, sich unternehmerisch zu betätigen (vgl. A 2.6 Abs. 2 bis 4 UStAE).

7.2 Ende der Unternehmereigenschaft

Die unternehmerische Tätigkeit endet entweder mit dem Tod des Unternehmers oder **mit seinem letzten Tätigwerden**. Der Zeitpunkt der Einstellung oder Abmeldung eines Gewerbebetriebes ist unbeachtlich. Unternehmen und Unternehmereigenschaft erlöschen erst, wenn der Unternehmer alle Rechtsbeziehungen abgewickelt hat, die mit dem (aufgegebenen) Betrieb in Zusammenhang stehen.

Die spätere Veräußerung von Gegenständen des Unternehmens oder die nachträgliche Vereinnahmung von Entgelten gehören noch zur Unternehmertätigkeit (A 2.6 Abs. 6 Sätze 1 – 4 UStAE).

BEISPIEL

T ist Inhaber eines Tabakwarenladens und gibt das Geschäft auf. Er meldet es zum 31. 12. 01 ab. In der Zeit von Januar 02 bis März 02 veräußert er seine Restbestände an Tabakwaren. Die Einrichtungsgegenstände veräußert er am 01. 04. 02 an den Konkurrenten K. Den Erlös erhält er am 01. 06. 02.

LÖSUNG Die unternehmerische Tätigkeit endet frühestens am 01. 06. 02 mit der nachträglichen Vereinnahmung des Erlöses. Soweit T unter die Sollbesteuerung fällt, ist der Zeitpunkt der Vereinnahmung des Erlöses allerdings unbeachtlich.

Teil Q Unentgeltliche Leistungsabgaben

1 Allgemeines

Nach § 1 Abs. 1 Nr. 1 UStG sind nur die entgeltlichen Leistungen steuerbar. Um einen unversteuerten Endverbrauch zu vermeiden, stellen § 3 Abs. 1b und Abs. 9a UStG unter bestimmten Voraussetzungen unentgeltliche Leistungsabgaben und Entnahmen aus dem Unternehmen den entgeltlichen Leistungen gleich. Der deutsche Gesetzgeber folgt damit den Vorgaben in Art. 16 und 26 MwStSystRL. Soweit Gegenstände unentgeltlich abgegeben werden, ist die Gleichstellung mit entgeltlichen Leistungen davon abhängig, dass der Gegenstand oder seine Bestandteile wenigstens teilweise zum VStA berechtigt haben.

Einer Lieferung gegen Entgelt gleichgestellt sind:
- die Entnahme eines Gegenstandes aus dem Unternehmen für Zwecke außerhalb des Unternehmens (§ 3 Abs. 1 b Nr. 1 UStG),
- die unentgeltliche Zuwendung eines Gegenstandes an das Personal für dessen privaten Bedarf (§ 3 Abs. 1 b Nr. 2 UStG),
- die unentgeltliche Zuwendung eines Gegenstandes für Zwecke des Unternehmens (§ 3 Abs. 1 b Nr. 3 UStG),

Und einer **sonstigen Leistung gegen Entgelt** sind **gleichgestellt**:
- die Verwendung eines dem Unternehmen zugeordneten Gegenstandes für Zwecke außerhalb des Unternehmens oder für den privaten Bedarf des Personals (§ 3 Abs. 9a Nr. 1 UStG),
- die unentgeltliche Erbringung einer anderen sonstigen Leistung (als die Verwendung eines Gegenstandes) für Zwecke außerhalb des Unternehmens oder für den privaten Bedarf des Personals (§ 3 Abs. 9a Nr. 2 UStG).

Sind die Voraussetzungen erfüllt, so sind von den fünf Tatbestandsmerkmalen für die Steuerbarkeit nach § 1 Abs. 1 Nr. 1 UStG zwei erfüllt, nämlich:
- Lieferung oder sonstige Leistung und
- gegen Entgelt.

Für die Steuerbarkeit nach § 1 Abs. 1 Nr. 1 UStG fehlen dann lediglich noch die Tatbestandsmerkmale
- Unternehmer (dürfte regelmäßig vorliegen, da schon für das Unternehmensvermögen erforderlich),
- i. R. des Unternehmens (liegt regelmäßig, aber nicht zwingend vor),
- im Inland.

Im Einzelfall kann es schwierig sein, einen konkreten Sachverhalt unter dem richtigen Tatbestand einzuordnen, dann führt folgende **Hilfsüberlegung** zum Ziel:

Angenommen die Leistung würde gegen Entgelt erfolgen, was wäre das dann für eine Leistung:
- Wäre es eine Lieferung, so ist man im Tatbestand des § 3 Abs. 1b UStG,
- wäre es eine Vermietung, greift der Tatbestand des § 3 Abs. 9a Nr. 1 UStG ein. Und
- wäre es eine andere sonstige Leistung ist dies ein Fall des § 3 Abs. 9a Nr. 2 UStG.

> **MERKSATZ**
> Zweifel bei der Abgrenzung der einzelnen Tatbestände klärt man am besten dadurch, dass man vergleichsweise annimmt, die Leistung sei gegen Entgelt erfolgt.

Für die **Ortsbestimmung** greift die Spezialvorschrift des **§ 3 f UStG** ein. Der Lieferort ist dort, wo der Unternehmer sein Unternehmen betreibt. Hat der Unternehmer Betriebsstätten im Inland und im Ausland, ist der Lieferort bei der Betriebsstätte, von der aus die Lieferung bzw. Entnahme des Gegenstands erfolgt ist.[1]

2 Entnahme eines Gegenstandes gemäß § 3 Abs. 1 b Nr. 1 UStG

Die Entnahme eines Gegenstandes wird gem. § 3 Abs. 1 b Nr. 1 UStG einer entgeltlichen Lieferung gleichgestellt, wenn folgende Voraussetzungen vorliegen:
a) Gegenstand des Unternehmensvermögens,
b) Entnahme bzw. unentgeltliche Abgabe an Dritte für außerunternehmerische Zwecke,
c) der Gegenstand bzw. seine Bestandteile haben wenigstens teilweise zum VStA berechtigt.

> **BEISPIEL**
> Juwelier J betreibt in Ulm ein Schmuckgeschäft. Er schenkt seiner in den USA wohnhaften Tochter zum Geburtstag eine wertvolle Halskette aus seiner Schmuckkollektion. Anlässlich eines Besuches bei seiner Tochter übergibt J in Ohio (USA) das Schmuckstück.
> **LÖSUNG** J tätigt mit der Schenkung eine unentgeltliche Abgabe eines Gegenstands aus nichtunternehmerischen Gründen. Es liegt somit eine Lieferung gem. § 3 Abs. 1 b Nr. 1 UStG vor, die als entgeltliche Lieferung behandelt wird. Da der Lieferort gem. § 3f UStG dort ist, wo J sein Unternehmen betreibt (Ulm), handelt es sich um einen steuerbaren, der entgeltlichen Lieferung gleichgestellten Umsatz.

2.1 Steuerbefreiung für Lieferungen gemäß § 3 Abs. 1 b Nr. 1 UStG

Die Steuerbefreiungen nach § 4 UStG sind für die gem. § 3 Abs. 1 b Nr. 1 UStG steuerbaren Lieferungen grundsätzlich anzuwenden.

In § 6 Abs. 5 UStG wird aber z. B. die Steuerfreiheit für Ausfuhrlieferungen in das Drittland ausgeschlossen.

Folgende Steuerbefreiungen sind insbesondere anzuwenden:
- § 4 Nr. 9 Buchst. a UStG (Grundstückslieferungen),
- § 4 Nr. 28 UStG.

Für den Fall einer nach § 3 Abs. 1 b Satz 1 Nr. 1 und Satz 2 UStG steuerbaren Entnahme eines Grundstücks aus dem Unternehmen gilt die Steuerbefreiung des § 4 Nr. 9 Buchst. a UStG unabhängig davon, ob mit der Entnahme ein Rechtsträgerwechsel am Grundstück verbunden ist (vgl. A 4.9.1 Abs. 2 Nr. 6 UStAE). Eine Option zur Steuerpflicht gem. § 9 UStG ist nicht möglich (A 9.1 Abs. 2 Satz 3 UStAE).

---

1 Hinweis: Der Gesetzgeber erwägt mit dem JStG 2019 die Ortsregel des § 3f UStG ersatzlos zu streichen. Es würden dann die normalen Ortsbestimmungen für Lieferungen und sonstige Leistungen gelten.

BEISPIEL

Juwelier J betreibt in Ulm ein Schmuckgeschäft. Er schenkt seiner in den USA wohnhaften Tochter zum Geburtstag eine wertvolle Halskette aus seiner Schmuckkollektion. Anlässlich eines Besuches bei seiner Tochter übergibt J in Ohio (USA) das Schmuckstück.
LÖSUNG Wie bereits oben ausgeführt ist die Lieferung gem. § 3 Abs. 1 b Nr. 1 UStG steuerbar. Sie ist auch stpfl. Die Anwendung der Steuerbefreiungsvorschrift für Ausfuhrlieferungen wird durch § 6 Abs. 5 UStG ausdrücklich ausgeschlossen.

2.2 Steuersätze für Lieferungen gemäß § 3 Abs. 1 b Nr. 1 UStG

Soweit für normale Lieferungen der ermäßigte Steuersatz zur Anwendung kommt, gilt dies auch für die Lieferungen gem. § 3 Abs. 1 b Nr. 1 UStG. Eine Sonderregelung sieht das UStG nicht vor.

BEISPIEL

Gastwirt G in Frankfurt entnimmt regelmäßig für seinen Privathaushalt Speisen und Getränke aus seiner Gaststätte für den privaten Bedarf seiner Familie. In den Gaststättenräumen wird von ihm und seiner Familie kein Essen eingenommen.
LÖSUNG G tätigt mit der Entnahme der Speisen und Getränke Lieferungen gem. § 3 Abs. 1 b Nr. 1 UStG. Diese sind steuerbar und stpfl. Soweit es sich um die Entnahme von Lebensmitteln der Anlage 2 zum UStG handelt, unterliegen die Lieferungen dem ermäßigten Steuersatz von 7 %. Soweit Getränke (nicht Milch) entnommen werden, unterliegen die Lieferungen dem Regelsteuersatz. Die Besteuerung erfolgt i. d. R. nach Pauschalsätzen (vgl. 2.3).

2.3 Bemessungsgrundlage bei Lieferungen gemäß § 3 Abs. 1 b Nr. 1 UStG

Bei den Lieferungen gem. § 3 Abs. 1 b Nr. 1 UStG fehlt es an einer Gegenleistung. Somit kann diese nicht – wie bei den normalen stpfl. Leistungen – als Bemessungsgrundlage herangezogen werden. Deshalb sind bei den Lieferungen gem. § 3 Abs. 1 b Nr. 1 UStG als Bemessungsgrundlage gemäß § 10 Abs. 4 Satz 1 Nr. 1 UStG

- der Einkaufspreis,
- die Wiederbeschaffungskosten (»Einkaufspreis eines gleichartigen Gegenstands«) oder
- die Selbstkosten des entnommenen Gegenstandes

anzusetzen, jeweils abzüglich der USt (§ 10 Abs. 4 Satz 2 UStG).

Der **Einkaufspreis** ist dann anzusetzen, wenn der Unternehmer den Gegenstand erworben hat und ihn unverändert entnimmt. Zum Einkaufspreis hinzuzurechnen sind die Erwerbsnebenkosten. Es ist immer der Einkaufspreis zum Zeitpunkt des Umsatzsatzes anzusetzen (§ 10 Abs. 4 Satz 1 Nr. 1 letzter HS UStG). Hat sich der Einkaufspreis zwischen Erwerb und Entnahme geändert, ist also nicht der tatsächlich aufgewendete Einkaufspreis (historischer Einkaufspreis), sondern der (aktuelle) Einkaufspreis anzusetzen, den der Unternehmer beim Erwerb im Zeitpunkt der Entnahme aufwenden müsste (Wiederbeschaffungskosten).

MERKSATZ

Die Bemessungsgrundlage ist in diesen Fällen wie folgt zu ermitteln:
Einkaufspreis + Nebenkosten ./. USt.

Hat der Unternehmer einen Gegenstand erworben, eine Zeit lang im Unternehmen genutzt und dann entnommen, ist als Bemessungsgrundlage der Einkaufpreis für einen gleichartigen Gegenstand (vgl. Wortlaut des § 10 Abs. 4 Satz 1 Nr. 1 UStG) anzusetzen, also der Betrag, den der Unternehmer im Zeitpunkt der Entnahme aufwenden müsste, um einen gleichartigen gebrauchten Gegenstand zu erwerben (**Wiederbeschaffungskosten**).

> **MERKSATZ**
>
> Die Bemessungsgrundlage ist in diesen Fällen wie folgt zu ermitteln:
> Wiederbeschaffungskosten + Nebenkosten ./. USt.

Die **Selbstkosten** sind anzusetzen, wenn der Unternehmer einen Gegenstand entnimmt, den er nicht erworben, sondern im Unternehmen selbst hergestellt hat. Haben sich zwischen der Herstellung und der Entnahme die Kosten für die Herstellung eines derartigen Gegenstandes geändert, so sind die Kosten anzusetzen, die entstanden wären, wenn der Gegenstand erst unmittelbar vor der Entnahme hergestellt worden wäre.

> **MERKSATZ**
>
> Bemessungsgrundlage sind in diesen Fällen die Selbstkosten der Herstellung (netto).

Die Bemessungsgrundlage wird bei bestimmten Unternehmen zur Vereinfachung anhand von amtlich festgesetzten **Pauschalwerten** ermittelt. Lt. BMF vom 12.12.2018 sind für das KJ 2019 folgende Pauschbeträge maßgebend:

Gewerbezweig	Jahreswert für eine Person ohne USt		
	ermäßigter Steuersatz €	voller Steuersatz €	insgesamt €
Bäckerei	1.211	404	1.615
Fleischerei/Metzgerei	886	860	1.746
Gaststätten aller Art			
a) mit Abgabe von kalten Speisen	1.120	1.081	2.201
b) mit Abgabe von kalten und warmen Speisen	1.680	1.758	3.438
Getränkeeinzelhandel	105	300	405
Café und Konditorei	1.172	638	1.810
Milch, Milcherzeugnisse, Fettwaren und Eier (Eh.)	586	79	665
Nahrungs- und Genussmittel (Eh.)	1.133	678	1.811
Obst, Gemüse, Südfrüchte und Kartoffeln (Eh.)	274	235	509

3 Unentgeltliche Zuwendung eines Gegenstandes an das Personal gemäß § 3 Abs. 1 b Nr. 2 UStG

3.1 Allgemeines

Eine unentgeltliche Zuwendung eines Gegenstandes an das Personal wird gem. § 3 Abs. 1 b Nr. 2 UStG unter bestimmten Voraussetzungen einer entgeltlichen Lieferung gleichgestellt.

GEGENBEISPIEL

Keine unentgeltliche Zuwendung liegt vor, wenn der AN für den Gegenstand anteilig seine Arbeitsleistung erbringt. In einem solchen Fall liegt ein tauschähnlicher Umsatz gem. § 3 Abs. 12 Satz 2 UStG vor, der direkt (ohne § 3 Abs. 1 b Nr. 2 UStG) nach § 1 Abs. 1 Nr. 1 UStG zu beurteilen ist. Dies ist jedenfalls dann der Fall, wenn der AN regelmäßig derartige Zuwendungen erhält (vgl. A 1.8 Abs. 1 Satz 1 UStAE).

Die Gleichstellung mit einer entgeltlichen Lieferung erfolgt unter folgenden Voraussetzungen:

a) Gegenstand des Unternehmensvermögens,
b) unentgeltliche Zuwendung an das Personal **für dessen privaten Bedarf**,
c) keine Aufmerksamkeiten,
d) der Gegenstand bzw. seine Bestandteile haben wenigstens teilweise zum VStA berechtigt.

Zu c): Nach § 3 Abs. 1 b Nr. 2 UStG werden grundsätzlich alle unentgeltlichen Sachzuwendungen an AN als entgeltliche Lieferungen behandelt, soweit es sich nicht um Aufmerksamkeiten nach A 1.8 Abs. 3 UStAE handelt. Solche **Aufmerksamkeiten** sind z. B. anzunehmen **bei gelegentlichen Geschenken** bis zu einem Wert von 60 €, z. B. Blumen, Genussmittel, einem Buch oder einer CD, die dem AN oder seinen Angehörigen aus Anlass eines besonderen persönlichen Ereignisses zugewendet werden (vgl. A 1.8 Abs. 3 Satz 2 UStAE).

Gleiches gilt für Getränke und Genussmittel, die der Arbeitgeber dem AN zum Verzehr im Betrieb unentgeltlich überlässt, einschließlich Speisen anlässlich eines außergewöhnlichen Arbeitseinsatzes (vgl. A 1.8 Abs. 3 Satz 3 und Abs. 4 Satz 3 Nr. 11 UStAE).

LSt-Freibeträge oder lohnsteuerfreie Pauschbeträge sind bei der USt nicht zu berücksichtigen. Dies gilt auch für den allgemeinen Freibetrag von 1 080 € nach § 8 Abs. 3 Satz 2 EStG (vgl. A 1.8 Abs. 8 Satz 4 UStAE).

3.2 Steuerbefreiungen, Bemessungsgrundlage und Steuersatz

Ist der Umsatz steuerbar, sind auch hier die Befreiungen nach § 4 UStG zu prüfen mit Ausnahme der Befreiung der Ausfuhr nach § 4 Nr. 1 Buchst. a UStG. Diese Befreiung ist gem. § 6 Abs. 5 UStG ausgeschlossen.

Hinsichtlich des Steuersatzes gelten gegenüber den entgeltlichen Lieferungen keine Besonderheiten. Die Bemessungsgrundlage richtet sich gem. § 10 Abs. 4 Nr. 1 UStG wie bei den Entnahmen nach § 3 Abs. 1 b Nr. 1 UStG nach den Wiederbeschaffungskosten (vgl. 2.3 ohne die dort aufgeführten Pauschbeträge).

Soweit lohnsteuerrechtliche Pauschbeträge angesetzt werden, können diese aus Vereinfachungsgründen auch für die USt verwendet werden.

BEISPIEL

Unternehmer U schenkt der Mitarbeiterin M zum Geburtstag ein Buch zum Einkaufspreis von 100 € netto.
LÖSUNG U tätigt eine unentgeltliche Abgabe an sein Personal. Die Abgabe begründet eine entgeltliche Lieferung gem. § 3 Abs. 1 b Nr. 2 UStG, da die Hingabe des Buches keine Aufmerksamkeit i. S. v. § 3 Abs. 1 b Nr. 2 UStG darstellt. Die Lieferung ist steuerbar und stpfl. Der Steuersatz beträgt 7 %. Als Bemessungsgrundlage ist gem. § 10 Abs. 4 UStG der Einkaufspreis von 100 € netto anzusetzen. Die USt beträgt 7 €. Da die Zuwendung des Buches an eine Arbeitnehmerin erfolgte, liegt kein Geschenk i. S. d. R 4.10 Abs. 2 Satz 1 LStR vor; das VStA-Verbot nach § 15 Abs. 1a UStG greift nicht.

4 Unentgeltliche Zuwendung eines Gegenstandes für Zwecke des Unternehmens gemäß § 3 Abs. 1 b Nr. 3 UStG

4.1 Allgemeines

§ 3 Abs. 1 b Nr. 3 UStG besteuert unentgeltliche Zuwendungen von Gegenständen, die aus unternehmerischen Gründen (**z. B. zu Werbezwecken**, zur Verkaufsförderung oder zur Imagepflege) erbracht werden. Hierunter fallen gem. A 3.3 Abs. 10 Satz 9 UStAE insbesondere Sachspenden an Vereine und Warenabgaben anlässlich von Preisausschreiben. Die Steuerbarkeit entfällt nach A 3.3 Abs. 10 Satz 6 UStAE jedoch nicht, wenn der Empfänger die zugewendeten Gegenstände in seinem Unternehmen verwendet, obwohl der Empfänger mangels Rechnung mit gesondertem USt-Ausweis hieraus keinen VStA geltend machen kann. Nicht besteuert wird allerdings die Zuwendung von Gegenständen, die nur im Unternehmen verwendbar sind, z. B. Verkaufshilfen wie Suppenständer, Süßwarenständer (vgl. A 3.3 Abs. 14 und 15 UStAE).

Die unentgeltliche Zuwendung eines Gegenstandes für Zwecke des Unternehmens wird gem. § 3 Abs. 1 b Nr. 3 UStG einer entgeltlichen Lieferung gleichgestellt, wenn folgende Voraussetzungen vorliegen:
a) Gegenstand des Unternehmensvermögens,
b) unentgeltliche Zuwendung aus unternehmerischem Anlass,
c) keine Geschenke von geringem Wert und keine Warenmuster,
d) der Gegenstand bzw. seine Bestandteile haben wenigstens teilweise zum VStA berechtigt.

Zu c): Geschenke von geringem Wert sind (wie auch nach § 4 Abs. 5 Nr. 1 EStG) dann gegeben, wenn die Anschaffungskosten bzw. Herstellungskosten **pro Empfänger und KJ** insgesamt **netto 35 €** nicht übersteigen (vgl. A 3.3 Abs. 11 und 12 UStAE). In diesem Fall ist das Geschenk nicht steuerbar.

Wird die Grenze von 35 € überschritten, liegt eine nach § 4 Abs. 5 Nr. 1 EStG nichtabzugsfähige Betriebsausgabe vor. Diese schließt i. d. R. den VStA für das Geschenk gem. § 15 Abs. 1 a Nr. 1 UStG aus. Als Folge liegt ebenfalls kein steuerbarer Umsatz gem. § 3 Abs. 1 b Nr. 3 UStG vor, da das Tatbestandsmerkmal VStA (s. d)) nicht gegeben ist.

Nicht unter die Besteuerung fallen Zugaben, die bei der entgeltlichen Lieferung von Gegenständen zugegeben werden (z. B. zusätzliche Ware bei Abnahme einer bestimmten Menge). Näheres vgl. hierzu A 3.3 Abs. 18–20 UStAE.

4.2 Lieferort, Steuerbefreiungen, Bemessungsgrundlage und Steuersatz

Die Ausführungen bei 3.2 zu den Steuerbefreiungen, den Steuersätzen und der Bemessungsgrundlage gelten entsprechend.

5 Besteuerungsverbot bei Lieferungen ohne zumindest teilweisen Vorsteuerabzug

Die unentgeltliche Abgabe von Gegenständen wird nur dann einer entgeltlichen Lieferung gleichgestellt, wenn der Gegenstand oder seine Bestandteile zum vollen oder teilweisen VStA berechtigt haben (§ 3 Abs. 1 b Satz 2 UStG). Ist dies nicht der Fall, liegt eine nichtsteuerbare Lieferung vor. Zu beachten ist, dass das Besteuerungsverbot nur bei Lieferungen i. S. v. § 3 Abs. 1 b UStG zur Anwendung kommt. Das Besteuerungsverbot gilt also nicht bei normalen entgeltlichen Lieferungen. Wird ein nicht mit Vorsteuer belasteter Gegenstand veräußert, ist diese Lieferung im Normalfall steuerbar und stpfl. Dies gilt insbesondere auch in den Fällen, in denen die Verwaltung davon ausgeht, dass die AN für die Zuwendung als Gegenleistung eine anteilige Arbeitsleistung erbringen.

Haben nur Bestandteile des Liefergegenstandes zum VStA berechtigt, liegt nur insoweit eine Lieferung nach § 3 Abs. 1 b UStG vor (A 3.3 Abs. 2 UStAE).

Bestandteile sind dabei solche Gegenstände, die mit dem Einbau (Werklieferung) ihre körperliche und wirtschaftliche Eigenart endgültig verloren haben. Sie müssen zudem im Zeitpunkt der Entnahme zu einer nicht vollständig verbrauchten **Werterhöhung** des WG geführt haben (z. B. eine nachträglich in ein Kraftfahrzeug eingebaute Klimaanlage).

Der Einbau eines Bestandteils in ein WG hat nur dann zu einer dauerhaften, zum Zeitpunkt der Entnahme nicht vollständig verbrauchten Werterhöhung des WG geführt, wenn er nicht lediglich zur Werterhaltung des WG beigetragen hat (A 3.3 Abs. 3 UStAE).

Nach A 3.3 Abs. 4 UStAE wird aus Vereinfachungsgründen keine dauerhafte Werterhöhung des WG angenommen, wenn die vorsteuerentlasteten Aufwendungen für den Einbau von Bestandteilen **weder 20 % der Anschaffungskosten** des WG **noch** einen Betrag von **1 000 €** übersteigen. In diesen Fällen verzichtet die Verwaltung auf eine Besteuerung der Bestandteile bei der Entnahme eines dem Unternehmen zugeordneten WG, das der Unternehmer ohne Berechtigung zum VStA erworben hat.

Werden an einem WG mehrere Bestandteile in einem zeitlichen oder sachlichen Zusammenhang eingebaut, handelt es sich nicht um eine Maßnahme, auf die in der Summe die Bagatellregelung angewendet werden soll. Es ist vielmehr für jede einzelne Maßnahme die Vereinfachungsregelung zu prüfen.

6 Sonstige Leistungen nach § 3 Abs. 9 a UStG

§ 3 Abs. 9 a UStG unterscheidet bei der Entnahme bzw. unentgeltlichen Erbringung von sonstigen Leistungen zwei Formen:
- Verwendung eines dem Unternehmen zugeordneten Gegenstands (Nr. 1) und
- alle übrigen sonstigen Leistungen (Nr. 2).

In beiden Fällen muss die Leistung entweder für Zwecke außerhalb des Unternehmens oder für den privaten Bedarf des Personals erbracht werden. Anders als § 3 Abs. 1 b (Nr. 3) UStG erfasst § 3 Abs. 9 a UStG keine sonstigen Leistungen für unternehmerische Zwecke.

Die Unterscheidung in Leistungen, die in der Verwendung eines Gegenstands bestehen, und in andere sonstige Leistungen ist deshalb wichtig, weil die Verwendung eines Gegenstands (§ 3 Abs. 9 a Nr. 1 UStG) nur dann einer entgeltlichen Leistung gleichgestellt wird, wenn der Gegenstand zum vollen oder teilweisen VStA berechtigt hat. Bei § 3 Abs. 9 a Nr. 2 UStG kommt es dagegen nicht darauf an, dass ein VStA möglich war.

7 Verwendung eines dem Unternehmen zugeordneten Gegenstandes nach § 3 Abs. 9 a Nr. 1 UStG

Die Verwendung eines dem Unternehmen zugeordneten Gegenstandes wird nach § 3 Abs. 9 a Nr. 1 UStG unter folgenden Voraussetzungen einer entgeltlichen sonstigen Leistung gleichgestellt:

a) Gegenstand des Unternehmensvermögens,
b) Verwendung für außerunternehmerische Zwecke oder für den privaten Bedarf des Personals, sofern keine Aufmerksamkeiten vorliegen,
c) der Gegenstand hat wenigstens teilweise zum VStA berechtigt.

Zu b): Die Anwendung des § 3 Abs. 9a Nr. 1 UStG bei Verwendung eines Gegenstandes für den privaten Bedarf des Personals ist beschränkt auf:

1. Unentgeltliche Nutzungsüberlassungen

Die Verwendung eines Gegenstandes für den privaten Bedarf des Personals fällt nicht unter § 3 Abs. 9a Nr. 1 UStG, soweit der AN als Gegenleistung für die Nutzungsüberlassung anteilig eine Arbeitsleistung erbringt.

Erwirbt der Unternehmer einen **Firmenwagen**, den er seinem Personal auch zur Nutzung für dessen privaten Bedarf zur Verfügung stellt, geht die Verwaltung grundsätzlich davon aus, es handle sich um tauschähnliche Umsätze, die unmittelbar zur Anwendung des § 1 Abs. 1 Nr. 1 UStG führen (vgl. hierzu A 15.23 Abs. 8 UStAE). Entgelt ist die anteilige Arbeitsleistung.

Ebenso stellt die »unentgeltliche« **Grundstücksüberlassung** an AN i. d. R. einen tauschähnlichen Umsatz dar, der direkt (ohne § 3 Abs. 9a Nr. 1 UStG) nach § 1 Abs. 1 Nr. 1 UStG steuerbar ist. Dieser Umsatz ist nach § 4 Nr. 12 Buchst. a UStG aber steuerfrei.

2. Nutzungsüberlassungen für den privaten Bedarf, die keine Aufmerksamkeiten darstellen

Nicht steuerbar sind Nutzungsüberlassungen, die zwar einen privaten Bedarf des AN befriedigen, jedoch überwiegend aus betrieblichen Gründen erfolgen (vgl. A 1.8 Abs. 4 Satz 3 UStAE). Das gilt z. B. bei
- Bereitstellung von Aufenthaltsräumen,
- Überlassung typischer Berufskleidung,
- Bereitstellung von Parkplätzen auf dem Betriebsgelände.

Bei der Überlassung von Pkw an das Personal für dessen privaten Bedarf greift § 3 Abs. 9a Nr. 1 UStG nur ein, wenn dem AN das Fahrzeug nur gelegentlich an nicht mehr als fünf Kalendertagen im Kalendermonat für private Zwecke überlassen wird (vgl. hierzu A 15.23 Abs. 12 UStAE).

Weiterhin kann für sog. Altobjekte (vgl. P 3.3.1) nach § 3 Abs. 9a Nr. 1 UStG auch die private Grundstücksverwendung (z. B. zu Wohnzwecken) einer entgeltlichen Leistung gleichgestellt sein, sofern für das Grundstück teilweise ein VStA möglich war.

7.1 Steuerbarkeitsprüfung bei der sonstigen Leistung nach § 3 Abs. 9a Nr. 1 UStG

BEISPIEL
V betreibt in Konstanz eine Videothek. Er verleiht seinem im nahe gelegenen Kreuzlingen/Schweiz wohnhaften Sohn kostenlos einen Blu-ray-Player und Blu-ray Discs.
LÖSUNG Durch die unentgeltliche (zeitlich befristete) Überlassung des Players und der Filme tätigt V eine sonstige Leistung nach § 3 Abs. 9a Nr. 1 UStG. Der Leistungsort ist gem. § 3f UStG dort, wo er sein Unternehmen betreibt (Konstanz). Die sonstige Leistung ist steuerbar und stpfl.

7.2 Steuerbefreiung für sonstige Leistungen nach § 3 Abs. 9 a Nr. 1 UStG

Die in § 4 UStG vorhandenen Steuerbefreiungen gelten grundsätzlich auch für die steuerbaren sonstigen Leistungen nach § 3 Abs. 9 a Nr. 1 UStG. Allerdings gilt dies nicht für die private Nutzung eines dem Unternehmen zugeordneten Gebäudes (gilt nur für Altobjekte, vgl. P 3.3.1). Sie ist nicht steuerfrei, denn andernfalls könnte der Unternehmer die gesamte Vorsteuer ziehen und müsste die Privatnutzung wegen der Steuerbefreiung nicht versteuern (vgl. A 4.12.1 Abs. 3 Satz 6 UStAE).

BEISPIELE

a) Unternehmer U besitzt ein in 2010 angeschafftes gemischt genutztes Geschäftshaus. In dem Gebäude, welches U seinem unternehmerischen Bereich zugeordnet hat, befindet sich eine Wohnung, die von U und seiner Familie bewohnt wird.
LÖSUNG Bezüglich der Privatnutzung der Wohnung tätigt U eine sonstige Leistung nach § 3 Abs. 9 a Nr. 1 UStG. Die sonstige Leistung ist steuerbar und stpfl. Infolgedessen darf U den vollen VStA hinsichtlich des Gebäudes geltend machen.

b) Der freiberuflich tätige Arzt A (kein Kleinunternehmer nach § 19 UStG) hat in 2010 ein zweigeschossiges Gebäude errichtet. Im Erdgeschoss betreibt er seine Arztpraxis. Das Obergeschoss bewohnt er mit seiner Familie. Er erklärt gegenüber dem Finanzamt, dass er das ganze Gebäude seinem Unternehmen zuordnet.
LÖSUNG Die Nutzung des Erdgeschosses erfolgt für die nach § 4 Nr. 14 Buchst. a UStG steuerfreien Umsätze des A. Infolgedessen ist er insoweit gem. § 15 Abs. 2 Nr. 1 UStG vom VStA ausgeschlossen. Da er für die unternehmerische Nutzung des Gebäudes keinen VStA hat, ist die private Nutzung des Obergeschosses nicht gem. § 3 Abs. 9 a Nr. 1 UStG einer entgeltlichen sonstigen Leistung gleichgestellt. Die Nutzung des Obergeschosses ist daher nichtsteuerbar (vgl. A 3.4 Abs. 7, Beispiel 2 UStAE).

7.3 Ermäßigter Steuersatz für sonstige Leistungen nach § 3 Abs. 9 a Nr. 1 UStG

Da keine Sonderregelung vorliegt, gelten bezüglich des ermäßigten Steuersatzes die Vorschriften des § 12 Abs. 2 UStG. In Frage kommen folgende Vorschriften:
- § 12 Abs. 2 Nr. 2 UStG,
- § 12 Abs. 2 Nr. 6 UStG,
- § 12 Abs. 2 Nr. 8 UStG.

7.4 Bemessungsgrundlage bei unentgeltlichen Leistungen nach § 3 Abs. 9 a Nr. 1 UStG

Bemessungsgrundlage sind gem. § 10 Abs. 4 Nr. 2 UStG die **Ausgaben**, soweit sie zum vollen oder teilweisen VStA berechtigt haben. Die vorsteuerlosen Ausgaben sind somit aus der Bemessungsgrundlage auszuscheiden. Die Prüfung des Besteuerungsverbotes ist für jede Kostenart isoliert vorzunehmen.
- Ausgaben fallen insbesondere für Betriebskosten sowie beim Einsatz von Material und Arbeitskräften an.
- Soweit der Unternehmer bei einer sonstigen Leistung nach § 3 Abs. 9 a Nr. 1 UStG seine eigene Arbeitskraft einsetzt, fallen keine Ausgaben an.
- Kosten für den Einsatz von AN dürfen nicht angesetzt werden, da hierfür kein VStA möglich ist.

7.4.1 Anschaffungs- oder Herstellungskosten als Bemessungsgrundlage

Zu den Ausgaben bei der Verwendung von Gegenständen i. S. v. § 3 Abs. 9a Nr. 1 UStG gehören auch die anteiligen Anschaffungskosten bzw. Herstellungskosten. Nach § 10 Abs. 4 Nr. 2 Satz 3 UStG sind die Anschaffungs- oder Herstellungskosten – sofern sie mindestens 500 € betragen – abweichend von der einkommensteuerrechtlichen AfA, gleichmäßig auf den nach § 15a UStG maßgeblichen Berichtigungszeitraum zu verteilen.

Das bedeutet, dass die Anschaffungskosten bzw. Herstellungskosten für bewegliche Wirtschaftsgüter höchstens auf fünf Jahre und bei Grundstücken höchstens auf zehn Jahre zu verteilen sind.

BEISPIEL

Unternehmer V erwirbt am 01. 12. 10 einen Pkw für 30 000 € zuzügl. 5 700 € USt. Er ordnet das Fahrzeug dem Unternehmen zu. Das Fahrzeug wird im Januar 11 lt. Fahrtenbuch zu 30 % für private Zwecke genutzt.

LÖSUNG Die Privatnutzung des Pkw ist gem. § 3 Abs. 9a Nr. 1 UStG einer entgeltlichen sonstigen Leistung gleichgestellt. Sie ist steuerbar und stpfl. Zur Bemessungsgrundlage gehören u. a. die anteiligen Anschaffungskosten von 30 000 €, verteilt auf fünf Jahre. Für Januar 11 belaufen sie sich auf 1/60 von 30 000 € = 500 €. Hiervon entfallen anteilig auf die Privatnutzung 30 % = 150 €.

Ist beim Erwerb des Pkw keine USt angefallen, weil der Unternehmer den Pkw
- von einem Nichtunternehmer erworben hat,
- von einem Kleinunternehmer i. S. d. § 19 Abs. 1 UStG erworben hat,
- aus seinem nichtunternehmerischen Bereich eingelegt hat,

wird die Privatnutzung nicht gem. § 3 Abs. 9a UStG einer sonstigen Leistung gegen Entgelt gleichgestellt.

7.4.2 Steuern und Versicherungsbeiträge

Nach § 10 Abs. 4 Nr. 2 UStG gehören zur Bemessungsgrundlage nur diejenigen Ausgaben, die zum VStA berechtigt haben.

Nicht zur Bemessungsgrundlage gehören daher
bei der stpfl. Privatnutzung von Gebäuden
- die Grundsteuer und
- die Gebäudeversicherungen,

bei der Privatnutzung von Pkw
- die Kfz-Steuer und
- die Kfz-Versicherung.

7.4.3 Unfallreparaturkosten als Bemessungsgrundlage bei (auch) nichtunternehmerischer Pkw-Nutzung

Fallen Reparaturkosten infolge eines Unfalles an, kann hieraus die Vorsteuer in vollem Umfang gezogen werden. Sodann sind die Unfallkosten in die Gesamtkosten einzubeziehen und anteilig entsprechend der unternehmerischen und nichtunternehmerischen Nutzung aufzuteilen.

> **MERKSATZ**
> Es wird **nicht unterschieden,** ob sich der **Unfall auf** einer **betrieblichen** oder einer privaten Fahrt ereignet hat.

Erfolgt ein Kostenersatz der Unfallkosten, ist dieser Betrag aus der Bemessungsgrundlage auszuscheiden.

7.4.4 Ermittlung der Bemessungsgrundlage bei der nichtunternehmerischen Pkw-Nutzung

Zur Ermittlung der Bemessungsgrundlage bei der nichtunternehmerischen Pkw-Nutzung lässt die Verwaltung folgende drei Methoden zu (vgl. hierzu A 15.23 Abs. 5 UStAE):
1. Fahrtenbuchmethode,
2. 1%-Regelung,
3. Methode der sachgerechten Schätzung.

Zu 1.: Der Unternehmer muss sämtliche Aufwendungen einschließlich der anteiligen Anschaffungskosten für das jeweilige Fahrzeug gesondert aufzeichnen. Er hat die Aufwendungen zu trennen in solche, die zum VStA berechtigt haben und solche, bei denen kein VStA möglich war. Daraus ermittelt er die Gesamtkosten, soweit sie zum VStA berechtigt haben.

Weiterhin zeichnet er anhand des Fahrtenbuches sämtliche Fahrten nach Km-Leistung und Anlass (betrieblich oder privat) auf. Der auf die Privatnutzung entfallende Anteil der Gesamtkosten ist als Bemessungsgrundlage zu versteuern.

> **BEISPIEL**
> Der Handelsvertreter H hat zu Beginn 01 einen Pkw angeschafft. Aus der Anschaffung des Pkw und den laufenden Kosten hat er die Vorsteuer zulässigerweise voll abgezogen. Die Kosten für den Pkw hat H vollständig aufgezeichnet und getrennt in solche, die zum VStA berechtigt haben und solche, für die ein VStA nicht möglich war. Die gesamten Kraftfahrzeugkosten in 01 inklusive anteilige Anschaffungskosten (aufgeteilt nach § 15a UStG) betragen netto 29 700 €. Die Kosten, für die ein VStA nicht möglich war, betragen insgesamt 3 280 €. Die Kosten, die zum VStA berechtigt haben, belaufen sich auf 26 420 €.
> H führt ein ordnungsgemäßes Fahrtenbuch. Hiernach ergab sich für 01 folgende Nutzung des Fahrzeugs:
>
> | | |
> |---|---|
> | betriebliche Fahrten | 35 600 km |
> | Privatfahrten | 1 890 km |
> | Summe der insgesamt gefahrenen km | 37 490 km |
>
> **LÖSUNG** Der Anteil der Privatfahrten für 01 beträgt 1890 km/37 490 km × 100 = 5,04 %. Der Anteil der Privatfahrten an den Gesamtkosten, soweit sie zum VStA berechtigt haben, beträgt somit 5,04 % von 26 420 € = 1 331,92 €. Die USt hierfür beträgt 19 % von 1 331,92 €, d. h. 253,06 €.

Zu 2.: Der BFH hat mit Urteil vom 11. 03. 1999, V R 78/98, BFHE 188, 160, die 1%-Methode zwar als unzulässigen Maßstab zur Ermittlung der Bemessungsgrundlage verworfen. Gleichwohl lässt die Verwaltung zu, dass Unternehmer die Bemessungsgrundlage nach dieser Methode ermitteln. Hiernach werden die Kosten für die private Nutzung pro Monat entsprechend der einkommensteuerrechtlichen Regelung mit 1 % vom Bruttolistenpreis des Fahrzeugs pauschaliert. Davon wird **1/5 abgezogen**, weil in der Pauschale auch Kosten enthalten sind, die nicht zum VStA berechtigen. Der so ermittelte Betrag ist ein Nettowert, auf den die USt aufzuschlagen ist.

Die 1 %-Regelung ist für die private Kraftfahrzeugnutzung nur noch anwendbar, wenn das Kfz zu mehr als 50 % betrieblich genutzt wird (§ 6 Abs. 1 Nr. 4 Satz 2 EStG).

Ist die Anwendung der 1 %-Regelung ausgeschlossen, weil das Fahrzeug zu weniger als 50 % betrieblich genutzt wird, und wird der nichtunternehmerische Nutzungsanteil nicht durch ein ordnungsgemäßes Fahrtenbuch nachgewiesen, ist dieser Nutzungsanteil im Wege der Schätzung zu ermitteln.

BEISPIEL

Der Unternehmer U hat Anfang April 01 einen Pkw erworben, dessen Listenpreis 60 000 € zuzügl. 11 400 € USt beträgt. Er nutzt diesen Pkw zu 51 % betrieblich und zu 49 % privat. Aus der Anschaffung des Pkw und den laufenden Kosten hat er die Vorsteuer zulässigerweise voll abgezogen. Für die Besteuerung seiner privaten Nutzung macht U zulässigerweise von der 1 %-Regelung Gebrauch.

LÖSUNG Die Bemessungsgrundlage für die private Nutzung ermittelt sich wie folgt:

1 % vom Listenpreis brutto (71 400 €)	714,00 €
abzüglich 1/5 für nicht zum VStA berechtigende Kosten	./. 142,80 €
verbleibender Betrag	571,20 €
USt für Privatnutzung pro Monat 19 % von 571,20 €	108,53 €
USt für Privatnutzung in 01 9 × 108,53 €	976,77 €

Zu 3.: Führt der Unternehmer kein Fahrtenbuch und will er von der 1 %-Regelung keinen Gebrauch machen, so ist die Bemessungsgrundlage wie bei der Fahrtenbuchmethode ausgehend von den tatsächlichen Gesamtkosten, soweit sie zum VStA berechtigt haben, zu ermitteln. Der Anteil der privaten Nutzung ist in Ermangelung eines Fahrtenbuches zu schätzen. Bei der Schätzung sind alle Umstände des konkreten Falles zu berücksichtigen. Liegen geeignete Unterlagen für eine Schätzung nicht vor, ist der private Nutzungsanteil im Allgemeinen mit mindestens 50 % zu schätzen (vgl. hierzu A 15.23 Abs. 5 Nr. 3 UStAE).

Der Unternehmer hat zwischen der 1 %-Regelung und der Kostenschätzmethode ein Wahlrecht und kann den für ihn günstigsten Wert anwenden.

7.4.5 Private Telefonbenutzung

Bei der privaten Telefonnutzung ist zu unterscheiden zwischen
a) Kosten des Unternehmers aus der Anschaffung von Fernsprechendgeräten, für die er den VStA geltend gemacht hat,
b) Kosten für die Nutzung von Fernsprecheinrichtungen eines Telekommunikationsanbieters wie Grundgebühren und Gesprächsgebühren (Telefondienstleistungen).

Zu a): Hat der Unternehmer das Gerät seinem Unternehmen zugeordnet und die Vorsteuer aus der Anschaffung geltend gemacht, unterliegen die auf die private Verwendung entfallenden anteiligen Anschaffungskosten der Besteuerung nach § 3 Abs. 9a Nr. 1 UStG.

Zu b): Die Telefondienstleistungen werden von vornherein aufgeteilt in einen privaten und einen unternehmerischen Teil. Nur die auf den unternehmerischen Teil entfallenden Vorsteuern dürfen abgezogen werden (vgl. A 15.2c Abs. 2 Nr. 1 Satz 2 UStAE). Da die privat in Anspruch genommenen Telefondienstleistungen direkt in den privaten Bereich eingehen, liegen keine Leistungsbezüge aus dem Unternehmen vor. § 3 Abs. 9a UStG findet keine Anwendung.

8 Unentgeltliche andere sonstige Leistungen nach § 3 Abs. 9 a Nr. 2 UStG

Unentgeltliche andere sonstige Leistungen als Gegenstandsverwendungen werden nach § 3 Abs. 9 a Nr. 2 UStG unter folgenden Voraussetzungen einer entgeltlichen sonstigen Leistung gleichgestellt:

a) Leistung für außerunternehmerische Zwecke oder
b) für den privaten Bedarf des Personals, sofern keine Aufmerksamkeiten vorliegen.

Anders als bei § 3 Abs. 9 a Nr. 1 UStG ist die Gleichstellung mit einer entgeltlichen sonstigen Leistung **nicht davon abhängig, dass eine VStA-Berechtigung** für Vorbezüge hinsichtlich dieser Leistung **bestanden hat**.

Typische Leistungen nach § 3 Abs. 9 a Nr. 2 UStG liegen vor

- bei Einnahme von Mahlzeiten des Gastwirts oder seiner Familienangehörigen in der Gastwirtschaft (als Bemessungsgrundlage werden hierfür jedoch Pauschalsätze angesetzt, vgl. 2.3) bzw. die unentgeltliche Essensabgabe an das Personal zum Verzehr an Ort und Stelle, sofern die Speisen nicht während eines außergewöhnlichen Arbeitseinsatzes abgegeben werden (vgl. A 1.8 Abs. 4 Nr. 11 UStAE),
- Einsatz von AN (Dienstleistungen) des Unternehmens im privaten Bereich,
- Unentgeltliche Beförderung von Arbeitnehmern von ihrem Wohnsitz oder vom Bahnhof zum Arbeitsplatz. Allerdings wird die Steuerbarkeit verneint, sofern die Beförderung im überwiegenden betrieblichen Interesse des Arbeitgebers erfolgt, weil (vgl. A 1.8 Abs. 15 UStAE)
  – die Beförderung mit öffentlichen Verkehrsmitteln nicht oder nur mit unverhältnismäßig hohem Zeitaufwand durchgeführt werden könnte, oder
  – die Arbeitnehmer an ständig wechselnden Tätigkeitsstätten oder an verschiedenen Stellen eines weiträumigen Arbeitsgebiets eingesetzt werden, oder
  – die Beförderungsleistungen wegen eines außergewöhnlichen Arbeitseinsatzes erforderlich sind oder wenn sie hauptsächlich dem Materialtransport an die Arbeitsstelle dienen und der Arbeitgeber dabei einige Arbeitnehmer unentgeltlich mitnimmt.

8.1 Steuerbefreiung für sonstige Leistungen nach § 3 Abs. 9 a Nr. 2 UStG

Einschränkungen bei der Anwendung von Steuerbefreiungen sieht das Gesetz grundsätzlich nicht vor. Lediglich die Steuerbefreiung für Lohnveredelungen gem. § 4 Nr. 1 Buchst. a i. V. m. § 7 UStG ist gem. § 7 Abs. 5 UStG ausgeschlossen. Es können folgende Steuerbefreiungen in Frage kommen:

- § 4 Nr. 11 UStG,
- § 4 Nr. 14 Buchst. a UStG.

> **BEISPIEL**
> Der Arzt A behandelt seine Frau und seine Kinder unentgeltlich. Hierbei entstehen ihm auch anteilige Personalkosten.
> **LÖSUNG** A tätigt mit der Behandlung eine unentgeltliche sonstige Leistung. Da die Abgabe aus nichtunternehmerischen Gründen erfolgt, liegt der Tatbestand des § 3 Abs. 9 a Nr. 2 UStG vor. Die sonstige Leistung wird einer entgeltlichen sonstigen Leistung gleichgestellt, fällt aber unter die Steuerbefreiung des § 4 Nr. 14 Buchst. a UStG.

8.2 Ermäßigter Steuersatz für sonstige Leistungen nach § 3 Abs. 9 a Nr. 2 UStG

Da keine Sonderregelung vorliegt, gelten bezüglich des ermäßigten Steuersatzes die Vorschriften des § 12 Abs. 2 UStG. In Frage kommen folgende Vorschriften:
- § 12 Abs. 2 Nr. 7 UStG,
- § 12 Abs. 2 Nr. 8 UStG,
- § 12 Abs. 2 Nr. 10 UStG.

8.3 Bemessungsgrundlage für sonstige Leistungen nach § 3 Abs. 9 a Nr. 2 UStG

Nach § 10 Abs. 4 Nr. 3 UStG sind die bei Ausführung der sonstigen Leistung entstandene Ausgaben als Bemessungsgrundlage anzusetzen. Es ist hierbei nicht maßgebend, ob die Ausgaben zum vollen oder teilweisen VStA berechtigt haben.

> **BEISPIEL**
> Konditormeister K in Stuttgart beauftragt die in seinem Betrieb angestellte Reinigungskraft (R), während der betrieblichen Arbeitszeit auch die Räume seiner Privatwohnung zu reinigen. Der Zeitaufwand beträgt im Monat April zehn Stunden. Die Lohnkosten der R belaufen sich auf 10 € pro Stunde.
> **LÖSUNG** Mit dem Einsatz der R im Privathaushalt des K tätigt K eine unentgeltliche sonstige Leistung nach § 3 Abs. 9 a Nr. 2 UStG. Der Leistungsort ist gem. § 3 f UStG dort, wo K sein Unternehmen betreibt, also in Stuttgart. Die Leistung ist nach § 1 Abs. 1 Nr. 1 UStG steuerbar.
> Die sonstige Leistung ist zu 19 % stpfl. (§ 12 Abs. 1 UStG). Bemessungsgrundlage sind die anteiligen Lohnkosten, soweit sie auf dem Privateinsatz beruhen, d. h. 100 € (§ 10 Abs. 4 Nr. 3 UStG). Die USt beträgt 19 % von 100 €, also 19 €.

Die Verwaltung besteuert bestimmte sonstige Leistungen i. S. v. § 3 Abs. 9 a Nr. 2 UStG pauschal. So wird die unentgeltliche Essensabgabe an AN in betriebseigenen Kantinen pro Mahlzeit ab dem KJ 2019 mit 3,23 € besteuert; dies ist als Bruttowert anzusetzen (A 1.8 Abs. 11 UStAE). Werden die Mahlzeiten entgeltlich abgegeben, ist der vom Arbeitnehmer gezahlte Essenspreis, mindestens jedoch der obige Wert zu Grunde zu legen:

> **BEISPIEL**
> Wert der Mahlzeit 3,23 €. Zahlung des Arbeitnehmers 2,00 € (Abwandlung: 4,50 €)
> **LÖSUNG** maßgeblicher Wert 3,23 € (Abwandlung: 4,50 €) darin enthalten 19/119 USt (Steuersatz 19 %) = 52 Cent (Abwandlung: 72 Cent).

Hinsichtlich der Einnahme von Mahlzeiten des Gastwirts und seiner Familienangehörigen in den Gastwirtschaftsräumen können die bei 2.3 angegebenen Pauschalsätze mit dem Steuersatz von 19 % angesetzt werden. Dies sind bei der Abgabe von kalten und warmen Speisen 3.242 € netto pro erwachsene Person und KJ.

> **FALL 25**
> Prüfen Sie, ob in den nachfolgenden Punkten eine unentgeltliche Leistungsabgabe nach § 3 Abs. 1 b oder § 3 Abs. 9 a UStG vorliegt und ermitteln Sie im Falle der Steuerpflicht die USt.
> 1. Rechtsanwalt R in Ludwigsburg führt in eigener privater Sache beim Amtsgericht Stuttgart einen Prozess. Er nimmt hierfür die Ressourcen seiner Kanzlei in Anspruch. Nach Abzug evtl. Vorsteuer

für Papier, Porto und Personalkosten sind ihm hierbei Aufwendungen i. H. v. 200 € entstanden. Einem Mandanten hätte er hierfür insgesamt 1 800 € berechnet.

2. Malermeister M lässt von AN seines Betriebs sämtliche Malerarbeiten in seinem neuen Einfamilienhaus, in welches er selbst einziehen will, ausführen. Die hierbei verwendete Farbe (aus Lagerbeständen) kostete im Einkauf 150 € zuzügl. 28,50 € USt. Anteilige Arbeitslöhne fielen i. H. v. 800 € an. Einem Kunden hätte M 1 600 € zuzügl. 304 € USt berechnet.

3. Gastwirt W in Köln bezieht im Jahr 2019 für sich und seine Ehefrau die gesamten Speisen und Getränke aus seiner Gaststätte. In der Gaststätte werden kalte und warme Speisen abgegeben. Die Speisen und Getränke werden von den Eheleuten ausschließlich in ihren Privaträumen eingenommen.

4. G ist Eigentümer eines zweigeschossigen Hauses in Freiburg. Das Erdgeschoss hat er stpfl. an Unternehmer vermietet. Das Obergeschoss bewohnt er selbst mit seiner Familie. Der Mietwert der Wohnung beträgt monatlich 600 €. Auf diese Wohnung entfallen monatlich 500 € anteilige Kosten. G hat die Vorsteuer aus den Herstellungskosten geltend gemacht, soweit sie auf das Erdgeschoss entfiel. Eine besondere Mitteilung an das Finanzamt über die Zuordnung des Hauses zum Unternehmensvermögen ist von G nicht erfolgt.

5. Unternehmer A hat Anfang April 01 einen Pkw zum Listenpreis von umgerechnet 50 000 € zuzügl. 9 500 € USt erworben und seinem Unternehmensvermögen zugeordnet. A nutzt den Pkw für private Zwecke und an 15 Tagen im Monat für Fahrten zwischen Wohnung und Betrieb. Die einfache Fahrstrecke (Entfernungs-km) beträgt 35 km.
A führt kein Fahrtenbuch. Einkommensteuerlich wird der Wert der Nutzungsentnahme nach der sog. 1 %-Regelung des § 6 Abs. 1 Nr. 4 Satz 2 EStG ermittelt.

6. Der Lebensmittelhändler L in Stuttgart benutzte lt. Fahrtenbuch seinen im KJ 01 angeschafften Geschäfts-Pkw (Bruttolistenpreis 71 400 €) im KJ 02 zu 60 % für unternehmerische Zwecke und zu 30 % für private Zwecke (überwiegend für eine Urlaubsfahrt in das Ausland). In der 60 % Nutzung für unternehmerische und 30 % Nutzung für private Zwecke sind noch nicht die Fahrten des L zwischen seiner Wohnung und dem Betrieb enthalten (einmal täglich an 15 Tagen im Monat, Entfernung 35 km). Sie belaufen sich auf insgesamt 10 % der Gesamtnutzung.
Beim Erwerb des Pkws wurde vom Unternehmer der volle VStA aus den Anschaffungskosten vorgenommen. Im KJ 02 sind im Zusammenhang mit dem Pkw umgerechnet folgende Kosten (netto) angefallen:

anteilige AK	12 000 €
Versicherung	2 400 €
Kfz-Steuer	1 800 €
Benzinkosten	3 000 €
Reparaturkosten	3 600 €
Summe	22 800 €

7. Wie 6., nur führt L kein Fahrtenbuch. Andere geeignete Unterlagen, aus denen sich der Anteil der privaten Nutzung ergibt, liegen nicht vor. L möchte umsatzsteuerrechtlich von der 1 %-Regelung Gebrauch machen.

8. Unternehmer U verursacht mit seinem im KJ 01 angeschafften Pkw anlässlich einer Privatfahrt im KJ 02 einen Unfall. Der Pkw wurde von U seinem Unternehmensvermögen zugerechnet und lt. Fahrtenbuch zu 30 % für private Zwecke genutzt.
Die Unfallkosten belaufen sich auf umgerechnet 10 000 € zuzügl. 1 900 € USt. Von seiner betrieblichen Vollkaskoversicherung wird U ein Betrag von 8 000 € ersetzt.

9. Wie 8., jedoch führt U kein Fahrtenbuch.

10. Unternehmer und Arbeitgeber B überlässt seinem AN A einen Firmenwagen, dessen Bruttolistenpreis 50 000 € beträgt, für betriebliche Fahrten, für private Zwecke, für Fahrten zwischen Wohnung und Arbeitsstätte (Entfernung: 10 km). B möchte von den lohnsteuerrechtlichen Pauschalregelungen auch für die USt Gebrauch machen. Wie hoch ist die monatlich anfallende USt hinsichtlich der Nutzungsüberlassung an A?

Teil R Innergemeinschaftlicher Erwerb

1   Allgemeines

Liegt eine innergemeinschaftliche Lieferung vor (Beginn und Ende des Warenweges in zwei verschiedenen Mitgliedstaaten), soll – wegen der unterschiedlich hohen Steuersätze – grundsätzlich die Besteuerung im Bestimmungsland erfolgen.

Aus Vereinfachungsgründen soll dabei der Empfänger der Lieferung, der normalerweise in dem Bestimmungsland ansässig ist, stellvertretend für den Lieferer die Besteuerung übernehmen. Aus diesem Grunde wurde die Umsatzart des innergemeinschaftlichen Erwerbs gem. § 1 Abs. 1 Nr. 5 UStG eingeführt. Während bei Einfuhren aus Drittländern die Belastung mit USt durch die EUSt erfolgt, erfolgt die Belastung von Lieferungen aus anderen Mitgliedstaaten i. d. R. durch die Erwerbs(umsatz)steuer, wenn der Erwerber die Lieferung für sein Unternehmen bezieht.

2   Allgemeine Tatbestandsvoraussetzungen des innergemeinschaftlichen Erwerbs (§ 1 a UStG)

Ein innergemeinschaftlicher Erwerb liegt nach § 1 a Abs. 1 UStG grundsätzlich vor, wenn
a) ein Gegenstand bei einer Lieferung an den Abnehmer aus dem Gebiet eines anderen Mitgliedstaates der EU in das Inland gelangt (innergemeinschaftliche Lieferung),
b) der Abnehmer ein Unternehmer ist, der den Gegenstand für sein Unternehmen erwirbt,
c) der Lieferer ein Unternehmer ist, der die Lieferung gegen Entgelt i. R. seines Unternehmens bewirkt und in seinem Mitgliedstaat nicht aufgrund einer Sonderregelung für Kleinunternehmer von der USt ausgenommen ist,
d) die Warenbewegung im Inland endet (§ 3 d Satz 1 UStG), und
e) der Abnehmer kein sog. Schwellenerwerber oder atypischer Unternehmer ist und somit ein Erwerbsausschluss nach § 1a Abs. 3 UStG nicht zur Anwendung kommt (vgl. hierzu nachstehend 4).

Zu a): Bei der Lieferung muss es sich um eine Lieferung mit Warenbewegung i. S. d. § 3 Abs. 6 Satz 1 UStG handeln. Der Gegenstand kann durch den Abnehmer selbst oder einen Erfüllungsgehilfen des Abnehmers in dem anderen EU-Land abgeholt werden. Der Gegenstand kann auch durch den Lieferer oder einen Erfüllungsgehilfen des Lieferers vom anderen EU-Land ins Inland befördert oder versendet werden.

Zu b): Der Abnehmer muss nach dem deutschen UStG den Gegenstand für sein Unternehmen erwerben (vgl. P3)[1] Das ist nicht deckungsgleich mit Art. 138 Abs. 1 MwStSystRL. Danach liegt eine steuerfreie innergemeinschaftliche Lieferung vor, wenn der Erwerber Unternehmer ist und als solcher handelt. Dementsprechend liegt ein steuerbarer innergemeinschaftlicher Erwerb vor, wenn der Unternehmer als solcher handelt. Gemeint ist hiermit der Erwerb unter Verwendung der USt-IdNr. Das bedeutet: Wer mit seiner USt-IdNr. im Binnenmarkt einkauft, verwirklicht einen innergemeinschaftlichen Erwerb (und der Lieferer eine innergemein-

---

1 Zur Wahrung der Übersichtlichkeit werden in diesem Band juristische Personen als Abnehmer nicht berücksichtigt.

schaftliche Lieferung), gleich, ob der Erwerber den Gegenstand für sein Unternehmen oder für private Zwecke verwenden will.

Zu c): Ist der Lieferer nach dem Recht des für seine Besteuerung zuständigen Mitgliedstaates als Kleinunternehmer von der Steuerpflicht befreit, liegt kein innergemeinschaftlicher Erwerb vor (§ 1 a Abs. 1 Nr. 3 Buchst. b UStG). In diesem Falle muss eine Besteuerung des Verkaufsgeschäftes nicht erfolgen.

Zu d): Der innergemeinschaftliche Erwerb ist nach § 1 Abs. 1 Nr. 5 UStG nur dann steuerbar, wenn er **im Inland** erfolgt. Er erfolgt gem. **§ 3 d Satz 1 UStG** im Inland, wenn sich der Gegenstand am Ende der Beförderung oder Versendung im Inland befindet. Berührt ein Gegenstand also das Inland nur im Wege der Durchfuhr, liegt kein steuerbarer innergemeinschaftlicher Erwerb vor.

Durch die gegenseitige Verwendung der USt-IdNr. wird das Vorliegen der Voraussetzungen b) und c) signalisiert. Mit der Mitteilung seiner USt-IdNr. gibt der Erwerber zu erkennen, dass er den Gegenstand für sein Unternehmen erwirbt. Andererseits bringt der Lieferer durch die Mitteilung seiner USt-IdNr. zum Ausdruck, dass er eine steuerbare Lieferung ausführt und nicht unter eine Kleinunternehmerregelung seines Mitgliedstaates fällt.

3 Weitere Fälle des innergemeinschaftlichen Erwerbs

3.1 Innergemeinschaftliches Verbringen

Ein innergemeinschaftlicher Erwerb wird nach **§ 1 a Abs. 2 UStG** fingiert beim innergemeinschaftlichem Verbringen eines zum Unternehmensvermögen gehörenden Gegenstandes zur eigenen Verfügung des Unternehmers (rechtsgeschäftsloses Verbringen) aus dem Gebiet eines anderen Mitgliedstaates der EU in das Inland, wenn das Verbringen nicht nur vorübergehend ist (2, 6, 12, 18 bzw. 24 Monate). Die Formulierung in § 3 Abs. 1a UStG »ausgenommen zu einer nur vorübergehenden Verwendung« setzt hierbei die unionsrechtliche Regelung in Art. 17 Abs. 2 MwStSystRL nicht zutreffend um. Während § 3 Abs. 1a UStG generalisierend auf einen scheinbar zeitlichen Gesichtspunkt abstellt, enthält Art. 17 Abs. 2 Buchst. a bis h MwStSystRL eine abschließende Aufzählung von Umsätzen, die ein Verbringen ausschließen. Der Begriff »vorübergehend« ist daher nicht zeitabhängig zu verstehen, sondern wird durch die Art der Verwendung bestimmt.

Eine nicht nur vorübergehende Verwendung, d. h. ein dauerhaftes steuerbares Verbringen in den Bestimmungsmitgliedstaat, liegt vor, wenn der Unternehmer den Gegenstand dort (vgl. Abschn. 1a.2 Abs. 5, 6, 11 und 13 UStAE)
- dem Anlagevermögen zuführt oder
- als Roh-, Hilfs- oder Betriebsstoff verarbeitet oder verbraucht oder
- (bei zwischenzeitlicher Einlagerung) weiterliefert oder
- nach beabsichtigter vorübergehender Verwendung seine Absicht ändert oder
- die Gegenstände im »Bestimmungsmitgliedstaat« untergehen.

Eine der Art nach vorübergehende Verwendung liegt dagegen vor (vgl. Abschn. 1a.2 Abs. 10 Nr. 1 und 2 UStAE), wenn der Unternehmer mit dem Gegenstand
- im Bestimmungsmitgliedstaat entweder eine Werklieferung ausführt oder
- z. B. Arbeitsgeräte zur Durchführung sonstiger Leistungen (für Werkleistungen, Vermietungen) in den Bestimmungsmitgliedstaat verbringt.

3.2 Lieferung von Neufahrzeugen

Außerdem liegt ein innergemeinschaftlicher Erwerb auch außerhalb der Voraussetzungen des § 1 a UStG immer dann vor, wenn ein Neufahrzeug i. S. v. **§ 1 b** Abs. 2 und 3 UStG bei einer Lieferung an den Abnehmer aus dem Gebiet eines anderen Mitgliedstaates der EU in das Inland gelangt (§ 1 b UStG). In diesem Fall ist **auch der Erwerb durch Privatleute** steuerbar. Die Steuer wird dann im Wege der Einzelbesteuerung (§ 16 Abs. 5a UStG) erhoben.

Das Fahrzeug muss neu sein, wenn auch nicht brandneu (vgl. § 1b Abs. 3 UStG). Bei gebrauchten Fahrzeugen spielt generell der
- Zeitpunkt der ersten Inbetriebnahme eine Rolle (nicht mehr als 3 bzw. 6 Monate zurückliegend), alternativ (»**oder**«)
- bei Landfahrzeugen die bereits zurückgelegten km (nicht mehr als 6.000 km), bei Wasser- bzw. Luftfahrzeugen nicht mehr als 100 bzw. 40 Betriebsstunden.

Nach § 18c UStG i. V. m. der Fahrzeuglieferungs-Meldepflichtverordnung (FzgLiefgMeldV) müssen alle Unternehmer und private Fahrzeuglieferer, die steuerfrei neue Fahrzeuge an Nichtunternehmer in andere Mitgliedstaaten liefern, jede Lieferung gesondert bis zum zehnten Tag nach Ablauf des Kalendervierteljahres, in dem die Lieferung ausgeführt worden ist, dem Bundeszentralamt für Steuern **melden**.

4 Ausnahmen vom innergemeinschaftlichen Erwerb

Vom innergemeinschaftlichen Erwerb ausgenommen sind Erwerbe durch bestimmte Unternehmer, sog. Schwellenerwerber oder **atypische Unternehmer**, die das UStG in die Nähe von Privatleuten rückt (**§ 1 a Abs. 3 Nr. 1 Buchst. a bis c UStG**), sofern
- es sich nicht um neue Fahrzeuge bzw. verbrauchssteuerpflichtige Waren handelt (§ 1a Abs. 5 UStG) und
- die Erwerbsschwelle von 12 500 € nicht überschritten wird (§ 1a Abs. 3 Nr. 2 UStG).

Bei dem obigen Unternehmerkreis handelt es sich um Unternehmer, die nicht zum VStA berechtigt sind: Unternehmer nach § 19 Abs. 1 UStG, nach § 24 UStG sowie Unternehmer, die ausschließlich vorsteuerschädliche Ausgangsumsätze bewirken. Diese können jedoch zur Besteuerung nach § 1a Abs. 1 UStG **optieren**, indem sie auf die Anwendung des § 1a Abs. 3 UStG verzichten. Sie unterliegen dann der Erwerbsbesteuerung, auch wenn sie die Erwerbsschwellen nicht überschreiten.

Als Verzicht gilt die **Verwendung einer dem Erwerber erteilten USt-IdNr.** gegenüber dem Lieferer (§ 1a Abs. 4 Satz 2 UStG). Der Verzicht bindet ihn dann mindestens für zwei Kalenderjahre (§ 1a Abs. 4 Satz 3 UStG). Damit kann ein deutscher Schwellenerwerber mit den eventuell günstigeren deutschen Steuersätzen in anderen Mitgliedstaaten einkaufen.

Die Erwerbsbesteuerung schließt für den Lieferer die Versandhandelsregelung nach § 3c UStG aus (s. § 3c Abs. 2 Satz 1 a. E. UStG).

5 Steuerbefreiungen für den innergemeinschaftlichen Erwerb

Der innergemeinschaftliche Erwerb ist im Allgemeinen stpfl. Nach § 4b UStG ist er in bestimmten Fällen befreit. Die (wohl) wichtigste Steuerbefreiung enthält § 4b Nr. 4 UStG. Hiernach ist der innergemeinschaftliche Erwerb von Gegenständen steuerfrei, die der Unternehmer sodann (wieder) steuerfrei innergemeinschaftlich oder im Rahmen einer Ausfuhr liefert (vgl. aber auch A 4b.1 Abs. 3 Satz 2 UStAE).

6 Berechnung der Steuer

Für den Erwerb eines Gegenstandes gelten nach § 12 UStG die gleichen Steuersätze wie für eine entsprechende Lieferung des Gegenstandes.

Ebenso wie bei den Lieferungen ist Bemessungsgrundlage gem. § 10 Abs. 1 UStG das mit dem Lieferer vereinbarte Entgelt. Da die USt (Erwerbssteuer) vom Erwerber anzumelden und zu entrichten ist, ist der an den Lieferer gezahlte Betrag ein Nettobetrag.

Im Sonderfall des innergemeinschaftlichen Erwerbs durch Verbringen ergibt sich die Bemessungsgrundlage aus § 10 Abs. 4 Nr. 1 UStG (vgl. Q 2.3).

Der Erwerber kann die Erwerbssteuer übrigens nach § 15 Abs. 1 Nr. 3 UStG als Vorsteuer abziehen, sofern er den Gegenstand für sein Unternehmen erwirbt, sodass sich bei ihm – sofern er vorsteuerabzugsberechtigt ist – keine Belastung mit USt ergibt (vgl. U 5).

7 Beispiele zum innergemeinschaftlichen Erwerb

BEISPIELE

a) Unternehmer A in Augsburg bestellt beim Unternehmer B in Brüssel eine Maschine zum Nettopreis von 50 000 € für seinen Fabrikationsbetrieb. B transportiert die Maschine direkt zu A nach Augsburg.
LÖSUNG Bei der Lieferung (innergemeinschaftliche Lieferung) von B an A gelangt die Maschine aus Belgien ins Inland. A ist Unternehmer und erwirbt die Maschine für sein Unternehmen. B ist regelbesteuerter Unternehmer und bewirkt die Lieferung i. R. seines Unternehmens gegen Entgelt. Der Erwerb erfolgt gem. § 3 d Satz 1 UStG im Inland, da sich die Maschine am Ende der Beförderung im Inland befindet. Somit sind alle Tatbestandsmerkmale des innergemeinschaftlichen Erwerbs gem. § 1 Abs. 1 Nr. 5 i. V. m. § 1 a Abs. 1 UStG erfüllt. Der Erwerb ist bei A steuerbar und stpfl. Die USt beträgt 19 % von 50 000 €, d. h. 9 500 €.

b) Unternehmer A aus Aachen erwirbt auf einer Fachmesse in Paris vom Unternehmer L aus London einen Bürostuhl zum Nettopreis von 2 000 € für sein Unternehmen. Der Bürostuhl wird ihm sofort ausgehändigt und A nimmt ihn in seinem Pkw-Kombi mit nach Aachen.
LÖSUNG L erbringt an A eine innergemeinschaftliche Lieferung in Paris (Abholfall). Bei der Lieferung von L an A gelangt der Bürostuhl von Frankreich ins Inland. A ist Unternehmer und erwirbt den Bürostuhl für sein Unternehmen. L ist regelbesteuerter Unternehmer und bewirkt die Lieferung i. R. seines Unternehmens gegen Entgelt. A erfüllt somit die Voraussetzungen des § 1 a Abs. 1 UStG und tätigt einen innergemeinschaftlichen Erwerb. Der Erwerb erfolgt gem. § 3 d Satz 1 UStG im Inland, da sich der Bürostuhl am Ende der Beförderung durch A im Inland befindet. Somit sind alle Tatbestandsmerkmale des innergemeinschaftlichen Erwerbs gem. § 1 Abs. 1 Nr. 5 i. V. m. § 1 a UStG erfüllt. Der Erwerb ist steuerbar und stpfl. Die USt beträgt 19 % von 2 000 €, d. h. 380 €.

c) Unternehmer A aus Aachen erwirbt auf einer Fachmesse in Paris vom Unternehmer L aus London einen Bürostuhl zum Nettopreis von umgerechnet 1 000 € für das Studierzimmer seines Sohnes. Er verwendet hierbei keine USt-IdNr. Der Bürostuhl wird ihm sofort ausgehändigt und A nimmt ihn in seinem Pkw-Kombi mit nach Aachen.
LÖSUNG L tätigt in Paris eine Lieferung an A. Da A den Bürostuhl nicht für sein Unternehmen erwirbt, ist er kein Erwerber i. S. d. § 1 a UStG. Auch der innergemeinschaftliche Erwerb nach § 1 b

UStG scheidet aus, da kein neues Fahrzeug erworben wurde. A tätigt infolgedessen keinen innergemeinschaftlichen Erwerb.

Ist bei einer Lieferung aus einem EU-Land (Frankreich) in ein anderes EU-Land (Deutschland) der Abnehmer kein Unternehmer (kein Erwerber i. S. v. §§ 1 a und 1 b UStG), bestimmt sich der Lieferort vorrangig gem. § 3 Abs. 5 a nach § 3 c UStG. Die Vorschrift des § 3 c UStG scheidet aber hier aus, weil keine Beförderung oder Versendung durch den Lieferer L vorliegt. Der Lieferort bei L bestimmt sich somit nach § 3 Abs. 6 Sätze 1 und 2 UStG und ist dort, wo mit der Beförderung begonnen wurde. Da dies in Paris ist, ist die Lieferung in Deutschland nicht steuerbar.

Die Lieferung des L fällt unter das französische UStG und unterliegt der französischen USt. L muss dem A französische USt berechnen.

d) Unternehmer U hat in Ulm einen Fabrikationsbetrieb. In Poznań (Polen) hat U ein Zweigwerk, in dem er bestimmte arbeitsintensive Maschinenteile vorfertigen lässt. Nach der Herstellung dieser Maschinenteile (Selbstkosten umgerechnet 50 000 €) werden sie nach Ulm befördert und in Maschinen eingebaut.

LÖSUNG Beim Transport der Maschinenteile von Poznań nach Ulm handelt es sich um ein rechtsgeschäftsloses Verbringen (keine Lieferung). Nach § 1 a Abs. 2 UStG gilt dieses Verbringen von Polen (übriges Gemeinschaftsgebiet) ins Inland als innergemeinschaftlicher Erwerb. Der Erwerb erfolgt gem. § 3 d Satz 1 UStG im Inland, da sich die Maschinenteile am Ende der Beförderung durch A in Deutschland befinden. Der innergemeinschaftliche Erwerb ist somit steuerbar (§ 1 Abs. 1 Nr. 5 UStG) und stpfl. Die Bemessungsgrundlage bestimmt sich gem. § 10 Abs. 4 Nr. 1 UStG nach den Selbstkosten von 50 000 €. Die USt beträgt 19 % von 50 000 €, d. h. 9 500 €.

e) Privatmann P in Freiburg erwirbt vom Händler M in Mulhouse (Frankreich) einen fabrikneuen Pkw zum Nettopreis von umgerechnet 50 000 €. P holt den Pkw von M in Mulhouse selbst ab und fährt mit ihm nach Freiburg. Bei der Kfz-Zulassungsstelle in Freiburg meldet P das Fahrzeug an.

LÖSUNG Der Pkw i. S. d. § 1 b Abs. 2 Nr. 1 und Abs. 3 Nr. 1 UStG gelangt bei der Lieferung an P aus Frankreich ins Inland. Damit liegt gem. § 1 b Abs. 1 UStG ein innergemeinschaftlicher Erwerb vor. Der Erwerb erfolgt gem. § 3 d Satz 1 UStG im Inland, da sich der Pkw am Ende der Beförderung durch P in Deutschland befindet. Somit sind alle Tatbestandsmerkmale des innergemeinschaftlichen Erwerbs gem. § 1 Abs. 1 Nr. 5 i. V. m. § 1 b UStG erfüllt. Der Erwerb durch P ist steuerbar und stpfl. Die USt beträgt 19 % von 50 000 €, d. h. 9 500 €. Die USt wird von P im Wege der Einzelbesteuerung vom Finanzamt erhoben (vgl. § 16 Abs. 5 a UStG).

8 Steuerliche Erfassung des innergemeinschaftlichen Erwerbs

Die Erwerbssteuer ist in der USt-Voranmeldung anzumelden.

Die Erwerbssteuer entsteht gem. § 13 Abs. 1 Nr. 6 UStG grundsätzlich mit Ausstellung der Rechnung (Datum der Eingangsrechnung) und wird für den VZ angemeldet, auf den das Datum der Eingangsrechnung lautet. Die Erwerbssteuer entsteht jedoch spätestens mit Ablauf des VZ, der auf den VZ des Erwerbs folgt, und ist für diesen VZ anzumelden.

BEISPIELE

a) Erwerb   03.01.01
   Rechnungsdatum   20.01.01
   LÖSUNG Die Erwerbssteuer ist in der Voranmeldung 01/01 anzumelden.

b) Erwerb   03.01.01
   Rechnungsdatum   20.03.01
   LÖSUNG Die Erwerbssteuer ist in der Voranmeldung 02/01 anzumelden.

8.1 Vorausrechnungen

Zwar entsteht die Steuer für den innergemeinschaftlichen Erwerb grundsätzlich mit Ausstellung der Rechnung. Nach Sinn und Zweck der Vorschriften kann die Steuer aber nicht schon entstehen, bevor die Lieferung (der Erwerb) erfolgt ist (vgl. Art. 68 Abs. 2 MwStSystRL). Und der Erwerb erfolgt nach Art. 68 MwStSystRL zum Zeitpunkt der Lieferung; damit soll verhindert werden, dass zwischen Lieferung und Erwerb ein zeitliches Vakuum entsteht. Somit entsteht die ErwUSt bei Vorausrechnungen erst, wenn die Lieferung (der Erwerb) erfolgt ist. Die ErwUSt ist dann für den VZ der Lieferung (des Erwerbs) anzumelden.

> **BEISPIEL**
>
> Der finnische Unternehmer U erteilt einem deutschen Abnehmer vereinbarungsgemäß am 12. 01. 05 eine Vorausrechnung. Die innergemeinschaftliche Lieferung wird erst am 13. 02. 05 ausgeführt. Der deutsche Abnehmer erfüllt die Voraussetzungen des § 1 a UStG.
>
> **LÖSUNG** Der deutsche Abnehmer muss (bei monatlicher Abgabe) den innergemeinschaftlichen Erwerb nicht bereits in der Voranmeldung Januar 05 anmelden. Zu diesem Zeitpunkt ist zwar die maßgebliche Rechnung ausgestellt worden. Jedoch wird der innergemeinschaftliche Erwerb (die Lieferung) erst am 13. 02. 05 bewirkt.

8.2 Anzahlungs- und Schlussrechnungen

Bei Zusendung von Anzahlungsrechnungen ist beim Erwerber die Erwerbssteuer noch nicht anzumelden. Maßgebend für den Zeitpunkt der Anmeldung ist die Ausstellung der Gesamtrechnung. Die Erwerbssteuer entsteht in diesen Fällen grundsätzlich erst mit dem Rechnungsdatum der Schlussrechnung. Wird die Schlussrechnung später oder überhaupt nicht ausgestellt, ist die Erwerbssteuer spätestens in dem VZ anzumelden, der auf den VZ des Erwerbs folgt.

> **BEISPIEL**
>
> Für die Lieferung einer fertigen Maschine verlangt der englische Lieferant vom deutschen Käufer im Januar 04 und August 04 je zwei Anzahlungen i. H. v. 250 000 €. Die Lieferung der Maschine erfolgt am 12. 11. 04. Das Datum der Schlussrechnung lautet auf den 10. 01. 05. Die Schlussrechnung beinhaltet folgende Abrechnung:
> 1 200 000 € ./. 500 000 € = 700 000 €.
> Die Voraussetzungen für einen innergemeinschaftlichen Erwerb beim Käufer sind erfüllt.
>
> **LÖSUNG** Der Käufer muss (bei monatlicher Abgabe der Voranmeldung) den innergemeinschaftlichen Erwerb für den VZ Dezember 04 anmelden. Da das Schlussrechnungsdatum auf den 10. 01. 05 lautet, ist der Erwerb spätestens in dem Monat anzumelden, der auf den Erwerbsmonat folgt.
> Im Stadium der Anzahlungsrechnung und der geleisteten Abschlagszahlungen ist bezüglich der Erwerbssteuer nichts zu veranlassen.

Teil S Steuerschuldnerschaft des Leistungsempfängers (Umkehr der Steuerschuldnerschaft nach § 13 b UStG)

1 Allgemeines

1.1 Systematik

Grundsätzlich hat der Unternehmer, der die stpfl. Leistung ausführt, die entstandene USt anzumelden und zu entrichten. In den Fällen des § 13 b UStG werden diese Pflichten jedoch dem Leistungsempfänger auferlegt.

Somit wird der **Leistungsempfänger Steuerschuldner**, er muss die USt anmelden und kann sie bei Vorliegen der Voraussetzungen des § 15 Abs. 1 Nr. 4 UStG gleichzeitig als **Vorsteuer** geltend machen, so dass sich bei ihm – sofern er vorsteuerabzugsberechtigt ist – keine Belastung mit USt ergibt (»Nullsummenspiel«). Die Steuerschuldumkehr wird (aus dem Englischen) häufig auch **Reverse-Charge-Verfahren** genannt.

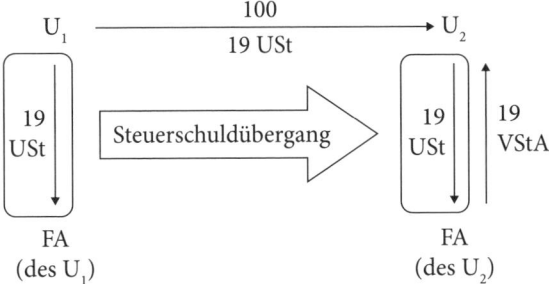

Allen Fällen der Steuerschuldumkehr ist gemein, dass der **Leistungsempfänger Unternehmer** sein muss (die Steuerschuld kann ja nicht auf einen Nichtunternehmer übertragen werden!).

Unerheblich ist jedoch, ob der Leistungsempfänger seinen Sitz in Deutschland hat (vgl. Wortlaut).

Der Leistende darf in den Fällen der Steuerschuldumkehr nur eine Nettorechnung mit Hinweis auf die Umkehr der Steuerschuldnerschaft erstellen (§ 14a Abs. 5 UStG; ansonsten wäre der Leistungsempfänger evtl. versucht, neben dem »Nullsummenspiel« aus Steuer und Vorsteuer, zusätzlich noch aus einer Bruttorechnung die Vorsteuer geltend zu machen).

1.2 Besonderheiten

Bei der Steuerschuldumkehr handelt es sich – anders als in der Praxis häufig angenommen – um **kein Wahlrecht**. Liegen die gesetzlichen Voraussetzungen vor, treten die Rechtsfolgen auch dann ein, wenn die Parteien es nicht wollen.

Da der Leistungsempfänger damit per Gesetz zum Steuerschuldner wird, muss er auch per Gesetz die Vorsteuer geltend machen können. Er kann die Steuer damit als **Vorsteuer auch dann** abziehen, **wenn** er **keine ordnungsgemäße Rechnung** besitzt. Das folgt aus § 15 Abs. 1

Nr. 4 UStG, der gerade keinen Hinweis auf eine Rechnung enthält (vgl. auch A 13b.15 Abs. 2 UStAE).

1.3 Überblick

§ 13b UStG ist unübersichtlich aufgebaut: Die eigentliche Steuerschuldumkehr ist in Abs. 5 geregelt, der auf die einzelnen Fälle der Absätze 1 und 2 verweist. Diese Fälle sind folgende:
a) Fälle des § 13b Abs. 1 UStG: Nach § 3a Abs. 2 UStG im Inland stpfl. sonstige Leistungen eines im übrigen Gemeinschaftsgebiet ansässigen Unternehmers.
(Hinweis: Da bereits § 3a Abs. 2 UStG nur bei B2B-Umsätzen eingreift, ist die in § 13b Abs. 5 Satz 1 HS 1 UStG normierte zusätzliche Voraussetzung »wenn er ein Unternehmer oder eine juristische Person ist« hier obsolet).
b) Fälle des § 13b Abs. 2 UStG:
1. Werklieferungen und nicht unter Abs. 1 fallende sonstige Leistungen eines im Ausland ansässigen Unternehmers;
2. Lieferung sicherungsübereigneter Gegenstände durch den Sicherungsgeber an den Sicherungsnehmer außerhalb des Insolvenzverfahrens;
3. Umsätze, die unter das GrEStG fallen (also Verkauf von Immobilien);
4. Bauleistungen, einschließlich Werklieferungen und sonstigen Leistungen im Zusammenhang mit Grundstücken (Nr. 1 geht aber vor, vgl. Wortlaut);
5. Lieferung von Gas, Strom, Wärme oder Kälte (teilweise eines im Ausland ansässigen Unternehmers; vgl. A 13b.3a UStAE);
6. Übertragung von Emissionshandelszertifikaten;
7. Lieferung von Abfällen und Schrott;
8. Reinigen von Gebäuden und Gebäudeteilen (Nr. 1 geht auch hier vor; vgl. Wortlaut);
9. Lieferung von Gold;
10. Lieferungen von Mobilfunkgeräten, Tablet-Computern und Spielekonsolen sowie von integrierten Schaltkreisen vor Einbau in einen zur Lieferung auf der Endhandelsstufe geeigneten Gegenstand, wenn die Summe der für sie in Rechnung zu stellenden Entgelte i. R. eines wirtschaftlichen Vorgangs mindestens 5 000 € beträgt; nachträgliche Minderungen des Entgelts bleiben dabei unberücksichtigt;
11. Lieferung von Edelmetallen, wenn die Summe der für sie in Rechnung zu stellenden Entgelte i. R. eines wirtschaftlichen Vorgangs mindestens 5 000 € beträgt; nachträgliche Minderungen des Entgelts bleiben dabei unberücksichtigt.

Die Steuerschuldnerschaft geht in den Fällen der Nr. 1 bis 3 auf den Leistungsempfänger über, wenn er Unternehmer bzw. eine juristische Person ist (§ 13b Abs. 5 Satz 1 HS 1 UStG).

In den in den Nr. 5 Buchst. a, 6, 7 sowie 9 bis 11 genannten Fällen schuldet der Leistungsempfänger die Steuer, wenn er ein Unternehmer ist (§ 13b Abs. 5 Satz 1 HS 2 UStG).

Im Fall der Nr. 4 geht die Steuerschuldnerschaft nur dann auf den Leistungsempfänger über, wenn dieser selbst nachhaltig Bauleistungen erbringt (§ 13b Abs. 5 Satz 2 HS 1 UStG); davon kann ausgegangen werden, wenn er die von der Finanzverwaltung ausgestellte Bescheinigung (USt 1 TG) verwendet.

In den in Nr. 8 genannten Fällen schuldet der Leistungsempfänger die Steuer nur, wenn dieser selbst nachhaltig Gebäudereinigungsleistungen erbringt (§ 13b Abs. 5 Satz 2 HS 2 UStG); davon kann auch hier ausgegangen werden, wenn er die von der Finanzverwaltung ausgestellte Bescheinigung (USt 1 TG) verwendet.

Bei der in Absatz 2 Nummer 5 Buchstabe b genannten Lieferung von Erdgas muss der Leistungsempfänger Wiederverkäufer von Erdgas sein, bei der Lieferung von Elektrizität müssen liefernder Unternehmer und Leistungsempfänger Wiederverkäufer von Elektrizität sein.

1.4 Zweifelsfälle

Sind leistender Unternehmer und Leistungsempfänger **in Zweifelsfällen** übereinstimmend vom Vorliegen der Voraussetzungen des **Abs. 2 Nr. 4, 5 Buchst. b, Nr. 7 – 11** ausgegangen, obwohl dies nach der Art der Umsätze unter Anlegung objektiver Kriterien nicht zutreffend war, gilt der Leistungsempfänger nach § 13 b Abs. 5 Satz 7 UStG dennoch als Steuerschuldner, sofern dadurch keine Steuerausfälle entstehen, also kein Betrugsfall vorliegt.

> **HINWEIS**
> In diesen Fällen bietet es sich an, zunächst einmal die Prüfung ohne die Zweifelsfallregelung durchzuführen und auf § 13 b Abs. 5 Satz 7 UStG erst zum Schluss einzugehen.

1.5 Leistung für den privaten Bereich

Oftmals wird fälschlich angenommen, dass es keine Steuerschuldumkehr geben kann, wenn der Leistungsempfänger die Leistung für den nichtunternehmerischen Bereich empfängt (Bsp.: Der Bauunternehmer lässt von einem Handwerker eine Bauleistung an seinem privaten Einfamilienhaus ausführen.) Diese auf den ersten Blick plausible Annahme gilt aber nur in den Fällen des § 13 b Abs. 1 UStG, da hier bereits nach § 3 a Abs. 2 UStG eine Leistung an einen Unternehmer für dessen Unternehmen erbracht sein muss. In allen anderen Fällen tritt die **Steuerschuldumkehr** nach § 13 b Abs. 5 Satz 6 UStG **auch** dann ein, **wenn die Leistung für den nichtunternehmerischen Bereich bezogen wird**.

2 Umkehr der Steuerschuld bei nach § 3 a Abs. 2 UStG im Inland steuerpflichtigen sonstigen Leistungen eines im übrigen Gemeinschaftsgebiet ansässigen Unternehmers (§ 13 b Abs. 1 UStG)

Die Steuerschuldnerschaft des Leistungsempfängers nach § 13 b Abs. 1 UStG kommt dann zur Anwendung, wenn folgende Tatbestandsvoraussetzungen erfüllt sind:
- stpfl. sonstige Leistung mit Ortsbestimmung nach § 3 a Abs. 2 UStG,
- der Leistende ist ein im übrigen Gemeinschaftsgebiet ansässiger Unternehmer (§ 13 b Abs. 7 Satz 1 HS 2 UStG),
- der Leistungsempfänger ist ein Unternehmer bzw. eine juristische Person (§ 13 b Abs. 5 Satz 1 HS 1 UStG).

> **BEISPIEL**
> Rechtsanwalt R mit Sitz in Reims (Frankreich) vertritt den Unternehmer U aus Ulm vor einem französischen Gericht in Paris in einem Schadenersatzprozess. U ist verklagt worden, weil er mangelhafte Ware (steuerfreie innergemeinschaftliche Lieferung nach Frankreich) verkauft haben soll. Der Prozess dauert vom 28. 01. 01 bis 25. 04. 01. R berechnet U am 26. 04. 01 ein Honorar von 20 000 €.

LÖSUNG R erbringt an U eine sonstige Leistung i. S. d. § 3 Abs. 9 UStG. Die Leistung ist mit Beendigung der Vertretung am 25. 04. 01 in Ulm gem. § 3 a Abs. 2 UStG bewirkt. Die sonstige Leistung wird damit im Inland gegen Entgelt erbracht und ist somit nach § 1 Abs. 1 Nr. 1 UStG steuerbar und auch stpfl. Der Steuersatz beträgt nach § 12 Abs. 1 UStG 19 %. U schuldet nach § 13 b Abs. 1 i. V. m. § 13 b Abs. 5 Satz 1 HS 1 UStG als Leistungsempfänger die USt, da R als im übrigen Gemeinschaftsgebiet (Frankreich) ansässiger Unternehmer (§ 13 b Abs. 7 Satz 1 HS 2 UStG) an den Unternehmer U eine stpfl. sonstige Leistung für dessen Unternehmen erbracht hat und damit die Ortsbestimmung nach § 3 a Abs. 2 UStG eingreift.

Da nicht R, sondern U die USt schuldet, ist der von U an R entrichtete Betrag von 20 000 € ein Nettobetrag. Die von U geschuldete USt beträgt somit 19 % von 20 000 € = 3 800 €.

Nach § 13 b Abs. 1 UStG entsteht die Steuer mit Ablauf des VZ April 01, ist also in der Voranmeldung für April 01 anzumelden.

U kann die USt nach § 15 Abs. 1 Nr. 4 UStG für denselben VZ (April 01) als Vorsteuer abziehen. Der Vorsteuerausschluss nach § 15 Abs. 2 Nr. 1 UStG wird nach § 15 Abs. 3 Nr. 1 Buchst. a i. V. m. § 4 Nr. 1 Buchst. b und § 6 a UStG aufgehoben.

R muss U eine Nettorechnung (ohne USt-Ausweis) ausstellen. In der Rechnung ist auf die Steuerschuldnerschaft des Leistungsempfängers hinzuweisen (§ 14 a Abs. 5 UStG). Für den Fall, dass in der Rechnung dieser Hinweis fehlt, ändert das an der Steuerschuldnerschaft des U nichts und hat auch keine Auswirkung auf dessen Recht auf VStA (A 13 b.15 Abs. 2 UStAE).

3 Umkehr der Steuerschuld bei steuerpflichtigen Werklieferungen und nicht unter § 13 b Abs. 1 UStG fallenden sonstigen Leistungen eines im Ausland ansässigen Unternehmers (§ 13 b Abs. 2 Nr. 1 UStG)

Die Steuerschuldnerschaft geht nach § 13 b Abs. 2 Nr. 1 UStG auf den Leistungsempfänger über, wenn folgende Tatbestandsmerkmale erfüllt sind:
- stpfl. Werklieferung oder
- sonstige Leistung, die nicht unter Abs. 1 fällt.

  Dies ist der Fall, wenn sich der Ort der sonstigen Leistung nicht nach § 3 a Abs. 2 UStG bestimmt oder aber der leistende Unternehmer nicht im übrigen Gemeinschaftsgebiet, sondern im Drittlandsgebiet ansässig ist.
- Der leistende Unternehmer ist im Ausland (Drittlandsgebiet oder übriges Gemeinschaftsgebiet) ansässig (§ 13 b Abs. 7 Satz 1 HS 1 UStG).
- Der Leistungsempfänger ist gem. § 13 b Abs. 5 Satz 1 HS 1 UStG Unternehmer oder eine juristische Person.

BEISPIELE

a) Der Maschinenhersteller M mit Sitz in Basel/Schweiz hat eine Druckmaschine an die Druckerei D in Göppingen verkauft. In der Zeit vom 07. bis 11. 01. 01 wurde bei der Druckerei D in Göppingen die Druckmaschine funktionsfähig in das Gebäude des D eingebaut, wobei der Boden zum Teil abgetragen werden musste.

M stellte D am 21. 01. 01 1 Mio. € in Rechnung. Am 14. 02. 01 hat D an M 1 Mio. € überwiesen.

LÖSUNG M erbringt an D eine Werklieferung i. S. d. § 3 Abs. 4 UStG. Die Verfügungsmacht wird gem. § 3 Abs. 7 Satz 1 UStG nach erfolgter Montage am 11. 01. 01 in Göppingen verschafft (vgl. A 3.12 Abs. 4 Sätze 1 bis 5). Die Werklieferung wird damit im Inland gegen Entgelt erbracht und ist somit nach § 1 Abs. 1 Nr. 1 UStG steuerbar. Die Lieferung ist auch stpfl. Der Steuersatz beträgt nach § 12 Abs. 1 UStG 19 %.

D schuldet nach § 13b Abs. 2 Nr. 1 i. V. m. § 13b Abs. 5 Satz 1 HS 1 UStG als Leistungsempfänger die USt, da M als im Ausland (Schweiz) ansässiger Unternehmer (§ 13b Abs. 7 Satz 1 HS 1 UStG) an den Unternehmer D eine Werklieferung erbracht hat.
Da nicht M, sondern D die USt schuldet, ist der von D an M entrichtete Betrag von 1 Mio. € ein Nettobetrag. Die von D geschuldete USt beträgt somit 19 % von 1 Mio € = 190 000 €.
Nach § 13b Abs. 2 UStG entsteht die Steuer mit Ausstellung der Rechnung, spätestens jedoch mit Ablauf des der Ausführung der Leistung folgenden Kalendermonats. Im vorliegenden Fall entsteht die Steuer mit Ausstellung der Rechnung am 21. 01. 01, also im VZ Januar 01.
D kann die USt nach § 15 Abs. 1 Nr. 4 UStG für den VZ Januar 01 als Vorsteuer abziehen. Ausschlussumsätze nach § 15 Abs. 2 UStG sind nicht erkennbar.
M muss D eine Nettorechnung (ohne USt-Ausweis) ausstellen. In der Rechnung ist auf die Steuerschuldnerschaft des Leistungsempfängers D hinzuweisen (§ 14a Abs. 5 UStG). Für den Fall, dass in der Rechnung dieser Hinweis fehlt, wird D gleichwohl Steuerschuldner.

b) Der selbständige Ingenieur I hat die Außenfassade seines ausschließlich privat genutzten Einfamilienhauses in Kehl von dem französischen Unternehmer Z anstreichen lassen. Die Arbeiten waren am 30. 01. 01 beendet. Z stellte I am 06. 03. 01 9 000 € in Rechnung, die I am 19. 03. 01 überwiesen hat.
LÖSUNG Z erbringt an I am 30. 01. 01 eine sonstige Leistung (Werkleistung) nach § 3 Abs. 9 UStG. Gem. § 3a Abs. 3 Nr. 1 Satz 1 UStG ist der Leistungsort der Lageort des Grundstücks, somit Kehl. Die sonstige Leistung wird im Inland gegen Entgelt erbracht und ist nach § 1 Abs. 1 Nr. 1 UStG steuerbar. Die sonstige Leistung ist auch stpfl. Der Steuersatz beträgt nach § 12 Abs. 1 UStG 19 %.
I ist Unternehmer. Er schuldet deshalb nach § 13b Abs. 2 Nr. 1 i. V. m. § 13b Abs. 5 Satz 1 HS 1 UStG als Leistungsempfänger die USt. Es spielt nach § 13b Abs. 5 Satz 6 UStG keine Rolle, dass I die sonstige Leistung für seinen nichtunternehmerischen Bereich bezogen hat.
Da nicht Z, sondern I die USt schuldet, ist der von I an Z zu entrichtende Betrag von 9 000 € ein Nettobetrag. Die von D geschuldete USt beträgt somit 19 % von 9 000 € = 1 710 €.
Nach § 13b Abs. 2 UStG entsteht die Steuer mit Ausstellung der Rechnung, spätestens jedoch mit Ablauf des der Ausführung der Leistung folgenden Kalendermonats. Im vorliegenden Fall entsteht die Steuer mit Ablauf des Monats Februar 01.
Da I die sonstige Leistung nicht für sein Unternehmen bezogen hat, kann er die USt nach § 15 Abs. 1 Nr. 4 UStG nicht als Vorsteuer abziehen.
Z muss I nach § 14a Abs. 5 UStG eine Rechnung (ohne USt-Ausweis) ausstellen, in der er auf die Steuerschuldnerschaft des I hinweist. Für den Fall, dass in der Rechnung dieser Hinweis fehlt, wird I gleichwohl Steuerschuldner.

4 Steuerschuldnerschaft des Leistungsempfängers bei inländischen Bauleistungen (§ 13b Abs. 2 Nr. 4 UStG, A 13b.1 Abs. 3 ff. UStAE)

Eine Umkehr der Steuerschuldnerschaft liegt in diesen Fällen vor, wenn:
- ein inländischer Unternehmer stpfl. Bauleistungen erbringt,
- der Leistungsempfänger selbst nachhaltig Bauleistungen ausführt, § 13b Abs. 5 Satz 2 HS 1 UStG.

Folge hieraus ist, dass der leistende Unternehmer trotz stpfl. Leistung keine USt in Rechnung stellen darf (§ 14a Abs. 5 Satz 3 UStG). Tut er dies fälschlicherweise, schuldet er die USt gem. § 14c Abs. 1 UStG (vgl. A 13b.14 Abs. 1 Satz 5 UStAE) und der Leistungsempfänger kann diese USt nicht als Vorsteuer geltend machen.
Die § 14c Abs. 1-Steuer kann allerdings durch einfache Rechnungsberichtigung in entsprechender Anwendung des § 17 Abs. 1 UStG geändert werden (§ 14c Abs. 1 Satz 2 UStG).

Der Leistungsempfänger hat als Steuerschuldner die USt anzumelden. Bemessungsgrundlage ist der an den Leistenden gezahlte Nettobetrag. Sofern die Bauleistung für das Unternehmen des Leistungsempfängers erbracht wird und nicht im Zusammenhang mit vorsteuerschädlichen Ausgangsumsätzen steht, kann der Leistungsempfänger die gemeldete § 13 b-Steuer als Vorsteuer gem. § 15 Abs. 1 Nr. 4 UStG geltend machen.

4.1 Bauleistungen i. S. d. § 13 b Abs. 2 Nr. 4 UStG

Der Begriff des Bauwerks ist weit auszulegen und umfasst nicht nur Gebäude, sondern darüber hinaus sämtliche irgendwie mit dem Erdboden verbundene oder infolge ihrer eigenen Schwere auf ihm ruhende, aus Baustoffen oder Bauteilen hergestellte Anlagen (z. B. Brücken, Straßen oder Tunnel).

Die Leistung muss sich unmittelbar auf die Substanz des Bauwerks auswirken, d. h. es muss eine Substanzerweiterung, Substanzverbesserung, Substanzbeseitigung oder Substanzerhaltung bewirkt werden. Hierzu zählen auch Erhaltungsaufwendungen (z. B. Reparaturleistungen).

Zu den Bauleistungen rechnen z. B.:
- Herstellung von Bauwerken,
- Instandsetzung, Instandhaltung von Bauwerken,
- Änderung oder Beseitigung von Bauwerken,
- Einbau von Fenstern und Türen,
- Einbau von Bodenbelägen,
- Einbau von Aufzügen, Rolltreppen,
- Einbau von Heizungsanlagen,
- ein Reinigungsvorgang, bei dem die zu reinigende Oberfläche verändert wird, z. B. bei einer Fassadenreinigung die Oberfläche abgeschliffen oder mit Sandstrahl bearbeitet wird.

Nicht zu den Bauleistungen gehören z. B.:
- Planungs- und Überwachungsleistungen (z. B. der Architekten und Statiker),
- Materiallieferungen (z. B. durch Baustoffhändler oder Baumärkte), auch wenn der liefernde Unternehmer den Gegenstand der Lieferung im Auftrag des Leistungsempfängers herstellt, nicht aber selbst in ein Bauwerk einbaut,
- reines Anliefern von Beton (demgegenüber stellt das Anliefern und das anschließende fachgerechte Verarbeiten des Betons durch den Anliefernden eine Bauleistung dar),
- die bloße Reinigung von Räumlichkeiten,
- Lieferungen von Wasser und Energie.

4.2 Voraussetzungen für die Steuerschuldnerschaft des Leistungsempfängers

Werden obige Bauleistungen von einem im Inland ansässigen Unternehmer im Inland erbracht, ist der Leistungsempfänger nur dann Steuerschuldner, wenn er Unternehmer ist und selbst Bauleistungen im obigen Sinne erbringt.

Der Leistungsempfänger muss derartige Bauleistungen nachhaltig erbringen oder erbracht haben.

Hiervon ist auszugehen, wenn:
- der Leistungsempfänger im vorangegangenen KJ Bauleistungen erbracht hat, deren Bemessungsgrundlage mehr als 10 % der Summe seiner steuerbaren und nicht steuerbaren Umsätze (Weltumsätze) betragen hat (A 13 b.3 Abs. 2 UStAE), oder

- der Leistungsempfänger eine zum Zeitpunkt der Ausführung des Umsatzes gültige Bescheinigung nach dem Vordruckmuster USt 1 TG hat (A 13 b.3 Abs. 3 UStAE).

Hat der Unternehmer z. B. als Neugründer zunächst keine Bauleistungen ausgeführt, beabsichtigt er aber, derartige Leistungen zu erbringen, ist er auch schon vor der erstmaligen Erbringung von Bauleistungen als Bauleistender anzusehen, wenn er nach außen erkennbar mit ersten Handlungen zur nachhaltigen Erbringung von Bauleistungen begonnen hat und die Bauleistungen voraussichtlich mehr als 10 % seines Weltumsatzes betragen werden (A 13 b.3 Abs. 2 Satz 3 UStAE).

Es ist nicht erforderlich, dass die an den Leistungsempfänger erbrachten Bauleistungen, für die er als Leistungsempfänger Steuerschuldner ist, mit von ihm erbrachten Bauleistungen unmittelbar zusammenhängen.

> **BEISPIELE**
>
> a) Der Bauunternehmer A beauftragt den Unternehmer B mit dem Einbau einer Heizungsanlage in sein Bürogebäude. A erbringt seinerseits nachhaltig Bauleistungen.
> **LÖSUNG** Der Einbau der Heizungsanlage durch B ist eine unter § 13b Abs. 2 Nr. 4 UStG fallende Werklieferung. Für diesen Umsatz ist A nach § 13b Abs. 5 Satz 2 HS 1 UStG Steuerschuldner, da er selbst nachhaltig Umsätze nach § 13b Abs. 2 Nr. 4 UStG erbringt. Unbeachtlich ist, dass der von B erbrachte Umsatz nicht mit den von A als Ausgangsumsätze erbrachten Bauleistungen unmittelbar im Zusammenhang steht.
>
> b) Bauunternehmen B renoviert die Fassade eines steuerfrei vermieteten Mehrfamilienhauses. Das Mehrfamilienhaus gehört:
> aa) dem Unternehmer U, der Heizungsanlagen installiert;
> bb) den Eheleuten U (Ehegattengrundstücksgemeinschaft), die das Mehrfamilienhaus gemeinsam vermietet haben.
> **LÖSUNG**
> aa) Durch die Montage von Heizungsanlagen erbringt U Bauleistungen im obigen Sinne. Dadurch ist er Bauleister und Steuerschuldner i. S. v. § 13b Abs. 2 Nr. 4 i. V. m. § 13b Abs. 5 Satz 2 HS 1 UStG. Folge hiervon ist, dass B eine Nettorechnung zu erstellen hat, in der er auf die Steuerschuldnerschaft des U hinweisen muss.
> U hat von dem an B gezahlten Nettobetrag 19 % USt anzumelden.
> bb) Da der Empfänger der Bauleistungen die Ehegattengrundstücksgemeinschaft ist, die ihrerseits keine Bauleistungen erbringt, ist Bauunternehmer B Steuerschuldner gem. § 13a Abs. 1 Nr. 1 UStG. B hat eine Rechnung mit gesondertem Steuerausweis zu erstellen.
>
> c) Der Installationsbetrieb I in Stuttgart erbringt an den Elektromeister E in Stuttgart Installationsleistungen für sein privat genutztes Einfamilienhaus. E erbringt seinerseits nachhaltig Bauleistungen an verschiedene Auftraggeber.
> **LÖSUNG** I erbringt eine Bauleistung an den Bauleister E. E ist Steuerschuldner nach § 13b Abs. 2 Nr. 4 i. V. m. § 13b Abs. 5 Satz 2 HS 1 UStG, da er selbst nachhaltig Bauleistungen erbringt. Der Bezug für den außerunternehmerischen Bereich ist unerheblich (§ 13b Abs. 5 Satz 6 UStG).
> I hat E eine Nettorechnung zu erteilen und auf den Übergang der Steuerschuld hinzuweisen (§ 14a Abs. 5 UStG). Da die Bauleistung an den nichtunternehmerischen Bereich des E erbracht wird, kann er die § 13b-Steuer nicht als Vorsteuer nach § 15 Abs. 1 Nr. 4 UStG geltend machen.

Teil T Prüfungsschema zur Feststellung der Umsatzsteuer bei Einzelsachverhalten

Zur systematischen Ermittlung der USt kann das nachfolgende Prüfungsschema eine Richtschnur sein.

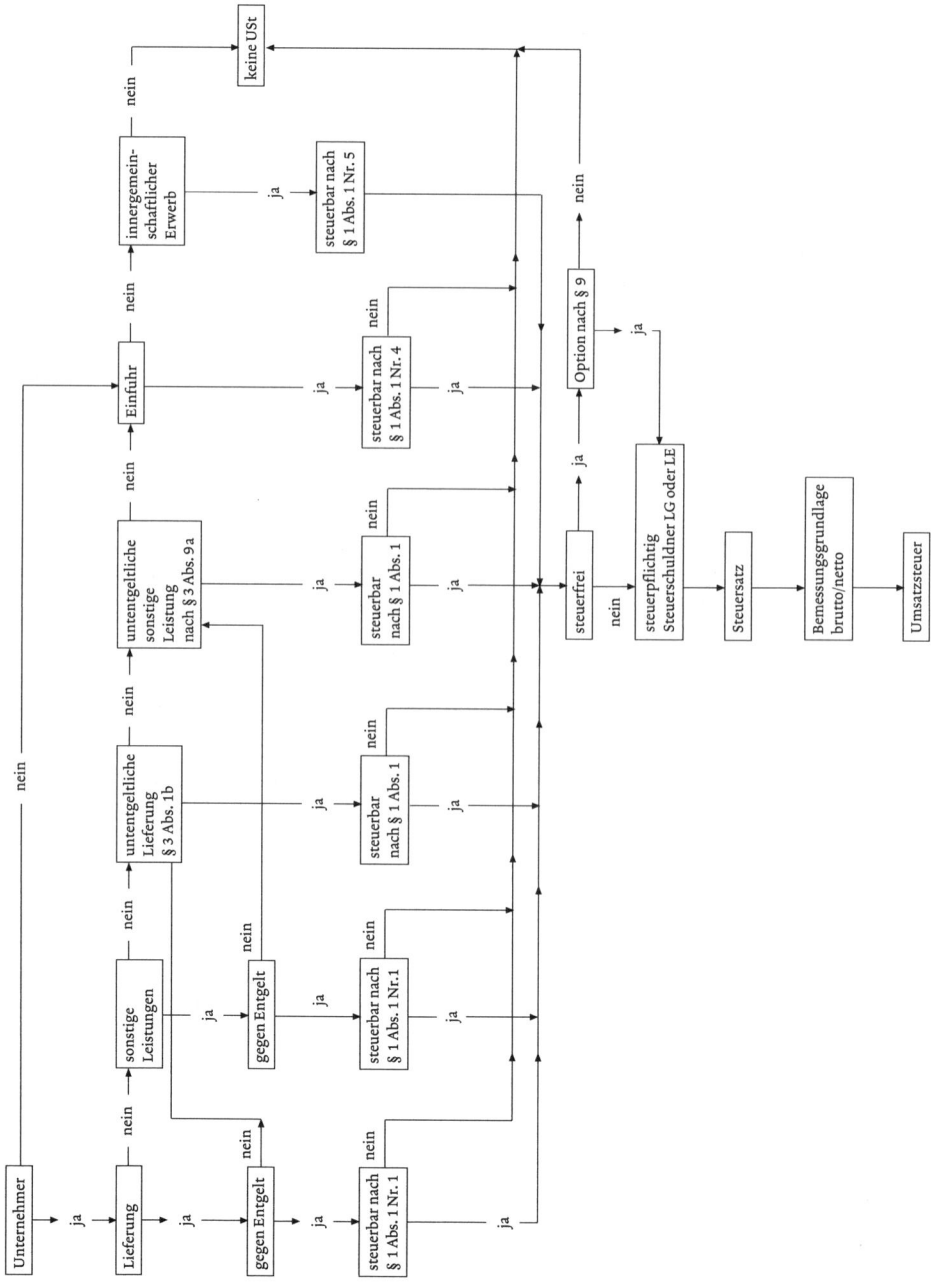

Teil U Vorsteuer (Eingangsumsatzsteuer)

1 Allgemeines

Im Teil B 1 haben Sie bereits die Vorsteuer als zweite Säule des USt-Systems kennengelernt. Während der Gesetzgeber die Ausgangsumsatzsteuer im Wesentlichen in den §§ 1–13 UStG geregelt hat, finden Sie die Vorschriften über die **Vorsteuer** (Eingangs-USt) im Wesentlichen in den §§ 15 und 15a UStG.

> **MERKSATZ**
> Die Ausgangs-USt beim leistenden Unternehmer ist die Vorsteuer (Eingangs-USt) beim leistungsempfangenden Unternehmer.

Wegen der Trennung in Ausgangs- und Eingangs-USt unterscheidet man beim Unternehmer in der Unternehmenssphäre den Vorsteuer- und USt-Bereich. Beide Bereiche sind grundsätzlich voneinander unabhängig.

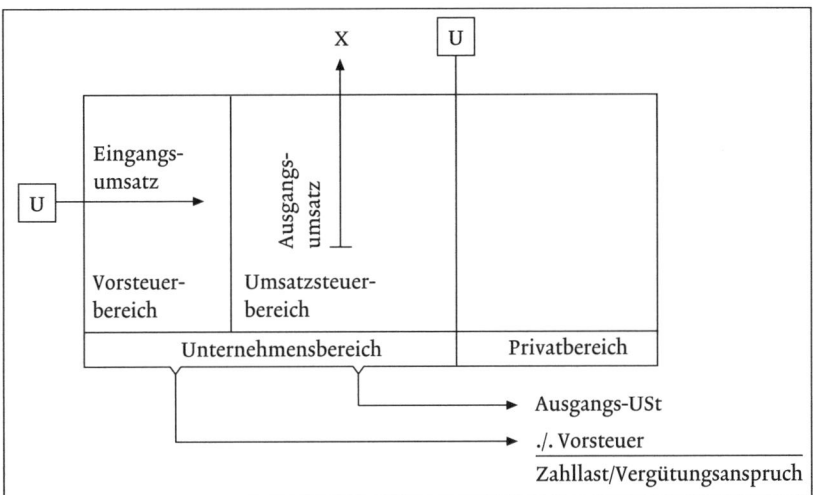

Die Vorsteuer ist grundsätzlich unabhängig von der Ausgangs-USt zu ermitteln.

> **BEISPIEL**
> Fabrikant F stellt Rollstühle für Querschnittsgelähmte her. Er erwirbt hierzu am 02. 03. 01 vom Elektromotorenhersteller E 10 Elektromotoren zum Preis von je 800 € zuzügl. 152 € USt, für insgesamt also 8 000 € zuzügl. 1 520 € USt. Den ersten dieser Motoren baut er im April 01 in einen vom Körperbehinderten K bestellten Rollstuhl ein. Bei Auslieferung des Rollstuhls an K am 04. 05. 01 erteilt F dem K folgende Rechnung:
>
> | | |
> |---|---:|
> | Rollstuhl ohne Motor | 3 800 € |
> | zuzügl. Elektromotor | 1 000 € |
> | Summe | 4 800 € |
> | zuzügl. 7 % USt | 336 € |
> | insgesamt | 5 136 € |

Die Lieferung des Rollstuhls einschließlich des Elektromotors unterliegt bei F gem. § 12 Abs. 2 Nr. 1 UStG i. V. m. Nr. 51 der Anlage 2 zum UStG dem ermäßigten Steuersatz. Die Lieferung der Elektromotoren von E an F unterliegt dagegen dem Regelsteuersatz.

F kann die ihm von E in Rechnung gestellte USt i. H. v. 1 520 € sofort für den VZ März 01 in voller Höhe als Vorsteuer abziehen. F braucht also mit dem VStA nicht zu warten, bis er die Elektromotoren für Ausgangsumsätze verwendet hat.

F kann Vorsteuer i. H. v. 19 % abziehen, obwohl er seinen Kunden für den Rollstuhl mit Motor nur 7 % USt berechnen muss.

Eine Wechselbeziehung zwischen Ausgangsumsatz und Vorsteuer besteht nur in Bezug auf die VStA-Verbote im § 15 Abs. 1 a, Abs. 1 b und Abs. 2 UStG.

Ein VStA ist grundsätzlich in den folgenden Fällen möglich:
a) bei einer in einer Eingangsrechnung ausgewiesenen USt (§ 15 Abs. 1 Nr. 1 UStG),
b) bei der Einfuhr-USt (§ 15 Abs. 1 Nr. 2 UStG),
c) bei der Erwerbs-USt (§ 15 Abs. 1 Nr. 3 UStG),
d) bei der § 13 b-USt (§ 15 Abs. 1 Nr. 4 UStG).

Für den VStA bestehen jeweils unterschiedliche Voraussetzungen. Nachfolgend geht es zunächst nur um die Vorsteuer, die als Ausgangs-USt von einem anderen Unternehmer in Rechnung gestellt wurde.

2 Tatbestandsvoraussetzungen für den Vorsteuerabzug nach § 15 Abs. 1 Nr. 1 UStG

Ein VStA aufgrund von Eingangsumsätzen ist nur dann möglich, wenn folgende Voraussetzungen vorliegen:
a) Leistungsempfänger ist Unternehmer,
b) bei den bezogenen Leistungen handelt es sich um stpfl. Leistungen,
c) Leistungen wurden für das Unternehmen bezogen,
d) Leistungsempfänger hat ordnungsgemäße Rechnung nach §§ 14 und 14 a UStG,
e) kein VStA-Verbot nach § 15 Abs. 1 a, Abs. 1 b und Abs. 2 UStG sowie nach Sonderregelungen, insbesondere für Kleinunternehmer nach § 19 Abs. 1 UStG und Land- und Forstwirte nach § 24 UStG.

Liegen die Voraussetzungen der Buchst. a) bis d) vor, ist die Vorsteuer **abziehbar**. Ist auch noch die Voraussetzung des Buchst. e) gegeben, kann die Vorsteuer von der Ausgangs-USt des Unternehmers abgezogen werden. Sie ist **abzugsfähig**.

Es ergibt sich damit bei der Vorsteuer der gleiche Aufbau wie bei der Ausgangs-USt.

Ausgangs-USt	Vorsteuer
Steuerbarer Umsatz	Abziehbare Vorsteuer (§ 15 Abs. 1 UStG)
↓	↓
Keine Steuerbefreiung	Kein Vorsteuerausschluss (§ 15 Abs. 1 a, Abs. 1 b und Abs. 2 UStG)
↓	↓
Stpfl. Umsatz	Abzugsfähige Vorsteuer

Ebenso wie ein steuerbarer Umsatz i. d. R. auch stpfl. und nur ausnahmsweise steuerfrei ist, ist die abziehbare Vorsteuer i. d. R. auch abzugsfähig und fällt nur ausnahmsweise unter das

VStA-Verbot. Vom Ergebnis her scheint es gleichgültig zu sein, ob eine Vorsteuer von vornherein **nicht abziehbar** oder ob sie zwar abziehbar, aber **nicht abzugsfähig** ist, die Vorsteuer also in beiden Fällen nicht abgezogen werden darf.

Die Unterscheidung der **Nichtabziehbarkeit** (nach § 15 Abs. 1 UStG) von der **Nichtabzugsfähigkeit** (nach § 15 Abs. 1 a, Abs. 1 b und Abs. 2 UStG) ist jedoch i. R. der Vorsteuerberichtigungsvorschrift des § 15 a UStG von grundlegender Bedeutung.

> **HINWEIS**
>
> Im § 15 UStG wird im Gegensatz zum hier verwendeten Begriffspaar »abziehbar« und »abzugsfähig« nur einheitlich der Begriff »abziehbar« verwendet. Im Hinblick auf die Systematik des § 15 a UStG ist jedoch eine klare Abgrenzung der Fälle, in denen ein VStA bereits wegen fehlender Voraussetzungen des § 15 Abs. 1 UStG scheitert, gegenüber den Fällen, in denen der VStA nach § 15 Abs. 1 a, Abs. 1 b und Abs. 2 UStG ausgeschlossen ist, dringend erforderlich. Wenn also in diesem Lehrbuch der Begriff **abziehbare** Vorsteuer verwendet wird, heißt das nur, dass die Voraussetzungen des § 15 Abs. 1 UStG vorliegen, während über den Vorsteuerausschluss nach § 15 Abs. 1 a, Abs. 1 b oder Abs. 2 UStG noch keine Aussage getroffen ist.
>
> Wird dagegen der Begriff **abzugsfähige** Vorsteuer verwendet, sind nicht nur die Voraussetzungen des § 15 Abs. 1 UStG erfüllt, sondern es greift auch der Vorsteuerausschluss nach § 15 Abs. 1 a, Abs. 1 b und Abs. 2 UStG nicht ein.

2.1 Steuerpflichtige Leistungen

Die Eingangsleistung muss stpfl. sein. Nach § 15 Abs. 1 Nr. 1 Satz 1 UStG darf der Unternehmer nur die (für die Eingangsleistung) gesetzlich **geschuldete** USt als Vorsteuer abziehen. USt, welche lediglich aufgrund von § 14 c Abs. 1 oder Abs. 2 UStG zu entrichten ist, darf dagegen nicht als Vorsteuer abgezogen werden (vgl. A 15.2 Abs. 1 Satz 2 UStAE).

2.2 Leistungen an das Unternehmen

Die Leistungen müssen an das Unternehmen desjenigen erbracht werden, der die Vorsteuer abziehen will. Sie müssen dazu in den Unternehmensbereich eingehen.

Hierbei ist zu unterscheiden in
- Lieferungen,
- sonstige Leistungen, die in der Nutzungsüberlassung von Gegenständen bestehen, und
- andere sonstige Leistungen.

Eine **Lieferung** wird an das Unternehmen erbracht, wenn und soweit der Gegenstand Unternehmensvermögen wird (vgl. P 3).

Eine **Nutzungsüberlassung** erfolgt an das Unternehmen, soweit der Gegenstand für das Unternehmen genutzt wird (vgl. P 4).

Andere sonstige Leistungen werden an das Unternehmen erbracht, wenn sie dem Unternehmen ausschließlich zugutekommen. Dies ist z. B. der Fall, wenn eine Leistung (z. B. Werkleistung) an einem Gegenstand des Unternehmensvermögens erbracht wird. Das **gilt selbst dann, wenn der** Gegenstand **auch** privat genutzt wird, weil die private Nutzung als stpfl. Umsatz zu versteuern ist (A 15.2 c Abs. 2 Satz 6 UStAE).

Kommt eine andere sonstige Leistung nur teilweise dem Unternehmen zugute, so wird die Leistung nur insoweit für das Unternehmen bezogen (vgl. A 15.2 c Abs. 2 Nr. 1 UStAE).

2.3 Vorsteuerabzug aus laufenden Kosten bei Gegenständen im außerunternehmerischen Bereich

Der VStA aus den laufenden Kosten eines Gegenstands ist unabhängig von der VStA-Berechtigung aus den Anschaffungskosten des Gegenstands zu beurteilen. Der VStA aus laufenden Kosten orientiert sich daran, inwieweit der Gegenstand für stpfl. Umsätze verwendet wird. So kann der Unternehmer bei einem dem **außer**unternehmerischen Bereich zugeordneten Pkw Vorsteuerbeträge aus Benzin- und Wartungskosten im Verhältnis der unternehmerischen zur nichtunternehmerischen Nutzung abziehen (vgl. A 15.2c Abs. 3 Satz 2 UStAE). Vorsteuerbeträge, die unmittelbar und ausschließlich auf die unternehmerische Verwendung des Fahrzeugs entfallen, z. B. Vorsteuerbeträge aus Reparaturaufwendungen in Folge eines Unfalls während einer unternehmerisch veranlassten Fahrt, können unter den übrigen Voraussetzungen des § 15 UStG sogar in voller Höhe abgezogen werden (vgl. A 15.2c Abs. 3 Satz 3 UStAE).

BEISPIEL

Unternehmer U erwirbt einen Pkw von einem Nichtunternehmer, den er sowohl unternehmerisch als auch privat nutzt und ordnet diesen seinem außerunternehmerischen Bereich zu.
Im KJ 01 fallen Vorsteuern aus laufenden Kosten (Treibstoff, Wartung) i. H. v. 2 000 € an.
a) U führt ein Fahrtenbuch und nutzt das Fahrzeug nachweislich zu 70 % für unternehmerische Zwecke.

b) U führt kein Fahrtenbuch.

LÖSUNG

a) Die Vorsteuern aus den laufenden Kosten können entsprechend der stpfl. Nutzung anteilig geltend gemacht werden, auch wenn sich das Fahrzeug im außerunternehmerischen Bereich befindet.

b) Falls kein Fahrtenbuch geführt wird und eine Schätzung erforderlich ist, kann nach der 50 %-Methode vorgegangen werden (50 % VStA aus laufenden Kosten).
Vorsteuerbeträge aus Unfallreparaturkosten anlässlich einer Betriebsfahrt können voll, Vorsteuerbeträge aus Unfallreparaturkosten anlässlich einer Privatfahrt können nicht abgezogen werden.

2.4 Rechnung i. S. d. §§ 14 und 14a UStG

2.4.1 Notwendigkeit und Begriff

Nach § 15 Abs. 1 Nr. 1 Satz 2 UStG setzt die Ausübung des VStA voraus, dass der Unternehmer eine nach den §§ 14, 14a UStG ausgestellte Rechnung besitzt.

HINWEIS

Hierzu hat der **EuGH** zwar in drei Entscheidungen aus den Jahren 2015 und 2016 (C-277/14, C-516/14 und C-518/14) festgestellt, dass zwischen den formellen und materiellen Voraussetzungen für den Vorsteuerabzug unterschieden werden müsse und die ordnungsgemäße Rechnung nur eine formelle Voraussetzung sei. Der Vorsteuerabzug werde (auch) gewährt, wenn (nur) die materiellen Anforderungen des § 15 Abs. 1 Nr. 1 Satz 1 UStG erfüllt sind. Die Finanzverwaltung hat dazu aber noch nicht abschließend Stellung genommen. Zudem scheint sich die Ansicht zu verfestigen, dass es weiterhin keinen Vorsteuerabzug geben kann, wenn der Leistungsempfänger überhaupt keine Rechnung besitzt (BFH vom 20.10.2016, V R 26/15, BFH/NV 2017, 252, Rz. 17). Die Rechnung bleibt damit weiterhin Voraussetzung für den Vorsteuerabzug.

Da der VStA nach § 15 Abs. 1 Nr. 1 UStG zunächst erfordert, dass derjenige, welcher die Vorsteuer abziehen will, Unternehmer ist und zum andern nach § 15 Abs. 1 Nr. 1 UStG Vorsteuer nur dann abgezogen werden kann, wenn diese Vorsteuer vom leistenden Unternehmer (für die Eingangsleistung) gesetzlich geschuldet wird, sind für den VStA nur diejenigen Abrechnungen von Interesse, die zwischen einem leistenden Unternehmer und einem Unternehmer als Leistungsempfänger erfolgen.

Die Abrechnung muss nicht als Rechnung bezeichnet sein. Nach § 14 Abs. 1 Satz 1 UStG ist eine Rechnung **jedes Dokument, mit dem über eine Lieferung oder sonstige Leistung abgerechnet wird**. Die Abrechnung kann auf Papier, aber auch auf elektronischem Weg übermittelt werden (§ 14 Abs. 1 Satz 2 UStG).

Die Abrechnung muss nicht durch den Leistenden selbst erfolgen, sondern kann auch von einem Dritten ausgestellt werden, wenn er im Namen und für Rechnung des Leistenden handelt (§ 14 Abs. 2 Satz 4 UStG).

Die Anforderungen an den Inhalt der Rechnung ergeben sich aus § 14 Abs. 4 und ggf. zusätzlich aus § 14a UStG. Die möglichen Erleichterungen nach § 14 Abs. 6 UStG i. V. m. §§ 33 ff. UStDV sind zu beachten. Die in den Vorschriften geforderten, umfangreichen Angaben in der Rechnung sind zwingend für den VStA erforderlich. Fehlen derartige Angaben oder sind sie unzutreffend, hat dies grundsätzlich den Verlust des VStA zur Folge.

2.4.2 Gutschrift

Als Rechnung gilt auch eine Abrechnung, die vom Leistungsempfänger ausgestellt wird. Diese Abrechnung wird dann »Gutschrift« genannt (§ 14 Abs. 2 Satz 2 UStG:). Sie hat den großen **Vorteil**, dass der Leistungsempfänger es hier in der Hand hat, seine eigene »Eingangsrechnung« ordnungsgemäß auszustellen; er muss damit nicht (jedes Mal) die Rechnungspflichtangaben prüfen.

Die Gutschrift hat aber für den Aussteller den entscheidenden **Nachteil**, dass der Leistende einer solchen Abrechnung (also einer Gutschrift) gemäß § 14 Abs. 2 Satz 3 UStG widersprechen kann. Dies hat zur Folge, dass die Gutschrift die Wirkung einer Rechnung verliert. Der Gutschriftaussteller (also Leistungsempfänger) verliert damit die für den Vorsteuerabzug notwendige Eingangsrechnung; er ist vom Wohl und Wehe des Gutschriftempfängers abhängig. Das gilt umso mehr, als der BFH mit Urteil vom 23.01.2013 (XI R 25/11, BStBl II 2013, 417) entschieden hat, dass auch ein gegen Treu und Glauben verstoßender Widerruf steuerrechtlich in der Regel beachtlich ist. Im vom BFH entschiedenen Fall entsprach die Gutschrift den zivilrechtlichen Vereinbarungen, die Umsatzsteuer war zutreffend ausgewiesen und der Gutschriftempfänger (= Leistende) hatte die an ihn gezahlte Umsatzsteuer auch nicht zurückgezahlt. Und trotzdem war der Leistende frei darin, der Abrechnung zu widersprechen (vgl. A 14.3 Abs. 4 Satz 3 UStAE). Der Leistungsempfänger, der den Vorsteuerabzug begehrte, musste den Leistenden nun zivilrechtlich auf Erteilung einer ordnungsgemäßen Rechnung mit demselben Inhalt verklagen.

2.5 Einzelheiten zur Rechnungserteilung

2.5.1 Erforderliche Angaben in der Rechnung

Nach § 14 Abs. 4 UStG muss eine zum VStA berechtigende Rechnung folgende Angaben enthalten:
1. Name und Anschrift des leistenden Unternehmers und des Leistungsempfängers,
2. Steuernummer oder USt-IdNr. des leistenden Unternehmers,
3. Ausstellungsdatum,

4. fortlaufende Nummer (Rechnungsnummer),
5. Menge und Art der gelieferten Gegenstände oder Umfang und Art der sonstigen Leistung,
6. Zeitpunkt der Leistung und ggf. Vereinnahmung des Entgelts,
7. Entgelt, aufgeschlüsselt nach Steuersätzen und evtl. nach Steuerbefreiungen sowie im Voraus vereinbarte (und im Entgelt noch nicht berücksichtigte) Minderung des Entgelts,
8. Steuersatz und Steuerbetrag oder im Falle der Steuerbefreiung: Hinweis auf die Steuerbefreiung,
9. ggf. Hinweis auf die Aufbewahrungspflicht des Leistungsempfängers,
10. ggf. Hinweis auf Gutschrift.

Darüber hinaus sind nach § 14a UStG weitere Angaben in der Rechnung erforderlich. So verlangt § 14a Abs. 1 UStG in den Fällen, in denen eine sonstige Leistung gem. § 3a Abs. 2 UStG im Inland erbracht wird und der Leistungsempfänger die Steuer für diese Leistung nach § 13b Abs. 1 und Abs. 5 Satz 1 UStG schuldet, die Angabe der USt-IdNr. sowohl des leistenden Unternehmers als auch des Leistungsempfängers. Allerdings ist in diesem Fall der Leistungsempfänger auch ohne ordnungsgemäße Rechnung zum Vorsteuerabzug berechtigt; § 15 Abs. 1 Nr. 4 UStG verlangt diese hier gerade nicht (vgl. auch A 13b.15 Abs. 2 UStAE).

2.5.2 Einzelheiten zu den in § 14 Abs. 4 UStG vorgeschriebenen Angaben

In den **§§ 31 und 32 UStDV** sind die Anforderungen an den Rechnungsinhalt abgemildert. So kann eine Rechnung nach § 31 Abs. 1 Satz 1 UStDV aus mehreren Dokumenten bestehen, aus denen sich die geforderten Angaben insgesamt ergeben. Wichtig ist dabei nur, dass in einem Dokument das Entgelt und der darauf entfallende Steuerbetrag jeweils zusammengefasst anzugeben sind und außerdem alle weiteren Dokumente bezeichnet sind, aus denen sich die noch fehlenden Angaben ergeben (§ 31 Abs. 1 Satz 2 UStDV).

> **HINWEIS**
>
> Allerdings hat der **EuGH** mit Urteil vom 15.09.2016 (C-516/14) entschieden, dass dem Leistungsempfänger der Vorsteuerabzug trotz einer Rechnung, die nicht alle Rechnungspflichtangaben beinhaltet, gewährt werden muss, wenn die Finanzverwaltung über sämtliche Daten verfügt, um zu prüfen, ob die für den Vorsteuerabzug geltenden materiellen Voraussetzungen erfüllt sind. Die Finanzverwaltung dürfe sich nicht auf die Prüfung der Rechnung selbst beschränken. Damit ist der eindeutige Bezug auf andere Unterlagen, wie ihn § 31 Abs. 1 UStDV bislang vorsieht, wohl nicht haltbar. Die Verwaltung hat sich hierzu jedoch noch nicht abschließend geäußert.

Insgesamt muss leicht und eindeutig nachprüfbar sein, ob die erforderlichen Angaben vorliegen (§ 31 Abs. 1 Satz 3 UStDV). Weitere Erleichterungen für den VStA ergeben sich aus A 14.5 UStAE.

2.5.2.1 Name und Anschrift des leistenden Unternehmers und des Leistungsempfängers

Nach § 14 Abs. 4 Satz 1 Nr. 1 UStG sind in der Rechnung der vollständige Name und die vollständige Anschrift des leistenden Unternehmers und des Leistungsempfängers anzugeben. Gem. § 31 Abs. 2 UStDV genügt es, wenn sich aufgrund der in der Rechnung aufgenommenen Bezeichnung der Name und die Anschrift des leistenden Unternehmers und des Leistungsempfängers eindeutig feststellen lassen. Zur Verwendung von Abkürzungen, Buchstaben, Zahlen und Symbolen vgl. 2.5.2.3.

Das Merkmal »vollständige Anschrift« in § 14 Abs. 4 Nr. 1 UStG meint hierbei nicht zwingend eine Anschrift des leistenden Unternehmers, unter der er wirtschaftliche Aktivitäten entfaltet; das war lange strittig. Unter Anschrift i. S. v. § 14 Abs. 4 Nr. 1 UStG ist jede Art von Anschrift gemeint, unter der der Leistende **postalisch erreichbar** ist. Verfügt der leistende Unternehmer bzw. der Leistungsempfänger über ein Postfach, über eine Großkundenadresse oder über eine c/o-Adresse, genügt die jeweilige Angabe in der Rechnung den Anforderungen des § 14 Abs. 4 Satz 1 Nr. 1 UStG an eine vollständige Anschrift (A 14.5 Abs. 2 Satz 5 UStAE).

2.5.2.2 Steuernummer oder USt-IdNr. des leistenden Unternehmers

§ 14 Abs. 4 Satz 1 Nr. 2 UStG verlangt, dass der leistende Unternehmer die ihm vom Finanzamt erteilte Steuernummer oder die ihm vom BZSt erteilte USt-IdNr. anzugeben hat. Hat er keine USt-IdNr., ist seine Steuernummer zwingend anzugeben. Ist die angegebene Steuernummer oder USt-IdNr. des leistenden Unternehmers falsch, so verliert der Leistungsempfänger dadurch die Berechtigung zum VStA nur dann, wenn er dies erkennen konnte (A 15.2a Abs. 6 UStAE).

2.5.2.3 Fortlaufende Nummer (Rechnungsnummer)

Nach § 14 Abs. 4 Satz 1 Nr. 4 UStG muss der Unternehmer zudem eine fortlaufende Nummer mit einer oder mehreren Zahlenreihen vergeben, die zur Identifizierung der Rechnung einmalig vergeben wird (Rechnungsnummer). Einziger Zweck der Nummer ist es, sicherzustellen, dass die Rechnung einmalig ist. Es ist deshalb auch zulässig, mehrere Zahlen- oder Buchstabenreihen bzw. eine Kombination von Ziffern und Buchstaben zu wählen. Ist die angegebene Nummer falsch, so verliert der Leistungsempfänger dadurch die Berechtigung zum VStA nur dann, wenn er dies erkennen konnte (A 15.2a Abs. 6 UStAE).

2.5.2.4 Menge und Art der gelieferten Gegenstände oder Umfang und Art der sonstigen Leistung

Die Menge und die Art (handelsübliche Bezeichnung) der gelieferten Gegenstände oder der Umfang und die Art der sonstigen Leistung müssen nach § 14 Abs. 4 Satz 1 Nr. 5 UStG angegeben werden. Nach § 31 Abs. 3 UStDV können hierfür Abkürzungen, Buchstaben, Zahlen oder Symbole verwendet werden, wenn ihre Bedeutung eindeutig festgelegt ist (in der Rechnung oder in anderen Unterlagen, z. B. in Katalogen). Die erforderlichen Unterlagen müssen dabei sowohl beim Aussteller als auch beim Empfänger der Rechnung vorhanden sein (§ 31 Abs. 3 UStDV). Trägt der gelieferte Gegenstand eine Seriennummer, muss diese im Regelfall nicht angegeben werden, da sie nicht Teil einer handelsüblichen Bezeichnung ist (vgl. A 14.5 Abs. 15 Satz 5 UStAE i. V. m. BMF vom 01.04.2009, BStBl I 2009, 525, Tz. 1).

Die Bezeichnung der Leistung muss eine eindeutige und leicht nachprüfbare Feststellung der Leistung ermöglichen (A 14.5 Abs. 15 Satz 1 UStAE). Der EuGH hält es hierbei für möglich, dass der Rechnungsempfänger ungenaue Angaben durch eigene Unterlagen ergänzen kann (EuGH vom 15.09.2016, C-516/14). Ob und unter welchen Voraussetzungen die deutsche Rechtsprechung dies akzeptiert und wie sich die Verwaltung dazu positioniert, ist jedoch nach wie vor offen.

2.5.2.5 Zeitpunkt der Leistung und Vereinnahmung des Entgelts

Auch der Zeitpunkt der Lieferung oder sonstigen Leistung gehört gem. § 14 Abs. 4 Satz 1 Nr. 6 UStG zu den Rechnungspflichtangaben. Bei Anzahlungen oder Vorauszahlungen tritt an die Stelle des Zeitpunkts der Lieferung bzw. sonstigen Leistung der Zeitpunkt der Vereinnahmung des Entgelts oder eines Teils des Entgelts, allerdings (naturgegeben) nur, wenn der Zeitpunkt der Vereinnahmung feststeht (und im Übrigen nicht mit dem Ausstellungsdatum der Rechnung übereinstimmt).

Nach § 31 Abs. 4 UStDV braucht nicht der genaue Tag der Leistung angegeben zu sein. Es genügt die Angabe des Kalendermonats, in dem die Leistung ausgeführt wird.

Bei Mietverhältnissen über längere Zeit liegen i. d. R. Teilleistungen vor. Für den VStA bedarf es einer Rechnung, in welcher die jeweilige Teilleistung angegeben ist, z. B. Miete für März 01. Als Rechnung kann auch der Mietvertrag angesehen werden, jedoch fehlt in ihm die erforderliche Angabe des jeweiligen Teilleistungszeitraums. Unter Berücksichtigung von § 31 Abs. 1 Satz 1 UStDV, nach dem eine Rechnung auch aus mehreren Dokumenten bestehen kann, kann die fehlende Angabe des Leistungszeitpunktes durch einen Zahlungsbeleg (z. B. Überweisungsauftrag, Kontoauszug) ergänzt werden. Dabei kann der Beleg auch vom Leistungsempfänger ausgestellt werden (vgl. A 14.5 Abs. 17 i. V. m. A 14.1 Abs. 2 Satz 1 – 3 UStAE).

> **BEISPIEL**
>
> Im Mietvertrag über eine stpfl. Grundstücksvermietung ist u. a. festgelegt, dass die Miete monatlich 1 000 € zuzügl. 190 € USt beträgt und jeweils bis zum 3. des betreffenden Mietmonats zu entrichten ist. Der Mieter M erteilt seiner Bank einen Dauerauftrag, wonach die Miete jeweils zum 3. eines Monats zu überweisen ist.
>
> **LÖSUNG** Der Mietvertrag zusammen mit dem Kontoauszug berechtigt M, den VStA jeweils für die monatliche Teilleistung vorzunehmen, in der die Abbuchung erfolgt ist.

Der Zeitpunkt der Vereinnahmung des Entgelts ist anzugeben, wenn das Entgelt vor dem Zeitpunkt der Leistung entrichtet wird. Steht bei Rechnungserteilung der Zeitpunkt der Vereinnahmung des Entgelts noch nicht fest, ist allerdings nur kenntlich zu machen, dass über eine noch nicht erbrachte Leistung abgerechnet wird (vgl. A 14.5 Abs. 16 Nr. 5 Satz 3 UStAE).

2.5.2.6 Angabe des Entgelts

Nach § 14 Abs. 4 Nr. 7 UStG ist in der Rechnung das nach Steuersätzen aufgeschlüsselte Entgelt (als Nettobetrag) anzugeben. Bei unrichtiger Angabe des Entgelts entfällt der VStA. Ist das Nettoentgelt falsch, weil eine überhöhte USt berechnet wurde, darf nach Verwaltungsauffassung jedoch die gesetzlich geschuldete USt abgezogen werden (vgl. 2.5.2.8).

Werden Boni, Skonti und Rabatte im Voraus vereinbart, sind diese Entgeltsminderungen auf der Rechnung anzugeben. Steht im Zeitpunkt der Rechnungserteilung die Höhe der Entgeltsminderung noch nicht fest, ist nur auf die entsprechende Vereinbarung hinzuweisen.

2.5.2.7 Angabe des Steuersatzes und des Steuerbetrags

Infolge der Angabe des Steuersatzes und des Entgelts wird nachvollziehbar, ob der ausgewiesene Steuerbetrag richtig ist. Aus diesem Grund muss auch der Steuersatz nach § 14 Abs. 4 Nr. 8 UStG auf der Rechnung vermerkt sein. Ist die ausgewiesene Steuer zu hoch, wird sie insoweit nach § 14 c Abs. 1 UStG vom leistenden Unternehmer geschuldet, kann jedoch gleichwohl nicht als Vorsteuer abgezogen werden, da nach § 15 Abs. 1 Nr. 1 Satz 1 lediglich die (für die Eingangsleistung) gesetzlich geschuldete USt für das Unternehmen abgezogen werden darf.

Es stellt sich die Frage, ob in diesem Fall überhaupt ein VStA möglich ist, weil der angegebene Steuerbetrag unzutreffend ist. Nach Verwaltungsauffassung darf in diesem Fall jedoch die gesetzlich geschuldete USt abgezogen werden (vgl. A 15.2a Abs. 6 Satz 12 UStAE).

2.5.3 Weitere Voraussetzungen nach § 14a UStG

§ 14a UStG enthält insbesondere Vorschriften für Rechnungen, die
- über steuerfreie innergemeinschaftliche Lieferungen ausgestellt werden (§ 14a Abs. 3 und 4 UStG),
- die sonstige Leistungen betreffen, die nach § 3a Abs. 2 UStG im Inland ausgeführt werden und für die der LE nach § 13b Abs. 1 und Abs. 5 Satz 1 UStG die Steuer schuldet, und allgemein für Rechnungen, die
- über Leistungen ausgestellt werden, bei denen die Steuerschuld auf den Leistungsempfänger übergeht (§ 14a Abs. 5 UStG).

Da in diesen Fällen für den VStA eine ordnungsgemäße Rechnung nicht verlangt wird (vgl. den Wortlaut von § 15 Abs. 1 Satz 1 Nr. 3 und 4 UStG), sind diese zusätzlichen Anforderungen an die Rechnung von eher geringer Bedeutung.

2.5.4 Elektronische Abrechnung

Unter den Voraussetzungen des § 14 Abs. 3 UStG berechtigt auch eine auf elektronischem Weg übermittelte Rechnung zum VStA.

Dies bedeutet, dass Rechnungen z. B. durch E-Mail oder durch Übersendung von maschinell lesbaren Datenträgern (CD-ROM, Diskette) übermittelt werden können.

Damit die elektronischen Abrechnungen als Rechnungen anerkannt werden, müssen sie derart in den Machtbereich des Empfängers gelangt sein, dass dieser die Möglichkeit ihrer Kenntnisnahme hat.

Bei der elektronischen Übermittlung der Rechnung sind die Echtheit der Herkunft und die Unversehrtheit des Inhalts zu gewährleisten. Dies kann durch jegliche innerbetriebliche Kontrollverfahren erreicht werden, die einen verlässlichen Prüfpfad zwischen Rechnung und Leistung schaffen können (zu Einzelheiten der elektronisch übermittelten Rechnung vgl. A 14.4 UStAE).

2.5.5 Berichtigung fehlender oder unrichtiger Angaben in der Rechnung

Fehlende bzw. unrichtige Angaben, die nach § 14 Abs. 4 UStG erforderlich sind, haben grundsätzlich den Verlust des VStA zur Folge. Gem. § 31 Abs. 5 UStDV kann jedoch eine solche Rechnung berichtigt werden. Die Berichtigung einer Rechnung kann nur durch den Rechnungsaussteller selbst und nicht durch den Leistungsempfänger vorgenommen werden (vgl. A 14.11 Abs. 2 UStAE).

Ein Dokument ist jedoch nur dann eine Rechnung und damit **berichtigungsfähig**, wenn es Angaben zum Rechnungsaussteller, zum Leistungsempfänger, zur Leistungsbeschreibung, zum Entgelt und zur gesondert ausgewiesenen Umsatzsteuer enthält (BFH vom 20.10.2016, V R 26/15, BStBl II 2012, 809). Waren diese Angaben enthalten, müssen nur die fehlenden oder unzutreffenden Angaben ergänzt oder berichtigt werden. Die Berichtigung muss dabei durch ein Dokument erfolgen, das spezifisch und eindeutig auf die Rechnung bezogen ist. Dies ist regelmäßig der Fall, wenn in diesem Dokument die fortlaufende Nummer der ursprünglichen Rechnung angegeben ist.

Wird die Rechnung nach § 31 Abs. 5 UStDV berichtigt, kann das Recht auf Vorsteuerabzug gemäß § 15 Abs. 1 Satz 1 Nr. 1 UStG **rückwirkend** für den Besteuerungszeitraum ausgeübt werden, in dem die Rechnung ursprünglich ausgestellt wurde (EuGH vom 15.09.2016, C-518/14; BFH vom 20.10.2016, V R 26/15).

> **BEISPIEL**
>
> Unternehmer A erteilte Unternehmer B im Jahr 01 Rechnungen, in denen weder die Steuernummer noch die USt-IdNr. des A vermerkt war. Nachdem das FA die Rechnungen während der Betriebsprüfung im Jahr 04 beanstandet hatte, berichtigt A noch während der Betriebsprüfung in 04 die Rechnungen.
> **LÖSUNG** Die Berichtigung wirkt auf das Jahr 01 zurück. B kann bereits für das Jahr 01 die VSt geltend machen.

2.6 Sonderfälle von Rechnungen

2.6.1 Kleinbetragsrechnungen i. S. d. §§ 33 und 35 UStDV

Bei Kleinbetragsrechnungen sind die Anforderungen für den VStA nicht so streng wie vorstehend dargelegt. Nach § 31 UStDV ist bei einer sog. Kleinbetragsrechnung für den VStA (nur) erforderlich:

- Name und Anschrift des leistenden Unternehmers,
- Ausstellungsdatum,
- Menge und Art der gelieferten Gegenstände oder Umfang und Art der sonstigen Leistung, Bruttoentgelt,
- Steuersatz,
- im Falle der Steuerbefreiung, Hinweis auf die Steuerbefreiung.

Entbehrlich sind also:
a) Angabe des Leistungsempfängers,
b) Angabe des Entgelts als Nettobetrag,
c) Angabe der Rechnungsnummer,
d) Angabe der Steuernummer bzw. USt-IdNr.,
e) Angabe des Steuerbetrages, sofern der Steuersatz (z. B. 19 %, 7 %) angegeben ist.

Die Angabe des Umrechnungsfaktors (z. B. 15,97 %) reicht allerdings nicht aus.

Bei den Erleichterungen, die § 33 UStDV vorsieht, ist besonders der Verzicht auf die Angabe des Leistungsempfängers zu nennen. Denn alle anderen Angaben können durch Kassenabrechnungssysteme ohne Probleme generiert werden. Für die Angabe des Leistungsempfängers bedürfte es hingegen einer individuell ausgestellten Rechnung.

Die Kleinbetragsgrenze wurde zum 1. Januar 2017 von 150 € auf 250 € erhöht. Eine Kleinbetragsrechnung liegt seitdem dann vor, wenn der Gesamtbetrag der Rechnung **250 €** (brutto) nicht übersteigt. Rechnet der Leistende gegenüber einem Leistungsempfänger in einem Abrechnungspapier über mehrere Leistungen ab, darf die Summe der abgerechneten Beträge insgesamt 250 € (brutto) nicht übersteigen.

> **BEISPIEL**
>
> Unternehmer A berechnet dem Unternehmer B für seine stpfl. Warenlieferung, die dem Regelsteuersatz unterliegt (auszugsweise dargestellt):
> Eisenrohre 200 €
> Hierin ist die USt mit 19 % enthalten.
> B vermerkte auf dem Papier: »19 % aus 200 € = 31,93 €.«

LÖSUNG Die USt ist zwar betragsmäßig nicht ausgewiesen. Es handelt sich jedoch um eine Kleinbetragsrechnung nach § 33 UStDV. Gem. § 35 Abs. 1 UStDV kann B selbst die Aufteilung in Entgelt und USt vornehmen und darf die USt dann als Vorsteuer abziehen. Die Aufteilung muss nicht auf der Rechnung selbst vorgenommen werden. Vielmehr kann der Unternehmer alle Kleinbetragsrechnungen eines VZ mit demselben Steuersatz zusammenaddieren und aus dem Gesamtbetrag die Vorsteuer mit dem maßgeblichen Umrechnungsfaktor herausrechnen.

2.6.2 Fahrausweise i. S. d. § 34 UStDV als zum Vorsteuerabzug berechtigende Rechnungen

Bei Fahrausweisen wird der VStA gem. § 35 i. V. m. § 34 UStDV erleichtert. Auf dem Fahrausweis braucht nur angegeben zu sein:
- Name und Anschrift des leistenden Unternehmers,
- Ausstellungsdatum,
- Bruttoentgelt,
- Steuersatz.

Unterliegt die Beförderung dem ermäßigten Steuersatz nach § 12 Abs. 2 Nr. 10 UStG braucht auch der Steuersatz nicht angegeben zu sein. Aus solchen Fahrausweisen kann der Leistungsempfänger die Vorsteuer mit 7/107 herausrechnen.

Ist auf einer Fahrkarte der deutschen Bundesbahn nur die Tarifentfernung mit mehr als 50 km angegeben und kein Steuersatz, darf der Leistungsempfänger die Vorsteuer mit 19/119 aus dem angegebenen Bruttobetrag herausrechnen (§ 34 Abs. 1 Satz 2 i. V. m. § 35 Abs. 2 Nr. 2 UStDV).

BEISPIEL

Unternehmer A ist mit der S-Bahn von Ludwigsburg nach Stuttgart gefahren. Der Fahrausweis enthält den Fahrpreis von 3,50 €, jedoch keine Angabe über den Steuersatz und die Tarifentfernung.
LÖSUNG Es liegt ein Fahrausweis i. S. d. § 34 UStDV vor. Die Angabe des Steuersatzes bzw. der Tarifentfernung ist nach § 34 Abs. 1 Nr. 4 UStDV nur erforderlich, wenn die Vorsteuer auf der Basis eines Steuersatzes von 19 % herausgerechnet werden soll. Vorliegend kann also die Vorsteuer nach § 35 Abs. 2 Satz 3 UStDV auf der Basis eines Steuersatzes von 7 % herausgerechnet werden (vgl. § 12 Abs. 2 Nr. 10 UStG). Die Vorsteuer beträgt 7/107 von 3,50 € = 0,23 €.

2.6.3 Rechnungen in den Fällen der Mindestbemessungsgrundlage

Nach § 14 Abs. 4 Satz 2 UStG hat der Unternehmer die auf die Mindestbemessungsgrundlage entfallende USt gesondert in Rechnung zu stellen und der Rechnungsempfänger kann dementsprechend diese USt als Vorsteuer abziehen. Erforderlich ist in diesen Fällen, dass in der Rechnung neben dem tatsächlichen Entgelt und den übrigen Anforderungen die Mindestbemessungsgrundlage und der darauf entfallende Steuerbetrag angegeben sind.

BEISPIEL

Die Ehefrau F vermietet im KJ 01 eine Lagerhalle stpfl. (Option gem. § 9 UStG) an den Gewerbebetrieb ihres Mannes M. Die monatliche Miete beträgt 2 000 €. Die anteiligen Ausgaben i. S. v. § 10 Abs. 4 Nr. 2 UStG für die Lagerhalle bei F belaufen sich, soweit sie zum VStA berechtigt haben, auf monatlich 3 000 €. Die ortsübliche Nettomiete würde monatlich 4 000 € betragen.
LÖSUNG Die Vermietung von F an M ist stpfl. Da M eine der F nahestehende Person ist und die Ausgaben der F höher sind als die vereinbarte (und niedriger als die ortsübliche) Miete, greift nach § 10

Abs. 5 Nr. 1 i. V. m. § 10 Abs. 4 Nr. 2 UStG die Mindestbemessungsgrundlage ein. Die USt beträgt monatlich 19 % von 3 000 € = 570 €. F hat M folgende auszugsweise dargestellte Rechnung zu erteilen:

Miete Januar 01	2 000 €
Hinweis:	
Mindestbemessungsgrundlage	3 000 €
19 % USt aus der Mindestbemessungsgrundlage	570 €

2.7 Zeitpunkt des Vorsteuerabzugs

2.7.1 Allgemeines

Der VStA kann grundsätzlich für den VZ vorgenommen werden, in welchem sowohl die steuerpflichtige Eingangsleistung erbracht wurde als auch die Rechnung i. S. v. §§ 14 und 14 a UStG vorliegt (zur Rückwirkung bei einer Rechnungsberichtigung s. oben unter 2.5.5).

Wird eine Rechnung im Voraus erteilt (vorausgesetzt, es wurde noch keine An- oder Vorauszahlung durch den Leistungsempfänger getätigt; vgl. dazu 2.7.2) und die Eingangsleistung erst in einem nachfolgenden VZ bewirkt, darf der VStA erst für den VZ vorgenommen werden, in welchem die Eingangsleistung bewirkt worden ist.

Wird umgekehrt zunächst die Eingangsleistung bewirkt und die Rechnung in einem späteren VZ erteilt, darf der VStA erst für den VZ vorgenommen werden, in dem die Rechnung erteilt worden ist.

2.7.2 Vorsteuerabzug vor Bezug der Leistung nach § 15 Abs. 1 Nr. 1 Satz 3 UStG

Nach § 15 Abs. 1 Nr. 1 Satz 3 UStG darf die Vorsteuer in den Fällen der An- oder Vorauszahlungen bereits für einen früheren VZ als dem, in dem die Eingangsleistung bezogen worden ist, abgezogen werden. Der vorgezogene VStA ist möglich, wenn durch den Leistungsempfänger bereits eine Anzahlung bzw. Vorauszahlung geleistet worden ist und eine Rechnung i. S. d. §§ 14 und 14 a UStG vorliegt. Die in diesen Fällen für den VStA erforderliche Rechnung muss nach § 14 Abs. 5 UStG alle nach § 14 Abs. 1 – 4 UStG erforderlichen Angaben enthalten. An die Stelle des Zeitpunkts der Leistung tritt die Angabe des voraussichtlichen Zeitpunkts der Leistung.

Bei dieser Rechnung kann es sich um eine Vorausrechnung über das gesamte Entgelt handeln (vgl. A 14.8 Abs. 6 UStAE). Es kann jedoch auch über die einzelne Anzahlung/Vorauszahlung oder über mehrere Anzahlungen/Vorauszahlungen zugleich abgerechnet werden (vgl. A 14.8 Abs. 5 UStAE).

BEISPIEL

A hat den Bauunternehmer B mit der Erstellung des Rohbaus für eine Lagerhalle beauftragt. Im Voraus wurde dem A am 15. 01. 01 eine Rechnung mit allen nach §§ 14 und 14 a UStG erforderlichen Angaben erteilt. Danach sind für den fertigen Rohbau insgesamt 500 000 € zuzügl. 19 % USt = 95 000 € zu entrichten. Entsprechend dem Baufortschritt sind zwei Abschlagszahlungen i. H. v. jeweils 238 000 € zu leisten. Der Restbetrag ist nach Bauabnahme fällig. Entsprechend dem Baufortschritt überweist A an B die Abschlagszahlungen am 20. 03. 01 und am 20. 05. 01 i. H. v. jeweils 238 000 €. Die Bauabnahme erfolgt am 30. 06. 01. Den Restbetrag von 119 000 € überweist A am 10. 07. 01.

LÖSUNG A hat am 30. 06. 01 mit der Bauabnahme die Werklieferung des Rohbaus bezogen. A kann die ihm hierfür in Rechnung gestellte USt i. H. v. 95 000 € als Vorsteuer abziehen. Er darf diese USt für den VZ Juni abziehen, sofern er sie nicht schon vorher aufgrund der Abschlagszahlungen nach § 15 Abs. 1 Nr. 1 Satz 3 UStG abziehen kann. Da eine Rechnung über eine Abschlagszahlung vorliegt, hat A in den USt-VA für März und Mai einen VStA von jeweils 38 000 € vorzunehmen. Die restliche Vorsteuer von 19 000 € kann A für den VZ Juni abziehen.

Wie auch bei der Entstehung der USt bei Anzahlungen/Vorauszahlungen ist auch für den Vorsteuerabzug Voraussetzung, dass die Elemente der künftigen Lieferung oder künftigen Dienstleistung bereits bekannt sind. Voraussetzung ist damit, dass, insbesondere die Gegenstände oder die Dienstleistungen zum Zeitpunkt der Anzahlung genau bestimmt sind und auch die **Absicht der Lieferung bzw. Dienstleistung** besteht. Weiß der Anzahlende zum Zeitpunkt der Zahlung, dass die Lieferung oder Dienstleistung voraussichtlich nicht bewirkt bzw. erbracht wird, steht ihm kein Vorsteuerabzug zu (vgl. EuGH vomv 31. 05. 2018, Kollroß und Wirtl, C-660/16 und C-661/16).

Geht der Anzahlende hingegen bei Zahlung von einer Vertragserfüllung aus, stellt sich diese Annahme nachträglich aber als unrichtig heraus, muss er nach dem Wortlaut des § 17 Abs. 2 Nr. 2 UStG die Vorsteuer berichtigen. Ob dies auch für den Fall gilt, dass er die Umsatzsteuer gutgläubig bezahlt hat, diese aber von »Leistenden« nicht zurückerhält, ist trotz des EuGH-Urteils vom 31. 05. 2018 (Kollroß und Wirtl, C-660/16 und C-661/16) weiterhin offen.

2.8 Rechnungen mit falschem Umsatzsteuerausweis

2.8.1 Unrichtiger Umsatzsteuerausweis (§ 14c Abs. 1 UStG)

Fälle des zu hohen USt-Ausweises sind u. a. (vgl. A 14c.1 Abs. 1 UStAE):
- für eine stpfl. Leistung wurde eine höhere als die dafür geschuldete USt ausgewiesen,
- für eine steuerfreie Leistung wurde USt gesondert ausgewiesen,
- für eine nicht steuerbare Leistung im Ausland wurde USt gesondert ausgewiesen,
- für eine nicht steuerbare unentgeltliche Leistung wurde USt gesondert ausgewiesen,
- für eine nicht steuerbare Geschäftsveräußerung i. S. d. § 1 Abs. 1a UStG wurde USt gesondert ausgewiesen,
- der leistende Unternehmer stellt im Falle des Übergangs der Steuerschuld nach § 13b UStG USt gesondert in Rechnung.

Die zu hoch ausgewiesene USt schuldet der leistende Unternehmer nach § 14c Abs. 1 i. V. m. § 13a Abs. 1 Nr. 1 UStG. Dabei ist nicht erforderlich, dass die Rechnung alle nach §§ 14 und 14a UStG erforderlichen Angaben enthält (vgl. A 14c.1 Abs. 1 Satz 2 UStAE). Nach der BFH-Rechtsprechung sind jedoch **Angaben** zum Rechnungsaussteller, zum (vermeintlichen) Leistungsempfänger, eine Leistungsbeschreibung sowie das Entgelt und die gesondert ausgewiesene USt **erforderlich** (BFH vom 17. 02. 2011, BStBl II 2011, 734).

Bei **Kleinbetragsrechnungen** i. S. v. § 33 UStDV ersetzt der angegebene Steuersatz den gesondert ausgewiesenen Steuerbetrag. Wird anstelle des zutreffenden Steuersatzes von 7 % fälschlich ein Steuersatz von 19 % angegeben, liegt ebenfalls ein zu hoher USt-Ausweis vor und die zu hoch ausgewiesene USt wird nach § 14c Abs. 1 UStG geschuldet (vgl. A 14c.1 Abs. 2 UStAE).

Die USt nach § 14c Abs. 1 UStG **entsteht** nach § 13 Abs. 1 Nr. 3 UStG im Zeitpunkt der Ausgabe der Rechnung.

Obwohl die ausgewiesene USt nach § 14 c Abs. 1 UStG geschuldet wird, darf sie nicht als **Vorsteuer** abgezogen werden, da sie nicht für eine Leistung i. S. v. § 15 Abs. 1 Nr. 1 Satz 1 UStG gesetzlich geschuldet wird. Nach dem Gesetzeswortlaut ist in diesen Fällen überhaupt kein VStA möglich, weil der angegebene Steuerbetrag unzutreffend ist und deshalb keine Rechnung i. S. v. § 14 Abs. 4 Nr. 8 UStG vorliegt. Nach Verwaltungsauffassung kann jedoch die gesetzlich geschuldete USt abgezogen werden (vgl. A 15.2 a Abs. 6 Satz 12 UStAE).

Der Unternehmer kann die nach § 14 c Abs. 1 UStG geschuldete USt beseitigen, indem er den Steuerbetrag gegenüber dem Leistungsempfänger **berichtigt** (§ 14 c Abs. 1 Satz 2 UStG). Die Berichtigung erfolgt durch eine schriftliche Berichtigungserklärung gegenüber dem Leistungsempfänger, die dem Leistungsempfänger tatsächlich zugehen muss.

HINWEIS

Nach Rechtsprechung und Verwaltung ist für die Beseitigung der »§ 14c-Steuer« zusätzlich erforderlich, dass die ggf. bereits vereinnahmte zu hohe USt an den Rechnungsempfänger zurückgezahlt worden ist (BFH vom v 16.05.2018, XI R 28/16; A 14c.1 Abs. 5 Satz 4 UStAE). Das gilt allerdings nicht, wenn ein Bruttopreis vereinbart wurde. Denn in diesem Fall ist der Leistungsempfänger nicht zu einer Rückzahlung verpflichtet (vgl. A 14c.1 Abs. 5 Beispiel Satz 5 UStAE).

Für den VZ, in den der Zugang der Berichtigung (und ggf. die Rückzahlung) fällt, kann der leistende Unternehmer die nach § 14 c Abs. 1 UStG geschuldete USt entsprechend § 17 Abs. 1 UStG berichtigen. Wurde für eine nicht steuerbare Geschäftsveräußerung i. S. d. § 1 Abs. 1a UStG USt gesondert ausgewiesen, muss die Berichtigung allerdings im Verfahren nach § 14 c Abs. 2 UStG vorgenommen werden (vgl. § 14 c Abs. 1 Satz 3 UStG und 2.8.2).

2.8.2 Unberechtigter Umsatzsteuerausweis (§ 14 c Abs. 2 UStG)

Fälle des unberechtigten USt-Ausweises sind u. a. (vgl. A 14 c.2 Abs. 2 UStAE):
- Ein Unternehmer erteilt eine Scheinrechnung mit gesondertem Steuerausweis, obwohl er eine Leistung nicht ausführt.
- Ein Unternehmer erteilt eine Rechnung mit gesondertem Steuerausweis, in der er statt des tatsächlich gelieferten Gegenstandes einen anderen, von ihm nicht gelieferten Gegenstand aufführt.
- Ein Nichtunternehmer erteilt eine Rechnung mit gesondertem USt-Ausweis für eine von ihm erbrachte entgeltliche Leistung.
- Ein Kleinunternehmer nach § 19 Abs. 1 UStG erteilt eine Rechnung mit gesondertem USt-Ausweis für eine von ihm erbrachte entgeltliche Leistung.
- Ein Unternehmer erteilt eine Rechnung mit gesondertem USt-Ausweis für eine nicht i. R. seines Unternehmens von ihm erbrachte entgeltliche Leistung.

In diesen Fällen schuldet der Rechnungsaussteller die ausgewiesene USt nach § 14 c Abs. 2 i. V. m. § 13 a Abs. 1 Nr. 4 UStG. Er schuldet die USt auch dann, wenn die Rechnung nicht alle nach §§ 14 und 14a UStG erforderlichen Angaben enthält (vgl. A 14 c.2 Abs. 1 Sätze 3 und 4 UStAE). Auch hier gilt – wie bei § 14 c Abs. 1 UStG – die BFH-Rechtsprechung, wonach **mindestens Angaben** zum Rechnungsaussteller, zum (vermeintlichen) Leistungsempfänger, eine Leistungsbeschreibung sowie das Entgelt und die gesondert ausgewiesene USt erforderlich sind (BFH vom 17.02.2011 BStBl II 2011, 734).

Die USt nach § 14 c Abs. 2 UStG **entsteht** nach § 13 Abs. 1 Nr. 3 UStG zum Zeitpunkt der Ausgabe der Rechnung.

Auch diese USt kann der Unternehmer **beseitigen**. Er muss dabei jedoch das in § 14 c Abs. 2 Sätze 3 bis 5 UStG vorgeschriebenen Verfahren einschlagen. Dies bedeutet:
1. Durch den USt-Ausweis ist keine Gefährdung des Steueraufkommens eingetreten, weil
   a) der Rechnungsempfänger die ausgewiesene USt nicht als Vorsteuer geltend gemacht hat oder
   b) der Rechnungsempfänger die ausgewiesene USt zwar als Vorsteuer geltend gemacht, jedoch danach dadurch wieder beseitigt hat, dass er die geltend gemachte Vorsteuer an das Finanzamt zurückgezahlt hat.
2. Der Schuldner der Steuer nach § 14 c Abs. 2 UStG hat die Berichtigung gesondert schriftlich beim Finanzamt beantragt.
3. Das Finanzamt hat der Berichtigung zugestimmt.

Sind diese drei vorgenannten Voraussetzungen erfüllt, kann der Schuldner der Steuer in entsprechender Anwendung des § 17 UStG den geschuldeten Steuerbetrag für den VZ berichtigen, für den die eingetretene Gefährdung beseitigt worden ist, bzw. wenn überhaupt keine Gefährdung eingetreten ist, bereits für den VZ, in welchem die Steuer entstanden ist.

Kein Fall des § 14 c Abs. 2 UStG liegt vor, wenn zwischen verschiedenen Unternehmensteilen eines Unternehmens abgerechnet wird. Es handelt sich dabei nicht um Rechnungen, sondern lediglich um **innerbetriebliche Abrechnungen** (vgl. A 14.1 Abs. 6 UStAE).

2.8.3 Zu niedriger Umsatzsteuerausweis

Hat der Unternehmer die USt zu niedrig ausgewiesen, schuldet er gleichwohl die gesetzlich vorgeschriebene Steuer. Er hat in diesem Fall die USt unter Zugrundelegung des maßgeblichen Steuersatzes aus dem Gesamtrechnungsbetrag herauszurechnen.

BEISPIEL

Der Unternehmer U berechnet seinem Abnehmer A für die Lieferung von Fruchtsaft die USt mit 7 %, obwohl hierfür nach § 12 Abs. 1 UStG eine USt von 19 % geschuldet wird.

Berechnetes Entgelt	400 €
+ 7 % USt	28 €
Gesamtrechnungsbetrag	428 €

LÖSUNG U schuldet bei einem Bruttoentgelt von 428 € die USt mit 19/119 von 428 € = 68,34 €. Er kann seine USt-Schuld nicht dadurch mindern, dass er die USt zu niedrig ausweist. A hat aus der Rechnung den VStA nur in Höhe der ausgewiesenen USt von 28 € (vgl. A 14 c.1 Abs. 9 UStAE).

FALL 26

Prüfen Sie in den nachfolgenden Fällen, ob und ggf. in welcher Höhe abziehbare Vorsteuern gegeben sind. Prüfen sie auch, ob und ggf. in welcher Höhe der Rechnungsaussteller USt nach § 14 c Abs. 1 und 2 UStG schuldet.
1. Der Unternehmer U veräußert seinen Zweitwagen an den Pkw-Händler P und stellt ihm folgende auszugsweise dargestellte Rechnung aus

Pkw	6 000 €
zuzügl. 19 % USt	1 140 €
Gesamtbetrag	7 140 €

Die Übergabe des Pkw und der Rechnung sowie die Bezahlung erfolgen am selben Tag. Der Zweitwagen wurde im KJ 01 angeschafft und wie von vornherein beabsichtigt höchstens zu 3 % für das Unternehmen des U eingesetzt. Im Übrigen wurde er von der Ehefrau des U privat gefahren.

2. Der Unternehmer U ist Eigentümer mehrerer vermieteter Gebäude. U. a. vermietet er eine Wohnung zu Wohnzwecken an den Rechtsanwalt R. U erteilt dem R für Dezember 01 folgende auszugsweise dargestellte Abrechnung:

Miete für Dezember 01	1 000 €
zuzügl. 19 % USt	190 €
Gesamtbetrag	1 190 €

3. Handelsvertreter H lässt seinen Pkw, aus dessen Anschaffung er den vollen VStA geltend gemacht hatte, am 15. 01. 01 in der Autowaschanlage der Fa. A in Ludwigsburg waschen. Er erhält hierfür folgenden auszugsweise dargestellten Beleg:

Fa. A, Ludwigsburg	15. 01. 01
Autowäsche	6 €

In diesem Betrag sind 19 % USt enthalten.

4. Der Unternehmer A berechnet dem Unternehmer B für die Lieferung eines Büroschranks (auszugsweise dargestellt):

Büroschrank	3 000 €
zuzügl. 19 % USt	750 €
Gesamtbetrag	3 750 €

B überwies den Gesamtbetrag von 3 750 €.

5. Das Möbelhaus M erteilt dem Fabrikanten F für die Lieferung einer Wohnzimmereinrichtung folgende auszugsweise dargestellte Rechnung:

Büroeinrichtung	9 000 €
zuzügl. 19 % USt	1 710 €
Gesamtbetrag	10 710 €

6. Der Heizölhändler H liefert dem Fabrikanten F 50 000 Liter Heizöl. Auf Weisung des F füllt er davon 40 000 Liter in den Heizöltank der Fabrik und 10 000 Liter in den Heizöltank des eigengenutzten Einfamilienhauses des F. H erteilt dem F folgende auszugsweise dargestellte Rechnung:

Heizöl	20 000 €
zuzügl. 19 % USt	3 800 €
Gesamtbetrag	23 800 €

7. Der Elektrogerätehändler E bestellte am 26. 10. 01 beim Großhändler G zehn Fernsehgeräte. G erteilte darauf dem E folgende auszugsweise dargestellte Rechnung, die dem E am 27. 10. 01 zuging.

10 Fernsehgeräte Typ A 239	18 000 €
zuzügl. 19 % USt	3 420 €
Gesamtbetrag	21 420 €

Bei Bezahlung innerhalb von 3 Tagen 3 % Skontoabzug.
E überwies sofort den Rechnungsbetrag unter Abzug von 3 % Skonto i. H. v. 20 777,40 €. Der Betrag wurde dem Konto des G am 31. 10. 01 gutgeschrieben. Die Auslieferung der Fernsehgeräte erfolgte am 01. 11. 01.

8. Der Unternehmer A erteilt dem Unternehmer B für seine stpfl. Warenlieferung, die dem Regelsteuersatz unterliegt, folgende auszugsweise dargestellte Rechnung:

Warenlieferung xyz	3 000 €
zuzügl. 19 % USt	570 €
Gesamtbetrag	3 570 €

Auf der Rechnung ist weder die Steuernummer noch die USt-IdNr. des A angegeben (vgl. § 14 Abs. 4 Nr. 2 UStG).

9. Der Unternehmer A hat am 01. 05. 04 an den Unternehmer B ein Grundstück mit aufstehender Lagerhalle veräußert. Im notariellen Kaufvertrag wurde auf die Befreiung nach § 4 Nr. 9 Buchst. a

UStG gem. § 9 Abs. 1 und 3 UStG verzichtet. A erteilt dem B folgende auszugsweise dargestellte Rechnung:

Grundstück mit Lagerhalle	200 000 €
zuzügl. 19 % USt	38 000 €
Gesamtbetrag	238 000 €

2.9 Vorsteuerabzug aus Reisekosten

2.9.1 Vorsteuerabzug aus Übernachtungskosten

Der Unternehmer kann aus Rechnungen für Übernachtungen anlässlich einer Geschäftsreise oder einer unternehmerisch bedingten Auswärtstätigkeit des AN (Dienstreise, Einsatzwechseltätigkeit, Fahrtätigkeit, doppelte Haushaltsführung) unter den weiteren Voraussetzungen des § 15 UStG den VStA in Anspruch nehmen.

Voraussetzung für den VStA ist, dass der **Unternehmer als Empfänger** der Übernachtungsleistungen anzusehen ist und die Rechnung mit dem gesonderten Ausweis der USt entsprechend auf den Namen des Unternehmers – nicht jedoch auf den Namen des AN – ausgestellt ist.

Aus **Kleinbetragsrechnungen** i. S. d. § 33 UStDV kann jedoch der VStA auch dann gewährt werden, wenn darin der Unternehmer nicht bezeichnet ist (nicht aber, wenn der »falsche« Leistungsempfänger wie z. B. der AN genannt ist). Soweit die Übernachtungskosten das Frühstück beinhalten, unterliegt dieses nach § 12 Abs. 2 Nr. 11 UStG dem Regelsteuersatz. Auch insoweit ist der VStA zulässig.

2.9.2 Vorsteuerabzug aus Verpflegungskosten

2.9.2.1 Verpflegungskosten des Unternehmers (Geschäftsreise)

Der Unternehmer kann auch aus den Verpflegungskosten anlässlich einer Geschäftsreise den VStA unter den weiteren Voraussetzungen des § 15 UStG in Anspruch nehmen, wenn die Aufwendungen durch Rechnungen mit gesondertem Ausweis der USt auf den Namen des Unternehmers bzw. durch Kleinbetragsrechnungen i. S. d. § 33 UStDV belegt sind.

BEISPIEL

Unternehmer U tätigt am 01. 07. 11 eine Geschäftsreise mit einer Dauer von 9 Stunden. Anlässlich der Verpflegung liegt ein ordnungsgemäßer Beleg über 50 € zuzügl. 9,50 € USt vor. Einkommensteuerrechtlich steht ihm eine Pauschale für Verpflegungsmehraufwendungen i. H. v. 12 € zu (§ 4 Abs. 5 Nr. 5 Satz 2 Buchst. c EStG).
LÖSUNG U kann einen VStA i. H. v. 9,50 € geltend machen. Dass einkommensteuerrechtlich i. H. v. 38 € eine nicht abzugsfähige Betriebsausgabe gem. § 4 Abs. 5 Nr. 5 EStG vorliegt, ist umsatzsteuerrechtlich bedeutungslos. Das VStA-Verbot gem. § 15 Abs. 1 a UStG erfasst nicht den Tatbestand des § 4 Abs. 5 Nr. 5 EStG.

2.9.2.2 Verpflegungskosten des Arbeitnehmers

Der Unternehmer kann den VStA aus Verpflegungskosten der AN unter bestimmten Umständen ebenfalls in **voller Höhe** geltend machen.

Dies ist dann der Fall, wenn die Verpflegungsleistungen anlässlich einer unternehmerisch bedingten Auswärtstätigkeit des AN vom Arbeitgeber empfangen und in voller Höhe getragen werden. Voraussetzung hierfür ist, dass der Arbeitgeber die Aufwendungen durch Rechnungen mit gesondertem Ausweis der USt, die auf den Namen des Unternehmers lauten, oder durch Kleinbetragsrechnungen i. S. d. § 33 UStDV nachweisen kann. Es liegt dann keine einer entgeltlichen Leistung gleichgestellte unentgeltliche Wertabgabe an den AN vor (A 1.8 Abs. 13 UStAE), auch wenn lohnsteuerlich eine Sachzuwendung gegeben ist. Dies gilt auch für Verpflegungsleistungen während einer außergewöhnlichen betrieblichen Besprechung oder Sitzung (vgl. A 1.8 Abs. 4 Satz 3 Nr. 11 UStAE).

Bestellt der Arbeitnehmer dagegen in einer Gaststätte selbst sein gewünschtes Essen nach der Speisekarte und bezahlt dem Gastwirt den – ggf. um einen Arbeitgeberzuschuss geminderten – Essenspreis, liegt eine sonstige Leistung des Gastwirts an den Arbeitnehmer vor. Ein Umsatzgeschäft zwischen Arbeitgeber und Gastwirt besteht in diesem Fall nicht. Aus diesem Grund hat der Arbeitgeber auch dann keinen VStA, wenn eine auf den Unternehmer lautende Rechnung über die Verpflegungskosten vorliegt.

Zur unentgeltlichen Abgabe von Speisen und Getränken an AN durch eine unternehmenseigene Kantine oder durch eine vom Arbeitgeber nicht selbst betriebene Kantine als sog. Sachbezug vgl. A 1.8 Abs. 12 UStAE.

BEISPIEL

Anlässlich einer Dienstreise fallen beim AN S des Unternehmers A 150 € für zwei Übernachtungen ohne Frühstück, 20 € für zwei Frühstücke, 35 € für zwei Mittagessen und 40 € für zwei Abendessen an. Das Essen wird in dem betreffenden Hotel eingenommen, S stellt ausdrücklich klar, dass er das Essen im Namen der Fa. A bestellt. S erhält jeweils ordnungsgemäße Rechnungen, die auf den Namen von A ausgestellt sind. Die Dienstreise dauert von Montag 10:00 Uhr bis Mittwoch 13:00 Uhr.
S erhält die gesamten Kosten von der Fa. A erstattet.
LÖSUNG Soweit es sich um die Übernachtungskosten handelt, liegt eine ordnungsgemäße Rechnung vor. A ist grundsätzlich zum VStA berechtigt.
A erhält danach für die angefallenen Übernachtungskosten 7/107 von 150 € = 9,81 € Vorsteuer.
Aus den ersetzten Verpflegungskosten kann er einen VStA von 19/119 von 95 € = 15,17 € geltend machen.
Bezüglich der Verpflegungskosten muss ersichtlich sein, dass A Besteller des Essens ist. Dies setzt jeweils auf den Namen des Unternehmers lautende Rechnungen und die vollständige Übernahme der Verpflegungskosten durch den Arbeitgeber voraus.

Ein VStA aus einkommensteuerrechtlichen oder lohnsteuerrechtlichen Reisekostenpauschbeträgen (sog. Tagegelder, Übernachtungsgelder, Kilometergelder) ist nicht zulässig.

BEISPIEL

Handelsvertreter H in Stuttgart übernachtet anlässlich einer Geschäftsreise am 10. 04. 01 in Frankfurt. Die Übernachtungskosten (ohne Frühstück) belaufen sich lt. ordnungsgemäßer Rechnung auf 150 € zuzügl. 10,50 € USt. Für die Fahrt mit der DB von Stuttgart nach Frankfurt hat H lt. Fahrkarte der DB einen Betrag von 50 € aufgewendet. Die Fahrkarte enthält keine Angabe zur USt. Sie enthält aber den Vermerk »Tarifentfernung 200 km«.
Für die Fahrten in Stuttgart und Frankfurt benutzte H ein Taxi. Er besitzt hierüber ordnungsgemäße Taxiquittungen über insgesamt 100 € zuzügl. 7 € USt. Belege über Verpflegungskosten liegen nicht vor.
LÖSUNG Bei den Vorsteuern i. H. v. 10,50 € aus den Übernachtungskosten handelt es sich um eine abziehbare Vorsteuer nach § 15 Abs. 1 Nr. 1 UStG, die in voller Höhe geltend gemacht werden kann.
Die Fahrkarte der DB ist gem. § 34 UStDV eine ordnungsgemäße Rechnung. Da bei einer Tarifentfernung von mehr als 50 km der Regelsteuersatz zur Anwendung kommt, liegt gem. § 15 Abs. 1 Nr. 1 UStG i. V. m. § 35 Abs. 2 Satz 2 Nr. 2 UStDV eine abziehbare Vorsteuer von 19/119 * 50 € = 7,98 € vor.

Das Gleiche gilt für die Vorsteuern aus den Taxirechnungen. Auch hier handelt es sich um ordnungsgemäße Rechnungen, die zum VStA berechtigen. H kann einen VStA i. H. v. 7 € geltend machen.
Anmerkung: Personenbeförderungen mit Taxis innerhalb geschlossener Ortschaften unterliegen gem. § 12 Abs. 2 Nr. 10 UStG dem ermäßigten Steuersatz.

3 Prüfungsschema zur Abziehbarkeit der Vorsteuer[1]

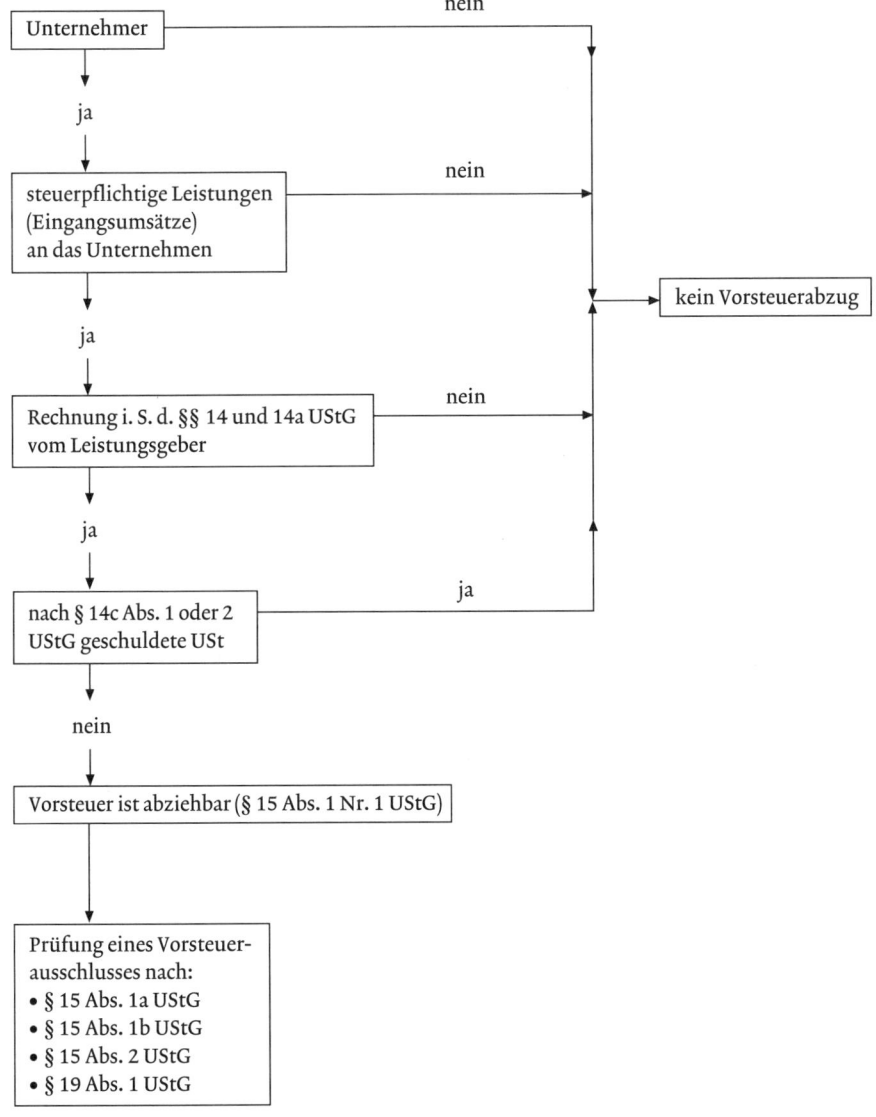

---
1 Das Prüfungsschema umfasst nicht die Fälle des pauschalen Vorsteuerabzugs (§§ 23, 23a und 24 UStG)

4 Abzug der Einfuhrumsatzsteuer als Vorsteuer nach § 15 Abs. 1 Satz 1 Nr. 2 UStG

4.1 Allgemeines

Nach § 15 Abs. 1 Satz 1 Nr. 2 UStG kann ein **Unternehmer** die deutsche EUSt, die bei der Einfuhr von Gegenständen vom Drittlandsgebiet ins Inland entstanden ist, unter folgenden Voraussetzungen als Vorsteuer abziehen:
- die EUSt muss **entstanden** sein,
- der Gegenstand befindet sich im Zeitpunkt der Freigabe (des Gegenstandes in den freien Verkehr) im Unternehmensvermögen des Unternehmers,
- der Unternehmer hat im Zeitpunkt der Freigabe die Verfügungsmacht am Gegenstand,
- der Unternehmer ist im Besitz des zollamtlichen Belegs über die Entrichtung der EUSt,
- kein Vorsteuerausschluss nach § 15 Abs. 1a, Abs. 1b und Abs. 2 UStG und keine Sonderregelung, insbesondere nach §§ 19 und 24 UStG.

4.2 Entstehung der Einfuhrumsatzsteuer

Das Entstehen der EUSt ist durch einen zollamtlichen Beleg (Einfuhrabgabenbescheid, Ersatzbeleg) nachzuweisen. Dabei ist es gleichgültig, wer tatsächlich die EUSt entrichtet hat. Sie kann also auch von Erfüllungsgehilfen, Vorlieferern bzw. Abnehmer entrichtet worden sein.

Die EUSt kann nach dem nunmehr geänderten § 15 Abs. 1 Satz 1 Nr. 2 UStG unabhängig von der Entrichtung geltend gemacht werden; erforderlich ist nur dessen Entstehung. (Hinweis: Die früher geltenden Sätze 3 und 4 des § 16 UStG sind damit überflüssig geworden.)

4.3 Einfuhr für das Unternehmen

Der Unternehmer kann die EUSt nur dann als Vorsteuer abziehen, wenn er im Zeitpunkt der Freigabe des Gegenstandes in den freien Verkehr die Verfügungsmacht an dem Gegenstand hatte. Erfolgt die Einfuhr im Zusammenhang mit einer Lieferung, ist zu prüfen, ob der Lieferer oder der Abnehmer im Zeitpunkt der Freigabe die Verfügungsmacht hatte. Befördert oder versendet der Lieferer den Gegenstand ins Inland und ist er bzw. sein Beauftragter Schuldner der EUSt, so ist nach § 3 Abs. 8 UStG davon auszugehen, dass der Lieferer im Zeitpunkt der Freigabe noch die Verfügungsmacht an dem Gegenstand hatte (vgl. A 15.8 Abs. 6 UStAE). Wer Schuldner der EUSt ist, richtet sich danach, in wessen Namen die zollrechtliche Abfertigung des Gegenstandes beantragt wird.

Entrichtet dagegen der Abnehmer die EUSt, so ist davon auszugehen, dass er im Zeitpunkt der Freigabe die Verfügungsmacht an dem Gegenstand hat. Regelmäßig (aber nicht immer) hat somit derjenige, der die EUSt entrichtet, bzw. derjenige, für den die EUSt entrichtet wird, auch den VStA hinsichtlich der EUSt.

Weiterhin muss der Gegenstand dem Unternehmen desjenigen zugeordnet sein, der die EUSt abziehen will. Die Zuordnung des Gegenstandes zum Unternehmen richtet sich nach den unter 3 dargestellten Kriterien.

> **MERKSATZ**
>
> Den Abzug der EUSt kann i. d. R. der Unternehmer vornehmen, der zugleich Schuldner der EUSt ist. Ist ein Erfüllungsgehilfe Schuldner der EUSt, so ist i. d. R. sein Auftraggeber zum Abzug der EUSt berechtigt.

FALL 27

Prüfen Sie in den nachfolgenden Fällen, wer die EUSt abziehen kann.
1. Unternehmer U in Freiburg hat in Basel/Schweiz eine Zweigniederlassung. U transportiert Ware aus seinem Zweigwerk in Basel zu seinem Betrieb in Freiburg. Bei der Einfuhr wurde von ihm EUSt erhoben.
2. Lieferer L in Basel hat an den Abnehmer A in Freiburg Ware verkauft. L befördert die Ware mit eigenem Fahrzeug zu A nach Freiburg. Entsprechend der Lieferkondition »verzollt und versteuert« meldet L die Ware bei der Einfuhr in Deutschland zum freien Verkehr an und entrichtet die deutsche EUSt.
3. Lieferer L in Basel hat an den Abnehmer A in Freiburg Ware verkauft. L befördert die Ware mit eigenem Fahrzeug zu A nach Freiburg. Entsprechend der Lieferkondition »unverzollt und unversteuert«, meldet L die Ware im Namen des A bei der Einfuhr in Deutschland zum freien Verkehr an.

5 Vorsteuerabzug der Erwerbssteuer nach § 15 Abs. 1 Nr. 3 UStG

5.1 Allgemeines

Nach § 15 Abs. 1 Nr. 3 UStG kann ein Unternehmer **die Steuer für den innergemeinschaftlichen Erwerb von Gegenständen für sein Unternehmen** als Vorsteuer abziehen, wenn der innergemeinschaftliche Erwerb nach § 3 d Satz 1 UStG im Inland bewirkt wurde.

5.2 Einzelheiten

Die Voraussetzung ist grundsätzlich in allen Fällen erfüllt, in denen der Unternehmer den Gegenstand für sein Unternehmen erwirbt. Keine Vorsteuer kann damit gezogen werden

- beim Bezug von Gegenständen für den privaten Bedarf des Unternehmers (vgl. oben Anmerkungen bei R 2 b);
- beim Erwerb von neuen Fahrzeugen i. S. v. § 1b Abs. 2 und 3 UStG, durch einen Käufer, der kein Unternehmer ist bzw. das Fahrzeug nicht für sein Unternehmen erwirbt.
- Daneben kann die Erwerbssteuer auch dann nicht als Vorsteuer abgezogen werden, wenn der Unternehmer unter § 19 Abs. 1 UStG bzw. unter § 24 UStG fällt. In diesen Fällen greift zwar die Erwerbssteuer wegen der Ausnahmeregelung des § 1a Abs. 3 UStG meist ohnehin nicht ein. Das gilt allerdings nicht (es wird also doch Erwerbssteuer geschuldet), wenn solche Unternehmer
- mit ihren innergemeinschaftlichen Erwerben die Erwerbsschwelle von 12 500 € nach § 1a Abs. 3 Nr. 2 UStG übersteigen oder
- auf die Ausnahmeregelung nach § 1a Abs. 3 UStG verzichten (§ 1a Abs. 4 UStG) oder
- ein neues Fahrzeug i. S. v. § 1b Abs. 2 und 3 UStG erwerben (§ 1a Abs. 5 UStG) oder
- verbrauchssteuerpflichtige Waren erwerben (§ 1a Abs. 5 UStG).
- Schließlich darf der Unternehmer die der Erwerbssteuer zugrundeliegende Leistung nicht für Umsätze bezogen haben, die den Vorsteuerabzug ausschließen (vgl. 6).

Sind die Voraussetzungen für den Abzug der Erwerbssteuer als Vorsteuer beim Unternehmer gegeben, darf er sie für den VZ als Vorsteuer abziehen, in dem sie entsteht. Somit ist die Erwerbssteuer bei vorsteuerabzugsberechtigten Unternehmern kostenneutral.

FALL 28

Prüfen Sie für die nachfolgenden Sachverhalte, ob der Unternehmer E die bei ihm anfallende Erwerbssteuer abziehen darf.
1. Unternehmer L in Straßburg (Frankreich) lässt durch Frachtführer F im Januar 03 eine an den Einzelhändler E in Freiburg verkaufte Ware dorthin befördern. E unterliegt der Regelbesteuerung und hat die Ware für sein Unternehmen bezogen. Er veräußert die Ware stpfl. an seine Kunden. E erhält die Rechnung über die Warenlieferung mit der Ware.
2. E in Stuttgart ist Kleinunternehmer nach § 19 Abs. 1 UStG. Er erwirbt beim Unternehmer K in Kopenhagen (Dänemark) eine Büromaschine für netto 5 000 €. E holt die Maschine im Januar 03 gegen sofortige Rechnungserteilung und Barzahlung bei K ab. E verzichtet gem. § 1a Abs. 4 UStG auf die Ausnahmeregelung von der Erwerbssteuer nach § 1a Abs. 3 UStG.
3. Unternehmer E in Freiburg hat in Straßburg eine Zweigniederlassung. E transportiert im Januar 01 Ware aus seinem Zweigwerk in Straßburg zu seinem Betrieb in Freiburg.

6 Tatbestandsvoraussetzung: kein Vorsteuerabzugsverbot

Sind die Vorsteuern nach § 15 Abs. 1 Nr. 1 UStG abziehbar, muss in einem letzten Schritt geprüft werden, ob die Vorsteuerausschlüsse nach § 15 Abs. 1a, Abs. 1b und Abs. 2 UStG eingreifen.

Fällt die nach § 15 Abs. 1 UStG **abziehbare** Vorsteuer unter einen dieser Ausschlusstatbestände, ist sie ganz oder teilweise nicht **abzugsfähig**. Kommt kein Vorsteuerausschlusstatbestand zur Anwendung, ist die Vorsteuer abziehbar und abzugsfähig.

Eine nach § 15 Abs. 1 UStG abziehbare, aber nicht abzugsfähige Vorsteuer kann bei späterer Nutzungsänderung unter den Tatbestand der Vorsteuerberichtigung gem. § 15a UStG fallen und dort eine Vorsteuerberichtigung auslösen. Liegt hingegen eine nach § 15 Abs. 1 UStG nicht abziehbare Vorsteuer vor, kommt eine Vorsteuerberichtigung gem. § 15a UStG auch bei späterer Nutzungsänderung nicht in Frage.

6.1 Vorsteuerabzugsverbot nach § 15 Abs. 1a UStG

Eine Vorsteuer fällt unter den Vorsteuerausschluss des § 15 Abs. 1a UStG und ist nicht abzugsfähig, wenn sie im Zusammenhang mit Aufwendungen steht, für die einkommensteuerlich das Abzugsverbot des § 4 Abs. 5 Satz 1 Nr. 1 bis 4 und 7 oder des § 12 Nr. 1 EStG gilt.

Nach § 4 Abs. 5 Nr. 2 EStG sind 30 % der angemessenen Bewirtungskosten nicht als Betriebsausgaben abzugsfähig. Diese Beschränkung gilt nach § 15 Abs. 1a Satz 2 UStG nicht für den VStA. Für USt-Zwecke ist lediglich die Angemessenheit der Aufwendungen nach der allgemeinen Verkehrsauffassung zu prüfen. Nicht angemessene Bewirtungsaufwendungen gelten als nicht unternehmerisch veranlasst und sind vom VStA ausgeschlossen (A 15.6 Abs. 6 Satz 3 UStAE).

Die Abzugsbeschränkungen nach § 4 Abs. 5 Nr. 5 EStG (Mehraufwendungen für Verpflegung, soweit sie die einkommensteuerrechtlich zulässigen Pauschbeträge überschreiten), § 4 Abs. 5 Nr. 6 EStG (Fahrten zwischen Wohnung und Betriebsstätte, doppelte Haushaltsführung) und § 4 Abs. 5 Nr. 6b EStG (häusliches Arbeitszimmer) sind für umsatzsteuerliche Zwecke nicht anwendbar. Die mit diesen nicht abzugsfähigen Betriebsausgaben zusammenhängenden Vorsteuern sind somit abziehbar und abzugsfähig.

BEISPIELE

a) Unternehmer U schenkt am 03. 05. 01 seinem besten Kunden zum Geburtstag ein Buch zum Einkaufspreis von 50 € zuzügl. 3,50 € USt, das er ursprünglich in seinem Unternehmen nutzen wollte.
LÖSUNG Die Vorsteuer von 3,50 € ist nach § 15 Abs. 1 Nr. 1 UStG abziehbar. Da sie jedoch auf eine nichtabzugsfähige Betriebsausgabe gem. § 4 Abs. 5 Nr. 1 EStG entfällt (Kundengeschenke im Wert von mehr als 35 € netto), ist sie gem. § 15 Abs. 1 a UStG nicht abzugsfähig.
Die Lieferung des Buches an den Kunden ist nicht gem. § 3 Abs. 1 b Nr. 3 UStG einer entgeltlichen Lieferung gleichgestellt, weil U aus der Anschaffung des Buches nicht zum VStA berechtigt war (§ 3 Abs. 1 b Satz 2 UStG).

b) Unternehmer U bewirtet am 10. 04. 11 in Frankfurt drei Geschäftsfreunde anlässlich eines Vertragsabschlusses. Der im Übrigen ordnungsgemäße Bewirtungskostenbeleg beläuft sich auf 200 € zuzügl. 38 € USt. Die Bewirtungskosten werden von der Finanzverwaltung als angemessen anerkannt.
LÖSUNG Die Vorsteuer ist nach § 15 Abs. 1 Nr. 1 UStG i. H. v. 38 € abziehbar und auch abzugsfähig. Das einkommensteuerliche Abzugsverbot i. H. v. 30 % gem. § 4 Abs. 5 Nr. 2 EStG, ist für den VStA unmaßgeblich (§ 15 Abs. 1 a Satz 2 UStG und A 15.6 Abs. 6 UStAE).

c) S ist selbständiger Steuerberater und besitzt in Stuttgart eine Kanzlei. Sein selbst bewohntes Einfamilienhaus (Altobjekt, kein Unternehmensvermögen) befindet sich in Ludwigsburg. In seinem Einfamilienhaus hat er sich ein Arbeitszimmer eingerichtet. Hierin erledigt er etwa 30 % seiner Tätigkeit als Steuerberater. Auf das Arbeitszimmer entfallen 15 % der Nutzfläche des Gebäudes.
Auf das Arbeitszimmer entfallen im KJ 11 folgende Ausgaben:

anteilige Anschaffungskosten	5 000 €
Zinsen	7 000 €
Versicherung/Steuern	1 000 €
Sonstige Raumkosten – netto	2 000 €
Kosten insgesamt	15 000 €

Bei den anteiligen Anschaffungskosten, Zinsen, Versicherung und Steuern i. H. v. 13 000 € handelt es sich um vorsteuerlose Kosten. Auf die sonstigen Raumkosten entfällt eine Vorsteuer von 380 €. Nach § 4 Abs. 5 Nr. 6 b EStG sind die gesamten Kosten i. H. v. 15 000 € ertragsteuerlich nichtabzugsfähige Betriebsausgaben, da für die berufliche Tätigkeit des S ein Arbeitsplatz in seiner Kanzlei zur Verfügung steht.
LÖSUNG Die Vorsteuer i. H. v. 380 € ist nach § 15 Abs. 1 Nr. 1 UStG abziehbar. Nichtabzugsfähige Betriebsausgaben gem. § 4 Abs. 5 Nr. 6 b EStG fallen nicht unter § 15 Abs. 1 a UStG. Es tritt somit kein Vorsteuerausschluss ein. Die 380 € sind abziehbar und auch abzugsfähig.
S hätte zum Zeitpunkt der Errichtung das Einfamilienhaus auch seinem Unternehmensvermögen zuordnen können, da der unternehmerische Nutzungsanteil mehr als 10 % beträgt (§ 15 Abs. 1 Satz 2 und A 15.2c Abs. 2 Nr. 2 UStAE). In diesem Fall würde die private Nutzung des Gebäudes gem. § 3 Abs. 9a Nr. 1 UStG eine einer entgeltlichen sonstigen Leistung gleichgestellte Leistung darstellen. Sie wäre steuerbar und stpfl. (vgl. auch A 4.12.1 Abs. 3 Satz 6 UStAE). S könnte die gesamte auf das Einfamilienhaus entfallende USt (sowohl aus der Anschaffung/Herstellung als auch aus den laufenden Kosten) als Vorsteuer abziehen (§ 15 Abs. 1 Nr. 1 UStG). Da es sich lt. Sachverhalt um ein Altobjekt (vgl. § 27 Abs. 16 UStG) handelt, ist das VStA-Verbot nach § 15 Abs. 1 b UStG nicht zu beachten (vgl. 6.2).

6.2 Vorsteuerabzugsverbot nach § 15 Abs. 1 b UStG

Mit dem JStG 2010 (BGBl I 2010, 1768) hat der Gesetzgeber eine weitere VStA-Beschränkung für gemischt genutzte Grundstücke (teilunternehmerisch genutzte Grundstücke) eingeführt. Verwendet der Unternehmer ein Grundstück
- sowohl für Zwecke seines Unternehmens
- als auch für Zwecke, die außerhalb des Unternehmens liegen,
- oder für den privaten Bedarf seines Personals,

ist die das Grundstück betreffende Vorsteuer nicht abzugsfähig, soweit das Grundstück nicht für Zwecke des Unternehmens verwendet wird.

Die Rechtsänderung gilt gem. § 27 Abs. 16 UStG für sog. **Neuobjekte**, d. h. für Grundstücke, die ab dem 01. 01. 2011 angeschafft, mit deren Herstellung ab dem 01. 01. 2011 begonnen worden oder für die ab dem 01. 01. 2011 ein Bauantrag gestellt worden ist.

Das Zuordnungswahlrecht des A 15.2c Abs. 2 Nr. 2 UStAE bleibt auch für Neuobjekte bestehen. Der Unternehmer kann weiterhin den nichtunternehmerisch genutzten Teil seinem Unternehmensvermögen zuordnen. Die auf diesen Teil entfallende Vorsteuer ist jedoch nicht mehr abzugsfähig. Dies gilt sowohl für die Vorsteuern aus der Anschaffung/Herstellung des Gebäudes als auch für die Vorsteuern aus den laufenden Kosten. Damit ist eine Zuordnung über den Vorsteuerabzug in diesen Fällen nicht möglich. Der Unternehmer kann die Zuordnung jedoch durch eine gegenüber dem Finanzamt abgegebene schriftliche Erklärung dokumentieren (vgl. A 15.2c Abs. 18 UStAE).

Die Zuordnung auch des nichtunternehmerisch genutzten Grundstücksteils zu seinem Unternehmensvermögen hat für den Unternehmer aber einen entscheidenden Vorteil: Er kann unter den Voraussetzungen des § 15 a UStG bei einer späteren Erhöhung des unternehmerisch genutzten Grundstücksteils einen zusätzlichen VStA erlangen. Zu den Auswirkungen im Einzelnen vgl. A 15.6a UStAE und Teil P, 3.3.2 inkl. Beispiel.

Für **Altobjekte** gilt der Vorsteuerausschluss nicht, insoweit kann der Unternehmer weiterhin die gesamte abziehbare Vorsteuer nach § 15 Abs. 1 Nr. 1 UStG – vorbehaltlich keines Vorsteuerausschlusses nach § 15 Abs. 2 UStG – als Vorsteuer abziehen (vgl. dazu die Ausführungen und das Beispiel in Teil P 3.3.1).

6.3 Nichtabzugsfähige Vorsteuer nach § 15 Abs. 2 UStG

Nach § 15 Abs. 2 UStG ist die nach § 15 Abs. 1 UStG abziehbare Vorsteuer nicht abzugsfähig, wenn der Unternehmer die der Vorsteuer zugrundeliegende Eingangsleistung zur Ausführung bestimmter in § 15 Abs. 2 i. V. m. Abs. 3 UStG aufgeführter Ausgangsumsätze zu verwenden beabsichtigt. Denn das Recht auf Vorsteuerabzug des Unternehmers entsteht dem Grunde und der Höhe nach bereits im Zeitpunkt des Leistungsbezugs (vgl. oben unter Teil P und A 15.12 Abs. 1 Sätze 6 und 7 UStAE). Fällt daher die Vorsteuer zu einem Zeitpunkt an, zu dem noch keine Ausgangsumsätze getätigt werden, ist nach der Systematik des USt-Rechts insbesondere im Hinblick auf die Vorsteuerberichtigung nach § 15 a UStG der zum Zeitpunkt des Bezugs der Eingangsleistung beabsichtigte Umsatz maßgebend. Der Unternehmer muss dies durch objektive Fakten nachweisen können (subjektive Beweislast). Entspricht der spätere tatsächliche Umsatz nicht dem beabsichtigten Umsatz, hat dies auf die VStA-Berechtigung keinen Einfluss mehr. Eine Korrektur des VStA kann allenfalls i. R. des § 15 a UStG erfolgen (Näheres hierzu vgl. Teil U 7).

Die Eingangsleistung (Vorsteuer) wird zur Ausführung eines bestimmten Ausgangsumsatzes verwendet bzw. es besteht eine entsprechende Verwendungsabsicht, wenn ein wirtschaftlicher Zusammenhang zwischen Eingangsleistung (Vorsteuer) und (beabsichtigtem) Ausgangsumsatz gegeben ist. Der wirtschaftliche Zusammenhang liegt vor, wenn die Eingangsleistung (Vorsteuer) direkt oder indirekt in Ausgangsumsätze des Unternehmers einfließt bzw. einfließen soll.

Ein **direkter Zusammenhang** ist z. B. anzunehmen, wenn der Unternehmer Waren einkauft und sie veräußert.

Ein **indirekter Zusammenhang** liegt z. B. vor, wenn der Unternehmer eine Maschine einkauft und mit ihrer Hilfe Waren herstellt, die er weiterveräußert. Der indirekte Zusammenhang zwischen Eingangsleistung (Maschineneinkauf) und Ausgangsumsätzen (Warenveräußerungen) liegt in der Verwendung der Maschine zur Herstellung der Waren. Auch die Verwaltungsgemeinkosten eines Unternehmens stehen noch in einem indirekten wirtschaftlichen Zusammenhang mit seinen Ausgangsumsätzen.

Im Hinblick auf § 15 Abs. 2 UStG sind die vom Unternehmer beabsichtigten bzw. bewirkten Ausgangsumsätze in zwei Gruppen zu untergliedern:

1. in zum VStA berechtigende Ausgangsumsätze (**Umsatzgruppe A**),
2. in **nicht** zum VStA berechtigende Ausgangsumsätze (**Umsatzgruppe B**).

Vorsteuerbeträge, die wirtschaftlich den Ausgangsumsätzen der Umsatzgruppe A zuzurechnen sind, sind **abzugsfähig**.

Vorsteuerbeträge, die wirtschaftlich den Ausgangsumsätzen der Umsatzgruppe B zuzurechnen sind, sind **nicht abzugfähig**.

Zur Umsatzgruppe A gehören:

a) Stpfl. Umsätze. Zu den stpfl. Umsätzen gehören auch die Umsätze, bei denen zulässigerweise nach § 9 UStG auf die Steuerfreiheit verzichtet wurde.
b) Steuerfreie Umsätze nach § 4 Nr. 1–7 UStG.

> **BEISPIEL**
> Ein Zahnarzt setzt einem amerikanischen Touristen ein künstliches Gebiss ein, welches er von einem selbständigen Zahntechniker für 2 000 € zuzügl. 140 € USt bezogen hat.
> **LÖSUNG** Die Werklieferung ist nach dem Wortlaut sowohl nach § 4 Nr. 1 UStG als auch nach § 4 Nr. 14 Buchst. a UStG steuerfrei. Nach A 15.13 Abs. 5 UStAE hat die spezifischere Steuerbefreiung (ohne VStA), hier § 4 Nr. 14 Buchst. a UStG, Vorrang. Damit sind die auf das Gebiss entfallenden Vorsteuern i. H. v. 140 € nach § 15 Abs. 2 Nr. 1 UStG nicht abzugsfähig. Maßgebend ist die Verwendungsabsicht im Zeitpunkt des Bezugs der Zahnprothese.

c) Steuerfreie Umsätze nach § 4 Nr. 8 Buchst. a–g UStG, wenn sie sich unmittelbar auf Gegenstände beziehen, die ins Drittlandsgebiet ausgeführt werden.

Es handelt sich um Umsätze, die Sie bereits bei den bedingt zum VStA berechtigenden Steuerbefreiungen kennen gelernt haben.

> **BEISPIEL**
> Eine Bank gewährt einen Kredit zur Finanzierung einer Ausfuhrlieferung nach Brasilien.
> **LÖSUNG** Die mit dem nach § 4 Nr. 8 Buchst. a UStG steuerfreien Kredit im Zusammenhang stehenden Vorsteuern fallen gem. § 15 Abs. 3 Nr. 1 Buchst. b UStG nicht unter das VStA-Verbot nach § 15 Abs. 2 UStG.

d) Nichtsteuerbare Umsätze im Ausland, die im Inland unter Buchst. a)–c) fallen würden.[1]

> **BEISPIEL**
> Ein Unternehmer veräußert Waren auf einer Messe im Ausland.
> **LÖSUNG** Würden die Waren im Inland veräußert, wären die Lieferungen steuerbar und stpfl. Die für den Bezug der Waren angefallene Vorsteuer fällt somit nicht unter das VStA-Verbot nach § 15 Abs. 2 Nr. 2 UStG.

---

1 Bei nichtsteuerbaren Umsätzen, die im Falle der Steuerbarkeit steuerfrei nach § 4 Nr. 8 Buchst. a–g UStG wären, tritt an die Stelle des Merkmals »sich unmittelbar auf Gegenstände beziehen, die ins Drittlandsgebiet ausgeführt werden« das Merkmal »der Leistungsempfänger im Drittlandsgebiet ansässig ist«.

Zur Umsatzgruppe B gehören:
Alle Umsätze, die nicht der Umsatzgruppe A zuzurechnen sind. Es handelt sich um:
a) Steuerfreie Umsätze nach § 4 Nr. 8 ff. UStG.
   Ausgenommen sind davon die bei der Umsatzgruppe A unter Buchst. c) erwähnten steuerfreien Umsätze.
b) Nichtsteuerbare Umsätze im Ausland, die im Inland unter Buchst. a) fallen würden.

> **BEISPIEL**
>
> Ein Unternehmer veräußert ein in der Schweiz gelegenes Grundstück seines Unternehmens an Privatleute.
> **LÖSUNG** Der Ort der Grundstückslieferung ist im Drittlandsgebiet. Die Lieferung ist somit nicht steuerbar. Wäre der Ort im Inland, so wäre die Lieferung steuerbar. Sie wäre aber nach § 4 Nr. 9a UStG von der USt befreit. Auch eine Option nach § 9 Abs. 1 UStG wäre nicht möglich. Somit greift das VStA-Verbot nach § 15 Abs. 2 Nr. 2 UStG ein.

6.3.1 Vorsteuerabzugsverbot bei Warenuntergang

Führen vorsteuerbelastete Eingangsumsätze zu keinem Ausgangsumsatz (z. B. wegen Verderb oder Untergang der Waren), so kommt es für die Frage der Abzugsfähigkeit der Vorsteuer nach § 15 Abs. 2 UStG ebenfalls auf den beabsichtigten Umsatz an.

Tätigt ein Unternehmer ausschließlich Ausgangsumsätze der **Umsatzgruppe A**, greift das VStA-Verbot **nicht** ein und die gesamte abziehbare Vorsteuer ist auch **abzugsfähig**.

Tätigt ein Unternehmer nur Ausgangsumsätze der **Umsatzgruppe B**, greift das VStA-Verbot in vollem Umfang ein und die gesamte abziehbare Vorsteuer ist **nicht abzugsfähig**.

6.3.2 Vorsteueraufteilung nach § 15 Abs. 4 UStG

6.3.2.1 Allgemeine Grundsätze

Führt ein Unternehmer gleichzeitig Ausgangsumsätze der Gruppen A und B aus, müssen die bei ihm anfallenden Vorsteuerbeträge in **abzugsfähige** und **nicht abzugsfähige** Vorsteuern aufgeteilt werden. Für die Aufteilung der Vorsteuern gilt nach § 15 Abs. 4 UStG die **sog. konkrete Zurechnungsmethode**.

Nach der konkreten Zurechnungsmethode muss jeder **einzelne** abziehbare Vorsteuerbetrag auf seine **Abzugsfähigkeit** untersucht werden. Demzufolge sind die Vorsteuerbeträge in drei Gruppen aufzuteilen:
1. in abzugsfähige Vorsteuern (Vorsteuergruppe A), die **ausschließlich** in wirtschaftlichem Zusammenhang mit Ausgangsumsätzen bzw. beabsichtigten Ausgangsumsätzen der Umsatzgruppe A stehen,
2. in nichtabzugsfähige Vorsteuern (Vorsteuergruppe B), die **ausschließlich** in wirtschaftlichem Zusammenhang mit Ausgangsumsätzen bzw. beabsichtigten Ausgangsumsätzen der Umsatzgruppe B stehen,
3. in zum Teil abzugsfähige Vorsteuern (Vorsteuergruppe C), die nach wirtschaftlicher Betrachtungsweise sowohl im Zusammenhang mit Ausgangsumsätzen bzw. beabsichtigten Umsätzen der Gruppe A als auch der Gruppe B stehen. Die Aufteilung der Vorsteuern der Vorsteuergruppe C in einen abzugsfähigen und einen nichtabzugsfähigen Anteil hat nach wirtschaftlich sachgerechten Kriterien zu erfolgen (z. B. nach der betrieblichen Kostenrechnung, notfalls auch im Wege der Schätzung).

Zu den Vorsteuern der **Vorsteuergruppe C** rechnen insbesondere:
- Vorsteuern auf Verwaltungsgemeinkosten, die in wirtschaftlichem Zusammenhang mit den Umsatzgruppen A und B stehen,
- Vorsteuern aus erworbenen Wirtschaftsgütern, die zur Ausführung von Umsätzen der Umsatzgruppen A und B verwendet werden.

> **BEISPIEL**
> Bei der Errichtung eines Wohn- und Geschäftshauses fallen Vorsteuern für den Rohbau an. Das Gebäude wird nach Bauabnahme – entsprechend der Absicht – teilweise stpfl., teilweise steuerfrei nach § 4 Nr. 12 Buchst. a UStG vermietet.
> **LÖSUNG** Die Vorsteuern für den Rohbau entfallen auf steuerfreie und stpfl. Ausgangsumsätze. Sie müssen somit nach wirtschaftlich sachgerechten Kriterien in abzugsfähige und nichtabzugsfähige Teilbeträge aufgeteilt werden.

6.3.2.2 Besonderheiten bei Gebäuden

Ein wirtschaftlich sachgerechtes Kriterium für die Aufteilung der Vorsteuern bei Gebäuden ist in erster Linie das Verhältnis der Nutzfläche (**sog. Flächenschlüssel**). Die Aufteilung der Vorsteuern nach dem Verhältnis der Mieteinnahmen ist im Normalfall nach § 15 Abs. 4 Satz 3 UStG ausgeschlossen.

Allerdings hat die Rechtsprechung entschieden (vgl. BFH vom 07.05.2014, V R 1/10), dass ein **Umsatzschlüssel** dann herangezogen werden kann, wenn die Vorsteueraufteilung nach Flächenverhältnissen nicht sachgerecht ist. Das ist dann der Fall, wenn die Ausstattung der Räumlichkeiten erhebliche Unterschiede aufweisen, z.B. wegen der Höhe der Räume, der Dicke der Wände und Decken oder in Bezug auf die Innenausstattung. Der Umsatzschlüssel ist dann nach dem objektbezogenen Pro-Rata-Satz (Verhältnis der Ausgangsumsätze des Gebäudes) zu ermitteln, wenn ein direkter und unmittelbarer Zusammenhang mit Ausgangsumsätzen durch Verwendung (Nutzung) dieses Gebäudes besteht (z.B. durch Vermietung). Dagegen ist ein unternehmensbezogener Pro-Rata-Satz (Verhältnis der Ausgangsumsätze des Unternehmens) entscheidend, wenn die Räume mit den Umsätzen des gesamten Unternehmens in Zusammenhang stehen (wie z.B. bei einem Verwaltungsgebäude, das für das gesamte Unternehmen genutzt wird).

Bei Gebäuden ist zusätzlich zu berücksichtigen, dass **zwischen Anschaffungs- / Herstellungskosten einerseits und Erhaltungsaufwendungen andererseits zu unterscheiden** ist (A 15.17 Abs. 7 und 8 UStAE; BFH vom 10.08.2016, XI R 31/09):

Danach muss bei der Anschaffung oder Herstellung eines gemischt genutzten Gebäudes für den Vorsteuerabzug auf die prozentualen Verwendungsverhältnisse des gesamten Gebäudes abgestellt werden.

Handelt es sich bei den bezogenen Leistungen dagegen um Erhaltungsaufwendungen ist vorrangig zu prüfen, ob die bezogenen Leistungen vorsteuerunschädlich oder vorsteuerschädlich verwendeten Gebäudeteilen zugeordnet werden können. Ist eine direkte Zurechnung nicht möglich, ist die Aufteilung anhand des Flächen- oder Umsatzschlüssels des gesamten Gebäudes vorzunehmen.

> **BEISPIELE**
> a) Unternehmer U errichtet ein Gebäude, das er zu 60 % für vorsteuerunschädliche und zu 40 % für vorsteuerschädliche Ausgangsumsätze verwenden will. Die Ausstattung der Räumlichkeiten weisen keine erheblichen Unterschiede auf. Aus den Maurerarbeiten im vorsteuerschädlich verwendeten Gebäudeteil entstehen U Aufwendungen von 10 000 € zzgl. 1 900 € Umsatzsteuer.

LÖSUNG Es handelt sich um Aufwendungen für die (Neu-)Herstellung des Gebäudes. U ist nach § 15 Abs. 2 UStG nicht berechtigt, den Vorsteuerabzug im Umfang von 40 % (= 760 €) geltend zu machen. Im Umfang von 60 % (= 1 140 €) steht ihm dagegen die Vorsteuer zu.

b) Unternehmer U besitzt ein Wohn- und Geschäftshaus, dessen Fläche er zu 60 % vorsteuerunschädlich und zu 40 % vorsteuerschädlich vermietet hat. In den vorsteuerschädlich vermieteten Räumen lässt U durch einen Fensterbauer die Fenster reparieren.

LÖSUNG U steht kein Vorsteuerabzug zu.

c) Unternehmer U lässt an seinem Wohn- und Geschäftshaus, dessen Fläche er zu 60 % vorsteuerunschädlich und zu 40 % vorsteuerschädlich vermietet hat, die Fassade neu anstreichen. Die Ausstattung der Räumlichkeiten weisen keine erheblichen Unterschiede auf.

LÖSUNG Der Fassadenanstrich kann keinem Gebäudeteil direkt zugeordnet werden. U kann daher unter den weiteren Voraussetzungen des § 15 UStG den Vorsteuerabzug zu 60 % vornehmen.

FALL 29

Prüfen Sie in den nachfolgenden Punkten, ob abziehbare Vorsteuern vorliegen und ob diese auch abzugsfähig sind!

1. Fabrikant F bezieht am 15. 02. 01 vom Heizölhändler H 100 000 Liter Heizöl. Er erhält folgende, im Übrigen ordnungsgemäße Rechnung:

100 000 Liter Heizöl	40 000 €
+ 19 % USt	7 600 €
	47 600 €

F lässt davon 70 000 Liter in seine Fabriktanks einfüllen, 20 000 Liter in den Tank eines ihm gehörenden Mehrfamilienhauses, welches ausschließlich an Privatleute vermietet wird, und die restlichen 10 000 Liter in den Tank seines eigengenutzten Einfamilienhauses.

2. Tuchfabrikant T in Augsburg erwirbt vom Maschinenfabrikanten M in München eine Webmaschine. M berechnet T für die am 05. 04. 01 angelieferte Maschine in einer nach § 14 UStG ordnungsgemäßen Rechnung 200 000 € zuzügl. 38 000 € USt. Die Maschine soll zur Herstellung von Tuchen eingesetzt werden, mit denen T zu 40 % den deutschen Markt, zu 30 % den EU-Markt und zu 30 % den außereuropäischen Markt beliefert. Die Belieferung des deutschen und des EU-Marktes erfolgt in der Weise, dass T die Tuche mit eigenen Lkws zu seinen Abnehmer (sowohl Unternehmer als auch Nichtunternehmer) befördert.

7 Vorsteuerberichtigung nach § 15 a UStG

7.1 Allgemeines

Die Vorschrift zur Vorsteuerberichtigung nach § 15 a UStG ist grundsätzlich eine Ergänzung zum VStA, und zwar insbesondere zu den VStA-Verboten gem. § 15 Abs. 1 b und Abs. 2 UStG. Sie ist höchst kompliziert ausgestaltet und schwer verständlich.

Für die VStA-Berechtigung ist bei jedem Leistungsbezug zu prüfen, ob der Leistungsbezug für das Unternehmen erfolgt und der Unternehmer beabsichtigt, die Eingangsleistung zur Erzielung von zum VStA berechtigenden Ausgangsumsätzen zu verwenden. Dabei ist auf die gesamte, im Zeitpunkt des Leistungsbezugs bekannte Verwendungsprognose abzustellen. § 15 a UStG bezeichnet dies als **die für den ursprünglichen VStA maßgebenden Verhältnisse**.

Ändern sich die für den ursprünglichen VStA maßgebenden Verhältnisse innerhalb des Berichtigungszeitraumes des § 15 a UStG, ist zu prüfen, ob dies zu einer Berichtigung des VStA führt. Die Vorsteuerberichtigung kann sich sowohl zu Gunsten als auch zu Ungunsten des Unternehmers auswirken.

§ 15a UStG gilt für Vorsteuern aus
- Anschaffungskosten und Herstellungskosten (auch nachträglichen)
- bestimmten Erhaltungsaufwendungen und
- anderweitigen sonstigen Leistungen.

Allerdings ist die Berichtigung nach § 44 UStDV in Bagatellfällen nicht erforderlich (siehe Teil U 7.4).

Maßgebend für die Vorsteuerberichtigung ist die Nutzung des Eingangsumsatzes innerhalb des Berichtigungszeitraums des § 15a UStG im Vergleich zu den für den ursprünglichen VStA maßgebenden Verhältnissen. Ergibt sich hierbei eine vorsteuerrelevante Nutzungsänderung, z.B. von einer vorsteuerunschädlichen zu einer vorsteuerschädlichen Nutzung oder umgekehrt, führt dies grundsätzlich zu einer Vorsteuerberichtigung. Die vorsteuerrelevante Nutzungsänderung muss dabei für jedes KJ des § 15a-Berichtigungszeitraums prozentual ermittelt werden. Zu berechnen ist dabei z.B. der Prozentsatz der vorsteuerunschädlichen Nutzung.

Als Berechnungsgrundlage für die Berichtigung der Vorsteuer wird i.d.R. nur der anteilig auf das betreffende Berichtigungsjahr entfallende abziehbare Vorsteueranteil herangezogen (Pro-rata-Prinzip). Um den auf das Berichtigungsjahr entfallenden Vorsteueranteil errechnen zu können, muss der maßgebliche Berichtigungszeitraum ermittelt werden. Dieser entspricht nach § 15a Abs. 1 UStG bei beweglichen Wirtschaftsgütern grundsätzlich fünf Jahre (60 Monate), bei Grundstücken i.d.R. zehn Jahre (120 Monate). Nach § 15a Abs. 5 Satz 2 UStG ist eine tatsächlich kürzere Nutzungsdauer zu berücksichtigen.

Der Berichtigungszeitraum beginnt mit der erstmaligen Verwendung des Berichtigungsobjekts.

Der Berichtigungsbetrag ergibt sich aus der Multiplikation des auf das Berichtigungsjahr entfallenden abziehbaren Vorsteueranteils mit dem Prozentsatz der Nutzungsänderung.

Wird ein WG allerdings nur einmalig verwendet und führt dies zu einer vorsteuerrelevanten Nutzungsänderung, ist nach § 15a Abs. 2 Satz 2 UStG die komplette Berichtigung des VStA in dem Besteuerungszeitraum vorzunehmen, in dem das WG (einmalig) verwendet wird (Sofortprinzip). Die Berichtigung ist in diesem Falle nicht auf einen Berichtigungszeitraum verteilt vorzunehmen.

Die Vorsteuerberichtigung kommt in der Praxis am häufigsten im Zusammenhang mit Grundstücken vor.

Nachstehend soll anhand einiger Grundfälle die Vorsteuerberichtigung nach § 15a UStG dargestellt werden.

BEISPIELE

a) Unternehmer U errichtet ein Bürogebäude. Die im Zusammenhang mit der Anschaffung bzw. Herstellung des Bürogebäudes angefallenen Vorsteuerbeträge belaufen sich auf 1 Mio. €. Das Gebäude wird ab dem 01.01.01 – entsprechend der Absicht – zu 100 % für vorsteuerunschädliche (stpfl.) Umsätze verwendet. Die tatsächliche Nutzung im KJ 02 und 03 beträgt 60 % und im KJ 04 40 % für stpfl. Zwecke, im Übrigen vorsteuerschädliche Zwecke. In den Jahren ab KJ 05 liegt bei U eine vorsteuerschädliche Nutzung nach § 4 Nr. 12 Buchst. a UStG vor.

Jahre der Nutzung				
01	02	03	04	05 ff.
100 %	60 %	40 %	40 %	0 %

LÖSUNG

VStA nach § 15 UStG

Sofern die Voraussetzungen des § 15 Abs. 1 Nr. 1 UStG vorliegen, sind die Vorsteuern grundsätzlich abziehbar.

Sie sind auch abzugsfähig, wenn das VStA-Verbot nach § 15 Abs. 2 UStG nicht greift. Maßgebend sind die Verhältnisse zum Zeitpunkt des Leistungsbezuges. Da hier eine Nutzung zu 100 % für stpfl. Umsätze beabsichtigt ist, ist die Vorsteuer bei Leistungsbezug in vollem Umfang i. H. v. 1 000 000 € abzugsfähig.

Vorsteuerberichtigung nach § 15 a UStG

Es ist zu prüfen, ob sich im Hinblick auf die vorsteuerunschädliche Nutzung gegenüber den für den ursprünglichen VStA maßgebenden Verhältnissen ab dem Zeitpunkt der erstmaligen Verwendung eine Änderung ergibt.

Dies ist in den KJ 02, 03 und 04 der Fall.

Der Prozentsatz der Nutzungsänderung beträgt in den KJ:

02: vorsteuerunschädlich bisher 100 % . /. vorsteuerunschädlich neu 60 % = 40 % zu Ungunsten,

03: vorsteuerunschädlich bisher 100 % . /. vorsteuerunschädlich neu 60 % = 40 % zu Ungunsten,

04: vorsteuerunschädlich bisher 100 % . /. vorsteuerunschädlich neu 40 % = 60 % zu Ungunsten.

Aufgrund der Nutzungsänderung ergibt sich in den KJ 02–04 jeweils eine Vorsteuerberichtigung nach § 15 a UStG zu Ungunsten des Unternehmers.

Da es sich bei dem WG um ein Grundstück handelt, beträgt der maßgebliche Berichtigungszeitraum zehn Jahre (01. 01. 01 bis 31. 12. 10). Die auf die KJ 01–10 entfallende anteilige abziehbare Vorsteuer beläuft sich somit pro KJ auf 12/120 (1 000 000 €), d. h. 100 000 €.

Die Vorsteuerberichtigung berechnet sich wie folgt:

02: 100 000 € × 40 % = 40 000 €,

03: 100 000 € × 40 % = 40 000 €,

04: 100 000 € × 60 % = 60 000 € jeweils zu Ungunsten des Unternehmers.

Da der Berichtigungsbetrag jeweils mehr als 6 000 € beträgt, ist die Vorsteuerberichtigung nach § 15 a UStG anteilig für die einzelnen Voranmeldungszeiträume (VZ) der betreffenden Berichtigungsjahre anzumelden und zu entrichten (vgl. Umkehrschluss aus § 44 Abs. 3 Satz 1 UStDV). Demzufolge beträgt der auf die einzelnen VZ (Kalendermonate) der KJ 02 und 03 entfallende Betrag 1/12 von 40 000 €, d. h. 3 333,33 €. Der auf die einzelnen Voranmeldungszeiträume (Kalendermonate) des KJ 04 entfallende Betrag beläuft sich auf 1/12 von 60 000 € = 5 000 €.

Ab dem KJ 05 bis zum Ablauf des Berichtigungszeitraums (KJ 10) berechnet sich der Berichtigungsbetrag jährlich mit 100 000 € * 100 % = 100 000 € zu Ungunsten des Unternehmers und ist in den jeweiligen VZ (Kalendermonate) mit 1/12 von 100 000 € = 8 333,33 € anzumelden.

b) Der Sachverhalt entspricht Beispiel a). Zum Zeitpunkt der Eingangsleistungen wurde vom Unternehmer U eine 100 %ige Nutzung für vorsteuerunschädliche Umsätze beabsichtigt. Dies konnte auch durch objektive Fakten belegt werden. Die tatsächliche Verwendung des Gebäudes erfolgt abweichend von der Verwendungsabsicht im KJ 01 zu 0 %, im KJ 02 zu 40 % und im KJ 03 zu 20 % für vorsteuerunschädliche (stpfl.) Umsätze. Ab dem KJ 04 nutzt U das Gebäude zu 100 % für vorsteuerunschädliche Umsätze.

Jahre der Nutzung			
01	02	03	04 ff.
0 %	40 %	20 %	100 %

LÖSUNG

VStA nach § 15 UStG

Da zum Zeitpunkt der für den VStA maßgebenden Verhältnisse eine 100 %ige stpfl. Nutzung anzunehmen ist, ist die Vorsteuer i. H. v. 1 000 000 € nach § 15 UStG abziehbar und abzugsfähig.

Vorsteuerberichtigung nach § 15a UStG
Da sich in den KJ 01–03 im Verhältnis zu den für den ursprünglichen VStA maßgebenden Verhältnissen eine Nutzungsänderung ergibt, ist in diesen KJ eine Vorsteuerberichtigung durchzuführen.
Der auf die einzelnen Jahre des Berichtigungszeitraums des § 15a UStG entfallende Vorsteueranteil beträgt 12/120 von 1 Mio. € = 100 000 €.
Der Prozentsatz der Nutzungsänderung beträgt in den KJ:
01: vorsteuerunschädlich bisher 100 % ./. vorsteuerunschädlich neu 0 % = 100 % zu Ungunsten,
02: vorsteuerunschädlich bisher 100 % ./. vorsteuerunschädlich neu 40 % = 60 % zu Ungunsten,
03: vorsteuerunschädlich bisher 100 % ./. vorsteuerunschädlich neu 20 % = 80 % zu Ungunsten.
Die Vorsteuerberichtigung berechnet sich wie folgt:
01: 100 000 € × 100 % = 100 000 €,
02: 100 000 € × 60 % = 60 000 €,
03: 100 000 € × 80 % = 80 000 €.
Weil die Prozentsatzdifferenz positiv ist, liegt eine Vorsteuerberichtigung zu Ungunsten des Unternehmers vor. Auch diese Vorsteuerberichtigung nach § 15a UStG zu Ungunsten des U ist jeweils anteilig für die einzelnen VZ des betreffenden Berichtigungsjahres (KJ 01 je 8 333,33 €, KJ 02 je 5 000 € und KJ 03 je 6 666,66 €) anzumelden (vgl. Umkehrschluss aus § 44 Abs. 3 Satz 1 UStDV).
Für die KJ 04 bis 10 erfolgt keine Berichtigung des VStA, weil es zu keiner vorsteuerrelevanten Nutzungsänderung kommt.

c) Die vorsteuerunschädliche Nutzung des Gebäudes erfolgt – entsprechend der Nutzungsabsicht bei Errichtung des Gebäudes (40 %) – im KJ 01 zu 40 %, im KJ 02 zu 40 %, im KJ 03 zu 60 % und im KJ 04 zu 10 %. Am 01.01.05 wird das Bürogebäude steuerfrei nach § 4 Nr. 9a UStG an eine Bank veräußert (kein Fall des § 1 Abs. 1a UStG).

Jahre der Nutzung				
01	02	03	04	05
40 %	40 %	60 %	10 %	ab 01.01.05 steuerfreie Veräußerung

LÖSUNG
VStA nach § 15 UStG
Da zum Zeitpunkt der für den VStA maßgebenden Verhältnisse eine 40 %ige vorsteuerunschädliche Nutzung anzunehmen ist, ist die Vorsteuer i. H. v. 400 000 € nach § 15 UStG abziehbar und abzugsfähig.
Vorsteuerberichtigung nach § 15a UStG
Mangels Nutzungsänderung entfällt in den KJ 01 und 02 eine Vorsteuerberichtigung.
Weil sich in den KJ 03 und 04 im Verhältnis zu den für den ursprünglichen VStA maßgebenden Verhältnissen eine Nutzungsänderung ergibt, ist in diesen KJ eine Vorsteuerberichtigung durchzuführen.
Der auf die einzelnen Jahre des Berichtigungszeitraums des § 15a UStG entfallende Vorsteueranteil beträgt 12/120 von 1 Mio. € = 100 000 €.
Die steuerfreie Veräußerung des Grundstücks am 01.01.05 ist gem. § 15a Abs. 8 UStG so zu behandeln, als ob der Unternehmer das Grundstück bis zum Ende des maßgeblichen Berichtigungszeitraumes für steuerfreie Umsätze nach § 4 Nr. 9a UStG verwenden würde. Also erfolgt die fiktive Nutzung für die Jahre 05 bis 10 zu 0 % für vorsteuerunschädliche Umsätze. Aus diesem Grunde ergibt sich auch für die KJ 05 bis 10 eine Nutzungsänderung, die zu einer Vorsteuerberichtigung nach § 15a UStG führt.
Der Prozentsatz der Nutzungsänderung beträgt in den KJ:
03: vorsteuerunschädlich bisher 40 % ./. vorsteuerunschädlich neu 60 % = ./. 20 % zu Gunsten,
04: vorsteuerunschädlich bisher 40 % ./. vorsteuerunschädlich neu 10 % = 30 % zu Ungunsten,

05–10: vorsteuerunschädlich bisher 40 % ./. vorsteuerunschädlich neu 0 % = 40 % zu Ungunsten.
Die Vorsteuerberichtigung berechnet sich wie folgt:
03: 100 000 € × ./. 20 % = ./. 20 000 €
04: 100 000 € × 30 % = 30 000 €
05–10: 600 000 € × 40 % = 240 000 €.
Die Vorsteuerberichtigung für die KJ 03 und 04 ist jeweils anteilig für die einzelnen Voranmeldungszeiträume der Jahre 03 (je 1 666,66 € zu Gunsten) und 04 (je 2 500 € zu Ungunsten) vorzunehmen (vgl. Umkehrschluss aus § 44 Abs. 3 Satz 1 UStDV).
Die Vorsteuerberichtigung für die KJ 05–10 zu Ungunsten des Unternehmers ist in einer Summe in der USt-Voranmeldung für den Monat Januar 05 durchzuführen (vgl. § 44 Abs. 3 Satz 3 UStDV).

7.2 Fallgruppen der Vorsteuerberichtigung nach § 15 a UStG

§ 15 a UStG unterscheidet hinsichtlich der Vorsteuerberichtigung folgende Fallgruppen (Berichtigungsobjekte):
a) Vorsteuern auf Investitionsgüter (Wirtschaftsgüter, die dem Unternehmen für eine gewisse Dauer dienen, i. d. R. ertragsteuerrechtliches Anlagevermögen – § 15 a Abs. 1 UStG),
b) Vorsteuern auf nachträgliche Anschaffungskosten bzw. Herstellungskosten für Investitionsgüter (§ 15 a Abs. 6 i. V. m. Abs. 1 UStG),
c) Vorsteuern auf nur einmalig verwendete Wirtschaftsgüter (i. d. R. ertragsteuerrechtliches Umlaufvermögen – § 15 a Abs. 2 UStG),
d) Vorsteuern auf nachträgliche Anschaffungskosten bzw. Herstellungskosten für einmalig verwendete Wirtschaftsgüter (§ 15 a Abs. 6 i. V. m. Abs. 2 UStG),
e) Vorsteuern auf Leistungen, die in ein WG (Investitionsgut oder einmalig verwendetes WG) eingehen (Erhaltungsaufwand – § 15 a Abs. 3 UStG),
f) Vorsteuern auf sonstige Leistungen, bei denen eine vorsteuerrelevante Verwendungsänderung erfolgt (§ 15 a Abs. 4 UStG),
g) Wechsel der Besteuerungsform (§ 15 a Abs. 7 UStG).

Nachfolgend werden im Einzelnen die Fallgruppen a), b) und e) näher erläutert. Hinsichtlich der übrigen Fallgruppen vgl. A 15 a.5 und 15 a.7 bis 15 a.9 UStAE.

7.3 Vorsteuerberichtigungstatbestand nach § 15 a Abs. 1 und 6 UStG (Fallgruppen a) und b))

Für die Vorsteuerberichtigung nach § 15 a Abs. 1 UStG i. V. m. § 44 UStDV müssen folgende Tatbestandsmerkmale vorliegen:
a) WG, die nicht nur einmalig zur Ausführung von Umsätzen verwendet werden (Investitionsgüter),
b) abziehbare Vorsteuern nach § 15 Abs. 1 UStG aus Anschaffungskosten/Herstellungskosten für dieses WG,
c) vorsteuerrelevante Änderung der Nutzungsverhältnisse bezüglich des WG in einem Berichtigungsjahr,
d) Änderung der Nutzungsverhältnisse im maßgeblichen Berichtigungszeitraum.

Zu a): Investitionsgüter

Investitionsgüter sind i. d. R. Wirtschaftsgüter, die ertragsteuerrechtlich abnutzbares oder nicht abnutzbares (z. B. Grund und Boden) Anlagevermögen darstellen oder – sofern sie nicht zu einem Betriebsvermögen (z. B. vermietetes Mehrfamilienhaus im ertragssteuerrechtlichen Privatvermögen) gehören – als entsprechende Wirtschaftsgüter anzusehen sind.

Nachträgliche Herstellungskosten werden ebenfalls wie ein selbständiges Investitionsgut behandelt. Für die Anwendung des § 15a UStG ist es dabei ohne Bedeutung, wie die Anschaffungs- oder Herstellungskosten **einkommensteuerrechtlich** zu behandeln sind. Somit können auch Vorsteuern von § 15a Abs. 1 UStG erfasst werden, die auf Kosten entfallen, für die einkommensteuerrechtlich bezüglich der Aktivierung, Bilanzierung oder Abschreibung besondere Regelungen gelten (z. B. sofort absetzbare Beträge u. Ä.).

> **BEISPIEL**
>
> Unternehmer U erwirbt steuerfrei Grund und Boden, den er zunächst als Lagerplatz verwendet. Anlässlich des Erwerbs berechnete ihm der Notar Gebühren i. H. v. 5 000 € zuzügl. 950 € USt.
>
> **LÖSUNG** Bei den Vorsteuern aus der Notarrechnung handelt es sich um Vorsteuern für ein Investitionsgut. Sie müssen somit bei einer Vorsteuerberichtigung für das Investitionsgut »Grund und Boden« berücksichtigt werden.

Für die Berichtigung des VStA ist von den gesamten Vorsteuerbeträgen auszugehen, die auf die Anschaffung oder Herstellung des WG entfallen. Es spielt dabei keine Rolle, in welchem KJ die einzelnen Vorsteuerbeträge zeitlich geltend gemacht worden sind.

> **BEISPIEL**
>
> Bei einem Gebäude sind im KJ 02 im Zuge der Errichtung 25 000 € Vorsteuern aus Anzahlungen, im KJ 03 Vorsteuern i. H. v. 65 000 € aus Anzahlungen und Schlussrechnungen und im KJ 04 Vorsteuern i. H. v. 42 000 € aus Schlussrechnungen geltend gemacht worden. Das Gebäude wird ab 01. 01. 03 erstmals – entsprechend der Absicht – zu 100 % für stpfl. Zwecke genutzt.
>
> **LÖSUNG** Der für die Vorsteuerberichtigung maßgebliche Betrag (abziehbare Vorsteuer) beträgt 132 000 €. In welchem VZ die Vorsteuern geltend gemacht werden konnten, ist unerheblich. Der VStA richtet sich ausschließlich nach der im Zeitpunkt der jeweiligen Anzahlung bzw. des jeweiligen Leistungsbezuges vorhandenen Verwendungsabsicht.

Ob eine Vorsteuerberichtigung gem. § 15a UStG erforderlich wird, richtet sich ausschließlich nach der Nutzung des Investitionsguts ab dem Zeitpunkt der erstmaligen Verwendung bis zum Ende des maßgeblichen Berichtigungszeitraums.

Das WG i. S. v. § 15a Abs. 1 UStG muss dem Unternehmen zugeordnet worden sein. Ist dies nicht der Fall, ist der VStA bereits wegen § 15 Abs. 1 UStG ausgeschlossen; die Vorsteuer ist schon nicht abziehbar. Dann aber scheidet auch eine spätere Vorsteuerberichtigung aus. Zu beachten ist hierbei allerdings, dass auch die Vermietung eines Gebäudes (z. B. eines Einfamilienhauses) eine unternehmerische Nutzung i. S. d. UStG ist. Wird ein Gebäude in vollem Umfang vermietet, ist es zwingend Unternehmensvermögen; ein Zuordnungswahlrecht besteht in diesem Fall nicht.

> **BEISPIEL**
>
> Unternehmer A (Regelbesteuerung) errichtet ein Gebäude, das – entsprechend seiner Absicht – im KJ der erstmaligen Verwendung ausschließlich steuerfrei gem. § 4 Nr. 12 Buchst. a UStG vermietet wird. Aufgrund der beabsichtigten steuerfreien Vermietung macht A die ihm auf die Baukosten berechneten Vorsteuern i. H. v. 50 000 € nicht geltend.
>
> **LÖSUNG** Die 50 000 € Vorsteuern stellen abziehbare Vorsteuern dar. Wird das Gebäude im Berichtigungszeitraum (ganz oder teilweise) zur Ausführung von stpfl. Umsätzen genutzt, kann eine Vorsteuerberichtigung (in diesem Falle zu Gunsten des Unternehmers) geltend gemacht werden.

Bei nur teilweiser Vermietung und teilweiser Privatnutzung besteht ein Zuordnungswahlrecht, sofern die Vermietung wenigstens 10 % der Nutzung des Gebäudes ausmacht (vgl. § 15a Abs. 1 Satz 2 UStG und A 15.2c Abs. 2 Nr. 2 UStAE).

Das WG i. S. v. § 15a Abs. 1 UStG muss dem Unternehmen für eine gewisse Dauer dienen. Wird es nur einmalig, z. B. durch Veräußerung genutzt, ist eine Vorsteuerberichtigung nach § 15a Abs. 2 UStG zu prüfen.

Kein WG i. S. d. § 15a Abs. 1 UStG ist der einkommensteuerrechtliche Erhaltungsaufwand. Allerdings kann hier § 15a Abs. 3 UStG zur Anwendung kommen, wenn es sich um Leistungen handelt, die in ein WG (Investitionsgut) eingehen. Näheres vgl. 7.5.

Zu b): Abziehbare Vorsteuer aus Anschaffungskosten oder Herstellungskosten eines Investitionsguts

Eine abziehbare Vorsteuer liegt dann vor, wenn alle Tatbestandsvoraussetzungen des § 15 Abs. 1 UStG vorliegen (vgl. Teil U 2 bis 5):

Nicht maßgebend ist dagegen, ob das Abzugsverbot nach § 15 Abs. 1a, Abs. 1b und Abs. 2 UStG Anwendung gefunden hat.

BEISPIELE

a) A errichtet ein Gebäude, das er – entsprechend seiner Absicht – im KJ der erstmaligen Verwendung (KJ 02) ausschließlich für private Zwecke nutzt. Im KJ 03 (Folgejahr) beginnt A eine unternehmerische Tätigkeit und verwendet das Gebäude ganz oder teilweise für unternehmerische stpfl. Zwecke. Die auf die Baukosten entfallenden Vorsteuern belaufen sich auf 50 000 €.

LÖSUNG Die 50 000 € Vorsteuern stellen **keine abziehbare Vorsteuern i. S. v. § 15 Abs. 1 UStG** dar, da das Gebäude zum Zeitpunkt der für den VStA maßgebenden Verhältnisse nicht zu einem Unternehmen eines Unternehmers gehört hat. Auch besteht bei einer unternehmerischen Verwendung unter 10 % (hier sogar 0 %) kein Zuordnungswahlrecht.

Auch wenn das Gebäude später während des Berichtigungszeitraumes ganz oder teilweise unternehmerisch genutzt wird, kommt eine Vorsteuerberichtigung (hier zu Gunsten) nicht in Betracht, weil keine nach § 15 Abs. 1 UStG abziehbare Vorsteuer vorliegt.

b) Unternehmer A (Regelbesteuerung) erwirbt am 10.05.01 einen Landrover für 50 000 € zuzügl. 9 500 € USt. Im Zeitpunkt des Erwerbs hat er die Absicht, den Landrover zu etwa 95 % privat zu nutzen. Er benutzt das Fahrzeug nachweislich in der Zeit vom 10.05.01 bis 31.12.01 nur zu 6 % für unternehmerische Zwecke. Im darauffolgenden Jahr nutzt er das Fahrzeug unvorhergesehen zu 20 % für unternehmerische Zwecke.

LÖSUNG Die 9 500 € Vorsteuer sind gem. § 15 Abs. 1 Nr. 1 UStG nicht abziehbar. Da A im Zeitpunkt des Erwerbs beabsichtigte, das Fahrzeug zu weniger als 10 % unternehmerisch zu nutzen, hat er das Fahrzeug gem. § 15 Abs. 1 Satz 2 UStG nicht für sein Unternehmen bezogen. Die Voraussetzung »Lieferung an das Unternehmen« liegt nicht vor.

Bezüglich dieses Fahrzeuges kann weder ein VStA noch in den Folgejahren eine Vorsteuerberichtigung nach § 15a UStG geltend gemacht werden.

Zu c): Änderung der Nutzungsverhältnisse

Dies ist dann der Fall, wenn die Verwendung in einem Jahr innerhalb des Berichtigungszeitraumes aufgrund des § 15 Abs. 1b oder Abs. 2 UStG zu einem anderen (höheren oder niedrigeren) VStA geführt hätte. Als Verwendung in diesem Sinne kommt in Betracht:
- die eigenbetriebliche Nutzung für Ausgangsumsätze,
- die außerunternehmerische Nutzung,
- die Veräußerung (Fiktion nach § 15a Abs. 8 UStG),
- die Entnahme nach § 3 Abs. 1b UStG (Fiktion nach § 15a Abs. 8 UStG).

Bei der Veräußerung bzw. der Entnahme (Lieferung gem. § 3 Abs. 1 b UStG: unentgeltliche Wertabgabe) ist fiktiv davon auszugehen, dass das WG für Zwecke der Vorsteuerberichtigung bis zum Ablauf des jeweiligen Berichtigungszeitraums weiterhin im Unternehmen genutzt wird. Die Nutzung ist dabei als stpfl. zu behandeln, wenn die Veräußerung bzw. Entnahme stpfl. ist. Wenn die Veräußerung bzw. Entnahme steuerfrei ist, so ist auch die fiktive Nutzung als steuerfrei zu behandeln.

Die Änderung der Nutzungsverhältnisse ist prozentual zu ermitteln. Hierbei ist für die Prozentsatzberechnung auf die Nutzung des Investitionsguts für vorsteuerunschädliche Zwecke (stpfl. oder steuerfreie Zwecke gem. § 4 Nr. 1–7 UStG) abzustellen. Es ist dabei zu ermitteln,
- zu wie viel Prozent eine vorsteuerunschädliche Nutzung des Gegenstandes im Zeitpunkt der Anzahlung bzw. des Leistungsbezuges beabsichtigt war und
- zu wie viel Prozent der Gegenstand in einem KJ des Berichtigungszeitraumes für vorsteuerunschädliche Ausgangsumsätze genutzt wird.

Ergibt sich dabei eine Differenz zwischen den Prozentsätzen, so liegt eine Änderung der Verhältnisse vor, die zu einer Vorsteuerberichtigung führen kann.

Bei der Errechnung des für das jeweilige Berichtigungsjahr maßgeblichen Prozentsatzes ist von den gesamten Verhältnissen des jeweiligen KJ auszugehen. Hierbei ist noch nicht abschließend entschieden, ob es zu einer Änderung auch im Jahr des Leistungsbezuges kommen kann.

> **BEISPIEL**
>
> Bei Leistungsbezug in Februar 01 bestand die Absicht, den Gegenstand zu 50 % für vorsteuerschädliche und zu 50 % für vorsteuerunschädliche Ausgangsumsätze zu nutzen. Tatsächlich aber kam es im KJ 01 nur zu 40 % zu vorsteuerschädlichen Ausgangsumsätzen.

Man könnte hier argumentieren, dass es keiner Anwendung des § 15a UStG bedarf, da es sich bei der Umsatzsteuer trotz der Voranmeldungen um eine Jahressteuer handelt und sich mit dem Jahresbescheid die Voranmeldungen auf andere Art und Weise nach § 124 Abs. 2 AO erledigen (vgl. BFH vom v. 29.11.1984, V R 146/83, BStBl II 1985, 370).

Eine solche Auslegung widerspricht m. E. aber dem Wortlaut des § 15a Abs. 1 UStG, wonach § 15a UStG »ab dem Zeitpunkt der erstmaligen Verwendung« anzuwenden ist (auch wenn dieser im Jahr des Leistungsbezuges liegt). Etwas anderes kann sich nur bei allgemeinen Aufwendungen (Gemeinkosten) ergeben, die sich keinen bestimmten Ausgangsumsätzen zuordnen lassen. Bei solchen Eingangsumsätzen kommt es regelmäßig auf das Verhältnis der gesamten Umsätze im Besteuerungszeitraum an. Wird in solchen Fällen ein Aufteilungsschlüssel im Voranmeldungsverfahren vorläufig angewandt (z. B. auf der Grundlage der Umsätze des vorangegangenen Jahres), führt die Festsetzung des endgültigen, abweichenden Aufteilungsschlüssels zu einer Berichtigung der nach dem vorläufigen Aufteilungsschlüssel ermittelten Vorsteuerbeträge in der Jahresfestsetzung; es bedarf dann wie sich aus Abschn. 15.16 Abs. 2a UStAE und dem dort zitierten BFH-Urteil vom 24.04.2013 (XI R 25/10, BStBl II 2014, 346 ergibt, keines § 15a UStG mehr.

Zu d): Änderung im Berichtigungszeitraum

Bezüglich der Dauer des Berichtigungszeitraums ist zu unterscheiden, ob es sich um Grundstücke bzw. grundstücksgleiche Rechte oder um bewegliche WG handelt. Liegen Grundstücke oder grundstücksgleiche Rechte vor, beträgt der Berichtigungszeitraum zehn Jahre. Liegen andere bewegliche WG vor, beträgt der Berichtigungszeitraum höchstens fünf Jahre. Nach

§ 15a Abs. 5 Satz 2 UStG, wonach eine kürzere Verwendungsdauer entsprechend zu berücksichtigen ist, verkürzt sich der Berichtigungszeitraum, wenn entweder die betriebsgewöhnliche Nutzungsdauer oder die tatsächliche Nutzungsdauer kürzer ist. Im Konkurrenzfalle ist stets die kürzere Nutzungsdauer maßgeblich.

Dies gilt im Grundsatz auch für Grundstücke und Gebäude, jedoch wird bei diesen die betriebsgewöhnliche bzw. die tatsächliche Nutzungsdauer regelmäßig länger als zehn Jahre sein.

Der Berichtigungszeitraum beginnt mit der erstmaligen Verwendung des Investitionsgutes. Für nachträgliche Anschaffungs- oder Herstellungskosten (§ 15a Abs. 6 UStG) beginnt der Berichtigungszeitraum ab dem Zeitpunkt, ab dem der Unternehmer das in seiner Form geänderte Investitionsgut erstmalig zur Ausführung von Umsätzen verwendet.

Endet der Berichtigungszeitraum vor dem 16. eines Kalendermonats, bleibt dieser Monat für die Berichtigung unberücksichtigt (§ 45 UStDV). Entsprechend ist dieser Monat voll zu berücksichtigen, wenn der Berichtigungszeitraum nach dem 15. dieses Kalendermonats endet. Diese Vereinfachungsregelung ist nur dann vereinfachend, wenn in gleicher Weise auch bezüglich des Beginns des Berichtigungszeitraums verfahren wird. Deshalb ist § 45 UStDV nach seinem Sinn und Zweck auch auf den Beginn des Berichtigungszeitraumes anzuwenden.

Beginnt die erstmalige Verwendung bis einschließlich des 16. Tages eines Monats, beginnt der Berichtigungszeitraum mit dem Anfang dieses Monats. Beginnt die erstmalige Verwendung ab dem 17. Tag eines Monats, beginnt der Berichtigungszeitraum mit dem Anfang des nächsten Monats.

> **BEISPIEL**
>
> Der Unternehmer A erwirbt im KJ 01 Grund und Boden, um ihn zu bebauen. Es wird ihm dabei keine USt in Rechnung gestellt. Der Bauantrag für das Gebäude wird im Dezember 03 gestellt. Die Bauabnahme erfolgt am 16. 09. 04, die erstmalige Verwendung am 10. 11. 04.
>
> **LÖSUNG** Das Investitionsgut »Gebäude« wird am 10. 11. 04 erstmalig verwendet. Der maßgebliche Vorsteuerberichtigungszeitraum beginnt somit am 10. 11. 04. Unter Beachtung der Vereinfachungsregelung gem. § 45 UStDV beginnt der Berichtigungszeitraum mit Beginn des 01. 11. 04. Da er eine Laufzeit von zehn Jahren hat, endet der Berichtigungszeitraum mit Ablauf des 31. 10. 14. Vorsteuerrelevante Nutzungsänderungen nach diesem Zeitpunkt sind umsatzsteuerrechtlich gegenstandslos.

7.4 Vorsteuern auf Leistungen, die in ein Wirtschaftsgut eingehen (Erhaltungsaufwand), § 15a Abs. 3 UStG

(Werk-) Lieferungen, die zu einem Einbau von Bestandteilen in ein WG führen oder sonstige Leistungen, die an einem WG ausgeführt werden, können eigenständige Berichtigungsobjekte i. S. d. § 15a Abs. 3 UStG sein. Es kommt nicht darauf an, ob diese Leistungen zu einer Werterhöhung des WG führen. Sonstige Leistungen, die bereits im Zeitpunkt des Leistungsbezugs wirtschaftlich verbraucht sind, fallen aber nicht unter die Verpflichtung zur Berichtigung des VStA nach § 15a Abs. 3 UStG. Im Zeitpunkt des Leistungsbezugs wirtschaftlich verbraucht sind insbesondere Leistungen, die sich auf die Unterhaltung und den laufenden Betrieb eines WG beziehen.

Hierzu gehören z. B. bei Grundstücken:
- Reinigungsleistungen (auch Fensterreinigung),
- laufende Gartenpflege,
- Wartungsarbeiten, z. B. an Aufzugs- oder Heizungsanlagen.

Eine Leistung ist im Zeitpunkt des Leistungsbezugs dann **nicht wirtschaftlich verbraucht**, wenn ihr über den Zeitpunkt des Leistungsbezugs hinaus eine eigene Werthaltigkeit innewohnt. Zu den Leistungen, die der Berichtigungspflicht nach § 15 a Abs. 3 UStG unterliegen, gehören auch solche, die dem Gebrauch oder der Erhaltung des WG dienen (Erhaltungsaufwand). Dazu zählen z. B.

- der Fassadenanstrich eines Gebäudes,
- Fassadenreinigungen an einem Gebäude,
- Renovierungsarbeiten an (auch gemieteten) Gebäuden,
- die Generalüberholung einer Aufzugs- oder einer Heizungsanlage.

Für die an dem WG ausgeführten Leistungen gilt ein eigenständiger Berichtigungszeitraum, dessen Dauer sich danach bestimmt, **an welchem WG** nach § 15 a Abs. 1 UStG die Leistung ausgeführt wird. Eine kürzere Verwendungsdauer der sonstigen Leistung ist jedoch zu berücksichtigen (§ 15 a Abs. 5 Satz 2 UStG).

> **BEISPIEL**
>
> Vermieter V besitzt ein Geschäftshaus, das er im Jahr 07 nach Auszug der Mieter umfangreich renoviert. I. R. der Renovierung werden folgende Maßnahmen durchgeführt:
> - Dachdeckerarbeiten (Fertigstellung Mai 07) für 90 000 € zuzügl. 17 100 € USt,
> - Fassadenanstrich (Fertigstellung Juli 07) für 50 000 € zuzügl. 9 500 € USt,
> - Architektenleistungen (Beendigung August 07) für 10 000 € zuzügl. 1 900 € USt.
>
> Da V nach Beendigung der Renovierung die Räume stpfl. vermieten will, nimmt er im Zeitpunkt des jeweiligen Leistungsbezugs den VStA in Anspruch. Das Gebäude wird nach Abschluss der Arbeiten – entsprechend der Absicht – ab 01. 01. 08 zu 100 % stpfl. und ab 01. 01. 09 aufgrund eines Mieterwechsels nur noch zu 50 % stpfl. vermietet.
>
> **LÖSUNG** Durch den Übergang von der 100 %igen stpfl. zur 50 %igen stpfl. Vermietung ist ab 01. 01. 09 eine Änderung der Verhältnisse eingetreten. Es kommt hinsichtlich der Erhaltungsaufwendungen zu einer Vorsteuerberichtigung nach § 15 a Abs. 3 UStG. Da es sich um Arbeiten an einem WG handelt, das nicht nur einmalig zur Erzielung von Umsätzen dient, ist die Berichtigung nach Maßgabe des § 15 a Abs. 1 UStG durchzuführen. Da sämtliche Leistungen i. R. einer Maßnahme bezogen wurden, liegt gem. § 15 a Abs. 3 Satz 2 UStG ein einheitliches Berichtigungsobjekt mit einem Vorsteuervolumen von insgesamt 28 500 € vor. Von einer Maßnahme kann nach A 15 a.6 Abs. 11 Satz 3 UStAE ausgegangen werden, da die Leistungen für ein unbewegliches WG (Grundstück) innerhalb von sechs Monaten (Mai bis August) bezogen wurden.
>
> Der Berichtigungszeitraum beginnt mit der erstmaligen Verwendung des Gebäudes nach erfolgtem Leistungsbezug (hier: 01. 01. 08). Er dauert gem. A 15 a.6 Abs. 8 Satz 2 UStAE entsprechend der Dauer des Berichtigungszeitraums beim Grundstück nach § 15 a Abs. 1 Satz 2 UStG zehn Jahre. Damit beträgt die anteilig auf ein KJ des Berichtigungszeitraums entfallende Vorsteuer 2 850 €.
>
> Der Prozentsatz der Nutzungsänderung für das KJ 09 beträgt 50 %. Damit beträgt der Vorsteuerberichtigungsbetrag für das KJ 09 50 % von 2 850 € = 1 425 €. Die Berichtigung ist gem. § 44 Abs. 3 Satz 1 UStDV erst i. R. der USt-Jahresveranlagung für das KJ 09 durchzuführen.

7.5 Durchführung der Berichtigung

Für die Vorsteuerberichtigung wird zunächst die abziehbare Vorsteuer nach § 15 Abs. 1 UStG auf den gesamten Berichtigungszeitraum anteilig verteilt. Ist die Vorsteuer in ihrer Abzugsfähigkeit nach den Verhältnissen im Berichtigungsjahr anders zu beurteilen als zum Zeitpunkt der Anzahlung bzw. des Leistungsbezugs, muss in Höhe der Differenz eine Vorsteuerberichtigung durchgeführt werden.

Zur Vereinfachung des Korrekturverfahrens wurden in § 44 UStDV ergänzende Bestimmungen getroffen. Diese sind:

a) § 44 Abs. 1 UStDV

Nach § 44 Abs. 1 UStDV unterbleibt jegliche Berichtigung nach § 15a UStG, wenn die insgesamt angefallene und nach § 15 Abs. 1 UStG abziehbare Vorsteuer 1 000 € nicht übersteigt. Mit dieser Regelung wird erreicht, dass die Vorsteuerberichtigung nur in Fällen durchgeführt wird, in denen es wirtschaftlich lohnend erscheint (bei Anschaffungskosten von mehr als 5 263 € netto und einem Steuersatz von 19 %). Bagatellberichtigungen sollen unterbleiben.

b) § 44 Abs. 2 UStDV

Nach § 44 Abs. 2 UStDV hat die Berichtigung für die KJ zu unterbleiben, in denen sich nur eine geringfügige Änderung der Verhältnisse ergibt.
Dies ist dann der Fall, wenn sich die Verhältnisse um weniger als zehn Prozentpunkte ändern. Diese Vereinfachung ist allerdings betragsmäßig begrenzt. § 44 Abs. 2 Satz 2 UStDV bestimmt, dass eine Korrektur bei einer Nutzungsänderung von weniger als 10 % auch dann durchzuführen ist, wenn sich in dem betreffenden Jahr ein Berichtigungsbetrag von mehr als 1 000 € (zu Gunsten oder zu Ungunsten) ergibt.

c) § 44 Abs. 3 UStDV

Nach § 44 Abs. 3 Satz 3 UStDV ist in den Fällen, in denen ein WG veräußert oder entnommen wird (Lieferung gem. § 3 Abs. 1b UStG), die gesamte Vorsteuerberichtigung für den restlichen Berichtigungszeitraum bereits in dem VZ vorzunehmen, in dem die Entnahme oder Veräußerung durchgeführt worden ist. Zu diesem Zeitpunkt steht aufgrund der Fiktion des § 15a Abs. 8 i. V. m. Abs. 9 UStG bereits fest, inwieweit eine Korrektur nach § 15a UStG vorzunehmen ist.

Und § 44 Abs. 3 UStDV sieht noch eine Erleichterung vor: Grundsätzlich muss der Vorsteuerberichtigungsbetrag anteilig in jedem VZ des betreffenden KJ angemeldet werden. Bei einem Berichtigungsbetrag von nicht mehr als 6 000 € pro KJ ist die Berichtigung des VStA jedoch nach § 44 Abs. 3 Satz 1 UStDV erst i. R. der Jahressteuerfestsetzung für das betreffende Berichtigungsjahr vorzunehmen.

FALL 30

Prüfen Sie im nachfolgenden Fall, ob eine Vorsteuerberichtigung gem. § 15a UStG vorliegt und berechnen Sie ggf. den Berichtigungsbetrag. Die Ehefrau F (der Regelbesteuerung unterliegende Unternehmerin) ist Bauherrin eines Gebäudes, welches zu ihrem einkommensteuerrechtlichen Privatvermögen gehört. Bezüglich der Errichtung dieses Gebäudes sind F 30 000 € Vorsteuern gesondert in Rechnung gestellt worden. Entsprechend ihrer Absicht zum Zeitpunkt der Eingangsumsätze vermietet F das Erdgeschoss des Gebäudes (40 % der Nutzfläche) ab dem 01. 07. 02 an ihren Ehemann M, der es für seine Kanzlei als selbständiger Rechtsanwalt nutzt. Den restlichen Teil des Gebäudes vermietete F steuerfrei an Privatpersonen zu Wohnzwecken. Bezüglich der Vermietung an M verzichtet F gem. § 9 UStG auf die Steuerbefreiung nach § 4 Nr. 12 Buchst. a UStG. Ab dem KJ 03 vermietet F weitere bisher steuerfrei vermietete Räume im Dachgeschoss (20 % der Nutzfläche) an M für dessen Kanzlei. Auch insoweit verzichtet F gem. § 9 UStG auf die Steuerbefreiung nach § 4 Nr. 12 Buchst. a UStG.

Teil V Besteuerung der Kleinunternehmer

1 Allgemeines

Die Kleinunternehmerregelung nach § 19 UStG stellt eine Ausnahmeregelung dar, die i. d. R. im Ergebnis dazu führt, dass **Kleinunternehmer wie Nichtunternehmer behandelt** werden. Sie müssen keine USt abführen und haben keinen VStA. Sie dürfen auch keine Rechnungen mit USt-Ausweis erteilen. Sie müssen lediglich eine wesentlich vereinfachte Jahresanmeldung abgeben, anhand der das Finanzamt überprüfen kann, ob die Kleinunternehmerregelung noch anwendbar ist.

Unter welchen Voraussetzungen ein Unternehmer unter die Kleinunternehmerregelung fällt, ist in § 19 UStG verhältnismäßig kompliziert geregelt, weil das Gesetz alle in Betracht kommenden Fälle erfassen muss. In der Praxis lässt sich jedoch in den meisten Fällen sehr einfach entscheiden, ob die Kleinunternehmerregelung eingreift. Sie betrifft im Wesentlichen folgende zwei Fallgruppen:
1. Der Unternehmer tätigt in geringem Umfang stpfl. Umsätze, wobei seine normalen Einnahmen insgesamt im Jahr die Grenze von 17 500 € nicht übersteigen.
2. Der Unternehmer tätigt im Wesentlichen nur steuerfreie Umsätze, die den VStA ausschließen.

Fällt ein Unternehmer unter eine der beiden Fallgruppen, ist er allerdings nicht zwingend der Kleinunternehmerregelung unterworfen. Er kann auf ihre Anwendung verzichten (**Option nach § 19 Abs. 2 UStG**) und wird dann wie ein normaler Unternehmer nach den allgemeinen Vorschriften des UStG besteuert. Der Verzicht auf die Kleinunternehmerregelung ist vor allem in Fällen angebracht, in denen die Umsätze im Wesentlichen an zum VStA berechtigte Unternehmer erbracht werden.

Grundlage für die Entscheidung, ob die Kleinunternehmerregelung des § 19 UStG anzuwenden ist, ist der Gesamtumsatz nach § 19 Abs. 3 UStG. Dieser Begriff ist auch für die sog. Istbesteuerung nach § 20 UStG von Bedeutung, der diesbezüglich auf § 19 Abs. 3 UStG verweist.

2 Gesamtumsatz i. S. d. § 19 UStG

Nach § 19 Abs. 3 UStG errechnet sich der Gesamtumsatz aus den vom Unternehmer **im KJ insgesamt** getätigten Umsätzen wie folgt:

  Summe der steuerbaren Umsätze nach § 1 Abs. 1 Nr. 1 UStG
  ./. steuerfreie Umsätze nach § 4 Nr. 8 Buchst. i UStG
  ./. steuerfreie Umsätze nach § 4 Nr. 9 Buchst. b UStG
  ./. steuerfreie Umsätze nach § 4 Nr. 11–28 UStG
  ./. steuerfreie Hilfsumsätze[1] nach § 4 Nr. 8 Buchst. a–h UStG
  ./. steuerfreie Hilfsumsätze[1] nach § 4 Nr. 9 Buchst. a UStG
  ./. steuerfreie Hilfsumsätze1 nach § 4 Nr. 10 UStG
  = **Gesamtumsatz** nach § 19 Abs. 3 UStG

---

[1] Vgl. P 2.2, Hilfsgeschäft.

Der Gesamtumsatz i. S. d. § 19 Abs. 3 UStG versteht sich als **Nettoumsatz**. Evtl. enthaltene USt ist infolgedessen herauszurechnen.

Nicht zum Gesamtumsatz gehören die nichtsteuerbaren Auslandsumsätze, die Umsätze aus dem innergemeinschaftlichen Erwerb (§ 1 Abs. 1 Nr. 5 UStG) und aus der Einfuhr (§ 1 Abs. 1 Nr. 4 UStG) sowie die Eingangsumsätze, für welche der Leistungsempfänger die USt im Reverse-Charge-Verfahren zu entrichten hat.

3 Kleinunternehmer nach § 19 Abs. 1 UStG

Wenn ein Unternehmer unter die Kleinunternehmerregelung nach § 19 Abs. 1 UStG fällt, wird er im Wesentlichen wie ein Privatmann behandelt. D. h., er muss **keine USt** entrichten, auch wenn er steuerbare und stpfl. Umsätze tätigt. Andererseits hat er **keinen VStA** und ist auch nicht zum gesonderten USt-Ausweis in einer Rechnung berechtigt. Er ist nach Verwaltungspraxis nicht verpflichtet, Voranmeldungen abzugeben (§ 18 Abs. 2 Satz 3 UStG). Er ist allerdings grundsätzlich verpflichtet, eine vereinfachte Jahreserklärung abzugeben. Die Erklärung besteht darin, dass nur die in Teil B gefragten Angaben für Kleinunternehmer (Umsatz Veranlagungsjahr und Umsatz Vorjahr) auszufüllen sind.

Grundvoraussetzung für die Anwendung des § 19 Abs. 1 UStG ist, dass der Unternehmer im Inland oder in den in § 1 Abs. 3 UStG bezeichneten Gebieten ansässig ist (§ 19 Abs. 1 Satz 1 UStG).

Für die Prüfung, ob ein Unternehmer unter die Kleinunternehmerregelung fällt, stellt § 19 Abs. 1 UStG auf einen besonderen Umsatzbegriff (**Kleinunternehmer-Umsatz**) ab. Der Kleinunternehmer-Umsatz errechnet sich wie folgt:

Gesamtumsatz nach § 19 Abs. 3 UStG (Nettoumsatz)
./. Umsätze von Anlagevermögen (netto)
= Zwischensumme
zuzügl. (fiktive) US
= Kleinunternehmer-Umsatz

Die dem Kleinunternehmer-Umsatz zugrunde liegenden Umsätze sind nach den im KJ **eingenommenen** Bruttoentgelten zu berechnen (Zuflussprinzip). Die USt darf von dem Betrag nicht abgezogen werden.

Tätigt der Unternehmer nur stpfl. Umsätze, ist die Summe der Einnahmen grundsätzlich mit dem Kleinunternehmer-Umsatz identisch. Dies gilt nur dann nicht, wenn sich darin Umsätze von Wirtschaftsgütern des Anlagevermögens befinden. Diese sind auszuscheiden.

> **MERKSATZ**
>
> Tätigt der Unternehmer nur stpfl. Umsätze, ist die Summe der Einnahmen (mit Ausnahme des Verkaufs von Wirtschaftsgütern des Anlagevermögens) grundsätzlich mit dem Kleinunternehmer-Umsatz identisch.

Nach § 19 Abs. 1 UStG fällt der Unternehmer unter die Kleinunternehmerregelung, wenn:
a) der Kleinunternehmer-Umsatz im Vorjahr 17 500 € nicht überstiegen hat und
b) der voraussichtliche Kleinunternehmer-Umsatz im laufenden KJ 50 000 € nicht übersteigen wird.

Ob ein Unternehmer unter die Kleinunternehmerregelung fällt, ist grundsätzlich für jedes KJ gesondert zu prüfen. Die Ermittlung des voraussichtlichen Kleinunternehmer-Umsatzes im laufenden KJ muss durch Schätzung nach den Verhältnissen zu Beginn des KJ erfolgen. Auch wenn sich nachträglich herausstellt, dass die Schätzung nicht zutraf, bleibt es bei der Kleinunternehmerregelung.

> **MERKSATZ**
>
> Unter die Kleinunternehmerregelung fallen i. d. R. AN mit einer selbständigen Nebentätigkeit, deren Einkommen aus der Nebentätigkeit ständig unter 17 500 € pro Jahr liegt, bzw. Unternehmer mit steuerfreien Grundgeschäften, z. B. Versicherungsvertreter, Ärzte, Grundstücksvermieter, da steuerfreie Umsätze nach § 4 Nr. 11–28 UStG nicht zum Gesamtumsatz und somit auch nicht zum Kleinunternehmerumsatz rechnen.

4 Option nach § 19 Abs. 2 UStG

Die Kleinunternehmerregelung nach § 19 Abs. 1 UStG wirkt sich i. d. R. nur dann günstig für den Unternehmer aus, wenn er Umsätze an den Endverbraucher tätigt. Bewirkt er jedoch seine Umsätze innerhalb der Unternehmerkette, ist die Kleinunternehmerregelung meist ungünstig.

> **BEISPIEL**
>
> H betätigt sich nebenberuflich als Handelsvertreter. Sein Auftraggeber zahlt ihm die USt zu seiner Provision nur dann zusätzlich, wenn er sie ihm gesondert in Rechnung stellt. Würde H also nicht der Kleinunternehmerregelung unterliegen, bekäme er eine um die USt erhöhte Provision und könnte außerdem die bei ihm **angefallenen Vorsteuern abziehen**.

Daher hat der Gesetzgeber in § 19 Abs. 2 UStG für den Unternehmer die Möglichkeit geschaffen, auf die Kleinunternehmerregelung zu verzichten. Diesen Verzicht muss der Unternehmer dem Finanzamt bis zur Unanfechtbarkeit der Steuerfestsetzung erklärt haben, er bindet ihn für fünf KJ. Die Option zur Regelbesteuerung kann auch konkludent dadurch erfolgen, dass der betreffende Unternehmer eine USt-Voranmeldung oder USt-Erklärung abgibt, den auf der Vorderseite der USt-Erklärung enthaltenen Abschnitt B »Angaben zur Besteuerung der Kleinunternehmer (§ 19 Abs. 1 UStG)« nicht ausfüllt und stpfl. Umsätze versteuert (vgl. A 19.2 Abs. 1 Nr. 2 UStAE). Eine Option für nur einen Unternehmensteil ist dagegen nicht möglich. In Zweifelsfällen ist der Unternehmer zu fragen, welcher Besteuerungsform er seine Umsätze unterwerfen will. Verbleiben Zweifel, kann eine Option nicht angenommen werden (BFH vom 24.07.2013, XI R 14/11, BStBl 2014 II, 210; XI R 31/12, BStBl 2014 II, 214).

Nach Eintritt der Unanfechtbarkeit der Steuerfestsetzung des Jahres, für das der Unternehmer erstmals auf die Kleinunternehmerregelung verzichtet hat, unterliegt er auch in den vier Folgejahren (also insgesamt für fünf Jahre) nicht mehr der Kleinunternehmerregelung. Erst für die danach folgenden Jahre kann er den Verzicht rückgängig machen.

> **FALL 31**
>
> Prüfen Sie im nachfolgenden Fall, ob A in den **KJ 03–06** unter die Kleinunternehmerregelung oder unter die Regelbesteuerung fällt. Im letzteren Fall ist die Steuerschuld zu berechnen. Gehen Sie dabei zur Vereinfachung davon aus, dass A außer den genannten Umsätzen keine weiteren Umsätze getätigt hat und ihm keine weiteren Vorsteuerbeträge in Rechnung gestellt worden sind. Fall: AN A hat im KJ 01 ein Zweifamilienhaus mit zwei gleich großen Wohnungen gebaut, wovon er eine Wohnung selbst bewohnt und die andere Wohnung zum Preis von monatlich 500 € an Privatpersonen zu Wohnzwecken vermietet hat.

Im Januar 03 eröffnet A einen Flaschenbierhandel, den er nebenberuflich selbständig betreibt. Gegenüber dem Finanzamt erklärt er im Januar 03, dass er mit einem Jahresumsatz von etwa 20 000 € rechne.
Im KJ 03 erzielte A aus der Veräußerung von Flaschenbier Einnahmen i. H. v. insgesamt 25 000 €. Außerdem entnahm er Bier für seinen privaten Verbrauch zum Einkaufspreis (zuzügl. USt) von insgesamt 500 €. Für den Einkauf von Bier wurden ihm insgesamt 17 000 € zuzügl. 3 230 € USt berechnet. Im KJ 04 beliefen sich seine Einnahmen aus Bierverkäufen auf nur 12 000 €. Für den privaten Verbrauch hat A Bier zum Einkaufspreis (zuzügl. USt) von insgesamt 500 € entnommen. Für den Einkauf von Bier wurden ihm insgesamt 8 500 € zuzügl. 1 615 € USt berechnet. Außerdem erwarb A am 10. 01. 04 einen gebrauchten Lieferwagen zum Einkaufspreis von 10 000 € zuzügl. 1 900 € USt, den er ausschließlich zum Biertransport benutzte. Im KJ 05 lief der Flaschenbierhandel wider Erwarten gut, zumal A nach Kündigung durch seinen Arbeitgeber ab Juli 05 seine gesamte Arbeitskraft dem Flaschenbierhandel widmen konnte. A nahm aus dem Flaschenbierhandel insgesamt 60 000 € ein. Für seinen privaten Verbrauch hat er Bier zum Einkaufspreis von insgesamt 500 € (zuzügl. USt) entnommen. Für den Einkauf von Bier wurden ihm insgesamt 40 000 € zuzügl. 19 % USt = 7 600 € USt in Rechnung gestellt. Im KJ 06 ging der Flaschenbierhandel wieder erheblich zurück, u. a. weil A wieder eine Anstellung fand und den Flaschenbierhandel nur noch nebenberuflich betrieb. Seine Einnahmen aus den Bierveräußerungen betrugen insgesamt 15 000 €. Für seinen privaten Verbrauch hat A Bier zum Einkaufspreis von 500 € (brutto) entnommen. Aus der Veräußerung seines Lieferwagens erzielte A insgesamt 3 000 €. Für den Einkauf von Bier wurden ihm insgesamt 10 000 € zuzügl. 19 % USt = 1 900 € USt in Rechnung gestellt.

Teil W Differenzbesteuerung (§ 25 a UStG)

1 Allgemeines

Bei der Differenzbesteuerung nach § 25 a UStG handelt es sich um eine von der Regelbesteuerung abweichende besondere Besteuerungsform. Fällt der Unternehmer unter die Differenzbesteuerung, braucht er lediglich die Differenz zwischen dem Einkaufspreis und dem Verkaufspreis der USt zu unterwerfen. Diese Regelung bringt erhebliche Erleichterungen insbesondere für den Gebrauchtwagenhandel, den Antiquitätenhandel, den Kunsthandel und den Handel mit Secondhand-Ware mit sich.

2 Voraussetzungen für die Differenzbesteuerung

Die Differenzbesteuerung greift bei der Lieferung eines Gegenstandes ein, wenn:
1. der Unternehmer ein Wiederverkäufer ist,
2. der Gegenstand an den Wiederverkäufer im Gemeinschaftsgebiet geliefert wurde,
3. für diese Lieferung vom Vorlieferer die USt
   a) nicht geschuldet oder
   b) nach § 19 Abs. 1 UStG nicht erhoben oder
   d) die Differenzbesteuerung nach § 25 a UStG vorgenommen wurde,
4. es sich bei dem Gegenstand weder um einen Edelstein noch um ein Edelmetall handelt.

Zu 1.: Die Regelung gilt nur für sog. Wiederverkäufer. Das sind nach der Definition des § 25 a Abs. 1 Nr. 1 Satz 2 UStG Unternehmer, die gewerbsmäßig mit beweglichen körperlichen Gegenständen handeln oder auch alle, die solche Gegenstände im eigenen Namen öffentlich versteigern. Die Regelung betrifft demnach Unternehmer, bei denen der Handel mit beweglichen körperlichen Gegenständen zu den Grundgeschäften gehört. Hierbei ist die Differenzbesteuerung auch dann anwendbar, wenn ein Unternehmer Gegenstände liefert, die er gewonnen hat, indem er zuvor von ihm erworbene Gebrauchtfahrzeuge zerlegt hat (BFH vom 22. 02. 2017, V R 37/15).

Zu 2.: Wurden die Gegenstände an den Wiederverkäufer im Drittlandsgebiet geliefert, fällt EUSt bei der Einfuhr ins Gemeinschaftsgebiet an. Diese kann der Unternehmer gem. § 15 Abs. 1 Nr. 2 UStG als Vorsteuer abziehen. Daher besteht insoweit kein Anlass, die USt auf die Differenz zwischen Einkaufspreis und Verkaufspreis zu beschränken. Es gibt jedoch die Möglichkeit, unter den Voraussetzungen des § 25 a Abs. 2 Nr. 1 UStG auch hierfür freiwillig die Differenzbesteuerung zu wählen. Das hat allerdings zur Folge, dass der Unternehmer dann die EUSt nicht als Vorsteuer abziehen darf (vgl. § 25 a Abs. 5 Satz 3 UStG).

Zu 3.: Der Wiederverkäufer kann nur dann die Differenzbesteuerung in Anspruch nehmen, wenn sein Vorlieferer entweder Nichtunternehmer oder Kleinunternehmer war oder die Lieferung nicht i. R. seines Unternehmens bewirkt hat, die Lieferung steuerfrei war oder die Lieferung bereits der Differenzbesteuerung nach § 25 a UStG unterlegen hat.

Zu 4.: Es darf sich nach § 25 a Abs. 1 Nr. 3 UStG nicht um Edelsteine oder Edelmetalle handeln. Hierbei handelt es sich (entsprechend den angegebenen Zolltarifnummern) nur um Edelsteine und Edelmetalle in unbearbeiteter Form. Dagegen fallen Erzeugnisse aus diesen Materialien (z. B. Schmuckstücke) unter die Vorschrift des § 25 a UStG. Vgl. auch A 25 a.1 Abs. 1 UStAE.

3 Bemessungsgrundlage

Der Umsatz wird nach § 25 a Abs. 3 UStG grundsätzlich nach der Differenz zwischen dem jeweiligen Einkaufspreis und dem jeweiligen Verkaufspreis bemessen, wobei die USt aus der Differenz herauszurechnen ist, da die USt nach § 25 a Abs. 3 Satz 2 UStG nicht zur Bemessungsgrundlage gehört.

Für den Fall, dass sich der Einkaufspreis nicht ermitteln lässt oder unbedeutend ist, sieht § 25 a Abs. 3 Satz 2 UStG (nur!) für Kunstgegenstände vor, dass der Betrag, nach dem sich der Umsatz bemisst, auch mit 30 % des Verkaufspreises angesetzt werden kann. Da der Einkaufspreis eines Kunstgegenstands unter Berücksichtigung der gesetzlichen Pflichten des Unternehmers nach § 25 a Abs. 6 UStG grundsätzlich aufzuzeichnen ist, liegt der Fall der Nichtermittelbarkeit des Einkaufspreises nur ausnahmsweise vor. Und der Einkaufspreis eines Kunstgegenstands ist nur dann unbedeutend, wenn er den Betrag von 500 € ohne ggf. anfallende USt nicht übersteigt (vgl. A 25 a.1 Abs. 11 a Sätze 5 und 10 UStAE).

Nach § 25 a Abs. 4 UStG kann der Wiederverkäufer vereinfacht die Bemessungsgrundlage als Gesamtdifferenz aus allen innerhalb eines Besteuerungszeitraums (KJ) getätigten Einkäufen und Verkäufen berechnen. Entsprechend kann er zunächst bei seinen USt-Voranmeldungen verfahren, wobei in der Jahresveranlagung ein Ausgleich positiver und negativer Margen erfolgen kann.

Die Vereinfachung nach § 25 a Abs. 4 UStG ist ausgeschlossen für Gegenstände, deren Einkaufspreis jeweils 500 € übersteigt. Diese Gegenstände sind deshalb gesondert von den übrigen Gegenständen zu erfassen. Die 500 €-Grenze gilt für den einzelnen Gegenstand. Insofern ist hier der Begriff Sachgesamtheit relevant. Vgl. C 3. 1.

4 Ausweitung der Differenzbesteuerung nach § 25 a Abs. 2 UStG auf vorsteuerbelastete Gegenstände

Bei Kunstgegenständen, Sammlungsstücken und Antiquitäten kann die Differenzbesteuerung auch dann angewendet werden, wenn der Unternehmer die Gegenstände
a) entweder eingeführt hat oder
b) wenn er Kunstgegenstände stpfl. von einem Nicht-Wiederverkäufer erworben hat.

Macht der Unternehmer von dieser Möglichkeit Gebrauch, so muss er dies dem Finanzamt spätestens bei der Abgabe der ersten Voranmeldung für das betreffende KJ erklären. Die Erklärung bindet ihn dann für dieses und das folgende KJ.

Der Sinn dieser Regelung liegt vor allem in einer Vereinfachung hinsichtlich der Aufzeichnungspflicht. Dem Differenzbesteuerer werden nach § 25 a Abs. 6 UStG besondere Aufzeichnungspflichten auferlegt. Wendet er neben der Differenzbesteuerung auch noch die Regelbesteuerung an, so hat er gem. § 25 a Abs. 6 Satz 2 UStG diesbezüglich getrennte Aufzeichnungen zu führen.

BEISPIEL

Der Kunst- und Antiquitätenhändler A bezieht seine Ware zum Teil aus privaten Beständen (Nachlässen usw.) sowie aus Einfuhren und auch direkt von schaffenden Künstlern.

LÖSUNG Sofern A nicht von der Regelung des § 25 a Abs. 2 UStG Gebrauch macht, muss er die Erlöse jeweils trennen in Erlöse für Gegenstände, die der Regelbesteuerung unterliegen, und Erlöse, die der Regelung des § 25 a UStG unterliegen.

Will A ab 01. 01. 01 von der Regelung des § 25 a Abs. 2 UStG Gebrauch machen, so muss er dies bei Abgabe der USt-Voranmeldung für Januar 01 dem FA erklären. Die Erklärung bindet ihn insoweit auch für das Jahr 02. Als Folge der Option nach § 25 a Abs. 2 UStG entfällt der VSt A bezüglich der

EUSt bzw. der USt aus dem Erwerb der Kunstgegenstände von einem Nicht-Wiederverkäufer. A braucht dann aber die Erlöse nicht mehr zu trennen. Er muss lediglich die Erlöse für die Gegenstände besonders aufzeichnen, für die der Einkaufspreis 500 € überschritten hat. Dabei ist als Einkaufspreis für die eingeführten Waren der Zollwert zuzügl. der EUSt anzusetzen und für die vorsteuerbelasteten Kunstgegenstände der Bruttopreis (inkl. USt).

Darauf hinzuweisen ist, dass A für jede Lieferung einzeln gem. § 25a Abs. 8 UStG auf die Differenzbesteuerung verzichten kann, soweit er nicht die Gesamtdifferenzbesteuerung nach § 25a Abs. 4 UStG anwendet.

5 Steuersatz und Vorsteuerabzug

Der Steuersatz bei Anwendung der Differenzbesteuerung ist stets der Regelsteuersatz (§ 25a Abs. 5 UStG).

Der VStA ist grundsätzlich nicht ausgeschlossen. Lediglich der VStA für die oben unter Gliederungspunkt 4 genannten Fälle des § 25a Abs. 2 UStG hinsichtlich der für die Einfuhr entrichteten EUSt bzw. der Steuer für die Eingangslieferung des Kunstgegenstandes ist ausgeschlossen (§ 25a Abs. 5 Satz 3 UStG). Dagegen ist der VStA z. B. für Reparaturen oder Gemeinkosten möglich. Ein VStA aus dem Erwerb der Gegenstände ist nicht möglich, da nach den Voraussetzungen des § 25a Abs. 1 Nr. 2 UStG keine Vorsteuer anfällt.

6 Option zur Besteuerung nach den allgemeinen Vorschriften des Umsatzsteuergesetzes gemäß § 25a Abs. 8 UStG

Voraussetzung für die Option zur Besteuerung nach den allgemeinen Vorschriften des UStG bei einem einzelnen Umsatz ist, dass der Unternehmer nicht die Gesamtdifferenzbesteuerung nach § 25a Abs. 4 UStG anwendet. Da diese Regelung Gegenstände mit einem Einkaufspreis von mehr als 500 € ausnimmt, besteht insoweit stets die Möglichkeit, den Umsatz nach den allgemeinen Vorschriften des UStG zu versteuern. Die Option zur Besteuerung nach den allgemeinen Vorschriften des UStG ergibt z. B. insoweit einen Sinn, als bei Anwendung des § 25a UStG zwar nur die Marge besteuert wird, hierauf jedoch der Regelsteuersatz angewandt wird, während bei der Besteuerung nach den allgemeinen Vorschriften der ermäßigte Steuersatz in Betracht kommt, z. B. wenn ein (besonders teures) Buch veräußert wird (§ 12 Abs. 2 Nr. 1 UStG i. V. m. Nr. 49 der Anlage 2 zum UStG). Die USt ist beim Verzicht auf die Anwendung des § 25a UStG u. U. niedriger, wenn der Wiederverkäufer bei einem dem ermäßigten Steuersatz unterliegenden Gegenstand einen sehr hohen Rohgewinnaufschlag hat.

Eine Option zur Regelbesteuerung ist auch dann sinnvoll, wenn der Erwerber ein voll zum VStA berechtigter Unternehmer ist, dem der Wiederverkäufer zusätzlich die USt kostenneutral auf den Verkaufspreis in Rechnung stellen kann.

> **BEISPIEL**
> K erwirbt aus privater Hand ein (besonders teures) Buch i. S. d. Nr. 49 der Anlage 2 zu § 12 Abs. 2 Nr. 1 und 2 UStG zum Preis von 2 000 € und veräußert es an einen Privatmann zum Preis von 5 000 €.
> **LÖSUNG** Bei Anwendung der Differenzbesteuerung beträgt die USt 19 % aus 3 000 € (5 000 € ./. 2 000 €) = 19/119 von 3 000 €, d. h. 478,99 €.
> Bei Verzicht auf die Differenzbesteuerung beträgt die USt 7 % aus 5 000 €, d. h. 7/107 von 5 000 € also 327,10 €.

7 Verbot des gesonderten Steuerausweises in einer Rechnung

Nach § 14a Abs. 6 Satz 2 UStG findet die Vorschrift über den gesonderten Steuerausweis in einer Rechnung (§ 14 Abs. 4 Satz 1 Nr. 8 UStG) keine Anwendung. Wenn der Unternehmer die sich aus § 25a UStG ergebende USt seinem Abnehmer gesondert in Rechnung stellt, führt der offen ausgewiesene Steuerbetrag zu einer USt nach § 14c Abs. 2 UStG (vgl. A 25a.1 Abs. 16 Satz 2 UStAE). Diese Steuer fällt zusätzlich zu der Steuer nach § 25a UStG an.

8 Besonderheiten nach § 25a Abs. 7 UStG

8.1 Ausschluss der Differenzbesteuerung nach § 25a Abs. 7 Nr. 1 Buchst. a UStG

Die Differenzbesteuerung greift gem. § 25a Abs. 7 Nr. 1 Buchst. a UStG nicht ein, wenn auf die Lieferung an den Wiederverkäufer die Steuerbefreiung für innergemeinschaftliche Lieferungen angewendet worden ist. Diese Regelung ist notwendig, weil in diesen Fällen auf dem Eingangsumsatz an den Wiederverkäufer USt in Form der Erwerbssteuer lastet, die der Wiederverkäufer stellvertretend für den Lieferer schuldet.

8.2 Ausschluss der Differenzbesteuerung nach § 25a Abs. 7 Nr. 1 Buchst. b UStG

Die Differenzbesteuerung greift gem. § 25a Abs. 7 Nr. 1 Buchst. b UStG nicht für die innergemeinschaftliche Lieferung eines neuen Fahrzeugs i. S. d. § 1b Abs. 2 und 3 UStG. Diese Lieferung ist auch beim Wiederverkäufer grundsätzlich als steuerfreie innergemeinschaftliche Lieferung zu behandeln. Dafür muss der Erwerber in dem anderen Mitgliedstaat USt in Form der Erwerbssteuer anmelden.

8.3 Auswirkung der Differenzbesteuerung auf den innergemeinschaftlichen Warenverkehr

Bei Veräußerung von anderen Gegenständen als Neufahrzeugen (vgl. 8.2) vom Inland in das übrige Gemeinschaftsgebiet schließt § 25a Abs. 7 Nr. 3 UStG die Steuerbefreiung für innergemeinschaftliche Lieferungen nach § 4 Nr. 1 Buchst. b UStG aus. Ebenso ist der Erwerb im Bestimmungsland entsprechend § 25a Abs. 7 Nr. 2 UStG nicht steuerbar. Weiterhin kann sich auch der Lieferort nicht nach § 3c UStG ins Bestimmungsland verlagern. Mit der Differenzbesteuerung wird also abschließend eine Besteuerung im Ursprungsland vorgenommen. Entsprechende Regelungen gelten gem. Art. 312 ff. MwStSystRL in den übrigen Mitgliedstaaten der EU.

Tätigt der Wiederverkäufer hingegen eine Weiterlieferung in ein Drittlandsgebiet, kann er die Steuerbefreiung für Ausfuhrlieferungen nach § 4 Nr. 1 Buchst. a UStG in Anspruch nehmen. In diesen Fällen entfällt die Differenzbesteuerung.

9 Beispiele zur Differenzbesteuerung

BEISPIELE

a) Der Second-Hand-Shop S hat von der Privatperson P ein Brautkleid für 1 200 € gekauft und veräußert es für 2 000 € an ein Brautpaar.
LÖSUNG S ist Wiederverkäufer (vgl. § 25a Abs. 1 Nr. 1 Satz 2 UStG). Das Brautkleid wurde an S im Gemeinschaftsgebiet geliefert (§ 25a Abs. 1 Nr. 2 Satz 1 UStG). Für diese (nichtsteuerbare) Lieferung wurde USt nicht geschuldet (§ 25a Abs. 1 Nr. 2 Satz 2 Buchst. a UStG). Die Voraussetzungen für die Differenzbesteuerung nach § 25a UStG liegt damit vor. Die USt bemisst sich mit 19 % (§ 25a Abs. 5 Satz 1 UStG) von der Marge (§ 25a Abs. 3 Satz 1 UStG) und beträgt somit 19/119 von 800 €, d. h. 127,73 €.

b) Autohändler A erwirbt am 02. 07. 01 vom Privatmann P einen Pkw (kein neues Fahrzeug i. S. d. § 1b UStG) für 20 000 €. Am 02. 09. 01 veräußert A den Pkw für 22 500 €. Für kleinere Reparaturen an dem Pkw hatte A insgesamt Kosten i. H. v. 500 € zuzügl. 95 € USt.
LÖSUNG Alle Voraussetzungen für die Besteuerung nach § 25a UStG liegen bei A vor. A muss für den VZ September die Marge von 2 500 € (22 500 € ./. 20 000 €) versteuern. Die USt beträgt 19/119 von 2 500 €, d. h. 399,16 €. Die aus den Reparaturen angefallene USt von 95 € kann A als Vorsteuer gem. § 15 Abs. 1 Nr. 1 UStG geltend machen.

c) Autohändler A erwirbt am 02. 07. 01 vom Privatmann P einen Pkw (kein neues Fahrzeug i. S. d. § 1b UStG) für 20 000 €. Am 02. 09. 01 veräußert A den Pkw für 19 000 €. Für kleinere Reparaturen an dem Pkw hatte A insgesamt Kosten i. H. v. 500 € zuzügl. 95 € USt.
LÖSUNG Alle Voraussetzungen für die Besteuerung nach § 25a UStG liegen bei A vor. Die Marge zwischen Verkaufspreis und Einkaufspreis ist jedoch im vorliegenden Fall negativ. Es fällt daher keine USt bei A an. Die aus den Reparaturen angefallene USt von 95 € kann A als Vorsteuer gem. § 15 Abs. 1 Nr. 1 UStG geltend machen.
Die Negativmarge kann nicht mit positiven Margen aus anderen Umsätzen nach § 25a UStG verrechnet werden. Zwar besteht nach § 25a Abs. 4 UStG die Möglichkeit, innerhalb eines Besteuerungszeitraums (KJ) eine Gesamtdifferenz mit der Möglichkeit eines Ausgleichs zwischen positiven und negativen Margen zu bilden, jedoch sind hiervon die Gegenstände ausgenommen, deren Einkaufspreis 500 € übersteigen.

d) Autohändler A erwirbt am 02. 07. 01 vom Privatmann P einen Pkw für 20 000 €. Am 02. 09. 01 veräußert A den Pkw mit ordnungsgemäßer Rechnung für 22 000 € zuzügl. 4 180 € USt an den Unternehmer U, der das Fahrzeug für sein Unternehmen erwirbt. Für kleinere Reparaturen an dem Pkw hatte A insgesamt Kosten i. H. v. 500 € zuzügl. 95 € USt.
LÖSUNG Alle Voraussetzungen für die Besteuerung nach § 25a UStG liegen bei A vor. Jedoch verzichtet A mit der gesonderten Inrechnungstellung der normalen USt konkludent auf die Anwendung des § 25a UStG. Die USt fällt – wie berechnet – nach den allgemeinen Vorschriften des UStG mit 19 % von 22 000 €, d. h. 4 180 € an. Die Option zur Besteuerung nach den allgemeinen Vorschriften des UStG ist im vorliegenden Fall vorteilhafter als die Differenzbesteuerung, da A die USt i. H. v. 4 180 € dem U berechnen darf und U sie als Vorsteuer abziehen kann.
Die aus den Reparaturen angefallene USt von 95 € kann A als Vorsteuer geltend machen.

e) Kunst- und Antiquitätenhändler K bezieht seine Ware teils von Privat, teils aus Einfuhren und aus sonstigen Quellen. Er hat gegenüber dem Finanzamt erklärt, er werde die Differenzbesteuerung auch auf die in § 25a Abs. 2 UStG genannten Gegenstände anwenden.
Von einem Unternehmer (kein Wiederverkäufer) erwarb er im März 01 ein Gemälde (Kunstgegenstand), das dieser bisher in seinem Büro als Anlagevermögen hängen hatte, für 5 000 € zuzügl. USt. K veräußert es im Juli an den Privatmann P für 7 000 €.
LÖSUNG Das Gemälde fällt aufgrund der Option nach § 25a Abs. 2 UStG unter die Differenzbesteuerung (stpfl. Lieferung von einem Nicht-Wiederverkäufer gem. § 25a Abs. 2 Nr. 2 UStG). Die USt beträgt 19/119 von 1 650 € (7 000 € ./. 5 350 €), d. h. 263,45 €. Aus dem Erwerb des Bildes hat K gem. § 25a Abs. 5 Satz 2 UStG keinen VStA.

10 Besonderheiten bei Reiseleistungen (sog. Margenbesteuerung)

Eine besondere Form der Differenzbesteuerung ist die sog. Margenbesteuerung von Reiseleistungen nach § 25 UStG. Sie gelten für Reiseleistungen eines Unternehmers, soweit der Unternehmer dabei gegenüber dem Leistungsempfänger im eigenen Namen auftritt und Reisevorleistungen in Anspruch nimmt.

> **BEISPIEL**
>
> Unternehmer R aus Ludwigsburg bietet eine Pauschalreise nach Konstanz an. Hierfür beauftragt er ein Busunternehmen mit dem Bustransfer von Ludwigsburg zum Hotel in Konstanz und bucht in eigenem Namen die Zimmer mit Frühstück in einem Hotel in Konstanz. R bietet die Pauschalreise sodann im eigenen Namen reiselustigen Rentnern an.

Die **Rechtsfolgen** der Margenbesteuerung sind folgende:
- Die Leistung des Unternehmers ist als einheitliche sonstige Leistung am Sitz des leistenden Unternehmers anzusehen.
- Aus Reisevorleistungen ist ein Vorsteuerabzug ausgeschlossen (§ 25 Abs. 4 UStG).
- Bemessungsgrundlage für die Umsatzsteuer ist die Differenz zwischen Reiseerlösen und den Bruttokosten der Reisevorleistungen (§ 25 Abs. 3 UStG).
- Für den Ausgangsumsatz darf die Umsatzsteuer nicht gesondert ausgewiesen werden (§ 14a Abs. 6 Satz 2 UStG).
- Die einheitliche Leistung unterliegt dem Regelsteuersatz (§ 12 Abs. 1 UStG).

Besonderheiten ergeben sich bei **Leistungen an Unternehmer**. Nach § 25 Abs. 1 Satz 1 UStG ist keine Margenbesteuerung anzuwenden, wenn Leistungen an ein anderes Unternehmen ausgeführt werden.

> **BEISPIEL**
>
> Im obigen Beispiel bietet R die Pauschalreise einem anderen Unternehmen als Betriebsausflug an.

Mit Urteil vom 08.02.2018 (C-380/16, Kommission/Deutschland, UR 2018, 290) hat der EuGH in einem Vertragsverletzungsverfahren aber entschieden, dass die Bundesrepublik Deutschland gegen ihre gemeinschaftsrechtlichen Verpflichtungen verstoßen hat, indem sie Reiseleistungen, die für das Unternehmen des Abnehmers genutzt werden, von der Sonderregelung für Reisebüros ausschließt. § 25 UStG soll deshalb durch das JStG 2019 entsprechend geändert werden. Unternehmer, die die Margenbesteuerung auch bei B2B-Umsätzen anwenden wollen, können sich aber bereits vor der Umsetzung auf die EuGH-Rechtsprechung berufen.

Teil X Besteuerungsverfahren

1 Allgemeines

Die USt ist eine Veranlagungssteuer. Besteuerungszeitraum ist das KJ.

Die USt unterscheidet sich von anderen Veranlagungssteuern dadurch, dass das **Selbstveranlagungsprinzip** Anwendung findet. Dies bedeutet, dass der Unternehmer nach Ablauf eines KJ die endgültige Zahllast (bzw. den Überschuss) selbst errechnen muss und dem Finanzamt in einer sog. **Jahressteueranmeldung (Jahressteuererklärung)** zu übermitteln hat. Darüber hinaus hat der Unternehmer i. R. eines **Voranmeldungsverfahrens** gem. § 18 UStG **USt-Voranmeldungen abzugeben und USt-Vorauszahlungen** zu leisten, ggf. aber auch die Möglichkeit, Vorsteuer-Überschüsse zu vereinnahmen (vgl. §§ 16, 18 UStG).

2 Umsatzsteuer-Voranmeldungsverfahren

Die Vorauszahlungen hat der Unternehmer nach Ablauf eines bestimmten Zeitraums (VZ) selbst zu errechnen, dem Finanzamt anzumelden (USt-Voranmeldung) und abzuführen. Die Errechnung erfolgt anhand eines amtlich vorgeschriebenen Datensatzes durch Datenfernübertragung nach folgendem stark vereinfachtem Schema:

Summe aller im VZ entstandenen Ausgangs-USt
./. Summe aller im VZ angefallenen abziehbaren und abzugsfähigen Vorsteuern
= Zahllast/Überschuss

2.1 Voranmeldungszeitraum

I. R. des Voranmeldungsverfahrens hat der Unternehmer für jeden VZ eine USt-Voranmeldung abzugeben und seine Steuerschuld selbst zu berechnen.

VZ ist grundsätzlich das Kalendervierteljahr (§ 18 Abs. 2 UStG).

Beträgt die **Steuerschuld** für das vorangegangene KJ **mehr als 7 500 €**, ist der Kalendermonat der VZ (§ 18 Abs. 2 Satz 2 UStG).

Beträgt die **Steuerschuld** im vorangegangenen KJ **nicht mehr als 1 000 €**, so kann der Unternehmer vom Finanzamt von der Verpflichtung zur Abgabe der Voranmeldung und Entrichtung der Vorauszahlungen befreit werden (vgl. § 18 Abs. 2 Satz 3 UStG). Der Unternehmer wird dann von der Verwaltung regelmäßig von Amts wegen (also automatisch) von der Abgabe der vierteljährlichen Voranmeldungen befreit, es sei denn bei ihm besteht ein Vorsteuerüberhang oder es liegt ein Neugründungsfall vor (vgl. A 18.2 Abs. 2 UStAE).

Beträgt der **Überschuss** zugunsten des Unternehmers im Vorjahr **nicht mehr als 7 500 €**, wird der Unternehmer – entsprechend dem Gesetzeswortlaut – nur auf Antrag von der vierteljährlichen Abgabe befreit.

In den Fällen, in denen sich im Vorjahr ein **Überschuss** zugunsten des Unternehmers von **mehr als 7 500 €** ergeben hat, kann im laufenden KJ, abweichend von der vierteljährlichen Abgabe, auch eine monatliche Abgabe der Voranmeldung beantragt werden (vgl. § 18 Abs. 2 a UStG).

BEISPIEL

Unternehmer U hat in seinen Voranmeldungen für 08 einen Überschuss zu seinen Gunsten von 15 000 € erklärt.

LÖSUNG U hat im KJ 09 folgende Möglichkeiten bezüglich der Abgabe von Voranmeldungen:

a) Abgabe einer vierteljährlichen Voranmeldung (gesetzlicher Voranmeldezeitraum),

b) Antrag auf Befreiung von der Abgabe der vierteljährlichen Voranmeldungen (Steuerschuld unter + 1 000 €-Grenze),

c) Antrag auf monatliche Abgabe von Voranmeldungen (Vorjahresüberschuss über der 7 500 €-Grenze).

Zu Lösungsvariante a)

Auch wenn sich für U im KJ 09 voraussichtlich eine hohe Steuerschuld ergeben wird, bleibt es bei dem gesetzlichen VZ. Hat U in den Vorjahren eine Dauerfristverlängerung beantragt, läuft diese weiter. Er muss aufgrund des vierteljährlichen VZ allerdings keine Sondervorauszahlungen leisten (§ 48 UStDV).

Zu Lösungsvariante b)

Weil die Vorjahressteuerschuld des U unter der 1 000 €-Grenze und im Überschussbereich liegt, kann er von der Abgabe der vierteljährlichen Voranmeldungen befreit werden. Nach A 18.2 Abs. 2 Satz 5 UStAE soll diesem Antrag regelmäßig stattgegeben werden.

Zu Lösungsvariante c)

Da der Vorjahresüberschuss des U auch über der 7 500 €-Grenze liegt, kann er nach § 18 Abs. 2 a UStG auch die monatliche Abgabe seiner Voranmeldungen beantragen. Hierbei ist aber die Ausschlussfrist (Frist bis Ablauf der gesetzlichen Frist für eine monatliche Voranmeldung für den Monat Januar) zu beachten (vgl. § 18 Abs. 2 a Satz 2 UStG). Der Antrag kann konkludent durch fristgerechte Abgabe der Voranmeldung für den Monat Januar 09 erfolgen. Dauerfristverlängerungen werden bei der Frist von der Verwaltung berücksichtigt.

2.1.1 Nachträgliche Änderung der Steuer für das Vorjahr

Eine Änderung der Steuer des vorangegangenen KJ, z. B. durch Abgabe einer berichtigten Voranmeldung für den Monat Dezember des Vorjahres, ist bei der Einordnung der Unternehmer in Abgabezeiträume im laufenden KJ zu berücksichtigen, soweit sich die Änderung für dieses KJ noch auswirkt (vgl. A 18.2 Abs. 3 UStAE).

BEISPIEL

Unternehmer U hat für das KJ 08 eine Steuerschuld von 8 000 € angemeldet. Er hat somit ab 09 seine Voranmeldungen monatlich abzugeben.

Am 20. 05. 09 reicht U eine berichtigte Voranmeldung für Dezember 08 ein. Aufgrund der Berichtigung beträgt die Steuerschuld 08 nunmehr nur noch 5 500 €.

LÖSUNG Nach A 18.2 Abs. 3 UStAE muss U ab dem 3. Quartal 09 auf die Abgabe von vierteljährlichen Voranmeldungen umstellen. Für die Monate Mai und Juni 09 muss er noch monatliche Voranmeldungen abgeben.

2.1.2 Verkürzung des Voranmeldungszeitraums bei Unternehmensneugründungen

Nimmt der Unternehmer seine gewerbliche oder berufliche Tätigkeit auf, hat er gem. § 18 Abs. 2 Satz 4 UStG im laufenden und folgenden KJ monatliche Voranmeldungen abzugeben. Nach früherer Rechtslage hatten die Unternehmensgründer aufgrund eigener Selbsteinschätzung der zu zahlenden Steuer Voranmeldungen regelmäßig nur vierteljährlich abgegeben. Durch die Umstellung auf die monatliche Abgabe können die Finanzämter die Unternehmensgründungsfälle zeitnäher auf Scheingründungen überprüfen und evtl. Betrugsfälle schneller aufdecken.

Gleiches gilt nach § 18 Abs. 2 Satz 5 UStG für Vorratsgesellschaften und Firmenmäntel. Auch diese müssen monatliche Voranmeldungen abgeben.

Bei Unternehmern, die nur steuerfreie Umsätze tätigen oder aufgrund der Schätzung ihres voraussichtlichen Umsatzes unter die Kleinunternehmerregelung des § 19 UStG fallen, entfällt die gesetzliche Verpflichtung zur monatlichen Abgabe der Voranmeldungen (vgl. A 18.7 Abs. 1 Satz 3 UStAE).

Übersicht über den Abgabezeitraum der Voranmeldungen (Vorjahreswerte)	
USt > 7 500 €	→ Monatliche Abgabe
USt > 1 000 € und ≤ 7 500 €	→ Vierteljährliche Abgabe
USt von 0 € bis 1 000 €	→ Keine Abgabe
Überschuss zugunsten des Unternehmers ≤ 7 500 €	→ Vierteljährliche Abgabe, auf Antrag keine Abgabe
Überschuss zugunsten des Unternehmers > 7 500 €	→ Vierteljährliche Abgabe oder auf Antrag keine Abgabe oder wahlweise monatliche Abgabe
Unternehmensneugründung, Vorratsgesellschaften und Firmenmäntel	→ Monatliche Abgabe (im laufenden und folgenden KJ)

3 Entstehungszeitpunkt der Ausgangsumsatzsteuer für Leistungen

Für die Erfassung der entstandenen USt im zutreffenden VZ muss man den Entstehungszeitpunkt der Ausgangs-USt bestimmen können. Hierbei ist in Bezug auf die Haupt-Umsatzart »Lieferungen und sonstige Leistungen« grundsätzlich zu unterscheiden zwischen der Besteuerung:
- nach vereinbarten Entgelten (**Soll-Besteuerung**) und
- nach vereinnahmten Entgelten (**Ist-Besteuerung**).

4 Ist-Besteuerung

Die Ist-Besteuerung stellt gegenüber der Soll-Besteuerung die Ausnahme dar. Sie ist **antragsgebunden** und kann nur unter den im § 20 UStG genannten Voraussetzungen gestattet werden. Diese Voraussetzungen liegen u. a. dann vor, wenn
- der Gesamtumsatz nach § 19 Abs. 3 UStG (vgl. Teil V 2) beim Unternehmer im Vorjahr nicht mehr als 500 000 € betragen hat (§ 20 Abs. 1 Satz 1 Nr. 1 UStG) oder

- wenn der Unternehmer Freiberufler i. S. d. § 18 Abs. 1 Nr. 1 EStG ist (§ 20 Abs. 1 Satz 1 Nr. 3 UStG).

Bei der Ist-Besteuerung entsteht die Ausgangs-USt gem. § 13 Abs. 1 Nr. 1 b UStG mit Ablauf des VZ, in dem das Entgelt **vereinnahmt** worden (zugeflossen) ist.

> **BEISPIELE**
>
> a) Unternehmer U (Ist-Besteuerung) liefert Ware im Dezember 01, sein Abnehmer erhält die Rechnung im Januar 02 und zahlt im Februar 02.
> **LÖSUNG** Die USt entsteht mit Ablauf des VZ der Vereinnahmung, also mit Ablauf des VZ Februar 02.
>
> b) Bauunternehmer B (Ist-Besteuerung) erhält von dem Abnehmer A für die Errichtung eines Rohbaus folgende Abschlagszahlungen:
> - am 15. 04. 01: 10 000 €,
> - am 10. 06. 01: 30 000 €.
>
> B stellte den Rohbau am 05. 09. 01 fertig. Die Schlussrechnung über insgesamt 80 000 € . /. 40 000 € geleistete Vorauszahlungen, also 40 000 € erhielt A am 02. 10. 01. Den Restbetrag von 40 000 € bezahlte A am 06. 11. 01.
> **LÖSUNG** Die USt entsteht jeweils mit Ablauf des VZ, in dem die einzelnen Zahlungen vereinnahmt worden sind. Auf die Ausführung der Leistung bzw. Rechnungsstellung kommt es nicht an.
> Die USt entsteht somit bezüglich der Zahlung:
> - vom 15. 04. 01 mit Ablauf des **VZ** April 01 i. H. v. 1 596,64 €,
> - vom 10. 06. 01 mit Ablauf des **VZ** Juni 01 i. H. v. 4 789,91 €,
> - vom 06. 11. 01 mit Ablauf des **VZ** November 01 i. H. v. 6 386,55 €.

Wie Sie gesehen haben, hat die Ist-Besteuerung Auswirkungen auf den Zeitpunkt des Entstehens der Ausgangs-USt. Nicht hiervon erfasst wird dagegen der Zeitpunkt des Entstehens des VStA. Auch wenn der Unternehmer die Ist-Besteuerung wählt und damit die USt zumeist später (nämlich erst bei Erhalt der Zahlung) ans Finanzamt abführen muss, kann er trotzdem die Vorsteuer nach dem »Soll« abziehen (vgl. § 15 Abs. 1 Nr. 1 UStG). Daraus ergibt sich ein Liquiditätsvorteil besonders für kleine Unternehmen.

> **MERKSATZ**
>
> Die Ist-Versteuerung führt dazu, dass der Unternehmer von der Vorfinanzierung der USt entlastet wird, aber trotzdem die Vorsteuer nach dem »Soll« abziehen kann.

5 Soll-Besteuerung

5.1 Allgemeines

Die Soll-Besteuerung ist die **Regelbesteuerungsart**. Sie kommt immer dann zur Anwendung, wenn die Ausnahme der Ist-Besteuerung nicht eingreift.

Bei der Soll-Besteuerung entsteht die Ausgangs-USt für entgeltliche Lieferungen und sonstige Leistungen gem. § 13 Abs. 1 Nr. 1 Buchst. a Satz 1 UStG – sofern keine Vorauszahlungen oder Abschlagszahlungen geleistet wurden – **mit Ablauf des VZ, in dem die Leistung ausgeführt worden ist**. Dies ist
- bei Lieferungen der VZ, in dem die Verfügungsmacht verschafft wird,
- bei sonstigen Leistungen der VZ, in dem die sonstige Leistung vollständig ausgeführt worden ist.

Die »**Schwachstelle« der Sollbesteuerung** besteht darin, dass der Zahlungseingang keinen Einfluss auf das Entstehen der Steuer hat, wenn er nach Leistungsausführung erfolgt (zu Zahlungen vor Leistung – Anzahlungen etc. - s. unten). Seit längerem wird deshalb diskutiert, ob dies nicht unverhältnismäßig ist, da der Unternehmer die **USt ggf. vorfinanzieren** muss, obwohl er an sich nur die Aufgabe hat, Steuergelder für Rechnung des Staates zu vereinnahmen (vgl. BFH vom 24. 10. 2013, V R 31/12, BStBl II 2015, 674 und BFH vom 21. 06. 2017, V R 31/12). Nach dem EuGH-Urteil vom 29. 11. 2018 (C-548/17, baumgarten sports & more GmbH) scheint nunmehr aber geklärt, dass diese Überlegungen jedenfalls nicht bei (den besonders wichtigen) Fällen des Ratenverkaufs unter Eigentumsvorbehalt und beim Leasing mit automatischem Eigentumsübergang zum Ende der Leasingdauer eingreifen, weil Art. 64 Abs. 1 i. V. m. Art. 14 Abs. 2 Buchst. b MwStSystRL diese Fälle ausdrücklich von der »Ist-Besteuerung« ausnimmt.

5.2 Teilleistungen

Insbesondere bei Vermietungsleistungen auf Dauer würde die vorstehende Regelung dazu führen, dass die Ausgangs-USt für die Vermietung erst bei Beendigung des Mietverhältnisses entstünde. Um dies zu vermeiden, regelt § 13 Abs. 1 Nr. 1 Buchst. a Satz 2 UStG, dass die USt in derartigen Fällen bereits mit Ablauf des Mietzahlungszeitraums entsteht, wenn es sich bei der Leistung um eine sog. **Teilleistung** handelt.

Teilleistungen liegen nach § 13 Abs. 1 Nr. 1 Buchst. a Satz 3 UStG vor, wenn
- eine einheitliche Leistung in wirtschaftlich sinnvolle Leistungsteile aufgespalten werden kann (z. B. eine Vermietungsleistung nach Stunden, Tagen, Monaten) und
- das Entgelt für einen solchen Leistungsteil gesondert vereinbart worden ist (z. B. eine monatliche Miete).

Liegen Teilleistungen vor, entsteht die USt jeweils **mit Ablauf des VZ, in dem die Teilleistung ausgeführt worden ist.**

> **BEISPIEL**
> Unternehmer V vermietet an den Unternehmer M ein Ladenlokal. V hat gem. § 9 UStG zulässig auf die Steuerbefreiung nach § 4 Nr. 12 Buchst. a UStG verzichtet. Die Miete i. H. v. 920 € ist jeweils zum Ersten eines Monats zu entrichten. Wegen Liquiditätsschwierigkeiten zahlt M die Miete für Januar bis April aber erst im Mai.
> **LÖSUNG** Die Vermietungsleistung wird in monatlichen Teilleistungen erbracht. Die USt entsteht mit Ausführung der monatlichen Teilleistungen, d. h. jeweils mit Ablauf der Mietmonate Januar, Februar, März und April. Sie entsteht nicht erst mit Ablauf des Monats Mai, in dem die Zahlung geleistet wurde.

5.3 Anzahlungen, Abschlagszahlungen und Vorauszahlungen

Wenn das Entgelt bzw. ein Teil des Entgelts bereits in einem früheren VZ vereinnahmt wird, als dem, in dem die steuerpflichtige Leistung (bzw. Teilleistung) bewirkt wird, spricht man von Anzahlungen, Abschlagszahlungen oder Vorauszahlungen. Bei diesen entsteht die USt nach § 13 Abs. 1 Nr. 1 Buchst. a Satz 4 UStG bereits vor Ausführung der Leistung (Teilleistung), nämlich **mit Ablauf des VZ, in dem der Unternehmer die Zahlung vereinnahmt hat.**

Im Falle der Voraus- bzw. Anzahlungen wird insoweit das Prinzip der Soll-Besteuerung außer Kraft gesetzt und durch eine Ist-Besteuerung ersetzt.

BEISPIELE

a) Unternehmer U (Soll-Besteuerung) liefert Ware im Dezember 01, sein Abnehmer erhält die Rechnung mit gesondertem USt-Ausweis im Januar 02 und zahlt im Februar 02.
LÖSUNG Da das Entgelt erst nach Ausführung der Leistung vereinnahmt worden ist, entsteht die USt mit Ablauf des VZ, in dem die Warenlieferung ausgeführt worden ist, also mit Ablauf des VZ Dezember 01.

b) Bauunternehmer B (Soll-Besteuerung) erhält von dem Abnehmer A für die Errichtung eines Rohbaus folgende Abschlagszahlungen
- am 15. 04. 01: 10 000 €,
- am 10. 06. 01: 30 000 €.

B stellte den Rohbau am 05. 09. 01 fertig. Die Schlussrechnung über insgesamt 80 000 € ./. 40 000 € geleistete Vorauszahlungen, d. h. 40 000 € erhielt A am 02. 10. 01. Den Restbetrag von 40 000 € bezahlte A am 06. 11. 01.
LÖSUNG B erbringt an A eine steuerbare und stpfl. Werklieferung. Die USt beträgt hierfür insgesamt 19/119 von 80 000 €, d. h. 12 773,11 €. Sie entsteht grundsätzlich nach § 13 Abs. 1 Nr. 1 Buchst. a Satz 1 UStG mit Ablauf des VZ September, da die Werklieferung im September bewirkt worden ist, sofern sie nicht schon zuvor aufgrund der Ist-Besteuerung gem. § 13 Abs. 1 Nr. 1 Buchst. a Satz 4 UStG entstanden ist. Dies ist bezüglich der Abschlagszahlungen vom April und Juni der Fall.
Die USt für die Abschlagszahlung im April entsteht mit Ablauf des VZ April i. H. v. 19/119 von 10 000 €, d. h. 1 596,64 €.
Die USt für die Abschlagszahlung im Juni entsteht mit Ablauf des VZ Juni i. H. v. 19/119 von 30 000 €, d. h. 4 789,91 €.
Somit entsteht im VZ September lediglich die restliche USt von 6 386,56 €.

Wichtig:
Die Besteuerung setzt in diesen Fällen stets voraus, dass alle maßgeblichen Elemente der künftigen Lieferung oder künftigen Dienstleistung bereits bekannt sind, insbesondere die **Gegenstände oder die Dienstleistungen zum Zeitpunkt der Anzahlung genau bestimmt sind**.

6 Entstehungszeitpunkt der Ausgangsumsatzsteuer bei unentgeltlichen Leistungen i. S. d. § 3 Abs. 1 b und 9 a UStG

In diesen Fällen gibt es keine Unterscheidung zwischen Ist- und Soll-Besteuerung. Die USt entsteht nach § 13 Abs. 1 Nr. 2 UStG mit Ablauf des VZ, in dem die unentgeltlichen Leistungen i. S. d. § 3 Abs. 1 b und 9 a UStG ausgeführt worden sind.

7 Entstehungszeitpunkt der Steuer gemäß § 14 c Abs. 1 und 2 UStG

Die **USt nach § 14 c UStG** entsteht gem. § 13 Abs. 1 Nr. 3 UStG im Zeitpunkt der Ausgabe der Rechnung.

8 Entstehungszeitpunkt der Erwerbssteuer

Die Erwerbssteuer entsteht nach § 13 Abs. 1 Nr. 6 UStG grundsätzlich im Zeitpunkt der Ausstellung der Rechnung (Rechnungsdatum). Wird keine Rechnung erteilt oder wird die Rechnung erst nach Ablauf des dem Erwerb folgenden Kalendermonats erteilt, entsteht die Erwerbssteuer mit Ablauf des dem Erwerb folgenden Kalendermonats. In den Fällen der Vorausrechnungen entsteht die Steuer erst mit dem Erwerb (vgl. R 8.1).

Die Erwerbssteuer für den Erwerb von Fahrzeugen durch Privatleute entsteht gem. § 13 Abs. 1 Nr. 7 UStG immer am Tag des Erwerbs.

9 Zeitpunkt des Vorsteuerabzugs

Die Unterscheidung zwischen Ist- und Soll-Besteuerung ist auch für den VStA unbeachtlich.

Die abzugsfähige Vorsteuer kann grundsätzlich in dem VZ abgezogen werden, in dem sämtliche Voraussetzungen für die Abziehbarkeit vorliegen (vgl. U 2). Dies ist nach § 15 Abs. 1 Nr. 1 Sätze 1 und 2 UStG insbesondere dann der Fall, wenn
- die Leistung bzw. Teilleistung an das Unternehmen ausgeführt worden ist und
- eine ordnungsgemäße Rechnung mit gesondertem USt-Ausweis vorliegt.

Ausnahme: Der Unternehmer hat bereits vor Ausführung der Leistung an sein Unternehmen eine Zahlung (Vorauszahlung, Anzahlungen oder Abschlagszahlung) geleistet und hierüber eine Rechnung mit gesondertem USt-Ausweis erhalten. In diesem Fall kann der Unternehmer die Vorsteuer gem. § 15 Abs. 1 Nr. 1 Sätze 2 und 3 UStG (vgl. T 2.6) bereits für den VZ abziehen, in dem
- die Zahlung geleistet worden ist und
- die Rechnung vorliegt.

> **BEISPIEL**
>
> Unternehmer U (Soll-Besteuerung) liefert Ware im Dezember 01. U hat seinem Abnehmer A die Rechnung mit gesondertem USt-Ausweis bereits im Oktober 01 erteilt, A hat die Zahlung im November 01 im Voraus geleistet.
>
> **LÖSUNG** A kann die ihm in Rechnung gestellte USt bereits für den VZ November als Vorsteuer abziehen, da zu diesem Zeitpunkt die Rechnung vorliegt und die Zahlung geleistet ist (§ 15 Abs. 1 Nr. 1 Sätze 2 und 3 UStG). Entsprechend muss U die Versteuerung bereits für den VZ November 01 vornehmen (§ 13 Abs. 1 Nr. 1 Buchst. a Satz 4 UStG).

10 Abgabezeitpunkt der Steueranmeldungen und Fälligkeit der Steuer

10.1 Abgabefrist

Die Voranmeldung ist bis zum zehnten Tag nach Ablauf des VZ abzugeben. Von Seiten der Finanzverwaltung können bei verspäteter Abgabe grundsätzlich Verspätungszuschläge nach § 152 AO festgesetzt werden.

Die USt-Voranmeldungen sind dem Finanzamt grundsätzlich auf elektronischem Weg zu übermitteln. Auf Antrag kann das Finanzamt auf eine elektronische Übermittlung verzichten, z. B. wenn der Unternehmer nicht über die technischen Voraussetzungen verfügt, die für die

Übermittlung nach der Steuerdaten-Übermittlungs-VO eingehalten werden müssen. Näheres vgl. hierzu A 18.1 Abs. 1 UStAE.

Sofern die Voranmeldung noch auf Papier abgegeben werden darf, ist es auch zulässig, die Voranmeldung dem Finanzamt per Telefax zu übermitteln.

Näheres zum elektronischen Übermittlungsverfahren im Internet unter http://www.elster.de.

10.2 Zahlungsfrist

Die selbst angemeldete Steuerschuld wird grundsätzlich am zehnten Tage nach Ablauf des entsprechenden VZ fällig (§ 18 Abs. 1 Satz 4 UStG). Wird die USt nicht bis zum Ablauf des Fälligkeitstags entrichtet, fallen grundsätzlich Säumniszuschläge nach § 240 AO an (für jeden angefangenen Säumnismonat 1 % der Steuerschuld). Wird die Voranmeldung erst nach Eintritt der gesetzlichen Fälligkeit abgegeben, fallen Säumniszuschläge nach § 240 Abs. 1 Satz 3 AO erst ab dem Tag des Eingangs der Voranmeldung beim Finanzamt an.

Nach § 240 Abs. 3 AO ist hierbei eine Schonfrist von drei Tagen vorgesehen. D. h., erfolgt die Gutschrift innerhalb von drei Tagen auf dem Konto des Finanzamts, wird kein Säumniszuschlag erhoben. Die Zahlungsschonfrist gilt jedoch nicht bei Bar- oder Scheckzahlungen, sie kann somit nur bei Überweisungen zur Anwendung kommen (vgl. § 240 Abs. 3 i. V. m. 224 Abs. 2 Nr. 1 AO).

Wird per Überweisung gezahlt, kommt es auf die Gutschrift auf dem Konto des Finanzamtes an. Wird mit Scheck (Verrechnungsscheck) gezahlt, gilt die Steuerschuld gem. § 224 Abs. 2 Nr. 1 AO am dritten Tag nach Scheckeingang beim Finanzamt als gezahlt. Auf die Gutschrift auf dem Finanzamtskonto kommt es nicht an.

Die Zahlung kann auch durch eine dem Finanzamt gegebene Einzugsermächtigung erfolgen (§ 224 Abs. 2 Nr. 3 AO). Im Falle einer Einzugsermächtigung gilt die Zahlung immer am Fälligkeitstag als bewirkt, und zwar auch dann, wenn die Abbuchung durch das Finanzamt nach dem Fälligkeitstag erfolgt ist. Die Einzugsermächtigung ist damit die für den Steuerpflichtigen sicherste und im Hinblick auf seine Liquidität beste Zahlungsart.

> **BEISPIEL**
>
> Die USt-Voranmeldung Dezember 10 wird vom Unternehmer U am 10. 01. 11 elektronisch an das Finanzamt abgesandt. U zahlt die selbst errechnete Steuerschuld mit Scheck, den er beim Finanzamt ebenfalls am 10. 01. 11 einreicht.
>
> **LÖSUNG** Weil die Voranmeldung noch am 10. 01. 11 abgegeben worden ist, fallen keine Verspätungszuschläge an. Da die Steuer am 10. 01. 11 fällig geworden ist, hätte der Scheck für eine fristgemäße Zahlung bereits am 07. 01. 11 beim Finanzamt eingehen müssen. Mit dem Scheckeingang am 10. 01. 11 gilt die Zahlung gem. § 224 Abs. 2 Nr. 1 AO erst am 13. 01. 11 als erfolgt. Die Dreitage-Schonfrist für Säumniszuschläge gem. § 240 Abs. 3 AO gilt nur bei Überweisungen und nicht bei Scheckzahlungen. Es ist somit ein Säumniszuschlag von 1 % verwirkt worden.

Schiebt der Steuerpflichtige den Eintritt der Säumnis hinaus, indem er seine Voranmeldung nicht rechtzeitig abgibt, kann das Finanzamt dieses Verhalten durch Festsetzung eines Verspätungszuschlags nach § 152 AO ahnden.

10.3 Erstattung von Umsatzsteuer gegen Sicherheitsleistung

Sind die angemeldeten Vorsteuern höher als die USt kommt es zu einer USt-Erstattung. Die Erstattung wird fällig, wenn das Finanzamt gem. § 168 AO der Auszahlung zustimmt.

Bei höheren Erstattungsbeträgen ist häufig eine USt-Sonderprüfung erforderlich. Dies führt zu einer Verzögerung der Auszahlung des Überschusses. Wird dies vom Unternehmer nicht gewollt, kann das Finanzamt im Einvernehmen mit dem Unternehmer die Auszahlung sofort durchführen, wenn vom Unternehmer eine Sicherheitsleistung gem. § 18 f UStG erfolgt.

Nach dem Grundsatz der Verhältnismäßigkeit kann die Sicherheitsleistung längstens für die Dauer der notwendigen Prüfung verlangt werden.

Die Sicherheitsleistung muss nicht zwingend in voller Höhe des zu sichernden Steueranspruchs erfolgen; die Liquidität des Unternehmers ist angemessen zu berücksichtigen.

10.4 Rechtsfolgen vorsätzlich nicht bezahlter Umsatzsteuer

Wird die angemeldete Steuerschuld vom Unternehmer vorsätzlich nicht zum Fälligkeitspunkt entrichtet, kann gegen ihn ein Bußgeld festgesetzt oder in besonders schweren Fällen ein Strafverfahren eingeleitet werden.

Nach § 26 b UStG handelt ordnungswidrig, wer die in einer Rechnung i. S. v. § 14 UStG ausgewiesene USt zu einem der in § 18 Abs. 1 Satz 4 oder Abs. 4 Satz 1 oder Satz 2 UStG genannten Fälligkeitszeitpunkt vorsätzlich nicht oder nicht vollständig entrichtet.

Die Ordnungswidrigkeit kann mit einer Geldbuße bis zu 50 000 € geahndet werden.

Gem. § 26 c UStG wird mit Freiheitsstrafe bis zu fünf Jahren oder mit Geldstrafe bestraft, wer in den Fällen des § 26 b UStG gewerbsmäßig oder als Mitglied einer Bande, die sich zur fortgesetzten Begehung solcher Handlungen verbunden hat, handelt.

11 Dauerfristverlängerung

Nach § 46 UStDV hat das Finanzamt dem Unternehmer grundsätzlich auf Antrag die Fristen für die Übermittlung der Voranmeldungen und die Entrichtung der Vorauszahlungen um einen Monat zu verlängern. Nach § 47 UStDV ist die Fristverlängerung bei den Unternehmern, die Voranmeldungen monatlich abzugeben haben, unter der Auflage zu gewähren, dass sie eine Sondervorauszahlung auf die Steuer eines jeden KJ entrichten. Die Sondervorauszahlung beträgt nach § 47 Abs. 1 Satz 2 UStDV 1/11 der Summe der Vorauszahlungen für das vorangegangene KJ.

Hat der Unternehmer seine unternehmerische Tätigkeit nur in einem Teil des vorangegangenen KJ ausgeübt, so ist die Summe der Vorauszahlungen dieses Zeitraums in eine Jahressumme umzurechnen (§ 47 Abs. 2 Satz 1 UStDV). Angefangene Kalendermonate sind hierbei zur Vereinfachung als volle Kalendermonate zu behandeln (§ 47 Abs. 2 Satz 2 UStDV).

Hat der Unternehmer seine unternehmerische Tätigkeit begonnen, so ist die Sondervorauszahlung für das Erstjahr auf der Grundlage der zu erwartenden Vorauszahlungen des Erstjahres zu berechnen (§ 47 Abs. 3 UStDV).

Der Antrag auf Dauerfristverlängerung ist nach amtlich vorgeschriebenem Datensatz durch Datenfernübertragung zu übermitteln. Die Sondervorauszahlung hat der Unternehmer selbst zu berechnen und anzumelden. Der Antrag ist spätestens zu dem Zeitpunkt einzureichen, an dem die Voranmeldung, für die die Fristverlängerung erstmals gelten soll, nach § 18 Abs. 1 und 2 UStG abzugeben ist. Zugleich ist die angemeldete Sondervorauszahlung zu entrichten (vgl. hierzu § 48 Abs. 1 UStDV).

Nach Bewilligung der Fristverlängerung hat der Unternehmer die weiteren Sondervorauszahlungen für die folgenden KJe jeweils bis zum gesetzlichen Zeitpunkt der Abgabe der Voranmeldung für Januar zu berechnen, anzumelden und zu entrichten (§ 48 Abs. 2 UStDV).

Die Sondervorauszahlung nach § 47 UStDV wird bei der USt-Voranmeldung des letzten VZ, d. h. i. d. R. in der Voranmeldung für Dezember, angerechnet und mindert dort die Zahllast.

BEISPIEL

Unternehmer A beantragt beim Finanzamt Ludwigsburg Dauerfristverlängerung für die VZ Januar 02 ff. Die Summe der USt-Vorauszahlungen des KJ 01 beträgt 10 000 €. Die Zahllast für die Voranmeldung Januar 02 beläuft sich auf 1 600 €. Die Zahllast für die USt-Voranmeldungen Februar bis November 02 beträgt insgesamt 12 000 €, die Zahllast für die Voranmeldung Dezember 02 beläuft sich auf 2 500 €.

LÖSUNG A hat bis zum 10. 02. 02 eine Sondervorauszahlung i. H. v. 1/11 der Summe der USt-Vorauszahlungen des KJ 01 zu entrichten. Die Sondervorauszahlung beträgt 1/11 von 10 000 €, d. h. 909 €.

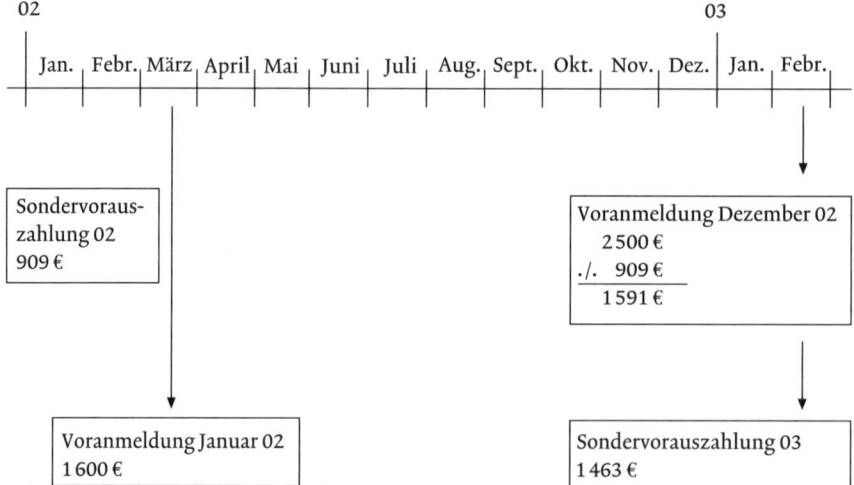

Die USt-Voranmeldung für Januar 02 ist von A einen Monat später, also erst am 10. 03. 02 beim Finanzamt einzureichen. Bis dahin muss auch die angemeldete Steuer von 1 600 € entrichtet sein. Entsprechend ist mit der Voranmeldung Februar–November 02 zu verfahren.
Bei der bis zum 10. 02. 03 abzugebenden Voranmeldung für den Monat Dezember 02 ist zu beachten, dass hier von der USt-Vorauszahlungsschuld von 2 500 € die für das KJ 02 entrichtete Sondervorauszahlung wieder abzuziehen ist (vgl. § 48 Abs. 4 UStDV). Die zu zahlende USt-Schuld lt. Voranmeldung Dezember 02 beträgt somit 1 591 €.
Weiterhin muss bis zum 10. 02. 03 eine neue Sondervorauszahlung für das KJ 03 (1/11 der USt-Vorauszahlungsschuld 02 = 1/11 von 16 100 € (1 600 € + 12 000 € + 2 500 €) = 1 463 €) angemeldet und entrichtet werden.

Führt die Anrechnung der Sondervorauszahlung jedoch zu einem Überschuss in der Voranmeldung, ist der nicht verbrauchte Betrag der Sondervorauszahlung zu erstatten bzw. mit der Jahressteuer zu verrechnen.

Bei VJ-Anmeldern (§ 18 Abs. 2 Satz 1 UStG) entfällt die Sondervorauszahlung.

Die Dauerfristverlängerung kann auch in den Fällen gewährt werden, in denen mit der unternehmerischen Tätigkeit während des KJ begonnen wird. In diesem Falle ist die Sondervorauszahlung zu dem Zeitpunkt anzumelden, zu dem die Steuerschuld für die erste Voranmeldung hätte bezahlt werden müssen.

Für die Berechnung der Sondervorauszahlung muss die Steuerschuld des Restjahres geschätzt werden und dann der auf einen Durchschnittsmonat entfallende Betrag als Sondervorauszahlung angemeldet werden.

12   Zusammenfassende Meldung

Nach § 18a UStG hat der Unternehmer, der innergemeinschaftliche Warenlieferungen und/oder sonstige Leistungen, bei denen der Leistungsempfänger die Steuer nach entsprechend § 13b Abs. 1 UStG im übrigen Gemeinschaftsgebiet schuldet, hierüber beim BZSt eine ZM abzugeben.

12.1   Meldezeiträume und Meldefristen

Für Lieferungen und sonstige Leistungen gelten unterschiedliche Meldezeiträume:
- Für **innergemeinschaftliche Warenlieferungen und innergemeinschaftliche Dreiecksgeschäfte** (§ 25b UStG) ist Meldezeitraum grundsätzlich der Kalendermonat (vgl. § 18a Abs. 1 Satz 1 UStG).
Übersteigt die Summe der innergemeinschaftlichen Lieferungen und Dreiecksgeschäfte weder für das laufende noch für eines der vier vorangegangenen Quartale jeweils 50 000 €, ist Meldezeitraum grundsätzlich das Kalendervierteljahr. Eine freiwillige monatliche Abgabe der ZM ist jedoch möglich. Vgl. § 18a Abs. 1 Sätze 2 bis 5 UStG.
- Für im übrigen Gemeinschaftsgebiet stpfl. **sonstige Leistungen i. S. d. § 3a Abs. 2 UStG**, für die der in einem anderen Mitgliedstaat ansässige Unternehmer die Steuer dort schuldet, ist Meldezeitraum grundsätzlich das Kalendervierteljahr (§ 18a Abs. 2 UStG). Allerdings kann der Unternehmer die Angaben auch in der nach § 18a Abs. 1 UStG monatlich abzugebenden ZM aufnehmen (vgl. dazu § 18a Abs. 3 UStG).

Die ZM ist **bis zum 25. Tag nach Ablauf des jeweiligen Meldezeitraums** abzugeben, eine Dauerfristverlängerung (vgl. 11) »schlägt« auf die Abgabe der ZM »nicht durch«. Damit fallen die Abgabefristen von USt-Voranmeldung und ZM auseinander.

12.2   Angaben in der Zusammenfassenden Meldung

Der Unternehmer muss in der ZM folgende Angaben machen (§ 18a Abs. 7 UStG):
- die USt-IdNr. jedes Leistungsempfängers
- die Summe der Bemessungsgrundlagen.

Hat das Finanzamt den Unternehmer von der Verpflichtung zur Abgabe von Voranmeldungen gem. § 18 Abs. 2 Satz 3 UStG befreit, kann der Unternehmer nach § 18a Abs. 9 UStG die ZM bis zum 25. Tag nach Ablauf jedes KJ abgeben, sofern er meldepflichtige Umsätze ausgeführt hat.

Kommt der Unternehmer seiner Verpflichtung zur Abgabe der ZM nicht nach, kann die Abgabe durch die Verhängung eines Zwangsgeldes erzwungen werden. Darüber hinaus kann bei vorsätzlicher oder leichtfertiger Nichtabgabe der ZM gem. § 26a UStG ein Bußgeld bis zu 5 000 € gegen den Meldepflichtigen verhängt werden. Die Verhängung eines Bußgeldes ist auch möglich bei unrichtiger, unvollständiger oder verspäteter Abgabe, sofern dem Unternehmer Vorsatz oder Leichtfertigkeit nachzuweisen ist. Für die verspätete Abgabe der ZM werden aber keine Verspätungszuschläge erhoben (§ 18a Abs. 11 UStG).

Unrichtige oder unvollständige ZM müssen innerhalb eines Monats berichtigt werden, wenn der Unternehmer ihre Unrichtigkeit erkennt (§ 18a Abs. 10 UStG). So ist z. B die versehentliche Nichtangabe eines Erwerbers nachzumelden oder die Angabe einer falschen USt-IdNr. zu berichtigen.

Nach § 18a Abs. 1 UStG sind ZM auf elektronischem Weg abzugeben. Das Finanzamt kann allerdings zur Vermeidung von unbilligen Härten eine Ausnahme von der elektronischen Datenübermittlung gestatten (vgl. § 18a Abs. 5 UStG).

13 Vergütung der Vorsteuerbeträge (Vergütungsverfahren)

Vorsteuerabzugsberechtigt ist grundsätzlich auch der Unternehmer, der im Inland weder seinen Sitz (Wohnort) hat, noch Ausgangsumsätze tätigt. Da das USt-Voranmeldungsverfahren auf derartige Unternehmer keine Anwendung findet, kann ihm die Vorsteuer nur in einem besonderen Verfahren (dem sog. **Vergütungsverfahren**) erstattet werden. Das Gleiche gilt für die Unternehmer, die aufgrund des Reverse-Charge-Verfahrens nach § 13b Abs. 2 UStG keine USt anzumelden und abzuführen haben. Näheres hierzu in den §§ 59–61a UStDV.

Die Möglichkeit, Vorsteuern im Vergütungsverfahren erstattet zu bekommen, ist allerdings für Unternehmer, die im Drittlandsgebiet ansässig sind, eingeschränkt. Soweit es sich um Vorsteuerbeträge handelt, die auf den Bezug von Kraftstoffen entfallen, ist ein VStA im Vergütungsverfahren ausgeschlossen (§ 18 Abs. 9 Satz 5 UStG).

Darüber hinaus wird ihnen nach § 18 Abs. 9 Satz 4 UStG die Vorsteuer nur vergütet, wenn in dem Land, in dem sie ihren Sitz haben

- entweder keine USt oder ähnliche Steuer erhoben wird oder
- die USt im Falle der Erhebung einem im Inland ansässigen Unternehmer vergütet wird (Gegenseitigkeitsprinzip).

Bei welchen Drittstaaten die Voraussetzungen für eine Vorsteuervergütung vorliegen, hat das BMF in einem Verzeichnis veröffentlicht (vgl. BMF vom 17. 10. 2014, BStBl I 2014, 1369).

14 Umsatzsteuer-Nachschau

Gem. § 27b UStG können zur Sicherstellung einer gleichmäßigen Festsetzung und Erhebung der USt die damit betrauten Amtsträger der Finanzbehörde ohne vorherige Ankündigung und außerhalb einer Außenprüfung Grundstücke und Räume von Personen, die eine gewerbliche oder berufliche Tätigkeit selbständig ausüben, während der Geschäfts- und Arbeitszeiten betreten, um Sachverhalte festzustellen, die für die Besteuerung erheblich sein können. Wohnräume dürfen gegen den Willen des Inhabers nur zur Verhütung dringender Gefahren für die öffentliche Sicherheit und Ordnung betreten werden.

Wenn die bei der allgemeinen Nachschau getroffenen Feststellungen hierzu Anlass geben, kann ohne vorherige Prüfungsanordnung (§ 196 AO) zu einer Außenprüfung nach § 193 AO übergegangen werden. Auf den Übergang zur Außenprüfung wird schriftlich hingewiesen.

Werden anlässlich der USt-Nachschau Verhältnisse festgestellt, die für die Festsetzung und Erhebung anderer Steuern als der USt erheblich sein können, so ist die Auswertung der Feststellungen insoweit zulässig, als ihre Kenntnis für die Besteuerung der in Abs. 1 genannten Personen oder anderer Personen von Bedeutung sein kann.

15 Haftung des Leistungsempfängers für die schuldhaft nicht abgeführte Steuer des Leistenden (§ 25 d UStG)

Der Rechnungsempfänger haftet für die ihm berechnete USt des Rechnungsausstellers, wenn dieser die ausgewiesene USt für einen an den Rechnungsempfänger ausgeführten Umsatz vorsätzlich nicht entrichtet hat.

Die Haftung beim Rechnungsempfänger tritt ein, wenn der Rechnungsempfänger von der vorsätzlichen Nichtentrichtung Kenntnis gehabt hat oder nach der Sorgfalt eines ordentlichen Kaufmanns hätte haben müssen. Erfüllen mehrere Unternehmer den Tatbestand, so haften diese als Gesamtschuldner.

Unternehmer, die die unlautere Nichtentrichtung des Rechnungsausstellers trotz Beachtung der Sorgfalt eines ordentlichen Kaufmanns nicht erkennen konnten, können nicht zur Haftung herangezogen werden.

Praktische Folge der Regelung ist eine Neutralisierung des VStA.

Handelt es sich bei einer Rechnung hingegen um eine Scheinrechnung über eine nichtausgeführte Leistung, wird dem Leistungsempfänger der VStA versagt.

Der Rechnungsaussteller schuldet die unzulässig ausgewiesene USt gem. § 14c Abs. 2 UStG. Soweit keine Gefährdung des Steueraufkommens vorliegt, kann die Steuer nach § 14c Abs. 2 UStG im Verfahren nach § 14c Abs. 2 Sätze 3–5 UStG durch Rechnungsberichtigung »beseitigt« werden.

> **BEISPIEL**
> A ist Geschäftsführer der A-GmbH und Komplementärgesellschafter der B-KG.
> Die A-GmbH erbringt an die B-KG eine Lieferung und stellt eine Rechnung über 1 000 000 € zuzügl. 190 000 € USt aus. Der Betrag wird von der B-KG bezahlt. Die USt aus der Lieferung wird von der A-GmbH vorsätzlich nicht angemeldet.
> **LÖSUNG** Da A aufgrund seiner Geschäftsführerstellung für die Nichtabführung der USt bei der A-GmbH verantwortlich war, liegen die Haftungsvoraussetzungen bei der B-KG vor, da die B-KG über ihren Komplementär A Kenntnis hatte oder zumindest nach der Sorgfalt eines ordentlichen Kaufmanns hätte haben müssen, dass die in der Rechnung der A-GmbH ausgewiesene und bei der B-KG zum VStA berechtigende USt vorsätzlich nicht entrichtet worden ist.

Teil Y Lösungshinweise zu den Fällen 1–31

Lösung zu Fall 1
1. Mit der Veräußerung der Maschine tätigt F eine Lieferung i. S. d. § 1 Abs. 1 Nr. 1 UStG. Diese Lieferung erfolgt durch einen Unternehmer im Rahmen seines Unternehmens und auch gegen Entgelt. Allerdings fehlt die Lieferung im **Inland** (§§ 1 Abs. 2, 3 Abs. 6 UStG), daher ist der Umsatz **nicht steuerbar**.
2. Es handelt sich um eine Lieferung i. S. d. § 1 Abs. 1 Nr. 1 UStG. A ist jedoch kein Unternehmer (§ 2 Abs. 1 UStG), daher ist die Lieferung **nicht steuerbar**.
3. L entnimmt Gegenstände aus seinem Unternehmen für Zwecke außerhalb seines Unternehmens. Die Entnahmen werden gem. § 3 Abs. 1b Nr. 1 UStG entgeltlichen Lieferungen gleichgestellt und sie erfolgen nach § 3f UStG im Inland. Daher liegen steuerbare und mangels Steuerbefreiung auch steuerpflichtige Lieferungen vor (§ 1 Abs. 1 Nr. 1 UStG).
4. M erbringt an P eine sonstige Leistung (§ 3 Abs. 9 UStG, Vermietung eines Beförderungsmittels) gegen Entgelt. M ist Unternehmer und erbringt die Leistung i. R. seines Unternehmens. Der Leistungsort liegt im Inland (§ 3a Abs. 3 Nr. 2 UStG). Damit sind alle Tatbestandsmerkmale des § 1 Abs. 1 Nr. 1 UStG erfüllt. Die Leistung ist steuerbar und mangels Steuerbefreiung auch steuerpflichtig.
5. A tätigt mit der Veräußerung der Waschmaschine eine Lieferung i. S. d. § 1 Abs. 1 Nr. 1 UStG. Die Lieferung erfolgt von einem Unternehmer, gegen Entgelt, im Inland, jedoch **nicht i. R. seines Unternehmens** (§ 2 Abs. 1, SSatz 2 UStG). Da ein Tatbestandsmerkmal fehlt, ist die Lieferung **nicht steuerbar**.

Lösung zu Fall 2
1. Wasser ist eine vertretbare Sache (§ 91 BGB) und damit ein Liefergegenstand. Da es unverpackt geliefert wird, ist der Kaufvertrag maßgebend. Dieser beinhaltet die Lieferung von Wasser für den Dreimonatszeitraum. Es liegt somit nur **ein** Liefergegenstand vor.
2. Personen sind keine Sachen. Somit liegt kein Liefergegenstand vor. Der Mittelsmann erbringt in diesem Fall eine steuerbare und steuerpflichtige sonstige Leistung (Vermittlungsleistung).
3. Lebende Tiere sind zwar keine Sachen. Die für Sachen geltenden Vorschriften sind aber gem. § 90 a BGB entsprechend anzuwenden. Es liegen somit **zwei** Liefergegenstände vor.
4. Die Fahrkarte verkörpert das Recht auf eine Beförderungsleistung. Rechte sind auch dann keine Liefergegenstände, wenn sie durch Beweisurkunden verbrieft werden. Somit liegt kein Liefergegenstand vor. Die Bundesbahn erbringt eine steuerbare und steuerpflichtige sonstige Leistung (§ 3 Abs. 9 UStG).
5. In der Übergabe des Manuskripts liegt die Übertragung eines Verwertungsrechts. Die Übergabe des Manuskripts ist gegenüber der Übertragung des Rechts von nur untergeordneter Bedeutung und dient lediglich zur Sichtbarmachung der geistigen Leistung. Es liegt daher kein Liefergegenstand i. S. d. UStG vor. S erbringt eine sonstige Leistung, die unter das Urheberrecht fällt (vgl. A 3.1 Abs. 4 Satz 2 UStAE).
6. Bücher sind vertretbare Sachen. Sie werden nach ihrer **Zahl** gehandelt. Somit liegen zehn Liefergegenstände vor.
7. Bilder sind nach der Verkehrsauffassung Sachen. Es liegt somit ein Liefergegenstand vor.
8. Es liegt eine Sachgesamtheit und somit **eine** Lieferung vor. Würden bei Übergabe des Werkzeugkastens einzelne Teile des Inhalts fehlen, wäre insgesamt noch nicht geliefert.

Lösung zu Fall 3

1. Der bloße Abschluss eines Kaufvertrags stellt umsatzsteuerrechtlich noch keine Lieferung dar. Diese erfolgt erst mit Beginn der Beförderung des Liefergegenstands (Beförderung durch den Lieferer oder Abnehmer nach § 3 Abs. 6 Satz 1 UStG). Da es dazu nicht kam, liegt kein Verschaffen der Verfügungsmacht i. S. d. § 3 Abs. 1 UStG und damit keine Lieferung nach § 1 Abs. 1 Nr. 1 UStG vor.

2. Es liegt hier ein Verkauf ohne Beförderung oder Versendung des Liefergegenstands vor (= ruhende Lieferung nach § 3 Abs. 7 Satz 1 UStG). Die Verfügungsmacht (= Lieferung) wird in diesen Fällen durch Übergang des zivilrechtlichen bzw. des wirtschaftlichen Eigentums verschafft.
Erfolgt der Übergang von Nutzen und Lasten **vor** Eintragung des neuen Eigentümers ins Grundbuch (Regelfall), liegt bereits zu diesem Zeitpunkt die Übertragung des wirtschaftlichen Eigentums vor. Die Verfügungsmacht wurde damit bereits am 01. 01. 02 verschafft, d. h. zu diesem Zeitpunkt erfolgte die Lieferung nach § 3 Abs. 7 Satz 1 UStG.

3. Die bloße Bestellung stellt noch kein Verschaffen der Verfügungsmacht i. S. d. § 3 Abs. 1 UStG dar. Mit der Montage der Reifen findet am 20. 10. 01 eine Übereignung von vier Gegenständen gem. § 929 Satz 1 BGB statt. Zu diesem Zeitpunkt liegen vier Lieferungen von R an K vor. Vertretbar ist auch, eine Sachgesamtheit anzunehmen. Es liegt dann nur eine Lieferung vor, die mit der vollständigen Montage aller vier Reifen ausgeführt ist.

4. T hat mit K zunächst nur einen Kaufvertrag über den Erwerb des Teppichs abgeschlossen. Ein Verschaffen der Verfügungsmacht ist am 29. 09. 01 nicht erfolgt, da K weder den Teppich abgeholt (Beginn der Beförderung) hat, noch zu diesem Zeitpunkt zivilrechtlicher oder wirtschaftlicher Eigentümer wurde. Das Verschaffen der Verfügungsmacht hätte mindestens vorausgesetzt, dass T den für K bestimmten Teppich besonders kennzeichnet. Der dem K übergebene Gutschein ist kein Liefergegenstand i. S. d. UStG. Es liegt insoweit keine Lieferung an K vor. Der Gutschein stellt wirtschaftlich lediglich eine Rückzahlung der 500 € dar. Im Hinblick auf die beabsichtigte Lieferung hat T für den VZ September die Anzahlung von 500 € zu versteuern (§ 13 Abs. 1 Nr. 1a Satz 4 UStG). Die USt hierfür beträgt 19/119 von 500 € = 79,83 €. Da K im Oktober vom Kauf zurücktritt, kann T die Versteuerung der Anzahlung für den VZ Oktober rückgängig machen (§ 17 Abs. 2 Nr. 3 UStG).

5. Bezüglich des bestellten Bildes erfolgt die Lieferung an H (Verschaffen der Verfügungsmacht nach § 3 Abs. 1 UStG) bereits mit dem Beginn der Beförderung durch D in Prag, da zu diesem Zeitpunkt sowohl die Vereinbarung eines Leistungsaustauschs als auch der Lieferwille vorliegen und der H als Abnehmer feststeht. Bezüglich der zwei zur Ansicht mitgebrachten Bilder lag bei Beginn der Beförderung noch keine Vereinbarung vor, da noch nicht klar war, ob Kunstliebhaber H die Bilder nehmen würde, d. h. es stand somit der Abnehmer nicht fest. Daher erfolgte die Lieferung erst dann, als die Abnahme durch H gesichert war (BFH vom 06. 12. 2007, VR 24/05). Dies ist nur in Bezug auf eines der mitgebrachten Bilder erfolgt. Dieses Bild wurde folglich erst mit der Eigentumsübertragung in Ludwigsburg geliefert (Lieferung ohne Warenweg nach § 3 Abs. 7 Satz 1 UStG).
Bezüglich des nach Prag zurück transportierten Bildes liegt kein Verschaffen der Verfügungsmacht und damit keine umsatzsteuerrechtlich relevante Lieferung vor.

6. Darin, dass sich S die Schachtel Konfekt aneignet, liegt kein Verschaffen der Verfügungsmacht. Es fehlt am Lieferwillen des Geschäftsinhabers. Dieser liegt erst in dem Zeitpunkt vor, zu dem S im Hinblick auf die Bezahlung des Kaufpreises die Schachtel belassen wird. In diesem Moment wurde ein Leistungsaustausch (Verkaufsgeschäft) mit dem Minder-

jährigen vereinbart. Nach der Rechtsprechung des BFH (vom 24. 02. 2005 BFH/NV 2005, 1160, unter II.1.b) ist das Vorliegen eines wirksamen Vertrags keine notwenidge Voraussetzung für das Verschaffen der Verfügungsmacht. Mit der Übergabe des Konfekts (Abholfall) liegt eine Lieferung vor, da die Verkäuferin dem Minderjährigen die Schachtel Konfekt willentlich übergeben hat und somit auch der bisher fehlende Lieferwille gegeben ist. Zeitgleich erfolgt zwar auch der Übergang des wirtschaftlichen Eigentums, da der Minderjährige wie ein Eigentümer über den Gegenstand verfügen kann. Weil es aber vorrangig auf den Beginn der Beförderung ankommt, ist dies nicht mehr maßgebend.

7. Beim Tisch und der Couch handelt es sich jeweils um einen Liefergegenstand. Der Tisch wird sofort am 30. 11. 01 mit Beginn der Beförderung (Abholfall) geliefert (§ 3 Abs. 6, SSatz 1–3 UStG). Bezüglich der Couch liegt am 30. 11. 01 noch keine Lieferung vor, da zunächst nur ein Kaufvertrag abgeschlossen wurde.
Die Lieferung der Couch erfolgte mit deren Übergabe an den Spediteur R am 15. 12. 01 (§ 3 Abs. 6 Satz 4 UStG).

8. Da der Gutschein kein konkretes Produkt beinhaltet, stellt die Übergabe des Gutscheins lediglich eine Art Ersatzgeld dar (§ 3 Abs. 15 UStG sog. »Mehrzweckgutschein«). Es liegt keine Übergabe eines Gegenstandes im umsatzsteuerrechtlichen Sinne vor und stellt somit keine Lieferung von R an seine Angestellten dar.
Die Kaufverträge über die Waren werden unmittelbar zwischen der Bäckerei bzw. der Metzgerei und den Angestellten abgeschlossen. Demzufolge erfolgen die Lieferungen unmittelbar zwischen der Bäckerei, Metzgerei und den Angestellten. Der Lieferzeitpunkt ist der Zeitpunkt der Übergabe der Ware.

9. Da es sich um Kommissionsware handelt, wird der Buchhändler (sog. Sortimenter) nicht Eigentümer der Bücher. Bei einer Veräußerung der Bücher durch den Buchhändler geht das Eigentum unmittelbar vom Verlag auf die Käufer über. Durch den Versand der Bücher an den Buchhändler verschafft V noch nicht die Verfügungsmacht an den Büchern. Es handelt sich insoweit um ein sog. rechtsgeschäftsloses Verbringen (BFH vom 25. 11. 1986 BStBl II 1987, 278; A. 3.1 Abs. 3, SSatz 7 UStAE). Mit dem Verkauf der Bücher vom Buchhändler (B) an die Käufer erbringt B und nicht etwa der Verlag V Lieferungen an den jeweiligen Vertragspartner, weil B die Kaufverträge im eigenen Namen abgeschlossen hat (also insg. 5 Lieferungen). Der Lieferung des jeweiligen Buches von B an den Käufer geht aufgrund der Sonderregelung des § 3 Abs. 3 UStG jeweils eine Lieferung von V an B unmittelbar voraus. So liefert V an B insgesamt 5 von den 10 übersandten Büchern. Die Rückgabe der 5 unverkauften Exemplare an den Verlag stellt wiederum ein rechtsgeschäftsloses Verbringen dar.

Lösung zu Fall 4

1. K schließt mit C, C mit B und B mit A über die Waschmaschine jeweils einen Kaufvertrag (Umsatzgeschäft) ab. A als erster Unternehmer in der Reihe versendet über seinen selbständigen Erfüllungsgehilfen F die Waschmaschine unmittelbar zu K, dem letzten Abnehmer in der Reihe. Es liegt somit ein Reihengeschäft vor (§ 3 Abs. 6 Satz 5 UStG; § 3 Abs. 6a, S. 1 UStG-E). I. R. des Reihengeschäfts erfolgen Lieferungen von A an B, B an C und C an K. Bei der Lieferung von A an B handelt es sich um eine Versendungslieferung mit Warenbewegung von A zu K (§ 3 Abs. 6 Satz 4 UStG; § 3 Abs. 6a, S. 2 UStG-E). Lieferzeitpunkt (A 14.5 Abs. 16 Nr. 2 UStAE) ist die Übergabe der Waren an den Frachtführer am 30. 09. 02. Bei den Lieferungen von B an C und von C an K handelt es sich um Lieferungen ohne Warenbewegung, sog. ruhende Lieferungen (§ 3 Abs. 7, Satz 2 Nr. 2 UStG). Lieferzeitpunkt

für diese Lieferungen ist der Zeitpunkt des Eintreffens der Ware bei K (= Übergabezeitpunkt [A 3.14 Abs. 16b Satz 3 UStAE] an K, also der 04. 10. 01); Lieferort ist der Ort am Ende des Warenwegs.

2. K hat mit P einen Kaufvertrag über einen Pkw abgeschlossen, während K mit E einen Kaufvertrag über die Rechte aus einem Kaufvertrag abgeschlossen hat. Es wurden zwar zwei Umsatzgeschäfte abgeschlossen, aber nicht über denselben Gegenstand. Deshalb liegt kein Reihengeschäft nach § 3 Abs. 6 Satz 5 UStG (§ 3 Abs. 6a, S. 1 UStG-E) vor. Durch den Erwerb der Rechte aus dem Kaufvertrag tritt E in die Rechtsstellung des K ein (§ 3 Abs. 9 UStG). Der Abnehmer K wird lediglich durch den Abnehmer E ersetzt. E ist also kein Dritter i. S. d. § 3 Abs. 1 UStG. Es liegt infolgedessen nur eine unmittelbare Lieferung von P an E vor.

Anmerkung: Die Übertragung der Rechte aus dem Kaufvertrag durch K an E stellt eine sonstige Leistung dar, die steuerbar, jedoch als Forderungsabtretung nach § 4 Nr. 8 c UStG steuerfrei ist.

3. Die Unternehmer F, G und H schließen über denselben Liefergegenstand, die zerlegte Schrankwand, jeweils einen Kaufvertrag ab und erfüllen diese Verträge dadurch, dass der Liefergegenstand unmittelbar von F zum Bahnhof in Köln zur Verfügung des H transportiert wird. Es liegt somit zwischen F, G und H ein Reihengeschäft vor. I. R. dieses Reihengeschäfts liefert F an G und G an H. Bei der Lieferung von F an G liegt eine Versendungslieferung mit Warenweg von Frankfurt nach Köln vor (§ 3 Abs. 6 Satz 4 UStG). Lieferzeitpunkt ist hier der Beginn der Versendung am 30. 06. 01. Bei der Lieferung von G an H handelt es sich um eine Lieferung ohne Warenbewegung (§ 3 Abs. 7 Satz 2 Nr. 2 UStG). Lieferzeitpunkt ist der am Ende des Warenwegs befindliche Übergabezeitpunkt an H am 02. 07. 01.

Die Lieferung von H an K erfolgt nicht i. R. des Reihengeschäfts, da der Liefergegenstand »aufgebaute Schrankwand« nicht identisch ist mit den vorhergehenden Lieferungen. Ab Köln wurde vielmehr ein zweiter Transportauftrag erteilt. Es liegt eine an das Reihengeschäft angehängte Lieferung vor.

Die Lieferung von H an K ist daher erst mit dem Aufbau und der Abnahme der Schrankwand bei K bewirkt. Die Lieferung wurde daher auch am 02. 07. 01 ausgeführt.

Lösung zu Fall 5

	Inland	Gemeinschaftsgebiet	Übriges Gemeinschaftsgebiet	Drittlandsgebiet
1. **Stuttgart**	×	×		
2. **Dresden**	×	×		
3. **Insel Helgoland**				× (Zollfreies Gebiet)
4. **Berlin**	×	×		
5. **Insel Sylt**	×	×		
6. **Monaco**		×	×	
7. **Freihafen Cuxhaven**				×
8. **Mittelberg**		×	×	
9. **Büsingen**				×

	Inland	Gemeinschaftsgebiet	Übriges Gemeinschaftsgebiet	Drittlandsgebiet
10. Rom		×	×	
11. Moskau				×
12. Bodensee bei Bregenz		×	×	
13. Amerikanische Kaserne in Stuttgart	×	×		
14. Deutsche Botschaft in Prag		×	×	
15. Deutsches Schiff auf hoher See				×
16. Zolllager in Hamburg	×	×		
17. USt-Lager in Stuttgart	×	×		

Lösung zu Fall 6

1. A tätigt eine Grundstückslieferung an B. Die Lieferung erfolgt am 01. 01. 02 mit Übergang von Nutzen und Lasten (wirtschaftliches Eigentum, § 3 Abs. 1 UStG). Der Lieferort richtet sich gem. § 3 Abs. 7 Satz 1 UStG nach dem Ort, an dem sich das Grundstück befindet (Insel Helgoland) und nicht etwa dort, wo der Kaufvertrag abgeschlossen wurde. Die Insel Helgoland ist nach § 1 Abs. 2 UStG Ausland. Die Lieferung ist somit gem. § 1 Abs. 1 Nr. 1 UStG nicht steuerbar.

2. Der Kfz-Händler H in Straßburg liefert an K. Die Lieferung erfolgt mit Beginn der Beförderung durch K, also am 15. 08. 01. Ort der Lieferung ist gem. § 3 Abs. 6 Satz 1 UStG Freiburg und somit Inland nach § 1 Abs. 2 UStG, da K den Pkw dort abholt. Die Lieferung ist somit steuerbar.

3. Mangels Lieferwillen liegt keine Lieferung von M an K vor, obwohl die tatsächliche Verfügungsmacht am Pkw (durch Unterschlagung) auf K übergeht. K tätigt am 17. 01. 01 eine Lieferung an A. Nach der Rechtsprechung des BFH (vom 24. 02. 2005 BFH/NV 2005, 1160, unter II.1.b) setzt das Verschaffen der Verfügungsmacht keinen wirksamen bzw. rechtsgültigen Vertrag voraus. Mit der Übergabe des Pkw verschafft K dem A Verfügungsmacht am Diebesgut. Ort dieser Lieferung ist nach § 3 Abs. 6 Satz 1 UStG Amsterdam. Die Lieferung wurde somit im übrigen Gemeinschaftsgebiet ausgeführt und ist gem. § 1 Abs. 1 Nr. 1 UStG in Deutschland nicht steuerbar.

4. Der Kaufvertrag zwischen M und F über die Maschine wird erfüllt. Somit erbringt M eine Lieferung an F. Die Lieferung erfolgt mit Beginn der Beförderung am 31. 01. 01, da eine Lieferung mit Warenweg vorliegt und zu diesem Zeitpunkt bereits Leistungsaustauschvereinbarung und Liefergegenstand gegeben sind. Da die Maschine bei der Lieferung an F zu E (Empfangsspediteur) befördert bzw. versandt wird, liegt eine sog. gebrochene Beförderungsversendungslieferung von M an F vor. Hierbei ist A als unselbständiger Erfüllungsgehilfe des M und E als selbständiger Erfüllungsgehilfe des F eingeschaltet. Der Lieferort ist somit gem. § 3 Abs. 6 Satz 1 UStG dort, wo die Beförderung beginnt, also in München. Die Lieferung ist somit steuerbar.
Anmerkung: Da der Lieferort gem. § 3 Abs. 6 UStG in München liegt, tätigt M an F eine innergemeinschaftliche, nach § 4 Nr. 1 Buchst. b UStG i. V. m. § 6a UStG steuerfreie Lieferung (Näheres vgl. Teil L Kap. 2.9)

5. Da der Kaufvertrag von G gegenüber K erfüllt wird, tätigt G eine Lieferung des Zellstoffs an K. Der Zellstoff wird durch den selbständigen Erfüllungsgehilfen F des G im Auftrag des G zu K transportiert. Es liegt eine Versendungslieferung nach § 3 Abs. 6 Satz 1 UStG vor. Der Ort der Lieferung wäre demnach im Freihafen. Nach § 3 Abs. 8 UStG verlagert er sich jedoch ins Inland, da F als Beauftragter des G den Zellstoff beim Zollamt angemeldet hat und somit F Schuldner der EUSt ist. Die Steuerschuldnerschaft ist dem Lieferer G zuzurechnen. Dementsprechend bewirkt G gegenüber K am 16.05.2017 eine im Inland steuerbare und steuerpflichtige Lieferung.
6. Mit der Bestellung kommt ein Kaufvertrag zwischen M und H zustande. Mit Erfüllung des Kaufvertrags tätigt M zehn Lieferungen an H. Die Polstergarnituren werden durch den von H beauftragten Frachtführer F zu H versandt. Somit liegt eine Versendungslieferung nach § 3 Abs. 6 Satz 1 UStG vor. Der Lieferort ist Konstanz. Die Lieferungen sind steuerbar. Sie erfolgen mit Übergabe an den Spediteur am 02.02.01 (§ 3 Abs. 6 Satz 4 UStG).
7. Mit der Veräußerung des Buches von B an K erbringt dieser eine Lieferung an K. Es handelt sich um eine Beförderungslieferung (Beförderung durch den Abnehmer) nach § 3 Abs. 6 Satz 1 UStG. Lieferort ist Zagreb; die Lieferung ist in Deutschland nicht steuerbar. Eine logische Sekunde zuvor hat V dieses Buch an B geliefert (§ 3 Abs. 3 UStG). Der Ort der Lieferung liegt nach § 3 Abs. 7 Satz 1 UStG ebenfalls in Zagreb. Die Lieferung ist ebenfalls nicht steuerbar. Bezüglich der übrigen Bücher bleibt vorläufig V Eigentümer; somit sind diesbezüglich keine Lieferungen erfolgt. Der Transport der Bücher von Heidelberg nach Zagreb am 07.08.01 stellt ein sog. innergemeinschaftliches Verbringen dar (vgl. A. 1a.2 Abs. 7 UStAE).
8. Mit der Übergabe des Videorekorders im Geschäft des H geht die Verfügungsmacht auf P über (Beförderung durch den Abnehmer). Damit hat H an P geliefert. Es handelt sich um einen Abholfall, der als Beförderungslieferung nach § 3 Abs. 6 Satz 1 UStG zu beurteilen ist. Lieferort ist Karlsruhe. Die Lieferung ist steuerbar und steuerpflichtig. § 3c UStG kommt nicht zur Anwendung, da ein Abholfall durch den Abnehmer und keine Beförderung durch den Lieferer (vgl. § 3c Abs. 1 Satz 1 UStG) vorliegt.
9. Mit Erfüllung des Kaufvertrags erbringt E eine Lieferung der Wohnzimmereinrichtung an das Ehepaar Gartier. Da das Ehepaar als Abnehmer die Wohnzimmereinrichtung durch den Spediteur abholen lässt, liegt eine Versendungslieferung durch den Abnehmer nach § 3 Abs. 6 Satz 1 UStG vor. Lieferort ist dort, wo die Versendung beginnt, also Aachen. Die Lieferung ist damit steuerbar. Eine Verlagerung des Lieferorts nach § 3c UStG kann bei der Versendung durch den Abnehmer nicht eintreten (vgl. Wortlaut § 3c Abs. 1 UStG).
10. W tätigt an P eine Lieferung von 200 Flaschen Wein. W versendet den Wein zu P. Somit wäre der Lieferort nach § 3 Abs. 6 Satz 1 UStG in Selestat (Frankreich). Da es sich jedoch um eine Versendung durch den Lieferer handelt und P als Privatmann keine Erwerbsbesteuerung im Inland vornehmen muss, verlagert sich der Lieferort nach § 3c UStG nach Deutschland. Beim Wein handelt es sich um eine verbrauchssteuerpflichtige Ware (§ 1a Abs. 5 Satz 2 UStG). Deshalb spielt die Lieferschwelle nach § 3c Abs. 3 Nr. 1 gem. § 3c Abs. 5 UStG keine Rolle. W muss sich in Deutschland registrieren lassen. Die Lieferung an P ist steuerbar und steuerpflichtig. Die Lieferung erfolgt mit dem Beginn der Versendung.

Lösung zu Fall 7
1. Z hat mit W und W mit F über den Whisky jeweils einen Kaufvertrag abgeschlossen. Beide Kaufverträge werden erfüllt. Somit erbringt Z an W und W an F jeweils eine Lieferung. Da die Ware unmittelbar vom ersten Unternehmer Z zum letzten Abnehmer F transportiert

wird, liegt ein Reihengeschäft vor (§ 3 Abs. 6 Satz 5 UStG; § 3 Abs. 6a, S. 1 UStG-E). Der Whisky wird von Z als Lieferer versandt, die Warenbewegung muss daher seiner Lieferung zugerechnet werden (§ 3 Abs. 6a, S. 2 UStG-E). Somit erbringt Z eine Versendungslieferung gem. § 3 Abs. 6 Satz 1 UStG. Die Lieferung ist grundsätzlich am Ort des Beginns der Versendung, also in Zürich, bewirkt. Es tritt jedoch gem. § 3 Abs. 8 UStG eine Verlagerung des Lieferorts ins Inland ein, da aufgrund der Lieferbedingung »verzollt und versteuert« Z Schuldner der deutschen EUSt wird. Damit ist die Lieferung des Z an W steuerbar und steuerpflichtig. Z muss sich in Deutschland registrieren lassen und W eine Rechnung mit deutscher USt ausstellen. Die Lieferung erfolgt am 07. 05. 01 mit der zollamtlichen Abfertigung.

Da zwar mehrere Lieferungen vorliegen, aber nur eine Warenbewegung, ist gem. § 3 Abs. 6 Satz 5 UStG (§ 3 Abs. 6a, S. 1 UStG-E) nur die Lieferung des Z eine Versendungslieferung. Die Lieferung des W folgt der des Z, daher bestimmt sich der Ort für diese Lieferung nach § 3 Abs. 7 Satz 2 Nr. 2 UStG und liegt daher im Inland. Insoweit ist auch die Lieferung des W an F steuerbar und steuerpflichtig. Die Lieferung erfolgt am 07. 05. 01 mit der Übergabe an F (Ende des Warenwegs).

Z darf als Einführer die EUSt gem. § 15 Abs. 1 Nr. 2 UStG als Vorsteuer abziehen.

2. Der Whisky wird – wie in Nr. 1 – von Z als Lieferer versandt. Somit erbringt Z eine Versendungslieferung gem. § 3 Abs. 6 Satz 1 UStG. Lieferort ist der Ort des Beginns der Versendung, also Zürich. Es tritt keine Verlagerung des Lieferorts ins Inland gem. § 3 Abs. 8 UStG ein, da aufgrund der Lieferbedingung »unverzollt und unversteuert« nicht Z, sondern W Schuldner der deutschen EUSt wird. Damit ist die Lieferung des Z an W nicht steuerbar. Bei der Lieferung von W an F handelt es sich um die restliche Lieferung ohne Warenbewegung. Der Lieferort bestimmt sich – wie in Nr. 1 – nach § 3 Abs. 7 Satz 2 Nr. 2 UStG und befindet sich in Freiburg. Die Lieferung ist steuerbar und steuerpflichtig; sie erfolgt am 07. 05. 01 mit der Übergabe an F. W hat in seiner Eigenschaft als Schuldner der EUSt den Whisky für sein Unternehmen eingeführt. Somit darf W die EUSt gem. § 15 Abs. 1 Nr. 2 UStG als Vorsteuer abziehen.

3. L hat mit H und H mit K über die Spezialmaschine jeweils einen Kaufvertrag abgeschlossen. Beide Kaufverträge werden erfüllt. Somit erbringt L an H und H an K je eine Lieferung.

Die Lieferung von L an H ist eine gebrochene Beförderungs-Versendungslieferung, die dort bewirkt wird, wo A als unselbständiger Erfüllungsgehilfe des L mit der Beförderung beginnt, also im Freihafen Cuxhaven. Da der Freihafen umsatzsteuerrechtlich Ausland ist, ist die Lieferung des L nicht steuerbar. Eine Verlagerung des Lieferorts ins Inland gem. § 3 Abs. 8 UStG tritt nicht ein, weil L als Versender nicht Schuldner der EUSt ist. Die Lieferung erfolgt am 15. 04. 01 mit Beginn der Beförderung durch A.

Die Lieferung von H an K ist eine weitere Versendungslieferung, die sich an die vorangehende Versendungslieferung anschließt. Ein Reihengeschäft liegt nicht vor, da die Maschine nicht unmittelbar von L zu K befördert oder versendet wird. Der Ort dieser Lieferung bestimmt sich somit ebenfalls nach § 3 Abs. 6 Satz 1 UStG nach dem Ort, an dem die Versendung an K beginnt. Dies ist in Stuttgart. Die Lieferung von H an K ist steuerbar und steuerpflichtig. Die Lieferung erfolgt am 04. 05. 01 mit Beginn der Versendung durch R.

Da R als Erfüllungsgehilfe des H die Abfertigung der Maschine zum freien Verkehr beantragt hat, darf H als Einführer die EUSt gem. § 15 Abs. 1 Nr. 2 UStG als Vorsteuer abziehen.

Lösung zu Fall 8

1. In der Veräußerung des Entwurfs liegt die Übertragung eines Verwertungsrechts. Die Übergabe der Skizze ist gegenüber der Übertragung des Rechts von nur untergeordneter

Bedeutung und dient lediglich der Sichtbarmachung der künstlerischen Leistung. Es liegt somit keine Lieferung, sondern eine sonstige Leistung vor.
2. Es liegt eine Vermietung und damit ein typischer Fall einer sonstigen Leistung vor.
3. Die Darlehensgewährung ist eine sonstige Leistung der B-Bank an E.
4. Die Hingabe des Geldes hat lediglich Zahlungsfunktion. Somit liegt umsatzsteuerrechtlich keine Leistung vor.
5. Das Einfamilienhaus ist ein Gegenstand i. S. v. § 3 Abs. 1 UStG. Es liegt somit eine Lieferung vor. Diese erfolgt jedoch nicht i. R. des Unternehmens und ist daher nicht steuerbar.
6. Die Theaterkarte verkörpert die Einräumung des Rechts, die Theatervorführung besuchen zu dürfen. Rechte sind auch dann keine Liefergegenstände, wenn sie durch Beweisurkunden verbrieft werden (vgl. A 3.1 Abs. 1 Satz 5 UStAE). Insoweit unterscheidet sich das Zivilrecht maßgeblich von der Würdigung des Umsatzsteuerrechts. Somit wird gegenüber K eine sonstige Leistung in Form der Einräumung einer Eintrittsberechtigung bewirkt.
7. Obwohl das Verpflichtungsgeschäft wegen Verstoßes gegen die guten Sitten (§ 138 BGB) möglicherweise unwirksam ist, liegt eine sonstige Leistung von P an A vor. Leistungswille der Leistenden P und Empfangswille bei Leistungsempfänger A sind gegeben.
8. Ein wirksames Verpflichtungsgeschäft zwischen A und B ist wegen Verstoßes gegen ein gesetzliches Verbot (§ 134 BGB) nicht zustande gekommen. Da Leistungswille bei A und Empfangswille beim Leistungsempfänger B vorliegen, ist eine sonstige Leistung von A an B gegeben. Geht man allerdings davon aus, dass das Verprügeln eines anderen absolut verboten ist, darf diese Leistung nicht besteuert werden (vgl. EuGH vom 05. 07. 1988, Rs. 289/86 und Rs. 269/86 UR 1989, 309, 312).
9. Es liegt eine Beförderungsleistung und damit ein typischer Fall einer sonstigen Leistung vor.
10. Der Verzicht ist zum Inhalt eines Verpflichtungsgeschäftes gemacht worden. Die Erfüllung dieses Verpflichtungsgeschäftes stellt eine sonstige Leistung dar (vgl. § 3 Abs. 9 Satz 2 UStG).
11. Der Verkauf des Eisbechers in den Räumen des Unternehmers C stellt eine Restaurationsleistung dar. C erbringt an G eine sonstige Leistung.

Lösung zu Fall 9
1. G steht mit seinem Arbeitgeber F in einem Dienstverhältnis, aufgrund dessen er eine Dienstleistung an F erbringt. Diese ist jedoch mangels Unternehmereigenschaft des G (unselbständiger Arbeitnehmer) nicht steuerbar. F erbringt an seinen Auftraggeber H aufgrund eines Werkvertrags eine Werkleistung. Er bedient sich dabei seines unselbständigen Erfüllungsgehilfen G.
2. H erbringt aufgrund des Mietvertrags eine Vermietungsleistung (sonstige Leistung) an F. F seinerseits vermietet an G (sonstige Leistung).
3. M führt mit der Erstellung des Gutachtens gegenüber seinem Auftraggeber A eine sonstige Leistung aus. A erbringt seinerseits dieselbe Leistung an seinen Auftraggeber B. A kauft gewissermaßen die sonstige Leistung bei M ein und verkauft sie an B weiter.
4. Der Kaufvertrag über den Baukran ist unmittelbar zwischen der Fa. W und der Fa. E zustande gekommen, da H **im Namen und für Rechnung** der Fa. W gehandelt hat. Somit erfolgte die Lieferung des Baukrans unmittelbar von der Fa. W an die Fa. E.

   H vermittelt lediglich den Verkauf des Baukrans. Er erbringt demnach eine Vermittlungsleistung (sonstige Leistung) an seinen Auftraggeber W.

Lösung zu Fall 10

1. A erbringt an B eine sonstige Leistung i. S. v. § 3a Abs. 3 Nr. 1 c UStG. Leistungsort ist demzufolge Konstanz (Lageort). Die Leistung ist steuerbar und steuerpflichtig.
2. Mit der Gebäudereinigung erbringt R sonstige Leistungen im Zusammenhang mit einem Grundstück (§ 3a Abs. 3 Satz 1 UStG). Der Leistungsort ist somit jeweils dort, wo das Grundstück liegt (Lageort).
   a) Der Leistungsort ist Singen. Die Leistung ist steuerbar.
   b) Der Leistungsort ist Singen. Die Leistung ist steuerbar.
   c) Der Leistungsort ist Schaffhausen/Schweiz. Die Leistung ist nicht steuerbar.
3. U erbringt Werklieferungen mit der **Installation** von Aufzugsanlagen. Mit den **Reparaturen** erbringt er nur dann Werklieferungen, wenn er Hauptstoffe verwendet. Verwendet er keine selbst beschafften Hauptstoffe, erbringt er Werkleistungen (sonstige Leistungen). Mit der Wartung der Aufzüge erbringt U ebenfalls Werkleistungen. Bei den Werkleistungen an den Aufzügen erbringt U sonstige Leistungen an einem Grundstück, da die Aufzüge wesentliche Bestandteile der Gebäude und damit der Grundstücke sind (vgl. Beispiel in A 3a.3 Abs. 2 UStAE).
   a) Ort der Werkleistung ist nach § 3a Abs. 3 Satz 1 UStG Kehl. Die sonstige Leistung ist steuerbar (und auch stpfl.).
   b) Ort der Werkleistung ist nach § 3a Abs. 3 Satz 1 UStG Straßburg. Die sonstige Leistung ist nicht steuerbar.
4. Es handelt sich um die kurzfristige Vermietung eines Beförderungsmittels, da keine bestimmte Beförderung geschuldet wird (A 3a.5 Abs. 4 UStAE). Der Leistungsort bestimmt sich – gleich, ob die Leistung an einen Unternehmer oder einen Nichtunternehmer erfolgt – nach § 3a Abs. 3 Nr. 2 UStG. Maßgebend ist damit der Ort, an dem das Beförderungsmittel dem Leistungsempfänger tatsächlich zur Verfügung gestellt wird. Der Leistungsort liegt in Straßburg, d. h. die Leistung ist in Deutschland nicht steuerbar.
5. Im Gegensatz zu Aufgabe Nr. 4 wird eine bestimmte Beförderung geschuldet. Es handelt sich somit um eine Beförderungsleistung. Der Leistungsort bestimmt sich bei der Personenbeförderung nach § 3b Abs. 1 UStG. Er richtet sich nach der Beförderungsstrecke und ist gem. § 3b Abs. 1 Satz 2 UStG entsprechend der Beförderungsstrecke in einen inländischen und einen ausländischen Leistungsteil aufzuteilen. Daher sind nur 130/400, d. h. 32,5 % der Leistung steuerbar.
6. F erbringt an U eine Beförderung von Gegenständen. Die Leistung erfolgt an einen Leistungsempfänger nach § 3a Abs. 2 UStG und wird somit an dessen Unternehmenssitz in Stuttgart bewirkt. Die Leistung ist steuerbar, jedoch nach § 4 Nr. 3a Doppelbuchst. aa UStG steuerfrei.
7. Die Beratungsleistung i. S. d. § 3a Abs. 4 Nr. 3 UStG erfolgt an einen Leistungsempfänger nach § 3a Abs. 2 UStG. Der Leistungsort richtet sich somit nach dem Unternehmenssitz des Leistungsempfängers in London. Die Leistung ist in Deutschland nicht steuerbar.
8. Die Leistung erfolgt an einen Leistungsempfänger nach § 3a Abs. 2 UStG. Der Leistungsort bestimmt sich somit nach § 3a Abs. 2, Satz 2 UStG und liegt in Stuttgart. Die Leistung ist daher steuerbar und steuerpflichtig.
9. Die Leistung erfolgt an einen Leistungsempfänger nach § 3a Abs. 2 UStG und wird daher in Stuttgart bewirkt. Sie ist steuerbar und steuerpflichtig. Die Steuerschuld geht im Reverse-Charge-Verfahren gem. § 13b Abs. 1 UStG von D auf F über.

10.
a) Die Vermietungsleistung erfolgt an die Betriebsstätte in Nürnberg nach § 3a Abs. 2 Satz 2 UStG. Der Leistungsort liegt somit in Nürnberg, die Leistung ist steuerbar und steuerpflichtig.
b) Die Leistung erfolgt an einen Unternehmer in Tschechien. Der Ort der sonstigen Leistung liegt in Tschechien (§ 3a Abs. 2 Satz 1 UStG), da B keine Betriebsstätte in Nürnberg unterhält. Die Leistung ist somit nicht steuerbar. Es greift § 13b Abs. 1 UStG; die Steuerschuld verlagert sich auf B.
c) Die Leistung erfolgt an die Betriebsstätte in Budapest und wird somit in Budapest bewirkt (§ 3a Abs. 2 Satz 2 UStG). Die Leistung ist nicht steuerbar.
d) Der Leistungsort liegt gem. § 3a Abs. 2 UStG am Unternehmenssitz des Leistungsempfängers. Da T keine Betriebsstätte in Budapest unterhält, ist dies Stuttgart. Die Leistung ist in Deutschland steuerbar und steuerpflichtig.

11. V erbringt mit der Vermögensverwaltung eine sonstige Leistung an die Privatperson A (B2C). Es liegt keine der Katalogleistungen des § 3a Abs. 4 UStG vor. Für diese Leistung greift daher keine der Ausnahmeregelungen, somit richtet sich die Ortsbestimmung nach § 3a Abs. 1 UStG. Leistungsort ist damit der Sitzort des V in Stuttgart. Die Leistung ist steuerbar.

12. B tätigt eine sonstige Leistung (Vermietungsleistung) i. S. d. § 3a Abs. 3 Nr. 1 Buchst. a UStG. Ort der sonstigen Leistung ist Jungholz als Lageort des Grundstücks. Die sonstige Leistung ist daher nicht steuerbar.
Die Stuttgarter Zeitung erbringt eine Werbeleistung an B. Es handelt sich um keine Leistung im Zusammenhang mit einem Grundstück, da ein unmittelbarer Zusammenhang mit einem Grundstück fehlt. Die Leistung erfolgt an einen Leistungsempfänger nach § 3a Abs. 2 UStG. Die Leistung wird somit nach § 3a Abs. 2 UStG am Leistungsempfängerort Stuttgart bewirkt, da B keine Betriebsstätte in Jungholz unterhält. Die Leistung ist steuerbar und steuerpflichtig.

13. Die Leistung erfolgt an einen Leistungsempfänger nach § 3a Abs. 2 UStG. Der Leistungsort liegt somit nach § 3a Abs. 2 UStG am Leistungsempfängerort Zürich. Die Leistung ist nicht steuerbar.

14. Die Leistung erfolgt an einen Leistungsempfänger nach § 3a Abs. 2 UStG. Der Leistungsort ist somit nach § 3a Abs. 2 UStG am Leistungsempfängerort Stuttgart. Die Leistung ist steuerbar und stpfl. Die Steuerschuld geht im Reverse-Charge-Verfahren gem. § 13b Abs. 2 Nr. 1 UStG von Z auf S über.

15. Da es sich um eine kurzfristige Vermietung von Beförderungsmitteln handelt, bestimmt sich der Leistungsort gem. § 3a Abs. 3 Nr. 2 UStG nach dem Übergabeort Ludwigsburg. Die Leistungen sind steuerbar und stpfl.

16. Die Leistung i. S. d. § 3a Abs. 4 Nr. 10 UStG erfolgt an einen Leistungsempfänger nach § 3a Abs. 2 UStG (B2B). Der Leistungsort richtet sich somit nach § 3a Abs. 2 UStG und liegt am Unternehmenssitz des B in Stuttgart. Die Leistung ist steuerbar und stpfl. Die Steuerschuld geht im Reverse-Charge-Verfahren gem. § 13b Abs. 2 Nr. 1 UStG von A auf B über.

17. A erbringt Leistungen gem. § 3a Abs. 4 Nr. 10 UStG an Nichtunternehmer (B2C). Da die Leistungsempfänger im Gemeinschaftsgebiet wohnen, bestimmt sich der Leistungsort gem. § 3a Abs. 1 UStG nach dem Unternehmenssitz des Leistenden in Zürich. Die Leistungen sind nicht steuerbar.

18. A erbringt Leistungen gem. § 3a Abs. 4 Nr. 10 UStG (keine Vermietung von Beförderungsmitteln) an einen Leistungsempfänger nach § 3a Abs. 2 UStG. Der Leistungsort bestimmt

sich somit gem. § 3a Abs. 2 UStG nach dem Leistungsempfängerort Zürich. Die Leistungen sind nicht steuerbar.

19. R erbringt seine sonstige Leistung an einen Leistungsempfänger nach § 3a Abs. 2 UStG. Der Leistungsort bestimmt sich somit gem. § 3a Abs. 2 UStG nach dem Unternehmenssitz des Leistungsempfängers in Barcelona. Die Leistung ist in Deutschland nicht steuerbar. Es kommt die Steuerschuldumkehr nach § 13b Abs. 1 UStG zur Anwendung.

20. R erbringt an K eine sonstige Leistung nach § 3a Abs. 2 UStG (B2B). Leistungsort ist der Unternehmenssitz des Leistungsempfängers K in Zürich. Die Leistung ist nicht steuerbar. Die Konzertagentur K erbringt mit der Einräumung von Eintrittsberechtigungen an die Konzertbesucher eine sonstige Leistung. Leistungsort ist nach § 3a Abs. 3 Nr. 3 Buchst. a UStG der Veranstaltungsort in Stuttgart. Die Leistung der K ist somit steuerbar. A erbringt an K eine Vermittlungsleistung. Da es sich um eine B2B-Leistung handelt und keine Ausnahmeregelung zur Anwendung kommt, bestimmt sich der Leistungsort gem. § 3a Abs. 2 UStG nach dem Unternehmenssitz des Leistungsempfängers in Zürich. Die Leistung ist in Deutschland nicht steuerbar.

    R erbringt mit der Einräumung des Urheberrechts eine weitere sonstige Leistung an P. P ist ein Leistungsempfänger nach § 3a Abs. 2 UStG. Somit ist der Leistungsort nach § 3a Abs. 2 UStG am Unternehmenssitz des Leistungsempfängers in Wien. Die Leistung ist in Deutschland nicht steuerbar. Es findet § 13b Abs. 1 Anwendung und die Steuerschuld verlagert sich auf P.

21. A erbringt eine Leistung an G. G ist ein Leistungsempfänger nach § 3a Abs. 2 UStG. Somit bestimmt sich der Leistungsort gem. § 3a Abs. 2 UStG nach dem Unternehmenssitz des Leistungsempfängers in Lyon. Die Leistung ist in Deutschland nicht steuerbar.

22. P erbringt an die FAZ Leistungen nach dem Urheberrechtsgesetz (Leistungen i. S. d. § 3a Abs. 4 Nr. 1 UStG). Die Leistungen erfolgen an einen Leistungsempfänger nach § 3a Abs. 2 UStG. Der Leistungsort bestimmt sich somit gem. § 3a Abs. 2 UStG nach dem Leistungsempfängerort Frankfurt. Die Leistungen sind steuerbar und stpfl. Die Steuerschuld geht im Reverse-Charge-Verfahren gem. § 13b UStG von P auf die FAZ über.

23. K erbringt mit der Lizenzgewährung eine sonstige Leistung i. S. d. § 3a Abs. 4 Nr. 1 UStG an F. Die Leistung erfolgt an einen Leistungsempfänger nach § 3a Abs. 2 UStG. Der Leistungsort bestimmt sich somit gem. § 3a Abs. 2 UStG nach dem Unternehmenssitz des Leistungsempfängers in Reims. Die Leistung ist in Deutschland nicht steuerbar; die Steuerschuld verlagert sich nach § 13b Abs. 1 UStG auf F.

24. Flott erbringt an X eine sonstige Leistung i. S. d. § 3a Abs. 4 Nr. 3 UStG. Die Leistung erfolgt an einen Leistungsempfänger nach § 3a Abs. 2 UStG. Der Leistungsort bestimmt sich somit gem. § 3a Abs. 2 UStG nach dem Unternehmenssitz des Leistungsempfängers in Italien. Die Leistung ist in Deutschland nicht steuerbar; erneut greift § 13b Abs. 1 UStG.

25. S erbringt eine Güterbeförderung an X. Die Leistung erfolgt an einen Leistungsempfänger nach § 3a Abs. 2 UStG. Der Leistungsort bestimmt sich somit gem. § 3a Abs. 2 UStG nach dem Unternehmenssitz des Leistungsempfängers in Marseille. Die Beförderungsleistung ist in Deutschland nicht steuerbar. die Steuerschuld verlagert sich nach § 13b Abs. 1 UStG auf X.

26. H erbringt seine Vermittlungsleistung an X, einen Leistungsempfänger nach § 3a Abs. 2 UStG. Der Leistungsort bestimmt sich somit gem. § 3a Abs. 2 UStG nach dem Leistungsempfängerort Stuttgart. Die Leistung ist steuerbar und stpfl. X liefert an Y. Nach § 3 Abs. 6 UStG ist die Lieferung steuerbar, jedoch nach § 4 Nr. 1b UStG steuerfrei.

27. H erbringt eine Vermittlungsleistung an O, einen Leistungsempfänger nach § 3a Abs. 2 UStG. Der Leistungsort bestimmt sich somit gem. § 3a Abs. 2 UStG nach dem Unternehmenssitz des Leistungsempfängers in Norwegen. Die Leistung ist sowohl in Variante a) als auch in Variante b) nicht steuerbar, da es bei der Ortsbestimmung nach § 3a Abs. 2 UStG im Gegensatz zur Ortsbestimmung nach § 3a Abs. 3 Nr. 4 UStG (B2C) nicht auf den Ort der vermittelten Lieferungen ankommt.

28. F erbringt an seinen Auftraggeber E eine sonstige Leistung. Die Leistung erfolgt an einen Leistungsempfänger nach § 3a Abs. 2 UStG. Der Leistungsort ist somit gem. § 3a Abs. 2 UStG am Leistungsempfängerort Frankfurt. Die Leistung ist steuerbar und stpfl. Die Steuerschuld geht im Reverse-Charge-Verfahren gem. § 13b Abs. 1 UStG von F auf E über. E erbringt an seinen Auftraggeber I ebenfalls eine sonstige Leistung. Die Leistung erfolgt an einen Leistungsempfänger nach § 3a Abs. 2 UStG. Der Leistungsort ist somit gem. § 3a Abs. 2 Satz 2 UStG am Leistungsempfängerort Frankfurt (Ort der leistungsempfangenden Zweigniederlassung). Die Leistung ist steuerbar und steuerpflichtig.

29.
a) Jennesson PTLP erbringt sonstige Leistungen i. S. v. § 3a Abs. 5 Satz 2 Nr. 3 UStG. Die Leistungen erfolgen an Leistungsempfänger nach § 3a Abs. 2 UStG. Der Leistungsort ist somit gem. § 3a Abs. 2 UStG am Leistungsempfängerort Deutschland bzw. Österreich. Die Leistungen an die Leistungsempfänger in Deutschland sind in Deutschland steuerbar und stpfl. Die Leistungen an die Leistungsempfänger in Österreich sind in Österreich steuerbar und stpfl.

Die Steuerschuld geht im Reverse-Charge-Verfahren entsprechend § 13b Abs. 2 Nr. 1 UStG auf die Leistungsempfänger über.

b) Es liegt eine elektronische Dienstleistung nach § 3a Abs. 5 Satz 2 Nr. 3 UStG an Nichtunternehmer nach § 3a Abs. 5 Satz 1 Nr. 1 UStG (B2C-Leistung) vor. Der Leistungsort liegt gem. § 3a Abs. 5 S. 1 UStG am jeweiligen Wohnort des Leistungsempfängers, d. h. entweder in Deutschland oder in Österreich. Hinsichtlich der Besteuerung gilt das sog. MOSS-Verfahren (Mini-One-Stop-Shop). Jennesson PTLP kann nach § 18 Abs. 4c und 4d UStG sämtliche Umsätze in der EU in einem von ihm gewählten Mitgliedstaat anmelden.

Lösung zu Fall 11

1. Frachtführer F erbringt gegenüber seinem Auftraggeber G eine sonstige Leistung (Beförderungsleistung). Bei F liegt nur ein Leistungselement vor. Infolgedessen taucht bei ihm die Frage von Haupt- und Nebenleistung nicht auf.
G erbringt gegenüber M eine Versendungslieferung, bestehend aus den beiden Elementen Warenlieferung und Beförderung. Die Beförderung kommt üblicherweise im Gefolge der Warenlieferung vor und ist demzufolge ihr gegenüber von untergeordneter Bedeutung. Sie stellt deshalb bei G nur eine Nebenleistung zur Lieferung dar.

2. H erbringt gegenüber M eine sonstige Leistung (Vermietungsleistung). Neben dem Leistungselement Vermietung eines Grundstücksteils ist noch das Leistungselement Wärmelieferung gegeben. Die Wärmelieferung kommt üblicherweise im Gefolge der Vermietungsleistung vor und ist nach der Verkehrsanschauung gegenüber der Vermietungsleistung von nur untergeordneter Bedeutung. Die Wärmelieferung ist demnach eine Nebenleistung zur Vermietungsleistung.
Beachte: Nach der EuGH-Rechtspr. vom 16.04.2015, Rs C-42/14 sind Vermietungsleistung und Energielieferung grundsätzlich getrennt zu beurteilende Leistungen, wenn es der

Mieter in der Hand hat, den Verbrauch zu steuern (z. B. durch eine entsprechende Regulierungsmöglichkeit).
3. V tätigt an K eine Beförderungslieferung. Neben der Lieferung des Fernsehgeräts liegen weitere Leistungselemente vor:
– Lieferung von Verpackungsmaterial,
– Beförderungsleistung,
– Versicherungsleistung.

Sämtliche weitere Leistungselemente treten üblicherweise im Versandhandel auf und sind gegenüber der Lieferung von untergeordneter Bedeutung. Sie stellen somit Nebenleistungen zur Lieferung dar und teilen deren umsatzsteuerrechtliches Schicksal.
4. V erbringt gegenüber M zwei Leistungselemente, nämlich die Vermietung der Wohnung und die Vermietung der Garage. Die Vermietung der Garage kommt üblicherweise im Gefolge der Wohnungsvermietung vor und ist ihr gegenüber von nur untergeordneter Bedeutung. Die Vermietung der Garage ist demnach Nebenleistung zur Wohnungsvermietung. Die Leistung ist insgesamt nach § 4 Nr. 12 UStG steuerfrei.
Wäre die Garagenvermietung eine selbständige Leistung, wäre diese nach § 4 Nr. 12 Satz 2 UStG stpfl. (vgl. A 4.12.2 Abs. 3 UStAE).

Lösung zu Fall 12
1. Das Verpflichtungsgeschäft ist ein Kaufvertrag nach § 433 BGB (der Vertragsgegenstand ist bereits beim Kauf vorhanden). Es handelt sich somit weder um eine Werklieferung noch um eine Werkleistung, sondern um eine Lieferung nach § 3 Abs. 6 UStG (Abholfall).
2. Gegenstand des Werkvertrags ist die Herstellung eines Liefergegenstands (Anzug). Der vom Werkunternehmer S beschaffte Anzugsstoff ist Hauptstoff. S erbringt daher eine Werklieferung gem. § 3 Abs. 4 UStG.
3. Gegenstand des Werkvertrags ist die Herstellung eines Liefergegenstands (Anzug). Knöpfe, Nähgarn und Futter sind nach der Verkehrsauffassung keine Hauptstoffe, denn sie sind im Vergleich zum fertigen Anzug nur von untergeordneter Bedeutung. Es kommt nicht darauf an, dass sie für den Anzug unentbehrlich sind. Weil S **keine** Hauptstoffe, sondern nur Nebenstoffe beschafft, liegt eine Werkleistung vor.
4. Gegenstand des Werkvertrags ist die Bearbeitung (Reparatur) eines Liefergegenstands (Pkw) des Auftraggebers und Kunden K. Bei der Bearbeitung wird ein Hauptstoff (Austauschmotor) verwendet. Da der Austauschmotor vom Werkunternehmer W beschafft wurde, handelt es sich um eine Werklieferung gem. § 3 Abs. 4 UStG.
5. Gegenstand des Werkvertrags ist die Bearbeitung (Reparatur) eines Liefergegenstands (Motor). Dabei werden jedoch keine Hauptstoffe verwendet. Schrauben und Splinte sind nach der Verkehrsauffassung im Verhältnis zum reparierten Motor von nur untergeordneter Bedeutung (vgl. A 3.8 Abs. 1 Satz 7 UStAE). W führt deshalb eine Werkleistung aus.
6. Gegenstand des Werkvertrags ist die Reparatur des verbeulten Kotflügels. Für die Reparatur wird an Material ausschließlich Lack verwendet. Lack ist nach der Verkehrsauffassung gegenüber dem auszubessernden Kotflügel von nur untergeordneter Bedeutung und daher kein Hauptstoff. Somit liegt eine Werkleistung vor.
7. Gegenstand des Werkvertrags ist die Bearbeitung eines Liefergegenstands (Papier). Die bei der Bearbeitung verwendete Druckerschwärze ist kein Hauptstoff. Sie ist nach der Verkehrsauffassung gegenüber dem fertigen Werk (bedrucktes Papier) von nur untergeordneter Bedeutung. Im Vordergrund steht die geleistete Arbeit. Demzufolge erbringt D eine Werkleistung.

8. Gegenstand des Werkvertrags ist die Herstellung des Rohbaus. Das Baumaterial für die Herstellung eines Rohbaus stellt den Hauptstoff dar. B führt daher eine Werklieferung am Grundstück des G aus (vgl. auch § 3 Abs. 4 Satz 2 UStG).
9. Gegenstand des Werkvertrags sind Malerarbeiten am bereits vorhandenen Gebäude und damit die Bearbeitung eines Liefergegenstands. Im Vordergrund stehen dabei ganz wesentlich Dienstleistungselemente und nicht die dafür verwendete Farbe. Es liegt somit eine Werkleistung vor.
10. Gegenstand des Werkvertrags ist die Bearbeitung eines Liefergegenstands (Zimmer). Die dabei verwendeten Tapeten sind Hauptstoffe. Sie sind nach der Verkehrsauffassung im Verhältnis zum tapezierten Zimmer von nicht nur untergeordneter Bedeutung (vgl. BFH vom 16. 05. 1963 BStBl II 1963, 346). Der Hauptstoff wurde jedoch vom Besteller beschafft, da er in dessen Namen und auf dessen Rechnung erworben worden ist. M erbringt eine Werkleistung.

Lösung zu Fall 13

S montiert im Auftrag von M die Küchenteile. Gegenstand des Werkvertrags ist die Montage (Bearbeitung) eines Liefergegenstands. Weil S hierbei keine zusätzlichen Hauptstoffe verwendet, liegt eine Werkleistung des S an Möbelhändler M vor.

Die Werkleistung erfolgt an einen Leistungsempfänger nach § 3a Abs. 2 UStG. Der Leistungsort bestimmt sich somit gem. § 3a Abs. 2 UStG nach dem Unternehmenssitz des Leistungsempfängers in Zürich. Die Leistung ist in Deutschland nicht steuerbar.

M hat mit B einen Werkvertrag abgeschlossen. Gegenstand des Werkvertrags ist die Herstellung eines Liefergegenstands (eingebaute Küche). Sämtliche Hauptstoffe hierfür wurden vom Werkunternehmer beschafft. Es liegt deshalb gem. § 3 Abs. 4 UStG eine Werklieferung vor. Weil nicht das fertige Werk versandt wurde, bestimmt sich der Lieferort nach § 3 Abs. 7 Satz 1 UStG. Ort der Werklieferung ist daher Hamburg als Montageort. Die Werklieferung des M ist steuerbar (so die Auffassung der Steuerverwaltung nach A 3.12 Abs. 4, Satz 7 UStAE)

Einem neuerlichen Urteil des BFH zufolge (BFH vom 22. 08. 2013, V R 37/10, BStBl II 2014, 128) reicht es allerdings nicht aus, wenn die Herstellung des Gegenstands aus ausschließlich selbstbeschafften Hauptstoffen erfolgt; insoweit handelt es sich nach Auffassung des BFH um eine **reine Lieferung**. Maßgebend für eine Werklieferung sei vielmehr – so der BFH a. a. O. –, dass der Werkunternehmer einen »fremden« Gegenstand be- oder verarbeite. Nach dieser Auffassung ist die Lieferung des M in Deutschland nicht steuerbar (§ 3 Abs. 6 UStG). Diese Rechtsprechung hat bislang im UStAE noch keinen Niederschlag gefunden.

Anmerkung: Die Werklieferung ist nach Auffassung der Verwaltung auch stpfl. M muss sich im Inland registrieren lassen und die USt anmelden. M hat mit F einen Beförderungsvertrag über den Transport der Küchenteile abgeschlossen. F erbringt somit eine Beförderungsleistung an M. Diese fällt unter die Vorschrift des § 3a Abs. 2 UStG. Leistungsort ist damit Zürich, der Unternehmenssitz des Leistungsempfängers M. Die Beförderungsleistung ist damit nicht steuerbar.

Lösung zu Fall 14

1. Es liegt ein Reihengeschäft vor (§ 3 Abs. 6a, S. 15 UStG-E). I. R. dieses Reihengeschäfts liefert A an W und W an S. Die Spezialmaschine wird i. R. des Reihengeschäfts von Stuttgart nach Amsterdam befördert. Die Beförderung kann nach § 3 Abs. 6 Satz 5 UStG (§ 3 Abs. 6a, S. 1 UStG-E) nur einer der beiden Lieferungen zugerechnet werden, hier also nur der Lieferung des A an W (§ 3 Abs. 6a, S. 2 UStG-E). Da die Maschine bei der Lieferung von A an W von Deutschland in die Niederlande gelangt, sind die Sonderregelungen für

den innergemeinschaftlichen Warenverkehr einschlägig. Zunächst ist zu prüfen, ob W einen innergemeinschaftlichen Erwerb tätigt (§§ 1 Abs. 1 Nr. 5 i. V. m. 1a UStG analog niederländischem Recht). Dies ist der Fall, da W die Maschine zum Weiterverkauf, also für sein Unternehmen erwirbt. Erwerbsort ist nach § 3 d Satz 1 UStG Amsterdam. Lieferort für die Lieferung des A an W ist somit nach § 3 Abs. 6 Satz 1 UStG der Ort des Beginns der Beförderung, nämlich Stuttgart. Die Lieferung des A ist steuerbar, jedoch nach § 4 Nr. 1 Buchst. b i. V. m. § 6 a UStG als innergemeinschaftliche Lieferung steuerfrei.

Der Lieferung von A an W folgt logisch die Lieferung von W an S. Der Lieferort für die Lieferung des W an S liegt somit gem. § 3 Abs. 7 Satz 2 Nr. 2 UStG in den Niederlanden, diese ist daher in Deutschland nicht steuerbar. Sie ist in den Niederlanden zu versteuern. W muss dem S eine Rechnung mit niederländischer USt erteilen.

2. Es liegt ein Reihengeschäft vor. I. R. dieses Reihengeschäfts liefert A an W und W an S. Die Spezialmaschine wird i. R. des Reihengeschäfts von Stuttgart nach Zürich befördert. Die Beförderung kann nach § 3 Abs. 6 Satz 5 UStG (§ 3 Abs. 6a, S. 1 UStG) nur einer der beiden Lieferungen zugerechnet werden, hier also nur der Lieferung A an W. Der Ort der Lieferung A an W ist somit nach § 3 Abs. 6 Satz 1 UStG in Stuttgart. Die Lieferung ist steuerbar. Da die Spezialmaschine bei dieser Lieferung von Deutschland in das Drittlandsgebiet Schweiz gelangt, ist zu prüfen, ob A eine steuerfreie Ausfuhrlieferung tätigt. Die Ausfuhr erfolgt durch A als Lieferer. Somit greift die Befreiung nach § 4 Nr. 1 Buchst. a i. V. m. § 6 Abs. 1 Nr. 1 UStG. Die Lieferung des A an W ist daher steuerfrei.

Die Lieferung von W an S folgt der Lieferung des A an W. Die Lieferung des W an S wird somit gem. § 3 Abs. 7 Satz 2 Nr. 2 UStG in der Schweiz bewirkt und ist daher in Deutschland nicht steuerbar.

3. A erbringt an E eine Versendungslieferung nach § 3 Abs. 6 Satz 1 UStG. Lieferort ist daher Stuttgart. Die Lieferung des A an E ist steuerbar.

Die Druckmaschine gelangt bei der Lieferung an E in den Freihafen (Gebiet nach § 1 Abs. 3 UStG). Es kommt somit die Befreiung der Ausfuhr nach § 4 Nr. 1 Buchst. a i. V. m. § 6 Abs. 1 Nr. 3 UStG in Frage. E ist inländischer Unternehmer. Die Lieferung erfolgt an sein Unternehmen. Damit sind alle Voraussetzungen für diese Steuerbefreiung erfüllt. Der Lieferung von A an E schließt sich die Lieferung von E an K an. Es handelt sich um **kein** Reihengeschäft, da bei Beginn der Versendung zu E der K als Abnehmer noch nicht feststand. Auch E erbringt eine Versendungslieferung nach § 3 Abs. 6 Satz 1 UStG an K. Ort der Lieferung ist der Freihafen. Die Lieferung E an K ist daher nicht steuerbar.

4. L tätigt mit dem Verkauf des Leders an F eine Lieferung. Unbeachtlich ist hierbei, dass die Ware nicht sofort an F ausgeliefert und im Inland von einem Beauftragten des F bearbeitet wird. Durch die Beförderung des Leders durch L zum von F beauftragten H, tätigt L eine Beförderungslieferung gem. § 3 Abs. 6 Satz 1 UStG. Ort der Lieferung ist dort, wo die Beförderung beginnt, in Stuttgart. Die Lieferung des L ist somit steuerbar. Der Liefergegenstand Leder wird in bearbeiteter Form (gefärbtes Leder) in das übrige Gemeinschaftsgebiet transportiert.

Es ist somit zu prüfen, ob eine steuerfreie innergemeinschaftliche Lieferung vorliegt. Nach § 6a Abs. 1 Satz 2 UStG ist es für die Annahme der Steuerfreiheit unbeachtlich, dass das Leder vor der Versendung durch Beauftragte bearbeitet worden ist. Aufgrund des Erwerbs des Leders durch F für sein Unternehmen, muss F den Erwerb in Frankreich der französischen Erwerbs-USt unterwerfen.

Die Lederlieferung ist somit steuerfrei gem. § 4 Nr. 1 Buchst. b i. V. m. § 6a UStG.

Mit dem Färben des Leders erbringt H an F eine Werkleistung.

F ist Unternehmer, daher bestimmt sich der Leistungsort nach § 3a Abs. 2 UStG und somit nach dem Unternehmenssitz Sitz des F in Paris. Die Leistung ist in Deutschland nicht steuerbar. Sie fällt unter den Anwendungsbereich des französischen Gesetzes. Es findet dem deutschen Recht nach § 13b Abs. 1 UStG entsprechend auch nach dem französischen Umsatzsteuerrecht eine Verlagerung der Steuerschuld auf F als Leistungsempfänger statt.

5. Mit der Reparatur erbringt W eine Werkleistung an T, denn er verwendet keine Hauptstoffe. Ort der Werkleistung ist gem. § 3a Abs. 3 Nr. 3 Buchst. c UStG München. Die Werkleistung ist steuerbar. Eine nach § 7 UStG steuerfreie Lohnveredelung kommt nicht in Betracht. Eine Lohnveredelung nach § 7 Abs. 1 Satz 1 UStG liegt nur dann vor, wenn der Pkw zum Zwecke der Be- oder Verarbeitung eingeführt wurde. Dies ist hier nicht der Fall. Die Werkleistung des W ist somit steuerbar und steuerpflichtig.

6. Bezüglich des **Fernsehgeräts** liegt eine Beförderungslieferung von E an S gem. § 3 Abs. 6 Satz 1 UStG durch den Abnehmer S vor. Ort der Lieferung ist Tübingen. Die Lieferung ist steuerbar. Das Fernsehgerät wird vom Abnehmer ins Drittlandsgebiet ausgeführt. Deshalb ist die Steuerbefreiungsvorschrift des § 6 Abs. 1 Nr. 2 UStG i. V. m. § 6 Abs. 3a UStG zu prüfen. Sie greift nur ein, wenn S ausländischer Abnehmer ist. Dies trifft nicht zu. Die Lieferung des Fernsehgerätes ist somit stpfl.

Bezüglich des **Kühlschranks** liegt eine Versendungslieferung gem. § 3 Abs. 6 Satz 1 UStG durch den Lieferer E an S vor. Ort der Lieferung ist Tübingen, dort, wo der Kühlschrank dem Spediteur übergeben wurde. Dadurch, dass der Lieferant den Kühlschrank ins Drittlandsgebiet versendet, greift die Steuerbefreiung nach § 4 Nr. 1 b i. V. m. § 6 Abs. 1 Nr. 1 UStG ein. In diesem Fall ist für die Befreiung nicht erforderlich, dass ein ausländischer Abnehmer vorliegt.

Lösung zu Fall 15
1. Umsätze bei Gastwirt G
Vermietung der Fremdenzimmer

G tätigt gem. § 1 Abs. 1 Nr. 1 UStG steuerbare Vermietungsleistungen an Hotelgäste. Es handelt sich um reine Grundstücksmietverträge i. S. v. § 4 Nr. 12 Buchst. a UStG. Die kurzfristige Vermietung an Gäste ist jedoch aufgrund der Ausnahmeregelung des § 4 Nr. 12 letzter Satz UStG von der Steuerbefreiung ausgenommen und daher stpfl. zum Steuersatz von 7 % (§ 12 Abs. 2 Nr. 11 UStG).

Aufstellung des Zigarettenautomaten

Die Duldung der Aufstellung des Zigarettenautomaten stellt eine sonstige Leistung des G an S dar. Das Entgelt liegt in der prozentualen Gewinnbeteiligung. Die sonstige Leistung ist deshalb steuerbar.

Steuerbefreiungsprüfung der sonstigen Leistung an S

Die von G an S erbrachte Leistung besteht sowohl in der Überlassung eines Grundstücksteils als auch in der Erlaubnis, sich in der Gaststätte gewerblich zu betätigen. Nach der Verkehrsauffassung ist die Grundstücksüberlassung im Verhältnis zur Gestattung der Gewerbeausübung von nur untergeordneter Bedeutung. Es liegt also ein Vertrag besonderer Art vor. Die sonstige Leistung des G an S ist stpfl.

Betrieb der Kegelbahn

Mit dem Betrieb der Kegelbahn erbringt G an die Kegler Leistungen, die keine Grundstücksvermietung i. S. d. § 4 Nr. 12 UStG darstellen. Aus der Sicht des Durchschnittsverbrauchers ist nämlich diese Leistung als Vertrag besonderer Art anzusehen, bei der das Element der Grundstücksvermietung in den Hintergrund tritt mit der Folge, dass die gesamte Leistung stpfl. ist.

Dies ist nicht ganz unumstritten, sodass insoweit auf eine Reihe von Urteilen des BFH verwiesen werden muss (BFH vom 20. 08. 2009, V R 21/08 zur Überlassung des Mobiliars als unselbständige Nebenleistung zur Vermietung des Seniorenwohnheims; entsprechend zur langfristigen Vermietung möblierter Räume BFH vom 04. 05. 2011, XI R 35/10, BStBl II 2011, 836 und zur Überlassung von Betriebsvorrichtungen als unselbständige Nebenleistungen zur Vermietung einer Sporthalle an eine Kommune BFH vom 07. 05. 2014, V B 94/13).

Die Steuerverwaltung hat diese Rechtsprechung inzwischen akzeptiert und A 4.12.1 Abs. 6 Satz 2 UStAE aufgehoben.

2. Umsätze bei Rechtsanwalt und Vermieter P

Die Vermietung von P an G ist wegen des einheitlichen Mietvertrages **eine einheitliche sonstige Leistung** (Vermietungsleistung).

Soweit P das zweite Stockwerk für seine Tätigkeit als selbständiger Rechtsanwalt nutzt, liegt keine Vermietung, sondern ein nicht steuerbarer Innenumsatz vor. Zum Unternehmen des P gehört die gesamte unternehmerische Tätigkeit. Diese umfasst seine Tätigkeit als selbständiger Rechtsanwalt und seine Tätigkeit als Grundstücksvermieter. Näheres hierzu vgl. P 2. 1. Der Innenumsatz mündet in die stpfl. Umsätze des P als Rechtsanwalt.

Mit der Vermietung des dritten Stockwerks an A tätigt P eine weitere sonstige Leistung. Sämtliche Vermietungsleistungen sind steuerbar, weil sie vom Unternehmer P entgeltlich i. R. seines Unternehmens im Inland erbracht worden sind.

Steuerbefreiung bezüglich der Vermietung an G

Es liegt eine Vermietung von Grundstücksteilen vor. Dies gilt auch bezüglich der Kegelbahn, da eine langfristige Vermietung vorliegt und die Kegelbahn wesentlicher Bestandteil des Grundstücks ist. Grundsätzlich greift somit die Steuerbefreiung des § 4 Nr. 12 Buchst. a UStG ein. Bezüglich der Kegelbahn greift allerdings die Ausnahmeregelung des § 4 Nr. 12 letzter Satz UStG, soweit es sich um die Vermietung dieser Betriebsvorrichtung handelt (vgl. A 4. 12. 11 Abs. 1 Nr. 5 UStAE). Steuerfrei ist jedoch grundsätzlich die Vermietung des Erdgeschosses, des ersten Stockwerks und der Kellerräume einschließlich des Gebäudeteils, in dem die Betriebsvorrichtung »Kegelbahn« installiert ist.

Wegen des im KJ 01 erklärten Verzichts auf die Steuerbefreiung nach § 4 Nr. 12 Buchst. a UStG kommt nun jedoch auch für den an und für sich steuerfreien Anteil die Steuerpflicht in Betracht. Die Verzichtserklärung wurde nicht widerrufen und ist also noch gültig. Die Voraussetzungen für eine wirksame Verzichtserklärung liegen auch im KJ 03 vor, denn P vermietet an einen Unternehmer (G), der den Mietgegenstand ausschließlich gewerblich und damit für sein Unternehmen nutzt. § 9 Abs. 2 UStG greift generell nicht ein, da es sich lt. Sachverhalt um ein Altgebäude i. S. d. § 27 Abs. 2 UStG handelt. Infolge der wirksamen Option nach § 9 UStG ist der gesamte Umsatz an G stpfl.

Steuerbefreiung bezüglich der Vermietung an Arzt A

Die Vermietung an A ist grundsätzlich nach § 4 Nr. 12 Buchst. a UStG steuerfrei. P hat jedoch auf diese Befreiung wirksam verzichtet, da A das dritte Stockwerk eigenbetrieblich nutzt. Die Nutzung erfolgt zwar für steuerfreie und damit vorsteuerschädliche Umsätze nach § 4

Nr. 14 UStG. Gleichwohl greift das Optionsverbot nach § 9 Abs. 2 UStG **nicht** ein, weil es sich nach dem Sachverhalt um ein **Altgebäude** handelt. Somit ist die Vermietung von P an A stpfl.

Verkauf des Grundstücks an G

Die Lieferung des Grundstücks an G erfolgt im Zeitpunkt des Übergangs von Nutzen und Lasten, also am 01. 09. 04 (vgl. C 4.1). Die Lieferung ist steuerbar gem. § 1 Abs. 1 Nr. 1 UStG.

Hinweis: Es handelt sich nicht um eine Geschäftsveräußerung i. S. v. § 1 Abs. 1 a UStG. Der Erwerber G tritt nicht in bestehende Mietverträge des P ein und führt somit nicht das Vermietungsunternehmen des P fort.

Steuerbefreiung des Grundstücksverkaufs

Der Grundstücksverkauf fällt grundsätzlich unter das GrEStG, die Lieferung ist daher insoweit nach § 4 Nr. 9 Buchst. a UStG steuerfrei. Dies gilt allerdings nicht bezüglich der Betriebsvorrichtung Kegelbahn. Die Lieferung ist infolgedessen in einen stpfl. und einen steuerfreien Anteil aufzuspalten.

Eine Option nach § 9 UStG wäre zwar möglich, weil die Grundstückslieferung an G als Unternehmer erfolgt und dieser das Grundstück voll unternehmerisch nutzt (teils eigenbetrieblich, teils durch Vermietung). Da die Option jedoch nur für die **Vermietung**sumsätze erklärt wurde, liegt ein wirksamer Verzicht auf die Steuerfreiheit des steuerfreien Teils der Grundstückslieferung nicht vor.

Im Übrigen hätte der Verzicht auf die Befreiung der Grundstückslieferung im notariellen Vertrag vereinbart werden müssen (§ 9 Abs. 3 Satz 2 UStG).

Nach der Veräußerung des Grundstücks erbringt G an P bezüglich des 2. Obergeschosses eine steuerbare Vermietungsleistung. Sie ist grundsätzlich nach § 4 Nr. 12 UStG steuerfrei. G könnte jedoch gem. § 9 Abs. 1 UStG auf die Befreiung verzichten. Das Optionsverbot gem. § 9 Abs. 2 UStG ist von vornherein nicht zu prüfen, da das Gebäude weiterhin ein Altgebäude i. S. v. § 27 Abs. 2 UStG ist.

Lösung zu Fall 16
1. Es handelt sich um eine steuerbare und stpfl. Beförderungslieferung von G an O. Verpackung und der Transport der Ware stellen dazu Nebenleistungen dar.
   O hat zunächst für die Lieferung insgesamt 1 498 € (80 % des Rechnungsbetrages) aufzuwenden. Das Entgelt mindert sich wegen der erfolgreichen Mängelrüge. Der Skontoabzug mindert dagegen das Entgelt erst bei Bezahlung, also im nachfolgenden VZ. Die USt bei G beträgt im VZ Juni 01 7/107 von 1 498 €, d. h. 98,00 €. Das Entgelt beträgt 1 400 €. Im VZ Juli 01 tritt durch den Skontoabzug eine nachträgliche Entgeltminderung nach § 17 Abs. 1 Nr. 1 UStG mit der Folge ein, dass die USt entsprechend zu berichtigen ist. Der insgesamt entrichtete Betrag ist 1 453,06 €. Die USt beträgt 7/107 von 1 453,06 €, d. h. 95,06 €. G hat seine USt somit um 2,94 € (98,00 € ./. 95,06 €) für den VZ Juli zu berichtigen.
2. B tätigt an die Teilnehmer eine grenzüberschreitende Beförderungsleistung, bei der gem. § 3 b Abs. 1 Satz 2 UStG nur der inländische Teil steuerbar ist. Dieser Teil ist auch stpfl. Für die Berechnung der USt ist das Gesamtentgelt aufzuteilen und der auf den inländischen Streckenanteil entfallende Entgeltanteil zu ermitteln (vgl. A 3 b.1 Abs. 6 Nr. 2 UStAE).
   Brutto-Gesamtentgelt (1 200 €) × Inlands-km (100 km)
   Gesamt-km (300 km) = stpfl. Entgeltanteil brutto (400 €)

Die USt beträgt somit 19/119 von 400 € = 63,87 €. Das Entgelt beträgt 336,13 €.

Lösung zu Fall 17

1. Gegrillte Hähnchen fallen unter die Nr. 28 der Anlage 2 zum UStG und unterliegen grundsätzlich dem ermäßigten Steuersatz. Besondere Verzehrvorrichtungen werden zwar in der Gastwirtschaft bereitgehalten, da sie jedoch von den Käufern nicht in Anspruch genommen werden, überwiegt aus der Sicht des Durchschnittsverbrauchers das Lieferelement. Daher liegen Lieferungen und keine sonstige Leistungen vor. Es gilt der ermäßigte Steuersatz.
2. Tageszeitungen und Zeitschriften gehören zu Nr. 49 b der Anlage 2. Sie unterliegen somit gem. § 12 Abs. 2 Nr. 1 UStG dem ermäßigten Steuersatz.
3. Gas ist als Energieträger kein Gegenstand der Anlage 2 und unterliegt nach § 12 Abs. 1 UStG dem Regelsteuersatz.
4. Nahrungsmittel fallen grundsätzlich unter die Anlage 2 (z. B. Nr. 28, 31, 32, 33). Am Ausgabeort werden Verzehrvorrichtungen vom Auftraggeber bereitgehalten. Da aber von der Fernküche im Darreichungsbereich keine besonderen Dienstleistungen erbracht werden, überwiegt das Lieferelement. Die Fernküche tätigt somit Lieferungen. Der Steuersatz beträgt 7 % gem. § 12 Abs. 2 Nr. 1 UStG.
5. Die sonstige Leistung des Steuerberaters S fällt unter den Regelsteuersatz gem. § 12 Abs. 1 UStG.
6. Die in der Aufsichtsratstätigkeit bestehende sonstige Leistung des A (selbständiger Unternehmer) unterliegt dem Regelsteuersatz gem. § 12 Abs. 1 UStG.
7. Leitungswasser fällt unter Nr. 34 der Anlage mit dem ermäßigten Steuersatz gem. § 12 Abs. 2 Nr. 1 UStG.
8. Teeblätter gehören zu Nr. 12 der Anlage. Die Verpackung teilt das Schicksal der Teeblätter. Die Lieferungen unterliegen insgesamt dem ermäßigten Steuersatz gem. § 12 Abs. 2 Nr. 1 UStG.
9. Das Brauereipferd fällt nicht unter Nr. 1 der Anlage. Der bis Ende 2012 bestehende ermäßigte Steuersatz nach Nr. 1 a der Anlage gilt nicht mehr.
10. Die sonstige Leistung des Architekten fällt gem. § 12 Abs. 1 UStG unter den Regelsteuersatz.
11. Tomaten fallen unter Nr. 10 b der Anlage. Die Verpackung teilt als Nebenleistung das Schicksal der Tomatenlieferung. Ermäßigter Steuersatz gem. § 12 Abs. 2 Nr. 1 UStG.
12. Es handelt sich um eine Lieferung. Speiseeis fällt unter Nr. 33 der Anlage. Es liegt kein Verzehr an Ort und Stelle vor, weil das Eis nicht dazu bestimmt ist, am Kiosk (Ausgabeort) verzehrt zu werden. Steuersatz 7 % nach § 12 Abs. 2 Nr. 1 UStG.
13. Brot fällt unter Nr. 31 der Anlage. Ermäßigter Steuersatz nach § 12 Abs. 2 Nr. 1 UStG.
14. Sekt ist wie die meisten Getränke kein Gegenstand der Anlage. Regelsteuersatz nach § 12 Abs. 1 UStG.
15. Obst- und Gemüsesäfte fallen nicht unter die Anlage. Regelsteuersatz nach § 12 Abs. 1 UStG.
16. Arzneimittel sind keine Gegenstände der Anlage. Regelsteuersatz gem. § 12 Abs. 1 UStG.
17. Der Zeichentisch ist kein Gegenstand der Anlage. Die Lieferung unterliegt daher dem Regelsteuersatz gem. § 12 Abs. 1 UStG.
18. Die sonstige Leistung von Z (Vortragstätigkeit) stellt keine heilberufliche Tätigkeit i. S. v. § 4 Nr. 14 Buchst. a Satz 1 UStG dar. Sie ist somit stpfl. und unterliegt dem Regelsteuersatz gem. § 12 Abs. 1 UStG. § 12 Abs. 2 Nr. 6 UStG greift nicht ein, weil es sich um keine Leistung handelt, die aufgrund der Ausnahmeregelung des § 4 Nr. 14 Buchst. a Satz 2 UStG (Lieferung von selbsthergestellten Zahnprothesen) stpfl. ist.

19. Schnittblumen fallen unter Nr. 8 der Anlage. Ermäßigter Steuersatz gem. § 12 Abs. 2 Nr. 1 UStG.
20. Bücher sind Gegenstände der Nr. 49a der Anlage. Die Vermietung der Bücher (sonstige Leistung) wird gem. § 12 Abs. 2 Nr. 2 UStG mit dem ermäßigten Steuersatz besteuert
21. Mineralwasser ist kein Wasser i. S. d. Nr. 34 der Anlage (als Trinkwasser in zur Abgabe an den Verbraucher bestimmten Fertigpackungen ausdrücklich von der Ermäßigung ausgenommen). Es unterliegt gem. § 12 Abs. 1 UStG dem Regelsteuersatz.
22. Zubereiteter Kaffee als Getränk fällt nicht unter Nr. 12 der Anlage (vgl. Kapitel 9 des Zolltarifs). Regelsteuersatz nach § 12 Abs. 1 UStG.
23. Schokolade fällt unter Nr. 30 der Anlage. Ermäßigter Steuersatz gem. § 12 Abs. 2 Nr. 1 UStG.

Lösung zu Fall 18
1. Da verzehrfertige Speisen im Restaurant abgegeben werden, überwiegt das Element der Dienstleistung. Es liegen sonstige Leistungen vor. Entsprechend dem Bestellerprinzip erbringt G eine sonstige Leistung an S und S eine sonstige Leistung an seine Angestellten. Da es sich um sonstige Leistungen handelt, liegt kein Reihengeschäft nach § 3 Abs. 6 Satz 5 UStG vor.

Leistung G an S

Mit der Essensabgabe tätigt G an S eine sonstige Leistung. Die sonstige Leistung unterliegt dem Regelsteuersatz. S wendet pro Essensabgabe insgesamt 7 € auf. Die USt beträgt 19/119 von 7 € = 1,12 €.

Leistung S an Angestellte

Die Angestellten wenden je Essen insgesamt 5 € auf. Auch bei dem Rechtsverhältnis zwischen S und seinen Angestellten muss bei der Weitergabe des Essens eine sonstige Leistung angenommen werden. S muss hier als Generalunternehmer angesehen werden, der über seinen Subunternehmer G die Speisen mit überwiegenden Dienstleistungen an seine AN ausgibt. Nachdem S das Essen **an seine AN** unter seinem Einkaufspreis abgibt, kommt gem. § 10 Abs. 5 Nr. 2 UStG i. V. m. § 10 Abs. 4 Nr. 2 UStG die Mindestbemessungsgrundlage zur Anwendung (vgl. A 1.8 Abs. 12 Beispiel 1 UStAE).

Dabei ist gem. § 10 Abs. 4 Nr. 2 UStG auf den Einkaufspreis von brutto 7 € abzustellen. Die USt beträgt 119/119 von 7 € = 1,12 €.

2. Z erbringt an P eine einheitliche steuerbare Werklieferung (§ 3 Abs. 4 UStG). Nach § 4 Nr. 14 Buchst. a Satz 1 UStG ist die zahnärztliche Leistung zwar grundsätzlich steuerfrei, jedoch gilt dies nicht für die Lieferung der Zahnprothese, die Z in seinem eigenen Labor hergestellt hat (§ 4 Nr. 14 Buchst. a Satz 2 UStG). Der auf den künstlichen Zahn entfallende Entgeltsanteil ist deshalb stpfl. Da es sich insoweit um eine Werklieferung handelt, die gem. § 4 Nr. 14 Buchst. a Satz 2 UStG von der Steuerbefreiung ausgeschlossen ist, unterliegt dieser Leistungsteil nach § 12 Abs. 2 Nr. 6 UStG dem ermäßigten Steuersatz. Die USt beträgt somit 7/107 von 250 €, d. h. 16,36 €.

3. Die Abgabe der Speisen und Getränke durch die GmbH stellen keine sonstigen Leistungen dar. Bezüglich des Buffets liegen Lieferungen gem. § 12 Abs. 2 Nr. 1 UStG vor, weil hier das Dienstleistungselement Zubereiten von Standardspeisen von untergeordneter Bedeutung ist und keine weiteren Dienstleistungselemente, wie Servieren, Geschirrservice etc. dazukommen. Das bloße Anliefern und Abgeben der Speisen und Getränke führt als Neben-

leistung nicht zu einer Qualifizierung der Umsätze als sonstige Leistung.
Das Buffet im Gesamtbetrag von 1 050 € unterliegt damit dem ermäßigten Steuersatz. Die Getränke im Gesamtbetrag von 278 € sind dagegen mit dem Regelsteuersatz zu besteuern, da sie nicht in der Anlage 2 zum UStG aufgeführt sind. Die Transportkosten im Gesamtbetrag von 30 € sind Nebenleistungen zu diesen Lieferungen. Sie sind mangels anderer Aufteilungskriterien im Verhältnis der ermäßigt besteuerten Lieferungen zur Summe der Lieferungen aufzuteilen. Auf die Lieferungen zum ermäßigten Steuersatz entfallen hiervon somit

$$\frac{30\,€ \times 1\,050\,€}{1\,328\,€} = 23{,}72\,€$$

Auf die Lieferungen zum Regelsteuersatz entfallen 30 € ./. 23,72 € = 6,28 €.
Die USt berechnet sich somit wie folgt:

Lieferungen zum Steuersatz von 19 %	USt
278 € + 6,28 € = 284,28 €	19/119 = 45,39 €
Lieferungen zum Steuersatz von 7 %	USt
1 050 € + 23,72 € = 1 073,72 €	7/107 = 70,24 €

4. Mit der Überlassung der Hotelzimmer und Appartements erbringt der Hotelier sonstige Leistungen gem. § 3 Abs. 9 UStG. Sofern die Überlassung an einen Gast mehrere Übernachtungen umfasst, liegen tägliche Teilleistungen vor, da die Vermietungsleistung wirtschaftlich teilbar ist und das Entgelt je Übernachtung geschuldet wird (§ 13 Abs. 1 Nr. 1 Buchst. a Satz 2 und 3 UStG). Für die Überlassung der Hotelzimmer und der Appartements findet der ermäßigte Steuersatz von 7 % gem. § 12 Abs. 2 Nr. 11 UStG Anwendung. Die Bereitstellung des Frühstücks und die Nutzung des Wellnessbereichs unterliegen hingegen dem Regelsteuersatz von 19 % (§ 12 Abs. 1 UStG und A 12.16 Abs. 8 UStAE), auch wenn es sich um Nebenleistungen zur Beherbergungsleistung handelt.

Lösung zu Fall 19

1. Gem. § 3 Abs. 12 Satz 1 UStG liegt ein Tausch mit Baraufgabe vor. Das Entgelt für eine Lieferung besteht in einer Gegenlieferung und der Wertunterschied wird in bar ausgeglichen. Sowohl K als auch H erbringen eine stpfl. Lieferung. Das Entgelt und die USt berechnen sich wie folgt:

Kfz-Händler K

Gemeiner Wert des von H erhaltenen Pkws	4 000,00 €
+ empfangener Barausgleich	18 800,00 €
Bruttobetrag	22 800,00 €
./. USt (19/119 von 22 800 €)	./. 3 640,34 €
Entgelt	19 159,66 €

Handelsvertreter H

Gemeiner Wert des von K erhaltenen Pkws (Listenpreis)	22 800,00 €
./. hingegebener Barausgleich	./. 18 800,00 €
Bruttobetrag	4 000,00 €
./. USt (19/119 von 4 000 €)	./. 638,66 €
Entgelt	3 361,34 €

Die Veräußerung des Pkws von H an K wird als sog. Hilfsgeschäft bezeichnet.

2. Auch hier liegt ein Tausch mit Baraufgabe gem. § 3 Abs. 12 Satz 1 UStG vor. Da K für das in Zahlung genommene Fahrzeug 5 000 € anrechnet, obwohl dieses nur einen Wert von 4 000 € hat, gewährt K dem R wirtschaftlich gesehen auf das Neufahrzeug einen verdeckten Preisnachlass. Bei der Lieferung des R an den K handelt es sich um ein Hilfsgeschäft. K erbringt mit der Lieferung des Pkws an R wiederum eine steuerbare und stpfl. Lieferung. Entgelt und USt errechnen sich wie folgt:

Kfz-Händler K

Gemeiner Wert des von H erhaltenen Pkws	4 000,00 €
+ empfangener Barausgleich	16 300,00 €
Bruttobetrag	20 300,00 €
./. USt (19/119 von 20 300 €)	./. 3 241,18 €
Entgelt	17 058,82 €

Obwohl K für den Pkw des R 5 000 € anrechnet, muss für die Berechnung des Entgelts nach der zwingenden Vorschrift des § 10 Abs. 2 Satz 2 UStG nach wir vor vom **gemeinen Wert** ausgegangen werden. Die Mehranrechnung wirkt sich bei K wirtschaftlich als Preisnachlass für die Lieferung seines Pkws aus (sog. verdeckter Preisnachlass).

Rechtsanwalt R

Mit der Veräußerung des Pkws tätigt R ein sog. Hilfsgeschäft und damit eine Lieferung i. R. seines Unternehmens. Die Lieferung ist steuerbar und stpfl. und unterliegt gem. § 12 Abs. 1 UStG dem Regelsteuersatz. USt und Entgelt errechnen sich wie folgt:

Gemeiner Wert des von K erhaltenen Pkws (Listenpreis)	21 300,00 €
./. hingegebener Barausgleich	./. 16 300,00 €
Bruttobetrag	5 000,00 €
./. USt (19/119 von 5 000 €)	./. 798,32 €
Entgelt	4 201,68 €

Lösung zu Fall 20

1. Die Lieferungen der Röhren von G an E sind steuerbar und stpfl. Für diese 100 Lieferungen hat E insgesamt 2 380 € aufzuwenden. Die Möglichkeit des Skontoabzugs mindert den aufzuwendenden Betrag erst bei Bezahlung der Rechnung. Die USt beträgt somit (Steuersatz 19 %) 19/119 von 2 380 €, d. h. 380 €. Durch die aufgrund der Mängelrüge erfolgte Rückgabe der Röhren wird die Lieferung annulliert. Da G die Lieferungen in der Voranmeldung für **Juni 01** versteuern muss, hat er gem. § 17 Abs. 2 Nr. 3 UStG in entsprechender Anwendung des § 17 Abs. 1 UStG die USt für den VZ **Juli 01** um 380 € zu berichtigen.

2. Mit der Übergabe des Fernsehgerätes an K erbringt E am 01. 02. 01 eine steuerbare und stpfl. Lieferung. Obwohl sich E das Eigentum vorbehalten hat, geht das wirtschaftliche Eigentum zu diesem Zeitpunkt auf E über. Die Lieferung hat E in der Voranmeldung für Februar 01 zu versteuern. Bemessungsgrundlage ist alles, was K vereinbarungsgemäß aufzuwenden hat abzüglich 19 % USt.

Die **USt** beträgt 19/119 von 2 000 €, d. h. 319,33 €.

Die Abholung des Fernsehgerätes aufgrund der Nichtzahlung der Raten stellt eine Rückgabe dar. Dadurch wird die ursprüngliche Lieferung annulliert. Die USt ist gem. § 17 Abs. 2 Nr. 3 UStG in entsprechender Anwendung des § 17 Abs. 1 UStG für den VZ der Rückholung (November 01) i. H. v. 319,33 € zu berichtigen.

Da E und K für diesen Fall der Rücknahme hilfsweise eine Vermietung des Fernsehgerätes vereinbart haben, tritt nun an die Stelle der Lieferung eine Vermietungsleistung für die Zeit vom 01. 02. 01 bis 01. 11. 01.Diese Vermietungsleistung ist steuerbar und stpfl. Insgesamt hat K für diese Leistung 900 € (monatlich 100 €) aufgewendet. Die USt bei einem Steuersatz von 19 % beträgt 19/119 von 900 €, d. h. 143,70 €.

E muss für den VZ November 01 Folgendes melden:

USt: ./. 319,33 €
USt: + 143,70 €

Im Ergebnis berichtigt E in der Voranmeldung November 01 seine USt um ./. 175,63 €.

Lösung zu Fall 21

1. I. R. des Kommissionsgeschäfts liegen bezüglich der am 10. 12. 01 verkauften Schrankwand zwei Lieferungen vor, nämlich eine Lieferung von F an M gem. § 3 Abs. 3 UStG und eine Weiterlieferung von M an K nach § 3 Abs. 1 UStG.
Umsatzsteuerrechtliche Behandlung bei M
Die Lieferung von M an K erfolgt am 13. 12. 01 mit der Auslieferung der Schrankwand. Es handelt sich um eine steuerbare und stpfl. Beförderungslieferung gem. § 3 Abs. 6 Satz 1 UStG. K wendet für diese Lieferung insgesamt 7 378 € auf. Die USt beträgt 19/119 von 7 378 €, d. h. 1 178 €.
Umsatzsteuerrechtliche Behandlung bei F
Die Lieferung von F an M erfolgt zu dem Zeitpunkt, an dem M dem K Verfügungsmacht über die Schrankwand verschafft hat (vgl. A 3.1 Abs. 3 Satz 7 UStAE). Damit ist auch die Lieferung von F an M steuerbar und stpfl. Aufgrund der Abrechnung vom 17. 12. 01 wendet M gegenüber F für die Lieferung insgesamt 5 950 € auf. Die USt bei F beträgt somit 19/119 von 5 950 € = 950 €. Diese USt muss F für den VZ Dezember 01 versteuern. Bei dem Transport der Schrankwände am 15. 11. 01 von F zu M handelte es sich lediglich um ein rechtsgeschäftsloses Verbringen.
Anmerkung: Auf den VStA wird hier noch nicht eingegangen.
2. **Umsatzsteuerrechtliche Behandlung bei G**
Der Verkauf des Hauses von G im Namen und für Rechnung des P stellt ein Agenturgeschäft dar. G erbringt eine steuerbare und stpfl. Vermittlungsleistung an P. Es handelt sich um eine Grundstücksleistung nach § 3 a III Nr. 1 UStG (A3a 3 VII UStAE). P wendet hierfür insgesamt 10 800 € auf.
Die USt beträgt (Steuersatz 19 %) 19/119 von 10 800 € = 1 724,37 €.
Umsatzsteuerrechtliche Behandlung bei P
P erbringt aufgrund der Veräußerung des Hauses durch seinen Erfüllungsgehilfen G unmittelbar eine Lieferung an A. Diese Lieferung ist jedoch nicht steuerbar, weil P kein Unternehmer ist.

Lösung zu Fall 22

1. A ist als AN kein Unternehmer. Er könnte zwar außerhalb seines Arbeitsverhältnisses Unternehmer sein. Dies wäre aber nur dann der Fall, wenn er nachhaltig Motorräder veräußern würde. Die einmalige Veräußerung des Motorrades ohne Wiederholungsabsicht begründet keine Unternehmereigenschaft.
2. Der Betrieb der Kantine erfolgt außerhalb des Dienstverhältnisses von H. Folglich ist H mit dieser Tätigkeit selbständig. Da auch Nachhaltigkeit gegeben ist, ist H Unternehmer.

3. Da G die elektronischen Schaltelemente im Namen des A und für dessen Rechnung veräußert, ist A der Lieferant. A übt als Inhaber des Fabrikationsbetriebes eine nachhaltige Tätigkeit zur Erzielung von Einnahmen selbständig aus. A ist folglich Unternehmer. Die Staatsangehörigkeit spielt für die Unternehmereigenschaft keine Rolle (§ 1 Abs. 2 Satz 3 UStG). G steht als Geschäftsführer in einem Dienstverhältnis und ist mangels Selbständigkeit mit dieser Tätigkeit kein Unternehmer.
4. Die Unternehmereigenschaft des H hängt davon ab, ob er gegenüber S selbständig ist. Die Tätigkeit des H weist Merkmale auf, die zum Teil für ein Dienstverhältnis und zum Teil für Selbständigkeit sprechen.
a) Indizien, die auf **Selbständigkeit** hinweisen, sind:
– die Möglichkeit, Kundenbesuche nach eigener Auswahl und Zeiteinteilung durchzuführen,
– Erhalt einer Provision.
b) Für ein **Dienstverhältnis** (Unselbständigkeit) spricht:
– die Verpflichtung, seine Arbeitskraft ausschließlich der Fa. S zur Verfügung zu stellen,
– der Erhalt eines Fixums,
– die Verpflichtung, täglich einen Reisebericht zu erstellen,
– der Anspruch auf Jahresurlaub und betriebliche Altersversorgung.

Die Merkmale der Unselbständigkeit und der Selbständigkeit sind gegeneinander abzuwägen. Maßgebend ist das Gesamtbild der Verhältnisse. Danach überwiegen – insbesondere aufgrund des Anspruches auf Jahresurlaub und auf betriebliche Altersversorgung – die Merkmale der Unselbständigkeit. S ist daher AN und kein Unternehmer. Kriterien, die nach dem Sozialversicherungsrecht oder dem Arbeitsrecht zu einer arbeitnehmerähnlichen Tätigkeit oder zu einer Scheinselbständigkeit führen, sind nach Auffassung des BFH-Urteils vom 02. 12. 1998 BStBl II 1999, 534 für die USt ohne Bedeutung.
5. Soweit der Betreiber einer unter §§ 3 bis 8 EEG fallenden Anlage zur Stromgewinnung den erzeugten Strom ganz oder teilweise, regelmäßig und nicht nur gelegentlich in das allgemeine Stromnetz einspeist, dient diese Anlage ausschließlich der nachhaltigen Erzielung von Einnahmen aus der Stromerzeugung. Das Betreiben einer solchen Anlage durch sonst nicht unternehmerisch tätige Personen ist daher unabhängig von der leistungsmäßigen Auslegung der Anlage und dem Entstehen von Stromüberschüssen eine nachhaltige Tätigkeit und begründet die Unternehmereigenschaft.

Sofern nur gelegentlich Strom in das allgemeine Stromnetz abgegeben wird, ist der Anlagenbetreiber nicht Unternehmer.

Wenn eine physische Einspeisung des erzeugten Stroms in das allgemeine Stromnetz nicht möglich ist (z. B. aufgrund unterschiedlicher Netzspannungen), liegt ein Leistungsaustausch zwischen dem Betreiber der Anlage und dem des allgemeinen Stromnetzes nicht vor, da der Betreiber den Strom selbst verbrauchen muss. Eine Unternehmereigenschaft des Betreibers der Anlage ist insoweit auch dann nicht gegeben, wenn der Netzbetreiber in diesen Fällen eine Vergütung nach dem EEG für den in der Anlage erzeugten Strom zahlt (A 2.5 Abs. 1 UStAE).

Lösung zu Fall 23
Zum **Rahmen des Unternehmens** gehören:
- die freiberufliche Tätigkeit als Architekt,
- die gewerbliche Betätigung als Bauunternehmer,
- die Vermietung des Mehrfamilienhauses.

Zum **außerunternehmerischen Bereich** (nicht i. R. des Unternehmens) gehören:
- die Nutzung des Einfamilienhauses. Es fehlt hier die Absicht, Einnahmen zu erzielen,
- die Veräußerung des Gemäldes ist für sich gesehen keine nachhaltige Tätigkeit. Es liegt auch kein Hilfs- oder Nebengeschäft vor. Die Lieferung erfolgt nicht i. R. des Unternehmens und ist deshalb nicht steuerbar.

Die Geldeinlage ist kein umsatzsteuerrechtlich relevanter Tatbestand.

Lösung zu Fall 24

1. Da die Waschmaschine ausschließlich privat genutzt werden soll, ist sie von vornherein Privatvermögen. Es spielt keine Rolle, dass B im Namen der Fa. einkauft. B hat kein Zuordnungswahlrecht.
2. Da P bereits im Zeitpunkt des Leistungsbezuges die Absicht hat, den Gegenstand außerunternehmerisch zu verwenden, wird der Sportwagen kein Unternehmensvermögen. Er hat somit mangels Leistung für sein Unternehmen keinen VStA und entsprechend auch keine Entnahme des Pkw gem. § 3 Abs. 1 b Nr. 1 UStG zu besteuern. Nähere Ausführungen hierzu vgl. Q.
3. Das Heizöl ist als vertretbare Sache aufteilbar. Der auf den Fabrikationsbetrieb und auf das vermietete Mehrfamilienhaus entfallende Anteil i. H. v. insgesamt 70 000 Liter ist Unternehmensvermögen (zum VStA vgl. Fall 28 Nr. 1). Insoweit soll eine ausschließliche unternehmerische Nutzung erfolgen. Der auf das Einfamilienhaus entfallende Anteil i. H. v. 10 000 Litern ist zur Privatnutzung bestimmt und somit Privatvermögen.
4. R hat durch die Inanspruchnahme des vollen VStA konkludent zum Ausdruck gebracht, dass er den Pkw zu 100 % als Unternehmensvermögen behandeln will. Der Pkw wird dadurch Unternehmensvermögen.
5. A ist allein schon wegen der Vermietung der Wohnung Unternehmer. Das Haus wird bezüglich des vermieteten Teils unternehmerisch genutzt.
   A hat folgende Möglichkeiten:
a) A kann das Zweifamilienhaus zu 50 % seinem unternehmerischen Bereich zuordnen.
b) Stattdessen kann A das Zweifamilienhaus seinem Unternehmen auch zu 100 % zuordnen.
   Alternative I: Das Grundstück ist ein Altobjekt.
   Da die Vermietung nach § 4 Nr. 12 Buchst. a UStG steuerfrei ist, hat er für den unternehmerisch genutzten Teil des Gebäudes keinen VStA gem. § 15 Abs. 2 Nr. 1 UStG. Infolgedessen ist die Privatnutzung des Gebäudes nicht gem. § 3 Abs. 9 a Nr. 1 UStG einer entgeltlichen sonstigen Leistung gleichgestellt. Sie ist nichtsteuerbar. A hat folglich überhaupt keinen VStA (vgl. A 3.4 Abs. 7 Beispiel 1 UStAE).
   Alternative II: Das Grundstück ist ein Neuobjekt.
   Der VStA für die Privatnutzung ist nach § 15 Abs. 1 b UStG ausgeschlossen, der für den nach § 4 Nr. 12 Buchst. a UStG steuerfrei vermieteten Teil gem. § 15 Abs. 2 Nr. 1 UStG. A hat folglich überhaupt keinen VStA. Entsprechend unterbleibt eine Besteuerung der Privatnutzung gem. § 3 Abs. 9 a Nr. 1 UStG.
c) R ordnet das Zweifamilienhaus seinem unternehmerischen Bereich überhaupt nicht zu. Hinsichtlich der Vermietung tätigt er gleichwohl einen steuerbaren, jedoch nach § 4 Nr. 12 UStG steuerfreien Umsatz. Für die Steuerbarkeit der Vermietung ist nicht erforderlich, dass ein Gegenstand des Unternehmens vermietet wird.
6. Der Pkw wird zu weniger als 10 % für unternehmerische Zwecke genutzt. Nach § 15 Abs. 1 Satz 2 UStG gehört damit der Pkw zum nichtunternehmerischen Bereich des F. Er stellt kein Unternehmensvermögen dar.

7. E ist allein schon wegen der Vermietung des Einfamilienhauses Unternehmer. Das Einfamilienhaus wird durch die Vermietung ausschließlich unternehmerisch genutzt und ist deshalb zu 100 % Unternehmensvermögen. E hat kein Zuordnungswahlrecht.
8. Bei einer unternehmerischen Nutzung zwischen 10 %–100 % hat der Unternehmer ein Zuordnungswahlrecht. Das Zuordnungswahlrecht kann konkludent durch die Inanspruchnahme bzw. Nichtinanspruchnahme des VStA aus den Anschaffungskosten vorgenommen werden.
Ist ein VStA aus den Anschaffungskosten nicht möglich (Erwerb des Gegenstandes von privat), müssen andere Beweisanzeichen herangezogen werden (A 15.2c Abs. 17 UStAE). Da U aus den laufenden Kosten den vollen VStA geltend macht, bringt er konkludent zum Ausdruck, dass er den Pkw zu 100 % seinem Unternehmen zuordnet. Nur bei 100 % Zuordnung zum Unternehmen darf er auch für den privat genutzten Teil des Pkw den VStA aus den laufenden Kosten vornehmen. Im Gegenzug dazu hat die private Nutzung nach § 3 Abs. 9a Nr. 1 UStG zu versteuern.

Lösung zu Fall 25

1. Es liegt eine Wertabgabe aus dem Unternehmen des R zu privaten Zwecken vor, da er die Ressourcen seiner Kanzlei in Anspruch nimmt. Damit ist der Tatbestand des § 3 Abs. 9a Nr. 2 UStG erfüllt. Die unentgeltliche Leistungsabgabe ist einer entgeltlichen sonstigen Leistung gleichzustellen. Die sonstige Leistung ist steuerbar (Leistungsort gem. § 3f UStG ist Ludwigsburg) und stpfl.
Bemessungsgrundlage sind gem. § 10 Abs. 4 Nr. 3 UStG die bei der Prozessführung entstandenen Kosten ohne die USt. Zu beachten ist, dass beim Tatbestand des § 3 Abs. 9a Nr. 2 UStG auch die vorsteuerlosen Kosten (hier: Personalkosten) zur Bemessungsgrundlage gehören. Das sonst einem Dritten berechnete Entgelt ist nicht maßgeblich. Die USt beträgt 19 % von 200 €, d. h. 38 €.
2. Mit Hilfe seiner Erfüllungsgehilfen tätigt M eine Wertabgabe aus außerunternehmerischen Gründen. Eine entsprechende Leistung einem Dritten gegenüber wäre eine Werkleistung. Ein Vorgang, der Dritten gegenüber als sonstige Leistung – einschließlich Werkleistung – zu beurteilen wäre, fällt unter den Tatbestand des § 3 Abs. 9a Nr. 2 UStG. Das gilt auch insoweit, als dabei Gegenstände in Form von Zutaten oder Nebenstoffen verwendet werden, das Dienstleistungselement aber überwiegt (vgl. BFH vom 09.06.2005, V R 50/02, BStBl II 2006, 98). Der Grundsatz der Einheitlichkeit der Leistung (A 3.10 UStAE) gilt auch für die unentgeltlichen Wertabgaben (A 3.3 Abs. 5 Satz 4 UStAE).
Die sonstige Leistung gem. § 3 Abs. 9a Nr. 2 UStG ist steuerbar und stpfl.
Bemessungsgrundlage sind gem. § 10 Abs. 4 Nr. 3 UStG die hierbei angefallenen Ausgaben und nicht der Betrag, den ein Dritter hätte bezahlen müssen. Ausgaben fielen i. H. v. 150 € für Farbe und i. H. v 800 € für anteilige Arbeitslöhne an. Die USt beträgt 19 % von 950 €, d. h. 180,50 €.
3. Der Verzehr der Speisen und Getränke durch W und seine Ehefrau stellt eine Wertabgabe des Unternehmens aus unternehmensfremden Gründen dar. Da die Eheleute die Speisen nicht in ihrer Gaststätte, sondern in den Privaträumen zu sich nehmen, liegt keine »unentgeltliche« Abgabe von Speisen und Getränke zum Verzehr an Ort und Stelle vor, die als entgeltliche sonstige Leistung nach § 3 Abs. 9a Nr. 2 UStG zu behandeln wäre. Vielmehr handelt sich um die Entnahme von Gegenständen. Es liegt somit der Tatbestand des § 3 Abs. 1b Nr. 1 UStG vor. Die Entnahme wird einer entgeltlichen Lieferung gleichgestellt, die steuerbar und stpfl. ist. Der Steuersatz beträgt für Getränke 19 % und für Speisen gem. § 12 Abs. 2 Nr. 1 UStG 7 %.

Als Bemessungsgrundlage sind die Einkaufspreise für die Getränke bzw. die Selbstkosten für die Mahlzeiten anzusetzen. In der Praxis werden derartige Fälle pauschal anhand amtlicher Richtsätze abgewickelt (vgl. Q 2.3). Danach wird bei Gastwirtschaften (vgl. Q 2.3) mit Abgabe von kalten und warmen Speisen für eine erwachsene Person pro Jahr als Nettobemessungsgrundlage angesetzt:

Gewerbezweig	Jahreswert für eine Person ohne USt		
	ermäßigter Steuersatz €	voller Steuersatz €	insgesamt €
Gast- und Speisewirtschaften mit Abgabe von kalten und warmen Speisen	1 680	1 758	3 438

Die USt berechnet sich also wie folgt:

2 × 1 680 € = 3 360 € × 7 % =	235,20 €
2 × 1 758 € = 3 516 € × 19 % =	668,04 €
USt insgesamt:	**903,24 €**

4. Da das Gebäude zu 50 % unternehmerisch genutzt wird, hat G ein Zuordnungswahlrecht. Da G nur die auf das Erdgeschoss entfallende Vorsteuer geltend gemacht hat und er auch nicht ausdrücklich dem Finanzamt erklärt hat, er wolle das gesamte Gebäude seinem Unternehmen zuordnen, ist davon auszugehen, dass er nur das Erdgeschoss seinem Unternehmen zugeordnet hat. Deshalb ist die Nutzung des Obergeschosses nicht gem. § 3 Abs. 9a Nr. 1 UStG einer entgeltlichen sonstigen Leistung gleichgestellt (vgl. ab 01.01.2011 auch § 15 Abs. 1b UStG). Sie ist nichtsteuerbar.

5. Die Privatnutzung des Fahrzeugs ist gem. § 3 Abs. 9a Nr. 1 UStG einer entgeltlichen sonstigen Leistung gleichgestellt. Sie ist steuerbar und stpfl. Die Fahrten des A zwischen seiner Wohnung und dem Betrieb gehören zur unternehmerischen Nutzung. Nach der 1 %-Regelung wird die Bemessungsgrundlage wie folgt ermittelt:

1 % vom Listenpreis brutto 59 500 €	595,00 €
abzüglich 20 % für nicht vorsteuerbelastete Kosten	./. 119,00 €
Bemessungsgrundlage für einen Monat	476,00 €
USt 19 % für einen Monat	90,44 €
USt für 01 (9 Monate)	813,96 €

6. Die Privatnutzung des Fahrzeugs ist gem. § 3 Abs. 9a Nr. 1 UStG einer entgeltlichen sonstigen Leistung gleichgestellt. Sie ist steuerbar und stpfl. Bemessungsgrundlage gem. § 10 Abs. 4 Nr. 2 UStG sind die auf die Privatnutzung entfallenden Ausgaben, soweit eine VStA-Berechtigung vorliegt. Die zum VStA berechtigenden Ausgaben belaufen sich auf 22 800 € ./. 4 200 € (Versicherung und Steuer), d. h. 18 600 €. Die Nutzung des Fahrzeuges zwischen Wohnung und Betrieb ist eine unternehmerische Nutzung und muss dieser zugerechnet werden. Der lt. Fahrtenbuch auf die Privatnutzung entfallende Anteil beträgt somit 30 %.

Die Bemessungsgrundlage für die Privatfahrten berechnet sich mit 30 % von 18 600 €, d. h. 5 580 €. Die USt beträgt 19 % von 5 580 €, d. h. 1 060,20 €.

7. Es liegt, wie oben in Nr. 6 ausgeführt, eine steuerbare und stpfl. sonstige Leistung gem. § 3 Abs. 9a Nr. 1 UStG vor. Da L die 1 %-Regelung anwenden will und die Verwaltung dies zulässt, ermittelt sich die USt für die private Nutzung wie folgt:

1 % vom Listenpreis brutto (71 400 €)	714,00 €
abzüglich 1/5 für nicht zum VStA berechtigende Kosten	./. 142,80 €
Bemessungsgrundlage pro Monat	571,20 €
USt für Privatnutzung pro Monat 19 % von 571,20 €	108,53 €
USt für Privatnutzung pro Jahr 12 × 108,53 €	1 302,34 €

8. U tätigt mit der Privatnutzung des Pkws eine stpfl. sonstige Leistung nach § 3 Abs. 9a Nr. 1 UStG. Lt. Verwaltungsmeinung werden die Kosten anlässlich eines Unfalls wie normale Reparaturkosten behandelt. D. h., sie gehören anteilig i. H. v. 30 % zur Bemessungsgrundlage für die sonstige Leistung nach § 3 Abs. 9a Nr. 1 UStG. Der Kostenersatz durch die Versicherung ist jedoch zu kürzen.
Von den Reparaturkosten anlässlich des Unfalles sind somit 30 % von 2 000 €, d. h. 600 € der Bemessungsgrundlage für die stpfl. sonstige Leistung nach § 3 Abs. 9a Nr. 1 UStG hinzuzurechnen und dort zu versteuern.

9. Sofern U als Bemessungsgrundlage für die stpfl. sonstige Leistung nach § 3 Abs. 9a Nr. 1 UStG die Listenpreisregelung anwendet, ist davon auszugehen, dass der anteilige Kostenanteil bereits in der 1 %-Listenpreispauschale enthalten ist. Einer zusätzlichen Erfassung der anteiligen Reparaturkosten bedarf es in diesem Falle nicht.

10. B erbringt an seinen AN eine sonstige Leistung in Form einer Vermietung eines Beförderungsmittels. Es liegt kein Tatbestand nach § 3 Abs. 9a Nr. 1 UStG vor. Lt. Verwaltungsmeinung steht der Nutzungsüberlassung ein Entgelt in Form der anteiligen Arbeitsleistung gegenüber. Umsatzsteuerrechtlich liegt ein tauschähnlicher Umsatz (§ 3 Abs. 12 Satz 2 UStG) vor. Als Bemessungsgrundlage ist nach § 10 Abs. 2 Satz 2 und 3 UStG grundsätzlich der Wert der anteiligen Arbeitsleistung (gemeiner Wert der Gegenleistung) anzusetzen. Aus Vereinfachungsgründen können aber auch die lohnsteuerlichen Pauschalwerte angesetzt werden, vgl. BMF-Schreiben vom 27. 04. 2004, BStBl I 2004, 864, Tz 4. 2. 1. 3.
Die Bemessungsgrundlage errechnet sich wie folgt:
für die allgemeine Privatnutzung

1 % von 50 000 € (Bruttolistenpreis) × 1 Monat	500 €
für Fahrten zwischen Wohnung und Arbeitsstätte	
0,03 % von 50 000 € (Bruttolistenpreis) × 10 (Entfernungs-Km) × 1 Monat	150 €
Bruttowert der sonstigen Leistung an den AN	650 €

Die Bemessungsgrundlage beträgt 546,22 €, die USt 103,78 €
B kann im Zusammenhang mit dem Fahrzeug den vollen VStA geltend machen, da sowohl die Nutzung zu betrieblichen Zwecken als auch die entgeltliche Überlassung an den AN eine unternehmerische Nutzung darstellt (vgl. BMF vom 27. 08. 2004, BStBl I 2004, 864, Tz. 4.1).

Lösung zu Fall 26

1. Da der Pkw wie von vornherein beabsichtigt nicht zu wenigstens 10 % für das Unternehmen des U verwendet wurde, konnte er nach § 15 Abs. 1 Satz 2 UStG nicht dem Unternehmen zugeordnet werden.

Die Veräußerung des nicht zum Unternehmen des U gehörenden Pkw ist nicht steuerbar. Da U für diese Lieferung USt gesondert in einer Rechnung ausgewiesen hat, schuldet er diese USt nach § 14c Abs. 2 UStG (vgl. A 14c.2 Abs. 2 Nr. 4 UStAE).
Da die ausgewiesene USt nicht für eine Leistung gesetzlich i. S. v. § 15 Abs. 1 Nr. 1 Satz 1 UStG geschuldet wird, hat P aus der Pkw-Lieferung des U keinen VStA.

2. Die Vermietung von U an R ist nach § 4 Nr. 12 Buchst. a UStG steuerfrei. Da R die Wohnung zu Wohnzwecken nutzt, kann U bereits nach § 9 Abs. 1 UStG nicht auf die Befreiung verzichten. Damit weist U für einen steuerfreien Umsatz USt gesondert aus. Diese USt schuldet U nach § 14c Abs. 1 UStG. R hat daraus keinen VStA, da er

aa) die Leistung nicht für sein Unternehmen bezieht,

bb) die ausgewiesene USt keine gesetzlich für eine Leistung geschuldete USt i. S. v. § 15 Abs. 1 Nr. 1 Satz 1 UStG ist. U kann die USt nach § 14c Abs. 1 UStG durch eine schriftliche Berichtigungserklärung gegenüber R beseitigen und für den VZ des Zugangs der Berichtigungserklärung beim Leistungsempfänger in sinngemäßer Anwendung des § 17 UStG in seiner USt-VA berichtigen.

3. Da H aus der Anschaffung des Pkw den vollen VStA geltend gemacht hat, ist davon auszugehen, dass er den Pkw zulässigerweise seinem Unternehmen zugeordnet hat. Damit erfolgte die Wagenwäsche für das Unternehmen des H. In dem Beleg fehlen verschiedene nach § 14 Abs. 4 UStG geforderte Angaben. Es handelt sich jedoch um eine Kleinbetragsrechnung i. S. v. § 33 UStDV, da der Rechnungsbetrag 150 € nicht übersteigt. Alle nach § 33 UStDV erforderlichen Angaben liegen vor. Somit darf H die USt mit 19/119 aus dem Betrag von 6 € = 0,96 € herausrechnen und als Vorsteuer abziehen (§ 35 Abs. 1 UStDV).

4. In der Rechnung ist die USt zu hoch ausgewiesen. Bei einem Nettobetrag von 3 000 € beträgt die USt nicht 750 €, sondern 570 €. Es ist dem A also ein sog. Zahlendreher unterlaufen. Bei einem Bruttoentgelt von 3 750 € beträgt die USt 19/119 von 3 750 € = 598,74 €. Da alle übrigen Voraussetzungen für den VStA bei B erfüllt sind, darf B diese USt als Vorsteuer abziehen. A schuldet die zu hoch ausgewiesene USt i. H. v. 750 € ./. 598,74 € = 151,26 € nach § 14c Abs. 1 UStG. A kann die USt nach § 14c Abs. 1 UStG durch eine schriftliche Berichtigungserklärung gegenüber B beseitigen und für den VZ des Zugangs der Berichtigungserklärung bei B in sinngemäßer Anwendung des § 17 UStG in seiner USt-VA berichtigen.

5. Es liegt eine sog. Scheinrechnung vor. M rechnet über eine nicht erbrachte Lieferung einer Büroeinrichtung ab und schuldet die ausgewiesene USt – zusätzlich zur USt für die Lieferung der Wohnzimmermöbel – nach § 14c Abs. 2 UStG. F darf aus der Rechnung keinen VStA vornehmen, da

a) die ausgewiesene USt keine gesetzlich für eine Leistung geschuldete USt i. S. v. § 15 Abs. 1 Nr. 1 Satz 1 UStG ist,

b) B keine derartige Leistung für sein Unternehmen bezogen hat,

c) aus der Lieferung der Wohnzimmereinrichtung für ihn von vornherein kein VStA in Betracht kommt, da die Lieferung nicht an sein Unternehmen erfolgte.
Unter Beachtung des nach § 14c Abs. 2 Sätze 3 bis 5 UStG vorgeschriebenen Verfahrens kann die USt nach § 14c Abs. 2 UStG in sinngemäßer Anwendung des § 17 UStG wieder beseitigt werden.

6. Bei der Lieferung des Heizöls handelt es sich um die Lieferung einer vertretbaren Sache. Da das Heizöl teilweise zur Verwendung im Unternehmen und zum Teil zur Verwendung im Privatbereich bestimmt ist, hat nach A 15.2c Abs. 2 Nr. 1 UStAE eine Aufteilung zu erfolgen. Nur der Teil des Heizöls ist für das Unternehmen des F bezogen, der in den Fab-

riktank eingefüllt wird. Daher darf F die ausgewiesene USt nur anteilig als Vorsteuer abziehen.

Der abziehbare Teil beträgt: $\dfrac{3\,800 \times 40\,000}{50\,000} = 3\,040\ €$.

7. G erbrachte am 01. 11. 01 stpfl. Lieferungen der Fernsehgeräte an E. Die USt beträgt aufgrund der infolge des Skontoabzugs eingetretenen Entgeltsminderung 19/119 von 20 777,40 € = 3 317,40 €. Diese USt hat G bereits für den VZ der Vereinnahmung (Oktober) anzumelden und abzuführen (§ 13 Abs. 1 Nr. 1 Buchst. a Satz 4 UStG).
Bei E liegen alle Voraussetzungen für den VStA aus der Lieferung der Fernsehgeräte vor. Da E die Rechnung im Oktober erhalten und im Oktober auch die Zahlung geleistet hat, kann er die Vorsteuer (3 317,40 €) bereits für den VZ Oktober geltend machen (§ 15 Abs. 1 Nr. 1 Sätze 2 und 3 UStG).

8. Da für den VStA eine Rechnung nach § 14 UStG vorliegen muss und auf der Rechnung die Angaben nach § 14 Abs. 4 Nr. 2 UStG fehlen, darf B aus der Rechnung keinen VStA vornehmen (§ 15 Abs. 1 Nr. 1 Satz 2 UStG).

9. Die Grundstückslieferung ist infolge der zulässigen Option nach § 9 UStG stpfl. Allerdings schuldet nicht der Lieferer A die aus der Option resultierende USt, sondern gem. § 13 b Abs. 5 Satz 1 i. V. m. Abs. 2 Nr. 3 UStG der Abnehmer B. Da A keine USt schuldet, darf er dem B keine USt berechnen (vgl. § 14 a Abs. 5 UStG). A schuldet die ausgewiesene USt nach § 14 c Abs. 1 i. V. m. § 13 a Abs. 1 Nr. 1 UStG.
Die von B aus der an ihn erfolgten Lieferung geschuldete USt nach § 13 b Abs. 5 Satz 1 i. V. m. Abs. 2 Nr. 3 UStG darf B nach § 15 Abs. 1 Nr. 4 UStG (nicht nach § 15 Abs. 1 Nr. 1 UStG) als Vorsteuer abziehen. Eine ordnungsgemäße Rechnung ist insoweit nicht erforderlich.
Die von A geschuldete § 14 c-Steuer kann B hingegen nicht als Vorsteuer geltend machen, da es sich insoweit nicht um eine gesetzlich geschuldete Steuer für eine Leistung für sein Unternehmen handelt (§ 15 Abs. 1 Nr. 1 Satz 1 UStG).

Lösung zu Fall 27

1. Der Transport der Ware von Basel nach Freiburg durch U zu seiner eigenen Verfügung ist ein rechtsgeschäftsloses Verbringen, also keine Lieferung. Da die Ware dem Unternehmen des U zugeordnet ist, darf U die von ihm gezahlte EUSt als Vorsteuer geltend machen.

2. Da L die deutsche EUSt als Schuldner entrichtet hat, verlagert sich sein Lieferort gem. § 3 Abs. 8 UStG von Basel (Drittlandsgebiet) ins Inland. Damit hat L im Zeitpunkt der Freigabe der Ware in den freien Verkehr die Verfügungsmacht an der Ware. L ist somit nach § 15 Abs. 1 Nr. 2 UStG berechtigt, die EUSt als Vorsteuer geltend zu machen. Die Anwendung des § 3 Abs. 8 UStG führt zudem dazu, dass L in Deutschland eine Lieferung ausführt und deshalb eine Bruttorechnung auszustellen hat.

3. Da die deutsche EUSt nicht für L, sondern für A als Schuldner entrichtet wurde, greift § 3 Abs. 8 UStG nicht ein. Lieferort und Lieferzeitpunkt für L ist nach § 3 Abs. 6 Satz 1 und 2 UStG Basel.
Damit ist davon auszugehen, dass A im Zeitpunkt der Freigabe der Ware in den freien Verkehr die Verfügungsmacht an der Ware hatte und somit nach § 15 Abs. 1 Nr. 2 UStG zum Abzug der EUSt berechtigt ist.

Lösung zu Fall 28

E bewirkt mit dem Wareneinkauf aus einem anderen Mitgliedstaat innergemeinschaftliche Erwerbe gem. § 1a UStG. Die innergemeinschaftlichen Erwerbe sind nach § 1 Abs. 1 Nr. 5 UStG steuerbar und auch stpfl.

1. Mit der Rechnungserteilung (Rechnungsdatum), also für den VZ Januar 03, entsteht die Erwerbssteuer (§ 13 Abs. 1 Nr. 6 UStG), die E nach § 13a Abs. 1 Nr. 2 UStG schuldet. Gleichzeitig kann E für den VZ Januar 03 die Erwerbssteuer als Vorsteuer gem. § 15 Abs. 1 Nr. 3 UStG geltend machen.
2. E unterliegt aufgrund seines Verzichts nach § 1a Abs. 4 UStG der Erwerbssteuer. Als Kleinunternehmer darf er jedoch die Erwerbssteuer nicht als Vorsteuer geltend machen, § 19 Abs. 1 Satz 4 UStG. Der Sinn des Verzichts nach § 1a Abs. 4 UStG liegt darin, dass die (deutsche) Erwerbssteuer bei E mit 19 % niedriger ist als die anderenfalls bei K anfallende dänische USt (25 %).
3. Der Transport der Ware von Straßburg nach Freiburg erfolgt zur eigenen Verfügung des E und nicht i. R. einer Lieferung. Nach § 1a Abs. 2 UStG gilt dieses Verbringen als innergemeinschaftlicher Erwerb gegen Entgelt. Somit fällt hierfür bei E gem. § 13a Abs. 1 Nr. 2 i. V. m. § 13 Abs. 1 Nr. 6 UStG mit Ablauf des VZ Februar 01 Erwerbssteuer an. Diese Erwerbssteuer darf E gleichzeitig als Vorsteuer gem. § 15 Abs. 1 Nr. 3 UStG abziehen.

Lösung zu Fall 29

1. F erhält vom Unternehmer H für eine Lieferung USt in einer nach § 14 UStG ordnungsgemäßen Rechnung gesondert in Rechnung gestellt. Das gelieferte Heizöl ist als vertretbare Sache aufteilbar. Der auf den Fabrikationsbetrieb und auf das Mehrfamilienhaus entfallende Anteil von insgesamt 90 000 Litern ist Unternehmensvermögen. Der auf das Einfamilienhaus entfallende Anteil von 10 000 Litern ist zur privaten Nutzung bestimmt und somit Privatvermögen. Dementsprechend ist nur die auf 90 000 Liter entfallende Vorsteuer nach § 15 Abs. 1 Nr. 1 UStG abziehbar. Sie beträgt 9/10 von 7 600 €, d. h. 6 840 €.
Die abziehbare Vorsteuer steht sowohl mit nach § 4 Nr. 12 Buchst. a UStG steuerfreien Vermietungsumsätzen (Umsatzgruppe B, Abzugsverbot gem. § 15 Abs. 2 Nr. 1 UStG) als auch mit stpfl. Umsätzen des Fabrikationsbetriebes (Umsatzgruppe A) im wirtschaftlichen Zusammenhang. Es hat daher eine Vorsteueraufteilung nach § 15 Abs. 4 UStG in einen abzugsfähigen und einen nicht abzugsfähigen Anteil zu erfolgen. Die Aufteilung erfolgt nach dem Verhältnis des in der Fabrik und im Mehrfamilienhaus verwendeten Öls. Auf die Fabrik entfallen:

$$\frac{70\,000 \times 6\,840}{90\,000} = 5\,320\,€.$$

Die restliche abziehbare Vorsteuer i. H. v. 1 520 € ist nicht abzugsfähig.
2. Die gesamte Vorsteuer i. H. v. 38 000 € ist abziehbar, da sämtliche Tatbestandsvoraussetzungen des § 15 Abs. 1 Nr. 1 UStG vorliegen. Die Vorsteuer ist in vollem Umfang abzugsfähig, wenn sämtliche Ausgangsumsätze, die im wirtschaftlichen Zusammenhang mit der Maschine stehen, unter die Umsatzgruppe A fallen. Es ist somit zu prüfen, wie die Tuchlieferungen umsatzsteuerrechtlich zu behandeln sind:
   a) Lieferungen für den deutschen Markt
      Sie sind stpfl. und fallen unter die Umsatzgruppe A.
   b) Lieferungen ins EU-Ausland
      Die Lieferungen sind, soweit sie an Unternehmer für deren Unternehmen erfolgen, nach § 3 Abs. 6 Satz 1 UStG im Inland bewirkt und steuerbar. Sie sind als innergemeinschaftli-

che Lieferungen nach § 4 Nr. 1 Buchst. b i. V. m. § 6a UStG steuerfrei und fallen damit unter die Umsatzgruppe A.

Soweit die Lieferungen an Privatleute erfolgen, kann der Lieferort nach § 3c UStG im Bestimmungsland sein, also in dem anderen Mitgliedstaat. Die Lieferungen wären dann nach deutschem UStG nicht steuerbar. Bei Ausführung im Inland wären sie stpfl. Sie fallen deshalb ebenfalls unter die Umsatzgruppe A. Kommt § 3c UStG nicht zur Anwendung und ist der Lieferort gem. § 3 Abs. 6 UStG im Inland, ist die Lieferung im Inland stpfl. und fällt ebenfalls unter die Umsatzgruppe A.

c) Lieferungen ins Drittlandsgebiet
Diese Lieferungen sind im Normalfall steuerfrei nach § 4 Nr. 1a i. V. m. § 6 Abs. 1 Nr. 1 bzw. Nr. 2 UStG, andernfalls stpfl. (z. B. bei fehlendem Ausfuhrnachweis). Sie fallen infolgedessen unter die Umsatzgruppe A.

Die abziehbare Vorsteuer i. H. v. 38 000 € ist auch abzugsfähig. Sie steht ausschließlich im Zusammenhang mit Ausgangsumsätzen der Umsatzgruppe A.

Lösung zu Fall 30

Die Vermietung des Gebäudes stellt umsatzsteuerrechtlich eine unternehmerische Tätigkeit dar (§ 2 UStG) und ist somit steuerbar.

Da F das Gebäude insgesamt vermietet, ist es notwendigerweise zu 100 % Unternehmensvermögen. Die Zugehörigkeit zum einkommensteuerlichen Privatvermögen ist irrelevant. Damit sind die Vorsteuern aus der Errichtung des Gebäudes i. H. v. 30 000 € gem. § 15 Abs. 1 UStG abziehbar.

Die Vermietung ist grundsätzlich nach § 4 Nr. 12 Buchst. a UStG steuerfrei. Da M das Erdgeschoss für seine stpfl. Umsätze als Rechtsanwalt nutzt, ist der Verzicht der F gem. § 9 Abs. 1 und 2 UStG auf die Befreiung gem. § 4 Nr. 12 Buchst. a UStG zulässig. Die Vermietung an M ist in vollem Umfang stpfl. Aufgrund des VStA-Verbots nach § 15 Abs. 2 Nr. 1 UStG bzgl. der übrigen Räume kann sie gem. § 15 Abs. 4 UStG nur 40 % der gesamten abziehbaren Vorsteuern, d. h. 12 000 € als Vorsteuer geltend machen.

Im KJ 03 erhöht sich die stpfl. Nutzung des Gebäudes auf 60 %. Dadurch tritt eine vorsteuerrelevante Nutzungsänderung gegenüber den für den VStA maßgebenden Verhältnissen i. H. v. vorsteuerunschädlich bisher 40 % ./. vorsteuerunschädlich neu 60 % = ./. 20 % (zu Gunsten) ein. Diese führt zu einer Vorsteuerberichtigung nach § 15a UStG.

Die Vorsteuerberichtigung berechnet sich wie folgt:
anteilige auf das KJ 03 entfallende abziehbare Vorsteuer   3 000 €
Berichtigungsbetrag: 3 000 € × ./. 20 % =   ./. 600 €

Es handelt sich um eine Vorsteuerberichtigung zu Gunsten der F. Die Vorsteuerberichtigung ist gem. § 44 Abs. 3 Satz 1 UStDV in der Jahreserklärung 03 geltend zu machen.

Lösung zu Fall 31

KJ 03

Zunächst ist zu prüfen, ob A im KJ 03 unter die Kleinunternehmerregelung gem. § 19 Abs. 1 UStG fällt. Es ist somit der tatsächliche Kleinunternehmer-Umsatz des KJ 02 und der voraussichtliche Kleinunternehmer-Umsatz des KJ 03 zu ermitteln.

Der Kleinunternehmer-Umsatz im KJ 02 belief sich auf 0 €, weil A ausschließlich steuerfreie Vermietungsumsätze nach § 4 Nr. 12a UStG getätigt hat.

Der voraussichtliche Kleinunternehmer-Umsatz im KJ 03 liegt nach den glaubhaften Angaben des A bei 20 000 €, also unter 50 000 €. Daher unterliegt A im KJ 03 der Kleinunternehmerregelung. Eine Option nach § 19 Abs. 2 UStG ist nicht erfolgt und wäre auch nicht zu empfehlen.

A schuldet keine USt, kann allerdings auch keinen VStA aus dem Biereinkauf geltend machen.

KJ 04

Auch hier ist zunächst zu untersuchen, ob A unter § 19 Abs. 1 UStG fällt. Der tatsächliche Kleinunternehmer-Umsatz im KJ 03 lag aufgrund der stpfl. Lieferungen von Flaschenbier (brutto 25 000 €) zuzügl. der stpfl. Lieferung gem. § 3 Abs. 1 b Nr. 1 UStG (brutto 500 €) über 17 500 €. Infolgedessen unterliegt A im KJ 04 nicht der Kleinunternehmerregelung. Für das KJ 04 ist also eine Zahllast zu errechnen.

Berechnung der Ausgangsumsatzsteuer

Stpfl. Bierlieferungen brutto	12 000,00 €
+ stpfl. Lieferung gem. § 3 Abs. 1 b Nr. 1 UStG (Einkaufspreis brutto)	500,00 €
= Summe der **stpfl.** Umsätze 12 500,00 €	
Darin enthaltene USt (Steuersatz 19 %) (19/119 von 12 500 €)	1 995,80 €

Berechnung der Vorsteuer

Biereinkäufe	1 615,00 €
Erwerb des Lieferwagens	1 900,00 €
= Summe der **abzugsfähigen** Vorsteuer	3 515,00 €

Berechnung der Zahllast

Ausgangsumsatzsteuer	1 995,80 €
./. Vorsteuer	3 515,00 €
= Steuererstattungsanspruch	1 519,20 €

KJ 05

Es ist zunächst zu prüfen, ob A unter die Kleinunternehmerregelung fällt. Der tatsächliche Kleinunternehmer-Umsatz des KJ 04 beträgt 12 500 €. Die im KJ 04 getätigten steuerfreien Vermietungsumsätze gehören nicht zum Gesamtumsatz und damit nicht zum Kleinunternehmer-Umsatz. Der voraussichtliche Kleinunternehmer-Umsatz des KJ 05 liegt nicht über 50 000 €, denn zu Beginn des KJ 05 zeichnete sich die überraschend gute Geschäftsentwicklung noch nicht ab. Auf den tatsächlich erzielten Gesamtumsatz kommt es nicht an. A unterliegt deshalb im KJ 05 der Kleinunternehmerregelung. Eine Zahllast ist nicht zu errechnen.

Prüfung einer Vorsteuerberichtigung bezüglich Lieferwagen

Die Kleinunternehmerregelung nach § 19 Abs. 1 UStG hat die gleiche Wirkung wie ein VStA-Verbot nach § 15 Abs. 1 b oder Abs. 2 UStG (vgl. § 19 Abs. 1 Satz 4 UStG). Deshalb führt ein Wechsel von der Regelbesteuerung zur Kleinunternehmerregelung zu einer Änderung der Verhältnisse nach § 15 a Abs. 7 UStG.

Dies ist bezüglich des Lieferwagens der Fall. A hat den Lieferwagen im KJ 04 erworben und einen VStA i. H. v. 1 900 € geltend gemacht. Der Übergang zur Kleinunternehmerregelung im KJ 05 stellt eine vorsteuerschädliche Nutzungsänderung von 100 % dar.

Aufgrund des nach § 15 a Abs. 1 Satz 1 UStG fünfjährigen Berichtigungszeitraums muss A somit seine im KJ 04 abgezogene Vorsteuer um 12/60 von 1 900 € = 380 € nach § 15 a UStG zu seinen Ungunsten berichtigen. Die Berichtigung ist gem. § 44 Abs. 3 UStDV erst in der Jahresveranlagung für das KJ 05 vorzunehmen.

KJ 06

Die Kleinunternehmerregelung kommt für das KJ 06 nicht in Frage, da der tatsächliche Kleinunternehmer-Umsatz des KJ 05 über 17 500 € lag.

Berechnung der Ausgangsumsatzsteuer

Stpfl. Bierlieferungen brutto	15 000,00 €
+ stpfl. Lieferung gem. § 3 Abs. 1 b Nr. 1 UStG (Einkaufspreis brutto)	500,00 €
+ stpfl. Lieferung des Lieferwagens	3 000,00 €
= Summe der **stpfl.** Umsätze	18 500,00 €
Darin enthaltene USt (19/119 von 18 500 €)	2 953,78 €

Berechnung der Vorsteuer

Biereinkäufe	1 900,00 €

Berechnung der Zahllast

Ausgangsumsatzsteuer	2 953,78 €
./. Vorsteuer	1 900,00 €
= Zahllast	1 053,78 €

Da A im KJ 06 unter die Regelbesteuerung fällt und der Lieferwagen stpfl. veräußert wurde (keine relevante Nutzungsänderung i. S. v. § 15 a UStG), ist für das KJ 06 keine Vorsteuerberichtigung nach § 15 a UStG bezüglich des Lieferwagens vorzunehmen.

Aufgrund des Umsatzes im KJ 06 fällt A im KJ 07 wieder unter die Kleinunternehmerregelung nach § 19 Abs. 1 UStG. Die Veräußerung des Lieferwagens fällt nicht unter den Kleinunternehmer-Umsatz.

Teil Z1 Komplexe Übungsfälle

1 Übungsfall 1

Bearbeitungszeit: 3 Stunden
Hilfsmittel: Beck'sche Textausgaben:
Steuergesetze I, Steuerrichtlinien Textsammlung, Steuererlasse

I. Sachverhalt

1. Brauerei Bock ist Eigentümerin des Hauses Feuchtstr. 17 in Stuttgart (Altgebäude i. S. v. § 27 Abs. 2 Nr. 1 bis 3 UStG). Das Haus hat vier Stockwerke. Davon hat sie im KJ 01 das EG und das 1. OG an den Gastwirt Geidel für monatlich 4 000 € zuzügl. 760 € USt vermietet (vgl. Nr. 2). Das 2. OG hat sie an den praktischen Arzt Avian für monatlich 1 500 € zuzügl. 285 € USt vermietet, der darin mit Hilfe von zwei angestellten Arzthelferinnen seine Arztpraxis betreibt. Das dritte OG hat sie an den Architekten Turner für monatlich 1 700 € zuzügl. 323 € USt vermietet, der darin ein Architekturbüro mit fünf Angestellten betreibt.
2. Gastwirt Geidel betreibt in den angemieteten Räumen die Gastwirtschaft zur Goldenen Gans. Die eigentliche Gastwirtschaft mit Abgabe von kalten und warmen Speisen befindet sich im EG (Nutzfläche 200 m²). Im 1. OG (Nutzfläche 200 m²) befinden sich Nebenzimmer für besondere Veranstaltungen wie Betriebsfeiern, Hochzeiten usw. und außerdem fünf Gästezimmer mit einer Fläche von je m². Geidel hat eines dieser Gästezimmer an seinen Kellner Kümpflein für monatlich 200 € vermietet. Im Vertrag mit Kümpflein ist vereinbart, dass das Mietverhältnis endet, wenn Kümpflein als Kellner bei Geidel ausscheidet. Die übrigen Gästezimmer werden für 80 € pro Zimmer und Übernachtung vermietet. In diesem Betrag sind jeweils 8 € für das Frühstück eingerechnet, welches von den Gästen in der Zeit von 7 Uhr bis 10.30 Uhr in der Gaststätte im EG eingenommen werden kann. Für Übernachtungen mit Frühstück im KJ 01 hat Geidel insgesamt 32 000 € eingenommen. Darüber hinaus haben Gäste Trinkgeld i. H. v. insgesamt 1 500 € für das Zimmermädchen auf den Zimmern liegen lassen. Dieses Geld überließ Geidel in vollem Umfang dem Zimmermädchen.
3. Funk, Inhaber der Fa. Funk, veranstaltete am 24. 02. 01 im Nebenzimmer des Geidel eine Betriebsfeier. Dabei ging es auf Betreiben des Funk so hoch her, dass schließlich sämtliche Belegschaftsmitglieder des Funk auf dem Tisch standen. Der Tisch brach zusammen. Geidel beauftragte die Schreinerfirma Sitzlack mit der Reparatur des Tisches. Sitzlack sandte dem Geidel nach Durchführung der Reparatur Anfang März hierfür eine Rechnung über 300 € zuzügl. 57 € USt in einfacher Ausfertigung. Geidel schickte die Rechnung an Funk weiter, der den Betrag von 357 € sofort an Sitzlack überwies.
4. Mit dem Architekturbüro Turner hat Geidel vereinbart, dass die Belegschaft von Turner ein jeweils bestimmtes Mittagessen (Tagesessen) zum Vorzugspreis einnehmen kann. Die Abwicklung erfolgte in der Weise, dass die Angestellten von Turner bei ihrem Arbeitgeber Essensmarken erwerben und gegen Abgabe einer solchen Essensmarke das Tagesessen erhalten. Geidel rechnete hierüber jeweils zum Monatsende mit Turner ab, wobei er pro Essen 7,50 € berechnete. Die Abrechnung erfolgte stets entsprechend der nachfolgend auszugsweise dargestellten Abrechnung für den Monat September:

60 Essen à 7,50 €	450,00 €
enthaltene USt Steuersatz 19 %	./. 71,85 €
Nettoentgelt	378,15 €

Turner berechnete seinen AN pro Essensmarke 6 €.

5. Avian bezog von der Zeitschriftenhandlung Zang verschiedene Illustrierte für sein Wartezimmer. Er erhielt hierüber jeweils zum Jahresende von Zang eine Gesamtrechnung, die Avian dann sofort bezahlte. Die Gesamtrechnung, die Avian im Dezember 01 erhielt, hatte (auszugsweise) folgenden Inhalt:

Für den Bezug folgender Zeitschriften (nach Name, Nr. und Betrag genau bezeichnet) berechne ich Ihnen

Nettobetrag	800 €
zuzügl. 19 % USt	152 €
Gesamtbetrag	952 €

Avian legte sämtliche von Zang bezogenen Zeitschriften jeweils eine Woche lang in seinem Wartezimmer aus und gab sie dann an Geidel weiter. Avian hatte mit Geidel diesbezüglich vereinbart, dass Geidel dafür ein Drittel des in der jährlichen Gesamtrechnung berechneten Betrages übernimmt. Geidel legte die Zeitschriften in seiner Gastwirtschaft aus. Für das KJ 01 erteilte Avian dem Geidel folgende Rechnung: »Für die Illustrierten berechne ich Ihnen 1/3 des Gesamtpreises von 952 €, d. h. 317,33 €. In diesem Betrag sind 19 % USt enthalten.«

6. Turner bestellte für sein Architekturbüro bei der Fa. Ruck in Stuttgart einen neuen Zeichentisch. Die Fa. Ruck hatte diesen Zeichentisch selbst nicht vorrätig und bestellte ihn deshalb bei der Fa. Virebent in Basel (Schweiz) mit dem Auftrag, den Zeichentisch zur Lieferbedingung »verzollt und versteuert« direkt zu Turner zu transportieren. Entsprechend den Vereinbarungen transportierte die Fa. Virebent den Zeichentisch mit einem firmeneigenen Lieferwagen am 01. 11. 01 zu Turner und entrichtete an der Grenze die deutsche EUSt.

Die Fa. Virebent erteilte Ruck vereinbarungsgemäß hierüber folgende auszugsweise dargestellte Rechnung:

Zeichentisch	3 500 €
Verpackung (pauschal)	200 €
Transport	250 €
deutsche EUSt	640 €
Gesamtbetrag	4 590 €

Schon vor Anlieferung des Zeichentisches hatte Ruck dem Turner für den Zeichentisch am 12.10. 01 folgende auszugsweise dargestellte Rechnung geschickt:

Zeichentisch netto	5 000 €
zuzügl. 19 % USt	950 €
Gesamtbetrag	5 950 €

Bei Zahlung innerhalb von zwei Monaten 3 % Skonto. Bis zur vollständigen Bezahlung bleibt das Eigentum vorbehalten.

Turner zahlte unter Abzug von 3 % Skonto am 12. 12. 01 an Ruck 5 771,50 €.

Wegen der Anlieferung des neuen Zeichentisches war ein alter Zeichentisch im Büro des Turner überzählig. Diesen Schreibtisch hatte Turner vor Jahren erworben und zutreffend aus dem Erwerb den VStA geltend gemacht. Turner schenkte ihn am 24. 12. 01 seinem Sohn Siegfried. Die Wiederbeschaffungskosten für einen solchen Zeichentisch betragen 300 € (netto).

7. Turner ist mit seinem Pkw (Unternehmensvermögen) im KJ 01 insgesamt 15 000 km gefahren. Über seine Fahrten führte er ordnungsgemäß ein Fahrtenbuch. Von den gefahrenen 15 000 km legte er 9 000 km i. R. seiner Tätigkeit als Architekt zurück. Die restlichen 6 000 km kamen durch Privatfahrten zusammen. Dabei entfielen 3 000 km auf die Schweiz, da Turner im Tessin ein Ferienhaus besitzt, das er mehrfach im Jahr aufsucht. Die insgesamt im KJ bei Turner für den Pkw angefallenen laufenden und fixen Kosten betragen 9 000 € inklusive 20 % AfA auf die Anschaffungskosten. Hierin sind Kosten für Steuer und Versicherung i. H. v. insgesamt 1 000 € enthalten.

8. In der Nachbarschaft seines Ferienhauses im Tessin hat auch der Unternehmer Urtel aus Graz (Österreich) seine Villa. Turner ist mit Urtel seit längerem befreundet und hat ihn auch schon in Graz besucht. Dabei hat Turner dem Urtel derart einleuchtende Vorschläge für die Umgestaltung seines Fabrikgebäudes in Graz unterbreitet, dass Urtel dem Turner im August 01 den Auftrag erteilte, entsprechende Pläne zu erarbeiten. Turner erstellte den Plan für das Fabrikgebäude in seinem Büro in Stuttgart. Nach Fertigstellung sandte er ihn im Oktober 01 zu Urtel nach Graz. Er berechnete Urtel hierfür den Freundschaftspreis von 1 000 €, da Urtel auf die Erteilung einer ordnungsgemäßen Rechnung mit USt-Ausweis verzichtete. Turner waren bei der Erstellung des Planes Kosten i. H. v. 800 € entstanden (insbesondere für Arbeitslöhne seiner Mitarbeiter).

II. Allgemeine Hinweise

Sofern sich aus dem Sachverhalt nichts Gegenteiliges ergibt, ist davon auszugehen, dass die Rechnungen die Voraussetzungen der §§ 14 und 14a UStG erfüllen. Bei auszugsweise dargestellten Rechnungen ist davon auszugehen, dass die Anforderungen nach § 14 Abs. 4 Nr. 1 bis 6 und Nr. 9 UStG erfüllt sind, wohingegen zu prüfen ist, ob die Voraussetzungen nach § 14 Abs. 4 Nr. 7 und 8 UStG vorliegen.

Im Übrigen ist davon auszugehen, dass evtl. erforderliche Beleg- oder Buchnachweise vorhanden sind.

Keiner der Unternehmer unterliegt der Besteuerung nach § 19 UStG. Alle Unternehmer versteuern nach vereinbarten Entgelten.

III. Aufgabe

Der Sachverhalt ist hinsichtlich der umsatzsteuerrechtlichen Auswirkungen bei **sämtlichen beteiligten Unternehmern** zu untersuchen. Auf den Entstehungszeitpunkt der USt und des Vorsteueranspruchs ist lediglich bei Nr. 6 **des Sachverhalts einzugehen**.

Die im Sachverhalt auftauchenden Namen können durch die Anfangsbuchstaben abgekürzt werden.

2 Übungsfall 2

Bearbeitungszeit: 3 Stunden
Hilfsmittel: Beck'sche Textausgaben:
Steuergesetze I Textsammlung, Steuerrichtlinien Textsammlung, Steuererlasse

I. Sachverhalt

1. Unternehmer A erwarb im Jahr 01 von dem Privatmann P (Hobbyschreiner) eine Hobelmaschine zum Preis von 5 950 € für seine Schreinerei. Auf Verlangen des A stellt P dem A hierüber eine den Anforderungen des § 14 UStG genügende Rechnung über 5 000 € zuzügl. 950 € USt aus. A verwendete diese Maschine ausschließlich in seinem Unternehmen. Im Januar 03 fand die Maschine infolge der Neuanschaffung einer anderen Hobelmaschine keine Verwendung mehr im Betrieb des A. Die Maschine wurde in einem Lagerraum des Betriebs zwecks Veräußerung gelagert. Am 08. 02. 03 veräußerte A die Maschine für 2 000 € an einen Privatmann.

2. Fabrikant F in Weiden bestellte beim Großhändler G in Stuttgart Stoffe zum Preis von 20 000 € zuzügl. 3 800 € USt. G erteilte dem F hierüber eine den formalen Anforderungen des § 14 Abs. 4 UStG entsprechende Rechnung mit gesondertem Ausweis der USt i. H. v. 3 800 €. G bestellte die Stoffe seinerseits bei der Tuchfabrik T in Izmir/Türkei zum Preis von 15 000 €. Vereinbarungsgemäß holte F die Stoffe direkt bei T in Izmir ab. F entrichtet als Schuldner die deutsche EUSt.

3. Obst- und Gemüsehändler O in Ludwigsburg bestellte beim Großhändler G in Stuttgart 1 000 Sack Kartoffeln. G übergab am 30. 01. 03 einem Frachtführer die Kartoffeln zum Transport zu O. Der Versand erfolgt nach den vereinbarten Lieferbedingungen auf Gefahr des O. Der Frachtführer lieferte die Ware am 01. 02. 03 bei O zusammen mit der Rechnung des G ab. Die Rechnung ist nachfolgend auszugsweise dargestellt:

1 000 Sack Kartoffeln à 3,50 €	3 500 €
zuzügl. 19 % USt	665 €
zuzügl. Verpackung à 0,20 €/Sack	200 €
zuzügl. Transport	325 €
Gesamtbetrag	4 690 €

    Bei Barzahlung bis 02. 03. 03 wird ein Skontoabzug von 2 % gewährt.
    O zahlte am 02. 03. 03 unter Abzug des Skontos von 93,80 € an G 4 596,20 €.

4. Steuerberater S aus Stuttgart lud am 23. 12. 02 die Angestellten seiner Steuerberaterpraxis zur Förderung eines guten Betriebsklimas zu einer Weihnachtsfeier in das Restaurant R in Reutlingen ein. R vermittelte dem S hierzu die aus drei Personen bestehende Musikergruppe M, die der Veranstaltung einen musikalischen Rahmen gab. R gab der M hierfür im Namen des S 100 €. M erteilte hierüber unter dem Datum vom 23. 12. 02 folgenden mit ihrem Namen und ihrer Anschrift versehenen Beleg: »Es wird bestätigt, dass wir für die musikalische Betreuung der Weihnachtsfeier am 23. 12. 02 den Betrag von 100 € erhalten haben. In diesem Betrag sind 19 % USt enthalten.« R erteilte S bezüglich dieser Veranstaltung die folgenden zwei auszugsweise dargestellten Abrechnungen.

Abrechnung 1, die R dem S noch am 23. 12. 02 aushändigte:
Bewirtung am 23. 12. 02:

15 Personen à 50 €	750,00 €
zuzügl. an M verauslagter Betrag (vgl. beigefügter Beleg)	100,00 €
Summe	850,00 €
zuzügl. 19 % USt von 850 €	61,50 €
Gesamtbetrag	911,50 €

S, der mit der Bewirtung sehr zufrieden und von der gelungenen Weihnachtsfeier beeindruckt war, gab R diesbezüglich sofort einen Scheck über 1 000 €, zumal S erkannt hatte, dass sich R zu seinen Ungunsten verrechnet hatte.

Abrechnung 2:

8 Gläser à 4 €	32,00 €
zuzügl. 19 % USt	6,08 €
Gesamtbetrag	38,08 €

Diesen Betrag überwies S dem R. Die Gläser berechnete R dem S, weil ein Angestellter des S versehentlich einen Tisch umgeworfen hatte und die Gläser dabei zu Bruch gegangen waren.

Hinweise: Auf eventuelle Ausgangsumsätze des S aufgrund des vorliegenden Sachverhaltes ist nicht einzugehen. Es ist davon auszugehen, dass bei S kein VStA-Verbot nach § 15 Abs. 2 UStG eingreift. Die Leistung der M unterliegt nach § 12 Abs. 2 Nr. 7 Buchst. a UStG dem ermäßigten Steuersatz.

5. B hat einen gutgehenden Gewerbebetrieb. Zur inflationssicheren Anlage seiner Gewinne errichtete B im Jahr 02 auf einem ihm gehörenden Grundstück ein Gebäude mit zwei Stockwerken, Erdgeschoss (EG) und Obergeschoss (OG). Das EG vermietete B ab 01. 01. 03 als Praxisräume an einen Rechtsanwalt für eine monatliche Miete von 2 000 € zuzügl. 380 € USt. Das OG vermietete B an einen Privatmieter als Wohnung für eine Miete von monatlich 1 300 €. Beide Geschosse sind gleich groß. Für die Errichtung des Gebäudes wurde B im Jahr 02 USt i. H. v. 80 000 € von den beteiligten Bauunternehmern in nach § 14 UStG ordnungsgemäßen Rechnungen berechnet.

   Auf dem Grundstück befinden sich vier Pkw-Stellplätze. Hiervon vermietete B zum Preis von jeweils 50 €/Monat zwei an den Rechtsanwalt, einen an den Privatmieter und einen an dessen Sohn, der noch bei seinen Eltern wohnt.

6. Taxiunternehmer T beförderte den Unternehmer U anlässlich einer Geschäftsreise des U vom Bahnhof in Stuttgart zu seinem Geschäftspartner in Stuttgart. T berechnete U hierfür einen Fahrpreis von 28 €. Die Quittung über 28 € versah T mit dem Stempel: »In diesem Betrag ist die USt von 19 % enthalten«. U gab T 30 € mit der Bemerkung »stimmt so!«.

7. Anlässlich einer dreitägigen Geschäftsreise im Raum Stuttgart mietete der in Frankfurt ansässige Unternehmer U (Inhaber eines Fabrikationsbetriebs) vom Mietwagenunternehmen M aus Mannheim einen Mietwagen an. M erteilte U hierüber folgende auszugsweise dargestellte Rechnung, welche U sofort in voller Höhe beglich:

Grundgebühr für 3 Tage à 100 €	300,00 €
zuzügl. für 280 gefahrene km à 0,47 €	131,60 €
Summe	431,60 €
zuzügl. 19 % USt	82,00 €
Gesamtbetrag	613,60 €

Vor der Ablieferung hat U das bei Übernahme in Mannheim vollgetankte Fahrzeug wieder befüllt. Der Tankbeleg enthält das Ausstellungsdatum und lautet auf 39,76 € zuzügl. 19 %

USt = 7,55 € USt. U nutzte das angemietete Fahrzeug ausschließlich für unternehmerische Zwecke.

8. Gewerbetreibender G in Ludwigsburg erwarb am 01. 07. 02 einen neuen Pkw zum Listenpreis von 65 000 € zuzügl. 12 350 € USt. G nutzt diesen Pkw nachweislich zu 70 % unternehmerisch und zu 30 % privat. Aus dem Erwerb möchte G den VStA vornehmen. Für das KJ 02 sind G bezüglich des Fahrzeugs folgende Kosten entstanden:

AfA 20 %	13 000 €	
Haftpflichtversicherung	1 062 €	
Vollkaskoversicherung	1 289 €	
Kfz-Steuer	1 113 €	
Treibstoff	3 730 €	zuzügl. 708,70 € USt
Wartung	2 190 €	zuzügl. 416,10 € USt
Reparaturkosten infolge eines Unfalls auf einer unternehmerischen Fahrt	9 540 €	zuzügl. 1 812,60 € USt
Summe	31 924 €	zuzügl. 2 937,40 € USt

Von den Reparaturkosten hat die Kaskoversicherung dem G 9 040 € auf sein betriebliches Konto überwiesen.

9. Rechtsanwalt R in Mannheim führte für einen in Brüssel (Belgien) wohnhaften Mandanten einen privaten Schadenersatzprozess. Bei Übernahme des Mandats am 29.06. 02 verlangte und erhielt R von seinem Mandanten sofort einen Vorschuss von 1 200 € für seine künftigen Bemühungen. Unmittelbar nach Abschluss des – leider verlorengegangenen – Prozesses erteilte R dem Mandanten am 27. 01. 03 folgende auszugsweise dargestellte Rechnung:

Meine Gebühren lt. Vereinbarung	3 790 €
zuzügl. Schreib- und Portokosten	300 €
Summe	4 090 €
zuzügl. in Ihrem Namen verauslagte Gerichtsgebühren	980 €
abzüglich Vorschuss	./. 1 200 €
noch von Ihnen zu begleichender Betrag	3 870 €

II. Aufgaben und allgemeine Hinweise

Prüfen Sie die Sachverhalte – soweit nicht ausdrücklich eine andere Aufgabe gestellt wurde – bei allen namentlich bezeichneten Personen (z. B. A, B, C usw.) auf ihre umsatzsteuerrechtlichen Auswirkungen (Ausgangsumsatzsteuer und Vorsteuer).

Die Lösung ist unter Angabe der in Frage kommenden Vorschriften des UStG zu begründen.

Soweit für einen Unternehmer Wahlrechte und Optionsmöglichkeiten bestehen, ist davon auszugehen, dass er von der für ihn günstigsten Möglichkeit Gebrauch macht.

Soweit als Kaufpreis ein Nettobetrag zuzügl. USt-Betrag angegeben ist, ist davon auszugehen, dass eine den formellen Anforderungen des § 14 Abs. 4 UStG entsprechende Rechnung mit gesondertem USt-Ausweis i. H. d. angegebenen USt-Betrages erteilt worden ist. Auszugsweise dargestellte Rechnungen sind ordnungsgemäß, soweit sich aus der Darstellung nicht etwas anderes ergibt.

Soweit eine USt nach § 14c Abs. 1 UStG entsteht, ist die Höhe dieser Steuer, der Steuerschuldner und der Zeitpunkt der Entstehung der Steuer anzugeben.

Auf den Ort eines Umsatzes ist nicht einzugehen, wenn der Sachverhalt keine Ortsangaben enthält. In diesem Fall ist von vornherein anzunehmen, dass der Umsatzort im Inland liegt.

Auf den Zeitpunkt einer Leistung ist nur dann einzugehen, wenn die tatsächlichen Angaben im Sachverhalt einen solchen Zeitpunkt bestimmen lassen.

Im Falle der Vorsteueraufteilung im Zusammenhang mit Gebäuden ist die Aufteilung nach der Nutzfläche vorzunehmen.

3 Übungsfall 3

Bearbeitungszeit: 3 Stunden
Hilfsmittel: Beck'sche Textausgaben:
Steuergesetze I Textsammlung, Steuerrichtlinien Textsammlung, Steuererlasse

I. Sachverhalt

1. Der Bauunternehmer Braun (B) in Stuttgart hat vom Unternehmen Uschenin (U) in Rovno (Ukraine) den Auftrag erhalten, in Rovno ein größeres Bauobjekt (keine Betriebsstätte) zu erstellen. Mit dem Bau soll allerdings erst im Frühjahr 09 begonnen werden. Zu den im November 08 teils in Stuttgart und teils in Rovno durchgeführten Vertragsverhandlungen wurde von B der in Stuttgart ansässige Rechtsanwalt Roth (R) hinzugezogen. U beauftragte seinerseits den in Rovno ansässigen Dolmetscher Donez (D). D erhielt von U für seine Übersetzungsdienste insgesamt 1 200 €. R berechnete dem B für seine Dienste als Rechtsanwalt 5 000 €.

2. Um den Auftrag (vgl. 1.) ausführen zu können, beauftragte Braun (B) den Transportunternehmer Treiber (T) in Warschau (Polen), verschiedene Baumaschinen des B, die sich auf einer Baustelle des B in Lublin (Polen) befanden, in Lublin abzuholen und nach Rovno zu transportieren. T holte die Baumaschinen am 30. 07. 08 ab und lieferte sie auf direktem Weg auf der Baustelle in Rovno am 01. 08. 08 an. T stellte B für den Transport am 05. 08. 08 einen Betrag von 1 000 € in Rechnung.

3. Bei dem Transport von Lublin nach Rovno (vgl. 2.) wurde der von Treiber (T) angestellte Fahrer in Polen ertappt, wie er die zulässige Geschwindigkeit erheblich überschritt. Da dem Fahrer deswegen der Entzug seines polnischen Führerscheins drohte, beauftragte T den Rechtsanwalt Wund (W) aus Reutlingen, die Interessen des Fahrers wahrzunehmen. Es gelang W, den Entzug des Führerscheins abzuwenden. W berechnete dem T am 05. 12. 08 für seine Bemühungen 1 200 € zuzügl. 228 € USt. In den 1 200 € waren für den Fahrer verauslagte Gerichtsgebühren i. H. v. 200 € enthalten.

4. Koll (K) ist Inhaber einer Kfz-Werkstatt in Ludwigsburg. Daneben betreibt er auch eine Fahrzeugvermietung. Im April 08 erwarb K drei Kleinbusse (K1, K2 und K3) zum Preis von jeweils 25 000 € zuzügl. 4 750 € USt. K baute die Fahrzeuge zu Wohnmobilen aus, um sie nach Fertigstellung i. R. seines Unternehmens zu vermieten. Er erwarb hierzu Einrichtungsgegenstände (z. B. Einbauschränke usw.) zum Listenpreis von 12 000 € zuzügl. 2 280 € je Fahrzeug, insgesamt also für 36 000 € zuzügl. 6 840 €. Da er sie gleich dreifach bestellte, erhielt er einen Preisnachlass von 30 % und musste somit insgesamt nur 29 988 € bezahlen. Beim Ausbau fielen für K Personalkosten i. H. v. 4 000 € je Fahrzeug an. Aus der Anschaffung der Fahrzeuge und der Einrichtungsgegenstände machte K den VStA in voller Höhe geltend. Entgegen seiner ursprünglichen Verwendungsabsicht schenkte K das Wohnmobil K1 im Juni 08 seinem Sohn zum soeben bestandenen Abitur, der sich damit auf eine Weltreise begab. Die Wohnmobile K2 und K3 vermietete K für jeweils ein bis vier Wochen an Urlaubsreisende, die sich damit zu Urlauben in die südlichen Länder Europas aufmachten.

K erzielte hieraus im KJ 08 Einnahmen i. H. v. insgesamt 28 000 €. Das Wohnmobil K3 reservierte K im August 08 für sich, um mit seiner Ehefrau zusammen Italien zu erkunden. An laufenden Kosten fielen im August an:

Für Treibstoff im Inland: 200 € zuzügl. 38 € USt
Für Treibstoff und Mautgebühren im Ausland: 600 € zuzügl. 38 € USt
Anteilige Steuer und Versicherung: 350 € zuzügl. 38 € USt

5. Der Kegelfreund Frieder des Koll (K) brachte seinen Pkw zu K, nachdem er den Benziner versehentlich mit Diesel betankt hatte. K musste den Motor vollständig reinigen, wozu er weitgehend zerlegt werden musste. Dem K entstanden hierdurch Personalkosten i. H. v. 800 €. Als F sein wieder fahrbereites Fahrzeug in Empfang nahm und nach dem Preis für die Reparatur fragte, winkte K unter Hinweis auf ihre alte Freundschaft ab.

6. Koll (K) ist Eigentümer eines im Jahr 01 (kein Altobjekt i. S. d. § 27 Abs. 2 UStG) errichteten dreigeschossigen Wohn- und Geschäftshauses in Ludwigsburg. Alle Geschosse haben dieselbe Nutzfläche. Das Erdgeschoss ist vermietet als Ladengeschäft an den türkischen Staatsangehörigen Gül (G). K berechnet dem G hierfür eine Miete von monatlich 2 000 € zuzügl. 380 € USt. Das Sortiment des G ist in erster Linie ausgerichtet auf den Bedarf türkischer Landsleute. In geringem Umfang vermittelt G seinen Landsleuten auch Versicherungen. Diese Umsätze behandelt er zutreffend als steuerfrei gem. § 4 Nr. 11 UStG. G nutzt sämtliche angemieteten Räume für diese Vermittlungstätigkeit zu etwa 7 %.
Das 1. Obergeschoss hat K an den freiberuflich tätigen Arzt Abel (A) für monatlich 1 200 € zuzügl. 228 € USt vermietet. A nutzt die Räume für seine freiberufliche Tätigkeit als Arzt. In geringem Umfang (zu etwa 4 %) führt A auch Schönheitsoperationen aus, die nicht heilberuflich indiziert sind.
Das 2. Obergeschoss ist vermietet an den Steuerberater Straub (S) für monatlich 1 000 € zuzügl. 190 € USt. S nutzt die Räume ausschließlich für seine Tätigkeit als Steuerberater. Neben der Miete berechnet K den Mietern eine monatliche Heizungspauschale von 200 €, die unabhängig vom tatsächlichen Verbrauch zu zahlen war. Die Miete einschließlich der Heizkostenpauschale wird von den Mietern jeweils zu Beginn des Mietmonats per Dauerauftrag überwiesen.
Im Juli 08 ließ K die Außenfassade des Gebäudes neu streichen. Der Malermeister Moll (M) berechnete dem K im Juli 08 hierfür 7 000 € zuzügl. 1 330 € USt. Da der sich ergebende Farbton nicht den Vorstellungen des K entsprach, nahm K die Arbeit nicht ab und leistete im August 08 lediglich eine Teilzahlung von 5 000 €. Hinsichtlich der Restzahlung einigten sich K und M darauf, dass sie erst erfolgen sollte, wenn M im Juni 09 durch einen weiteren Anstrich nachgebessert hat.
Im September 08 wurde die Ladentür im Erdgeschoss, die ausschließlich von G genutzt wird, durch Vandalismus beschädigt. K beauftragte den Schreinermeister Zimmer (Z), eine neue Tür einzusetzen. Z berechnete dem K hierfür 3 500 € zuzügl. 665 € USt. Die Gebäudeversicherung des K ersetzte dem K hiervon 3 500 €.

7. Schreinermeister Hack (H) betreibt in Bietigheim auf eigenem Grundstück eine Möbelhandlung. Das gesamte von H vor 15 Jahren errichtete Gebäude (Gesamtnutzfläche 1 000 qm; Altobjekt i. S. v. § 27 Abs. 16 UStG) dient dem Gewerbebetrieb des H mit Ausnahme des Dachgeschosses (Nutzfläche 100 qm), welches er für eigene Wohnzwecke nutzt. Im Jahr 2010 sind außer der AfA für das Gebäude Kosten i. H. v. 6 000 € zuzügl. 1 140 € USt und vorsteuerlose Kosten i. H. v. 4 000 € angefallen.

8. Anlässlich einer Möbelmesse in Frankfurt schloss Hack (H) am 20. 09. 08 einen Kaufvertrag mit dem Hersteller Bünzli (B) aus Basel/Schweiz über einen besonders kunstvoll mit

Intarsien ausgelegten Tisch. B erteilte H diesbezüglich sofort eine Rechnung über 3 000 € zuzügl. 7 % USt = 210 €. H leistete auch sofort eine Anzahlung i. H. v. 1 200 €. Den Tisch konnte H gleichwohl nicht sofort mitnehmen, da ihn B als Ausstellungsstück bis zum Ende der Messe benötigte. Erst am 02.10. 08 konnte H den Tisch bei B in Basel mit seinem eigenen Fahrzeug gegen Zahlung des Restkaufpreises abholen.

II. Aufgabe und allgemeine Hinweise

a) Die Sachverhalte sind bei allen namentlich genannten Personen, **deren Namen bei ihrer erstmaligen Erwähnung in Klammern eine Abkürzung beigefügt ist**, auf ihre umsatzsteuerrechtlichen Auswirkungen im KJ 08 zu untersuchen. Soweit im Sachverhalt nichts Gegenteiliges aufgeführt ist, spielen sich die Geschäftsvorfälle im Inland im KJ 08 ab. Alle angegebenen Orte ohne Länderbezeichnung liegen im Inland. Eine USt ist nur dann zu errechnen, wenn die dafür erforderlichen Angaben zur Bemessungsgrundlage aus dem Sachverhalt ersichtlich sind. Soweit der Sachverhalt die dazu erforderlichen Angaben enthält, ist anzugeben, in welchen VZ die Umsätze und Vorsteuern fallen. Auf den VStA ist auch dann einzugehen, wenn keine zum VStA berechtigende Rechnung vorliegt, der Leistungsempfänger jedoch bei Vorliegen einer entsprechenden Rechnung einen VStA geltend machen könnte.

b) Soweit ein Unternehmer für einen steuerfreien Umsatz USt gesondert in Rechnung stellt, ist davon auszugehen, dass er auf die Steuerfreiheit gem. § 9 UStG verzichten will.

c) Soweit Gegenstände dem Unternehmen zugeordnet werden können, ist von einer weitestgehenden Zuordnung zum Unternehmen auszugehen.

d) Die Beteiligten streben stets einen möglichst hohen VStA und eine möglichst geringe USt-Belastung an.

e) Erforderliche Belege und Nachweise liegen vor, soweit sich aus dem Sachverhalt nichts Gegenteiliges ergibt. Soweit der Preis aufgeteilt ist in Entgelt und USt, ist davon auszugehen, dass ordnungsgemäße zum VStA berechtigende Rechnungen vorliegen. Jedoch sind die Angaben nach § 14 Abs. 4 Nr. 7 und 8 UStG zu überprüfen, soweit im Sachverhalt nicht angegeben ist, dass die Rechnung ordnungsgemäß ausgestellt ist.

f) Soweit sich aus dem Sachverhalt nichts anderes ergibt, unterliegen die Unternehmer der Sollbesteuerung und geben monatliche USt-Voranmeldungen ab.

g) Die Ortsregelung nach § 3 Abs. 8 UStG kommt nicht zur Anwendung.

Teil Z2 Lösungshinweise zu den komplexen Übungsfällen

1   Lösung zu Übungsfall 1

Zu 1.: Die Brauerei Bock ist Unternehmerin i. S. d. § 2 UStG. In den Rahmen ihres Unternehmens fällt auch die Vermietung des Hauses Feuchtstr. 17. Sämtliche Vermietungen erfolgen als monatliche Teilleistungen gem. § 13 Abs. 1 Nr. 1a Sätze 2 und 3 UStG in Stuttgart (§ 3a Abs. 3 Nr. 1 Satz 1 und 2 Buchst. a UStG). Vermietungsleistungen werden jeweils mit Ablauf des Kalendermonats erbracht. Die Umsätze sind steuerbar nach § 1 Abs. 1 Nr. 1 UStG. Es greift jedoch grundsätzlich die Steuerbefreiung nach § 4 Nr. 12 Buchst. a UStG ein, sofern nicht der Verzicht auf diese Steuerbefreiung nach § 9 UStG zulässig ist. Hierbei ist jede Vermietung getrennt zu untersuchen:

Vermietung an Geidel

Geidel ist als Gastwirt Unternehmer. Er mietet das EG und das 1.OG für sein Unternehmen an. Dies gilt auch bezüglich der Gästezimmer einschließlich des Zimmers, welches Geidel an K vermietet. Geidel ist mit der Vermietung an K unternehmerisch tätig (siehe unten zu 2.). Die Voraussetzungen für den Verzicht der Brauerei Bock auf die Steuerbefreiung nach § 9 Abs. 1 UStG sind somit gegeben. Der Ausschluss der Optionsmöglichkeit nach § 9 Abs. 2 UStG greift gem. § 27 Abs. 2 UStG nicht ein, da es sich um ein Altgebäude handelt. Die Brauerei Bock hat entsprechend § 9 UStG ihren Vermietungsumsatz als stpfl. behandelt, sie ist Steuerschuldner gem. § 13a Abs. 1 Nr. 1 UStG. Bei einem Steuersatz von 19 % (§ 12 Abs. 1 UStG) und einer Bemessungsgrundlage von 4 000 € (§ 10 Abs. 1 Satz 1 und 2 UStG) beträgt die USt, wie ausgewiesen, monatlich 760 €.

Vermietung an Avian

Die Vermietung erfolgt an einen Unternehmer für dessen Unternehmen (Arztpraxis). Somit war die Option gem. § 9 Abs. 1 UStG zulässig. Dass Avian als Arzt steuerfreie Umsätze tätigt, schließt die Option bei der Vermietung an Avian nicht aus, da es sich um ein Altgebäude i. S. d. § 27 Abs. 2 Nr. 3 handelt, bei dem § 9 Abs. 2 UStG nicht eingreift. Die von Bock nach § 13a Abs. 1 Nr. 1 UStG geschuldete USt (19 %, § 12 Abs. 1 UStG) beträgt bei einer Bemessungsgrundlage von 1 500 € (§ 10 Abs. 1 Satz 1 und 2 UStG), wie ausgewiesen, monatlich 285 €.

Vermietung an Turner

Die Vermietung erfolgt an einen Unternehmer für dessen Unternehmen (Architekturbüro). Somit war die Option gem. § 9 Abs. 1 UStG zulässig. § 9 Abs. 2 UStG ist nicht zu prüfen (s. o.). Die von Bock nach § 13a Abs. 1 Nr. 1 UStG geschuldete USt (19 %, § 12 Abs. 1 UStG) beträgt bei einer Bemessungsgrundlage von 1 700 € (§ 10 Abs. 1 Satz 1 und 2 UStG), wie ausgewiesen, 323 €.

Vorsteuerabzug bei Geidel

Die Geidel in Rechnung gestellte USt von monatlich 760 € erfüllt sämtliche Voraussetzungen nach § 15 Abs. 1 Nr. 1 Satz 1 und 2 UStG. Bezüglich des Abzugsverbots nach § 15 Abs. 2 Nr. 1 UStG ist lediglich die nach § 4 Nr. 12 Buchst. a UStG steuerfreie Vermietung an K zu beachten (Näheres hierzu vgl. zu 2.). Im Übrigen dienen die angemieteten Räume der Ausführung stpfl. Umsätze (Näheres hierzu vgl. zu 2.). Die Geidel in Rechnung gestellte USt ist gem. § 15 Abs. 4 UStG nach wirtschaftlich sachgerechten Kriterien aufzuteilen. Als wirtschaftlich sachgerechtes Kriterium gilt bei Gebäuden i. d. R. das Verhältnis der Nutzfläche. Somit fallen 15/400 von 760 €, d. h. 28,50 € unter das VStA-Verbot. Geidel kann also monatlich nur 731,50 € als Vorsteuer aus der Anmietung geltend machen.

Vorsteuerabzug bei Avian
Avian tätigt mit Hilfe der angemieteten Räume ausschließlich steuerfreie Umsätze nach § 4 Nr. 14 Buchst. a UStG. Die ihm von Bock in Rechnung gestellte USt erfüllt zwar die Voraussetzungen des § 15 Abs. 1 Nr. 1 Satz 1 und 2 UStG, jedoch fällt sie in vollem Umfang unter das VStA-Verbot nach § 15 Abs. 2 Nr. 1 UStG. Avian kann also keine Vorsteuer aus der Anmietung geltend machen.

Vorsteuerabzug bei Turner
Turner tätigt als freiberuflicher Architekt stpfl. Umsätze. Die angemieteten Räume dienen ausschließlich der Ausführung derartiger Umsätze. Dies gilt auch, soweit Turner nicht steuerbare Umsätze im Ausland tätigt (vgl. zu 8.), da dies gem. § 15 Abs. 2 Nr. 2 UStG nur dann zu einem VStA-Verbot führen würde, wenn die Umsätze im Falle ihrer Steuerbarkeit steuerfrei wären. Somit greift bei Turner das VStA-Verbot gem. § 15 Abs. 2 UStG nicht ein. Er kann die USt i. H. v. 323 € monatlich als Vorsteuer gem. § 15 Abs. 1 Nr. 1 UStG abziehen.

Zu 2.: Die Vermietung des Zimmers durch Geidel an Kellner Kümpflein ist eine nachhaltige Tätigkeit mit Einnahmeerzielungsabsicht und somit steuerbar gem. § 1 Abs. 1 Nr. 1 UStG. Sie ist jedoch nach § 4 Nr. 12 a UStG steuerfrei. Die Ausnahmeregelung des § 4 Nr. 12 Satz 2 UStG greift nicht ein, da es sich um einen Mietvertrag auf unbestimmte Zeit und somit um keine kurzfristige Beherbergung handelt. Geidel hat aus der von Kümpflein bezahlten Miete keine USt abzuführen.

Die Vermietung der übrigen Gästezimmer erfolgt i. R. des Gaststättenunternehmens des Geidel und ist ebenfalls steuerbar (§ 1 Abs. 1 Nr. 1 UStG) und stpfl. nach § 4 Nr. 12 Satz 2 UStG, da Geidel diese Zimmer zur kurzfristigen Beherbergung von Fremden bereithält. Nicht unmittelbar der Vermietung dient das Frühstück, auch wenn dieses mit dem Entgelt für die Vermietung abgegolten ist (A 12.16 Abs. 8 UStAE und BFH vom 24. 04. 2013, XI R 3/11, BStBl II 2013, 86).

Der Steuersatz für die Übernachtung beträgt daher 7 % (§ 12 Abs. 2 Nr. 11 Satz 1 UStG) und für das Frühstück 19 % (§ 12 Abs. 1 UStG; § 12 Abs. 2 Nr. 11 Satz 2 UStG i. V. m. A 12.16 Abs. 8 UStAE). Das Bruttoentgelt beläuft sich auf insgesamt 32 000 € im KJ 01, davon entfallen auf die Übernachtungen 90 %, d. h. brutto 28 800 €. Es ergibt sich für die Übernachtungen eine Bemessungsgrundlage gem. § 10 Abs. 1 Satz 1 und 2 UStG i. H. v. 26 915,89 € und eine USt von 1 884,11 €. Auf das Frühstück entfallen 3 200 € brutto, die Bemessungsgrundlage beträgt demnach 2 689,08 €, die USt 510,92 €. Geidel schuldet die USt nach § 13 a Abs. 1 Nr. 1 UStG.

Das Trinkgeld, welches die Gäste hinterlassen haben, war unmittelbar für das Zimmermädchen bestimmt und somit von den Gästen nicht für die Leistung des Geidel aufgewendet worden. Es gehört daher nicht zum Entgelt (A 10.1 Abs. 5 Satz 3 UStAE).

Zu 3.: Reparatur des Tisches durch Sitzlack
Es handelt sich um eine steuerbare und stpfl. Leistung des Sitzlack (Werklieferung oder Werkleistung, je nachdem, ob Sitzlack für die Reparatur Hauptstoffe verwendet hat). Da Geidel Sitzlack mit der Reparatur beauftragt hat, erbringt Sitzlack diese Leistung gegenüber Geidel und

nicht gegenüber Funk. Die von Sitzlack gem. § 13a Abs. 1 Nr. 1 UStG geschuldete USt beträgt, wie in der Rechnung an Geidel ausgewiesen, 57 €.

Die Zahlung der Rechnung durch Funk stellt gegenüber Geidel eine Schadenersatzzahlung dar, wobei die Zahlung im abgekürzten Zahlungsweg an Sitzlack erfolgt. Geidel hat den von Funk an Sitzlack bezahlten Betrag nicht zu versteuern, da er insoweit keine Leistung an Funk erbracht hat.

Vorsteuerabzug aus der Rechnung des Sitzlack

Aus der Rechnung des Sitzlack kann Funk keine Vorsteuer abziehen, da Sitzlack dem Funk gegenüber keine Leistung erbracht hat (§ 15 Abs. 1 Nr. 1 Satz 1 UStG).

Aus dieser Rechnung wäre an sich Geidel zum VStA berechtigt, da bei ihm zunächst alle Voraussetzungen nach § 15 Abs. 1 Nr. 1 UStG vorgelegen haben und auch das VStA-Verbot nach § 15 Abs. 2 UStG nicht eingreift. Da Geidel jedoch die Rechnung an Funk weitergegeben hat, verfügt er nicht mehr über eine ordnungsgemäße Rechnung i. S. d. § 15 Abs. 1 Nr. 1 Satz 2 UStG. Geidel kann daher die Vorsteuer nicht geltend machen, solange er nicht die Rechnung von Funk zurückerhält oder sich von Sitzlack eine neue Rechnung geben lässt.

Zu 4.: Wirtschaftlich gesehen entspricht der Verkauf von Essensmarken an die Angestellten der Abgabe von Mittagessen zum Verzehr an Ort und Stelle. Deshalb haben sowohl Geidel mit Turner als auch Turner mit seinen Angestellten Verpflichtungsgeschäfte über Restaurationsumsätze abgeschlossen. Mit Erfüllung der Verpflichtungsgeschäfte liegen zeitgleich Restaurationsumsätze (sonstige Leistungen) von Geidel an Turner und von Turner an seine Angestellten vor. Die Restaurationsumsätze werden gem. § 3a Abs. 3 Nr. 3 Buchst. b UStG in Stuttgart erbracht. Sämtliche Leistungen werden i. R. der Unternehmen von Geidel und Turner gegen einen vereinbarten Preis im Leistungsaustausch erbracht und sind steuerbar (§ 1 Abs. 1 Nr. 1 UStG). Steuerschuldner sind Geidel und Turner (§ 13a Abs. 1 Nr. 1 UStG). Die Umsätze sind zu 19 % stpfl. (§ 12 Abs. 1 UStG).

Turner wendet für die erhaltenen sonstigen Leistungen insgesamt 450 € auf. Die von Geidel geschuldete USt für die Restaurationsumsätze im September beträgt somit, wie ausgewiesen, 71,85 €.

Die Angestellten wenden bei Turner je Essen insgesamt 6 €, d. h. netto 5,04 € auf. Da jedoch der Einkaufspreis (Ausgaben) pro Essen brutto 7,50 € und damit netto 6,30 € beträgt, greift die Mindestbemessungsgrundlage gem. § 10 Abs. 5 Nr. 2 i. V. m. Abs. 4 Nr. 3 UStG. Es müssen danach mindestens die Ausgaben versteuert werden. Die USt, die Turner für die Restaurationsumsätze im September schuldet, beträgt somit ebenfalls 19 % aus 450 €, d. h. 71,85 €, die Bemessungsgrundlage (§ 10 Abs. 1 Satz 1 und 2 i. V. m. § 10 Abs. 5 Nr. 2 UStG) ist i. H. v. 378,15 € anzumelden.

Vorsteuerabzug aus der Rechnung von Geidel

Bezüglich der Turner in Rechnung gestellten USt von 71,85 € liegen sämtliche Voraussetzungen nach § 15 Abs. 1 Nr. 1 Satz 1 und 2 UStG vor. Ein Abzugsverbot nach § 15 Abs. 2 UStG greift nicht ein. Turner kann somit die USt i. H. v. 71,85 € als Vorsteuer geltend machen.

Zu 5.: Die Zeitschriftenlieferungen von Zang an Avian sind steuerbar (§ 1 Abs. 1 Nr. 1 UStG) und stpfl. Der Steuersatz beträgt gem. § 12 Abs. 2 Nr. 1 UStG i. V. m. Nr. 49b der Anlage 2 zum UStG 7 %. Die USt beträgt somit bei brutto 952 € x 7/107 von 952 € = 62,28 €. Zang schuldet die USt nach § 13a Abs. 1 Nr. 1 UStG.

Zang hat jedoch in der Rechnung USt i. H. v. 152 € ausgewiesen und schuldet daher die zu hoch ausgewiesene USt i. H. v. 89,72 € (152 € ./. 62,28 €) gem. § 14c Abs. 1 UStG i. V. m. § 13a

Abs. 1 Nr. 1 UStG. Er kann seine Rechnung allerdings gegenüber Avian insoweit berichtigen mit der Folge, dass dann die Steuer nach § 14c Abs. 1 UStG unter Beachtung von § 17 UStG wieder entfällt.

Mit der Weitergabe der Zeitschriften an Geidel erbringt Avian nachhaltig und gegen einen vereinbarten Preis Lieferungen im Leistungsaustausch an Geidel. Die i. R. des Unternehmens des Avian erbrachten Umsätze sind steuerbar gem. § 1 Abs. 1 Nr. 1 UStG. Es kommt jedoch die Steuerbefreiung nach § 4 Nr. 28 UStG in Betracht. Avian hat die Zeitschriften in seinem Unternehmen ausschließlich für steuerfreie Umsätze nach § 4 Nr. 14a UStG genutzt. Somit greift die Befreiung nach § 4 Nr. 28 UStG ein. Die Weiterlieferung an Geidel ist steuerfrei. Ein Verzicht auf diese Befreiung nach § 9 UStG ist nicht zulässig.

Avian hat dem Geidel für diese steuerfreien Lieferungen eine Rechnung erteilt, worin er vermerkt hat, in den 317,33 € sei USt i. H. v. 19 % enthalten. Dies könnte bei Avian zu einer Steuer nach § 14c Abs. 1 UStG führen, wenn es sich um eine Kleinbetragsrechnung i. S. v. § 33 UStDV handeln würde (vgl. A 14c.1 Abs. 2 UStAE). Die Voraussetzungen des § 33 UStDV liegen jedoch nicht vor, denn der Gesamtbetrag der Rechnung liegt über der 250 €-Grenze. Mangels Ausweises des USt-Betrages (§ 14 Abs. 4 Nr. 8 UStG) liegt bei Avian keine Steuer nach § 14c Abs. 1 UStG vor.

Vorsteuerabzug aus der Rechnung des Zang bei Avian

Avian darf die Vorsteuer nicht abziehen, da bei ihm aufgrund seiner steuerfreien Umsätze nach § 4 Nr. 14a und Nr. 28 UStG das VStA-Verbot nach § 15 Abs. 2 Nr. 1 UStG greift.

Vorsteuerabzug aus der Rechnung des Avian bei Geidel

Wie oben bereits festgestellt worden ist, entspricht die Rechnung nicht den Vorgaben des § 14 UStG. Geidel ist somit nicht zum VStA berechtigt. Geidel hat auch keinen Anspruch auf Erteilung einer Rechnung mit USt-Ausweis, da die Lieferungen des Avian an Geidel, wie oben dargestellt, nach § 4 Nr. 28 UStG steuerfrei sind.

Zu 6.: Virebent und Ruck haben über denselben Liefergegenstand (Zeichentisch) Kaufverträge abgeschlossen.

Da beide Verträge erfüllt werden, liefert Virebent an Ruck und Ruck an Turner.

Da über ein und denselben Gegenstand mehrere Liefergeschäfte abgeschlossen worden sind und der Zeichentisch unmittelbar vom ersten Unternehmer (V) an den letzten Abnehmer (T) transportiert worden ist, liegt ein Reihengeschäft gem. § 3 Abs. 6 Satz 5 UStG vor. Der Transport (Beförderung) muss der Lieferung V an R zugerechnet werden, da V die Beförderung übernommen hat. Bei der Lieferung R an T handelt es sich um eine Lieferung ohne Warenbewegung.

Lieferung des Virebent an Ruck

Virebent befördert als Lieferer des Ruck den Zeichentisch im Auftrag des Ruck an Turner. Virebent erbringt damit am 01. 11. 01 eine Beförderungslieferung, deren Ort grundsätzlich nach § 3 Abs. 6 Satz 1 und 2 UStG am Ort des Beginns der Beförderung in der Schweiz ist. Da allerdings Virebent Schuldner der deutschen EUSt ist, verlagert sich sein Lieferort nach § 3 Abs. 8 UStG ins Inland. Die gegen einen vereinbarten Kaufpreis im Leistungsaustausch erbrachte Lieferung des Virebent an Ruck ist damit steuerbar (§ 1 Abs. 1 Nr. 1 UStG) und stpfl. Steuerschuldner ist Virebent (§ 13a Abs. 1 Nr. 1 UStG). Der Steuersatz beträgt 19 % (§ 12 Abs. 1 UStG) und der Gesamtpreis 4590 €. Bei der Verpackung und dem Transport handelt es sich um unselbständige Nebenleistungen, die hierfür entrichteten Beträge sind in den Gesamtpreis einzubeziehen.

Dasselbe gilt für die weiterberechnete EUSt. Sie stellt keinen durchlaufenden Posten dar, weil V Schuldner der EUSt ist. Daher muss die EUSt ebenfalls der Bruttobemessungsgrundlage zugerechnet werden. Die Weiterberechnung führt nicht dazu, dass R die EUSt als Vorsteuer abziehen kann. Nur V ist zum Abzug der EUSt als Vorsteuer berechtigt, da die Lieferung des V an R erst nach Entrichtung der EUSt im Inland erfolgt und somit davon auszugehen ist, dass V den Gegenstand für sein Unternehmen eingeführt hat (§ 15 Abs. 1 Nr. 2 UStG). Die Bemessungsgrundlage beträgt demnach 3 857,14 €, die USt 732,86 €.

Infolge der stpfl. Lieferung muss V sich in Deutschland registrieren lassen und die USt im normalen Besteuerungsverfahren erklären. Daneben kann V aber die EUSt als Vorsteuer gem. § 15 Abs. 1 Nr. 2 UStG (s. u.) geltend machen.

Lieferung des Ruck an Turner

Die i. R. des Reihengeschäftes am 01. 11. 01 erfolgte Lieferung von R an T ist eine Lieferung ohne Warenbewegung. Da die Lieferung der Beförderungslieferung folgt, bestimmt sich der Lieferort nach § 3 Abs. 7 Satz 2 Nr. 2 UStG und liegt dort, wo der Warenweg endet (Stuttgart).

Die Lieferung des R an T ist damit steuerbar (§ 1 Abs. 1 Nr. 1 UStG) und stpfl. Steuerschuldner ist R (§ 13a Abs. 1 Nr. 1 UStG). Die USt beträgt zunächst im VZ der Lieferung November, wie ausgewiesen, 19 % aus 5 950 €, d. h. 950 €, die Bemessungsgrundlage gem. § 10 Abs. 1 Satz 1 und 2 UStG 5 000 €. Die USt entsteht mit Ablauf des VZ der Lieferung, also mit Ablauf November (§ 13 Abs. 1 Nr. 1 Buchst. a Satz 1 UStG).

Der Skontoabzug beeinflusst das Entgelt erst nachträglich im Monat der Zahlung. Im Dezember 01 ermäßigt sich das Bruttoentgelt von 5 950 € um 178,50 €. Dies führt im Dezember 01 gem. § 17 Abs. 1 Satz 1 und 7 UStG zu einer USt-Minderung von 19/119 von 178,50 € = 28,50 €.

Schenkung des Zeichentisches an Siegfried

Da die Schenkung aus privatem Anlass erfolgt, tätigt Turner bezüglich des Zeichentisches am 24. 12. 01 eine unentgeltliche Wertabgabe gem. § 3 Abs. 1b Satz 1 Nr. 1 und Satz 2 UStG. Der Ort der Wertabgabe bestimmt sich (aktuell noch; ab 01.01.2020 voraussichtlich nach § 3 Abs. 6 S. 1–3 UStG) gem. § 3f UStG und ist Stuttgart. Sie ist nach § 1 Abs. 1 Nr. 1 UStG steuerbar und stpfl.

Steuerschuldner ist Turner (§ 13a Abs. 1 Nr. 1 UStG). Bemessungsgrundlage ist gem. § 10 Abs. 4 Nr. 1 UStG der Einkaufspreis für einen gleichartigen Gegenstand, also die Wiederbeschaffungskosten. Die USt beträgt 19 % (§ 12 Abs. 1 UStG) von 300 €, d. h. 57 €, und entsteht für den VZ Dezember 01 (§ 13 Abs. 1 Nr. 2 UStG).

Vorsteuerabzug bezüglich der deutschen EUSt

Da sich der Lieferort für V gem. § 3 Abs. 8 UStG ins Inland verlagert, ist davon auszugehen, dass V bei der Einfuhr im Inland noch die Verfügungsmacht am Zeichentisch hatte. Somit kann Virebent die EUSt nach § 15 Abs. 1 Nr. 2 UStG als Vorsteuer geltend machen. § 15 Abs. 2 UStG steht dem nicht entgegen.

Vorsteuerabzug des Ruck aus der Rechnung des Virebent

Die Rechnung des Virebent weist keine USt gesondert aus. Die EUSt ist keine USt i. S. d. § 14 UStG. Abgesehen davon wären alle übrigen Merkmale für den VStA nach § 15 Abs. 1 Nr. 1 UStG vorhanden. Ein VStA-Verbot nach § 15 Abs. 2 UStG würde ebenfalls nicht eingreifen. Ruck sollte sich von Virebent eine berichtigte Rechnung geben lassen und kann dann die Vorsteuer abziehen (§ 15 Abs. 1 Nr. 1 Satz 2 UStG).

Vorsteuerabzug des Turner aus der Rechnung des Ruck

Es liegen bei Turner alle Voraussetzungen für den VStA nach § 15 Abs. 1 Nr. 1 Satz 1 und 2 UStG vor. Ein Abzugsverbot nach § 15 Abs. 2 UStG greift nicht ein (vgl. auch oben). Somit darf Turner für den VZ November 01 Vorsteuer i. H. v. 950 € geltend machen. Turner muss den VStA für den VZ Dezember um 28,51 € berichtigen (§ 17 Abs. 1 Satz 2 und 7 UStG).

Zu 7.: Die Privatnutzung des Pkw wird gem. § 3 Abs. 9a Nr. 1 UStG jeweils im Zeitpunkt der Wertabgabe einer entgeltlichen sonstigen Leistung gleichgestellt. Der Leistungsort ist gem. § 3f UStG Stuttgart, dort, wo Turner sein Unternehmen betreibt. Die sonstige Leistung ist gem. § 1 Abs. 1 Nr. 1 UStG steuerbar und stpfl. Turner ist Steuerschuldner (§ 13a Abs. 1 Nr. 1 UStG). Gem. § 10 Abs. 4 Nr. 2 UStG sind als Bemessungsgrundlage die anteiligen Ausgaben, soweit sie auf die Privatnutzung entfallen, anzusetzen. Die Anschaffungskosten sind zutreffend gem. § 10 Abs. 4 Nr. 2 Satz 2 UStG entsprechend dem Berichtigungszeitraum des § 15a UStG mit 1/5 = 20 % angesetzt. Soweit Kosten nicht zum VStA berechtigt haben, sind sie aus der Bemessungsgrundlage auszuscheiden.

Die anzusetzenden Gesamtkosten betragen 9 000 € ./. 1 000 €, d. h. 8 000 €.
Der Anteil der Privatnutzung beträgt 6 000 km/15 000 km, d. h. 40 %.
Die anteiligen Kosten belaufen sich somit auf 8 000 € x 40 %, d. h. 3 200 €.
Die USt beträgt 19 % x 3 200 €, d. h. 608 € und entsteht jeweils mit Ablauf des VZ der Nutzung (§ 13 Abs. 1 Nr. 2 UStG).

Zu 8.: Mit der Erstellung und Zusendung des Bauplanes im Oktober 01 erbringt Turner eine sonstige Leistung (§ 3 Abs. 9 UStG) an Urtel. Es handelt sich um eine sonstige Leistung, die der Vorbereitung von Bauleistungen dient. Der Leistungsort bestimmt sich gem. § 3a Abs. 3 Nr. 1 Satz 1 und 2 Buchst. c UStG nach dem Lageort des Grundstücks und liegt in Graz. Die Leistung des Turner ist somit nicht steuerbar (§ 1 Abs. 1 Nr. 1 UStG). Es spielt keine Rolle, dass der Plan in Stuttgart erstellt worden ist. Turner hat Urtel zu Recht keine Rechnung mit deutscher USt erteilt.

Vorsteuerabzug bei Urtel

Urtel hat keine Rechnung mit USt-Ausweis und kann daher auch keinen VStA geltend machen. Er hat auch kein Recht auf Erteilung einer Rechnung mit deutscher USt, da die Leistung des Turner in Deutschland nicht steuerbar ist.

2 Lösung zu Übungsfall 2

Zu 1.: Lieferung Privatmann P an Unternehmer A

Die Lieferung ist mangels Unternehmereigenschaft des P i. S. d. § 2 UStG nicht steuerbar. P hat allerdings für die Lieferung USt berechnet und schuldet die in dem Abrechnungspapier gesondert ausgewiesene USt i. H. v. 950 € nach § 14c Abs. 2 i. V. m. § 13a Abs. 1 Nr. 4 UStG. Die Steuer entsteht mit Ausgabe der Rechnung, § 13 Abs. 1 Nr. 4 UStG.

Hinweis:
Gem. § 18 Abs. 4b UStG ist P verpflichtet eine USt-Jahresanmeldung (USt = 1 000 €) abzugeben.

Lieferung Unternehmer A an den Privatmann:

A nutzte die Maschine ausschließlich für sein Unternehmen. Sie war daher bei A Unternehmensvermögen. Die Veräußerung erfolgte somit i. R. seines Unternehmens (Hilfsgeschäft).

Die am 08.02.03 im Leistungsaustausch erfolgte Lieferung (§ 3 Abs. 1 UStG) ist nach § 1 Abs. 1 Nr. 1 UStG steuerbar und stpfl. Die USt beträgt 19/119 (§ 12 Abs. 1 UStG) von 2 000 €, d. h. 319,33 € und wird von A nach § 13 a Abs. 1 Nr. 1 UStG geschuldet. Sie entsteht mit Ablauf des VZ Februar 03 (§ 13 Abs. 1 Nr. 1 Buchst. a Satz 1 UStG).

Hinweis: A ist kein Wiederverkäufer i. S. des § 25 a Abs. 1 Nr. 1 UStG. Die Anwendung der Differenzbesteuerung (§ 25 a UStG) kommt nicht in Betracht.

Vorsteuerabzug des A aus der Anschaffung von P

Der Lieferant P ist nicht Unternehmer. Außerdem wird die ausgewiesene USt nicht regulär, sondern nach § 14 c Abs. 2 UStG geschuldet. Somit liegen die Voraussetzungen für den VStA nach § 15 Abs. 1 Nr. 1 UStG nicht vor. A darf die ausgewiesene USt von 950 € nicht abziehen.

Zu 2.: Fabrikant F hat mit Großhändler G und G mit Tuchfabrik T über die Stoffe einen Kaufvertrag abgeschlossen. Da beide Kaufverträge erfüllt werden, liefert T die Stoffe an G und G die Stoffe an F. Beide Lieferungen (§ 3 Abs. 1 UStG) erfolgen zeitgleich bei Übergabe der Stoffe an F. Beide Lieferungen erfolgen i. R. eines Reihengeschäftes (§ 3 Abs. 6 Satz 5 UStG). Es wurden über denselben Gegenstand (Stoffe) mehrere Umsatzgeschäfte (Kaufverträge) abgeschlossen, und die Ware wird unmittelbar vom ersten Unternehmer (T) dem letzten Abnehmer (F) übergeben. Da F als Abnehmer die Stoffe zu sich befördert, liegt bei der Lieferung an F eine Beförderungslieferung nach § 3 Abs. 6 Satz 1 und 2 UStG vor. Der Ort der Lieferung des G ist somit grundsätzlich am Ort des Beginns der Beförderung in Izmir (Türkei). Eine Verlagerung des Lieferortes nach § 3 Abs. 8 UStG scheidet aus, da Schuldner der EUSt der Abnehmer F und nicht der Lieferer G ist. Die Lieferung ist nicht steuerbar (§ 1 Abs. 1 Nr. 1 UStG).

G hat für eine nicht steuerbare Auslandslieferung USt gesondert in Rechnung gestellt. Es handelt sich um einen zu hohen USt-Ausweis, G schuldet die ausgewiesene USt nach § 14 c Abs. 1 i. V. m. § 13 a Abs. 1 Nr. 1 UStG. Die USt entsteht gem. § 13 Abs. 1 Nr. 3 2. Alt. mit Ausgabe der Rechnung.

Die Lieferung T an G ist die unbewegte Lieferung. Der Ort der Lieferung ist nach § 3 Abs. 7 Satz 2 Nr. 1 UStG in Izmir (Türkei). Die Lieferung ist ebenfalls nicht steuerbar (§ 1 Abs. 1 Nr. 1 UStG).

Vorsteuerabzug des F aus der Rechnung des G

Die zu hoch ausgewiesene USt wird nicht aufgrund einer stpfl. Leistung, sondern aufgrund des § 14 c Abs. 1 UStG geschuldet. Sie kann somit bei F nicht als Vorsteuer abgezogen werden (§ 15 Abs. 1 Nr. 1 Satz 1 UStG).

Die EUSt kann F gem. § 15 Abs. 1 Nr. 2 UStG abziehen, da F die Verfügungsmacht in der Türkei erhalten hat und somit bei der Einfuhr im Inland die Verfügungsmacht an den Tuchen hat. Ein Vorsteuerausschluss nach § 15 Abs. 2 UStG ist nicht erkennbar.

Zu 3.: Großhändler G erbringt an Obst- und Gemüsehändler O am 30.01.03 gem. § 3 Abs. 6 Satz 1 UStG in Stuttgart 1 000 Lieferungen (§ 3 Abs. 1 UStG). Die Verpackung und der Transport sind unselbständige Nebenleistungen zu diesen Lieferungen und teilen ihr Schicksal. Die im Leistungsaustausch erbrachten Lieferungen sind nach § 1 Abs. 1 Nr. 1 UStG steuerbar und stpfl. zu 7 % (§ 12 Abs. 2 Nr. 1 UStG i. V. m. Nr. 10 a der Anlage 2 zum UStG). Steuerschuldner der USt ist G nach § 13 a Abs. 1 Nr. 1 UStG. Zur Bemessungsgrundlage zählt nach § 10 Abs. 1 Satz 1 und 2 UStG alles, was O vereinbarungsgemäß für die Kartoffeln (einschließlich der Nebenleistungen) aufzuwenden hat, abzüglich der USt. Der Skontoabzug mindert dabei die Bemessungsgrundlage erst im VZ der Bezahlung. Somit beträgt die Bemessungsgrundlage für die im VZ Januar 03 zu versteuernden Lieferungen 4 690 € abzüglich 7/107 USt 4 383,18 €. Die

USt i. H. v. 306,82 € entsteht gem. § 13 Abs. 1 Nr. 1 Buchst. a Satz 1 UStG m. A. d. VZ Januar 03. Da G für die Lieferungen jedoch 665 € USt gesondert ausgewiesen hat, schuldet er den zu hoch ausgewiesenen Teil von 358,18 € nach § 14c Abs. 1 i. V. m. § 13a Abs. 1 Nr. 1 UStG. Die Steuer entsteht nach § 13 Abs. 1 Nr. 3 1. Alt. UStG m. A. d. VZ Januar 03. G kann diese USt durch Erteilung einer korrigierten Rechnung berichtigen. § 17 UStG ist zu beachten.

Soweit G die ausgewiesene USt aufgrund der stpfl. Lieferung schuldet, liegen bei O alle Voraussetzungen für den VStA gem. § 15 Abs. 1 Nr. 1 UStG vor. Dies ist bei einem Betrag i. H. v. 306,82 € der Fall. Ein Vorsteuerausschluss nach § 15 Abs. 2 UStG greift nicht.

Die zu hoch ausgewiesene USt i. H. v. 358,18 € wird nicht aufgrund einer stpfl. Leistung, sondern aufgrund des § 14c Abs. 1 UStG geschuldet. Sie kann somit bei O nicht als Vorsteuer abgezogen werden (vgl. § 15 Abs. 1 Nr. 1 Satz 1 UStG).

Im VZ März 02 liegt aufgrund der Zahlung unter Skontoabzug eine nachträgliche Änderung der Bemessungsgrundlage gem. § 17 Abs. 1 Satz 1, 2 und 7 UStG vor. G und O müssen entsprechend ihre USt bzw. Vorsteuer berichtigen. Die Berichtigung der USt bei G beträgt 7/107 von 93,80 € = 6,14 €. Die Berichtigung der Vorsteuer bei O beträgt ebenfalls 7/107 von 93,80 € = 6,14 €.

Zu 4.: Musikergruppe M erbringt an Steuerberater S am 23. 12. 02 eine sonstige Leistung (§ 3 Abs. 9 UStG), deren Ort nach § 3a Abs. 2 UStG in Stuttgart liegt (§ 3a Abs. 3 Nr. 3 Buchst. a UStG greift nicht, da S ein unternehmerischer Leistungsempfänger ist). Die Leistung erfolgt im Leistungsaustausch an S, da Restaurant R nur als Vermittler auftritt und auch die Bezahlung im Namen des S erfolgte. Die sonstige Leistung ist nach § 1 Abs. 1 Nr. 1 UStG steuerbar und stpfl. Steuerschuldner ist gem. § 13a Abs. 1 Nr. 1 UStG M. Die Bemessungsgrundlage für die Leistung beträgt 93,46 €, die USt bei einem Steuersatz von 7 % gem. § 12 Abs. 2 Nr. 7 UStG 6,54 €.

M hat in der Rechnung durch die Angabe des Steuersatzes von 19 % eine zu hohe USt ausgewiesen. Bei Kleinbetragsrechnungen bis zu 100 € genügt die Angabe des Steuersatzes (vgl. A 14c.1 Abs. 2 UStAE). Die zu hoch ausgewiesene USt wird von M nach § 14c Abs. 1 i. V. m. § 13a Abs. 1 Nr. 1 UStG geschuldet. Sie beträgt 15,97 € ./. 6,54 € = 9,43 € und entsteht gem. § 13 Abs. 1 Nr. 3 1. Alt. UStG m. A. d. VZ Dezember 02. Sie kann durch eine korrigierte Rechnung berichtigt werden.

Leistung des R

Hinsichtlich der Gläser hat R keine Leistungen (Lieferungen) an S erbracht. Es handelt sich vielmehr um Schadenersatz (vgl. A 1.3 Abs. 1 Satz 3 UStAE). Die in der Abrechnung ausgewiesene USt i. H. v. 6,08 € schuldet R nach § 14c Abs. 2 UStG. S hat diesbezüglich keinen VStA, da die Voraussetzungen nach § 15 Abs. 1 Nr. 1 Satz 1 UStG (keine gesetzlich geschuldete Steuer für eine Leistung) nicht erfüllt sind.

Hinsichtlich der Bewirtung liegen sonstige Leistungen (Restaurationsumsätze) gem. § 3 Abs. 9 UStG vor, deren Ort nach § 3a Abs. 3 Nr. 3 Buchst. b UStG Stuttgart ist. Die am 23. 12. 02 im Leistungsaustausch erbrachten Leistungen sind steuerbar gem. § 1 Abs. 1 Nr. 1 UStG und stpfl. mit dem Regelsteuersatz von 19 % (§ 12 Abs. 1 UStG).

Zur Bemessungsgrundlage gehört alles, was S für die Leistungen des R aufwendet, jedoch abzüglich der USt. Auch das freiwillig an R gezahlte Trinkgeld gehört dazu (vgl. A 10.1 Abs. 5 Satz 1 UStAE). Bei den 100 € für M handelt es sich um einen durchlaufenden Posten (§ 10 Abs. 1 Satz 6 UStG). Als Bruttoentgelt verbleiben somit 1 000 € ./. 100 €, d. h. 900 €. Die Bemessungsgrundlage beträgt nach § 10 Abs. 1 Satz 1 und 2 UStG 756,30 €, die USt 143,70 €. R schuldet diesen Betrag nach § 13a Abs. 1 Nr. 1 UStG, auch wenn er fehlerhaft nur 61,50 € USt berechnet hat.

Vorsteuerabzug des S aus dem Beleg der M

Es handelt sich um eine Kleinbetragsrechnung nach § 33 UStDV. Der angegebene Steuersatz ersetzt den gesondert ausgewiesenen USt-Betrag. Auch kann die Angabe des Leistungsempfängers fehlen. S ist aber nur insoweit zum VStA berechtigt, als die USt für eine stpfl. Leistung ausgewiesen ist (§ 15 Abs. 1 Nr. 1 Satz 1 UStG). Die zu hoch ausgewiesene USt kann S nicht als VStA geltend machen. S ist i. H. v. 6,54 € zum VStA berechtigt. Ausschlussgründe nach § 15 Abs. 2 UStG liegen nicht vor.

Vorsteuerabzug des S aus der Rechnung des R hinsichtlich der Bewirtung

Die Aufwendungen anlässlich der Bewirtung der AN bei der Weihnachtsfeier sind bei S Betriebsausgaben. Die zugrunde liegenden Leistungen erfolgten somit an das Unternehmen des S. S hat über die Leistungen auch eine Rechnung mit gesondertem USt-Ausweis i. H. v. 61,50 € erhalten. Die ausgewiesene USt ist zwar zu niedrig, kann jedoch in der ausgewiesenen Höhe gem. § 15 Abs. 1 Nr. 1 UStG als Vorsteuer abgezogen werden. Es bleibt S unbenommen, von R eine berichtigte Rechnung zu verlangen. § 15 Abs. 1 a und Abs. 2 UStG stehen dem VStA nicht entgegen.

Hinweis:

Bei der Bewirtung der AN handelt es sich nicht um unentgeltliche Wertabgaben i. S. d. § 3a Abs. 9 Nr. 2 UStG, da Zuwendungen i. R. von Betriebsveranstaltungen bis zu 110 € je AN begrenzt auf zwei Veranstaltungen pro KJ als Leistungen im überwiegend betrieblichen Interesse gelten und nicht besteuert werden (vgl. A 1.8 Abs. 4 Nr. 6 UStAE).

Zu 5.: Die Vermietung der beiden Stockwerke und der Parkplätze erfolgt i. R. des Unternehmens des B. Das Grundstück wird von ihm zu 100 % unternehmerisch genutzt und ist daher zwingend Unternehmensvermögen. Die Vermietungsleistungen werden nach § 3a Abs. 3 Nr. 1 Satz 1 und 2 Buchst. a UStG am Belegenheitsort des Grundstücks in monatlichen Teilleistungen (§ 13 Abs. 1 Nr. 1 Buchst. a Satz 3 UStG) erbracht. Alle Vermietungen werden im Leistungsaustausch gegen eine vereinbarte Miete bewirkt und sind gem. § 1 Abs. 1 Nr. 1 UStG steuerbar. Die Vermietung der beiden Stockwerke an den Rechtsanwalt und den Privatmieter sind jedoch grundsätzlich nach § 4 Nr. 12a UStG steuerfrei.

Bezüglich des EG verzichtet B zulässig gem. § 9 Abs. 1 und Abs. 2 UStG auf die Befreiung. Die Vermietung ist daher stpfl. zu 19 %, § 12 Abs. 1 UStG. Die Bemessungsgrundlage für die monatliche Teilleistung beträgt 2 000 €, die USt 380 €. Steuerschuldner ist gem. § 13a Abs. 1 Nr. 1 UStG der B; die USt entsteht jeweils m. A. d. Kalendermonate Januar bis Dezember 03, § 13 Abs. 1 Nr. 1 Buchst. a Satz 1 bis 3 UStG.

Die Vermietung der Pkw-Stellplätze ist gem. § 4 Nr. 12 Satz 2 UStG stpfl. Eine Steuerfreiheit kann nur insoweit eingreifen, als die Vermietung der Stellplätze eine unselbständige Nebenleistung zu einer steuerfreien Grundstücksvermietung ist. Dies ist der Fall bezüglich der Vermietung des Platzes an den Privatmieter.

Die Vermietung an den Rechtsanwalt ist stpfl., gleichgültig, ob eine unselbständige Nebenleistung zur stpfl. Vermietung des EG angenommen wird oder ob es sich um selbständige Vermietungen von Fahrzeugabstellplätzen handelt. Die (anteilige) Bemessungsgrundlage beträgt pro Platz monatlich 42,02 €, die USt hierfür 19 % = 7,98 €.

Die Vermietung an den Sohn des Privatmieters ist ebenfalls steuerpflichtig. Eine unselbständige Nebenleistung kann nicht angenommen werden, da B nur diese Leistung (Vermietung eines Parkplatzes) an den Sohn erbringt. Die Bemessungsgrundlage beträgt pro Platz monatlich 42,02 €, die USt hierfür 19 % = 7,98 €.

Steuerschuldner der Parkplatzvermietung ist B (§ 13a Abs. 1 Nr. 1 UStG), die USt entsteht jeweils m. A. d. Kalendermonate Januar bis Dezember 03 (§ 13 Abs. 1 Nr. 1 Buchst. a Satz 2 und 3 UStG).

Vorsteuerabzug des B aus der Errichtung des Gebäudes

Da das Gebäude Unternehmensvermögen des B ist, sind die Leistungen der Bauunternehmer an sein Unternehmen erbracht worden. Die 80 000 € USt, die B in Rechnung gestellt worden sind, erfüllen alle Voraussetzungen für einen VStA nach § 15 Abs. 1 Nr. 1 UStG. Die Eingangsleistungen stehen jedoch zum Teil (bezüglich des OG) in wirtschaftlichem Zusammenhang mit steuerfreien Ausgangsumsätzen nach § 4 Nr. 12a) UStG. Insoweit greift das Abzugsverbot gem. § 15 Abs. 2 Nr. 1 UStG. Die Vorsteuer ist gem. § 15 Abs. 4 UStG entsprechend den Nutzflächen aufzuteilen, somit darf B nur 1/2 der Vorsteuer von 80 000 €, d. h. 40 000 € im Jahr 02 abziehen.

Zu 6.: Taxiunternehmer T erbringt an Unternehmer U eine sonstige Leistung in Form der Beförderungsleistung (§ 3 Abs. 9 UStG). Der Ort bestimmt sich nach § 3b Abs. 1 Satz 1 UStG und ist Stuttgart. Die im Leistungsaustausch bewirkte Beförderungsleistung ist gem. § 1 Abs. 1 Nr. 1 UStG steuerbar und stpfl. Der Steuersatz beträgt nach § 12 Abs. 2 Nr. 10 UStG 7 %. Zur Bemessungsgrundlage bei T gehört nach § 10 Abs. 1 Satz 1 und 2 UStG auch das freiwillig bezahlte Trinkgeld. Die Bemessungsgrundlage beträgt somit 28,04 €; die USt, die T nach § 13a Abs. 1 Nr. 1 UStG schuldet, 1,96 €.

Bei der von T ausgestellten Quittung handelt es sich um eine Kleinbetragsrechnung nach § 33 UStDV. Die Angabe des Steuersatzes ersetzt die Angabe des Steuerbetrags, entspricht also der Angabe von 4,47 € (19/119 von 28 €) USt. Da T anstelle des richtigen Steuersatzes von 7 % den Steuersatz mit 19 % angegeben hat, hat er die USt zu hoch ausgewiesen und schuldet den zu hoch ausgewiesenen Betrag von 2,51 € (4,47 € ./. 1,96 €) nach § 14c Abs. 1 i. V. m. § 13a Abs. 1 Nr. 1 UStG.

Vorsteuerabzug des U

U ist nach § 15 Abs. 1 Nr. 1 UStG zum VStA berechtigt, soweit T ihm USt ausgewiesen hat, die aufgrund einer stpfl. Leistung entstanden ist und deshalb gesetzlich geschuldet wird. Ein Vorsteuerausschluss nach § 15 Abs. 2 UStG ist insoweit nicht erkennbar.

Bezüglich der zu hoch ausgewiesenen USt von 2,51 € ist U nicht zum VStA berechtigt (§ 15 Abs. 1 Nr. 1 Satz 1 UStG,) da sie nicht für eine Leistung für sein Unternehmen geschuldet wird.

Zu 7.: Mit der kurzfristigen Vermietung eines Beförderungsmittels erbringt Mietwagenunternehmer M an Unternehmer U eine sonstige Leistung (§ 3 Abs. 9 UStG). Ort der Leistung ist gem. § 3a Abs. 3 Nr. 2 Satz 1 und 2 Buchst. b UStG Mannheim. Die im Leistungsaustausch erbrachte Vermietungsleistung ist nach § 1 Abs. 1 Nr. 1 UStG steuerbar und zu 19 % stpfl. (§ 12 Abs. 1 UStG). Die Bemessungsgrundlage für den Umsatz beträgt gem. § 10 Abs. 1 Satz 1 und 2 UStG 613,60 € : 1,19 = 515,63 €, da M aufgrund eines Additionsfehlers um 100 € statt 513,60 € den in der Rechnung ausgewiesenen Betrag von 613,60 € verlangt und auch erhalten hat. M schuldet gem. § 13a Abs. 1 Nr. 1 UStG USt i. H. v. 97,97 €. Dies hat zur Folge, dass die USt mit 82 € in der Rechnung zu niedrig ausgewiesen ist.

Vorsteuerabzug des U aus der Rechnung des M

Da U den Mietwagen ausschließlich unternehmerisch nutzt, kann er die ausgewiesene USt i. H. v. 82 € nach § 15 Abs. 1 Nr. 1 Satz 1 und 2 UStG als Vorsteuer abziehen. Gründe für einen Vorsteuerausschluss nach § 15 Abs. 2 UStG sind nicht erkennbar.

Um einen VStA i. H. v. 97,97 € zu erlangen, müsste sich U von M eine berichtigte Rechnung erteilen lassen. Sollte U den Fehler bemerken, wird er die Rechnung allerdings dahingehend berichtigen lassen, dass der Endbetrag auf 513,60 € reduziert wird. Dann wäre die USt mit 82 € wieder richtig ausgewiesen.

Vorsteuerabzug des U aus dem Tankbeleg

Der Tankbeleg stellt eine Kleinbetragsrechnung nach § 33 UStDV dar. Deshalb ist u. a. die Angabe des Leistungsempfängers auf dem Beleg nicht erforderlich. U kann die ausgewiesene USt in Höhe von 7,55 € in vollem Umfang als Vorsteuer abziehen, § 15 Abs. 2 UStG steht dem nicht entgegen.

Zu 8.: Aufgrund der teilweisen (70 %; § 15 Abs. 1 Satz 2 UStG) unternehmerischen Nutzung kann Gewerbetreibender G den Pkw als gemischt genutzten Gegenstand seinem Unternehmen zuordnen. Die Zuordnung nimmt G durch die Geltendmachung des VStA vor. Der Pkw wird damit zu 100 % Unternehmensvermögen. Für den VStA aus der Anschaffung des Pkw liegen alle Voraussetzungen nach § 15 Abs. 1 Nr. 1 Satz 1 und 2 UStG vor. G kann die Vorsteuer aus der Anschaffung des Pkw sowie aus den laufenden Kosten in vollem Umfang abziehen. Ausschlussgründe nach § 15 Abs. 2 UStG liegen nicht vor.

Die private Nutzung von 30 % ist gem. § 3 Abs. 9a Nr. 1 UStG einer entgeltlichen sonstigen Leistung gleichgestellt. Der Ort der Leistung bestimmt sich nach § 3f UStG und ist Ludwigsburg. Zeitpunkt der unentgeltlichen Wertabgabe ist mit der jeweiligen Nutzung des Pkw für private Zwecke. Der Umsatz ist nach § 1 Abs. 1 Nr. 1 UStG steuerbar und zu 19 % stpfl. (§ 12 Abs. 1 UStG). Steuerschuldner ist G (§ 13a Abs. 1 Nr. 1 UStG). Bemessungsgrundlage sind gem. § 10 Abs. 4 Nr. 2 UStG die auf die private Nutzung entfallenden anteiligen Kosten, soweit sie zum VStA berechtigt haben. Diese berechnen sich wie folgt:

Anteilige Anschaffungskosten gem. § 10 Abs. 4 Nr. 2 Satz 2 und 3 UStG	13 000 €
Treibstoff	3 730 €
Wartung	2 190 €
Reparaturkosten 9 540 € abzüglich des von der Kaskoversicherung ersetzten Betrags von 9 040 €	500 €
Summe der zum VStA berechtigenden Kosten insgesamt	19 420 €
hiervon entfallen anteilig auf die Privatnutzung 30 %	5 826 €

Die USt für Privatnutzung beträgt 19 % von 5 826 € = 1 106,94 €.

Die USt entsteht jeweils m. A. d. VZ Juli bis Dezember 02 gem. § 13 Abs. 1 Nr. 2 UStG i. H. v. 184,49 € (1.106,04 €/6 Monate).

Zu 9.: Rechtsanwalt R erbringt im Januar 03 an den Mandanten eine sonstige Leistung (§ 3 Abs. 9 UStG). Es handelt sich bei der Rechtsanwaltsleistung um eine Katalogleistung i. S. v. § 3a Abs. 4 Nr. 3 UStG. Da der Mandant jedoch weder Unternehmer ist noch seinen Wohnort außerhalb des Gemeinschaftsgebietes hat, bestimmt sich der Leistungsort nach § 3a Abs. 1 UStG und liegt in Mannheim. Die im Leistungsaustausch erbrachte Leistung des R ist nach § 1 Abs. 1 Nr. 1 UStG steuerbar und stpfl. Der Steuersatz beträgt 19 % (§ 12 Abs. 1 UStG). Entgelt ist nach § 10 Abs. 1 Satz 1 und 2 UStG alles, was der Mandant für die Leistung des R aufwendet, jedoch abzüglich der USt und der verauslagten Gerichtsgebühren (durchlaufende Posten, § 10 Abs. 1 Satz 6 UStG). Die Bemessungsgrundlage beträgt somit 4 090 €: 1,19 = 3 436,97 €. Die von R nach § 13a Abs. 1 Nr. 1 UStG geschuldete USt beträgt 653,03 € und entsteht wie folgt:

Bezüglich des Vorschusses von 1 200 € m. A. d. Juni 02 gem. § 13 Abs. 1 Nr. 1 Buchst. a Satz 4 UStG i. H. v. 19/119 von 1 200 € = 191,60 €. Die restliche USt von 461,42 € (653,02 € ./. 191,60 €) entsteht m. A. d. VZ Januar 03 gem. § 13 Abs. 1 Nr. 1 Buchst. a Satz 1 UStG.

3 Lösung zu Übungsfall 3

Zu 1.: Da R im Auftrag von B tätig wird, erbringt er seine Leistung als Rechtsanwalt an B. Es handelt sich um eine sonstige Leistung nach § 3 Abs. 9 UStG. Da es sich nicht um eine Leistung i. S. v. § 3a Abs. 3 Nr. 1 UStG handelt, bestimmt sich der Leistungsort nach § 3a Abs. 2 UStG am Sitz des leistungsempfangenden Unternehmers B in Stuttgart. Die gegen ein vereinbartes Honorar im Leistungsaustausch erbrachte Leistung des R ist nach § 1 Abs. 1 Nr. 1 UStG steuerbar und zu 19 % stpfl., § 12 Abs. 1 UStG. Die von R nach § 13a Abs. 1 Nr. 1 UStG geschuldete USt beträgt bei einer Bemessungsgrundlage von 4 201,68 € (§ 10 Abs. 1 Satz 1 und 2 UStG) 798,32 €. Sie entsteht m. A. d. VZ November 08, § 13 Abs. 1 Nr. 1 Buchst. a Satz 1 UStG.

B ist nach § 15 Abs. 1 Nr. 1 UStG zum VStA berechtigt, da er die Leistung für einen Ausgangsumsatz verwendet, für den das VStA-Verbot nach § 15 Abs. 2 Nr. 2 UStG nicht greift. Die Durchführung des Bauvorhabens (s. u.) wäre – soweit der Ort im Inland belegen wäre – stpfl.

Die Ausführung des Bauvorhabens durch B stellt erst im Zeitpunkt der Abnahme eine Werklieferung (§ 3 Abs. 4 UStG) von B an U dar. Es handelt sich um eine unbewegte Lieferung, deren Lieferort nach § 3 Abs. 7 Satz 1 UStG in der Ukraine liegt. Diese künftige Lieferung ist nicht steuerbar (§ 1 Abs. 1 Nr. 1 UStG).

D dolmetscht im Auftrag des U und erbringt somit eine sonstige Leistung i. S. d. § 3 Abs. 9 UStG an U. Der Leistungsort richtet sich gem. § 3a Abs. 2 UStG und ist Rovno (Ukraine). Die Leistung ist in Deutschland nicht steuerbar (§ 1 Abs. 1 Nr. 1 UStG).

Zu 2.: Der Transport der Baumaschinen von Lublin (Polen) nach Rovno zur Verfügung des B stellt (aus deutscher Sicht) ein rechtsgeschäftsloses Verbringen und damit einen nicht steuerbaren Vorgang für B dar.

T erbringt an B eine sonstige Leistung (§ 3 Abs. 9 UStG) in Form der Beförderungsleistung. Der Ort der im Leistungsaustausch bewirkten Leistung bestimmt sich nach § 3a Abs. 2 UStG und ist Stuttgart (Hinweis: keine Betriebsstätte in Rovno). Der Umsatz ist nach § 1 Abs. 1 Nr. 1 UStG steuerbar und zu 19 % stpfl. (§ 12 Abs. 1 UStG). Steuerschuldner der USt ist gem. § 13b Abs. 1 i. V. Abs. 5 Satz 1 und Abs. 7 Satz 1 UStG der Leistungsempfänger B. Die Bemessungsgrundlage für den Umsatz bestimmt sich nach § 10 Abs. 1 Satz 1 und 2 UStG und beträgt 1 000 €. Die USt i. H. v. 190 € entsteht gem. § 13b Abs. 1 UStG m. A. d. VZ August 08.

B hat im selben VZ gem. § 15 Abs. 1 Nr. 4 UStG einen VStA i. H. v. 190 €. Das VStA-Verbot nach § 15 Abs. 2 Nr. 2 UStG greift nicht, denn die Ausführung des Bauvorhabens (s. o.) wäre – soweit der Ort im Inland belegen wäre – stpfl.

Zu 3.: Da W im Auftrag des T tätig wird, erbringt er seine Leistung als Rechtsanwalt an T (sonstige Leistung, § 3 Abs. 9 UStG). Leistungsort ist gem. § 3a Abs. 2 UStG Warschau. Die Leistung ist damit in Deutschland nicht steuerbar (§ 1 Abs. 1 Nr. 1 UStG).

W hat für den nicht steuerbaren Umsatz zu Unrecht in einer Rechnung USt i. H. v. 228 € ausgewiesen und schuldet diesen Betrag gem. § 14c Abs. 1 i. V. m. § 13a Abs. 1 Nr. 1 UStG. Die Steuer entsteht mit Ausgabe der Rechnung am 05. 12. 08 (§ 13 Abs. 1 Nr. 3 UStG).

T hat aus der Rechnung des W keinen VStA, da es sich bei der ausgewiesenen USt nicht um eine gesetzlich geschuldete Steuer für eine Leistung handelt (§ 15 Abs. 1 Nr. 1 Satz 1 UStG).

Zu 4.: Da K beabsichtigt, die Wohnmobile i. R. seiner Fahrzeugvermietung unternehmerisch zu nutzen, stellen sämtliche Kleinbusse im Zeitpunkt des Leistungsbezuges Unternehmensvermögen dar. Die Einrichtungsgegenstände für den Ausbau werden somit ebenfalls für das Unternehmen des K erworben. K hat deshalb zu Recht den VStA sowohl aus dem Erwerb der Fahrzeuge als auch aus dem Erwerb der Einrichtungsgegenstände vorgenommen (§ 15

Abs. 1 Nr. 1 UStG). Ein Ausschlussgrund nach § 15 Abs. 2 UStG liegt nicht vor. Infolge des Preisnachlasses von 30 % beträgt der VStA allerdings nur 4 788 € (19/119 von 29 988 €).

Mit der Schenkung des K1 an den Sohn entnimmt er das Fahrzeug im Juni 08 seinem Unternehmen. Die in Ludwigsburg (§ 3 f UStG) bewirkte Entnahme ist gem. § 3 Abs. 1 b Satz 1 Nr. 1 UStG einer entgeltlichen Lieferung gleichgestellt, da sowohl der Kleinbus als auch die Einrichtungsgegenstände zum VStA berechtigt haben (§ 3 Abs. 1 b Satz 2 UStG). Die unentgeltliche Wertabgabe ist nach § 1 Abs. 1 Nr. 1 UStG steuerbar und zu 19 % stpfl. (§ 12 Abs. 1 UStG). K ist Steuerschuldner (§ 13 a Abs. 1 Nr. 1 UStG). Da K das Wohnmobil K1 selbst hergestellt hat, sind die Selbstkosten als Bemessungsgrundlage gem. § 10 Abs. 4 Nr. 1 UStG anzusetzen. Sie ermitteln sich wie folgt:

Anschaffungskosten Kleinbus (netto)	25 000 €
Einrichtungsgegenstände (70 % von 12 000 € netto)	8 400 €
Einbaukosten	4 000 €
Summe	**37 400 €**

Die USt beträgt somit 19 % von 37 400 € = 7 106 €. Sie entsteht m. A. d. VZ Juni 08 (§ 13 Abs. 1 Nr. 2 UStG).

Die Vermietungen des K2 und K3 sind sonstige Leistungen (§ 3 Abs. 9 UStG). Da K jeweils ein Beförderungsmittel kurzfristig vermietet, bestimmt sich der Leistungsort nach § 3 a Abs. 3 Nr. 2 Satz 1 UStG und ist am Übergabeort Ludwigsburg. Somit sind sämtliche Leistungen im Inland erbracht und nach § 1 Abs. 1 Nr. 1 UStG steuerbar und stpfl. zu 19 % (§ 12 Abs. 1 UStG). Die von K gem. § 13 a Abs. 1 Nr. 1 UStG geschuldete USt beträgt bei einer Bemessungsgrundlage von 23 529,41 € (§ 10 Abs. 1 Satz 1 und 2 UStG) 4 470,59 €. Die USt entsteht jeweils m. A. d. VZ in dem die jeweilige Vermietung endet.

Die Eigennutzung des K3 ist gem. § 3 a Abs. 9 a Nr. 1 UStG einer entgeltlichen sonstigen Leistung gleichgestellt. Der Leistungsort ist gem. § 3 f UStG Ludwigsburg. Die Leistungsentnahme ist somit im August 08 nach § 1 Abs. 1 Nr. 1 UStG steuerbar und zu 19 % stpfl. (§ 12 Abs. 1 UStG). Steuerschuldner ist gem. § 13 a Abs. 1 Nr. 1 UStG der K. Bemessungsgrundlage sind nach § 10 Abs. 4 Nr. 2 UStG die auf die Privatnutzung entfallenden Ausgaben, soweit sie zum VStA berechtigt haben. Dazu gehören auch die Herstellungskosten, verteilt auf fünf Jahre entsprechend dem Berichtigungszeitraum des § 15 a UStG, soweit sie zum VStA berechtigt haben. Die Ausgaben ermitteln sich wie folgt:

Anschaffungskosten K	25 000 €
Einrichtungsgegenstände (70 % von 12 000 €)	8 400 €
zum VStA berechtigende Herstellungskosten	33 400 €
anteilige Herstellungskosten für August 08 1/60 =	556,67 €
zum VStA berechtigende laufende Kosten	200,00 €
Summe der Ausgaben	756,67 €

Die USt beträgt 19 % von 756,67 € = 143,77 € und entsteht gem. § 13 Abs. 1 Nr. 2 UStG m. A. d. VZ August 08.

Zu 5.: K erbringt aus privaten Gründen unentgeltlich eine sonstige Leistung an Frieder. Die Leistung ist gem. § 3 Abs. 9 a Nr. 2 UStG einer entgeltlichen sonstigen Leistung gleichgestellt. Ort der Leistung ist gem. § 3 f UStG Ludwigsburg. Die unentgeltliche Wertabgabe ist steuerbar (§ 1 Abs. 1 Nr. 1 UStG) und stpfl. zu 19 % (§ 12 Abs. 1 UStG). Bemessungsgrundlage sind nach § 10 Abs. 4 Nr. 3 UStG die hierbei entstandenen Ausgaben von 800 €. Die von K nach § 13 a Abs. 1 Nr. 1 UStG geschuldete USt beträgt 152 €. Sie entsteht m. A. d. VZ der Ausführung der unentgeltlichen sonstigen Leistung (§ 13 Abs. 1 Nr. 2 UStG).

Zu 6.: K erbringt mit der Vermietung an G, A und S sonstige Leistungen i. S. d. § 3 Abs. 9 UStG. Die Lieferung von Wärme teilt als unselbständige Nebenleistung das Schicksal der Hauptleistung. Der Ort der Vermietungsleistungen bestimmt sich nach § 3a Abs. 3 Nr. 1 Satz 1 und 2 Buchst. a UStG und ist Ludwigsburg. Die Leistungen werden in monatlichen Teilleistungen geschuldet (§ 13 Abs. 1 Nr. 1 Satz 3 UStG). Die Teilleistungen werden m. A. d. jeweiligen Kalendermonats erbracht. Die im Leistungsaustausch erbrachten Vermietungsleistungen sind steuerbar (§ 1 Abs. 1 Nr. 1 UStG) und grundsätzlich gem. § 4 Nr. 12 Buchst. a UStG steuerfrei.

Da K dem G USt berechnet, ist davon auszugehen, dass er auf die Befreiung nach § 9 UStG verzichten möchte. Die Voraussetzungen des § 9 Abs. 1 UStG sind erfüllt, da die Vermietung an das Unternehmen des G erfolgt. Allerdings greift das Optionsverbot nach § 9 Abs. 2 UStG ein, da G die Räume nicht ausschließlich für zum VStA berechtigende Umsätze verwendet. Mit seinen steuerfreien, den VStA ausschließenden Umsätzen überschreitet G die Bagatellgrenze von 5 % (vgl. A 9.2 Abs. 3 UStAE). Somit ist die Vermietung an G zwingend steuerfrei.

K schuldet die ausgewiesene USt nach § 14c Abs. 1 i. V. m. § 13a Abs. 1 Nr. 1 UStG. Die Steuer entsteht jeweils mit Ausgabe der Rechnung (§ 13 Abs. 1 Nr. 3 UStG).

Da diese USt nicht für eine Leistung gesetzlich geschuldet wird, darf sie G nicht als Vorsteuer abziehen (§ 15 Abs. 1 Nr. 1 Satz 1 UStG).

Da K dem A USt berechnet, ist davon auszugehen, dass er auf die Befreiung nach § 9 UStG verzichten will. Die Voraussetzungen des § 9 Abs. 1 UStG sind erfüllt, da die Vermietung an das Unternehmen des A erfolgt. Allerdings greift auch hier das Optionsverbot nach § 9 Abs. 2 UStG ein, da G die Räume nicht ausschließlich für zum VStA berechtigende Umsätze verwendet. Mit seinen steuerfreien Umsätzen nach § 4 Nr. 14 Buchst. a UStG fällt A unter das VStA-Verbot nach § 15 Abs. 2 Nr. 1 UStG. Lediglich die Schönheitsoperationen sind stpfl. Diese geringfügige stpfl. Nutzung verhindert jedoch nicht das Optionsverbot nach § 9 Abs. 2 UStG. Somit ist die Vermietung an A zwingend steuerfrei.

K schuldet die ausgewiesene USt nach § 14c Abs. 1 i. V. m. § 13a Abs. 1 Nr. 1 UStG. Die Steuer entsteht jeweils mit Ausgabe der Rechnung (§ 13 Abs. 1 Nr. 3 UStG).

Da diese USt nicht für eine Leistung gesetzlich geschuldet wird, darf sie A nicht als Vorsteuer abziehen (§ 15 Abs. 1 Nr. 1 Satz 1 UStG).

Da K dem S USt berechnet, ist davon auszugehen, dass er auf die Befreiung nach § 9 UStG verzichten will. Die Voraussetzungen des § 9 Abs. 1 UStG sind erfüllt, da die Vermietung an das Unternehmen des S erfolgt. Das Optionsverbot nach § 9 Abs. 2 UStG greift nicht ein, da S die Räume ausschließlich für seine stpfl. und damit zum VStA berechtigenden Umsätze verwendet. Die Vermietungsleistung ist somit zu 19 % stpfl. (§ 12 Abs. 1 UStG). Die USt für die monatlichen Teilleistungen beträgt bei einer Bemessungsgrundlage von 1 168,07 € (§ 10 Abs. 1 Satz 1 und 2 UStG) 221,93 €. Die USt entsteht jeweils m. A. d. Kalendermonate Januar bis Dezember 08 (§ 13 Abs. 1 Nr. 1a Satz 1 bis 3 UStG) und wird von K geschuldet (§ 13a Abs. 1 Nr. 1 UStG).

S kann die in Rechnung gestellte USt i. H. v. 190 € monatlich nach § 15 Abs. 1 Nr. 1 UStG als Vorsteuer abziehen. Vorsteuerausschlussgründe nach § 15 Abs. 2 UStG liegen nicht vor. Ein darüber hinaus gehender (anteilig auf die Heizkosten entfallender) VStA ist mangels Steuerausweis nicht möglich (§ 15 Abs. 1 Nr. 1 Satz 2 UStG).

Die sonstige Leistung des M an K ist erst mit dem weiteren Anstrich im Juni 09 erbracht. Sie ist erst dann nach § 1 Abs. 1 Nr. 1 UStG steuerbar und stpfl. zu 19 % (§ 12 Abs. 1 UStG). Steuerschuldner ist M gem. § 13a Abs. 1 Nr. 1 UStG. Da K eine Teilzahlung von 5 000 € geleistet hat, greift insoweit die Anzahlungsbesteuerung. M hat daher nach § 13 Abs. 1 Nr. 1 Buchst. a Satz 4 UStG hieraus m. A. d. VZ August 08 19/119 von 5 000 € = 798,32 € USt abzuführen.

Diese USt erfüllt für K die Voraussetzungen des § 15 Abs. 1 Nr. 1 Satz 2 und 3 UStG, da der USt-Ausweis anteilig in der Rechnung vom Juli 08 enthalten ist. Allerdings greift teilweise das VStA-Verbot nach § 15 Abs. 2 Nr. 1 UStG, da lediglich die Vermietung an S stpfl. ist. Die Vorsteuer ist nach § 15 Abs. 4 UStG im Wege einer sachgerechten Schätzung nach wirtschaftlichen Kriterien aufzuteilen. Bei Gebäuden ist die Aufteilung grundsätzlich nach dem Verhältnis der Nutzflächen vorzunehmen (vgl. A 15.17 Abs. 7 Satz 4 UStAE). Somit kann K 1/3 der Vorsteuer von 798,32 € = 266,11 € abziehen.

Z erbringt mit dem Einbau der Tür eine nach § 1 Abs. 1 Nr. 1 UStG steuerbare und stpfl. Werklieferung (§ 3 Abs. 4 UStG) an K. Die von Z nach § 13a Abs. 1 Nr. 1 UStG geschuldete USt beträgt bei einer Bemessungsgrundlage von 3 500 € (§ 10 Abs. 1 Satz 1 und 2 UStG) wie ausgewiesen 665 €.

Die USt erfüllt bei K die Voraussetzungen des § 15 Abs. 1 Nr. 1 UStG. Da die Tür jedoch ausschließlich im Zusammenhang mit der steuerfreien Vermietung an G steht, greift in vollem Umfang das VStA-Verbot nach § 15 Abs. 2 Nr. 1 UStG.

Die Zahlung der Gebäudeversicherung ist echter Schadenersatz und umsatzsteuerrechtlich nicht relevant. Unerheblich für die umsatzsteuerliche Beurteilung ist auch, dass der Schaden bei K mangels VStA nicht 3 500 €, sondern 4 165 € ausmacht.

Zu 7.: Das gesamte Grundstück ist nach c) der allgemeinen Hinweise dem Unternehmen des H zugeordnet. Die Nutzung für eigene Wohnzwecke ist somit nach § 3 Abs. 9a Nr. 1 UStG einer entgeltlichen sonstigen Leistung gleichgestellt. Da H das Gebäude selbst errichtet hat, ist davon auszugehen, dass er hierfür mindestens teilweise den VStA geltend gemacht hat. Der Ort der Nutzungsentnahme liegt nach § 3f UStG in Bietigheim. Zeitpunkt der unentgeltlichen Wertabgabe ist kontinuierlich mit der Nutzung des Gebäudes. Die Nutzungsentnahme ist steuerbar (§ 1 Abs. 1 Nr. 1 UStG), nicht nach § 4 Nr. 12 UStG befreit (vgl. A 4.12.1 Abs. 3 Satz 6 UStAE) und somit stpfl. zu 19 % (§ 12 Abs. 1 UStG). Bemessungsgrundlage sind nach § 10 Abs. 4 Nr. 2 UStG die hierauf entfallenden Ausgaben, soweit sie zum VStA berechtigt haben. Die Anschaffungskosten/Herstellungskosten sind entsprechend dem Berichtigungszeitraum des § 15a Abs. 1 Satz 2 UStG auf zehn Jahre zu verteilen und damit bereits verbraucht. Es verbleiben die zum VStA berechtigenden laufenden Kosten i. H. v. 6 000 €. Hiervon entfallen auf das Dachgeschoss anteilig 1/10 = 600 €. Die von H nach § 13a Abs. 1 Nr. 1 UStG geschuldete USt beträgt damit 114 €. Die USt entsteht gem. § 13 Abs. 1 Nr. 2 UStG mit Ablauf der Voranmeldungszeiträume Januar bis Dezember 08.

Da H das gesamte Grundstück stpfl. nutzt, kann er die Vorsteuer i. H. v. 1 140 € aus den Kosten von 6 000 € in voller Höhe abziehen (§ 15 Abs. 1 Nr. 1 und Abs. 2 UStG).

Hinweis 1: Da es sich um ein sog. Altobjekt handelt (vgl. P 3.3.1), kommt § 15 Abs. 1b i. V. m. § 3 Abs. 9a Nr. 1 UStG nicht zur Anwendung.

Hinweis 2: Die Finanzverwaltung geht in A 15.6a Abs. 8 UStAE davon aus, dass Leistungen im Zusammenhang mit teilunternehmerischen Grundstücken, die keine Anschaffungs- und Herstellungskosten darstellen und die nach dem Stichtag 31. 12. 2010 bezogen werden, nach neuem Recht zu beurteilen sind. Für diese Leistungen ist der Vorsteuerabzug seit dem 01. 01. 2011 nur noch in Höhe des unternehmerisch genutzten Anteils möglich (§ 15 Abs. 1b UStG). Die Vorsteuer wäre dann nur noch anteilig abziehbar. Eine Besteuerung der unentgeltlichen Wertabgabe fände nicht statt.

Zu 8.: Die Lieferung (§ 3 Abs. 1 UStG) des Tisches von B an H erfolgt mit der Übergabe an H am 02. 10. 08. Der Lieferort bestimmt sich nach § 3 Abs. 6 Satz 1 UStG und ist Basel. Die Lieferung ist somit nicht steuerbar (§ 1 Abs. 1 Nr. 1 UStG).

Da B für diesen Umsatz USt gesondert ausgewiesen hat, schuldet er die ausgewiesene USt nach § 14c Abs. 1 i. V. m. § 13a Abs. 1 Nr. 1 UStG (vgl. A 14c.1 Abs. 1 Nr. 3 UStAE) mit Ausstellung der Rechnung am 20. 09. 08 (§ 13 Abs. 1 Nr. 3 UStG).

Da diese USt nicht für eine Leistung geschuldet wird, kann H sie nicht als Vorsteuer abziehen (§ 15 Abs. 1 Nr. 1 Satz 1 UStG).

Hinweis: Im Falle der Steuerpflicht würde nicht der ermäßigte Steuersatz, sondern der Regelsteuersatz nach § 12 Abs. 1 UStG Anwendung finden.

Stichwortregister

A

Abfallbeseitigung 68
Abschlagszahlungen 251
Abstellplatz 121
Agenturgeschäft 151, 154
– Bemessungsgrundlage 154
Alkohol 43
Allphasennetto-Umsatzsteuersystem 10, 14
– mit Vorsteuerabzug 8
Amtsträger 258
Anzahlungen 251
atypische Unternehmer 44
Aufsichtsratstätigkeit 70
Ausfuhrlieferung 94, 97, 99
– Ausfuhr 95
– Ausführer 96
– ausländischer Arbeitnehmer 96
– Ausrüstung oder Versorgung eines Beförderungsmittels 99
– Begriffsbestimmung 95
– im persönliches Reisegepäck 100
– im Rahmen eines Reihengeschäfts 101
Ausgangsumsatzsteuer 14, 249, 252
– Umsatzarten 14
Ausland 95
Ausländischer Abnehmer 96
Auslandsbeamte 97
Auswärtstätigkeit 215

B

B2B-Leistungen 50
B2C-Leistungen 50, 56
– Leistungsort 56
Beförderungslieferung 36
Beförderungsmittel
– Begriff 64
– Vermietung/Vercharterung von 64
Beherbungsleistungen 142
– ermäßigter Steuersatz 142
Belegnachweis 106, 109
Bemessungsgrundlage 129
Beschaffung 85
Besteuerungsform
– allgemeine Durchschnittsätze 14
– Differenzbesteuerung 14
– Kleinunternehmerregelung 14
– land- und forstwirtschaftliche Betriebe 14

Besteuerungsformen des Umsatzsteuergesetzes 14
– Differenzbesteuerung (§ 25a UStG) 14
– Regelbesteuerung (§§ 1-18 UStG) 14
Besteuerungsverfahren 247
Betriebsstätte
– Begriff 52
Betriebsvermögen 162
– gewillkürtes 162
Betriebsvorrichtung 121
Bodensee 32
Bruchteilsgemeinschaft 157
Bruttoentgelt 130
Bruttomethode 131
Buchnachweis 107, 109
Büsingen 31

C

Campingflächen 142
– ermäßigter Steuersatz 142
Catering-Unternehmer 140

D

Darlehensgewährung 48, 70
Dauerfristverlängerung 255
Dienstleistungen 48
Dienstreise 215
Differenzbesteuerung 241
– Ausweitung 242
– Bemessungsgrundlage 242
– Besonderheiten 244
– Option zur Besteuerung nach den allgemeinen Vorschriften 243
– Steuersatz 243
– Verbot des gesonderten Steuerausweises 244
– Voraussetzungen 241
– Vorsteuerabzug 243
doppelte Haushaltsführung 215, 220
Drittlandsgebiet 31, 33, 34, 95
Durchlaufender Posten 135
Duty-free-Shop 32

E

Einfuhr 15
Einfuhrumsatzsteuer 41, 42
Eingangsumsatzsteuer 199
Einheitlichkeit der Leistung 80, 143
Einheitstheorie 160

Einnahmeerzielungsabsicht 158
Einsatzwechseltätigkeit 215
Elektronische Abrechnung 207
Entgelt 88, 89
Entnahme eines Gegenstandes gem. § 3 Abs. 1b Nr. 1 UStG 171
Entstehungszeitpunkt der Ausgangsumsatzsteuer 249
Ermäßigter Steuersatz 138, 141
Erwerbssteuer 219, 253
Erwerbsumsatzsteuer 43
Erzeugnis des grafischen Gewerbes 139

F

Fahrausweise i. S. d. § 34 UStDV 209
Fahrtätigkeit 215
Fahrt zwischen Wohnung und Betriebsstätte 220
Fehlender Leistungsaustausch 90, 91
– echte Schenkung 90
– Schadenersatz 91
Forderungsausfall 133
Freihafen 31, 95
Freizonen 31
Frühstück 215
Futtermittel 138

G

Gastarbeiter 97
Gegenstände zur Ausrüstung oder Versorgung eines Beförderungsmittels 99
Gemeinschaftsgebiet 31, 33
Gemischter Vertrag 121
Geschäftsreise 215
Getränk 139
Gewerbezweig 286
Grundstück 118
– Allgemeines 118
– Ausschluss der Steuerfreiheit 121
– Begriff 118
– gemischte Nutzung 164
– Grundstücksmietvertrag 120
– Vermietung 119
– Verträge besonderer Art 120
Grundstücksveräußerung 22, 123
Güterbeförderung
– innergemeinschaftliche 67
Güterbeförderungen 66
Gutschrift 203

H

Haftung 259
– Leistungsempfänger 259
Handeln für fremde Rechnung 152
Handeln im fremden Namen 153
Handelsvertreter 152
Hauptleistung 81
Hauptstoff 84
Häusliches Arbeitszimmer 220
Heilberufliche Leistung 115
Helgoland 31, 95
Herberge 121
Hotel 121

I

Imbissbuden 141
Imbissecken in Ladengeschäften 141
Incoterm 40
Inhouse-Seminare 62
Inland 29, 31
– Bodensee 32
– Botschaftsgebäude 32
– Büsingen 31
– Duty-free-Shop 32
– Flugzeug 32
– Freihäfen 31
– Gesandtschaftsgebäude 32
– Helgoland 31
– Schiff 32
– Zollfreigebiete 31
Innenumsatz 88, 160
Innergemeinschaftliche Lieferung 103
– Belegnachweis 106
– Buchnachweis 107
– Leistungsempfänger 105
– Rechnung i. S. v. § 14a UStG 108
– zusammenfassende Meldung 108
Innergemeinschaftlicher Erwerb 15, 185
– allgemeine Tatbestandsvoraussetzung 185
– Ausnahmen 187
– Berechnung der Steuer 188
– Steuerbefreiungen 187
– steuerliche Erfassung 189
Innergemeinschaftliches Verbringen 108
Ist-Besteuerung 249

K

Katalogleistung
– Begriff 70
– Bestimmung des Leistungsorts 71

Kino
- Abgabe von Speisen 141
Kleinbetragsrechnungen i. S. d. § 33 UStDV 208
- Anforderungen für den Vorsteuerabzug 208
Kleinunternehmer 237, 239
- Gesamtumsatz 237
- Option nach § 9 Abs. 2 UStG 239
Kleinunternehmer-Umsatz 238
Kommissionär 152
Kommissionsgeschäft 151, 153
- Bemessungsgrundlage 153
Körperersatzstück 139
Kosten 131, 202
- laufende 202
Kostenschätzmethode 181
Kreditgewährung 127
Künstlerische Leistungen 61

L

Lageort 58
Land- und forstwirtschaftliches Erzeugnis 138
Lebensmittel 138
Leistung 47, 88, 89
Leistung an Dritte 160
Leistungen an Arbeitnehmer 148
- Ansatz lohnsteuerlicher Werte 149
- entgeltliche Leistungsabgabe 148
- Mindestbemessungsgrundlage 150
- unentgeltliche Leistungsabgabe 148
Leistungsaustausch 88, 90
- fehlender 90
- Innenumsatz 88
- Schadenersatz 91
- Schenkung 90
- wirtschaftliche Verknüpfung 89
Leistungsweg 49
Lieferbedingung 42
- unverzollt und unversteuert 42
- verzollt und versteuert 42
Liefergegenstand 18, 19
- Sachgesamtheit 19
- vertretbare Sachen 20
Lieferort 29, 36
- Beförderungslieferung 36
- Grundsatz 36
- Inland 29
- Lieferungen ohne Warenbewegung 41
- Prüfungsschema 44
- Reihengeschäfte 38
- Sonderregelung nach § 3 Abs. 8 UStG 41
- Sonderregelung nach § 3c UStG 43
- Versendungslieferung 37

Lieferschwelle 43
Lieferung 18, 171, 172, 175
- Allgemeines 18
- gem. § 3 Abs. 1b Nr. 1 bis 3 UStG 175
- gem. § 3 Abs. 1b Nr. 1 UStG 171, 172
- Sachgesamtheit 19
- Steuerbefreiungsvorschrift 93
- Tatbestandsvoraussetzungen 18
- und sonstige Leistung 93
- vertretbare Sache 20
Lieferung und sonstige Leistung 14, 18, 145, 148
- entgeltliche Leistungsabgabe an das Personal 148
- Steuerbarkeit gem. § 1 Abs. 1 Nr. 1 UStG 18
- Tausch 145
- tauschähnlicher Umsatz 145
- unentgeltliche Leistungsabgabe an das Personal 148
Lieferweg 26
- Erfüllungsgehilfen 27
Lohnveredelung 102

M

Materialbeistellung 136
Materialgestellung 136
Mehrwertsteuer 8
Messekatalogleistungen 60
Messeleistungen 59
Mindestbemessungsgrundlage 134
Mineralöl 43
Multiplexkino
- Abgabe von Speisen 141

N

Nachschau 258
Nebenleistung 81
Nebenstoff 84
Neufahrzeuge 187
Nichtabzugsfähige Vorsteuer
- § 15 Abs. 2 UStG 222
Nutzungsrecht 166
Nutzungsüberlassung 177
- Aufmerksamkeiten 177
- unentgeltlich 177

O

Option 123
- Errichtung 125
- Fertigstellung 125
- Nutzung für unternehmerische Zwecke 124
- Optionsverbot 125

Option nach § 9 UStG 123
Optionsmöglichkeit 117
Ordnungswidrigkeit 255
Ort der sonstigen Leistung 50
Ort der Werkleistung 87
Ort der Werklieferung 87

P

Partyservice-Unternehmen 140
Pension 121
Personal 148
Personalgestellung 70
Personenbeförderungen 66
Pkw-Nutzung 180
– nichtunternehmerisch 180
private Telefonbenutzung 181
Prüfungsschema zur Feststellung der USt 198

R

Rechnung , 202, 209, 108
– Allgemeines 210
– Anforderungen an den Inhalt 203
– Einzelheiten zur Rechnungserteilung 203
– Erforderliche Angaben 203
– in den Fällen der Mindestbemessungsgrundlage 209
– Kleinbetragsrechnungen 211
– Menge und Art der gelieferten Gegenstände 205
– mit falschem Umsatzsteuerausweis 211
– Name und Anschrift des leistenden Unternehmers und des Leistungsempfängers 204
– Umfang und Art der sonstigen Leistung 205
– Unberechtigter Umsatzsteuerausweis 212
– Unrichtiger Umsatzsteuerausweis 211
– Vereinnahmung des Entgelts 206
– Vorsteuerabzug vor Bezug der Leistung nach § 15 Abs. 1 Nr. 1 Satz 3 UStG 210
– Zeitpunkt der Leistung 206
– Zeitpunkt des Vorsteuerabzugs 210
– Zu niedriger Umsatzsteuerausweis 213
Rechnungsberichtigung 207
Rechnungsnummer 205
– Angabe des Entgelts 206
– Angabe des Steuerbetrags 206
– Angabe des Steuersatzes 206
– Fehlende Angaben 207
– Fortlaufende Nummer 205
– Unrichtige Angaben 207
– Weitere Voraussetzungen nach § 14a UStG 207
Regelsteuersatz 137
Reihengeschäft 27, 101

Reisekosten 215
Reisekostenpauschbetrag 216
Reparaturleistungen 68
Restaurationsleistung 63
Restaurationsumsatz 140
Rückgabe 147
Rückgängigmachung der Lieferung 147
Rücknahme 147

S

Sachbezugswert 149
Sachgesamtheit 19
Schadenersatz 91
Schätzgutachten 68
Scheingründung 249
Scheinrechnung 259
Schenkung 90
Schlussrechnung 190
Selbständigkeit 157, 158
– Einnahmeerzielungsabsicht 158
Sicherheitsleistung 254
Skonto 132
Soll-Besteuerung 129, 250
Sonstige Leistung 47, 48, 176, 182, 183
– Begriff 47
– Darlehensgewährung 48
– Dienstleistungen 48
– künstlerische Leistungen 61
– Leistungsweg 49
– nach § 3 Abs. 9a Nr. 2 UStG 182, 183
– nach § 3 Abs. 9a UStG 176
– sportliche Leistungen 61
– unterhaltende Leistungen 61
– unterrichtende Leistungen 61
– Vermietungsleistungen 48
– Vermittlungsleistungen 48
– Verzichtsleistungen 48
– Werkleistungen 48
– wissenschaftliche Leistungen 61
Speise 139
Steueranmeldung 253, 254
– Abgabefrist 253
– Abgabezeitpunkt 253
– Zahlungsfrist 254
Steueraufkommen 1
Steuerbarer Umsatz 15
– Einfuhr 15
– innergemeinschaftlicher Erwerb 15
– sonstige Leistungen 15
– Tatbestandsmerkmale 15

Steuerbefreiung 93
- für Lieferungen gemäß § 3 Abs. 1b Nr. 1 UStG 171
- für sonstige Leistungen nach § 3 Abs. 9a Nr. 1 UStG 178

Steuerbefreiungsvorschrift 93, 97, 114, 117, 118
- Ausfuhrlieferung nach § 6 Abs. 1 Nr. 1 UStG 97
- Ausfuhrlieferung nach § 6 Abs. 1 Nr. 2 UStG 99
- Ausfuhrlieferung nach § 6 Abs. 1 Nr. 3 UStG 98
- Befreiung mit absolutem Vorsteuerabzugsverbot 114
- Befreiung mit Optionsmöglichkeit gem. § 9 UStG 117
- Vermietung von Grundstücken nach § 4 Nr. 12a UStG 118

Steuergegenstand 14
Steuernummer 205
- des leistenden Unternehmers 205

Steuersatz 137
- allgemeiner 137
- ermäßigter 138

Streckenprinzip 68

T

Tabakwaren 43
Tätigkeit
- berufliche 156
- nachhaltige 157

Tausch 145
- Bemessungsgrundlage 145
- mit Baraufgabe 146

Tauschähnlicher Umsatz 145
Teilleistungen 251
Telefonbenutzung 181
Theater
- Abgabe von Speisen 141

Touristen 97
TRFE-Leistungen 72
Trinkgeld 132

U

Übernachtungskosten 215
Übersetzungs- und Dolmetscherleistungen 70
Übertragung von Urheberrechten 70
Übriges Gemeinschaftsgebiet 33, 95
Umsatzart 14
- Einfuhr 15
- innergemeinschaftlicher Erwerb 15
- Lieferungen 14
- sonstige Leistungen 14

Umsatzsteuer 198, 252, 254
- Dauerfristverlängerung 255
- Entstehungszeitpunkt 252
- Entstehungszeitpunkt der § 14c Abs. 1 und Abs. 2-Steuer 252
- Entstehungszeitpunkt der Erwerbssteuer 253
- Prüfungsschema zur Feststellung der Umsatzsteuer 198
- Schema 16
- Zahlungsfrist 254

Umsatzsteuer-Nachschau 258
Umsatzsteuer-Sonderprüfung 255
Umsatzsteuer-Voranmeldung 10
Umsatzsteuer-Voranmeldungsverfahren 247

Unentgeltliche Leistung 176
- Bemessungsgrundlage 178
- ermäßigter Steuersatz 178
- Steuerbefreiung 178
- Verwendung eines Gegenstandes 176

Unentgeltliche Leistungsabgabe 170
- Bemessungsgrundlage bei Lieferungen 172
- Entnahme eines Gegenstandes 171
- Steuerbefreiung für Lieferungen 171
- Steuersätze für Lieferungen 172

Unentgeltliche Lieferung 175
- Besteuerungsverbot 175

Unentgeltliche sonstige Leistung 182
- Bemessungsgrundlage 183
- ermäßigter Steuersatz 183
- Steuerbefreiung 182

Unentgeltliche Zuwendung an das Personal 173
Unentgeltliche Zuwendung für Zwecke des Unternehmens 175
Unterhaltende Leistungen 61
Unternehmen 156, 159
Unternehmensneugründung 249
Unternehmensvermögen 161
- bei Nutzungsrecht 166
- Grundgeschäft 167
- Nutzungsrecht 166
- Übersicht 162
- vertretbare Sache 167

Unternehmensvermögen bei Gegenständen 161
- Ausübung des Zuordnungswahlrechtes 162
- teilweise oder vollständige Zuordnung zum Unternehmen 162

Unternehmer 156
Unternehmereigenschaft
- Beginn 168
- Ende 169

Unternehmerfähigkeit 156

Unternehmerkette 9
Unterrichtende Leistungen 61
USt-IdNr. 205
USt-IdNr. des leistenden Unternehmers 205

V

Veranstaltungsleistung 60
Veräußerung von Grundstücken 123
Verbrauchsteuerpflichtige Waren 43
Verbringen, innergemeinschaftlich 186
Verbringenstatbestand 108
– Aufzeichnung 110
– ausländischer Unternehmensteil 109
– Belegnachweis 109
– Buchnachweis 109
– Nichterfassung 111
– nicht nur vorübergehende Verwendung 110
– Proforma-Rechnung 110
– Reihengeschäft 111
– zusammenfassende Meldung 110
Vergütungsverfahren 258
Verkaufskommission 24
Verlagserzeugnis 139
Vermietung 119
– von Betriebsvorrichtung 122
– von Grundstücken 118
Vermietung beweglicher körperlicher Gegenstände 70
Vermietungsleistungen 48
Vermietung und Verpachtung 160
Vermittlungsleistungen 48, 69
Vermittlung von Grundstücksveräußerungen 70
Vermittlung von Grundstücksvermietungen 69
Verpflegungskosten 215
Verschaffung der Verfügungsmacht 21
– bei Beförderung bzw. Versendung des Gegenstands 21
– Diebstahl 23
– Eigentumsvorbehalt 24
– Kommissionär 25
– Lieferwillen 23
– ohne Beförderung bzw. Versendung des Gegenstandes 21
– Unterschlagung 24
– Verkaufskommissionär 24
– wirtschaftliches Eigentum 23, 25
Versendungslieferung 37
Vertrag besonderer Art 120
Vertretbare Sachen 20
Verzehr an Ort und Stelle 139
Verzichtsleistungen 48

Voranmeldungszeitraum 247
Vorausrechnung 190
Vorauszahlungen 251
Vorsteuer 199, 253
– Abzugszeitpunkt 253
Vorsteuerabzug 200, 217
– Leistungen an das Unternehmen 201
– Prüfungsschema 217
– Tatbestandsvoraussetzung 200
Vorsteuerabzug der Einfuhrumsatzsteuer 218
– Einfuhr für das Unternehmen 218
Vorsteuerabzug der Erwerbssteuer 219
Vorsteuerabzugsverbot 220
– nach § 15 Abs. 1a UStG 220
– nach § 15 Abs. 1b UStG 221
Vorsteuerabzugsverbot nach § 15 Abs 2 UStG 222
– Vorsteuerabzugsverbot bei Warenuntergang 224
Vorsteueraufteilung
– konkrete Zurechnungsmethode 224
Vorsteueraufteilung nach § 15 Abs. 4 UStG 224
Vorsteuerausschluss 220
– nach § 15 Abs. 1a UStG 220
– nach § 15 Abs. 1b UStG 221
Vorsteuerberichtigung 226, 227
Vorsteuerberichtigung nach § 15a UStG 226
– Änderung der Nutzungsverhältnisse 232
– Berichtigungszeitraum 233
– Durchführung der Berichtigung 235
– Tatbestandsvoraussetzungen 230
Vorsteuervergütungsverfahren 258
Vorübergehende Verwendung 110

W

Werkleistung 48, 83, 84, 136
– Ort der Werkleistung 87
Werklieferung 83, 136
– Hauptstoff 84
– Nebenstoff 84
– Ort der Werklieferung 87
– Prüfungsschema 86
Werkvertrag 83
Wettbewerbsverzichte 70
Wirtschaftliche Verknüpfung zwischen Leistung und Entgelt 89
Wissenschaftliche Leistungen 61

Z

Zahnarzt , 116
– ermäßigter Steuersatz 141
Zahntechniker 141
– ermäßigter Steuersatz 141

Zollfreigebiete 31
Zolltarif 138
Zuordnungsentscheidung - Frist 163
Zuordnungswahlrecht 162

Zusammenfassende Meldung , 108
– Angaben in der ZM 257
– Meldefristen 257
– Meldezeitraum 257
Zuschuss 133